PRIMERA DE CORINTIOS

Un comentario exegético–pastoral

Gary S. Shogren

Editorial CLIE
www.clie.es

EDITORIAL CLIE
C/ Ferrocarril, 8
08232 VILADECAVALLS
(Barcelona) ESPAÑA
E-mail: clie@clie.es
http://www.clie.es

PRIMERA DE CORINTIOS
ISBN: 978-84-944955-3-3
Depósito Legal: B 8575-2020
Comentarios bíblicos
Nuevo Testamento
Referencia: 224937

Impreso en los Estados Unidos de América / *Printed in the United States of America*

GARY S. SHOGREN

Es Doctor en Exégesis del Nuevo Testamento por el *Kings College,* de la *Aberdeen University*; Master en Divinidades y en Nuevo Testamento con calificación *magna cum laude*, por el *Biblical Theological Seminary;* B. S. en Biblia y Estudios Pastorales, calificación *cum laude*, Philadelphia College of Bible. Ordenado como pastor bautista ejerció el pastorado en *Penacook Bible Church, Penacook, NH* (1986-1990) y fue profesor de Nuevo Testamento en el *Conservative Baptist Seminary of the East, New England Branch, Worcester, MA* (1988-1990) y el *Biblical Theological Seminary, Hatfield, PA.* (1990-1998). Actualmente es profesor de Nuevo Testamento en el Seminario ESEPA, en San José, Costa Rica. Es autor de numerosos libros en inglés y español entre los que destacan sus comentarios a Romanos, 1 Corintios, y *1 y 2 Tesalonicenses.*

ÍNDICE GENERAL

Para Steven, Timothy, Benjamin, y Victoria

PREFACIO

En este comentario nosotros hacemos referencia a la mejor sabiduría antigua y erudición moderna, con el fin de exponer al lector a las diversas corrientes de interpretación. Con el propósito de no desviar la atención de la misma epístola, he mantenido las citas a pie de página al mínimo. Los comentarios sobre el griego aparecerán solo cuando sean necesarios para la comprensión, y los lectores que así lo deseen podrán encontrar más ayuda técnica en otras obras.

A mí, especialmente, me han impresionado dos o tres comentarios que combinan la ayuda técnica con un fuerte énfasis en la puesta en práctica de la Palabra. De hecho, un comentario no revela verdaderamente el significado de las Escrituras si trata con meros detalles de exégesis, crítica textual, trasfondo histórico o retórica. Más bien, su objetivo último debe ser la comprensión que lleva al amor por Dios y a la obediencia a él. Por esa razón, mucho de este volumen trata acerca de poner en práctica la Palabra, y cómo un predicador puede proclamar 1 Corintios al pueblo de Dios.

1 Corintios es asombrosamente relevante para la iglesia de Dios en el siglo XXI. Yo oro para que el Espíritu dirija al lector a redescubrir "lo que Dios ha preparado para quienes lo aman" y a poner la verdad en la práctica diaria.

Mi agradecimiento a mi familia, mis compañeros de trabajo en el Seminario ESEPA, Costa Rica y mis hermanos costarricenses en Cristo. Gracias especialmente a Karen Suárez y Priscilla Lara por su ayuda editorial.

1

ABREVIATURAS

ANF	*The Ante-Nicene Fathers*, ed. P. Schaff, Eerdmans, Grand Rapids, MI, 1979.
BA	*La Biblia de las Américas*, Lockman Foundation, 1997.
BJ	*Nueva Biblia de Jerusalén*, nueva edición, 1975, Desclée de Brouwer, Bilbao, 1976.
DNTB	*Dictionary of New Testament background*, ed. Craig A. Evans y Stanley Porter.
DPL	*Dictionary of Paul and his letters*, ed. Gerald F. Hawthorne, Ralph P. Martin y Daniel G. Reid.
DTNT	*Diccionario teológico del Nuevo Testamento*, ed. L. Coenen, L., E. Beyreuther y H. Bietenhard.
LXX	*Septuaginta*, ed. A. Rahlfs, Deutsche Bibelgesellschaft, Stuttgart, 1979.
NA^{28}	*The Greek New Testament*, ed. B. Aland y K. Aland, *et al.*, United Bible Societies, Stuttgart, 2012.
NPNF	*The Nicene and Post-Nicene Fathers*, ed. P. Schaff, Eerdmans, Grand Rapids, MI, 1979.
NVI	*La Santa Biblia*, Nueva Versión Internacional, Sociedad Bíblica Internacional, 1999.
RV 60	Reina-Valera Revisión de 1960, Sociedades Bíblicas Unidas, 1960.
RVA	Reina-Valera Actualizada, Editorial Mundo Hispano, El Paso, TX, 1989.
RVR	Reina-Valera Revisión de 1995, Sociedades Bíblicas Unidas, 1995.
TDNT	*Theological dictionary of the New Testament*, ed. G. Kittel y G. Friedrich.
VP	*La Biblia Versión Popular*, Sociedad Bíblica Americana, Nueva York, ^{3}1994.

INTRODUCCIÓN

La primera carta a los corintios es la declaración paulina más clara en cuanto a cómo el Espíritu guía a la iglesia a la humildad, al amor y a la unidad a medida que crece en la verdadera sabiduría divina. Es a través de la cruz que Dios se ha revelado a sí mismo, al demoler cualquier simple búsqueda humana de conocimiento. Es a través de esa misma cruz que Dios transforma lo irredimible.

I. TRASFONDO HISTÓRICO

La carta se envió a una iglesia destacada en lo profundo del paganismo. En Corinto, como en ningún otro lugar a esa fecha, el Dios de Jesucristo se enfrentó al dios de este mundo. La iglesia surgió en un terreno saturado de idolatría, poses filosóficas y estratificación social, impulsada por una economía de servicios que proporcionaba oportunidades para el listo e hizo a muchos ricos, a costa del sudor de los esclavos y de los pobres. Aquí el cristianismo podría mostrar en marcado contraste cómo podría transformar al arrogante, al oprimido, al desesperanzado, al corrupto, al disoluto.

Corinto, y ¿dónde se ubica la iglesia latinoamericana?

Nuestro comentario tomará las lecciones escritas para los corintios y las aplicará al pueblo de Dios en Latinoamérica. Hay paralelos sorprendentes entre ambas iglesias. La latina supera a la corintia en muchas maneras; en unas pocas, se queda atrás; y sobre todo no está donde podría estar algún día.

¿Cómo es la iglesia latina?

- *Ha pasado la infancia, tanto en edad como en madurez.*
- *Ya no es la niña de Norteamérica y Europa.*
- *Por otro lado, no se ha establecido completamente en la adultez.*
- *Ni ha crecido hasta una mediana edad imperturbable o una vejez avanzada.*

¿Sería ofensivo preguntarse en voz alta si la iglesia latinoamericana es una iglesia adolescente? Porque no hay ninguna vergüenza en ser adolescente, ¡es una etapa

del crecimiento humano diseñado por Dios! Se caracteriza por rasgos tanto positivos como negativos:

- *Una explosión fenomenal de energía. Nadie está más súper saturado de energía que un adolescente... ni nadie se cansa tan rápido. Esto puede pasar en la iglesia también.*
- *Un crecimiento físico rápido. En el caso de la iglesia, puede crecer en número y en influencia. El crecimiento espiritual es rápido pero no siempre es consistente.*
- *Idealista. Los adolescentes y las iglesias sienten que lo bueno vendrá junto simplemente porque parece correcto.*
- *La seguridad en sí mismo alterna con las dudas acerca de sí mismo. Por un momento la iglesia latinoamericana siente que es líder mundial en espiritualidad; un lapso más tarde sufre un complejo de inferioridad. En algún punto todos los adolescentes quieren que los traten como adultos, ¡y no pueden esperar ni un minuto más! Pero en momentos cruciales quieren que los padres se apresuren a rescatarlos, a mostrarles cómo salir del peligro.*
- *Están entusiasmados por una idea tras otra. ¡Los adolescentes se enamoran y dejan de amar diez veces a la semana! En la iglesia, el enfoque total puede estar en diezmar; el año siguiente, hay una conferencia de guerra espiritual, y ahora esa es la moda; luego la escarcha; después el ayuno.*
- *Orientados a pensar en el "ahora". Es difícil hablarle a un adolescente de la importancia de continuar la escuela o de esperar para casarse o de pensar en una carrera futura. La iglesia latinoamericana también piensa en términos de lo que se necesita en el momento y solo para el momento. Esto puede ser bueno y sensible. Pero, ¿cuántas veces ha pasado que una iglesia se compromete a sostener a uno de sus miembros en el campo misionero, pero seis meses después de haber salido el misionero deja de recibir la ayuda económica?*
- *"Una unicidad terminal" (ver aplicación en 1:2). El adolescente imagina que nadie entiende lo que le pasa. Si se enamora, ningún adulto posiblemente entiende las rapsodias o la angustia que él o ella siente. Existe una tentación en la iglesia latinoamericana a imaginar que ninguna iglesia en la historia ha atravesado por las adversidades —o el poder del Espíritu Santo— que experimenta ahora.*
- *Piensa que todos los demás están fríos o muertos. Para un adolescente, los mayores se mueven terriblemente despacio. La vida se escapa, y ellos tienen que esperar preciosos momentos para que los viejos actúen, se den cuenta, ¡hagan algo! Pero los cristianos deben de sentir lo mismo: ¿Cómo es posible que los cristianos viejos puedan seguir al Señor cuando muestran tan poca urgencia?*

¿Cómo afecta esta perspectiva a nuestro comentario? 1 Corintios es sobre todo un mensaje acerca de colocar la verdad del evangelio en medio de las relaciones humanas. Pablo reescribe poderosamente las creencias corintias en relación con la posición social, el poder, la unidad y la competencia dentro de la iglesia. Estas instrucciones apelan principalmente al cristiano en crecimiento, y deben ocupar la centralidad al aplicar el texto a Latinoamérica.

A. El Segundo Viaje Misionero

Corinto fue el foco principal durante el segundo viaje de Pablo (Hechos 15:41–18:22), el cual se puso en marcha inmediatamente después de que se decidiera en Jerusalén el asunto de la salvación de los gentiles. Después de pasar por Galacia para reafirmar a las iglesias de allí (16:1-5), Pablo fue hacia el oeste como si planeara establecerse en Éfeso (16:6). Sin embargo, el Espíritu los impulsó a él y a su equipo a que cruzaran el Egeo hasta Macedonia (16:7-10) para viajar en sentido contrario a las agujas del reloj. Habiendo fundado iglesias en Filipos, Tesalónica y Berea navegó por la costa europea del Egeo, delante del Monte Olimpo.

En un famoso texto, llamado macedónico, Pablo vio "un hombre de Macedonia de pie y suplicándole, 'Ven a Macedonia y ayúdanos'" (Hech 16:9). Pablo podría haber concluido que los macedonios le agradecerían el llevar el evangelio a nuevas áreas. En lugar de esto, el segundo viaje tenía todas las marcas de un gran desastre, un ciclo monótono en el que Pablo evangeliza, luego enfrenta la oposición, es golpeado o expulsado y continúa hacia el sur. Lo que había comenzado como un equipo misionero formidable incluyéndolo a él mismo, a Silas, a Timoteo, a Lucas y quizá a otros, empezó a disminuir al dejar a un miembro u otro en el camino, con el fin de conservar sus pequeñas victorias, trabajando en las pequeñas congregaciones que se aferraban a Cristo. Por fin Pablo llegó, totalmente solo, a evangelizar Atenas en Acaya, el pueblo de Sócrates, Platón y Aristóteles además de los dramaturgos clásicos. Empezó como predicador invitado en la sinagoga. También se ocupaba en hablar con los transeúntes y los curiosos en el mercado central, y hasta habló con el concilio en el Areópago.

Una impresión persistente de la obra en Atenas es que fue el único gran fracaso de Pablo, y del cual él directamente tuvo la culpa[1]. Esto surge a partir de dos inferencias: una, que porque ellos se habían burlado del mensaje de Pablo en el Areópago, significaba que no había tenido éxito. La otra que 1 Corintios 2:1-5 registra el regreso de Pablo a una antigua estrategia: "Yo mismo, hermanos, cuando fui a anunciarles el testimonio de Dios, no lo hice con gran elocuencia y sabiduría. Me propuse más bien, estando entre ustedes, no saber de cosa alguna, excepto a Jesucristo, y a este crucificado. Es más, me presenté ante ustedes con

---

1. Cf., por ejemplo, E. Walter, *Primera carta a los Corintios*, Herder, Barcelona, 1977, p. 41; O. Kuss, *Carta a los Romanos, Cartas a los Corintios, Carta a los Gálatas*, Herder, Barcelona, 1976, p. 197.

tanta debilidad que temblaba de miedo. No les hablé ni les prediqué con palabras sabias y elocuentes, sino con demostración del poder del Espíritu, para que la fe de ustedes no dependiera de la sabiduría humana sino del poder de Dios" (cf. el comentario sobre este texto). A partir de aquí, entonces, se formula la teoría de que Pablo había procurado impresionar a los filósofos de Atenas con planteamientos filosóficos y palabras finas, restando importancia a la crucifixión de Jesús. Pero su ingenio humano solo sirvió para despojar al evangelio de su poder transformador. Entonces, castigado por su propio desacierto, volvió tan pronto como pudo a la predicación de la cruz en el siguiente lugar, Corinto.

Esta interpretación no tiene bases firmes que la sustenten. De hecho, la conducta de los atenienses hacia Pablo resulta comparablemente mejor a la paliza que le dieron en Filipos. No es ninguna sorpresa que se burlaran de él en el Areópago por proclamar la resurrección, una idea ridícula que no se había preocupado de quitar de su evangelio. Lo que incitó su comentario en 1 Corintios 2 fue la pseudo sofisticación de los corintios, no un cambio de táctica por parte de Pablo. Entonces es mejor concluir que el mensaje paulino inicial dado a los corintios era el mismo que se había predicado desde el principio.

La voluntad de Dios y los planes misioneros de Pablo, o, ¿cómo supo Pablo adónde debía ir?

América Latina es ahora una iglesia misionera, no solo fundada por misioneros, sino que en retribución envía cientos de misioneros más allá de sus fronteras naturales. Digamos entonces que un cristiano cree que Dios le está llamando a él o le está llamando a ella al campo misionero. Una de las inquietudes más insistentes es, siempre: Sé que voy a ir... pero, ¿adónde voy? ¿Cómo puedo estar seguro o segura si hay todo un mundo necesitado frente a mí? La iglesia latina no puede darse el lujo de encogerse de hombros y dejar esto como un misterio sin resolver, no cuando tenemos el Nuevo Testamento para guiarnos. Cuando digo el Nuevo Testamento, no me refiero a un texto aislado de la Escritura, tal como la visión del hombre macedonio en Hechos 16:9-10, y usarlo como una y la única palabra en relación con el tema. De hecho, el Nuevo Testamento no nos provee tal fórmula mágica; más bien, nos muestra una gama de maneras divinas por medio de las cuales un misionero puede tomar decisiones. Como Hechos registra sus tres principales viajes misioneros, Pablo es el mejor estudio del caso para abordar este tema.

La pregunta: ¿Cómo supo Pablo, un misionero sabio y lleno del Espíritu, adónde ir? Por supuesto, ya sabemos que Pablo evangelizó el área noreste del Imperio Romano... pero ¿por qué no fue a otras áreas? ¿Por qué no Babilonia, Egipto, Alemania, etc? Además, ¿cómo supo Pablo adónde debía ir en una región? Por ejemplo: de Antioquía, a Chipre, Antioquía Pisidia, Iconio, Listra, Derbe y de vuelta. ¿Cómo supo

Pablo adónde ir durante su segundo viaje? Cuando él se hallaba en una encrucijada, ¿cómo sabía si tenía que virar a la derecha o a la izquierda? ¿Cómo determinaba si era el momento de dejar una ciudad o de quedarse más en ella?

A continuación los datos: el Nuevo Testamento (en Hechos y en las epístolas paulinas) describe 49 puntos decisivos en el trabajo misionero de Pablo.

Claramente, las motivaciones de Pablo en algunas de esas coyunturas fueron múltiples. Por ejemplo, uno de sus cambios aparece tanto en Hechos 9:23-25 como en 2 Corintios 11:32-33. Ambos textos mencionan la amenaza de muerte como motivación. Pero además, está implícito el deseo de Pablo de encontrarse con los apóstoles en Jerusalén. Las motivaciones humanas son complejas, sobre todo cuando provienen de cristianos guiados por Dios.

Más allá de esta complejidad, es probable que, mientras el texto de la Escritura describe los movimientos de Pablo con exactitud, no menciona en su totalidad las razones de cada uno de los cambios. Así pues, Pablo escogió quedarse en Éfeso debido a que vio allí "una gran puerta para un trabajo efectivo" (1 Corintios 16:8-9), pero él podría haber tenido otros motivos (ver los comentarios acerca de estos versículos). Además de eso, hay una gran cantidad de pasajes donde no se nos dice nada sobre la motivación (por ejemplo el viaje a Corinto en 1 Corintios 16:5-7) o en los que el pasaje implica una razón pero no se puede asegurar. No podemos olvidar que Pablo hizo muchos movimientos que simplemente no se registran del todo, incluyendo lo hecho durante sus "años silenciosos".

Aún después de afirmar todo esto, podemos encontrar muchos datos útiles, y estos datos disponibles probablemente representan la gama de experiencias en la vida de Pablo.

Dos motivaciones aparecen nueve veces (más o menos) cada una:

— *viajar como respuesta a "una revelación divina directa"[2],*
— *viajar como respuesta a "circunstancias locales peligrosas"[3],*
— *12 veces por razón de la "estrategia misionera"[4],*
— *y otras razones*

Revelación directa: *Pablo recibió revelaciones por medio de profecía, visión, voz audible y visitación angelical. A veces estas revelaciones surgieron en conjunto con otras motivaciones, tales como amenazas (cf. Hechos 9:29-30/22:17-21).*

2. Yo incluiría: Hechos 9:29-30/22:17-21; Hechos 11:30; Gálatas 2:1-5; Hechos 13:3-4; Hechos 16:6-7; Hechos 16:8-10; Hechos 18:9-10; Hechos 20:22-24/21:4/21:10-14; Hechos 27:21-26.

3. Incluiría aquí: Hechos 9:23-25/2 Cor. 11:32-33; Hechos 9:29-30/22:17-21; Hechos 13:50-51; Hechos 14:5-6; Hechos 14:20; Hechos 16:35-17:1; Hechos 17:10; Hechos 17:13; Hechos 20:3.

4. Por lo menos incluyo Hechos 14:21-23; Hechos 14:24-28; Hechos 15:36; Hechos 18:18; Hechos 18:23; 2 Corintios 10:15-16; Romanos 15:17-22. Sin embargo hay varios otros.

Había mensajes positivos (¡vaya!) o negativos (¡no vaya allá!, ¡no tenga miedo!, ¡no salga de este lugar ahora!). No se sabe cómo el Espíritu impidió la entrada de Pablo en Asia y Bitinia en Hechos 16:6-9, pero esa instrucción era clara para Pablo y su equipo. Otro impedimento sobrenatural inexplicable surgió por "estorbo de Satanás" (1 Tesalonicenses 2:17-18). Aparte del encargo en el Camino a Damasco, todas estas comunicaciones sobrenaturales se aplican al momento —¡Hágalo ya!— no a largo plazo.

Por supuesto, la visión original del Camino a Damasco fue el fundamento de todo el ministerio paulino. Este llamado, el cual se compara con cualquier experiencia de los profetas hebreos, no solo convirtió a Pablo en misionero, sino que lo impulsó a evangelizar a los gentiles en las áreas más remotas. Todo lo que Pablo hizo posteriormente fue una aplicación directa de esa vocación. Él también comprendió su trabajo a la luz de las Escrituras, particularmente de Isaías (ver las alusiones en Hechos 26:18, las citas en Romanos 15:8-12).

Lo que es notable por su ausencia es alguna referencia a la "dirección interna o a voces inaudibles". Cuando Pablo afirmaba "el Señor me dijo que fuera a, por ejemplo, Macedonia", quería decir que había oído palabras audibles o había visto revelaciones visibles.

Circunstancias peligrosas: *Estas incluían amenazas de muerte, conspiraciones y expulsión. El Señor les había dado instrucciones a los discípulos diciéndoles que salieran de aquellas ciudades donde los persiguieran, en vez de exponerse a su propia destrucción (Mateo 10:23). Aquí se debe mencionar que Pablo les predicó a los gálatas debido a una enfermedad (Gálatas 4:13-14). Hechos le deja al lector la impresión de que Pablo enfrentó la mayor oposición durante su visita inicial al lugar. Sin embargo, este puede ser simplemente el estilo en que Hechos informa sobre el trabajo pionero con grandes detalles, tal vez dejando fuera relatos de la persecución que ocurrió en posteriores visitas. De hecho, este es el caso demostrable de 1 Corintios 15:32, donde la lucha de Pablo con "fieras" no se menciona en Hechos.*

Notamos que muchos cristianos hoy día buscan "la puerta abierta" de Dios con el fin de saber qué hacer o adónde ir. La presuposición es que Dios dejará abierta una y solo una oportunidad, y cerrará todas las otras posibilidades. ¿Tomaba Pablo las decisiones de esta manera? Sin lugar a dudas, él habló tanto de las puertas abiertas como de las cerradas. Sin embargo, no hay ninguna indicación de que Pablo perciba una sola puerta abierta a la vez. En raras ocasiones percibimos a Pablo con una única opción ante él. Por tanto, ¡no le pidamos a Dios que cierre puertas, si no estamos además dispuestos a orar y a estudiar mucho para poder determinar cuál es el modo de proceder más bíblico!

Estrategia misionera: *El planeamiento estratégico para el ministerio es un tema en sí mismo. Para nuestros propósitos, notemos que hay una docena de textos o algo así donde Pablo parece haberse trasladado de un lugar a otro únicamente "porque estaba allí" y porque encajaba con su llamado inicial. Entonces, no es de sorprender* *que Pablo dé un paso tras otro sin referencia a las repetidas "visiones macedónicas". Lo vemos trabajando estratégicamente y controlando estas complejas idas y venidas de él, sus cartas y sus ayudantes. Por ejemplo, Pablo escribió 1 Corintios desde Éfeso, luego fue a Tróade para encontrarse con Tito, quien iba a llegar allí de Corinto, pasando por Macedonia. Tito no aparecía, entonces Pabló se preocupó y se adelantó para ir a Macedonia. Allí Tito, finalmente, se encontró con él y le transmitió las aparentes buenas noticias acerca de la iglesia corintia. En respuesta, Pablo escribió 2 Corintios. Todo esto tuvo lugar durante unos pocos meses, y revela la existencia de un movimiento misionero deliberado. El itinerario era flexible también: su idea original había sido ir primero a Corinto y después a Macedonia.*

¿Cómo podemos reconciliar las tres principales motivaciones: revelación, circunstancias y estrategia? Parece como si Pablo no dependiera de las apariciones ocasionales de ángeles y las profecías. Era su misión recibida Camino a Damasco la que lo guiaba, y estas revelaciones o circunstancias posteriores fueron simples impulsos para afinar su dirección hacia un lado o hacia otro.

Oralmente o por escrito, Pablo se sentía a gusto usando el lenguaje tal como "Yo planeo, quiero, deseo, espero, he decidido, es mi ambición o mi oración". Sus cambios de planes hacían que algunos cristianos sospecharan que hablaba paja (2 Corintios 1:15-2:4, nuestros comentarios), pero Pablo defendió cuidadosamente las razones de la alteración de su itinerario. Él nos parece un hombre que constantemente miraba hacia adelante, moviéndose de una manera óptima y siempre con oración.

Si Pablo hubiera creído que el Señor lo dirigía con algún tipo de indicación interna, ¿no le hubiera dado el crédito a Dios en 2 Corintios y dicho "Yo cambié los planes, pero no es mi culpa... fue Dios quien me dijo que los visitara más adelante y no inmediatamente?". Esto no parece probable: (1) Pablo nunca mencionó la guía interna, y esa ausencia es notable en aquellos lugares donde nosotros esperaríamos escuchar algo sobre esto. Hubiera facilitado inmensamente sus propósitos en 2 Corintios o en Romanos si este fuera un hecho que él pudiera revelar; (2) Pablo cambió de idea con suficiente frecuencia como para concluir que él no estaba siguiendo un plan celestial infaliblemente concebido y comunicado.

Romanos nos ofrece el mejor ejemplo de cómo confeccionar una estrategia espiritual. Aquí está lo que se sabe acerca de los planes del apóstol para finales de la década de los 50 d.C.:

Romanos 1:10-11 – *Él ha orado para que Dios le permita visitar Roma, de modo que pueda enseñar allí.*

1:13 – *Él había planeado viajar a Roma antes, pero había sido estorbado. No sabemos cuál fue el obstáculo, pero en parte se debía a que él quería terminar su trabajo en el este (15:22-23).*

15:24-25 – *Pablo piensa visitar Jerusalén, luego Roma, después España.*

11

En estos versículos, vemos a Pablo orando y estableciendo un itinerario. Sus planes se ajustaban cuidadosamente a su llamado de fundar iglesias en áreas nuevas. De cualquier modo, el texto nos brinda muy poca ayuda para responder por qué Pablo escogió España: ¿por qué España en vez de Galicia?, ¿por qué no los bárbaros alemanes? Es más, ¿por qué no África o Mesopotamia? Podemos hacer una buena conjetura: Pablo se movía hacia el oeste de todas maneras, Roma estaba evangelizada, y España yacía al oeste; España pertenecía al Imperio y era muy respetada; era "territorio virgen", encajaba con el método paulino.

Pero, ¿qué pasó con la misión a España? Pablo no pudo acomodar su itinerario, al menos no del modo que lo había concebido. Él no iba a ir a Roma en los próximos tres años. Si fue a España (y es dudoso) por lo menos transcurrieron otros ocho años después de escribir Romanos. Ocho años es mucho tiempo, considerando lo rápido que Pablo se trasladaba.

Sugiero que la mejor forma de acercarse a estos pasajes no es con la pregunta, "¿cómo supo Pablo que era la voluntad de Dios que él fuera a algún lugar tal como España?", la verdadera pregunta es "¿De verdad sabía Pablo que era la voluntad de Dios que él fuera allá?". El texto nos lleva a la conclusión de que Pablo normalmente no poseía tal conocimiento. Generalmente él estaría seguro hasta que llegara allá. Mientras tanto, Pablo podía decir: "Yo oro que por fin ahora por la voluntad de Dios se me abra la puerta para ir donde ustedes".

¿Qué pasaría si Pablo se presentara ante el Comité de Misiones de Antioquía? Le habrían preguntado: "Hermano, ¿cree en su corazón sin la menor duda que Dios lo quiere a usted en España?". Pablo hubiera contestado que no, no sabía eso, pero que tendría esa seguridad si y cuando llegara a tierras españolas... A menos que en el intervalo alguna revelación le proveyera un conocimiento más certero. Sin embargo, en otro punto de su carrera, él habría declarado que estaba seguro que Dios de hecho quería que navegara de Asia a Macedonia o que Dios querría que se quedara más tiempo en Corinto a pesar de la oposición. Pero, ¡afirmemos que ambas son posibles!

Resumamos lo que hemos observado:

1. *Pablo se guiaba fundamentalmente por la comisión de Cristo, recibida camino a Damasco, una palabra innegable de parte de Dios. Pablo entendió que iba a centrarse en fundar iglesias gentiles en áreas no alcanzadas.*
2. *Pablo nunca mencionó las revelaciones "internas", al hablar acerca de cómo decidía adónde dirigirse.*
3. *Pablo mencionó "puertas abiertas" y se le prohibieron algunas áreas, pero él jamás dio indicios de que eso fuera su principal fuente de guía ni que Dios normalmente le dejara solo una "puerta abierta" a la vez.*
4. *Normalmente, Pablo siguió la directriz de Jesús de abandonar las áreas peligrosas a menos que fuera dirigido por Dios a hacer lo contrario. Sin*

embargo, mientras que tomó en serio las advertencias de evitar Jerusalén, parece haber sabido que se le permitía aceptar el riesgo e ir de todos modos.

5. *Sí, Pablo recibía nuevas revelaciones de parte de Dios, pero él continuaba con su trabajo con revelaciones o sin ellas. Aparte de su visión camino a Damasco, las revelaciones directas posteriores le ayudaron con los detalles inmediatos, pero no con la dirección básica.*

6. *Pablo estaba casi siempre en movimiento y planeaba lo que estuviera de acuerdo con la Biblia, con su comisión, y —aparentemente— con una estrategia sabiamente concebida. Cuando se le preguntaba, podía articular las razones para su itinerario.*

7. *A veces Pablo cambiaba de planes por razones estratégicas, o cambiaba de idea motivado por una revelación o por las circunstancias.*

No hay razón para que el cristiano moderno se limite a sí mismo a uno o dos de estos puntos, ni elimine ninguna de las posibilidades de la lista. Los cristianos que esperan una visión también deben estudiar el Nuevo Testamento para darse cuenta de qué es lo que Dios quiere en el mundo de hoy. Y aquellos cuyo pensamiento es más lógico y racional de seguro querrán orar para recibir un consejo divino.

Lectura recomendada

Dany Johnson y Paul Mauger, *¡Socorro! ¡Dios me está llamando a misiones!*, CEMCA, Guatemala, [2]*2011*.

B. Viajando por el Corinto moderno

Es probable que Pablo recorriera a pie los 80 km de Atenas a Corinto, pasando la noche en Eleusis y Megara[5]. Hoy la carretera 8A pasa hacia el oeste al lado de ese istmo. Donde es más angosto el istmo, el conjunto inesperado de restaurantes y aparcamientos para autobuses anuncia los alrededores del Canal Corintio. La concepción de ese canal data de la antigüedad grecorromana. Nerón mismo cavó la primera canasta de tierra en el 67 d.C. y mandaron allí a unos 6000 prisioneros judíos para que trabajaran antes de que se abandonara el proyecto[6]. Excavaron el canal actual solo a finales del siglo XIX. Es preferible aparcar y caminar con los otros turistas a través del puente peatonal para disfrutar de la vista. No es ningún Canal de Panamá, con sus esclusas, recodos y vueltas, sino un corte de 6 km de longitud, cortado en línea recta a través de la piedra caliza como si se hubiera hecho con un láser gigante. Al fondo del cañón artificial se extiende una tira azul de agua en ambas direcciones, hacia el horizonte y hacia el mar.

---

5. C. K. Barrett, *The Acts of the Apostles*, ICC, T. & T. Clark, Edinburgh, 1998, p. 2:860.
6. Suetonio, *Vida de Nerón* 19; Josefo, *Guerras* 3:540.

El canal refleja la industria corintia de hace dos milenios. No obstante, aun antes que el canal fuera construido, los corintios fueron capaces de mover barcos de este-oeste, usando una hazaña inteligente de ingeniería. A lo largo del lado continental norte hay todavía evidencia de una angosta vía pavimentada que parece como si hubiera sido cortada por un equipo de corte de tierra y construcción de calzada; en realidad son los restos de los *diolkos* o antigua línea férrea. Ya en la antigüedad cuando Pablo visitó Corinto, este camino de piedra era como una línea de tren en la cual plataformas llenas de carga o incluso barcos pequeños eran rodados un corto trayecto por tierra[7]. Eliminaba 300 km de la ruta este-oeste, un atajo que permitía que los marineros evitaran la ruta peligrosa por el Peloponeso a Malea. Los barcos podían atracar en las ciudades portuarias de Corinto, Cencrea en el lado egeo y Lecayo solo 2.5 km al noroeste del centro de la ciudad, para esperar su turno mientras que el carro regresaba por la única vía del *diolkos*. La última referencia al uso del sistema fue en el siglo IX d.C.[8].

Las ruinas del Corinto antiguo se mantienen al suroeste y han sido el sitio de una gran cantidad de excavaciones y estudios en las últimas cuatro décadas. Desde tiempos remotos su fortaleza en el Acrocorinto ha divisado este estrecho nexo de rutas marítimas y terrestres. La región corintia antiguamente vio a los legendarios Hércules, Jasón y Teseo; la malvada reina Medea gobernó Corinto; el rey Sísifo comenzó los principales Juegos Ístmicos; y decían que en el Acrocorinto mismo se había capturado al caballo alado Pegaso.

Separada de la moderna ciudad de Korinthos, el antiguo Corinto eran realmente dos ciudades: (1) Corinto Griego, la cual fue completamente destruida por los romanos dos siglos antes que el evangelio llegara; (2) Corinto Romano, la ciudad que Pablo visitó.

"Corinto adinerado" es el apodo de la ciudad original tan antigua como la *Ilíada* de Homero (2:570). Dentro de ella fluían impuestos, tasas *diolkos*, tasas portuarias, así como viajeros, marineros, soldados, oficiales gubernamentales, adoradores de los dioses locales, visitantes de los juegos atléticos Ístmicos, todos con dinero para gastar o estrategias para hacerse ricos. Ellos venían a Corinto a corromper y ser corrompidos, para fornicar, es decir, "quedar corintianizado" como Aristófanes en broma lo llamó[9]. Probablemente su moral no era más baja o más alta que en otras ciudades griegas; pero al ser un puerto rico, sus oportunidades para problemas eran más numerosas.

7. Jerome Murphy-O'Connor, *St. Paul's Corinth: texts and archaeology*, Liturgical, Collegeville, MN, 1983, p. 88.

8. Murphy-O'Connor, *St. Paul's Corinth*, p. 64; Robert M. Grant, *Paul in the Roman world: the conflict at Corinth*, Westminster John Knox, Louisville, KY, 2001, p. 17.

9. T. Kock, ed., *Comicorum Atticuorum fragmenta*, Teubner, Leipzig, 1880, p. 1:485, frag. 354, line 1. Aristófanes hablaba del Corinto Griego, no Romano.

Esta ciudad fue destruida violentamente por los romanos en el 146 a.C., en el mismo año arrasaron otra molestia perenne, Cartago. Los corintios antiguos fueron vendidos como esclavos y las ruinas les quedaron a los pobres y a las ciudades vecinas. Antípater de Sidón escribió acerca de Corinto: "¿Dónde está tu celebrada belleza, Corinto Dórico? ...Ni siquiera un rastro ha quedado de ti, la más desdichada de las ciudades, la guerra no ha dejado escapar nada y lo ha devorado todo"[10].

En el 44 a.C. Julio César decidió reconstruir ambas ciudades Cartago y Corinto como colonias romanas. *Colonia Laus Iulia Corinthiensis* (la Colonia de Corinto en Alabanza a Julius) fue construida en las antiguas ruinas pero fue trazada según el plano romano, como una cuadrícula rectangular. El latín fue el lenguaje de las clases gobernantes, y esto explica la presencia de nombres en latín en las inscripciones de la ciudad. En el año 44 d.C. la región fue otorgada al Senado y en administración a los procónsules senatoriales – entre los cuales estaba un hombre llamado Galión. Rápidamente la ubicación y recursos naturales de Corinto la hicieron crecer de nuevo, volviéndose un centro bancario regional. Ellos incluso restablecieron los famosos Juegos Ístmicos, un festival deportivo que Pablo debió haber visto en el 49 y 51 d.C., y que seguramente pudo haber inspirado su simbolismo de carrera en 1 Cor 9:24-27.

Las ruinas de ambos Corintos yacen fuera de la moderna aldea de Korinthos; algunas hectáreas se han cercado para formar una especie de museo al aire libre. Solo los gatos callejeros reclaman su hogar en la ciudad antigua. Cuando los autobuses se llenan y se van, las ruinas descansan silenciosas y una brisa placentera sopla por las apretadas tiendas, calles y edificios cívicos de la ciudad muerta. En la primavera las amapolas crecen en la plaza de la ciudad, y la maleza crecida amenaza con ocultar los bloques dispersos de piedra.

C. *El Corinto que Pablo conoció*

Corinto no era tan sereno cuando Pablo llegó allí por primera vez. Era una ciudad romana bulliciosa de muchos miles de personas[11]. Una calle ancha empedrada iba directa desde las puertas de la ciudad hasta el puerto de Lecayo. El centro no era enorme; era un pueblo pedestre, compacto y bien construido. Se podía caminar de un lado a otro de la ciudad en 30 minutos, en ese mismo tiempo se podía ir

---

10. Murphy-O'Connor, *St. Paul's Corinth*, p. 45.

11. No hay una estimación segura de la población. Bruce Winter, *After Paul left Corinth: the influence of secular ethics and social change*, Eerdmans, Grand Rapids, MI, p. 294, dice que debe de haber habido unos 80 mil habitantes en Corinto y alrededores. Hay numerosas investigaciones sobre las residencias privadas de Corinto, que nos llevan a creer que la población abarcaba desde los muy ricos hasta los muy pobres, con una fuerte clase media también. Cf. Dirk Jongkind, "Corinth in the First Century AD: the search for another class", *TynB* 52.1, 2001, pp. 139-48.

desde la puerta principal hasta el puerto de Lecayo. Las calles se abarrotaban de compradores, esclavos con sus cargas, vendedores, turistas, comerciantes, fieles y sacerdotes, prostitutas, soldados, ricos paseando por la ciudad con sus comitivas, abatidos y pobres, marineros con los ojos bien abiertos y trabajadores portuarios en sus días libres[12]. En el mismo centro se levantaba un foro de estilo romano, una plaza abierta de más de 100 metros de longitud que albergaba los edificios gubernamentales y los monumentos cívicos, incluyendo un gran templo dedicado al "divino César". Alrededor del centro se levantaban los mercados (o *agora*). Pero los edificios más impresionantes eran los monumentos a los dioses. En el borde occidental del centro de la ciudad en una pequeña colina se levantaba el majestuoso templo masivo que había sobrevivido a la destrucción del antiguo Corinto. Puede haber sido un templo para Apollo, dios del Sol, poesía, y ciencia. Un observador en ese templo podría ver hacia el SE una magnífica vista del Acrocorinto, una montaña, aplanada en la parte superior. Sobre ella se levantaba la ciudadela y también el pequeño templo de Afrodita, diosa del amor y protectora de la ciudad[13]. Desde la montaña, si uno tiene un telescopio y mira hacia el noreste varios kilómetros en la dirección de los *diolkos*, los barcos podían verse aparentemente navegando hacia arriba y sobre la tierra seca.

En alguna parte dentro de los límites de la ciudad se levantaba un edificio que, en los años posteriores a la época de Pablo, mostraba un letrero con la inscripción: "Sinagoga de los hebreos", hogar de una buena cantidad de judíos en medio de ese pueblo pagano. En el primer siglo d.C., Filón, específicamente, se refiere a Corinto como un centro judío[14] y, a partir del año 130 d.C., el refugiado judío Trifón hizo de Corinto su hogar[15]. La Diáspora judía velaba por su propia gente: parte del servicio de las sinagogas a los visitantes era asentar a los hombres de acuerdo con su ocupación, así como alentar las relaciones comerciales. Para

---

12. Cf. el artículo de Anthony C. Thiselton, "The significance of recent research on 1 Corinthians for hermeneutical appropriation of this epistle today", *Neot* 40.2, 2006, pp. 320-52, para una descripción de Corinto como una "economía de servicio".

13. ¿Eran las prostitutas sagradas dedicadas a Afrodita en Corinto Romano? Durante un largo tiempo esta era la suposición, pero la erudición actual elimina la posibilidad: véase, por ejemplo, John R. Lanci, "The stones don't speak and the texts don't lie: sacred sex at Corinth", en *Urban religion in Roman Corinth: interdisciplinary approaches*, ed. D. Showalter y S. J. Friesen, HTS 53, Harvard University Press, Cambridge, MA, 2005, pp. 205-20; también, Murphy-O'Connor, *St. Paul's Corinth*, pp. 55-57. Las personas que no han realizado una investigación exhaustiva se conforman con seguir haciendo que circule la afirmación de Estrabón de que había mil prostitutas dedicadas a Afrodita. No obstante, Estrabón se estaba refiriendo a la ciudad anterior, Corinto *Griego*, no Corinto Romano; incluso así él estaba probablemente exagerando mucho o fue simplemente mal-informado. Corinto Romano tenía prostitutas, como la tenía cualquier ciudad, y si sus números eran altos era porque Corinto era un puerto floreciente.

14. *Legatio ad Gaium*, 281.

15. Justino Mártir, *Diálogo con Trifón*, 1.

Pablo no supuso ningún problema encontrar la sección adecuada para los trabajadores del cuero, y felizmente se encontró con un hombre y su esposa, quienes se convirtieron en sus colaboradores y amigos para siempre. A esta pareja, Aquila y Priscila (Hechos 18:2-3), la acababan de expulsar de Roma y aparentemente ya eran cristianos.

Sin embargo, Pablo fue el primer evangelista que llegó allí (2 Corintios 10:14). Corinto era justo el tipo de ciudad donde a él le gustaba fundar iglesias: no era un pueblo aislado; por el contrario, había muchísima gente, diariamente iban y venían cientos de cristianos potenciales y de allí se podía mandar misioneros a cualquier parte del imperio, en barco o a pie. Corinto nunca fue un campo "fácil" (por eso, Jesús mismo debió animar a Pablo a quedarse allí, Hechos 18:9-10). Pero fue ahí donde el evangelio de Pablo halló y conquistó un territorio donde el diablo parecía estar en su punto más fuerte.

D. La estancia de Pablo en Corinto

Durante este viaje, Pablo permaneció en Corinto un tiempo relativamente largo, entre un año y medio y dos años, todo el tiempo que pasó en el resto de las paradas en este segundo viaje combinado, más de lo que acostumbraba a quedarse en otros sitios. No llevó a cabo un trabajo a la ligera en Atenas o en las iglesias de Macedonia – pero en algunos casos era imposible quedarse más tiempo, y por lo menos en Corinto disfrutó de un respiro antes de que la situación se pusiera fea y su vieja compañera, la persecución, regresara y se hiciera horrible. Las otras iglesias, privadas de la presencia paulina, contaron con Silas, Timoteo, Lucas y tal vez otros encargados de su formación espiritual. Las así denominadas secciones "nosotros" de Hechos sugieren que Lucas, el autor, no estaba presente en Acaya en ese viaje ni en el siguiente, aparentemente se quedó trabajando en Macedonia, al norte. Pero Silas y Timoteo iban y venían a donde se encontraba Pablo, salían con sus instrucciones, y por lo menos con dos de sus epístolas (1 y 2 Tesalonicenses), mientras Pablo mismo no podía regresar a esas ciudades volátiles (1 Tesalonicenses 2:17-18).

¿Trataba Pablo de crear una base misionera para toda la región en Corinto, como lo hizo durante sus 2-3 años en Éfeso en su siguiente viaje? Si este era el objetivo paulino, parece que no resultó. En los cincuenta, la iglesia corintia era un drenaje neto, agotadora, para Pablo. Aún después, desde Éfeso, él invertía una enorme cantidad de energía en mantener a los corintios en el camino. El trabajo misionero en Corinto había sufrido por las dissensiones y por la tendencia de estos a magnificar las experiencias carismáticas individuales. Mientras tanto, las iglesias fundadas apresuradamente en Filipos (Filipenses 1:27, 4:3) y Tesalónica se desarrollaron como iglesias y como centros misioneros (cf. por ejemplo 1

Tesalonicenses 1:8: "Partiendo de ustedes, el mensaje del Señor se ha proclamado no solo en Macedonia y en Acaya, sino en todo lugar...")[16].

No es el propósito de Hechos ni el de las cartas paulinas narrar todos los eventos. Hechos no menciona dos cartas a los tesalonicenses y una a los romanos escritas por Pablo desde Corinto. Tampoco se menciona la "visita dolorosa" (2 Corintios 2:1, 12:14, 13:1) o la discordia en la iglesia que ocasionó la composición de 1 Corintios[17]. No se cuenta con muchos datos acerca de los movimientos de cada uno de los individuos que formaban el equipo paulino.

Aún así, el registro de Hechos es suficiente para recrear un cuadro general de lo sucedido. Primero, parece que Pablo trabajó por un lapso de tiempo mientras vivía con Priscila y Aquila, ocupándose con diligencia en su oficio del cuero para mantenerse (Hechos 14:4; cf. 1 Corintios 9:3-19). La artesanía del cuero en tiempos antiguos no era la producción mecanizada que tenemos en nuestra época. Pablo y Aquila trabajaban con herramientas manuales en una tienda pequeña situada en el mercado principal. La calle era muy transitada todo el día por creyentes potenciales, la gente podía sentarse y conversar con Pablo acerca del evangelio mientras él trabajaba. Aunque las horas transcurrían lentamente, Pablo no tenía que responder ante un jefe. Además, él podía asistir a la sinagoga todos los sábados y ejecutar su prerrogativa ancestral de abrir la Torá ante la congregación, o en su defecto, al menos podía abrir un diálogo con los asistentes (Hechos 18:4).

Cuando Silas y Timoteo llegaron de Macedonia, tal vez se pudo dedicar al trabajo misionero a tiempo completo (si de veras este es el sentido de Hechos 18:5). Quizá fue este estallido de energía lo que le hizo romper con la sinagoga, después de todo ellos se opusieron a él con fuerza (18:6). Abandonó la sinagoga y estableció su cuartel general en casa de Tito Justo —un cristiano gentil de nombre latino— y ganó para el Señor tanto a Crispo, presidente de la sinagoga, como a otros corintios (18:7-8). Pablo experimentó una visión en la cual Cristo lo guiaba a quedarse en Corinto (18:9-10) y entonces permaneció allí un año y medio en total (18:11). Parece probable, que la mayor parte de este tiempo se cuente después de que Pablo abandonó la sinagoga.

Pasado ese tiempo, sucedió la explosión: los judíos llevaron a Pablo ante el tribunal de la corte del procónsul senatorial, Lucio Junio Galión. Supuestamente esto ocurrió un poco después de que Galión iniciara su gobierno, a

---

16. A pesar de las afirmaciones de algunos, era sin duda la intención de Pablo que sus iglesias fueran activamente evangelizadoras en sus regiones. Cf. el maravilloso estudio de Robert L. Plummer, *Paul's understanding of the church's mission: did the apostle Paul expect the early Christian communities to evangelize?*, Paternoster Biblical Monographs, Paternoster, Milton Keynes, UK, 2006, especialmente pp. 81-96.

17. Cf. la comparación de Hechos y las epístolas de John Coolidge Hurd, Jr., *The origin of 1 Corinthians*, Mercer, Macon, GA, ²1983, pp. 23-25.

finales del año 51 o principios del 52[18]. Pablo se presenta ante la *bēma* o tribunal, posiblemente en la misma plataforma hallada actualmente en medio de las ruinas de Corinto. El propósito de este acontecimiento no se menciona en Hechos: tal vez no pretendían más que colocar a Pablo en una situación difícil con respecto de Roma.

El plan judío falló completamente. La primera tarea de Galión como juez romano fue decidir si debía aceptar cualquier demanda. Si su sentido común le impedía intervenir en la disputa doctrinal de una secta minoritaria (18:14-16), fue su apatía la que selló el caso (la NVI capta bien su actitud en 18:17). Los judíos no podían forzar a Galión a castigar ni a expulsar a Pablo por ser un mal judío. En efecto Galión escogió no ver el cristianismo como una religión distinta del judaísmo legalmente reconocido. Luego de que el caso se cerrara en la corte, "ellos" (¿los judíos?, ¿los gentiles espectadores?, el griego no es claro aquí) apalearon a otro jefe de la sinagoga llamado Sóstenes en frente de los tribunales. Tal vez este hombre fuera el mismo asociado con el nombre de Pablo en 1 Corintios 1:1, aunque Sóstenes era un nombre bastante común y no es claro que el mencionado en Hechos fuera cristiano, o llegara a serlo. Quizá el hecho de apalearlo no tenía propósito: los judíos estaban frustrados, por eso descargaron su enojo con la primera persona que se encontraron.

De cualquier modo, a Pablo no se le forzó a dejar la ciudad. Él mismo decidió partir, pero solamente después de "algún tiempo" (literalmente después de "un número de días", 18:18). Esto contrasta con las salidas rápidas de Filipos (16:39-40), de Tesalónica (17:10) y de Berea (17:14; cf., además, 13:50-51; 14:6, 20).

Finalmente, Pablo sentó las bases para su tercer viaje misionero mientras todavía realizaba el segundo, al pasar por Éfeso y dejar allí a Aquila y a Priscila. Cuando él regresó a Éfeso en el año 54, ya contaba con una base junto con sus amigos y con un nuevo centro de operaciones, partiendo de Corinto hasta el otro lado del Egeo.

E. La iglesia corintia de principios de los años 50

Se posee una cantidad de fragmentos de información relacionada con los hechos ocurridos en Corinto desde la partida de Pablo (51-52 d.C.) hasta su retorno (56-57 d.C.; cf. Hechos 20:2).

La iglesia en casa de Gayo. Gayo es probablemente el hombre al cual Pablo bautizó (1 Cor 1:14). Esta iglesia en casa, mencionada en Romanos 16:23, probablemente era una entre varias. Puede ser que todas las iglesias en casas de Corinto se reunieran para celebraciones especiales. ¿Cuántos cristianos había en

---

18. Cf. las discusiones completas por esas fechas: Murphy-O'Connor, *St. Paul's Corinth*, pp. 151-59.

Corinto cuando Pablo escribió 1 Corintios? Se han hecho estimaciones calculando el número probable de iglesias en casas y el máximo espacio posible en cada una, además de tomar en cuenta los 14 cristianos corintios mencionados por Pablo en sus cartas. La cantidad estimada más común es menos de 100[19], pero no menos de 40[20]. Dada la enorme variedad de presentes en la iglesia y que los 14 cristianos mencionados probablemente estaban entre los "no muchos" adinerados, creemos que es probable una estimación de entre 60-100.

Ministerio de Apolos. Él impulsó el crecimiento de la iglesia, "regando" lo que Pablo había plantado (1 Corintios 3:6). Apolos se convirtió al cristianismo tras conocer a Aquila y a Priscila en Éfeso (Hechos 18:24-26). Rápidamente partió hacia Acaya, donde terminó de construir lo que Pablo había fundado en Corinto (18:27–19:1). Mientras tanto, Pablo viajaba por el interior para reunirse con la pareja en Éfeso.

Ministerio de Cefas. Algunos corintios reclamaban, "Yo sigo a Cefas". ¿Significa esto que Cefas había visitado esa ciudad? Los estudiosos no están de acuerdo, pero la evidencia señala por lo menos una visita breve. Cefas es la forma aramea de "Pedro", quien realizó un trabajo itinerante en Antioquía (Gálatas 2:11), probablemente en Galacia, Corinto y el norte de Asia Menor, los destinatarios de 1 Pedro. Además, él estuvo en "Babilonia" (1 Pedro 5:13), la cual se toma como una referencia a Roma, y de acuerdo con la tradición a principios del siglo segundo él fue martirizado allí (Eusebio, *Historia de la Iglesia*, 2.25). Los corintios sabían que él viajaba con su esposa (1 Corintios 9:5). Pedro se menciona en la lista tradicional de quienes presenciaron la resurrección (1 Corintios 15:5). Todas estas referencias dicen que Pedro/Cefas era bien conocido en la iglesia de Acaya, alguien cuyo nombre y cuyos hábitos podían mencionarse sin más explicación. Hay alguna evidencia externa de la visita de Pedro: Dionisio, el obispo de Corinto del siglo II, escribió que "los dos [Pedro y Pablo] sembraron en nuestro Corinto y nos instruyeron juntos" (Eusebio, *Historia de la Iglesia*, 2.25). Mientras que parece poco probable que ellos trabajaran al mismo tiempo –¿no hubiera mencionado Pablo ese hecho en 1 Cor 3?– Dionisio está probablemente recordando una auténtica visita de Pedro a la ciudad.

Tito. No hay duda de que Tito jugó un gran papel en Corinto durante el tercer viaje. Pablo les rogó a Tito y a otro hermano que visitaran Corinto (2 Corintios 12:18), lo cual se llevó a cabo un tiempo antes de su encuentro con Pablo lo que originó 2 Corintios (2 Corintios 7:6, ver lo que sigue).

---

19. W. Schrage, *Der erste Brief an die Korinther*, EKKNT 7/1-4, Neukirchener, Neukirchen-Vluyn, 1991-2001, p. 1:31.

20. Murphy-O'Connor, *St. Paul's Corinth*, pp. 156-157.

Pablo como pastor

Pablo era un apóstol viajero, no un pastor local. Sin embargo, tenía que tratar con los miembros de este rebaño de una manera pastoral, enseñando, animando y reprendiéndolos.

Debo admitir honestamente, que si yo hubiera sido Pablo, me habría visto groseramente tentado a abandonar la iglesia corintia, y mucho antes del 56 d.C. El hecho de que Pablo no lo hiciera da testimonio de su comprensión de lo que Dios estaba haciendo en Corinto.

Algunos eruditos han calculado que la iglesia no contaba con más de 40 miembros adultos. Considero que el número era un poco más alto: 60 miembros sería un número más adecuado, distribuidos entre 3 o 4 pequeñas congregaciones en diferentes casas. Demoró dos años fundar esa iglesia; posteriormente recibió cinco años de cuidado apostólico por parte de Pablo, luego de Apolos, casi con seguridad de Cefas/Pedro, por no hablar de Timoteo, Tito y otros miembros del equipo. Regularmente mantuvieron correspondencia escrita con Pablo. Era una iglesia por la cual Pablo oraba ansiosamente todos los días (2 Corintios 11:28).

Sin embargo, en comparación con las otras iglesias paulinas, Corinto le dio a Pablo pobres retribuciones para la inversión que él había hecho. Él no los alaba por su trabajo evangélico como lo hace con Filipos o Tesalónica, y en 2 Corintios 10:16 puede insinuar que Corinto no había hecho mucho por evangelizar su propia región. Ellos consumieron más recursos y energía de los que produjeron; ellos absorbieron el tiempo y la energía del apóstol mientras él debía concentrarse en las "puertas abiertas" en otros sitios (1 Corintios 16:8-9). Ellos despreciaron el trabajo de Pablo, aunque le debían su alma. Ellos se burlaron a sus espaldas de que él era crudo, simple y perdedor. Algunos devaluaron su evangelio situándolo en segundo plano después de la filosofía popular. Ellos rechazaron por completo doctrinas apostólicas tales como la resurrección de los muertos. Eran arrogantes, jactanciosos y crueles con sus propios pobres. Ellos se justificaban a sí mismos al rechazar el matrimonio por un lado y visitar prostitutas por el otro. Se demandaban entre sí en la corte y se lanzaban insultos unos a otros.

Si Pablo fuera un pastor como nosotros, ¿no habría dejado la iglesia, atravesado la ciudad y fundado una nueva obra de Cristo a partir de cero? ¿No le diría su sentido común que si él dejaba de perder su tiempo con esos 60, podría comenzar otra obra y sobrepasar ese número en poco tiempo? ¿Por qué no invertir su tiempo en una Iglesia Corintia Nueva?

Él no habría podido hacer eso porque Cristo no se lo habría permitido. Como lo veía Pablo, esos molestos individuos no eran simplemente registros en un libro que podrían considerarse una mala inversión. Antes bien, ellos eran pueblo escogido de Dios. Y a pesar de las cosas horribles que hacían o decían, Pablo percibía que el Espíritu trabajaba en ellos y seguiría haciéndolo (1 Corintios 1:4-9).

¿Cómo puede un pastor moderno soportar meses de este tratamiento, mucho menos años? Estamos apurados por cosechar resultados que se puedan medir y vanagloriarnos de ellos frente a otros pastores. Olvidamos que Dios nunca está apurado. ¡Qué tonto sería enfurecerse contra el rebaño de Dios cuando él está alistándose para hacer una obra fresca en medio de ellos dentro de unos años!

Cuando un pastor se enoja con sus ovejas a causa de su lentitud o terquedad; cuando él las reprende por su estupidez; cuando amenaza con dejarlas; cuando las golpea con ira en vez de disciplinarlas en amor; entonces ese pastor se ha alejado del ministerio de Cristo y se ha desviado a un ministerio de la carne. Así no se puede cumplir un trabajo para Dios. Ira, impaciencia, jactancia, rudeza y sarcasmo nunca son herramientas del Espíritu de Dios.

* * *

En este comentario nosotros estaremos explorando la sabiduría de los "Padres de la Iglesia" con el fin de entender y aplicar 1 Corintios. Nuestro primer ejemplo viene de la mano de Ignacio, alrededor del año 107 d.C.[21]. Ignacio escribe a Policarpo para advertirle acerca de pasar tiempo solo con discípulos entusiastas: *"Si amas a los entendidos, esto no es nada que haya que agradecerte. Más bien, somete a los más impertinentes por medio de la mansedumbre" (Ignacio a Policarpo 2.1)* [versión de Lightfoot].

El mejor libro que conozco sobre el tema de cuidado pastoral lo escribió un Papa romano del siglo VI. Por favor, no critique mi gusto ni mi teología antes de haber leído Regla Pastoral de Gregorio Magno[22]. Su libro es simple, bíblico y vale más que muchísimos otros.

F. Tercer Viaje – la estancia en Éfeso y el regreso a Corinto

El Tercer Viaje fue una campaña egea. Comenzando alrededor del 54 d.C., Pablo pasó unos tres años en Éfeso, entrenando discípulos que evangelizaron en lugares

21. Ignatius, *Polycarp* 2.1. Yo no acepto la doctrina de Ignacio del obispo monárquico, esto es, la idea de que cada iglesia debe tener un líder supremo. Esto no es una enseñanza del Nuevo Testamento, la cual en todas partes asume que la iglesia tiene múltiples ancianos u obispos (también traducible como supervisores); véase por ejemplo los ancianos de la iglesia de Éfeso en Hechos 20:17; también los supervisores de Filipos en Fil 1:1. Un "pastor principal" o único pastor quien se percibe a sí mismo como un "Hombre de Dios" puesto que el rebaño no encontrará ninguna justificación para este oficio en el Nuevo Testamento; esto está basado en la idea del sacerdocio del Antiguo Pacto. De todas maneras, la sabiduría tanto de Ignacio y de Gregorio el Grande que citamos aquí no es dependiente de su noción de un obispo monárquico, pero tiene todo que ver con ministerio pastoral de alta calidad.

22. Gregorio Magno, *Regla pastoral*, tr. Luis Heriberto Rivas, Ediciones Paulinas, Buenos Aires, 1991.

como Laodicea, Colosas, Hierápolis y eventualmente las siete iglesias mencionadas en Apocalipsis 2–3. Éfeso fue el pináculo del trabajo paulino. Pero siempre
mirándolo desde el oeste, cerca de 300 km cruzando el mar "del color de vino" o
"vinoso" (Homero, *La Odisea* 2:461-462) se hallaba la iglesia de Corinto; como
una adolescente: dividida, arrogante, controvertida, difícil de tratar, pero con un
enorme potencial y nunca alejada del corazón del apóstol Pablo.

Con cierto grado de confianza (cf. Hurd), se puede reconstruir el modo
de proceder posterior de Pablo con la iglesia de Corinto de esta manera:

- Pablo llega a Éfeso, trabaja con Aquila y Priscila y permanece allí tres años.
- La "carta previa". Esta nota al menos contenía la instrucción paulina
  "que no se relacionen con personas inmorales", un punto polémico en lo
  que concierne a la relación de los cristianos con el mundo (1 Corintios
  5:9). Hurd (capítulo 6) considera que él puede reconstruir otros aspectos
  de esa carta, aunque sería especulación.
- La carta que los corintios enviaron a Pablo: es evidente a partir de 1
  Corintios 7:1, "Paso ahora a los asuntos que me plantearon por escrito",
  que los corintios habían establecido una comunicación escrita con Pablo,
  muy probablemente a través de los líderes mencionados en 16:15-18.
- Información oral desde Corinto. Pablo había recibido otra información
  de dos fuentes: una es la delegación oficial de Corinto (16:15-18). Es
  altamente improbable que la carta oficial contuviera una información
  de los cismas presentes en la iglesia o de la alabanza a ciertos "héroes",
  la cual dividiría a la iglesia. Esa información le llegó indirectamente
  a través de otra fuente, la gente de Cloé (1 Corintios 1:11) y quizá de
  algunos otros líderes de la iglesia. Esto pone de manifiesto un punto
  interesante: los corintios escribieron acerca de ciertos temas doctrinales
  y éticos, pero no describieron la situación tal y como la vivía la iglesia
  en realidad. Sus preguntas, aunque válidas, ocultaban los problemas
  más profundos. En su respuesta (nuestra carta 1 Corintios), Pablo
  contesta las interrogantes claramente, pero desarrolla cada una desde
  el punto de vista de la cruz y sus frutos: unidad, paz, misericordia y
  sobre todo amor.
- Pablo envía a Timoteo en un viaje con instrucciones de pasar por Corinto
  (1 Corintios 4:17); no sabemos cuándo, pero él lo alcanzó (Hechos 20:4).
- Pablo manda 1 Corintios (56 d.C.). Puede ser que Tito la llevara; de
  otro modo, Tito estuvo en Corinto entre las dos cartas paulinas. Pablo
  menciona que en vez de visitar Acaya primero –como aparentemente esperaban los corintios (2 Corintios 1:15-16)– prefiere pasar por

Macedonia. Él planeaba que Tito viajara al norte, tal vez que se acercara a Troas (o Tróade) tanto como pudiera de modo que ambos se reunieran.

- La "visita dolorosa". Entre 1 y 2 Corintios, Pablo apareció para hacerles a los corintios una visita corta, no mencionada en Hechos, pero recordada en 2 Corintios 2:1. Esta sería la segunda visita, implícita en estas palabras: "Yo estoy listo para visitarlos por tercera vez", de 2 Cor 12:14.

- Pablo manda la "carta severa". Es muy difícil determinar si la carta mencionada en 2 Corintios 2:9 y 7:9 era 1 Corintios, u otra carta escrita en el lapso entre las dos que tenemos o era algún otro mensaje escrito. Pensamos que se refiere a una epístola perdida escrita antes o, más probablemente, después de la visita dolorosa.

- Pablo viajó a Troas y luego a Macedonia (Hechos 20:2); se encontró con Tito, después de un atraso en Troas mientras él esperaba en vano noticias de los Corintios. Aunque Pablo escuchó noticias decepcionantes de Tito, él estaba complacido de escuchar que los corintios aún lo amaban.

- Pablo envía 2 Corintios (56 o 57 d.C.) con el fin de advertir acerca de ciertos "superapóstoles" judaizantes quienes operaban en la iglesia de Corinto. Además, él también quería evitarles la vergüenza de no estar preparados para la Colecta de Jerusalén, por lo cual escribe 2 Corintios 8-9. Para estudiar las teorías sobre la división de 2 Corintios se puede consultar las obras de referencia estándar; el presente trabajo supone la unidad de ambas epístolas.

- Pablo llega a Corinto (57 d.C.). La referencia sencilla en Hechos 20:2 es que él llegó a Grecia (es decir, Acaya) y se quedó allí tres meses. Timoteo y Erasto habían ido primero que él a Macedonia (Hechos 19:22) y al menos Timoteo estaba con él de nuevo en Corinto (Romanos 16:21). Aquí Pablo escribe su epístola a los romanos, menciona que se había quedado con Gayo (Romanos 16:23) y que Febe, una cristiana líder de la iglesia de Cencrea, lleva la carta (Romanos 16:1-2). Tercio (el escriba), Cuarto y Erasto el *aedile* (tesorero) probablemente eran corintios cristianos (Romanos 16:22-23). Una vez más los judíos conspiraron contra él (Hechos 20:3), impulsándolo a cambiar sus planes de viaje y regresar por tierra a Macedonia en vez de dirigirse directo a Jerusalén. Timoteo era parte del grupo que se quedó con Pablo (Hechos 20:4). Lucas ya estaba en Macedonia y se reunió con Pablo en su viaje de regreso (Hechos 20:6).

G. La historia posterior de la iglesia de Corinto

Después de mencionarse en Romanos, la iglesia de Corinto desaparece de las páginas de la historia del Nuevo Testamento. Dichosamente se cuenta con varios datos de fines del siglo primero tanto como del siglo segundo de la era cristiana los cuales aclaran nuestra comprensión de 1 Corintios:

Terremoto. La ciudad estuvo a punto de quedar destruida a causa del terremoto ocurrido en el 77 d.C., pero tanto la iglesia como la sinagoga sobrevivieron.

La primera epístola de Clemente. Aunque formalmente es anónimo, este escrito temprano de la literatura postapostólica se le adjudicó a Clemente de Roma, presbítero y secretario de correspondencia de la iglesia romana. Probablemente se escribió recién terminada la persecución de Domiciano (o sea en el 96 d.C.) y por lo tanto se puede considerar contemporánea del Apocalipsis. La carta sugiere que un puñado de insatisfechos había impulsado una revuelta en contra de los presbíteros corintios; se menciona *los presbíteros* en plural, dando la idea de que ni en Roma ni en Corinto en ese momento había un obispo único o "monárquico", como sí había en muchas iglesias orientales[23].

Es común que al leer 1 Corintios y *1 Clemente* se concluya que la iglesia de Corinto había estado en continuo conflicto interno entre los cincuenta y los noventa. De seguro que esta es una lectura apresurada. Cuatro décadas habían transcurrido entre los dos cismas, y de hecho Clemente deja claro que el problema que él enfrenta es reciente (*1 Clemente* 3) y que durante mucho tiempo Corinto se había distinguido por su unidad y su amor (*1 Clemente* 1-2). La carta menciona mucho 1 Corintios, con lo cual demuestra que tanto Roma como Corinto tenían una copia de ese escrito. Del mismo modo que Pablo, Clemente dedica algún tiempo a la doctrina de la resurrección. *1 Clemente* todavía se leía públicamente en la iglesia de Corinto en los días de Dionisio (ver más adelante) y era inmensamente popular en la iglesia postapostólica.

El obispo Dionisio. Eusebio cita el trabajo pastoral de Dionisio, un obispo corinto (monárquico) del año 170 d.C. aproximadamente. Este obispo era escritor de cartas y Eusebio (*Historia de la Iglesia* 4.23) conocía ocho de sus epístolas conservadas:

> Como obispo de Corinto, Dionisio dio un inspirado servicio no solo a los que estaban bajo él, sino también a los distantes, especialmente por medio de las epístolas generales que escribió para las iglesias.

Historia posterior. Corinto fue destruido por tribus de merodeadores en los siglos tres y cuatro. No obstante, un asentamiento continuó hasta la Edad Media como centro de negocios y comercio. A finales de la Edad Media declinó y disminuyó; finalmente, cayó junto con toda Acaya bajo el poder de los turcos musulmanes en 1458.

23. Cf. las *Epístolas de Ignacio*, redactadas en una o dos décadas después de *1 Clemente*.

II. ¿POR QUÉ ESCRIBIÓ PABLO 1 CORINTIOS?

Pablo no escribió cartas simplemente para mantenerse en contacto. Como todas sus epístolas, 1 Corintios era parte del material escrito que surgió en su obra misionera[24]. Pablo era un trabajador itinerante, y durante sus ausencias él escribió con el fin de darles dirección a sus iglesias. Esta enseñanza escrita usualmente no era información nueva, sino una llamada a ser fiel a la verdad que ellos ya poseían.

Nosotros poseemos más información acerca de las circunstancias de 1 Corintios que la que tenemos de cualquier otra epístola Paulina: (1) las noticias inquietantes que Pablo había escuchado acerca de la iglesia de parte de "los de Cloé"; (2) la carta enviada a Pablo por los corintios, en la cual le preguntan sobre algunos temas que quieren clarificar. En algunos lugares (especialmente en 10:23: "Todo está permitido") Pablo cita las mismas palabras usadas por los corintios. Las preguntas se pueden deducir de las respuestas dadas por el apóstol a partir de la segunda mitad de lo que hoy conocemos como 1 Corintios y a menudo se introducen con la frase "en cuanto a..." (*peri de*):[25]

- ¿Es el matrimonio tan solo la institucionalización del deseo carnal? (7:1).
- ¿No cuenta un cristiano instruido con el derecho de comer carne sacrificada a los ídolos? (8:1).
- ¿Habla en serio cuando dice que las mujeres tienen que usar velo en las reuniones? (11:5).
- ¿No es cierto que hablar en lenguas es la señal más infalible del nivel espiritual? (12:1).
- ¿Tenemos que aceptar la grosera superstición de la resurrección del cuerpo o la idea de una existencia espiritual hace completa justicia a la tradición cristiana? (15:2).
- ¿Qué debemos hacer en relación con la ofrenda para los de Jerusalén? (16:1-4).
- Y finalmente, ¿por qué Apolos no ha venido a visitarnos? (16:12).

De todo esto se pueden reconstruir algunas prácticas y aspectos teológicos comunes dentro de la pequeña iglesia:

---

24. Yo digo carta, en singular, puesto que yo veo la unidad de 1 Corintios más allá de toda duda razonable, esto es, que fue escrita como una sola composición y no es un popurrí de fragmentos paulinos. Cf. Hurd, *Origin*, pp. 43-46 o las introducciones estándar para las diversas teorías.

25. Hurd, *Origin*, capítulo 5. Se debe consultar el estudio exhaustivo de Margaret M. Mitchell, "Concerning PERI DE in 1 Corinthians", *NovT* 31.3, 1989, pp. 229-56. Ella afirma que *peri de* no necesariamente implica una respuesta para una pregunta planteada. Mitchell está técnicamente en lo correcto con respecto a cómo se usa generalmente la frase, pero con respecto a *esta* epístola parece como sí *peri de* introdujese respuestas a preguntas.

1. Una combinación de actitudes y opiniones que incluye: (a) Partidismo; (b) Elitismo basado en la jactancia de una supuesta sofisticación filosófica; (c) Una falsa epistemología (filosofía de conocimiento); (d) Triunfalismo, es decir, la actitud de que un verdadero cristiano no necesita esforzarse:

Es una tarea notoriamente difícil escuchar un lado de la conversación (en este caso, una epístola) y tratar de inferir lo que estaba pasando en la iglesia. La principal exhortación de Pablo en 1:10 tiene que ver con el partidismo; pero cuando continúa y desarrolla por qué las divisiones están mal, su argumento está basado enteramente en la comprensión incorrecta de los corintios del evangelio y de su ministerio. Algunos corintios se habían desviado y habían desarrollado un deseo ardiente por una sabiduría filosófica. Su error se debió parcialmente a una epistemología falsa, esa rama de la filosofía que planteaba la pregunta: "¿Cómo sabemos lo que sabemos?". Creían que la especulación racional hacía que el Universo tuviera sentido y en esa búsqueda menospreciaron el mensaje simple de la cruz predicado por Pablo (ver el *Comentario* para una discusión detallada). "Entre tantas mentes recién despiertas e inquietas pero indisciplinadas, el intelectualismo griego tomó una forma cruda y superficial; delató una vanidad infantil y afición por la jerga retórica y filosófica (i. 17, ii. 1-5, etc.), y se alió con el partidismo que era la habitual maldición de Grecia"[26].

De manera invariable en el mundo de las ideas, esto conducía a argumentos amargos para demostrar qué método filosófico era mejor, quién entendía mejor la naturaleza de la verdad, quién podía pertenecer a la élite, y era capaz de juzgar a otros gracias a su conocimiento superior. Muy pocos corintios vivían en la opulencia por haber nacido en esa cultura intelectual (1:26). De hecho, los pocos suficientemente adinerados como para hospedar iglesias en su casa o para hacer viajes por mar a Éfeso parece que estaban en buenos términos con Pablo; ellos no eran los culpables en esta situación (16:15-18). Sin embargo, algunos conversos tenían educación y por lo tanto interés por lo intelectual. Esos filósofos aficionados siguieron los postulados de las escuelas de pensamiento populares: que los poderosos, provenientes de familias bien acomodadas, los ricos, los más educados, los privilegiados, estaban mejor calificados para integrar la élite sabia; que los pobres, los ignorantes, los que no están bien relacionados socialmente, los privados de sus derechos, los que sufren, eran los que contaban con menos probabilidades de alcanzar algún nivel de sofisticación y debían dejarse guiar por los mejores. Argumentaremos que la atracción hacia Apolos, hacia Cefas, hacia Pablo (si acaso al grupo de Cristo) se basó en el estilo suyo al presentar la misma verdad[27].

---

26. W. Robertson Nicoll, ed., *The first epistle of Paul to the Corinthians*, en *The Expositor's Greek New Testament*, 4 tomos, Cambridge University Press, Cambridge, 1897-1910, p. 2:731.

27. En su mayoría, los comentaristas asumen que los corintios tenían una comprensión superficial de la filosofía popular y podían usar eslóganes y dichos sin tener un conocimiento

2. Un destino eterno espiritual, incorpóreo:

Algunos corintios dudaban que el cuerpo humano fuera resucitado cuando Cristo regresara. Ellos no negaban la resurrección de Jesús, pues eso significaría que ellos no eran cristianos del todo. Aparentemente ellos veían a Jesús como un caso único más que el primer fruto de lo que Dios haría por la iglesia. Ellos probablemente se aferraban a una doctrina de la inmortalidad del alma, la cual existiría en un estado incorpóreo.

Algunos eruditos argumentan que la actitud de los corintios en 1 Cor 4:8 –"¡han llegado a ser reyes!"– estaba basada en alguna mala interpretación local de la escatología cristiana. Pablo les había enseñado que el reino de Dios vendría en el futuro, y que solo entonces ellos disfrutarían completamente la nueva creación y la resurrección (cf. 1 Tes 2:12; 2 Tes 1:5; Rom 8:18-25). Mientras tanto, la vida en esta edad, sin importar lo rica que fuera con las bendiciones de Dios, involucraría sufrimiento y debilidad. Este programa apostólico es un aspecto del llamado *theologia crucis*, la teología de la cruz. De acuerdo con este punto de vista, los corintios, bajo una u otra influencia, supuestamente llegaron a creer una "escatología *sobre*-realizada", es decir, que Dios ya había "realizado" o hecho por ellos las cosas que vendrían supuestamente solo en la edad por venir. Algunos han sugerido que los corintios sostenían algo como la enseñanza en 2 Tim 2:18: "quienes se han alejado de la verdad. Ellos dicen que la resurrección ya ha tenido lugar, y ellos destruyen la fe de algunos". De la falsa enseñanza en 2 Timoteo nosotros tenemos poco conocimiento.

Una alternativa a este punto de vista es que Pablo les había enseñado que ellos ya habían sido resucitados con Cristo (como en Rom 6:11: "En la misma manera, considérense muertos al pecado pero vivos para Dios en Cristo Jesús"). Los corintios por su parte adornaron la doctrina de Pablo con la idea distorsionada de que no había resurrección futura y que los cristianos ya reinaban plenamente en un reino espiritual.

Gordon Fee y otros han argumentado que una escatología sobre-realizada podría explicar muchos rasgos de la carta: no solo la negación de la resurrección futura (1 Cor 15), sino también su tendencia hacia el éxtasis carismático y su "libertad" para comer carne sacrificada a los ídolos[28].

---

profundo. Una posible alternativa, suministrada por Tim Brookins, "The wise Corinthians: their Stoic education and outlook", *JTS* 62.1, 2011, pp. 51-76, es que los "sabios" corintios habían tenido una educación formal en el gimnasio corintio, quizá bajo la tutela de Lucio el estoico.

28. Cf. Gordon D. Fee, *Primera epístola a los corintios*, Nueva Creación, Buenos Aires, 1994, pp.15-16; Victor Paul Furnish, *The theology of the first letter to the Corinthians*, Cambridge University Press, Cambridge, 1999, pp. 9-12; Anthony C. Thiselton, "Realized eschatology at Corinth", *NTS* 24, 1978, pp. 510-26; Anthony C. Thiselton, *The first epistle to the Corinthians*, NIGNT, Eerdmans, Grand Rapids, MI, 2000, pp. 357-59; Schrage, *An die Korinther*, pp. 1:338-40;

Sin embargo, el punto de vista tiene una serie de debilidades graves. Primero, hay un problema de metodología. Los eruditos como un todo prefieren soluciones unificadas a todos los asuntos teológicos y prácticos que se encuentran en una epístola. Por ejemplo, algunos han tratado de identificar el gnosticismo como la "causa principal" de todos los problemas corintios (véase abajo). Sin embargo, la noción completa de que una iglesia debe tener un error principal, del cual brotan todos los otros problemas, es cuestionable. Aquí es donde un pastor podría tener un mejor sentido de cómo interpretar una epístola que el que un erudito tendría: todo pastor conoce que aun en una iglesia pequeña, puede existir una completa gama de problemas codo con codo, los asuntos no están necesariamente relacionados unos con otros e incluso podrían contradecirse unos a otros. En Corinto algunos miembros presentaron demandas, otros iban donde prostitutas, otros negaban la resurrección, otros no querían tocar carne sacrificada a los ídolos. Es muy posible que ninguno de estos asuntos estuvieran interrelacionados.

Segundo es el problema histórico: en ninguna parte en la historia de la iglesia primitiva hay evidencia de un grupo que combinara escatología sobre-realizada con un exceso de lenguas carismáticas. El teólogo debe inventar tal religión para Corinto, atando juntos varios datos en una síntesis.

Tercero, en ninguna parte Pablo trata de frente con cualquier negación de escatología futura en Corinto. Aun en 1 Cor 15, los corintios no rechazaron la futura venida de Cristo y el reino; lo que ellos rechazaban era la resurrección del cuerpo.

Cuarto, la epístola en todas partes asume que los corintios tenían una fuerte escatología futura como les fue enseñada durante un año y medio por Pablo. El apóstol trata acerca de la venida de Cristo desde el principio, por ejemplo en 1:7: "Mientras esperan con ansias que se manifieste nuestro señor Jesucristo". Él no ofrece la más mínima insinuación que alguien negara o minimizara el regreso de Cristo.

La teoría de que una escatología "realizada" radical era la raíz del error corintio debería ponerse a un lado debido a la falta de pruebas.

3. Desprendimiento exagerado del mundo:

Algunos corintios malinterpretaron el sentido de una afirmación paulina como si se refiriera a mantenerse apartados de la gente del mundo (5:9-13). Se habían convertido en jueces de los de afuera, pero eran flojos con respecto del pecado dentro de la misma iglesia de Dios. En 7:1, probablemente Pablo cita uno de sus

---

Heinz Dietrich Wendland, *Die Briefe an die Korinther*, NTD 7, Vandenhoeck & Ruprecht, Göttingen, 1962, pp. 35-36; J. Christiaan Beker, *Paul the apostle: the triumph of God in life and thought*, Fortress, Philadelphia, 1980, pp. 164-66; y muchos otros.

propios dichos –literalmente "es bueno para un hombre no tocar mujer"– antes de refutarlo. Tal vez esto surgía del rechazo del matrimonio y de otras instituciones "terrenales" contaminantes del espíritu.

4. Pleitos:

Algunos creyentes se aprovechaban demasiado del sistema del mundo, resolvían sus diferencias demandando a otros creyentes en la corte (6:1). Probablemente este era un pecado de la élite poderosa y adinerada de la iglesia, puesto que llevar los asuntos a un plano legal estaba más allá del alcance y de los derechos legales de los pobres.

5. Libertinaje y tolerancia del incesto:

Un miembro de la iglesia había tomado a la mujer de su padre (a su madrastra) como su amante (5:1ss.). No sabemos la justificación del hombre para esa clase de conducta, ni la razón del orgullo que algunos sentían al consentir ese pecado.

6. Comer carne sacrificada a los ídolos:

La pregunta tenía dos niveles: (1) si hay un pecado intrínseco o una invitación a la opresión demoníaca al comer tal comida, aunque sea por accidente (como en 10:25, 27); (2) si un cristiano puede participar en un banquete o en una ceremonia abiertamente dedicada a un dios pagano (8:10; 10:14-22). Algunos miembros vieron a través de la ilusión de la idolatría pagana el fraude que las deidades eran: si no hay dioses aparte de nuestro Dios, ¿qué daño puede producir comer esas ofrendas? De hecho, ¿no es cierto que esa libertad es una evidencia de que nuestra sabiduría es mayor? ¿Y de la ineptitud de los menos sofisticados?

7. Asuntos en relación con las mujeres:

Algunos corintios no creían que las mujeres debieran cubrirse la cabeza en la asamblea; Pablo no menciona por qué. Ese desagrado pudo haberse iniciado por varias razones distintas. 14:33b-35 sugiere un indicio de desorden causado por las mujeres en las reuniones.

8. División de clases:

Algunos estudios recientes afirman que las divisiones por riqueza y por posición social fueron la principal amenaza de la iglesia[29]. Es mejor decir que la jerarquía social, aunque no era la causa fundamental de los problemas de la iglesia, proveía un contexto para su manifestación. La Cena del Señor, supuestamente la señal de

29. Cf. Gerd Theissen, "Estratificación social de la comunidad de Corinto. Estudio de sociología del cristianismo primitivo helenista", en *Estudios de sociología del cristianismo primitivo*, Sígueme, Salamanca, 1985, pp. 235-255 (tr. Francisco Ruiz y Senén Vidal).

amor cristiano y unidad, había llegado a simbolizar el abismo entre el acomodado y el pobre e indefenso (11:20-21).

9. Obsesión por hablar en lenguas en las reuniones cristianas:
En 1:4-7, Pablo recalca que una de las características positivas más notables de la iglesia es su experiencia con los dones espirituales o *jarismata*. Él insinuará en los capítulos 12 y 14 que esos dones buenos se usaban para dividir a la iglesia antes que para edificarla en amor. Unos atropellaban a los otros con tal de ser el centro de atención; como resultado las reuniones eran destructivas. La principal atracción, aunque no la única, era el don de lenguas; los corintios lo usaban en los cultos con el fin de alcanzar satisfacción personal y una posición, más que para bendecir al grupo. Esto llevó a reuniones perjudiciales.

¿Qué podemos concluir de éstos nueve fenómenos?, y, ¿hay alguna manera de vincular todos estos? ¿Forman todas estas estrellas una constelación reconocida o son meramente puntos de luz aislados?

Siempre existe la tentación de explicar la mayor cantidad posible de puntos por medio de una gran teoría. Se podría afirmar que el #3 (desapego del mundo) y el #7 (igualdad de género) fueron causados por el #2 (un destino espiritual eterno), el cual percibía el género y el matrimonio como transitorios por tanto no eran relevantes para los que habían probado la época venidera. O tal vez los corintios eran súper carismáticos, tan poseídos por el Espíritu de Dios (así se lo imaginaban) que las prohibiciones convencionales en contra de la comida idolátrica (#6) o el incesto (#5) no eran para ellos. O quizá alguna herejía reconocida, generalmente el gnosticismo, era el problema subyacente[30]. Después de todo, ¿por qué más seguiría Pablo mencionando la palabra clave, *gnōsis* ("conocimiento"; ver 1:5, 8:1, 13:8, etc.), si no estuviera tratando de reinterpretar lo que es el verdadero conocimiento? Porque se sabe que los gnósticos negaban la resurrección corporal (#2), eran por definición elitistas (#1), tendían a ser ascetas (#3) y a borrar los papeles propios de cada género (#7); de seguro, dicen algunos, el gnosticismo era "la herejía corintia".

El problema con este tipo de enfoque es la imposibilidad de unir los nueve datos en una sola explicación sin la necesidad adicional de inventar más suposiciones. Esto es especialmente el caso con la interpretación gnóstica de esta y otras cartas paulinas. Toda la información que tenemos del gnosticismo viene del II siglo d.C.

---

30. Cf. los principales comentarios. Walter Schmithals, *Gnosticism in Corinth: an investigation of the letters to the Corinthians*, Abingdon, Nashville, TN, 1971, era el principal defensor de la hipótesis gnóstica, pero la mayoría cree que había exagerado la evidencia. En las últimas décadas todos menos unos pocos han rechazado el gnosticismo como la matriz para los problemas corintios. Ni es la categoría de "pre-gnóstico" más satisfactoria: cuáles son designadas como ideas pre-gnósticas –por ejemplo, la negación de la resurrección–, eran en realidad una creencia generalmente-sostenida en la época de Pablo, la cual no tenía conexión histórica con el posterior movimiento gnóstico.

o mucho después, y no ha sido demostrado que este existiera como un movimiento en la época de Pablo[31]. De hecho, los gnósticos llegaron a usar 1 Corintios como "prueba" de su propio sistema: después de todo, ¿no enseñó Pablo la existencia de tres clases de seres humanos, el mundano, el del alma (cristianos), y el espiritual (gnósticos, quienes podrían recibir las verdades superiores)? La misma facilidad con que los gnósticos incorporaron la epístola parece significar que Pablo hubiera tenido que perder el punto de su sistema, y que su refutación era un trabajo chapucero.

Algunas de estas nueve ideas (por ejemplo, #3 y #5) son mutuamente contradictorias, lo que insinúa que si había teología falsa en Corinto tratamos con más de un "sistema" de creencias. Por eso, otro acercamiento consiste en tratar de describir los cuatro grupos que sabemos que existían (ver nuestras notas en 1:11-12). Por deducción e imaginación algunos han afirmado que el grupo de Apolos era el más filosófico, mientras que el de Pedro era judaizante. El problema fatal es la ausencia total de pruebas. El hecho de que distintos estudiosos deducen interpretaciones radicalmente distintas acerca del mismo grupo lo dice todo: ¿Era el grupo de Cefas conservador, en tanto que él era uno de los doce? O, ¿se dedicaba ese grupo a evangelizar a los gentiles, atribuyéndole a Pedro el trabajo pionero allí (Hechos 10–11)? De hecho, es imposible que determinemos cuál de las facciones negaba la resurrección corporal o cuál se mostraba escrupulosa en relación con la comida sacrificada a los ídolos. Sus divisiones tenían que ver con quién era más y quién menos sofisticado en su "sabiduría"[32].

Lograremos más si miramos el ambiente histórico para encontrar la manera de explicar las enseñanzas corintias sin recurrir a múltiples suposiciones. La implicación paulina es que el anhelo corintio de un reconocimiento otorgado por la sabiduría (más que por la revelación) era la causa fundamental de las facciones. Esto significa que cuando Pablo describe su propia experiencia como evangelista en 1:22 que "los judíos piden señales milagrosas y los gentiles buscan sabiduría", es el segundo, el error griego no el judío, el que causaba el problema en esa iglesia.

Las opiniones filosóficas variaban en Acaya, pero podemos deducir cómo los puntos en común habrían afectado a los inexpertos cristianos de Corinto:

- cada sistema filosófico aceptado compartía una suposición epistemológica, subrayando la importancia de la razón sobre la tradición o la revelación,
- todos los sistemas pensaban que el suyo era el más sabio y el más loable, y estaba en conflicto con los demás sistemas perpetuamente,

31. La afirmación definitiva es todavía la de Edwin Yamauchi, *Pre-Christian Gnosticism: a survey of the proposed evidences,* ed. rev., Baker, Grand Rapids, MI, 1983.

32. Cf., especialmente, Mark T. Finney, "Honor, rhetoric and factionalism in the ancient world: 1 Corinthians 1-4 in its social context", *BTB* 40.1, 2010, pp. 27-36.

- cada sistema, consciente o no, fomentaba el elitismo; reservaban los honores más altos para quienes eran intelectual y económicamente dotados para dedicarse a la búsqueda de la sabiduría,
- todos los sistemas tenían un componente importante en la relación del individuo con la sociedad; los epicúreos valoraban la vida privada; mientras que los estoicos, la participación pública,
- la mayoría valoraba la lógica, la retórica y la presentación atractiva de sus verdades; tenían como meta reclutar a benefactores ricos y a estudiantes; los cínicos predicadores callejeros fueron una excepción, por lo cual los consideraban bufones,
- cada filosofía tenía una opinión fuertemente desarrollada con respecto de la existencia de los dioses griegos tradicionales, de cuál era la naturaleza de Dios o los dioses y cuál era nuestro deber para con él o ellos,
- todos los sistemas (ya fueran estoicos, peripatéticos, epicúreos, paganismo popular de los poetas, y especialmente el platonismo) ridiculizaban la idea de la resurrección corporal (cf. Hechos 17:18, 32).

Una de las escuelas filosóficas que refleja mejor los asuntos de 1 Corintios 1-10, 15 es el estoicismo, el cual se conoce por su influencia en el Corinto romano en el tiempo de Pablo. "El estoicismo no era solo la más popular entre las filosofías helenísticas en el siglo I, sino que era particularmente popular entre los ricos"[33]. De hecho, un representante famoso del estoicismo en los días del apóstol Pablo era Séneca, hermano de Galión quien fungía como procónsul de Corinto. Entre las ideas de los estoicos se hallan las siguientes:

- Un acercamiento racionalista al conocimiento y a la moralidad.
- El ascetismo, una abstinencia estricta de influencias contaminantes (cf. 1 Corintios 7:1).
- Una pasión por el autoexamen como instrumento para la vida moral (cf. 1 Corintios 4:3-4)[34].

33. Brookins, "The wise Corinthians", p. 47 Cf. también Albert V. Garcilazo, *The Corinthian dissenters and the Stoics*, Studies in Biblical Literature 106, Peter Lang, New York, 2007. De acuerdo con Garcilazo, la élite de Corinto Romano estaba bajo la fuerte influencia de Séneca y otros líderes de la sociedad romana. Él señala el énfasis estoico en la sabiduría, libertad y auto-suficiencia como la clave para entender las epístolas. Will Deming, *Paul on marriage and celibacy: the Hellenistic background of 1 Corinthians 7*, Eerdmans, Grand Rapids, MI, 2004, da un sólido trasfondo de los eslóganes estoicos y pensamiento en la carta. Desafortunadamente, su teoría sufre de la multiplicación de suposiciones, puesto que él argumenta que había también elementos sapienciales y apocalípticos judíos en Corinto, sincretizados dentro de un marco básicamente cristiano. Uno debe recordar que la iglesia de Corinto estaba compuesta de quizá cien personas, muy pocas de las cuales habrían tenido alguna apreciación por el pensamiento filosófico.

34. Richard B. Hays, *First Corinthians*, Interpretation, John Knox, Louisville, KY, 1997, p. 66.

- Indiferencia hacia el matrimonio y la crianza de niños (cf. 1 Corintios 7)[35].
- Un gran interés por vivir de acuerdo con la "naturaleza" (*phusis*; cf. el uso de la palabra en 1 Cor 11:14-15)[36].
- Creencia en el "espíritu de este mundo" (1 Cor 2:12)[37].
- Negación de la resurrección (ver 1 Corintios 15:12).
- La creencia de que el alma sobrevive a la muerte pero se absorbe en el Universo.
- La expectativa de que el Universo será purificado por el fuego (1 Corintios 3:13-15)[38].
- Un dicho: "Todas las cosas pertenecen a los sabios" (1 Corintios 3:21b)[39].
- Una enseñanza: "Un templo... no debe considerarse santo" (1 Corintios 3:16-17, 6:19-20)[40].
- Eslogan: Los estoicos consideraban que el hombre sabio (el filósofo) controlaba el mundo: "Los estoicos enseñan lo que está en conformidad con esto, asignan la realeza, el sacerdocio, la profecía, la legislación, las riquezas, la belleza auténtica, el nacimiento en cuna noble, la libertad, solamente al hombre sabio"[41]. Esto es un paralelo muy cercano a 1 Corintios 4:8, donde Pablo se burló de algunos cristianos por ser "saciados, ricos, reyes ya".

No estamos diciendo que los corintios se habían convertido al estoicismo, ni que existía una fusión coherente de los dos mundos allí. Más bien, algunos cristianos tomaron ideas de los estoicos y de otras filosofías porque se consideraban como la más profunda fuente de la sabiduría para la élite o las personas de movilidad social ascendente. Una filosofía fuerte en estoicismo proveería la respuesta para los puntos # 1, 2 y 3 (ascetismo; no así el punto #5, libertinaje) mencionados antes, y tal vez tenga algo que ver con los puntos #4, 6 y 8. No provee ningún tipo de explicación para el 9, la obsesión por hablar en lenguas.

Con el fin de hacer que estos *arribistas* o trepadores sociales vuelvan al evangelio verdadero, Pablo afirmará que Dios se ha revelado a sí mismo en la cruz

---

35. Clemente de Alejandría, *Miscelánea* 2.23.

36. Brad Inwood, ed., *The Cambridge companion to the Stoics*, Cambridge University Press, Cambridge, 2003, pp. 239-46.

37. Thiselton, *First Corinthians*, pp. 262-63.

38. Clemente de Alejandría, *Miscelánea* 5.1.

39. Hays, p. 60; Grant, p. 29; Cicerón, *Del sumo bien y del sumo mal* 3.22.75; Séneca, *De Beneficiis* 7.3.2-7.43.

40. Zenón, *República*, citado por Clemente de Alejandría, *Miscelánea* 5.11.

41. Clemente de Alejandría, *Miscelánea* 2.4 citando a Speusippus, en el primer libro contra Cleofonte; también Dídimo el Ciego, *Commentarii in Ecclesiasten* 235.

de Cristo. Y, en tanto que algunos eruditos sostienen que el problema presente a través de la carta es la súper espiritualidad, nosotros afirmamos que la vida en el espíritu, o un evangelio carismático, es lo que Pablo ofrece para "solucionar" los errores en la mayor parte de la carta.

Los corintios no se dividieron por asuntos doctrinales, sino por el prestigio. Fue el mismo Pablo, no ellos, quien afirmó que su problema era básicamente teológico – las personas que actuaban de ese modo eran bebés, no adultos; eran necios, no sabios; pensaban como el mundo, no desde la perspectiva de la cruz[42]. Más allá de esto, el anhelo por la filosofía tendía, en la práctica cotidiana, a producir predicadores que se hacían propaganda a sí mismos y usaban sus talentos para su propio provecho. Los historiadores son muy conscientes de que esto pasaba en todo el mundo. Por cada Epicteto, sabio y sensible, o por cada Marco Aurelio, había docenas de manipuladores astutos, gente a la cual sus contemporáneos satirizaban a menudo, y cuyos escritos y discursos la historia ha decidido no preservar para nosotros.

Con todo, aún el mejor filósofo y el más sincero no podía acercarse al discurso de Dios mismo; y este era el evangelio, revelado a la humanidad recientemente, hacía escasos 25 años; algunos corintios lo ignoraban o lo consideraban básico y elemental. Fue este espíritu de condescendencia o desdén, y no ningún culto ni sistema herético, lo que constituyó el componente teológico del error corintio.

Hasta este punto, un asunto importante en Corinto está sin explicación: ¿qué hay del hablar en lenguas (*glosolalia*)?, el tema que provee el contexto para 1 Corintios 12–14, incluyendo el famoso Capítulo del Amor. Pablo no relaciona específicamente el afán por la sabiduría, mencionado en los capítulos anteriores, con la obsesión por los dones de revelación mencionados más adelante. Afirmaremos que la influencia de la filosofía griega no explica esto, y que los intentos por hacer "entusiastas" a los filósofos corintios están destinados a fallar. Pablo les habla específicamente a los supuestos sabios para que vuelvan a la revelación apocalíptica sobrenatural del Espíritu Santo, la cual tiene que ver con el evangelio de la cruz (2:6-16). Esto sirve como antídoto para la especulación filosófica, pero solo incrementaría el anhelo por experiencias carismáticas.

Nuestro contexto latinoamericano sugiere una solución para esto. ¿Cuántas veces se ha observado que la experiencia carismática tiende a ser mayor entre los pobres y los desposeídos y menor entre los ricos? Se ha notado que una señal de escalar posiciones en la iglesia es la experiencia carismática intensa por encima de

---

42. Ben Witherington III, *Conflict and community in Corinth: a socio-rhetorical commentary on 1 and 2 Corinthians*, Eerdmans, Grand Rapids, MI, 1995, p. 75, es excelente en este punto: "Con el fin de vencer estas fuentes de discordia Pablo ofrece en su carta un discurso prolongado sobre acuerdo o reconciliación usando una retórica de reflexión. Él está convencido de que aun los problemas sociales tienen raíces teológicas e implicaciones éticas".

la educación y del poder social. El poderoso de una sociedad no puede permitirse ser visto en un trance eufórico[43].

Imaginemos la ciudad de Corinto como un microcosmos de este mismo fenómeno. No existe ninguna denominación que intente complacer el gusto o se amolde a todos los estratos sociales. Más bien, en un pequeño conjunto de iglesias vemos a los ricos junto a los más pobres y al lado de los escaladores sociales. Así como en la ciudad, la competencia social es intensa, y quienes tienen alguna posibilidad de progresar, tratan de hacerlo. Entre ellos hay quienes usan su reciente interés en lo religioso para incursionar en la filosofía, incluyendo el estoicismo. Se forman grupos alrededor de Pablo y de los otros de un modo que refleja el gusto de cada quien, aunque también con la idea de manipular socialmente para obtener poder y prestigio. Estos temas constituyen la mayor parte de las críticas de la epístola paulina y dejan ver mucho de su sarcasmo.

Mientras tanto, en lo más bajo, económica y educacionalmente, están quienes no tienen ninguna esperanza de competir con sus congéneres socialmente "mejores". Es decir, los esclavos, los trabajadores, los analfabetos, los que no tienen contactos sociales. Cuando el resto de la iglesia participa en este juego, ¿qué hacen?, ¿cómo se definen a sí mismos?

Nosotros sugerimos que la obsesión por los dones espirituales fue una reacción en contra del racionalismo y el elitismo que fomentaba. Aunque Pablo afirma sin reservas el valor de los dones, estos habían dejado de ser un instrumento para la edificación de la iglesia, y se habían convertido en un escape de la competencia social: "Muy bien, glóriense de sus libros (los cuales no puedo leer), de su filosofía (la cual no puedo entender), de sus amigos ricos (quienes me desprecian)... ¡Yo solamente me mantendré aquí y me comunicaré directa y sobrenaturalmente con Dios! ¡Y dejaremos que Dios decida quién es el mejor para eso!".

En este contexto, los *jarismata* de servicio y de administración, o aun el de profecía, no podían esperar competir con el aura ligada a la *glosolalia*. Porque en esa actividad, llevada a cabo en un alboroto durante las reuniones de la iglesia, ¡todo el mundo se daba cuenta de a quién de verdad Dios había tocado! Por fin, el carismático podía eclipsar a los ricos y a los poderosos.

Consideramos, pues, que 1 Corintios se escribió principalmente para contrarrestar el racionalismo de los elitistas, lo cual es necedad desde el punto de vista de la revelación de Dios. En segundo lugar, para corregir a los ultra-carismáticos, aunque no con la represión severa o el sarcasmo usados por Pablo con el otro

---

43. Yo exploro esta teoría en detalle en Gary S. Shogren, "The 'ultracharismatics' of Corinth and the Pentecostals of Latin America as the religion of the disaffected", *TynBul* 56.2, 2005, pp. 91-110. Dale B. Martin, *The Corinthian body*, Yale University Press, New Haven, CT, 1995, pp. 102-3, toma el punto de vista opuesto: él argumenta, basado en poca evidencia, que las personas de clase alta de la antigüedad serían los más naturalmente atraídos a la experiencia carismática extática. Martín parece contradecirse en pp. 239-42.

grupo. Él afirma los dones de ellos, pero les recuerda que su primer deber es el amor, y que sus dones no son para su propia edificación. Antes bien, que se complazcan en el servicio a la iglesia. Y sí, hasta los pobres y los ignorantes, facultados por el Espíritu, son partes útiles del cuerpo de Cristo.

III. LA ESTRUCTURA FORMAL DE 1 CORINTIOS

Ha habido un análisis fresco de la forma epistolar empleada en el mundo greco-romano[44]. ¿Cómo iluminan estos nuevos estudios la carta paulina?

1. Pablo se rige por muchas de las normas de la redacción de cartas del primer siglo y de la retórica clásica. Aun cuando algunos eruditos han exagerado esto, es cierto que Pablo escribe como cualquier hombre educado del imperio romano lo haría.
2. Las cartas paulinas encuentran paralelos cercanos en las epístolas enviadas por los filósofos a sus discípulos, con el objeto de instruirlos y exhortarlos a seguir sus creencias.
3. Las cartas de Pablo son muy largas en contraste con las cotidianas que se conservan de esa época.
4. El estilo paulino de redacción se caracteriza por ser más vívido, apasionado y cuidadoso que el del promedio de escritores de su tiempo. Como tenía la costumbre de dictar las cartas a un escriba (cf. especialmente Romanos 16:22), estas tenían la fluidez de una charla más que de un documento aburrido. Es probable que muchos de los párrafos con los cuales contamos actualmente en forma epistolar eran originalmente parte de exposiciones orales pronunciadas en distintas ocasiones.
5. Pablo sigue la costumbre de tomar la pluma en su propia mano para firmar la carta o para añadir algunos pensamientos finales de saludos o de exhortación (16:21, Gálatas 6:11, 2 Tesalonicenses 3:17).

Proponemos que, aparte de la introducción y de la conclusión epistolar, el cuerpo de 1 Corintios se compone de tres partes[45]. La primera, que abarca 1 Corintios 1:10–4:21, pudo haber servido independientemente como una carta completa (aunque esto nunca sucedió). En esta parte, Pablo se refiere al principal asunto que

44. Cf. especialmente los artículos relevantes en P. T. O'Brien, "Letters, Letter form", en *Dictionary of Paul and his letters*; también, Alfred Wikenhauser y Josef Schmid, *Introducción al Nuevo Testamento*, ed. rev., Herder, Barcelona, 1978, pp. 563-601; W. G. Doty, *Letters in Primitive Christianity*, Fortress, Philadelphia, 1973; y las intuiciones parcialmente-desactualizadas de G. Adolf Deissmann, *Light from the Ancient East*, Hodder & Stoughton, London, 1910, pp. 143-246.

45. Contra Witherington, *Conflict and community*, pp. 75-76, el cual considera que 1:18–16:12 es una *probatio* larga.

afecta Corinto, y que escuchó por medio de la gente de Cloé. Esto se introduce y se resume en 1:10:

> Les suplico, hermanos, en el nombre de nuestro Señor Jesucristo, que todos vivan en armonía y que no haya divisiones entre ustedes, sino que se mantengan unidos en un mismo pensar y en un mismo propósito.

Esto sirve como tema de la primera sección, pero se repetirá a través de las otras dos secciones. En esta primera, Pablo usa algunas normas de la retórica clásica (*propositio, ratio, confirmatio, peroratio*) para probar su punto. Estos términos latinos significan lo siguiente:

> ¿De qué tema se quiere hablar (propósito/*propositio*)?
> ¿Por qué tratar este tema (razón/*ratio*)?
> ¿Qué prueba tengo de que mi punto es correcto (confirmación/*confirmatio*)?
> ¿Cómo deben vivir ustedes ahora que han entendido mi punto (exhortación/ *peroratio* o *exhortatio*)?

La segunda sección comprende 1 Corintios 5–6. Esta toca otros tres puntos los cuales Pablo ha oído, tal vez de la gente de Cloé.

La tercera sección abarca 1 Corintios 7:1–16:4. Está constituida por respuestas paulinas a las preguntas hechas por los corintios. Quizá él responde a ellas en el orden en el que se le preguntó[46]. Sin embargo, la lógica parece fluir junto a la propia agenda de Pablo, y es probable que él haya ordenado sus respuestas para adaptarlas a sus propósitos[47]. Mientras Pablo contesta a las inquietudes de ellos, a veces pausa para tocar de nuevo lo que él considera los temas fundamentales: su falta de amor, unidad y humildad. Estas exhortaciones generales corresponden más o menos al término retórico *egressio*[48], e incluyen el capítulo donde Pablo menciona sus sacrificios voluntarios por el evangelio (1 Corintios 9), así como el famoso capítulo del amor (1 Corintios 13).

Pablo no se queja abiertamente, pero los corintios no han sido del todo sinceros con él. Ellos le dijeron la verdad, pero no la verdad completa. Le escribieron una carta y hasta le enviaron una delegación, pero la "confesión" en sí misma

---

46. Hans Conzelmann, *1 Corinthians*, Hermeneia, Fortress, Philadelphia, 1975, p. 6.

47. Mitchell, "PERI DE", p. 257: "The composition, structure and arrangement of 1 Corinthians is determined by Paul's rhetorical purpose, and not by the Corinthians' letter".

48. Witherington, *Conflict and community*, p. 191. Él encuentra *egressio* en 1 Corintios 9 y 13 pero no en 7. Quintiliano, *Institutio oratoria* 4.3.2, 10, 14, dijo que la *egressio* era un descanso de un tono fuerte, en el cual el autor se aparta del tema e introduce uno pertinente al caso cercano, pero también para proveer consuelo emocional (cf. Witherington, *Conflict and community*). En tanto que esto difícilmente se ajusta con 1 Corintios, es necesario preguntarse si el material de 1 Corintios 8 o 12 era tan difícil de escuchar y necesitaba ayuda.

formó parte de una conspiración de silencio con el fin de encubrir los problemas más profundos de la iglesia[49].

De modo que, los corintios querían saber lo que debían hacer las viudas, las mujeres solteras o los creyentes casados con incrédulos; todas son preguntas válidas e importantes. Pero, ¿cómo es que se les escapó mencionar que uno de sus miembros vivía en una relación incestuosa? También escribieron sobre desacuerdos acerca de comer carne sacrificada a los ídolos. Eso está muy bien, dice Pablo, y les responderé lo mejor que pueda. Pero quizá él se preguntaba cómo es que le escribieron sobre esta disputa sin preguntar si era correcto que los cristianos se demandaran unos a otros. Le preguntaban a Pablo si las mujeres de veras tenían que cubrirse la cabeza en las reuniones, pero Pablo debe haberse preguntado cómo la iglesia pudo haberle escrito acerca de este pequeño punto, pero omitieron mencionar que en esas mismas reuniones había una división extrema.

Así que, Pablo contestará las preguntas, pero la carta estará salpicada de frases como: "Oí que..." o "Los de Cloé me dijeron...", cada una con su reproche implícito, "¿... y por qué oí yo esto de segunda mano, cuando existe una comunicación regular entre nosotros? ¿Por qué me avergüenzan —al tiempo que desacreditan el evangelio— al proseguir de esta manera mientras que me preguntan sobre asuntos relativamente menores?".

La misma estructura de la carta está marcada por esta tensión entre lo que se le ha dicho a Pablo oficialmente y lo que él ha oído por medio de terceros. Él imparte en 1 Corintios 7-16, algunas de las enseñanzas sostenidas más largas de sus cartas, mostrando la seriedad pastoral con que él trata sus preocupaciones. Aunque nunca permite que las preguntas de ellos lo alejen de lo que él sabe ahora de la iglesia. Dedica las dos primeras secciones de la carta a contestar las preguntas no planteadas. Establece la agenda para toda la carta —viudas, velos, lenguas, resurrección y todo— con su ruego en 1:10, que los corintios estén en una misma mente, donde no haya divisiones, sino que la iglesia esté unida en amor. 1 Corintios 13 no es un "paréntesis", ni su discusión sobre rendir sus derechos apostólicos en 1 Corintios 9 es un "excursus". Más bien él comunica esto: Muy bien, les contestaré a la pregunta acerca de comer carne sacrificada a los ídolos, pero como su padre espiritual les digo que su problema va más allá de la comida hasta el amor cristiano. Por supuesto, les diré cómo funciona el don de lenguas en la iglesia, mas lo que ustedes en realidad deben saber es que el amor supera las lenguas, el conocimiento o la profecía, y que si de veras entendieran el amor (*agapē*), ya sabrían usar su don para edificar a su compañero cristiano. Y la razón por la cual ustedes no viven en amor es porque se han dejado llevar por este disparate filosófico antes que sumergirse en la verdad de la cruz de Cristo.

---

49. Es revelador que él escuchara el problema principal, las divisiones, de la gente de Cloé, no de Estéfanas, Fortunato y Acayo (16:17). Debe seguir siendo especulación qué papel jugaron en la tergiversación.

BOSQUEJO

Nuestro comentario seguirá el siguiente bosquejo, y nosotros explicaremos los términos técnicos en contexto:

COMENTARIO 1 CORINTIOS

I. Introducción (*Prescripto*) 1:1-4
 A. Remitente (*Superscriptio*) 1
 B. Destinatario (*Adscriptio*) 2
 C. Salutación (*Salutatio*) 3
II. Acción de Gracias (*Proemium*) como *Exordium* 1:4-9
III. Cuerpo 1:10–16:4
 A. El tema principal de Pablo en la carta: La unidad trabajando a través del amor 1:10–4:16 (*Probatio*)
  1. Propósito de escribir (*Propositio*) 1:10
  2. Razón por la cual se escribe (*Ratio*) 1:11-17
  3. Confirmación (*Confirmatio*) 1:18–3:17
   a. Prueba del evangelio: no fomenta divisiones basadas en el orgullo procedente de la propia sabiduría individual o grupal 1:18-25.
   b. Prueba de la realidad corintia: para comenzar ellos no eran ni tan superiores ni tan sabios así que obviamente no tienen nada de qué jactarse ahora 1:26-31.
   c. Prueba del ejemplo apostólico: recordemos cómo Pablo primero les trajo el evangelio en humildad 2:1-5.
   d. Más prueba procedente del evangelio: La verdadera sabiduría divina es la revelada a través de la cruz/del Espíritu 2:6-16.
   e. Más prueba de la realidad corintia: ellos actúan como la gente del mundo 3:1-4.
   f. Más prueba del ejemplo apostólico: Todos los verdaderos obreros cristianos trabajan para la gloria de Dios, no para la suya propia 3:5-17.

4. Exhortación (*Peroratio*) 3:18–4:16
   a. Busquen la verdadera sabiduría en Dios, no por medio de la sabiduría humana 3:18-22.
   b. Muestren la actitud correcta hacia los apóstoles 4:1-5.
   c. Imiten a los apóstoles en su humildad y en el sufrimiento más que en el triunfalismo 4:6-16.
5. Itinerario y conclusión: Pablo juzgará a los corintios arrogantes cuando llegue, por eso estén preparados 4:17-21

B. Otros aspectos preocupantes para la iglesia en el mundo que Pablo plantea, basados en un informe oral 5:1–6:20.
   1. Incesto y separación moral 5:1-13.
      a. Específicamente, este incesto debe juzgarse en el seno de la iglesia misma 5:1-8.
      b. En general, los cristianos deben expulsar los elementos mundanos de la iglesia 5:9-13.
   2. Litigios 6:1-11.
      a. Situación: Los cristianos están demandándose unos a otros en la corte 6:1.
      b. Solución: La iglesia debe manejar los asuntos entre cristianos; si esto falla, olvidar el asunto 6:2-8.
      c. Justificación: Los cristianos que demandan están viviendo como aquellos que serán condenados 6:9-11.
   3. Libertinaje 6:12-20

C. Asuntos que los corintios han expuesto en su carta: 1 Corintios 7:1–16:4.
   1. Acerca del matrimonio: ¿No es el matrimonio tan solo la institucionalización del deseo carnal? 7:1-39.
      a. Principio general: La gente recibe el don del matrimonio o del celibato; en general, los cristianos deben casarse, y los cristianos casados deben vivir como marido y mujer 7:1-7.
      b. Instrucciones específicas para los no casados y viudas 7:8-9.
      c. Instrucciones específicas para hombres y mujeres casados con creyentes 7:10-11.
      d. Instrucciones específicas para "el resto", o sea, aquellos casados con incrédulos 7:12-16.
      e. Exhortación general: en este momento, quédese como usted está; no use sus circunstancias como excusa para la negligencia 7:17-24.
      f. Instrucciones específicas para vírgenes de ambos sexos 7:25-28.
      g. Exhortación general, continuación: ¿Por qué deben quedarse como están? 7:29-35.

h. Instrucciones específicas para los comprometidos con vírgenes 7:36-38.

i. Recapitulación con un comentario especial para las mujeres casadas 7:39-40.

2. Acerca de los alimentos que se sacrifican a los ídolos: ¿No cuenta un cristiano instruido con el derecho de comer carne sacrificada a los ídolos? 8:1–11:1.

   a. Las bases para decidir la cuestión 8:1-6.

   b. Comer carne sacrificial perjudica a otros cristianos 8:7-13.

   La *parenesis* paulina (*Egressio*): El amor cristiano significa hacer a un lado la libertad propia cuando es por el bien del otro 9:1-27.

   c. La historia de Israel nos muestra el peligro de coquetear con la idolatría 10:1-14.

   d. Comer carne sacrificial es una señal de lealtad dividida y por tanto ofende a Dios 10:15-22.

   e. Instrucciones específicas en cuanto a temas relacionados 10:23–11:1.

3. Acerca de las reuniones: ¿Qué tan en serio habló al decir que la mujer debe llevar velo en las reuniones? 11:2-16.

4. Y a propósito, acerca de sus reuniones: ¿no saben que la Cena del Señor debe mostrar la iglesia en su máxima unidad en amor? 11:17-34.

5. Acerca de los dones espirituales (*jarismata*): ¿Es cierto que hablar en lenguas es la señal más infalible del nivel espiritual? 12:1–14:40.

   a. Lo importante es la unidad del cuerpo fomentada por el único Espíritu 12:1-31.

   La *parenesis* concluyente de Pablo: La raíz de su problema es la falta de *agape*. Con amor, todos estos problemas sobre dones carismáticos se resolverían solos 13:1-13.

   b. Desde la perspectiva del amor, es obvio que la profecía es una bendición mayor para los otros que el don de lenguas 14:1-40.

6. ¿En realidad tenemos que aceptar esta insensata superstición de la resurrección del cuerpo, o la idea de una existencia espiritual no le hace completa justicia a la tradición cristiana? 15:1-58.

   a. El evangelio salvífico es un evangelio de la resurrección del cuerpo 15:1-11.

   b. Negar la resurrección del cuerpo significa negar la resurrección de Jesús, y así el evangelio salvífico 15:12-19.

   c. La resurrección de Jesús debe suponer la resurrección de su pueblo 15:20-28.

    d. Negar o aceptar la resurrección del cuerpo afecta el estilo de vida en esta era 15:29-34.

    e. Las objeciones a la resurrección surgen de una falta de fe y de una mala comprensión del poder de Dios como creador 15:35-49.

    f. Además, la resurrección del cuerpo es, de hecho, una verdad revelada por Dios 15:50-58.

  7. Acerca de la colecta para los creyentes: ¿Qué deberíamos hacer en relación con la ofrenda para los de Jerusalén? 16:1-4.

IV. Conclusión (*Postcripto*) 16:5-24.

  A. Itinerario 16:5-12.

  B. Exhortación final 16:13-14.

  C. Recomendaciones 16:15-18.

  D. Saludos secundarios 16:19-20.

  E. Firma (Autógrafo) 16:21.

  F. Bendición (maldición) y saludos finales 16:22-24.

Comentario 1 Corintios

I. INTRODUCCIÓN (*PRESCRIPTO*) 1:1-4

Al menos hasta la aparición del correo electrónico y los mensajes de texto, a nosotros se nos enseñó a seguir una forma fija al escribir una carta. Dicho patrón es tan fijo, que hasta los procesadores de palabras ofrecen plantillas tanto para las cartas como para los sobres, que el escritor solo tiene que rellenar. Después de la dirección y de la fecha, se inicia la comunicación con un *Estimado* seguido del nombre. En una carta formal, el remitente coloca su nombre al inicio y su firma al final; la carta se dobla y se mete en el sobre de cierta manera.

En el mundo grecorromano, las cartas cortas se escribían en una sola hoja; las largas, en un rollo. Generalmente se iniciaban con el *prescripto*:

Remitente a *Destinatario*, ¡Saludos! (*jairein*)

Luego se incluía una oración corta y formal por medio de la cual se les pedía a los dioses salud y dicha para el destinatario. Un ejemplo de esto se halla en una carta enviada por un soldado de la flota romana a su padre.

Apión a Epímaco, su padre y señor, muchísimos saludos. Ante todo pido que tengas salud y que estando con fuerzas seas feliz con mi hermana y su hija y mi hermano. Le doy gracias al [dios el] Señor Sarapis porque, corriendo yo peligro en el mar, me salvó enseguida. Al llegar a Miseno, recibí de César tres piezas de oro para los gastos de viaje. Y me encuentro bien[1].

1 Corintios es un ejemplo de la fórmula utilizada en esa época, la cual Pablo adaptó imprimiéndole un fuerte sabor cristiano.

A. *REMITENTE* (SUPERSCRIPTIO) 1

El *superscriptio* colocado justo al inicio de la carta, identificaba al remitente de modo que el destinatario supiera de quién se trataba sin necesidad de desenrollar todo el rollo.

Pablo utilizó la forma común para el *prescripto* pero tendió a ampliar las diferentes partes de la carta. Aquí él dice algo acerca de él mismo, luego describe

---

1. J. Leipoldt y W. Grundmann, *El mundo del Nuevo Testamento*, Ediciones Cristiandad, Madrid, 1995, p. 2:69.

la iglesia de Corinto de una manera que nos introduce de una vez en el mensaje de la carta. Pablo escribe con la autoridad de un apóstol; Cristo lo ha llamado a este trabajo y es *por la voluntad de Dios*. Él tiene la autoridad de instruirlos y corregirlos como su "padre" en el evangelio (4:14-16).

Era poco frecuente mencionar un co-remitente en las cartas grecorromanas, pero Pablo lo hace con frecuencia. Es probable que esos nombres les recordaran a los lectores los otros miembros del equipo de Pablo y no necesariamente que fueran coautores de la carta. A *Sóstenes* se le llama *hermano*, no apóstol, a quien aparentemente la iglesia conocía sin necesidad de descripción. Es posible que ese hombre fuera el mismo líder apaleado (Hechos 18:17) de la sinagoga de Corinto, pero debido al uso tan común de ese nombre es difícil asegurar que se trate de la misma persona[2]. No hay más referencias a este nombre en el resto de la carta ni en Segunda a los Corintios.

B. DESTINATARIO (ADSCRIPTIO) 2

El *adscriptio* adelanta la advertencia a los servidores negligentes en la iglesia, la cual es el templo de Dios y es santa (3:17b). Primeramente, Pablo les recuerda que Dios los ha llamado, los ha separado para que sean *santificados* y su *santo pueblo*. Esto no es algún sueño apostólico sino una declaración de hecho. Santificar no siempre significa ser hecho santo, tal y como lo usamos actualmente; más bien, quiere decir que Dios ha escogido morar en medio de este grupo y apartarlo para que sea santo. Pablo da amplios detalles acerca de esta obra de santificación inicial en Romanos 6:1-23[3].

En segundo lugar, con el término *iglesia de Dios* él ubica a la iglesia en el amplio plan de Dios para el mundo[4]. Los corintios se creían una asamblea apartada por encima de las reglas aplicadas a las otras iglesias: "la preocupación corintia por la 'autonomía' les llevó a devaluar el carácter por encima de lo local de la identidad

2. Cf. E. Fascher y Christian Wolff, *Der erste Brief des Paulus an die Korinther*, 2 tomos, THKNT: 7, Evangelische Verlagsanstalt, Berlin y Leipzig, ²1975, 1996. Teodoreto de Ciro y John Calvin, *The First Epistle of Paul to the Corinthians*, Oliver & Boyd, Edinburgh, 1960 [orig. 1556] están seguros de su identidad; Barrett dice que es "más que posible" que ellos fueran el mismo hombre; Fee dice que quizá se trataba del mismo; Conzelmann dice que es inútil especular si eran la misma persona. Eusebio *Historia de la Iglesia* 1.12.1 dice que Sóstenes, Bernabé y el Cefas de Gálatas 2:11 formaban parte de los 70 discípulos de Jesus mencionados en Lucas 10:1. No hay manera de saber la fuente de ese informe, aunque la referencia a los 500 discípulos palestinos testigos de la resurrección (15:6) nos provee una posibilidad tentativa.

3. Cf., especialmente, George E. Ladd, *La teología del Nuevo Testamento*, CLIE, Barcelona, 2002, p. 684-85: "Una opinión muy predominante afirma que la justificación es lo que designa el comienzo de la vida cristiana, mientras que santificación designa el desarrollo de esa vida por medio de la acción interna del Espíritu. Esto, sin embargo, es una simplificación excesiva de la enseñanza del Nuevo Testamento…".

4. Cf. E.-B. Allo, *Première épitre aux Corinthiens*, Gabalda, Paris, ²1956, p. 2; también el uso de la misma frase "iglesias de Dios" cuando se habla de congregaciones de Jerusalén en 1 Tes 2:14.

cristiana"[5]. Pero Corinto no era único, Dios los había llamado junto a individuos y congregaciones *en todas partes*. Las iglesias de Éfeso, Atenas, Filipos, Antioquía y Jerusalén eran parte del gran pueblo de Dios *que invocan el nombre de Cristo*. Por esto Pablo les reafirma a los corintios que todas las iglesias han recibido la misma enseñanza (ver 4:17; 7:17b; 11:16; 14:33b)[6]. Ellos no pueden reclamar a Cristo para sí mismos, ningún grupo tiene el derecho de reclamar su pertenencia especial a Cristo (1:12). La repetición constante de los términos Cristo, Cristo Jesús, Jesucristo, nuestro Señor Jesucristo, Hijo [de Dios], Jesucristo nuestro Señor, en 1:1-9, muestra que Pablo es cristocéntrico. Si su apóstol es cristocéntrico, entonces es también el deber de Corinto –ya sea que uno esté hablando de la iglesia entera, un grupo de casa, un grupo partidista o el individuo– estar centrado completamente en el único Salvador.

"Una singularidad terminal" 1:2
A menudo se critica a los Estados Unidos por creer que es único en la historia y único entre las naciones, que las leyes normales y las lecciones históricas no le aplican. Esto se ha llamado un excepcionalismo de la nación. El cual puede resumirse así: Sí, esto es normalmente cierto, excepto en nuestro caso, porque nosotros somos diferentes de todos los demás.

La iglesia de Corinto creía también en su carácter extraordinario. Considera-ban que habían crecido al punto de que no necesitaban seguir las normas que el resto de las iglesias seguían. "No estamos desobedeciendo", podrían haber dicho ellos, "¡es que somos distintos! Tenemos un conjunto diferente de circunstancias".

Creerse extraordinario afecta a la mayoría de los cristianos y a las congre-gaciones en algún momento. Es inmensamente irónico viajar por América Latina observando a una congregación tras otra, todas más o menos iguales, y escuchar a cada una afirmar que las reglas no deben aplicárseles:

- *"No, normalmente un pastor no debería cansar a su congregación con el asunto de obedecerle totalmente, pero nuestra situación es tan diferente que es admisible".*
- *"Sí, normalmente las iglesias deben probar la profecía, pero este profeta es tan ungido que sería una falta de fe cuestionarlo".*

---

5. Anthony C. Thiselton, "The significance of recent research on 1 Corinthians for hermeneutical appropriation of this epistle today", *Neot* 40.2, 2006, p. 330. Él continua (p. 334) argumentando que Corinto cayó en la misma trampa que los cristianos post-modernos, asumi-endo que la verdad es lo que la comunidad decida que es, en lugar de lo que la cruz de Cristo muestre que es. Cf. también, David E. Garland, *1 Corinthians*, BECNT, Baker, Grand Rapids, MI, 2003, pp. 28-29.

6. Contra Joseph A. Fitzmyer, *First Corinthians*, AB 32, Yale University Press, New Haven, CT, 2008, p. 50, quien cree que esta es simplemente una formula litúrgica; él duda de si Pablo tenía la intención de que alguien fuera de Corinto leyera las epístolas.

- *"No, normalmente el contador de la iglesia no debe falsificar los libros, pero nuestra iglesia está en una situación tan especial que es permisible esta vez".*
- *"Nuestra iglesia ha sido llamada por Dios de un modo único para llevar la Palabra a todas las otras iglesias"; o "Nuestro pastor ha sido llamado como apóstol para guiar a todas las otras iglesias de nuestra nación"; o "Nuestra nación ha sido llamada para ser el único trampolín desde el cual va a llegar el evangelio a todas las naciones".*
- *En Costa Rica, tratamos con la cultura del pobrecito – la gente debería tenerme lástima y hacer excepciones conmigo debido a que yo me presento a mí mismo como pobre y necesitado.*

Hemos hablado acerca de ser especial comparados con otros de nuestra época, es decir: Yo vivo una experiencia única en el mundo (por ejemplo, única en el espacio). Pero hay otro elemento de la jactancia con el cual debemos tratar:

> *Yo vivo una experiencia única en la historia (única en el tiempo).*

Tengo un interés permanente en la historia de la iglesia, como lo demuestran tantas de mis citas de los Padres de la iglesia. Cuando llevé un curso de historia de la iglesia primitiva en la universidad, muchos de mis compañeros se preguntaban por qué deberían perder su tiempo estudiando lo que pasó en el 325 d.C. o en el 900 d.C o en 1447 d.C., mientras que hay tantas cosas interesantes que pasan hoy, las cuales necesitan nuestra atención. Tiempo después, como pastor, entendí por qué. Se dice que no hay nuevas herejías, que la mayoría de las enseñanzas falsas que encontramos en la actualidad ya se habían manifestado en los primeros cinco siglos de la iglesia. Así que, cuando los Testigos de Jehová aparecen en su puerta y le dicen que Jesús es "un dios," ellos están enseñando la herejía del arrianismo del siglo cuarto.

En el lado positivo, la iglesia a lo largo de 2000 años ha planteado muchas buenas ideas que son útiles todavía hoy.

Pero cuántas veces hemos oído cosas como estas:

- *"Dios trabaja hoy (aunque sea en 1981, 1995, 2002 o 2015) de una manera fresca; esto nunca había pasado, entonces tenemos que desechar las experiencias pasadas y comenzar nuevamente".*
- *"Sí, los cristianos deben leer la Biblia; pero no podemos echar vino nuevo en odres viejos, de modo que es mejor ignorar a quienes nos dicen que lo que hacemos no es bíblico". ¿Cómo pueden ellos saber el modo como Dios trabaja actualmente?*
- *"El diablo ha perturbado esta nación desde antes de la llegada de Colón; pero solo este año hemos orado esta clase de oración, y así de ahora en adelante el diablo y sus demonios no pueden poner ni un pie en este territorio".*

- *"Sí, Pablo les dijo a los cristianos que no hablaran en lenguas en un culto a menos de que hubiera un intérprete; pero vivimos en el tiempo de la "lluvia tardía", y no podemos contener el Espíritu como lo hacíamos en el pasado!".*
- *Y después de todo: "¡Nosotros no podemos meter a Dios en una caja!".*

Los corintios creían que Dios estaba trabajando, pero solo en una pequeña congregación cerca del istmo de Corinto. ¡Qué forma tan pecaminosa de limitar a Dios y encerrarlo en una caja, cuando insinuamos que él solo se me revela a mí, este mes y este año, en esta ciudad! ¿No es nuestro Dios el Dios de toda la historia y de toda la creación?

Alcohólicos Anónimos, por una extraña coincidencia, señala que muchos adictos sienten que su situación es completamente única: "¡La gente no debería beber tanto, pero mi situación es distinta! ¡La gente debería ser capaz de controlar sus problemas sin drogarse, pero yo no fui hecho así! ¡Mi situación es tan inusual que yo debería contar con el derecho de usar algún medicamento para relajarme! En inglés, esta actitud se ha llamado "terminal uniqueness", o "singularidad terminal". Se denomina "terminal" porque esta idea produce resultados fatales. La persona morirá o perderá la razón mientras continúa gritando, "¡Pero yo no soy como todos los demás!".

Alrededor de todo el mundo y a través de toda la historia ha habido una enorme cantidad de iglesias y de movimientos influyentes que se han contagiado del mismo virus. Y el resultado, en toda ocasión, es que los cristianos que se consideran únicos van en camino a su propia destrucción. Todos los cristianos deben obedecer lo que Dios ha mandado para todas las iglesias en todas las épocas, y también deben escuchar a otros creyentes que tratan de seguir la dirección de Dios.

C. SALUTACIÓN (SALUTATIO) 3

El *salutatio* de una carta significa simplemente el saludo. En sus cartas los griegos usaban el infinitivo *jairein* (¡saludos!; como en Hechos 15:23, 23:26; Santiago 1:1; también 2 Juan 10-11). Los judíos, por su parte, empleaban *shalom* (¡paz!, ¡saludos!, ¡que la pase bien!) en sus epístolas. Al parecer, Pablo une y cristianiza ambos saludos, cuyo resultado es *gracia y paz* de Dios y de Cristo, sustituyendo el *jairein* por su similar *jairos* (gracia). Esta es la forma presente en todas las cartas (pero cf. "gracia, misericordia y paz" en 1 y 2 Timoteo).

II. ACCIÓN DE GRACIAS (*PROEMIUM*) COMO *EXORDIUM* 1:4-9

A lo largo de los siglos, los lectores se han preguntado cómo se ajusta esta sección dentro de la carta: ¿Cómo es que Pablo habla tan positivamente y afirma a los corintios acerca de los dones espirituales y de las riquezas del Espíritu en los versículos iniciales, si más adelante será sarcástico al referirse a ser "ricos" (4:8) y censurará el abuso infantil de los dones (14:20)?

Hoy día contamos con la ayuda de un siglo de investigaciones en cuanto a la naturaleza de las cartas antiguas. De nuevo, tratamos con una adaptación paulina de un estilo común de la época. En las cartas grecorromanas típicas el *prescripto* iba seguido de un *proemium* o un *exordium*.

Proemium – Una acción de gracias dirigida a los dioses, mencionando la gratitud del autor por la salud, por la amistad o por la ayuda divina recibida recientemente. En la carta citada, el *proemium* es "Le doy gracias al [dios] señor Sarapis porque, corriendo yo peligro en el mar, me salvó de inmediato...". Los paralelos más cercanos a 1 Corintios son las acciones de gracias halladas en 1 Tesalonicenses 1:2-10 y Filipenses 1:3-11, las cuales además concluyen con una nota escatológica. Solo Gálatas carece de acción de gracias, probablemente debido a que Pablo estaba demasiado molesto por la inminente apostasía de los gálatas como para hablar positivamente sobre ellos.

Exordium – Una sección corta antes de que el autor se disponga a tratar el propósito por el cual escribe. Era una expresión de amistad y de respeto que servía para restablecer la relación entre el emisor y el receptor. En términos sociales, sería como ofrecerle a un invitado una taza de café y hablar durante un rato sobre la familia y los intereses comunes; luego, cuando se sienta como en casa, uno dice: "Pedro, la razón principal por la que quería hablar contigo es...". Quizá él esté más dispuesto a escuchar un asunto difícil dado que se ha reafirmado la amistad. En una carta, el escritor corre el riesgo de pasar demasiado rápido a un tema difícil y posiblemente indisponga a su amigo. Así que es preferible escribir unas palabras positivas y amistosas al principio como un recordatorio del amor cristiano y solo después se tocarían los temas escabrosos[7].

Sugeriremos que aquí, como en la mayoría de las cartas paulinas, se combina la forma de una acción de gracias (*proemium*) con la función de un *exordium*[8]. Esto quiere decir que en 1.4-9, *doy gracias a Dios por ustedes* sirve para que los lectores recuerden el amor de Pablo y su interés por el bienestar de ellos. Como Pablo escribió las cartas con la intención de que se leyeran en voz alta públicamente, de principio a fin (ver 1 Tesalonicenses 5:27; Colosenses 4:16), los destinatarios escucharían las palabras positivas primero y de ese modo no se adelantarían al punto central de la carta. Esto es especialmente importante en 1 Corintios; cuando Pablo declara su tema principal en 1:10 causa sorpresa, es posible que no tuvieran ni la más mínima idea, excepto los de la Casa de Cloé (1.11), de que Pablo supiera acerca de las divisiones existentes en la iglesia.

7. Consultar David E. Aune, *The New Testament in its literary environment*, Westminster John Knox, Louisville, KY, 1998, p. 186.

8. Por ejemplo, Witherington, p. 87.

¿Estaba Pablo, como muchos predicadores callejeros y escritores de cartas de su día, simplemente tratando de halagar a su audiencia? ¿Decía él palabras sin ningún significado solo para manipular los sentimientos de ellos de modo que fueran vulnerables a su coerción? Nuestra respuesta a estas preguntas tiene que ser no. De hecho Pablo condenará el pecado de la falsa retórica a lo largo de esta carta. Creemos que él agradece honestamente la obra de Dios en medio de los corintios, aun cuando ellos han empleado mal algunos de sus dones.

1:4

Así es como Pablo ora; usa *pantote* (*siempre*) para mostrar que tiene el hábito de orar de este modo[9]. Primeramente, él le agradece a Dios las riquezas de los dones espirituales y la experiencia de los corintios. Está agradecido *pues* la gracia de Dios se les ha dado en Cristo. *Jaris* (*gracia*) está estrechamente relacionada con *jarisma* (el plural es *jarismata*; es un don espiritual inmerecido, como en 1:7; ver Romanos 12:6; 1 Corintios 12:4, 9, 28, 30, 31; 1 Tim 4:14; 2 Tim 1:6; 1 Pedro 4:10) y a veces son términos intercambiables. Pablo todavía ve la gracia de Dios manifestada en los dones del Espíritu que Dios les ha otorgado a ellos. Esos dones no son habilidades aprendidas de las cuales podrían vanagloriarse; más bien son habilidades sobrenaturales dedicadas al propósito divino: la edificación de la iglesia (12:7).

1:5-6

Pablo se referirá más adelante a su actitud con respecto de ser ricos (4:8), pero aquí él habla sinceramente: De veras ellos están dotados ricamente. Esta riqueza se muestra en dos áreas: *tanto en palabra como en conocimiento*. Así como 1 Pedro 4:11 menciona "habla" y "servicio", Pablo se refiere a dos tipos de dones recibidos. Las otras versiones castellanas usan algún sinónimo de "en palabra", aunque una traducción más adecuada sería "en toda expresión". Los dones de "palabra" incluirían, entre otras actividades, enseñar, hablar e interpretar lenguas, profetizar, pronunciar palabra de sabiduría o de conocimiento.

La interpretación del término *conocimiento* es bastante difícil, puesto que Pablo más adelante criticará la tendencia de los corintios a pisotear a otros creyentes con su supuesto conocimiento superior (8:1; cf. 13:8). Pablo no apoya la sofisticación filosófica de estos, la cual ha provocado las divisiones en la iglesia (comenzando con 1:19-20)[10]. Esa clase de palabras huecas y de conocimiento

---

9. Conzelmann, *1 Corinthians*, p. 26, muestra que la palabra "siempre" (*pantote*) era generalmente usada en *proemia* griega. Es usada en lenguaje de oración en otras cartas paulinas: Rom 1:10; Ef 5:20; Fil 1:4; Col 1:3, 4:12; 1 Tes 1:2; 2 Tes 1:3, 11, 2:13; Flm 4.

10. Witherington, p. 88, ve *en palabra... en conocimiento* un presagio del rechazo del conocimiento mundano 1:18–4:21, pero esta interpretación no puede sostenerse; de ningún modo

jactancioso no cuentan con el poder del Espíritu Santo quien bendice la obra del reino de Dios (4:20). En este punto en el *exordium* él mira más allá de esas falsas formas de conocimiento al verdadero conocimiento de Dios.

En estas bendiciones y en otras se nota que la obra de Dios a través de la predicación del evangelio de Cristo se ha hecho visible y *se ha confirmado* verdaderamente en medio de ellos. Hasta este punto, Pablo tan solo ha iniciado la distinción entre el verdadero conocimiento y la especulación racional. Él está agradecido de que Dios haya roto la barrera por medio del Espíritu, el cual revela el evangelio y además habla en la asamblea.

1:7

Pablo le agradece a Dios que a sus destinatarios no les falte ningún *jarisma* durante esta edad[11]. Como correctivo, más adelante señalará que las lenguas y la profecía se limitan a esta edad. Así los cristianos se centrarán en la virtud eterna del amor antes que en cualquier don espiritual (13:8-10). Aún así, hasta que Cristo regrese, los creyentes deben deleitarse en la provisión de los dones espirituales que Dios les ha dado.

Esta es la primera referencia a la venida de Cristo, cuando *se manifieste*. Una traducción más literal de *apocalypsis* es su "revelación" (ver BJ; BA). De esa misma palabra surge el título dado al último libro del NT; Pablo la usa técnicamente para referirse al regreso de Jesús solo aquí y en 2 Tesalonicenses 1:7 (ver también 1 Pedro 1:7, 13, 4:13). En esta carta se ve más el verbo relacionado *apokaluptō*, como muestra de la prueba de fuego escatológico en 3:13. El regreso de Cristo es una revelación de la verdad celestial de Dios; es una reivindicación para el cristiano que parece un insensato por creer en el evangelio de la cruz; es también un juicio porque Dios revela su evaluación escondida de los pensamientos y acciones de las personas (cf. 1 Cor 3:13). En otros contextos, se usa con diferentes significados: de una revelación del Espíritu Santo a la congregación (14:6, 26) o de la revelación divina del evangelio de Cristo (2:10).

Pablo dice que durante esta edad los corintios *esperan con ansias* la revelación del Señor. Esto realza una cuestión clave acerca de esa iglesia. Como vimos en la *Introducción*, una teoría sobre Corinto es que había llegado a ser tan de otro mundo que había abandonado o disminuido su expectativa de la *Segunda Venida*; o que había aceptado las ideas gnósticas y rechazado la escatología tradicional. De acuerdo con esa interpretación, el comentario de Pablo es una corrección

---

Pablo está agradecido por ese conocimiento y ese discurso seudo-intelectuales. Al contrario, él está pensando por adelantado en los *jarismata* de los capítulos 12–14, las verdaderas obras de Dios de las cuales los corintios han abusado.

11. Nótese el paralelo en el prefacio de Ignacio a los *Esmirnianos*, donde él saluda a la iglesia como "dotada misericordiosamente de toda gracia, y llena de fe y amor y no careciendo de ninguna gracia, reverente y ostentando santos tesoros...".

sutil más que la declaración de un hecho: *A ustedes no les falta nada y "deberían" aguardar con anhelo*[12].

De hecho, Pablo dice todo lo contrario. Generalmente su estilo de enseñanza es que demuestra algún punto difícil o polémico apelando a una verdad en la que están de acuerdo él y sus lectores, ilustrar lo desconocido por medio de un punto conocido. La escatología juega un papel clave en esta carta, pero no porque él esté tratando de convencer a los corintios de creer en esta. Una y otra vez, Pablo apela al futuro con la intención de recomendar algún tipo de comportamiento presente. Él no prueba el regreso de Cristo, sino que este mismo le sirve como evidencia o ilustración de otros puntos, entonces: *Ustedes que creen en la venida de Jesús deberían darse cuenta que lo que estoy diciendo es verdad.*

Y él usa la escatología en su carta en los siguientes términos:

A. *Pablo trata de convencerlos de*:	B. *Debido a que ellos concuerdan con él que*:
Preocuparse por cómo construyen	El fuego revelará las obras
No juzgar ahora	Cristo sacará todo a la luz
Excomulgar ahora	Puede que el espíritu del pecador se salve
No demandar a otros creyentes	Juzgaremos al mundo/ a los ángeles
Mantenerse en el estado en que estén	El tiempo es corto
Examinarse ahora ante la mesa del Señor	Dios juzgará al mundo
No jactarse de lenguas o conocimiento	Conoceremos todo como somos conocidos
La realidad de la resurrección	Cristo reinará hasta que el último enemigo sea destruido (y ese enemigo es la muerte)

La iglesia corintia no carecía de esperanza escatológica en su vida diaria. Ellos no habían espiritualizado la segunda venida, como lo hicieron los gnósticos del siglo II. Antes bien, su falta consistió en no darse cuenta de cómo el final de los tiempos debería afectar su conducta (y en un caso –la resurrección del cuerpo– también afectaría su doctrina). Su triunfalismo, su arrogancia, su tendencia a las experiencias carismáticas fuera de control y su libertinaje se explican mejor sin

---

12. Cf., especialmente, Gordon D. Fee, *God's empowering presence: the Holy Spirit in the letters of Paul*, Hendrickson, Peabody, MA, 1994, pp. 55-58, 89; David M. Hay, *Pauline theology, Volume II: 1-2 Corinthians*, Fortress, Minneapolis, MN, 1993.

recurrir a ciertas hipótesis relacionadas con una escatología sobre-realizada o una negación entusiasta del fin.

Hablando con toda la verdad 1:4-7
Una caricatura es un boceto de una persona en la que se exagera algún aspecto de su apariencia con el fin de ser divertida o quizá degradante. Cuando un cristiano distorsiona la verdad de otro cristiano, constituye el grave pecado de dar falso testimonio (Exod 20:16).

Pablo está a punto de condenar a los corintios por albergar a un miembro incestuoso de la iglesia y por negar el significado de la Cena del Señor, entre muchas otras faltas. Él hablará franca, y al mismo tiempo, airadamente. Esto no impide que mencione sinceramente los éxitos espirituales de los corintios en el Exordium.

Existe el mito que la predicación que es verdadera y fiel es por naturaleza áspera. Llegamos a asociar la verdad con una denuncia a voces y con sentimientos de culpa:

- *"Esta congregación no ha diezmado; ¡no hay forma de que tenga amor para el Señor!"*
- *"¡Nunca ha habido una iglesia tan llena de rumores como esta!"*
- *"¡No están aplaudiendo suficientemente fuerte; ¡claramente ustedes no aman al Señor!"*
- *"¡Cuando yo voy a reuniones de pastores, me da vergüenza hablar de las cosas que suceden entre nosotros!"*

Aún Pablo, quien creemos hablaba con la verdad apostólica, no dedicó demasiado al lado negativo, ni siquiera en una situación tan desagradable como la de los corintios.

¿Qué significa decir la verdad? Quiere decir describir el estado de los otros en relación con el evangelio, sin pasar por alto lo equivocado ni ignorar lo bueno. Decir la verdad no significa simplemente decir un montón de cosas ciertas. También quiere decir evitar la exageración tanto como la distorsión.

Observamos esto también en el Exordium, Pablo no describe Corinto desde una perspectiva meramente humana. Con cuidado, él asocia lo que ve con el trabajo continuo de Dios. Los corintios no son simplemente sabios en palabra y conocimiento; de hecho, es su unión con Cristo la que los hace ser así. No están simplemente firmes; se están manteniendo firmes por Dios hasta el regreso de Cristo. Esto también es parte de la verdad, como la ve alguien que conoce los misterios divinos.

1:8
Así que Pablo usa el final de la edad, específicamente *el día de nuestro Señor Jesucristo*, para demostrar que ellos ahora deberían procurar la santidad. Esta frase es una reelaboración paulina del tradicional "día de Yahvé" (o simplemente "el día") del Antiguo Testamento (cf. Isaías 13:6, 9: Joel 2:1, 11, 31, 3:14; Amós 5:18; Sofonías 1:7). Ese era el día tanto de salvación como de juicio; dicha frase fue

adquirida en el Nuevo Testamento y se convierte en un componente del evangelio cristiano[13]. La variedad de términos no nos lleva a encontrar un significado distinto para cada uno, como si el Día de Cristo, el Día del Señor Jesús, y el Día del Señor Jesucristo se refirieran a diferentes días.

La forma en que los apóstoles percibían a Jesús se pone de relieve cuando se examina cómo ellos aplicaron el Antiguo Testamento a él. El Día de Yahvé fue "cristologizado" con el Día del Señor Jesucristo porque él es quien trae el juicio y la salvación de Dios. Ellos consistentemente atribuyeron los actos de Yahvé al Señor Jesús (cf. Juan 5:27; nótese el uso de Isaías 6:10 en Juan 12:40-41; Joel 2:32 en Rom 10:13), usando, por ejemplo, el Día del Señor Jesucristo como una variación del Día de Yahvé. Esto significa que los autores bíblicos entendieron que los actos de Jesús no eran nada menos que los actos de Yahvé mismo. Cuando Pablo habla en 1 Cor 8:6 de "un Señor (*kurios*), Jesucristo, por quien todo existe y por medio del cual vivimos", él aplica al Señor Jesús el lenguaje de Deuteronomio 6:4 – "El SEÑOR [Yahvé en el Hebreo, *kurios* en la Septuaginta griega] nuestro Dios, el SEÑOR es uno". Esta es la razón por la cual Pablo rara vez tiene que afirmar que "Jesús es Dios". Él está escribiendo a personas que conocían la Biblia, y cada vez que él cita o alude al lenguaje de Yahvé del Antiguo Testamento y encuentra su cumplimiento en Jesús, él afirma que Jesús es Dios eterno, el creador[14].

La firmeza en la fe no tiene que ver solamente con decir o conocer las cosas correctas, sino con mostrar un comportamiento *irreprochable*. Aquí nos hallamos en el ámbito de la oración. Pablo está agradecido de que en última instancia la firmeza de la fe de ellos dependa de Cristo. En cierto modo, es diplomático de su parte pero también es un acto de fe. Los corintios difícilmente son irreprensibles

---

13. El Nuevo Testamento usa "aquel día" (Mateo 7:22; 2 Tesalonicenses 2:3; 2 Timoteo 1:18, 4:8), "el día" (2 Tesalonicenses 1:10; 1 Corintios 3:13; Hebreos 10:25), "el día de ira" (Romanos 2:5, además 2:16), "el día del Señor" (1 Corintios 5:5), "el día de Jesucristo" (Filipenses 1:6), "el día de Cristo" (Filipenses 2:16), "el día del Señor" (1 Tesalonicenses 5:2; 2 Tesalonicenses 2:2; 1 Corintios 5:5; 2 Pedro 3:10), "el día de Dios" (2 Pedro 3:12; Apocalipsis 16:14). Es un error tratar de obtener un significado diferente para cada término, como si el Día de Cristo, el Día de Cristo Jesús, y el Día de Jesucristo todos se refirieran a diferentes conceptos. Tradicionalmente, los Dispensacionalistas han tendido a hacer distinciones injustificadas entre expresiones semánticamente variadas. La Biblia de Referencia Scofield (edición 1917), por ejemplo, asegura al lector que "el 'día de Cristo' se refiere en su totalidad a la recompensa y bendición de los santos en su venida, mientras que el 'día del Señor' está relacionado con juicio". Pero ¿qué pasa entonces con el Día del Señor Jesús, o el Día de Dios? ¿Deben distinguirse todos estos el uno del otro? Parte del problema tiene que ver con una definición equivocada del Día del Señor, el cual de hecho podría hablar tanto de bendición como de condenación. Lo que es más, la sola referencia al "día del Señor" en las cartas corintias (1 Cor 5:5) tiene que ver con el trato de Cristo con la iglesia no con el mundo.

14. El mejor estudio sobre este tema es el de Gordon D. Fee, *Pauline christology: an exegetical-theological study*, Hendrickson, Peabody, MA, 2007.

al ojo humano; de hecho Pablo está presto a expresarles algunas palabras severas. Pero él cree que ellos están en las manos de Cristo y que, a pesar de las apariencias, él continuará la obra en esa iglesia. El paralelo más parecido a esto se halla en Filipenses 1:6, a pesar de las divisiones en la iglesia de Filipos, "Estoy convencido de esto: el que comenzó tan buena obra en ustedes la irá perfeccionando hasta el día de Cristo Jesús".

"Firmes hasta el fin" 1:8
Los evangélicos están divididos por la doctrina de la santificación, la cual contesta la pregunta "¿cómo llega una persona a ser santa ante Dios?".
  Primero trataremos con dos extremos falsos:

- *Ningún cristiano peca.*
- *Los cristianos pecan durante esta vida y siempre lo harán, y esto importa relativamente poco.*

El primer extremo niega 1 Juan 1:8, 10; 2:1, versículos dirigidos a los cristianos. También contradice las epístolas paulinas, las cuales se dirigen solamente a cristianos y que consistentemente advierten a los creyentes acerca de caer en pecado (especialmente Gálatas 5:16-17). Algunos cristianos sostienen que mientras el cuerpo o la carne pecan, el espíritu no lo hace, así que "Yo" no estoy en realidad pecando. Esto es jugar con las palabras y dividir la persona cristiana en una forma en que la Biblia no admite; además contradice rotundamente 1 Juan 1:8, donde "nosotros" los creyentes pecamos. El otro error aparece en forma de herejías que les permiten a los cristianos hacer lo que deseen, argumentando que sus conciencias no tienen por qué sentirse afligidas pues el pecado es un concepto que ya no tiene nada que ver con la gente que está en Cristo. O puede mostrarse en la actitud, "Ah bien, todos pecamos; siempre podemos confesarlo y estará bien con Dios, entonces, no necesitamos entrar en pánico". Estos cristianos olvidan que el pecado ofende a Dios.
  Aun entre los evangélicos con puntos de vista ortodoxos existen diferencias reales. Con frecuencia esto tiene que ver con el elemento "escatológico" de la santificación, que es: dando por sentada la enseñanza bíblica acerca de la resurrección y de la transformación de los creyentes cuando Cristo vuelva, ¿qué papel le asignamos a esa victoria final?, y, ¿qué posibilidad vemos para los cristianos en esta vida? Aquí tenemos las enseñanzas:
  El cristiano no puede alcanzar la perfección en esta vida, sino que tiene que esperar la resurrección
  El cristiano sí puede alcanzar la perfección en esta vida, aunque depende de la propia definición de "perfección".
  La mayoría de los dispensacionalistas y de los cristianos reformados tienden hacia la primera respuesta, mientras que los wesleyanos y algunos cristianos pentecostales (pero no los de las Asambleas de Dios, por ejemplo) creen que la segunda refleja

mejor la enseñanza bíblica[15]. *Ellos afirman que un creyente experimenta una obra de gracia (la segunda bendición, el bautismo del Espíritu) que lo deja purificado del pecado premeditado y lo capacita para servir a Dios perfectamente. Tal experiencia se consigue por medio de la fe, y aquellos que no la tienen son responsables de procurarla.*

La tensión aquí, como en tantas doctrinas, está entre la santificación presente y futura: qué es lo que puede el creyente buscar y esperar en el "ya" y que es lo que permanece en el "todavía no" de la santificación. ¿Qué revela 1 Corintios sobre esto?

Pasado: Los cristianos han sido santificados como parte de su conversión. Son llamados "los que han sido santificados en Cristo Jesús y llamados a ser su santo pueblo" (1:2). "Ya han sido lavados, ya han sido santificados, ya han sido justificados en el nombre del Señor Jesucristo y por el Espíritu de nuestro Dios" (6:11). La mayoría de los evangélicos tienen el hábito de hablar de la santificación como progresiva o futura, pero las referencias bíblicas con frecuencia la ubican en el momento de nuestra conversión (ver también 1:30; Hechos 26:18; 2 Tesalonicenses 2:13; 1 Pedro 1:2).

Presente: Cristo continuamente les da a los cristianos fuerza durante esta vida (1:8) y continúa santificándolos (1 Tesalonicenses 4:3; 5:23). Sin embargo, los cristianos, quienes en el pasado ya fueron santificados, no viven en obediencia constante. Podríamos incluso dejar a un lado los casos graves del incesto o de aquellos quienes andaban con prostitutas: aún entonces, todos los corintios parecían haber pecado de arrogancia, infantilismo y partidismo. Algunos hacían un mal trabajo en la iglesia o hasta pecaban enormemente y todavía eran salvos (3:15; 5:5; 11:32). En esta época todos nosotros somos relativamente infantiles, ignorantes y ciegos (13:9-11). Sin embargo, ante Dios ellos no tenían excusa para ser pecaminosos (2 Corintios 7:1), ni podían afirmar que no eran capaces de actuar de otro modo: si esto fuera así, ¿por qué Pablo se tomaría la molestia de decirles que cambiaran?

Futuro: Pablo desea que ellos sean perfectos cuando Cristo regrese (1:8; ver 1 Tesalonicenses 5:23). La orientación paulina es futura y escatológica. Él equiparará la perfección en madurez y conocimiento solo con la segunda venida de Cristo (13:9-11), como lo hace 1 Juan 3:2: "que cuando Cristo venga seremos semejantes a él, porque lo veremos tal como él es".

¿Cómo se puede aplicar esto a la iglesia latinoamericana con tanta variedad en su doctrina de santificación? 1:8 nos muestra la manera, junto con pasajes como Romanos 6:1-11 y Gálatas 5:18-19. La vida cristiana no está destinada a ser una constante derrota ante el pecado, como algunos afirman, basándose erróneamente en Romanos 7:14-25; sin embargo, todavía la lucha va a ser constante y se extenderá

---

15. Cf., por ejemplo, Stanley Horton (ed.), *Teología sistemática pentecostal*, Vida, Grand Rapids, MI, 1999 (ed. rev.).

durante toda la vida[16]*. En América Latina, a menudo incurrimos en el error de prometer una victoria fácil e instantánea sobre el pecado. Se sugiere que, una vez que una persona levanta su mano para aceptar la invitación, pase al frente para que se ore por ella o por él; se le imponen manos; hace lo que considera es un compromiso con Cristo; habla en lenguas; o experimenta alguna otra cosa, que la batalla contra el pecado acabará por completo o se reducirá al punto de que el creyente no se verá seriamente sacudido por él.*

Hay peligros en estos acercamientos. En Costa Rica se ha demostrado por medio de investigaciones que la promesa de la victoria instantánea tiende a resultar en discípulos de corta duración[17]*. ¿Por qué la gente abandona la iglesia?*

> *...cuando se les preguntó a los entrevistados [evangélicos en el pasado] sobre la posibilidad de que un converso pudiera pecar, el 22.9% indicó que no es posible. Otro 5.8% no quiso opinar al respecto. Entonces, por lo menos cerca de la cuarta parte de los entrevistados opinó sobre la posibilidad de vivir en 'perfección', sin pecar... agregaron que, como producto de la salvación el cristiano no volverá a ser tentado (11.1%), caer en la tentación (10.0%), o vivir en angustia (11.2%). Es claro entonces, que el 21.2% de los entrevistados rechaza la posibilidad de caer en la tentación, o aún de ser tentado... Cabe destacar que las iglesias con menor deserción tienen un porcentaje menor de miembros que ven la transformación [de las emociones, los sentimientos y la mente] como una experiencia inmediata.*

Por supuesto, ¡muchos de los maestros de estas personas replicarían que ellos nunca habían enseñado algo así! ¡Que estas personas habían malinterpretado lo que era en efecto una enseñanza más sutil! Pero, recordemos la gran responsabilidad que los maestros tienen de hablar con claridad y de eliminar malos entendidos. Si tanta gente piensa que ha escuchado esto, entonces no han sido adecuadamente instruidos. He escuchado enseñanza que al darle su interpretación más razonable prometía esta "completa victoria". ¿Será posible que algunos líderes eclesiásticos den la impresión de que su nueva marca especial de santificación tiene mayor octanaje que otros ministerios menos ungidos? Si es así, ellos están levantando su propio estatus y su reputación a costa de almas por las cuales Cristo murió. Este es un pecado grave "contra Cristo" (8:12).

1:9

La esperanza paulina descansa en la fe suya de que *fiel es Dios* quien los llamó a *comunión* con su Hijo Jesucristo, nuestro Señor. Pablo usará el mismo término,

16. Por ejemplo, véase Gary S. Shogren, "The 'wretched man' of Romans 7:14-25 as *Reductio ad absurdum*", *EvQ* 72.2, 2000, pp. 119-34, en el cual yo argumento que el pasaje no es acerca de la lucha del cristiano.

17. Jorge I. Gómez V., *El crecimiento y la deserción en la iglesia evangélica costarricense*, INDEF, San Francisco de Dos Ríos, CR, 1996, p. 103.

koinōnia, al referirse a la "comunión" o al compartir el cuerpo y la sangre de Cristo en la Cena del Señor (10:16). Pero la comunión en 1:9 no es sacramental; antes bien, se refiere a la unión completa de la iglesia y a la relación con Cristo, al "estar en Cristo" que es la esencia de la salvación. El término es de particular importancia en 1 Juan 1:3, 6, 7 como metáfora de la salvación.

Aquí concluye Pablo el *exordium*. Recordándoles a los corintios sus oraciones y sus acciones de gracia, así se ha renovado el vínculo cálido entre el apóstol y la iglesia, cuando les dice que:

- Regularmente ora por ellos.
- Cree que Dios los ha bendecido ricamente.
- Sabe que sus experiencias de dones de palabra y de conocimiento son genuinas y no les falta nada.
- El evangelio obviamente ha "trabajado" en Corinto.
- Ellos están esperando el regreso de Cristo.
- Es el trabajo de Dios mantenerlos a ellos firmes y puros en la fe hasta su venida.
- Verdaderamente Dios los ha llamado a ellos a tener comunión con Cristo.

En la sección siguiente y ciertamente a lo largo de la carta, él complementará pero nunca cambiará esta opinión. Ellos tienen varias faltas graves que pueden existir al lado de estos rasgos positivos:

- Ellos son arrogantes por sus supuestas riquezas y no están dispuestos a sufrir por el evangelio.
- Ellos se centran en sí mismos al usar los dones espirituales, le prestan poca atención al resto del cuerpo de Cristo.
- Por su orgullo, ellos corren el peligro de arruinar el templo de Dios, su iglesia.
- Ellos han cometido varios errores morales profundos.
- Su expectativa del retorno de Cristo carece de un elemento clave, la resurrección del cuerpo.
- Y, primero y más importante en la agenda de Pablo: ellos han cometido un sacrilegio en su intento de desgarrar el cuerpo de Cristo.

A este asunto pasamos ahora.

III. CUERPO 1:10–16:4

1 Cor 1–4 es una serie de argumentos relacionados, un desarrollo de la apelación por la unidad de Pablo en 1:10 y seguida por pruebas para esa apelación. En estos capítulos Pablo demuestra que la unidad no es simplemente decidir llevarse

bien con otros. Más bien es el derrame sobrenatural del verdadero evangelio, y la unidad vendrá solo cuando los corintios tengan una valoración precisa de la obra de Cristo. Parafraseemos su argumento, usando los términos retóricos mencionados anteriormente:

Propositio (o, ¿qué punto es el que deseo comunicarles? 1:10): Les estoy suplicando que vivan en unidad, libres de las divisiones humanas comunes, y que arreglen sus divisiones al pensar y vivir en la misma dirección.

Ratio (o, ¿por qué voy a hablarles de esto? 1:11-17): Estoy sacando esto a la luz desde el principio, aunque esta no es una de sus preguntas. Esto porque he oído que esto es lo que de verdad pasa, que ustedes se han dividido en facciones y se han enfrentado unos a otros. Ustedes no pueden separar a Cristo, ¡ustedes lo saben! Nosotros no fundamos escuelas de pensamiento separadas, sino un solo pueblo de Cristo.

Confirmatio (o, ¿qué prueba puedo ofrecerles de que mi punto es correcto? 1:18–3:16): Si ustedes solo pensaran en términos del evangelio en vez de andar coqueteando con la "sabiduría" griega, y si vivieran de acuerdo con el evangelio, no tendrían estos cismas. ¿Por qué? [Algunas de las represiones de Pablo están implícitas, pero debieron de haber sido suficientemente claras para los corintios; las explicaremos detalladamente entre paréntesis].
a. Prueba del evangelio: el evangelio no fomenta divisiones originadas por orgullo en la propia sabiduría (A, 1:18-25). Solo las personas salvas pueden entender el mensaje cristiano. El Antiguo Testamento predice (Isaías 29:14, por ejemplo) que cuando Dios actúa, él anula la sabiduría del mundo. Todo lo que hay que hacer es recordar que nuestro Jesús nos salva por medio de su crucifixión para mostrar que eso ha sucedido – ¡ningún filósofo va a pensar en la cruz como una idea grandiosa! Entonces si la filosofía griega no puede captar el hecho más básico del evangelio de Dios, ¿por qué actúan como si la filosofía fuera a llevarlos más profundamente a la verdad? [Subtexto Implícito: ¿y por qué están ustedes apartando a sus compañeros creyentes en la cruz con algo tan mínimo como la jactancia filosófica?].
b. Prueba de la realidad corintia: para empezar ellos no eran superiores o sabios y entonces no tienen nada de que jactarse ahora (B, 1:26-31). Yo estaba ahí cuando ustedes, corintios, inicialmente recibieron el evangelio, y ambos sabemos que ustedes son malos candidatos para ser la élite sabia. El hecho de que Dios escogiera individuos de bajo calibre para hacerlos su pueblo muestra que él no opera según las normas de la filosofía. [Ninguno de ustedes es merecedor, entonces ¡vivan en unidad como los beneficiarios de la elección inmerecida de Dios!].

c. Prueba del ejemplo apostólico: ellos deberían recordar cómo Pablo primero les trajo el evangelio en humildad (C, 2:1-5). El Espíritu Santo hizo milagros y cambió su vida por medio de mi predicación – y como ustedes recordarán, yo estaba nervioso y no mostraba ingenio. Obviamente, Dios aprueba mi evangelio de la cruz y no su filosofía. [Si ustedes realmente creen en el evangelio, ¡muestren un poco de humildad unos para con otros!].

d. Más prueba del evangelio: La verdadera sabiduría de Dios es revelada a través de la cruz/el Espíritu (A'; 2:6-16). Los seres humanos no llegamos a conocer la verdad del evangelio por medio de la razón o de especulaciones; Dios nos la ha mostrado a través de su revelación, porque solo Dios sabe lo que hay en su propia mente. Él acaba de revelarnos su verdad, y esta se reveló en la cruz. La llamada élite sabia está formada por quienes rechazaron y crucificaron a Jesús, entonces, ¿qué saben ellos? La forma de alcanzar la verdad de Dios es por medio de la revelación del Espíritu Santo, no por la razón. [Represión implícita: ¡y el Espíritu Santo nos dice que estemos unidos con el pueblo escogido de Dios! Entonces, ¡escuchémoslo!].

e. Más prueba de la realidad corintia: ellos están actuando como las personas del mundo (B'; 3:1-4). Cuando yo llegué donde ustedes, ustedes eran verdaderamente superficiales e ignorantes de la verdad. [Entonces ¡no me digan lo filosóficamente sofisticados que han llegado a ser en tan solo cinco años!]. Yo les di el evangelio en la forma más simple que pude. Ustedes todavía son bebés; anhelan verdades profundas, pero ni aun ahora puedo enseñarles el evangelio de un modo más profundo. Ustedes se comportan como seres humanos sin el Espíritu. [Advertencia implícita: la ruta que ustedes escogieron solo los conduce aun más al infantilismo ¡Crezcan centrándose en la verdad madura, el evangelio, y dejen de molestarse unos a otros como niñitos!].

f. Más prueba del ejemplo apostólico: todos los verdaderos trabajadores cristianos trabajan para la gloria de Dios, no para la suya propia (C'; 3:5-17). Apolos y yo, además de otros servidores cristianos respetables, trabajamos para Dios; él es el Señor a quien seguimos, no a ningún humano astuto. Hasta los más importantes entre nosotros son obreros y esclavos en la casa de Dios, y cada uno de nosotros vivimos con la advertencia de la evaluación inminente que Dios hará de nuestro trabajo, ya sea que construyamos o destruyamos el templo de Dios. [Y ustedes, corintios, tienen que cuidarse también, pues están dividiendo el templo de Dios en pedazos].

Peroratio o **exhortatio** (o, ¿cómo deberían vivir ahora que ustedes ven mi punto? 3:18–4:16) Pablo no está simplemente enfocándose en algunos pensamientos devocionales. Una *peroratio* por su misma naturaleza afirma que *las verdades que nosotros hemos expuesto no son simplemente palabras; ellas deben ser vividas, o de lo contrario yo he argumentado mi caso en vano.* Pablo los insta a que ellos estén centrados en el evangelio de la cruz, y conforme lo hacen, ellos deben representar una verdad particular de ese mensaje: amor mutuo, el cual se expresa a sí mismo en la unidad de la iglesia. La exhortación de Pablo toma tres direcciones:

a. Busquen la verdadera sabiduría de Dios, no por medio de la sabiduría humana arrogante (3:18-22).
b. Tengan una actitud correcta hacia los apóstoles (4:1-5).
c. Sigan a los apóstoles en su humildad y sufrimiento en vez de en el triunfalismo (4:6-16).

Itinerario y Conclusión (4:17-21) Pablo juzgará a los corintios arrogantes cuando llegue, entonces, ¡prepárense!

Vayamos versículo por versículo para ver cómo Pablo desarrolla su argumento.

A. El tema principal de Pablo en la carta: La unidad trabajando a través del amor 1:10–4:16 (Probatio)

1. Propósito de escribir (Propositio) 1:10

1:10

Alguien que trata de deducir las preguntas que los corintios habían escrito a Pablo (véase 1 Cor 7:1) podría ver que su carta podría haber sido de unas pocas páginas. No fue así para 1 Corintios: llegó escrita en un inquietantemente pesado pergamino que se desenrollaba hasta seis metros. Leerlo en voz alta sin detenerse pudo demorarse por lo menos una hora y media ¿Por qué Pablo habrá escrito una carta tan larga? La razón se resume en su apelación inicial, un pasaje al que rara vez los comentaristas le prestan la debida atención[18]. El punto principal se enmarca en una "fórmula exhortatoria" (*Les suplico...*). Él les pide un favor, pero lo hace en el nombre de nuestro Señor Cristo con el objeto de subrayar la seriedad de su petición. Pablo usa la misma fórmula que usaría para echar fuera un demonio (Hechos 16:18), o para impartir una enseñanza solemne (1 Tesalonicenses 4:1), o para expulsar de la congregación a un miembro extraviado (5:4; 2 Tesalonicenses 3:6). "Con razón añadió Pablo el nombre del Señor a la exhortación. Esto era, en efecto, lo que ellos rechazaban"[19].

Pablo les implora en varias cláusulas que se unan en armonía y que reparen el edificio resquebrajado de las iglesias reunidas en casas de la ciudad, *que todos vivan en armonía*. La traducción de la NVI "que todos vivan" no es la mejor. Antes bien, la cláusula describe los resultados que Pablo espera a partir de su súplica, de modo que "Les suplico... con el fin de que todos vivan...". "Vivir en armonía" se

---

18. Aun nótese el énfasis sano de Wikenhauser y Schmid, *Introducción*, p. 641: "Lo que más intensamente preocupa a Pablo es que la comunidad se halle quebrantada por desavenencias y divisiones (1,10s)".

19. Teodoreto de Ciro, en Gerald Bray y Marcelo Merino Rodriguez (eds.), *1-2 Corintios*, La Biblia comentada por los Padres de la Iglesia: 7, Ciudad Nueva, Madrid, 1999, p. 45.

traduce más literalmente como "decir lo mismo" o según RVR "hablar una misma cosa" (la frase usual "pensar una misma cosa" aparece en Romanos 12:16, 15:5; 2 Corintios 13:11; Filipenses 2:2, 4; 4:2). Pero esta expresión no se refiere meramente a pronunciar las mismas palabras. "Decir lo mismo" era una expresión política en esa época. Pablo les pidió a los corintios que actuaran como si estuvieran del mismo lado, como si fueran parte del mismo equipo[20].

Luego Pablo expresa su idea negativamente, *que no haya divisiones entre ustedes*. A los cinco años de su nacimiento, se presentan desavenencias en la pequeña red de iglesias en casas, incluso rompimientos en la celebración de la Cena del Señor (11:18) y en el ejercicio espiritual de los dones (12:25). El término para divisiones (usado en NVI, RVR y VP) es el griego *sjismata*, el vocablo en español cisma se refiere específicamente a separaciones religiosas. Aquí el sentido no es tan específico; Pablo se refiere a cualquier tipo de división[21]. De lo que sigue en 1:11-12, se deduce que vivir en armonía significa que los corintios deben considerar a todos los misioneros como miembros de un mismo equipo.

Finalmente Pablo apela a lo siguiente: *sino que se mantengan unidos en un mismo pensar y en un mismo propósito*. "Mantengan unidos" en otros contextos tiene que ver con remendar una tela rasgada; es más que conservar la tela en una sola pieza, significa restaurar la unidad que se ha perdido. Ellos piensan la misma cosa y tienen el mismo propósito pero, ¿en qué consiste esa unidad de pensamiento y de propósito? Es significativo que Pablo no los instruye en cuanto a renunciar a falsas doctrinas y volver a la unidad de un credo. Ni les dice a los seguidores de Cefas o Apolos que se conformen a la mentalidad del grupo paulino. Más bien,

20. Cf. Margaret M. Mitchell, *Paul and the rhetoric of reconciliation: an exegetical investigation of the language and composition of 1 Corinthians,* HUT 28, Mohr, Tübingen, 1991, pp. 69-70; también, Thiselton, *First Corinthians,* pp. 115-18.

21. Cf. el paralelo del siglo II en *Bernabé* 19.12, el cual describe parte del camino de luz como "No harás cismas (*sjisma*), sino que apaciguarás a los que contienden, poniéndolos de acuerdo". Ignacio, *Efesios* 2.2 cita y amplía 1:10 según su propia forma distintiva: "Es por tanto apropiado que vosotros, en todas formas, glorifiquéis a Jesucristo que os ha glorificado; para que estando perfectamente unidos en una sumisión, sometiéndoos a vuestro obispo y presbítero, podáis ser santificados en todas las cosas". También Ignacio, *Filad.* 7.2: "No hagáis nada sin el obispo; mantened vuestra carne como un templo de Dios; amad la unión; evitad las divisiones; sed imitadores de Jesucristo como Él mismo lo era de su Padre". *1 Clemente* habla de los "cismas" de Corinto décadas después (*1 Clem* 46.9, 49.5), pero nuevamente estas parecen no tener nada que ver con doctrina y mucho que ver con ambición, cf. *1 Clem* 47 – "Ciertamente os exhortó en el Espíritu con respecto a él mismo y a Cefas y Apolos, porque ya entonces hacíais grupos. Pero el que hicierais estos bandos resultó en menos pecado para vosotros; porque erais partidarios de apóstoles que tenían una gran reputación, y de un hombre aprobado ante los ojos de estos apóstoles. Pero ahora fijaos bien quiénes son los que os han trastornado y han disminuido la gloria de vuestro renombrado amor a la hermandad. Es vergonzoso, queridos hermanos, sí, francamente vergonzoso e indigno de vuestra conducta en Cristo, que se diga que la misma Iglesia antigua y firme de los corintios, por causa de una o dos personas, hace una sedición contra sus presbíteros".

la unidad de los muchos debe surgir de que cada individuo esté centrado en el simple evangelio de la cruz [22] y de actuar como único campo de Dios, su único proyecto de construcción en Corinto (3:9), unidos juntos en un bautismo del Espíritu (12:13) aún cuando todos ejerzan diferentes funciones en el cuerpo (12:7-12).

Unidad 1:10

El corazón de esta carta es "...que todos vivan en armonía y que no haya divisiones entre ustedes, sino que se mantengan unidos en un mismo pensar y en un mismo propósito". Estas son palabras bastante relevantes para América Latina, puesto que nuestra naturaleza parece dividirnos en facciones. Por ejemplo, uno podría citar un estudio hecho entre costarricenses, que son conocidos por su disposición amigable. Cerca del 30% de evangélicos enumera "discusiones, divisiones y chisme" como la razón por la cual la iglesia no crece, es la tercera respuesta más popular. Similarmente, 26.2% sugiere "armonía y amor en la iglesia" como la solución para prevenir la deserción, la segunda opción más popular[23]. La unidad no es importante simplemente a causa de que es más agradable que la desunión. Importa porque a Dios le duele que sus hijos anden en peleas y que sus divisiones provoquen un daño enorme al trabajo del evangelio.

El peligro de falsas formas de unidad es tan grande que debemos identificarlas antes de establecer un modelo positivo.

Falsa unidad:

Unidad basada en ser callado. *Una rápida manera de que una iglesia parezca unida es callar a todo el que suene distinto. Esto no es cristiano, y no es lo que Pablo hizo. Después de todo, él no les dijo a los seguidores de Apolos y Cefas que se callaran; les dijo a todos los cristianos, incluyendo al grupo de Pablo, que amaran a Cristo y se amaran unos a otros.*

Unidad basada en temor, engaño, presión social, enojo, gritos. *Es posible usar muchos de los "instrumentos de la carne" en Gálatas 5:16-21 para forjar algún tipo de unidad falsa. Pero, ¡ay de nosotros si hacemos eso en el nombre de Cristo!*

Tener "un mismo pensar"... o sea, mi modo de pensar. *Algunos líderes dicen: "Pensaremos a mi modo y solo a mi modo y así alcanzaremos la unidad". Pero, nuestro modelo de unidad es Cristo, no el de uno de los humildes siervos humanos de Cristo quien piensa erigirse a sí mismo como modelo. Hasta Pablo dijo, "Imítenme a mí, como yo imito a Cristo (11:1)".*

---

22. Ambrosiáster en 1:10 (Bray, p. 45): "Los quiere perfectos en el mismo pensar que él les había transmitido, para que no haya discrepancias entre ellos".

23. Cf. *El crecimiento y la deserción*, pp. 121-23.

Debemos encontrar nuestra unidad en la Biblia – pero yo controlo el acceso a la Biblia. *Es trágico ver a los Testigos de Jehová tocar puertas y decirle a la gente cómo ellos estudian la Biblia, la creen, la practican y la proclaman. Pero, la verdad es muy distinta. Porque todo el tiempo que pasan estudiando la Biblia, nunca se les permite estudiarla solos. En cualquier momento cuando abran el libro, tendrán un maestro avalado o una guía salida directamente de su sede. Esa guía les dice cuáles versículos leer y lo que estos significan... y, ¡no es sorprendente que cada texto respalde la doctrina de la secta! Durante su larga historia, la iglesia católica romana ha hecho a veces lo mismo. Pero, ¡que nunca suceda que nosotros los evangélicos tratemos de reforzar la unidad restringiendo el acceso a la Palabra de Dios o sugiriendo que esta no puede leerse sin nuestra autoridad e interpretación! Ni siquiera los obispos católicos actuales van tan lejos.*

Unidad como uniformidad. *He conocido iglesias donde cada cual poseía el mismo tipo de Biblia en la misma versión; donde las mujeres uniformemente llevaban faldas que les cubrían hasta los tobillos; donde los hombres siempre vestían camisa blanca y corbata negra; donde la gente hablaba, reía y fruncía el ceño de un modo idéntico; donde todos decían "Amén" en un perfecto unísono; donde cantaban las mismas canciones en perfecta armonía. La apariencia que daban es impresionante: ¡parecía como si un ejército entero en perfecto orden marchara hacia una gran misión! Pero, parecer iguales y hablar de la misma manera no hace a la gente unida.*

Unidad reforzada por un sistema tribal. *Algunos líderes tratan de unir a su tribu local animándola a odiar a los otros cristianos y a otros grupos (por supuesto, ¡ningún cristiano usa la palabra "odiar"!). Es un engaño sicológico de los líderes del mundo a lo largo de la historia el imponer la unidad dentro de su nación al convertir a otra nación en un adversario satánico. Esto ocurrió en todas partes durante la Guerra Fría, y sucede dentro del cristianismo también.*

La verdadera unidad: *Infiramos de 1 Corintios lo que es la verdadera unidad.*

Se trata de Cristo. *Los cristianos que viven en unidad real lo hacen porque aman a Cristo, y porque Cristo los ha diseñado para amar a su gente. La unidad no radica en el corazón de la unidad política: la dedicación a otro ser humano o a un conjunto de principios. Es una unidad de familia. Juan 17:20-21 contiene la oración de Cristo de que "todos sean uno". Es un versículo que algunos ignoran debido a que suena demasiado ecuménico, pero este refleja lo que le era importante para Jesús en la víspera de su crucifixión.*

Se trata de la cruz. *Las epístolas nos muestran que es la humillación de la cruz lo que nos une, no nuestra personalidad. Sin la cruz y sin el perdón que esta nos trae, no hay unidad.*

Surge desde adentro. 1984, *el libro de George Orwell, es aterrador y merece leerse en cada generación. El héroe, Winston Smith, cree que al menos en sus pensamientos él puede rebelarse en contra de Gran Hermano, aun cuando deba obedecer en apariencia. La horrible conclusión es que el estado es tan poderoso que se introduce dentro de su propia mente. Este es un paralelo satánico de lo que sucede con el nuevo nacimiento. Que nos induce a amar a otros hijos de Dios y nos da el poder para hacerlo.*

Tiene sus raíces en la espiritualidad. *Esto tiene que ver con los frutos del Espíritu, no con una homogeneidad cultural, racial y de clase. Los cristianos que afirman y practican el amor, la paciencia, la generosidad y otros frutos serán capaces de saber qué hacer cuando surjan los conflictos. Sin amor y los otros frutos la uniformidad y la calma son tan solo una sombría "monotonía" y eso no tiene nada que ver con la obra de Dios en nosotros. Pero con el verdadero crecimiento, somos similares unos a otros porque como individuos estamos creciendo para ser más y más como Cristo.*

Es una unidad de misión, *y nuestra primera misión es glorificar a Dios en amor. Hace un tiempo, presencié un espectáculo de "rap" ofrecido por un joven cristiano. Normalmente, no asocio el rap con glorificar a Dios. Sin embargo, oí un mensaje cristiano muy claro de amor, pureza y servicio en el evangelio. ¿Cómo podría no agradarle a un creyente escuchar ese mensaje, aun cuando venga en una presentación poco común? La unidad real busca unidad de misión, no uniformidad en la envoltura.*

Valora a cada hermano y a cada hermana. *Hay días cuando resulta horroroso observar la dinámica de grupo en la iglesia. Cuán a menudo escuchamos, "¡Esta iglesia va por este rumbo, y quienes no estén a gusto son libres..., siéntanse en libertad de irse y no regresar!" La unidad verdadera no se satisface cuando el 99% del rebaño está seguro en su redil; no sacrifica ovejas en el altar de una visión personal.*

Valora lo principal como principal; lo secundario, como secundario. *Hay aspectos más importantes que otros; los asuntos primordiales son el amor por Dios y el amor por los demás (cf. Mateo 22:34-40). Agustín nos instó a tener "en lo esencial, unidad; en lo no esencial, libertad; en todas las cosas, caridad". Muchos elementos en la iglesia no se basan directamente en enseñanzas bíblicas, sino más bien, en las enseñanzas teológicas de moda o en asuntos de gusto en la organización de la iglesia o en estilo de adoración. La verdadera unidad insiste en que permanezcamos unidos en las enseñanzas bíblicas centrales, y que permitamos variedad en las cosas que son pasajeras.*

Posee valor y franqueza. *La verdadera unidad no vive con el terror del desacuerdo, ni se rinde con disgusto cuando este se presenta. Lo digo de nuevo: una persona que es verdaderamente amorosa y vive en unidad con la iglesia dirá a veces cosas duras, no porque sea agradable hacerlo, sino porque es amoroso. No pierde de vista que en un* *mundo pecaminoso, hasta las personas piadosas tendrán fricciones ocasionales, o hasta argumentos fuertes (ver Hechos 15:36-40; Gálatas 2:11-21). La unidad deja espacio para el desacuerdo amoroso a causa de los detalles o para el desacuerdo fuerte en relación con los aspectos principales. La unidad no busca la calma simplemente por buscarla, sino porque la paz es la mejor manera de representar la verdad divina.*

Lectura recomendada:

Dietrich Bonhoeffer, *Vida en comunidad*, Sígueme, Salamanca, 1987, destacando especialmente su énfasis en el evangelio como la única base verdadera para la unidad.

2. Razón por la cual se escribe (Ratio) 1:11-17

1:11-17 corresponde a la figura retórica clásica conocida como *ratio*, la cual contesta la pregunta, ¿por qué razón ha escrito Pablo? en 1:10, "que todos vivan en armonía y que no haya divisiones entre ustedes".

1:11-12

Él escribe a causa de la información suministrada por gente que conoce bien la verdadera situación de la iglesia en Corinto. La frase "la familia de Cloé" de la versión NVI es más específica que la original, "los de Cloé" (RVA). Cloé es muy probablemente un nombre de mujer, quizá la cabeza de una familia extensa o un negocio como lo era Lidia (Hechos 16:14-15). No se sabe quiénes eran ella y su gente, ni siquiera si vivían en Corinto, en Éfeso o en algún otro lugar. Estas personas podrían haber sido esclavos o libertos en su casa, esto es, personas de baja clase social. En cualquier caso, ellos de alguna forma llegaron a saber el verdadero estado de la iglesia de Corinto, y Pablo dio crédito a su informe al punto de nombrar en su carta a quiénes eran sus informantes: Pablo tiene información precisa y condenatoria acerca de Corinto. Y su referencia a "los de Cloé" quiere decir que ahora los corintios también lo saben. Él describe su espíritu partidista, pero no es sino hasta 3:21 cuando directamente les manda renunciar a este: "Por lo tanto, ¡que nadie base su orgullo en el hombre!". Hasta entonces es suficiente describir lo que sabe y dejar implícita la represión.

Yo sigo a... es típico del lenguaje de grupos sociales o partidos políticos[24]. De acuerdo con una interpretación, basada en 4:6, los Corintios no estaban

---

24. Cf. L. L. Welborn, *Politics and rhetoric in the Corinthian epistles*, Mercer, Macon, GA, 1997, quien muestra que "Yo soy de..." es un lenguaje político típico del ambiente grecorromano. Welborn cita un paralelo en Quintiliano, *Institutio oratoria* 2.11, http://penelope.uchicago.edu/Thayer/E/Roman/Texts/Quintilian/Institutio_Oratoria/home.html "Alius percontanti Theodoreus an Apollodoreus esset?" [Otra persona, preguntó si él era 'de Theodore' o 'de Apolodorus'] respondió "egone?... parmularius" [¿Yo? ¡Yo soy de los tracios, o sea, los gladiadores tracios!].

verdaderamente siguiendo a Pablo y a los otros. Como dice la teoría, el apóstol está hablando de líderes sin nombre en Corinto, de ahí que su significado sería: *Uno de ustedes dice, Yo sigo a Pablo, otro, Yo voy con Apolos – pero todos sabemos que no son Pablo y Apolos, no es así; pero no mencionemos nombres.* De aquí que Juan Crisóstomo del siglo IV dijera: "Pero él quiere decir que si no debían apoyarse en estos, mucho menos en otros"[25], es decir, si sus antepasados no se habían dividido entre estos líderes tan brillantes, ¿cómo los corintios iban a seguir esas luces menores?

Es mucho más probable que los corintios de hecho se hubieran dividido en facciones basadas en estos tres líderes famosos. Además de Pablo y Apolos, se menciona a Cefas (cf. la *Introducción*). Este es el vocablo arameo para roca y corresponde al griego *Petros*, el apodo del apóstol Simón Pedro. Es casi seguro que Cefas es el mismo Pedro aquí y en Gálatas 2. Así se considera en *1 Clemente*, escrita tan solo unos 40 años después de 1 Corintios. Clemente también cree que esa primera generación de corintios literalmente seguía a estos tres hombres quienes eran "apóstoles [es decir, Cefas, Pablo] que tenían una gran reputación, y de un hombre [es decir, Apolos] aprobado ante los ojos de estos apóstoles (*1 Clemente* 47.4)". Además, Cefas es nombrado como uno de los principales testigos de la resurrección en 1 Cor 15:5, un papel que corresponde a Pedro en lugar de algún otro Cefas.

Pablo no le ha dado permiso a ningún grupo para que use su nombre. Él escribe acerca de que todos los nombres se usan sin el consentimiento de sus dueños[26]. Si Cefas/Pedro hubiera sido culpable de partidismo, con certeza Pablo no habría vacilado en reprenderlo como lo hizo diez años antes en Antioquía (Gálatas 2:11). A Pablo también le interesa de modo especial dar a conocer a Apolos no como parte de su equipo misionero (3:6; 16:12), sino un amigo de él y Apolos tampoco había creado su propio club.

Existen varias explicaciones con respecto a la formación de partidos. En el siglo XIX, F. C. Baur en su "Teoría de Tubinga" (técnicamente *Tendenzkritik*) sugiere que el partido de Cefas representa una tesis histórica (cristianismo judaizante), mientras que la antítesis paulina es un evangelio del Espíritu el cual incluye la libertad de la Ley Mosaica. Por supuesto, esto no da razón de la presencia de cuatro grupos; Baur opina que se podrían formar *cuatro* grupos a partir de dos combinaciones: Cefas/Cristo vs. Pablo/Apolos. Pero si así fuera, ¿por qué Pablo recurre en 3:5-23 para probar que él y *Apolos* no se dividen?

Creemos que la idea de que había una división doctrinal fundamental en Corinto es apresurada[27]. El único asunto puramente doctrinal en esta carta es

---

25. Crisóstomo 3.4. cf. además Teodoreto de Ciro (Bray, p. 46): "Aquellos se daban el nombre de otros maestros, pero Pablo puso el suyo propio y el de Apolos, etc.".

26. Como Fee, *Primera corintios*, p. 56.

27. Ver los varios intentos de Kuss, p. 189; Archibald Robertson y Alfred Plummer, *First epistle of St. Paul to the Corinthians,* ICC, T. & T. Clark, Edinburgh, 21914, pp. 11-12; T.

la negación de la doctrina de la resurrección del cuerpo (15:12), una desviación que no se les podría acreditar ni a Cefas ni a Apolos. La candidata más plausible para ser una doctrina particular del "grupo de Pablo" sería la libertad de comer carne sacrificada a los ídolos: Pablo está de acuerdo con esta idea en teoría. Sin embargo, él pasa la mayor parte de su tiempo en 1 Corintios 8-10 (especialmente 8:9-12) reprendiendo las palabras y las acciones descuidadas de aquellos que, al menos en apariencia, están de su lado.

El eslogan *Yo soy de Cristo* es un rompecabezas. Aunque algunos han argumentado que la cláusula no era parte del texto original, la evidencia textual a su favor es unánime[28]. Otros argumentan que ningún grupo se autodenominaba de Cristo, sino que Pablo lo inventó como una ironía[29]. La explicación más simple es que existió de hecho un grupo en Corinto que afirmaban ser seguidores de Cristo. Pero si lo eran, ¿cuál era su naturaleza? Pablo no nos dice nada acerca de ninguno de los grupos, y es más difícil de concretar lo que este cuarto grupo creía. Un acercamiento más fructífero es mostrar no lo que el grupo creía sino su actitud. *Mi* facción –¡no la de Pablo! ¡no la de Cefas!– sigue a Cristo y tiene el derecho a su nombre. Otros han sugerido con algo más de posibilidad que esta facción rechazó todo liderazgo humano, no siguiendo a ningún apóstol humano[30]. En ese caso, la descripción del ministerio apostólico de Pablo, más adelante en esta sección, pretende mostrar que, en realidad, es importante escuchar a los mensajeros humanos de Cristo. En cualquier caso, estos "seguidores de Cristo" comparten culpa con las otras facciones, porque ellos estaban haciendo a Cristo la cabeza solamente de su facción[31].

W. Manson, "The Corinthian correspondence (I)", en *Studies in the Gospels and Epistles*, ed. M. Black, Manchester University Press, Manchester, 1962, pp. 190-209; Irene Foulkes, *Problemas pastorales en Corinto: comentario exegético-pastoral a 1 Corintios*, DEI, San José, Costa Rica, 1996, pp. 72-73; C. K. Barrett, *Christianity at Corinth*, Westminster, Philadelphia, 1982, pp. 1-27. Contra Wikenhauser y Schmid, *Introducción*, pp. 641-42; Allo, *Corinthiens*.

28. Cf. Thiselton, *First Corinthians*, pp. 129-33. Algunos argumentan (1) que el texto originalmente decía, literalmente, "Yo soy de Crispo/Crispus". Otros dicen que la exclamación: "Pero yo soy de Cristo" era (2) escrita por Pablo como una afirmación de su propio sentimiento, o (3) agregada por un escriba temprano que estaba copiando el texto; con respecto a esta hipótesis, Schrage, *An die Korinther*, p. 1:147, señala que *1 Clem* 47:1-3 menciona Pablo, Cefas y Apolos, pero no un grupo de Cristo, indicando que quizá Clemente no tenía "Yo soy de Cristo" en su copia de la epístola. La interpretación (2) es incómoda, y (1) y (3) son conjeturas, no existiendo manuscritos que apoyen "Crispus" o la ausencia de la frase. Es mejor interpretar el texto como lo tenemos en cada uno de los manuscritos existentes – "y otros, Yo de Cristo".

29. Cf., especialmente, Schrage, *An die Korinther*, p. 1:148; también Teodoreto de Ciro (Bray, p. 10); la discusión de Fitzmyer, *First Corinthians*, p. 145.

30. Cf. Wikenhauser y Schmid, *Introducción*, p. 644.

31. Allo, *Corinthiens*, pp. 9-10. Crisóstomo, *1 ad Corinthios* 3.5, afirma que Pablo agrega "Yo soy de Cristo" para condenar los tres grupos, puesto que todos estaban diciendo algo como "Yo soy de Cefas, y solo mi grupo verdaderamente sigue a Cristo", etc.

Al final, no es alguna peculiaridad doctrinal la que perturba a Pablo[32], sino el hecho de que los cristianos que comparten el único Espíritu (12:13) pudieran fomentar cualquier facción: "… La estrategia retórica de Pablo es combatir el *fenómeno* del faccionalismo mismo, no cada facción individual directamente"[33]. Por lo menos en 1 Cor 1-4, el faccionalismo como tal es el error cardinal corintio; su causa es su comprensión superficial e irreflexiva de la cruz.

¿Deben los líderes cristianos prestar oído a los chismes? 1:11
Cambiamos a un aspecto delicado del ministerio cristiano. Si un pastor o líder personalmente descubre que alguien está en pecado, él o ella puede acercarse al ofensor naturalmente y tratar de cumplir lo dicho por Pablo en Gálatas 6:1 – "Hermanos, si alguien es sorprendido en pecado, ustedes que son espirituales deben restaurarlo con una actitud humilde". Pero lo que generalmente ocurre no es así de claro. Un miembro de la congregación, por ejemplo, está abusando del licor. No es él quien se lo dice al pastor, ni su esposa, ni sus hijos; el pastor nunca lo descubre embriagado. Pero el pastor se entera por medio de su propia esposa que ha obtenido la información de cuarta o quinta mano: Juan está bebiendo y actuando violentamente con su familia. Puede perder el empleo. Su conducta daña el testimonio del evangelio.

El pastor ahora cuenta con información que puede ser exacta o no. Cree que debería hacer algo. El medio de comunicación está adulterado: él sabe lo que sabe porque alguien ha circulado un chisme. Esto lo pone en una posición incómoda:

1. *Podría ignorar lo que ha oído y predicar un sermón en contra del chisme, pero si Juan en realidad tiene problemas, no obtendrá ayuda. Alternativamente, él podría predicar acerca del abuso del alcohol. Esto también es inapropiado y puede ser poco útil.*
2. *Podría preguntar a los amigos y a los familiares de Juan, aunque quizá aumentaría el chisme y probablemente Juan oirá del interrogatorio.*
3. *Podría preguntarle a Juan directamente si lo que ha oído es verdad. El problema es que esto haga que Juan se enoje contra los hermanos chismosos, no importa si la situación es verdad o no; los alcohólicos, después de todo, tienden a echar la culpa de su comportamiento a los demás.*
4. *Podría pedirle a su propia esposa que le diga a quien le contó eso, y así sucesivamente, que en vez de hablar de Juan entre ellos, buscaran la manera de ayudarle. Pero, ¿qué pasa si la esposa de Juan le contó a una de sus amigas a causa de su desesperación? — esa amiga no debe confrontar a*

---

32. Cf., especialmente, el escepticismo hacia el definir los cuatro grupos por F. W. Grosheide, *The first epistle to the Corinthians*, NICNT, Eerdmans, Grand Rapids, MI, 1953, pp. 35-37; Thiselton, *First Corinthians*, pp. 115-20; Fee, *Primera corintios*, p. 63.

33. Mitchell, *Rhetoric of reconciliation*, pp. 67-68, énfasis añadido.

Juan, o, ¿sí debería? Además de lo cual, si alguien alguna vez ha tratado de enviar de vuelta un mensaje a una cadena de chisme, solo toma a un individuo darse cuenta, ¿Y por qué debería ser yo al que le toque hacer la confrontación?, esto no me incumbe.

Todas estas opciones contienen algún beneficio y alguna desventaja.

La situación de Pablo es que él oyó de parte de los de Cloé que la iglesia se había dividido en grupos. Parece probable que los de Cloé le dijeran otras cosas, quizá información acerca de la Cena del Señor. Es decir, le contaron a Pablo acerca de los pecados de terceros. Puede que ellos hayan tratado de resolver la situación por sí mismos o no antes de decírselo a Pablo. Posiblemente no habían tenido la oportunidad de sanar las divisiones, debido a que la gente de Cloé (si, como es probable, eran corintios también) es probable que estuvieran en una posición social más baja que los causantes de los cismas. Así que, se estaban quejando ante una figura de autoridad superior (Pablo) acerca de la gente local que era más adinerada y poderosa que ellos. Al hacerlo, se arriesgaban a la retribución: los poderosos, normalmente, no tienen sentido del humor o del juego limpio cuando alguien inferior los delata.

¿Qué hace Pablo?

1. Parece convencido de que la información es precisa o lo suficientemente cercana a la verdad para garantizar una reprimenda sin más preguntas. Esto no significa que él se adelantó a las conclusiones. Tenía varias fuentes de primera mano y lo verificó lo mejor que pudo desde lejos. Pablo no es alguien que se apresuraría a enviar cartas o un correo electrónico enojado sin verificar primero los hechos. Mantengamos esto en mente cuando seamos tentados a hacerlo.

2. Él les habló a los corintios de los corintios, no a los filipenses ni a los gálatas acerca de los corintios.

3. Él mismo intervino y no envió de regreso a la gente de Cloé para que reprendiera a los cismáticos. Pero debemos tomar en cuenta que como apóstol, Pablo contaba con autoridad sobre sus iglesias hasta un punto que es poco común actualmente.

4. Él analizó el problema. Esto es, no solo les dijo que los cismas no están bien, sino que basaba todo lo que decía en el amplio panorama del evangelio. Por supuesto, constantemente debemos cuidarnos de tratar de analizar los problemas de la gente a distancia. Pero en este caso, Pablo confía en que tiene la información suficiente como para decirles a ellos cuál es el origen de las divisiones.

5. Él les dio espacio para arrepentirse. Pablo esperaba que un cristiano, desde su primer encuentro con la verdad, se arrepintiera y cambiara su vida. Pablo es un pastor de esperanza no de disgusto ni de desesperanza (ver

especialmente la expectativa en 4:6 de que ellos cambien cuando escuchen la verdad). Y su esperanza se vio recompensada: 1 Clemente muestra que los corintios abandonaron los cismas y volvieron al amor, al menos por un período de algunas décadas.

En este caso, resultó bien que la gente de Cloé compartiera la información. Esto no es darles a los cristianos licencia para chismear unos de otros, un pecado que Pablo condena en otra parte (2 Corintios 12:20). En este caso, era apropiado que Pablo usara información de segunda mano. Como apóstol, él tenía el derecho de saber lo que pasaba y Pablo lo iba a emplearla para el propio bien de la iglesia.

La naturaleza del pecado corintio puede iluminar sobre el caso visto anteriormente en relación con nuestro hermano tomador, Juan. Porque ellos parecían haber creado una "conspiración de silencio": todos ven la verdad, pero nadie habla abiertamente de ella o nadie hace nada con respecto a ella. Los corintios, por su parte, se sentían libres de enviarle una delegación a Pablo con una carta con preguntas legítimas que, sin embargo, distrajeron la atención de sus verdaderos problemas. Pablo respondió sus preguntas, luego rompió el silencio con información obtenida por parte de algunos que rehusaron permanecer en silencio por más tiempo: los de Cloé.

Esta dinámica social arroja luz sobre el caso hipotético de nuestro hombre tomador, Juan. La primera acción que el pecado toma es camuflarse a sí mismo. De hecho, es poco común que una persona confrontada a raíz de un pecado crónico admita su falta y se arrepienta inmediatamente. Especialmente aquellos con adicciones hubieran inventado una compleja red de excusas, justificaciones, decepciones, escondites, y mentiras manifiestas. En ese caso, lo amoroso de hacer es rehusar aceptar las mentiras de la persona, y hablar consistentemente y calmadamente la verdad obvia de su condición. Esto no significa que nosotros tengamos una solución perfecta para los rumores de bebida de Juan. Pero lo que está claro es que un pastor cristiano proseguirá el tema por el bien de Juan, por su parte no se involucrará en el chisme, valorará la verdad por encima de todo, y hablará esa verdad –a Juan, a aquellos a su alrededor– en amor.

¿Qué hay de la acción de los de Cloé, quienes informaron del pecado de otras personas? ¿Es que ellos actuaron como niños que "corren a decirle a la madre" lo que ha hecho su hermano? ¿Estuvo esto mal? Las palabras de Jesús en Mateo 18:16-17 son pertinentes aquí, muestran que el dejar el pecado al descubierto debería comenzar en un nivel personal y solo después avanzar en etapas que incluyan más "testigos". La mayoría de los cristianos alrededor del mundo –y, ¡particularmente en América Latina!– literalmente preferirían morir antes de ir y hablar con un individuo acerca de su pecado. Deseamos creer que este es el trabajo del pastor, o que si chismeamos con la gente adecuada, entonces de algún modo mágico algo bueno saldrá de eso. Pero no importa cuáles sean nuestras tendencias culturales, la Biblia es la verdad que Dios *espera que nosotros sigamos. Las personas no deberían aplaudir, danzar y hacer ruido en el culto y afirmar estar llenas del poder del Espíritu si son impotentes para hacer lo amoroso hacia un hermano o hermana que erran: porque el Espíritu les da poder carismático a quienes se proponen seguir la verdad.*

Y, ¿qué pasa cuando los medios se agotan y la persona "se niega a hacerles caso a ellos"? No nos engañemos a nosotros mismos: amar significa decirles a otros la verdad en voz alta. Cuando los cristianos hablan de ese modo del pecado, es vergonzoso y arriesgado. ¿Con cuánta frecuencia sucede que una persona de poca influencia en la iglesia habla contra la corrupción financiera de sus líderes, solo para descubrir que la congregación vuelca su enojo contra él al decir algo desagradable? Siendo la psicología de grupo lo que es, él descubrirá que el verdadero crimen no es el hurto, sino ser imprudente, o "decir cosas torpes" o "no comprender en realidad la verdadera situación en la cual se halla la iglesia".

Por supuesto, es necesario que quienes hablan así estén seguros de que cuentan con los hechos correctos y de que su meta es ayudar, en amor, no obtener estatus ni dañar a otros. Solo podemos esperar que los de Cloé tuvieran una actitud pura cuando le contaron a Pablo sobre los secretos de la iglesia. Si no fue así, podemos confiar en que Pablo tuvo también una palabra para ellos.

Por su parte, los líderes cristianos muy a menudo son culpables de transmitir información cuando no deberían, o de guardarla para sí mismos cuando deberían hablar. Acciones como estas son pecado. ¡Y ay del pastor que chismea de los miembros de su rebaño con otros miembros o con otros pastores, ¡especialmente cuando se rehúsa a dar los pasos difíciles que el ministerio cristiano requiere de nosotros!

Divisiones. Parte I: Por qué ofenden a Dios 1:12

La iglesia lleva el nombre de Dios (1:1) y de Cristo (Romanos 16:16); aún así tiene actitudes que traen vergüenza a su nombre. Una de estas es el pecado de dividirse en grupos según los héroes eclesiásticos. La sicología subyacente de la alabanza a un héroe es que la gente con menos fama trata de obtener estatus al adherirse a los más famosos. Pensemos en las turbas ruidosas que darían cualquier cosa por estar relacionados con su estrella de la canción favorita. De hecho, las mujeres jóvenes incluso duermen con los famosos, no por estar hambrientas de sexo, sino por la gloria que esa intimidad les da a los ojos de sus amigas.

Ningún cristiano (¡al menos no todos!) saltaría y gritaría ante sus predicadores favoritos. Pero, sí tienden a unirse con los poderosos de la iglesia. Así, por ejemplo, Rodrigo a menudo menciona en su estudio bíblico el nombre del predicador de televisión y bloguero Dr. Martínez. Mientras otros comparten sus opiniones, Rodrigo prefiere citar a otro, y casi exclusivamente, por la gloria que esto le trae: "El doctor Martínez es un erudito bíblico brillante y al ser uno de los suyos, yo demuestro lo profundo que soy y el discernimiento que tengo". Lo mismo va para quienes se limitan a aquellos pocos que afirman ser los únicos verdaderos maestros y profetas llenos del Espíritu, sugiriendo que es a ellos a quienes Dios puede usar. Esta identificación con un grupo toma su forma más extrema en las sectas, donde solo "nuestros líderes" tienen el Espíritu, y los que no pertenecen al grupo son tontos y superficiales... ¡si es que de algún modo son pueblo de Dios!

La pequeña red de congregaciones de Corinto se divide y se divide de nuevo. Y Corinto no fue la excepción: sin la intervención del Espíritu nuestras propias iglesias también enfrentarán divisiones, aun cuando sus líneas divisorias sean invisibles. Sucede con mucha facilidad –al final del culto del domingo por la mañana, tome un minuto y analice los patrones de conversación y de movimiento de la gente–. La gente se agrupa con los que se le parecen: quienes hablan el mismo lenguaje, tienen la misma cultura o raza, pero particularmente quienes se ubican en el mismo nivel social o económico. Los que poseen educación universitaria se juntarán, así como los obreros y los pobres de verdad. Buscamos a alguien parecido a nosotros con quien identificarnos. Esta es la tendencia de todos, ricos o pobres; comoquiera que sea, son los ricos quienes tienen una responsabilidad social de alcanzar a otros, puesto que con mayor facilidad cruzan las mismas barreras sociales que los pobres sienten tan profundamente.

Quizá es mejor que no sepamos qué causó las divisiones en la iglesia de Corinto, o qué hizo que un Apolos fuera más atractivo a ciertas personas que un Cefas. Más bien, Pablo trata con el problema espiritual: quienes separan a la iglesia, separan a Cristo; porque la iglesia es su cuerpo.

Este pecado se manifiesta en estructuras más grandes también. La existencia de denominaciones se debe en parte a causas positivas –algunas denominaciones hacen hincapié en la misión evangelística, por ejemplo– pero en parte a causas carnales. ¿Pertenece usted a la iglesia que recalca la gracia de Dios? ¡Maravilloso! Pero, ¿cómo puede sentirse orgulloso de comprender lo necesitado que es usted sin esa intervención divina? ¿Es su iglesia un centro del poder de Dios y de milagros? ¡Qué bello don del cielo! ¡Significa que ustedes tienen el Espíritu de poder para vivir en amor, humildad y ayuda mutua con la gente de otros grupos! ¿Es su pastor famoso por su predicación y por sus títulos? ¡Magnífico! Pero, ¿qué gloria le trae eso a usted al escoger escuchar la Palabra de Dios, o a él por ese hecho de comunicar la verdad que él mismo no inventó?

¿Qué piensa usted cuando conoce a otro cristiano, el cual ha experimentado el perdón de Dios en Cristo? ¿Lo analiza inmediatamente por su raza, su género, su edad, su educación, o su nacionalidad? ¿Le impone la etiqueta de "Pentecostal o no", "Calvinista o Arminiano", "miembro de una mega iglesia o no"? ¿Depende su valor de cuánto sabe o de si usa el mismo lenguaje que usted conoce? Dios nos ayude si esta es nuestra actitud: porque el hecho de suprema importancia es si la persona conoce a Cristo; y si conoce a Cristo, entonces es parte de nuestra familia y si es parte de la familia, tiene derecho a mi amor.

Divisiones. Parte II: ¿Tenía razón Darwin? 1:12

Los estudios de primates se centran en muchas especies de primates no-humanos, tales como monos, chimpancés y gorilas. Se ha descubierto que los machos compiten para producir tantas crías como puedan, siguiendo sus instintos para preservar su simiente. Entre los gorilas, por ejemplo, el macho "alfa" es un adulto que controla abiertamente el acceso a las hembras. Una gran parte de la inteligencia de los primates se dedica a comprender la compleja "jerarquía de mando" en la cual viven. Los individuos suben o bajan en esa jerarquía por medio de la competencia. Su conducta puede ser abierta, pero los primates, como los humanos, pueden también mostrar engaño y malicia. Ellos conspiran para atacar a otros animales u otros grupos de primates, generalmente se colocan erguidos sobre sus dos patas o se golpean el pecho con el fin de expresar agresión y fuerza.

Por supuesto, los seres humanos jamás actuamos de esa manera. No obstante, existen paralelos de golpearse el pecho, mostrar los dientes, robarle la pareja a otro, pelear por obtener la mejor comida y un estatus superior al de los demás. Los humanos practicamos una cortesía impecable pero a la vez estamos en la búsqueda de más poder, más dinero, más sexo. Podemos tramar la caída de otros. Nos comparamos con los otros y puede que tengamos un conocimiento detallado del modelo de automóvil o del tipo de reloj considerados marcadores de los niveles más altos en la jerarquía. La próxima vez que usted vea a dos cristianos en una lucha por el poder, la próxima vez que usted oiga el equivalente de "Yo soy de Apolos", usted podría encontrarse pensando en gorilas enseñando sus dientes y golpeando su pecho para convertirse en el macho alfa de la tropa.

¿Tenía razón Darwin? ¿Son los cristianos de hoy simplemente simios evolucionados, que han reemplazado los gruñidos y los golpes físicos con chismes, juegos de poder y rivalidad?

De ninguna manera. El problema con la competencia no es la tendencia semejante a la del mono. Después de todo, los monos son animales y no puede esperarse que actúen como seres hechos a la imagen de Dios. Nosotros, los seres humanos, sí estamos hechos a su imagen, y con el nuevo nacimiento en Cristo somos capaces de servir a Dios en el poder del Espíritu. No somos monos cuando peleamos entre nosotros para establecer una jerarquía. Más bien, ¡somos seres humanos carnales, necesitados de abandonar nuestros patrones humanos normales y crecer más en la semejanza de Cristo!

1:13

Algunos manuscritos añaden "no" antes de "dividido", pero el sentido sería el mismo: "¿Acaso está dividido Cristo?", o mejor, "¿Cristo no está dividido, verdad?". Aquí Pablo se abstiene de dar una prueba lógica paso a paso de por qué esto está mal e inmediatamente dirige la atención a un conjunto de preguntas retóricas, y todas son altamente inquietantes en lo que sugieren –que un espíritu partidista es equivalente a partir a Cristo mismo, tan malo como aclamar a Pablo como Salvador crucificado, tan malo como bautizar a la gente en el nombre de Pablo–.

¿Está Cristo dividido? El dividir a Cristo no es en el sentido de compartir en el único cuerpo en el pan de la comunión (1 Cor 11), sino de arrancar una parte de Cristo para hacer "nuestra iglesia". Crisóstomo parafrasea esto así: "¡Ustedes han cortado en pedazos a Cristo, y han repartido su cuerpo"[34].

¿Acaso Pablo fue crucificado por ustedes? Aquí Pablo ofrece lo que se llama una *reductio ad absurdum*, esto es llevar la actitud de los corintios a su consecuencia lógica absurda, al extremo del sacrilegio. Si su afirmación es chocante, es debido a que él intenta ser ofensivo con el objetivo de empujar a los corintios a volver a la realidad: ¿cómo pueden algunos de ustedes llamarse a sí mismos en honor de Pablo cuando eso podría implicar que él era su salvador?

¿Es que fueron bautizados en el nombre de Pablo? Otra idea absurda: ¿por qué afirmar a Pablo como su redentor? El Nuevo Testamento está repleto de lenguaje de bautismo en el nombre del Dios Trino (Mateo 28:19) o con más frecuencia en el nombre del Señor Jesús[35]. Bautizar en el nombre de Pablo sería una blasfemia.

1:14-16

Continuando con su fuerte lenguaje de ridículo, Pablo irá tan lejos como el agradecer a Dios que no bautizó a muchos en Corinto, ¡cómo si bautizar a unos pocos fuera motivo de vanagloria! Él había bautizado a unos posiblemente durante sus primeros días allí, antes de que su equipo mismo reunido y otros bautizaran, o antes de que los corintios mismos bautizaran a los nuevos conversos.

Por la libertad con la cual menciona a *Crispo* y a *Gayo*, Pablo tiene confianza en que esos hombres no abusarían del privilegio de estar estrechamente ligados a él; ni a Crispo ni a Gayo se les ocurriría iniciar un grupo "de Pablo". La facción de Pablo no parece haberse enorgullecido de su bautismo, sino de su asociación con él (1:15).

Él se refiere a la *casa de Estéfanas*, quien estaba presente con Pablo mientras escribía, hablando de una manera informal (cf. Crisóstomo, 3.6): quizá estos también, tal vez hay otros, *yo no me acuerdo* pero lo más importante es que uno sea bautizado en Cristo.

---

34. Así Crisóstomo, *1 ad Corinthios* 3.5.

35. Hay una única referencia bíblica a ser bautizado en el nombre del Padre, Hijo y Espíritu Santo (Mat 28:19; *Didajé* 7.1). Por lo general el bautismo es en el nombre del Señor Jesús (Hech 8:16; 19:5; véase 19:3; *Didajé* 9.5; también Hermas, *Visions* 3.7.3). Algunos argumentan hoy en día que Mat 28:19 fue un añadido posterior al texto de Mateo y que solo el bautismo en el nombre de Jesús es válido. Entre estos están personas que son anti-trinitarias, aquellos que acusan a la iglesia posterior de haber corrompido el texto del Nuevo Testamento con el fin de promover una nueva doctrina. Sin embargo, ningún manuscrito omite Mat 28:19, y hay otros versículos (por ejemplo, 2 Cor 13:14) que son igualmente fuertes en su afirmación de tres divinas personas.

Sabemos de Crispo, Gayo y Estéfanas por otros pasajes. Crispo (un nombre latino) era el líder de la sinagoga de Corinto antes de que Pablo se separara de esta (Hechos 18:8). Aunque Gayo (latino) fue un nombre común, es probable que sea el Gayo quien hospedó a Pablo en una iglesia en casa en Corinto según Romanos 16:23. El hecho de que Pablo encomienda a Estéfanas (nombre griego; 16:15-18) y luego ese año se queda en la casa de Gayo da a entender que esos hombres no estaban involucrados en el cisma.

1:17

La retórica extrema de Pablo no se detiene aquí, porque prosigue en declarar que *Cristo no me envió a bautizar*. El verbo usado por Pablo, enviar (*apostellō*), es el verbo detrás de "apóstol" (*apostolos*)[36]. Pero, ¿no comisionó Cristo a todos sus discípulos a bautizar a sus convertidos (Mateo 28:19)? Pablo asume en todas partes (12:13; Romanos 6:2; Colosenses 2:12) que el bautismo es una experiencia común de todos los cristianos, solo que el rito no viene necesariamente de él mismo, ni se necesitaba. Se hace bien al comparar esta hipérbole con la afirmación extrema hallada en 9:9-10: "'No le pongas bozal al buey mientras esté trillando'. ¿Acaso se preocupa Dios por los bueyes, o lo dice más bien por nosotros? Por supuesto que lo dice por nosotros...". Un lector meramente legalista diría, entonces a Dios no le importa el cuidado humano del buey, a pesar del hecho que Deut 25:4 en su contexto original tiene que ver con ese mismo tema: el cuidado humano de las bestias de carga. Pero en ese versículo, como aquí, Pablo usa el lenguaje de escoger ("ya sea esto, o aquello") con el objeto de enfatizar la importancia de una cosa sobre la otra:

> ¡A Dios no le importa nada del buey!
> (Bueno, por supuesto que sí le importa, pero eso no es lo primordial aquí).
> ¡Cristo no me envió a bautizar!
> (Bueno, por supuesto que sí lo hizo, pero lo primordial es predicar el evangelio, no asegurarse que las personas sean bautizadas por Pablo)[37].

¿Qué sabemos del método de Pablo? Él bautizó a un puñado de nuevos creyentes, pero dejó el bautismo principalmente para que lo hicieran otros; la gente a la que

---

36. En el siglo II había un grupo hereje llamado los cainitas. Ellos rehusaban bautizarse, basados en este versículo en 1 Corintios, de acuerdo con Tertuliano, *De bautismo* (ANF 3): "una víbora de la herejía cainita, en los últimos tiempos versado en este cuarto, se ha llevado a un gran número con su más venenosa doctrina, haciéndolo su primer objetivo destruir el bautismo".

37. Por esta comparación tan útil, estoy en deuda con el comentario de Severiano en 1:13. Claro, Pablo sí bautizó – ya mencionó a algunos, Hechos específicamente dice que bautizó a Lidia y a su familia (Hechos 16:15), al carcelero de Filipos y a su familia (Hechos 16:33), y a ciertos corintios (Hechos 18:8). Él probablemente bautizó a los conversos atenienses, en vista de que no había nadie más que lo hiciera (Hechos 17:34).

él sí bautizó en Corinto no se vanagloriaba de su estatus; ahora, en retrospectiva, Pablo se complace de no haber bautizado a muchos allí. Por tanto, esto plantea la pregunta principal: ¿por qué parece que Pablo denigra el bautismo aquí? ¿Por qué para comenzar pone él este tema sobre el tapete si no era apropiado? Hay quienes sugieren que los corintios habían llegado a ser sacramentalistas, que habían asociado cierto tipo de protección mágica del bautismo de los vivos (10:1-3) o el bautismo "en nombre de los muertos" (15:29). Aun cuando sea posible, un sacramento malentendido no parece ser a lo que Pablo se refiere en realidad en el capítulo 1. Si, como el texto lo indica, Pablo trata el tema del orgullo relacionado con qué gran personaje bautizó a uno o a otro, entonces una posibilidad es que no fueran los bautizados por él, sino los creyentes bautizados por Apolos o Cefas los que se vanagloriaban de sus contactos. Pablo diría en este caso: "¡Yo estoy feliz de no haber bautizado a la gente en la misma proporción en que lo hicieron Apolos y Cefas, o eso habría exacerbado lo que de por sí ya es una situación ridícula!". Una respuesta mejor es que Pablo acudió a un concepto paralelo con el fin de probar su punto: "Considerando la manera como ustedes se han dividido en facciones tan solo por la alabanza a sus respectivos héroes, es bueno que el bautismo nunca haya sido un factor... ¡imagínense cuán espantoso sería si las cosas hubieran llegado tan lejos!".

Cristo envió a Pablo a *predicar el evangelio* — el verdadero mensaje que Pablo desarrolló en la *confirmatio*, y que contiene en sí mismo la cura para el partidismo.

La segunda mitad de 1:17 señala la transición de la *ratio* a la *confirmatio*; donde, a partir de 1:18, Pablo explicará las razones de su llamada a la unidad. Él habló *sin discursos nacidos de la sabiduría humana*. En contraste con la sabiduría falsa de las facciones existentes en Corinto, Pablo les ha dado un ejemplo directo, un discurso sin pulir. Él entrega el evangelio de modo que su mensaje sea claro, no para ganarse la reputación de orador hábil y brillante.

¿Acaso Pablo era tan áspero en su discurso? Aparentemente, los corintios pensaban que él era mejor redactor de cartas que predicador (cf. su opinión en 2 Corintios 10:10: "Sus cartas son duras y fuertes, pero él en persona no impresiona a nadie, y como orador es un fracaso"), pero cabe preguntarse si eso era justo. Por ejemplo, actualmente a la entrada del Areópago se halla pegada una placa de bronce con el texto completo del discurso dado por Pablo allí, según Hechos 17:22b-31. No cabe nada más que quedar impresionado con las habilidades de Pablo, cómo comienza con un fenómeno local (los atenienses son muy religiosos; ellos han levantado un altar al Dios Desconocido), pasa por el rechazo a un dios que no necesita que le sirvan en el templo, hasta llegar a la proclamación del Dios verdadero, el Creador. Algunos afirman erróneamente que Pablo cometió un grave error cuando predicó ese mensaje (cf. la Introducción). Sin embargo, aquí como en todos sus discursos, nosotros tenemos la misma impresión positiva: estos son fieles al evangelio pero contextualizados apropiadamente; son simples, directos, sin embargo, llenos de gracia. Sus cartas también tienen un estilo propio, con un bello equilibrio entre el desarrollo lógico y la pasión del fondo del corazón. El Nuevo Testamento contiene ejemplos de ambos estilos, uno muy simple (1 Juan) y uno cargado de habilidades retóricas impresionantes (Hebreos; 1 Pedro). El lector se lleva la impresión de que todos los autores del Nuevo Testamento tenían diferentes niveles de capacidad, pero cada cual comunicó su mensaje lo mejor que pudo, dirigido por el Espíritu.

Es en este contexto que debemos examinar la afirmación de que evangelizó Corinto sin "palabras de sabiduría humana" o "gran elocuencia y sabiduría superior" (2.1). Pablo quiere decir que mientras el evangelio revela el poder para salvar, un evangelista podría drenar el mensaje de la cruz de su eficacia debido al estilo como lo anunciaba. La cruz es sabia, poderosa y cambia la vida precisamente porque Dios lo dijo muy a pesar del disgusto y del rechazo humano. Sin embargo, es posible administrar mal el poder del evangelio al exaltar al mensajero[38]. El instrumento se convierte en el mensaje, en la atracción. La gente llega a amar el evangelio, no debido a que este es amor de Dios para ellos en Cristo, sino a causa de que fulano de tal se lo presenta de una manera bellísima.

A lo largo del tiempo, el pueblo de Dios ha preferido un estilo de predicación sobre otro. En el siglo I, como afirma Pablo, los corintios paganos querían escuchar mensajes ingeniosos, llenos de argumentos racionales y persuasivos. De hecho, muchos de los maestros populares del día estaban llenos de palabras huecas, que usaban para ganarse la vida; otros ofrecían contenido de mayor valor. Sin embargo, los gustos han cambiado. Los cristianos de hoy en día están más impresionados si el predicador usa un micrófono, camina hacia atrás y hacia adelante en la plataforma, repite ciertas frases y fórmulas a un ritmo de golpeteo. Las personas "sienten" la presencia del Espíritu; o ¿están simplemente teniendo una reacción a lo que ellos están viendo y escuchando, no a la obra de Dios? Aquí también, hay que tener mucho cuidado de preguntarse: *¿Es lo que estoy escuchando el mensaje bíblico claro, del evangelio de la cruz, o está alguien tratando de impresionarme al adoptar un estilo de moda?*

3. Confirmación (Confirmatio) 1:18–3:17

¿Qué prueba aporta Pablo de que su punto es correcto, de que en efecto el verdadero evangelio de la cruz conducirá a la armonía y a un mismo sentir? Su repaso de por qué y sobre cuáles bases la iglesia debería vivir en unidad se extenderá hasta 3:17. En esta sección él apela al evangelio mismo de la cruz (dos veces), a cómo son los corintios (dos veces), y luego al estilo propio del ministerio de Pablo (dos

---

38. Thiselton, *First Corinthians*, pp. 145-47, es particularmente bueno aquí cuando él pregunta cuál es la conexión entre el uso de lenguaje ingenioso y el peligro de robarle el poder a la cruz.

veces). Estos párrafos no son pensamientos al azar acerca del mensaje cristiano; más bien ellos están específicamente diseñados para reforzar la apelación a la unidad en 1:10, que está amenazada por los orgullosos corintios quienes buscan la sabiduría filosófica.

La NVI traduce el griego *"gar"* (literalmente "porque") con la frase *me explico* – Pablo dirá por qué la cruz no se lleva bien con la persuasión humana.

a. Prueba del evangelio: no promueve divisiones basadas en el orgullo procedente de la propia sabiduría individual 1:18-25

1:18

El lector descuidado podría pasar por alto la naturaleza de la transición entre 1:10 y 1:18. Pablo empezó apelando a los corintios a estar unidos; la desunión es lo que nosotros podríamos etiquetar como el "problema", problema que el apóstol ahora resolverá. Pero cuando él continúa para ofrecer una "solución" al problema, el argumento del apóstol da un giro inesperado. Nosotros podríamos pensar que Pablo va a hablar acerca de la importancia de llevarse bien, o tal vez dar un devocional acerca del mandamiento de amar al prójimo. Quizá él los invitará a asistir a un seminario acerca de cómo resolver sus diferencias de una forma constructiva. En lugar de esto, Pablo los lleva *al mensaje de la cruz*[39]. Él sabe que el problema de los corintios no eran meras disensiones; más bien, ellos fundamentalmente malinterpretaron y aplicaron mal el mensaje básico del evangelio, el cual está centrado en un salvador crucificado[40]. Si usted verdaderamente capta el sentido de la cruz, él enseña, entonces usted se dará cuenta de que el evangelio no divide a las personas en niveles de inteligencia o educación o riqueza, sino que nos une a todos nosotros a seguir a un salvador crucificado vergonzosamente.

El mensaje de la cruz es una buena traducción: algunos han interpretado "mensaje" (*logos*) aquí como la "predicación" de la cruz, esto es, la entrega de un mensaje evangélico. Pero no es el estilo oral de Pablo que da una imagen tan pobre: es más bien el contenido mismo del mensaje (ver "la locura de la predicación" en 1:21)[41]. El defecto fatal de relaciones públicas del evangelio es que destaca la crucifixión de un hombre, un evento sumamente vergonzoso.

Aquí es donde un poco de conocimiento sociológico ayudará al lector. En el mundo moderno, la gente (sobre todo en Occidente) piensa en la vergüenza como un sentimiento que viene de adentro, producto de una falla interior. Pero en los días

---

39. Hay, *Pauline theology*, pp. 2:95-97; también, Furnish, *Corinthians*, p. 18.

40. Como dice Conzelmann, *1 Corinthians*, pp. 40-41.

41. Cf. Calvino; Carlos Hodge, *Comentario de I Corintios*, Estandarte de la Verdad, Carlisle, PA, 1969 [orig. 1857]: "La cruz no solo establece el contenido de nuestra predicación, sino también la manera como debemos predicar"; D. A. Carson, *The cross and Christian ministry: an exposition of passages from 1 Corinthians*, Baker, Grand Rapids, MI, 1993, p. 9.

de Pablo, y todavía hoy en Oriente y en gran parte de América Latina, la vergüenza es un asunto público: si se enfrenta la vergüenza pública, se cae en desgracia[42].

La cruz se ha transformado para nosotros, es difícil pensar en ella sin pensar en Jesús o en la iglesia romana. Para captar la idea original, tratemos de imaginar a un ser humano que es levantado y clavado a la pared de un edificio público con el propósito de que muera allí. La cruz era una forma extrema de ejecución; el método más vergonzoso y deshumanizante, planeado para disuadir contra el crimen violento. Se usaba con los esclavos, los rebeldes, los despreciados de la sociedad y significaba la degradación pública y la destrucción de quienes una vez se consideraron seres humanos.

Aquí Pablo divide el mundo en dos: por un lado, quienes perciben el poder divino que fluye a través de la cruz son "los que vamos a la salvación" (VP). Mientras que quienes rechazan el mensaje *se pierden*, o como lo expresa Barrett, ellos son "los que van camino a la destrucción"[43]. Pablo anticipa el juicio de Dios prometido en Isaías y citado en 1:19: *Destruiré* y *se pierden* son traducciones del mismo verbo *apollumi*.

Aquí radica una represión implícita a los partidos de Corinto. Los filósofos humanos no pueden reconciliar a un salvador crucificado con lo que imaginan acerca de la naturaleza del universo[44]. Si algunos corintios deseaban agregar más profundidad filosófica al mensaje cristiano, ellos corrían el riesgo de asfixiar la cruz con capas de sabiduría humana falsa. Ellos cayeron en la tentación de querer ser como aquellos fuera de la iglesia, aquellos que se ofenden o avergüenzan ante la idea de una religión de cruz. Ellos estarían imitando a aquellos que están en camino al juicio de Dios.

El poder de la cruz 1:18

Usted va al parque central, donde siempre andan personas pidiendo limosna; vendiendo algo; predicando algún mensaje. De hecho, usted puede dar vueltas por ahí para ver las nuevas doctrinas que hay en el ambiente. En esta esquina hay alguien nuevo dirigiéndose a un grupo pequeño. Se le puede escuchar diciendo: "El corazón de mi mensaje es..." y luego él pronuncia una palabra obscena. Usted reacciona tarde y escucha con cuidado. De nuevo dice: "El poder para vivir, ser justo delante de Dios,

---

42. Cf., especialmente, D. A. deSilva, "Honor and shame", *DNTB*, pp. 518-522: "Una persona nacida en el mundo mediterráneo del primer siglo, ya fuera gentil o judía, se entrenaba desde la infancia para alcanzar el honor y evitar la desgracia. El honor es, esencialmente, la afirmación de la dignidad de uno surgida de los amigos y de la sociedad, otorgada con base en la habilidad individual de encarnar las virtudes y los atributos que son valorados por la sociedad a la cual él o ella pertenece" (p. 518).

43. Cf. C. K. Barrett, *The First Epistle to the Corinthians*, Black's New Testament Commentary, A. & C. Black, London, 1968, p. 50.

44. Aquí yo estoy en deuda con Tertuliano, *Adversus Marcionem* 5.5.

la vida eterna es..." *y él pronuncia la misma palabra. Usted grita: Oiga amigo, muchos niñitos corren por aquí y por allá y hay mujeres presentes – ¿no puede decir algo más agradable que... esa palabra?*

Pues exactamente así habría parecido en una ciudad griega del primer siglo, al encontrarse con un hombre que se llamaba a sí mismo Pablo el apóstol. ¿Su horrible palabra? Stauros, "la cruz". Él predicaba un mensaje de la cruz, y "la cruz" misma era una palabra tan obscena que la gente educada no la usaba. Esa era la misión de Pablo, predicar un mensaje casi imposible de mencionar.

Es parte de la naturaleza humana buscar una religión más fina que esta. Naturalmente, preferimos una fe que nos dé una guía útil, unas ideas éticas elevadas y la promesa de una vida mejor en el futuro. En vez de eso, Jesús nos ofrece el evangelio de "toma tu cruz y sígueme".

Todavía la cruz les da a los cristianos la esperanza de perdón y de vida eterna. Qué interesante resulta que la cruz desde el siglo II se haya convertido en el símbolo más común del cristianismo. La gente comenzó a persignarse, una costumbre que se remonta a los primeros días de la iglesia.

¿A qué se debe el cambio de actitud? Los cristianos se dieron cuenta de que la cruz impartía lo que prometía: llevaba directamente a un cambio radical de dirección en su vida.

> *Pero para los que Dios ha llamado,*
> *lo mismo judíos que gentiles,*
> *Cristo es el poder de Dios*
> *y la sabiduría de Dios (1:24).*

Podemos preguntarle a Pablo acerca de los interrogantes difíciles que surgen de esta vida, el tipo de problemas que apartan a las personas del reino (6:9-10).

Pablo, ¿en realidad estás diciendo que el hecho de que un hombre fuera crucificado por el gobierno romano en el 30 d.C. marca una diferencia?

Mencionas a los borrachos. ¿En realidad piensas que al padre con un deseo ardiente de beber, que esconderá las botellas, perderá trabajo tras trabajo, mentirá a diestra y siniestra, diciendo que no ha tocado la sustancia, que la cruz tiene algo que decirle a él?

¿Y qué hay de los homosexuales?, alguien dirá: personas quienes por la razón que sea sienten que la atracción por los de su mismo sexo es normal para ellos, no importa la presión familiar y social. ¿Qué hay de esos jóvenes en el centro de la ciudad que cada noche se hacen pasar por mujeres y se prostituyen?

¿Qué pasa con los calumniadores? Alguien señalará a estas mujeres mayores, enredadas en chismes maliciosos cada día durante los últimos 60 años, cuya vida entera gira alrededor de ese placer. ¿Se supone que el hecho de que un hombre haya sido torturado hasta la muerte al ser colgado en una cruz de madera tiene algún efecto sobre ella?

Y, ¿qué hay de los estafadores?, ¿qué pasa con el hombre joven cuya vida entera ha sido tan solo un juego, abriendo de golpe cerraduras de seguridad de puertas, arrebatando billeteras, hurtando autos, distribuyendo drogas? ¿Estás diciendo que una lamentable muerte en Palestina tiene algo que ver con él?

Pablo, preguntará alguien: ¿está diciendo que de todos los eventos en la historia del mundo, el único gran evento que de verdad cambia las presuposiciones de la gente, su conducta, sus reacciones emocionales y de comportamiento... podría ser posiblemente la ejecución de Jesús en un lugar y en un tiempo remotos? ¿Qué ESTA es la gran jugada, el plan de Dios para reconciliar a la gente con él? ¿Es esta la clave?, Pablo. ¿De verdad lo es?

Y, ¿qué diría él? ¡Sí, sí, mil veces sí!

Que esa sea nuestra respuesta, también.

1:19

Pablo presenta como prueba un capítulo de Isaías citado con frecuencia. Isaías 29:18 se usa en los evangelios sinópticos; un concepto paralelo aparece en Isaías 29:10; el "espíritu insensible" que Pablo percibe que se apoderó de Israel en Romanos 11:8, y su objeción a la elección de Dios (29:16, en Romanos 9:20). Pero aquí Pablo cita Isaías 29:14b:

> Perecerá la sabiduría de sus sabios,
> y se esfumará la inteligencia de sus inteligentes.

El contexto es que la gente alejada de Dios basará su religión en un "mandato enseñado por hombres" (Isaías 29:13). Aquellos maestros sabios y con discernimiento aprenderán cuán ciegos han sido cuando Dios intervenga una vez más en la historia humana y juzgue sus pecados. El contexto de Isaías implica que sus "sabias" y ciegas fantasías no son un problema meramente de nuestra limitada perspectiva humana; antes bien, surgen de una falta moral. Ellos son la progenie de quienes usan su mente, la cual es don de Dios, para encontrar una manera de evitar su justa mirada.

Ahora es el tiempo, dice Pablo, este es el momento cuando Dios entre en la historia humana con lo último en revelación. Y así como Isaías lo predijo, las personas que se imaginan a sí mismo como sabios son cegados por la luz.

1:20

Pablo probablemente parafrasea la versión LXX de Isaías 33:18 aquí, con algo como:

> El alma de ustedes meditará miedo.
> ¿Dónde están los letrados?

¿Dónde están los consejeros?
¿Dónde está el que cuenta los que se juntan?[45].

A la luz de lo que Dios ha hecho por medio de la cruz, Pablo lanza un reto a quienes se creen sabios: ¡Vengan y refuten lo que Dios ha dicho que haría! Él enlista tres grupos, aunque la NVI podría mejorar aquí:

el sabio (*sofos*) – el término refleja la sabiduría humana (*sofia*) a lo largo de esta sección.

el erudito – este es el *grammateus*, literalmente "el escriba", una persona intelectual por implicación. Los escribas judíos copiaban los rollos a mano y se convertían en expertos en el texto de la Palabra de Dios. Algunos creen que Pablo se refiere específicamente a los *sabios* griegos y a los *escribas* judíos[46], pero los dos términos podrían aplicarse a cualquier grupo. Además, la selección de términos de Pablo probablemente sigue a Isaías.

el filósofo de esta época (*suzētētēs*) – La tercera palabra se relaciona con otras que tienen que ver con debate público. Fee llama a esto "poco común", pero esto es para rebajar el caso. De hecho, en toda la gran cantidad de literatura griega hasta el siglo V, la forma aparece solo aquí y en varias citas patrísticas de este versículo[47]. Esto hace casi seguro que Pablo inventara el término o usara uno tan poco común que sonara intencionalmente ridículo, como si él hubiera llamado a "hombres sabios, eruditos y 'polemicistas'". ¿Quién, sino un bufón, trataría de vencer a Yahvé?

Dios ha convertido toda su genialidad en ridiculez: Pablo usa una fuerte negación (*oiji*) para expresar la última pregunta: *¿No ha convertido Dios en locura la sabiduría del mundo?* ¿Es absolutamente cierto, no es así, que Dios ha desenmascarado su sabiduría? La cruz es la forma de Dios de mostrar que solo hay dos opciones: ya sea que Dios es verdadero y todos los demás están equivocados, o los razonamientos de las personas, sin el evangelio y sin el Espíritu, son la verdad; no hay término medio. Como mostraría Pablo más adelante en Rom 12:2a, "No se amolden al mundo actual, sino sean transformados mediante la renovación de su mente". Esto no solo quiere decir que el creyente debe evitar pensamientos

---

45. Mi agradecimiento al Dr. David Baer, especialista en la Septuaginta, por su ayuda aquí. Alternativamente: "lo recolectado"; "los soldados"; "las trenzas". En el texto hebreo estos tres mencionados son casi con certeza los opresores anteriores de Judá a quienes ella "no verá más". Así que, es una promesa de alivio. La interacción entre el texto hebreo, la Septuaginta y la cita de Pablo es muy compleja y probablemente supera nuestro conocimiento.

46. Fee, *Primera corintios*, p. 82; J. Jeremias, *"grammateus"*, *TDNT* p. 1:742. Fitzmyer, *First Corinthians*, p. 156, siguiendo a Lautenschlager, dice que era un término filosófico conocido, pero él no está en lo correcto: los filósofos usaban *cognados* de *suzētētēs* para referirse a la búsqueda filosófica, pero anterior a Pablo no hay referencia al sustantivo *suzētētēs* como tal.

47. Cf., por ejemplo, Ignacio, *Efesios* 18.1.

inmorales. Esto supone que el mundo ofrece una forma de pensar que lucha contra la cruz de Cristo. La responsabilidad del creyente es analizar diariamente el mundo desde la perspectiva de Dios, y luego actuar de acuerdo con esa perspectiva. Así como hay pecados del cuerpo, de las emociones, pecados sociales, entonces es posible pecar con el intelecto.

¿Son ustedes mundanos? 1:20

Pablo habla en contra de la mundanalidad en esta carta, y también en el famoso pasaje de Romanos 12:1-2. Tradicionalmente, hemos identificado mundanalidad con una serie de actividades que los no evangélicos —católicos, paganos o ateos— practican con libertad, pero las cuales nosotros debemos evitar:

> *Fumar*
> *Beber*
> *Escuchar música secular o bailar*
> *Para los hombres jóvenes, ponerse un arete*
> *Todo tipo de detalles relacionados con el vestido de las mujeres*
> *El cine, el teatro y otros entretenimientos*
> *Estar ausentes aunque sea un solo culto*

Por supuesto, el evangelio sí tiene grandes implicaciones en la manera de vestirnos o de conducir nuestra vida. Algunos aspectos de nuestra lista hasta tienen un respaldo bíblico. Aun así nuestra definición de mundanalidad tiende a recalcar lo relativamente trivial. Por ejemplo, la categoría de un cristiano desciende debido a que usa un arete, pero no por actuar con desamor o impaciencia. Cristo, quien vino a transformarnos del mundo, también se preocupó de resaltar el hecho de que algunos aspectos son más importantes que otros, comenzando por la justicia, la misericordia y la fidelidad (Mateo 23:23). Asegurémonos de que nuestra lista prohíba la corrupción, pagarles a nuestros empleados menos de lo que deberíamos, rehusarse a perdonar, cerrar los oídos a otros creyentes y creernos la única fuente de verdad.

D. A. Carson plantea un excelente punto, que "mundano" no es simplemente pecado sexual o los placeres del mundo. Uno puede ser también carnalmente religioso: "Lejos de ser vendido al mundo, la carne y el diablo, ellos persiguen experiencias espirituales, aunque a veces insensatamente"[48]. Esto se volvería particularmente importante en 1 Cor 12–14, donde algunos corintios estaban alardeando acerca de su experiencia superior del Espíritu, especialmente al hablar en lenguas.

1:21

Este versículo es tan difícil como repetitivo tanto en el griego como en el español, impulsando a la NVI a usar comas para atribuir *en su sabio designio* al plan de

---

48. Carson, *The cross and Christian ministry*, p. 74.

Dios y hacerlo paralelo a la última afirmación paulina en Romanos 1:21 (VP lo hace aún más claro). Nosotros lo parafraseamos así:

El mundo en toda su sabiduría ostentosa no puede llegar a conocer a Dios. Por tanto Dios en su verdadera sabiduría decidió que él salvaría de este modo:

- *Salvaría a todo el que pusiera su confianza en él.*
- *Salvaría por medio de un mensaje que a los ojos de los incrédulos fuera escandalosamente ridículo.*

La última frase, *la locura de la predicación* (*kerygma*), se ha interpretado en dos direcciones, y la decisión afectará a nuestra aplicación del texto. Por una parte, están quienes comprenden esto como "predicar locamente", una manera tonta de compartir el mensaje. En ese caso él estaría anticipándose a 2:1 (también 2:4-5), "cuando fui a anunciarles el testimonio de Dios, no lo hice con gran elocuencia y sabiduría". Por otra parte, Pablo pudo haber querido decir "predicamos un mensaje que parece loco". Esta segunda explicación es preferible: el sustantivo *kerygma* generalmente se refiere al mensaje mismo antes que al estilo de entregarlo. Quiere decir "predicar lo loco". Esto también encuentra su paralelo en el contexto. Es la misma "locura" del "mensaje (*logos*) de la cruz" (1:18), la predicación de un "Cristo crucificado" (1:23), el evangelio mismo que es, a los ojos de los sabios del mundo, una tontería. Solo un loco podría imaginar que el poder de Dios pueda liberarse en una cruz. Tal disparate llega a un punto en el cual puede llamarse *locura*, un mensaje que incluso a simple vista es obviamente absurdo.

1:22

Pablo pasará a resumir la razón por la cual el evangelio no tiene credibilidad ni atractivo, y le describe a la audiencia como él lo ha visto en el mundo mediterráneo. Los judíos –ya sea en su tierra natal o como minoría en la Diáspora– vivían en un mar plagado de paganos de habla griega. Y ambos grupos inician con un prejuicio extremo en contra del evangelio:

Los judíos piden señales milagrosas. Sin lugar a dudas, Dios confirmó el evangelio a través de curaciones y de otros milagros (Hechos 3:16, 4:16, 21-22), una prueba a la cual Pablo mismo apela en 1 Corintios 4:20 y 2 Corintios 12:12 (además 1 Tesalonicenses 1:5). "Piden", en NVI, no capta precisamente el significado de *aiteō*, el cual se traduce mejor como "demandan". En su experiencia en Judea y en otros lugares en el imperio occidental, Pablo observó el mismo fenómeno que el Señor Jesús quien lanza la misma acusación contra los judíos en Marcos 8:12: "¿Por qué pide esta generación una señal milagrosa?". Como C. K. Barrett señala, históricamente Israel ha sido culpable de presionar a Dios para que demuestre su poder (como en Números 14:22). Este pecado de "probar a Dios" puede disfrazarse a sí mismo como si fuera fe, pero en realidad son opuestos. "Implica rehusarse a confiar en Dios; él debe presentar sus credenciales en forma de hechos visibles e identificables con los cuales reclamar su derecho sobre los hombres, y su habilidad de proveer sus necesidades, se valida"[49]. Fue precisamente este pecado de saltar de la cima del templo el que Jesús rechazó cuando fue tentado en el desierto (Mateo 4:5-7). Los judíos querían ser entretenidos por la magia, no asombrados por el verdadero evangelio. Si el lenguaje de Pablo parece ser un rechazo abrupto de la nación completa de Israel, debe recordarse que en el primer siglo ellos querían que Dios se mostrara por un poderoso milagro –la destrucción de Roma, por ejemplo– como prueba de que Dios había favorecido a Israel por encima de las otras naciones. Pablo, por su parte, predicaba que Dios aceptaría a judíos y a gentiles sin distinción, si ellos creían en el evangelio de la cruz. Aquellos judíos que se mantuvieran buscando más evidencia estaban en rebelión y se quedaban rezagados, detrás de los gentiles quienes tenían fe.

Por otra parte, *los gentiles buscan sabiduría.* Si los judíos objetaron el mensaje, también lo hizo la mayoría pagana. El evangelio no solo trae consigo un sistema de pensamiento alejado de la cultura griega, sino que ni siquiera comienza por prometer un sistema para decirles a las personas como vivir su vida en el mundo. ¿Dónde quedaba el consejo sabio de un Sócrates, un Platón, un Epicuro, pepitas de sabiduría que cualquiera podía aplicar independientemente de su fe? ¿Dónde quedaba el consejo práctico del estoico Séneca? Su evangelio no ofrecía una ética, estilo de vida o sabiduría universalmente válidas: lo que planteaba era un ofrecimiento de sumisión completa a un hombre crucificado.

Los judíos buscan señales; los griegos, sabiduría; pero, ¿qué buscamos nosotros? 1:22
¿Por qué los judíos buscaban señales y los griegos sabiduría? Porque querían tener una visión integral del mundo que les ayudara a darle sentido al universo y a sentirse seguros dentro de él. Los humanos normalmente nos sentimos incómodos al dejar el universo en las manos de Dios, y deseamos convertirnos nosotros mismos en dioses (Génesis 3:5).
Los judíos buscan señales; los griegos, sabiduría, ¿y nosotros...?

1. *Hacemos una encuesta de opinión. Nos sentimos seguros sabiendo que el 28% de la gente se siente del mismo modo; el 47% de otro modo, y el resto no sabe. Nos convencemos de que hemos hallado la "realidad".*
2. *Formulamos una ideología. Encontramos seguridad al adquirir un sistema completo que nos prometa contestar todas las preguntas y proveernos una verdad "científica" acerca del universo. No importa si el sistema viene de Freud, de Marx, de Weber, o de algún teólogo. El resultado es que eso nos*

---

49. Barrett, *First Corinthians*, p. 54.

hace sentir como si alguien tuviera todas las respuestas, y que estamos en contacto íntimo con esa autoridad.

3. *Buscamos una teoría de conspiración. Adolfo Hitler escribió Mein Kampf para "probar" que todos los problemas de la época de la postguerra en Alemania eran el resultado de la mezcla de razas, y particularmente de la conspiración deliberada de los judíos europeos. Aun con lo equivocado que estaba, él logró darle a mucha gente el sentido de que había una explicación simple para cada problema, si uno sabía dónde buscarla.*

4. *Buscamos a alguien que nos prediga el futuro. Ya sea un futurista económico o la gitana tradicional, la gente desea conocer el futuro con el fin de tener el control del presente.*

5. *Anhelamos popularidad. Algunos buscan seguridad en los números. Se rodean de personas que estén de acuerdo con ellos en cada palabra.*

Ningún cristiano debe confiar en estas cosas, ni usarlas para disminuir la centralidad de la cruz de Cristo.

Cuando demandar señales divinas es un pecado 1:22
Tanto Jesús como Pablo acusaron a los judíos por "demandar señales", es decir, milagros que probarían el mensaje del evangelio. El término griego semeion es uno de los tantos usados para referirse a un milagro, esto se ve respaldado por el evangelio de Juan. En los evangelios se nota una tensión entre dos polos: está bien creer en Jesús y tener fe para pedir un milagro; además la fe puede reforzarse al ver un milagro (Juan 2:23). Por otro lado, presenciar un milagro no necesariamente convierte a alguien a la fe y en realidad puede provocar envidia y hasta venganza (Marcos 3:6; Juan in loc.) En más de una ocasión (Mateo 12:38 y Lucas 11:29; Mateo 16:1 y Marcos 8:11) los líderes judíos pidieron: ¡Muéstranos una señal que pruebe sin duda que tú eres el Hijo de Dios! Jesús rehusó concederles su demanda, porque ellos estaban probando a Dios: lo coaccionaron para que hiciera un milagro en presencia de ellos, no para glorificar a Dios, sino para satisfacerse a sí mismos. Hay ejemplos de esto en el AT, donde Israel en el desierto probó a Yahvé diez veces (Números 14:22). Es decir, exigieron que Dios hiciera lo que ellos querían: "El hombre prueba a Dios cuando su comportamiento constituye en realidad un abierto desafío por demostrar la verdad de sus palabras y la bondad y justicia de sus caminos)... Incitar de esta manera a Dios constituye una extrema irreverencia, y Dios mismo lo prohíbe"[50]. Del mismo modo Satanás demandó que Jesús probara quién era convirtiendo piedras en pan (Mateo 4:3-4). Jesús se negó a cometer el mismo pecado cuando el diablo le dijo que se lanzara del templo (4:5-7); respondió, "También está escrito: 'No pongas a prueba al Señor tu Dios'".

50. J. I. Packer, "Tentación", en *Nuevo Diccionario Bíblico*, Certeza, Quito, [1]1991.

En las siguientes décadas, los judíos todavía buscaban algún tipo de prueba del cielo de que Jesús era su Mesías. Así como sus antepasados su actitud fue, "Nos negamos a creer hasta que Dios pase la siguiente prueba". Esto no es fe; de hecho, es síntoma de incredulidad. Irónicamente, Pablo sí realizó señales y milagros para probar su mensaje del evangelio (cf. a lo largo de Hechos; también Romanos 15:19; cf. Hebreos 2:4), pero para algunos eso no era suficiente: querían probar a Dios bajo sus propios términos.

Aquí nos hallamos en terreno difícil, porque probar a Dios y confiar en Dios pueden parecer idénticos al ojo humano. La diferencia es que, al probar a Dios, lo colocamos en un juicio y nos convertimos nosotros mismos en jueces de si él merece guiarnos.

¿Cómo caemos en este pecado?

Demandarle a Dios un milagro. Una cosa es pedirle a Dios en fe que intervenga con una curación o un milagro. Debemos pedirle con fe. Pero qué desagradable es escuchar a gente que disfraza la idea de "probar a Dios" como si fuera fe verdadera: "¡Usted tiene el derecho de recibir un milagro; Dios dijo que él iba a sanarlo y él no puede faltar a su palabra; entonces acérquese al trono y dígale a Dios lo que usted quiere, cuándo lo quiere, y no acepte un No como respuesta! ¡Dios no disminuirá su gloria rechazándolo a usted!". Pensamos que tenemos a Dios atrapado de modo que él no puede fallarnos. La fe verdadera, por otro lado, dice que Dios no nos fallará debido a quién es él, no a causa de que nosotros lo hayamos puesto entre la espada y la pared.

"Haga esto o yo no obedeceré". Debemos tener cuidado acerca de toda la práctica de poner un vellón para probar la voluntad de Dios, como hizo Gedeón en Jueces 6. Lea el capítulo con cuidado y usted verá que la experiencia de Gedeón fue un ejemplo de la paciencia y gracia de Dios con su debilidad, no una fórmula que debamos imitar. Después de todo, Gedeón sabía desde el principio por revelación divina cuál era la voluntad de Dios (Jue 6:14); sin embargo él demoró obedecer hasta que Dios lo confirmó nuevamente (por el ángel esperando hasta que Gedeón trajo alimento) y luego una segunda vez (la señal del vellón) y una tercera vez (otro vellón) y una cuarta vez (7:13-15). Gedeón no pidió una sola "señal del vellón", sino cuatro señales, indicando que él no confiaba completamente en Dios. Porque, ¿con qué atrevimiento leemos los mandamientos divinos y luego le decimos a Dios que nos dé una señal extra antes de obedecer? ¿Qué hay de la cristiana que vive con un hombre fuera del matrimonio? Ella se da cuenta de que eso es pecado; entonces ora, "Si tú quieres que yo abandone este apartamento, haz que el teléfono suene dentro de los próximos 30 segundos; o que yo vea un gato blanco en el camino al trabajo hoy; o que gane la lotería esta semana". Si tales cosas suceden, ella las ve como coincidencias y procura otra señal. Si no suceden, ella lo toma como una respuesta negativa, o comienza a preguntarse si Dios está escuchando en absoluto.

"*Si Dios está haciendo milagros en medio de los cristianos, muéstreme uno aquí y ahora!*" *Supongamos que alguien se le acerca y duda de que Dios haga milagros en su medio; o duda de que la gente hable en lenguas o profetice en la actualidad: "¡Si usted tiene el don de lenguas, vaya y háblele a ese grupo de indios acerca de Cristo en su propia lengua... entonces yo le creeré!, o ¡Sane a este niño inmediatamente, si usted en realidad tiene el Espíritu Santo!". No me malinterpreten; más adelante defenderé que los verdaderos milagros se muestran por su evidencia, no por propaganda. Creo que es posible refutar ciertas solicitudes de milagros. No obstante, podemos caer en el pecado de demandar que los milagros sigan nuestros propios criterios en vez de lo que a Dios le complazca hacer.*

Dios es un Dios de gloria, y no someterá sus credenciales a nosotros una y otra vez. Cuando él es bueno con nosotros y nos muestra una señal de su amor, debemos ser agradecidos, no triunfantes de que dedujimos la forma de vencer su sistema.

1:23

Aquí está el corazón del asunto: Pablo no está autorizado a decirle a los judíos o gentiles lo que ellos quieren escuchar. Él está llamado a predicar el evangelio, y ese evangelio viene solo en un sabor: *nosotros predicamos a Cristo crucificado*. Para el judío era una *piedra de tropiezo*, algo que causa repulsión y ofensa, no solo intelectualmente, sino en un nivel visceral profundo[51]. "Piedra de tropiezo" es usada en la Biblia como algo que se interpone en el camino entre una persona y Dios; la falta siempre pertenece al lado humano. La cruz, ofrecida por Dios como el medio de reconciliación, es el objeto de disgusto para aquellos que rechazan a Dios. Un estudio de esperanzas mesiánicas judías en el primer siglo revela precisamente lo que podríamos anticipar: nadie parece haber esperado un Mesías sufriente. Si en retrospectiva la iglesia señalara al Salmo 2 o Isaías 53 como predicciones de la cruz, ninguna corriente principal del Judaísmo ni cualquiera de sus grupos sectarios hicieron la exégesis de esos textos en esa forma. La misma frase *Cristo crucificado* era un oxímoron, una contradicción de términos; el Judaísmo esperaba a un "Cristo Majestuoso" o un "Cristo Victorioso". Un paralelo al punto de Pablo se puede encontrar en el juicio de Jesús ante Pilato (Juan 19:21-22). "'No escribas *Rey de los Judíos*, sino que era el que decía ser rey de los Judíos'. Pilato contestó, 'Lo que he escrito, escrito queda'". El insulto que Pilato dio a Israel parece haber sido deliberado, puesto que él había proclamado anteriormente "Aquí está su rey" (Juan 19:14; cf. también v. 15). Cada vez que un evangelista cristiano abría su boca, la sangre de un oyente judío herviría de resentimiento patriótico y religioso.

Para los griegos (o, más ampliamente, los no-judíos) un mensaje de la cruz parecía una *locura* por muchas razones. Los romanos alababan la fuerza y la belleza, ambos atributos opuestos a la cruz. Los griegos querían hallar el sistema de pensamiento perfectamente deducido para explicar el universo, y veían la cruz

---

51. J. Guhrt, "escándalo," *DTNT*, p. 1.486.

como parte del "problema del dolor", no de la solución. Por definición, sus deidades estaban más allá del sufrimiento o de cualquier cambio provocado por fuerzas externas. Durante siglos, los cristianos han sido objeto de burla por su fijación con un Señor crucificado. Por ejemplo, Cornelio Fronto escribió propaganda anticristiana en el siglo II y dijo (mi paráfrasis): "Sus ceremonias se centran en un hombre condenado a muerte por su crimen y en la madera fatal de la cruz. Solo el declarar esto en voz alta es asignarles a estos miserables abandonados los santuarios que son apropiados para ellos y el tipo de culto que ellos merecen"[52]. ¡Solamente un desdichado creería una idea tan despreciable!

1:24

Llegamos ahora a los que abrazan el evangelio *a los que Dios ha llamado, lo mismo judíos que gentiles*. Ya hemos oído el llamado de Dios en 1:2 "llamados a ser su santo pueblo". Es lo mismo si el creyente tiene raíces judías o gentiles. En los últimos tiempos los cristianos llegarían a ser llamados la "tercera raza" que no es judía ni gentil, sino seleccionada de todas las naciones. El *llamado* de Dios tiene dos significados distintos en el Nuevo Testamento. Puede referirse a una invitación general a responder al evangelio. Pablo aquí emplea un sentido más específico, el acto divino de llevar a los individuos a la fe, un llamado especial que siempre resulta en salvación. Todos los cristianos y solo los cristianos han sido llamados en este sentido (1:2; Romanos 8:28-30, etc.). Que el llamado es efectivo en 1:24-29 se nota en el hecho de que "la gente llamada" entiende la sabiduría del evangelio, un entendimiento que está ausente en las mentes de aquellos que no han escuchado el evangelio o aquellos que habiéndolo escuchado (llamado general) no han creído. Es en la medida que "los llamados" entienden el evangelio que este los cambia conforme experimentan por sí mismos el poder de Dios que trabaja por medio del crucificado[53]. El evangelio no solamente parece sensato –para los necios, cualquier tontería podría parecer sensata–, sino que es poderoso para cambiar vidas. La cruz revela la obra poderosa de Dios en una manera en la cual ni el judaísmo ni el helenismo pudieron hacerlo[54].

Pablo aquí dirige la atención de sus oyentes a la realidad que ellos mismos conocen. Antes de que ellos vinieran a la fe en Cristo, el evangelio pudo haberles parecido también "locura" o una "piedra de tropiezo". Y ahora ellos son parte de

52. Refiérase a Martin Hengel, *Cruxifixion*, SCM, London, 1977; también John Stott, *La cruz de Cristo*, Ediciones Certeza, Barcelona, 1996. El llamado "Palatine grafitto" muestra una actitud hacia Cristo en la Roma del siglo II. El texto dice "Alexamenos alaba a su dios", y contiene un hombre en una cruz, pero con cabeza de burro.

53. Teodoro de Mopsuestia (Bray, p. 53): "Se llama aquí 'fuerza de Dios' y 'sabiduría' no a la divinidad del Unigénito, sino a la predicación de la Cruz".

54. Teodoreto de Ciro, *Interpretatio*, 81:237: "Porque el sol es luz para aquellos que ven, pero oscuridad para los ciegos" [Mi traducción].

esos "llamados" (1:2). Entonces no deberían sorprenderse de oír esta "locura" con unos oídos distintos. Y si Dios verdaderamente los ha llamado a ellos, entonces en este preciso instante pueden abandonar este ridículo plan de adquirir una sabiduría más profunda apartándose de la cruz en pos de la especulación filosófica de los griegos. ¡Basta de tratar de aparentar sabiduría al aliarse con algún nombre humano! ¡Es en el nombre del crucificado que ustedes se bautizaron!

1:25

El término *la locura de Dios* es un oxímoron, una contradicción de términos. El omnisapiente Dios no puede admitir ninguna locura; *pero si lo hiciera, esta sería más sabia que la sabiduría humana más sabia.* Aun otro oxímoron aparece en la frase *la debilidad de Dios.* Tratemos de comprender los términos como si estuvieran entre comillas. Pablo usa un lenguaje irónico con el fin de que aquellos corintios que admiraban la sabiduría griega cambiasen su escala de valores: ustedes personas "sabias" nunca llegarán cerca de Dios ni siquiera en su máxima locura o debilidad. El acto divino que para los humanos parece el hecho más débil y loco (la cruz) expresa sabiduría superlativa si Dios ha escogido actuar de ese modo.

b. Prueba de la realidad corintia: para comenzar ellos no eran ni tan superiores ni tan sabios así que obviamente no tienen nada de que jactarse ahora 1:26-31

1:26

Pablo retoma la referencia personal que él inició con los "llamados". Aquí él habla de sus amigos corintios con detalles específicos vergonzosos. Su punto es que si Dios realmente hubiera considerado categorías humanas de sabiduría y de fuerza, ¡con seguridad él habría escogido lo mejor para la iglesia de Corinto!

El argumento paulino descansa en su creencia de que Dios ha escogido individuos y los ha llamado a la fe –aparte de esta presuposición su argumento queda sin validez–, pues un corintio podría afirmar que "mi decisión de creer en el evangelio es evidencia de mi discernimiento superior". Pero de hecho, la composición de la iglesia corintia refleja que el que tiene menos discernimiento, el más tosco, el menos educado, la gente de las familias menos conocidas tendía a aceptar la fe.

"¡Yo estuve allí", les recuerda Pablo, "y sé todo de ustedes antes de que vinieran a Cristo!". Aquí, como en 6:9-11, él les recuerda su sórdido pasado, no para avergonzarlos, sino para que vean lo grande que es el poder del evangelio. Él usa la figura "lítotes" (afirmar algo negando lo contrario para efecto): *no muchos de ustedes son sabios* en lugar del positivo "tontos" para suavizar cualquier idea de insulto. La iglesia refleja todos los estratos sociales desde esclavos hasta ricos, pero si reflejara la sociedad, entonces como en la sociedad más amplia, la mayoría era pobre y unos pocos formaban la élite. Por lo tanto, es cierto que los "sabios" –aquellos con entrenamiento en filosofía o al menos con la ilusión de esta– tendían a no recibir el evangelio. Tampoco estaban los poderosos ni los de buenas familias. Las distintas filosofías del día no solo aseguraban representar la sabiduría más profunda, sino que eran capaces de atraer a los poderosos de las mejores familias a su forma de pensar.

El evangelio de Cristo no es elitista. De hecho, Jesús mismo se deleitaba en recibir a los marginados de la sociedad palestina: pecadores, leprosos, samaritanos, los pobres, obreros, cobradores de impuestos, fanáticos, mujeres, niños, los inválidos. La idea de que el evangelio apelara a los pobres no era aceptable a los ojos del mundo, el cual daba importancia al abolengo, a la preparación, a la riqueza y a la influencia social. De hecho, uno de los oponentes más importantes del cristianismo en el siglo II, Celso de Éfeso[55], dice:

> … Las siguientes son las reglas establecidas por ellos: *No dejamos que venga a nosotros ninguno que haya sido instruido, ninguno que sea sabio o prudente (pues tales capacidades nos parecen malas); pero si hay algún ignorante, sin inteligencia, sin instrucción, tontos, dejémoslos acercarse a nosotros con toda confianza.* Palabras por medio de las cuales, sabiendo que tales individuos son dignos de su Dios, ellos manifiestamente muestran que desean y son capaces de atraer a los tontos, a los viles, a los ignorantes, con las mujeres y los niños.

Aun superficialmente la acusación de Celso era injusta; entre sus contemporáneos se hallaban muchos pensadores cristianos, incluyendo a Justino Mártir y a los apologistas. En su majestuosa obra para refutar a Celso, Orígenes respondió que "el objeto del cristianismo es que lleguemos a ser sabios", citando el ejemplo de Salomón, Daniel y otros. Pero, él agrega, la sabiduría cristiana está basada en la revelación de Dios, no en la falsa sabiduría del mundo[56].

1:27-28

Dios llamó a estos corintios a la fe en Cristo, en parte, para *avergonzar a los sabios, a los poderosos.* Ya aquí Pablo anticipa la cita de Jeremías 9:23-24 en 1 Corintios 1:31. De nuevo, la soberanía de Dios es la que introduce a tal gentuza a la iglesia. Si el plan de Dios en la era mesiánica es exaltar a los humildes (cf. el *Magnificat* de María, Lucas 1:46-55), entonces no debería sorprender que los escogidos de Dios cumplan con la función de ser señal de su misericordia a la vez que experimentan el rechazo de los más favorecidos.

55. Citado por Orígenes, *Contra Celso* 3.44.

56. Para más información acerca de la revelación divina en la filosofía griega, cf. Inwood, *The Stoics*, pp. 160-162, 173, 184; los estoicos, que rechazaban las supersticiones, no obstante, creían que Dios podía revelar el futuro a través de la adivinación, oráculos, y astrología.

Es importante considerar bien el significado de *avergonzar* en la experiencia corintia. Como vimos en 1:18, el honor y la vergüenza eran de suprema importancia en el siglo primero. Esto debe haber sido especialmente cierto en Corinto, con sus hombres de negocios de movilidad ascendente y su espíritu de ventaja. En esa sociedad no había nada de mayor importancia que el reconocimiento; no había nada peor que la humillación pública de la pobreza, el escándalo o los problemas familiares. El tópico de la "vergüenza" aparece con frecuencia en las parábolas de Jesús: el hijo pródigo trajo vergüenza pública a su padre, provocando con eso que su reconciliación fuera mucho más impresionante (Lucas 15:11-32). Quienes arrojaron fuera del viñedo al hijo avergonzaron al dueño (Mateo 21:33-44), y quienes rechazaron la invitación al banquete del rey lo avergonzaron (Mateo 22:1-14). El evangelio de Jesús era un mensaje al avergonzado (Lucas 15:1-2), con frecuencia para el disgusto de quienes cuentan con riqueza, poder familiar, o reconocimiento público a causa de su "justicia". Para los corintios, no puede haber sido agradable de oír, *Una de las razones por la que usted es cristiano, y usted, y usted, es porque cuando los incrédulos los ven ellos piensan qué tonto es todo el asunto cristiano; y cuando Dios finalmente venga a juzgar los corazones de todos, ustedes perdedores avergonzarán a los ganadores.*

1:29

Dios no es caprichoso, no exalta a una persona y humilla a otra, simplemente para divertirse. Él tiene un propósito: *a fin de que en su presencia nadie pueda jactarse [delante Dios].* Pablo puede estar hablando en general aquí, que nadie tiene una causa justa para jactarse, aún cuando en la realidad ellos todavía continúan haciéndolo. No obstante, es probable que su significado sea escatológico, como parece ser en el pasaje paralelo, Rom 3:19: "para que todo el mundo se calle la boca y quede convicto delante de Dios"; "toda boca", esto es, judíos y gentiles por igual. La palabra "jactar", anticipa la cita de Jeremías de 1.31, aunque todavía es propia de Pablo. El mundo se jacta en su riqueza y en su sabiduría, no importa, ¡Pablo se gloriará en su debilidad! (2 Corintios 11:16ss.). Es un punto paulino característico que la humillación de los más acomodados tiene el fin de reducir a todos a un nivel de necesidad y dependencia de él (ver Romanos 3:19-20). En este caso, ni judíos ni gentiles pueden jactarse, y lo que resulta más claro del tema paulino, el cristiano no tiene motivo para vanagloriarse tampoco, ellos fueron escogidos específicamente por su ignorancia, inutilidad y ridiculez a los ojos del mundo.

1:30

Es *"gracias a él* [Dios]" y a su elección que los corintios están ahora *unidos a Cristo Jesús.* Debido a que Cristo figura en el plan de Dios, él ha llegado a ser *"nuestra"* (o "para nosotros") sabiduría. Pablo no habla como un post-modernista, permitiendo que una persona pueda tener su verdad y otra persona la suya.

La NVI capta esto bien, porque es sabido que nos trae lo que necesitamos de Dios, y la sabiduría divina no es meramente intelectual sino relacional, como se muestra por estos términos:

- Justificación – la experiencia de ser declarado recto con Dios.
- Santificación – transformación holística, convertir en gente distinta, cambiada por el poder de Dios y no por reflexión filosófica.
- Redención – el acto de liberarnos de la esclavitud del pecado, del mundo, del diablo.

Hay un paralelo claro aquí con 6:11, el cual también declara el poder transformador del evangelio en forma de tríada: lavados, santificados, justificados.

1:31

Pablo regresa a su pensamiento de 1:29 y finalmente cita directamente el texto de Jeremías que ha influenciado su pensamiento y su lenguaje en esta sección: *"Si alguien ha de gloriarse, que se gloríe en el Señor"*. No es una cita precisa del hebreo ni de la LXX; más bien, Pablo resume en una frase compacta el lenguaje de Jeremías 9:23-24a:

> Que no se gloríe el sabio de su sabiduría,
>> ni el poderoso de su poder,
>> ni el rico de su riqueza.
> Si alguien ha de gloriarse,
>> que se gloríe de conocerme
>> y de comprender que yo soy el SEÑOR[57].

De nuevo, este no es un llamado a jactarse de que uno es cristiano o religioso, tampoco que nosotros tenemos un contacto especial con Dios que nos exalta por encima del resto de los creyentes. Gloriarse en el Señor significa precisamente lo que dice: dejamos de exaltarnos a nosotros mismos, en su lugar andamos hablando de lo maravilloso que es el Señor. Lo que es más, nuestros testimonios deben resaltar cuánto necesitamos la misericordia de Dios y lo dadivoso que él es para con nosotros. Esto también significa que no nos jactaremos de simples líderes humanos (1 Cor 3:21).

¿Cómo nos jactamos? 1:31
Jactarnos acerca de nosotros mismos, incluso de nuestra espiritualidad, es pecado. Nuestra jactancia o gloria debe ser en Dios. Cuando les insinuamos a otros que somos superiores en nuestra sabiduría, nuestro conocimiento o nuestra experiencia, estamos al mismo tiempo jactándonos ante el trono de Dios y apartándonos de su gloria. Esta

---

57. Cf. la cita en *1 Clemente* 13, la cual bien puede venir *via* 1 Corintios.

actitud es absolutamente opuesta a ser como un niño pequeño (Mateo 18:3-4). Es lo opuesto a ser justificado por fe, que viene a una persona cuya boca se ha quedado en silencio a causa del conocimiento de su pecado y de su necesidad (Romanos 3:19). Él escogió gente como nosotros "a fin de que en su presencia nadie pueda jactarse".

Nos engañamos a nosotros mismos cuando imaginamos que ser religioso es lo opuesto a la jactancia humana. Los cuatro evangelios revelan que mucho del orgullo humano es orgullo religioso. Lucas 18:9-14 muestra que un hombre relativamente religioso puede describir con exactitud sus acciones ante el Señor y seguir siendo culpable de orgullo. ¿No podía él rectificar sus palabras al decir, "Después de todo, yo me glorío en el Señor, no en mí mismo; ¿no te dije, 'yo te doy gracias por lo bueno que soy?'?".

En nuestra perversidad tratamos de disfrazar la jactancia en nosotros mismos como si fuera alabanza a Dios. Este es un pecado horrible porque ofrecemos al Señor un sacrificio contaminado, aun cuando seamos inconscientes de la enormidad de nuestro delito. Dos personas pueden decir exactamente las mismas palabras y una puede estar glorificando a Dios y la otra glorificándose a sí misma. Aún más, hagamos una lista de cómo la "jactancia espiritual" puede enmascararse como gloria a Dios:

- *¡Dios levantó este ministerio! Yo comencé como pastor de un rebaño de 20 personas en una pequeña bodega, y empezamos a alcanzar a la gente. Obviamente, estamos en el centro de la voluntad de Dios de modo que recibimos la bendición de esta manera.*
- *Yo no asistí a la universidad ni cuento con títulos avanzados. Aun así gracias a la misericordia de Dios me siento en la plataforma con personas que tienen un Ph.D. y hablo con ellos como un igual.*
- *Solo yo enseño la Palabra de Dios, y los demás no.*

¡Tengan cuidado todos los que usan el nombre de Dios con el fin de alcanzar honor y gloria para sí mismos!

c. Prueba del ejemplo apostólico: recordemos cómo Pablo primero les trajo el evangelio en humildad 2:1-5

Aquí Pablo ofrecerá el primero de varios ejemplos personales de su carácter y acciones. Que esto era típico del apóstol se nota al repasar sus epístolas. El papel de un apóstol como ejemplo puede difícilmente sobreestimarse. Un discípulo tiene que ser como su maestro en todos los aspectos, no meramente un repetidor del contenido de su mensaje. En este caso, el converso de Pablo debe seguirlo a él como él sigue a Cristo (4:16; 11:1).

2:1

En el mundo antiguo se suponía que un maestro personificaba los principios que proclamaba, y Pablo con frecuencia se usaba a sí mismo como modelo para sus discípulos. Aquí él vuelve a cuando *yo mismo... cuando fui a anunciarles el testimonio de Dios* [mejor "el misterio"], una referencia a su primera aparición en Corinto unos 5 o 6 años antes con el fin de mostrarles la verdad acerca del evangelio de Jesucristo[58]. Se repite el sentido de 1:17, el cual describe el llamado de Pablo: "No les prediqué con palabras sabias y elocuentes". Su lógica *a posteriori* aquí es en varios puntos parecida a la usada en Gálatas 3:1-5 – que si su vida cambió cuando yo llegué, esto quiere decir que mi evangelio es verdad. Por tanto, *gran elocuencia y sabiduría* no necesariamente deben ser ingredientes del poder del evangelio; así que, su búsqueda de tales elementos terrenales no tiene nada que ver con Cristo.

2:2

Una lectura del verbo aoristo *me propuse* (ver nuestra *Introducción*) es que Pablo tomó una decisión justo antes de entrar a Corinto. De hecho, una lectura mejor sería "No me propuse saber ninguna cosa excepto de..."[59], es decir, Pablo no describe una decisión que tomó (después de algún fallo hipotético en Atenas), sino más bien una decisión que nunca tomaría: él *no* decidió inflar el evangelio con un relleno adicional con el fin de hacerlo más atractivo para su audiencia. Antes bien, él hizo lo que hacía siempre: se centró en Cristo (cf. también Gálatas 3:1).

Su mensaje fue siempre *de Jesucristo, y de este crucificado.* Pablo no intenta excluir, por supuesto, otros aspectos del mensaje cristiano, y de 1 Corintios es obvio que él les enseñaba un evangelio de Cristo amplio (su última cena, la muerte, la sepultura, la resurrección, la segunda venida) y el Espíritu Santo y sus dones[60]. Sin embargo, sus palabras nunca estuvieron lejos de la cruz, y cualquier porción del mensaje apostólico fue entendible solo en referencia a la crucifixión.

El evangelio de la cruz 2:2

¿Qué significa en la actualidad predicar el evangelio de la cruz, el misterio revelado de Dios? La respuesta obvia es: Bueno, describimos la muerte de Jesús e invitamos a la gente a venir a él. Absolutamente cierto, pero la respuesta tiene implicaciones más profundas.

Aquí Pablo vuelve a la naturaleza del evangelio: el mensaje del evangelio se diseñó en su totalidad para ir en contra de la sabiduría humana recibida. Esto corresponde con la sabiduría profética de Daniel: "Hay un Dios en el cielo que revela

---

58. Los mejores manuscritos, contra NVI, BA, RVR, contienen *mustērion* ("misterio") en 2:1 (así NA[28], VP, BJ, RVA). La lectura *marturion* ("testimonio") se explica fácilmente como un error de un escriba.

59. Thiselton, *First Corinthians*, p. 211; Nicoll, *First Corinthians*, p. 2:775.

60. Contra Agustín, *La Trinidad*, 1.12, quien dijo que Pablo se había limitado a la cruz debido a que los corintios no podían comprender la doctrina de la deidad de Cristo.

los misterios" (Daniel 2:28, ver en contexto). En un nivel epistemológico, entonces, Pablo los conduce de un acercamiento racionalista (¿cuál, según la razón humana, es la verdad?) a uno histórico-carismático-apocalíptico (¿qué verdad ha revelado Dios por medio de la cruz y del Espíritu al final de la historia?). En términos prácticos, esto quiere decir que cuando la gente experimenta una revelación del Espíritu Santo, se ven impulsados a volver a la cruz de Cristo. A cambio, esta sabiduría de Dios unificará a los cristianos como ningún entendimiento humano lo hará[61].

El evangelio que predicamos debe arraigarse en la manifestación histórica de Dios en la historia humana: especialmente en los eventos de la encarnación de Jesús, su sufrimiento y su muerte, su sepultura, su resurrección, su ascensión y el don del Espíritu en Pentecostés. Debemos subrayar el progreso de la historia en el plan de Dios: que antes de Cristo las cosas eran de una manera; cuando Cristo vino, las cosas cambiaron; cuando Cristo regrese por segunda vez, las cosas cambiarán de nuevo. Esto se llama a veces la historia redentiva o un acercamiento histórico-redentivo a la teología.

La alternativa es muy común actualmente. Dice: lo que hemos descubierto son ciertas verdades, ciertos principios, ciertas ideas o fórmulas que siempre han sido ciertas y que serán ciertas siempre. Estas nos recuerdan que no podemos llamar falsos evangelios solamente a aquellos que eliminan la cruz de Cristo por completo. Después de todo, todos los mormones creen en la muerte de Cristo y en que ésta tiene algún significado. No, un evangelio falso es cualquiera que convierta la cruz en menos de lo que la Biblia dice que es.

En nuestra predicación, nuestra enseñanza y nuestro evangelismo, necesitamos enfocar el centro de atención no en curaciones o lenguas o prosperidad o valores familiares o política. Antes bien, tenemos que hablar de la victoria de Jesús en la cruz, de su resurrección y de su ascensión, y meditar en ellas. Estos conceptos le resultan ofensivos al mundo, como Pablo bien lo sabía. Él les recordó a los corintios que no trataran de aparentar más listos de lo que eran, con toda su oratoria de principios, ideas y filosofías. Lo que importa es que la muerte de Jesús por nosotros los pecadores: es verdad y es la Verdad.

---

61. A mí esto me parece más pertinente que el énfasis de Foulkes, *Problemas pastorales en Corinto*, p. 83, quien se mueve inmediatamente a una aplicación social-liberacionista: "Para que sea una buena nueva para los [privilegiados] injustos, el mensaje de la cruz les tiene que comunicar primero la mala noticia del juicio de Dios sobre sus acciones opresoras. La teología de la cruz es, en este sentido, una teología crucificante". A la vez uno debe considerar a Orlando Costas (en su *Evangelización contextual*, citado por Foulkes, p. 89): "Por cuanto el evangelio está centrado en la cruz... la evangelización debe comenzar con aquellos que se encuentran en la base de la sociedad...". Este consejo puede ser sabio, sin embargo, podemos preguntarnos si este de hecho era el método de Pablo mismo en Corinto o dondequiera.

2:3

Una audiencia "leerá" (a menudo inconscientemente) al orador para hallar pistas de su mensaje: cómo se dirige, su estilo de hablar, su postura, si se nota seguro de sí mismo o inseguro. Esta es la razón por la cual los políticos emplean tanto tiempo con entrenadores, quienes les dicen cómo pararse, hablar, usar gestos, qué corbata ponerse y así sucesivamente. En el mundo grecorromano, un expositor que parecía nervioso o insignificante sufría descrédito, ya que implicaba que no tenía confianza en su propio mensaje, y por ende su mensaje no sería digno de atención. El estilo retórico era de suma importancia y un contenido principal en el sistema educativo: a los muchachos se les enseñaba no solo qué decir, sino también cómo presentarse a sí mismos bien, con argumentos fuertes y con confianza. Quienes fallaban o rehusaban hacerlo también se enfrentaban al desprecio. De hecho, cuando un orador, Máximo, no quiso emplear "demostraciones" lógicas, se le describió como bufón[62]. Un orador que parecía nervioso o humilde se desdeñaba; Pablo falló en dos aspectos. Él prestó poca atención al estilo y no ofreció pruebas lógicas elaboradas para tratar de convencer a su audiencia de su verdad. El hecho de que él hablara con debilidad y temor y con mucho temblor habría dado a la gente la impresión de que no tenía nada válido que enseñarles. En este contexto, cuando Pablo parecía nervioso significaba que él era negligente o sin habilidad[63].

¿Qué atemorizaba a Pablo al punto de que *temblaba de miedo*? ¿Tenía miedo de recibir otra paliza, como el castigo casi mortal que acababa de sufrir en Filipos? Y, ¿cómo podía un apóstol que nos enseñaba a no estar ansiosos por nada llegar a esa situación? La frase "temor y temblor" es común para Pablo. En 2 Corintios 7:15 habla de su propia aprehensión de que las cosas han salido mal, mientras que en Filipenses 2:12 y en Efesios 6:5 se refiere a nuestra actitud hacia Dios. Aquí, en 1 Corintios 2 aparece el nerviosismo antes que el temor de Dios: él estaba consciente de la debilidad de su presentación si era juzgada según los estándares humanos.

La actitud humilde de Pablo no era naturalmente atractiva para los corintios. Ellos querían a un hombre fuerte, que viniera a la ciudad y les dijera qué hacer. Se reían de que Pablo fuera manso cuando estaba con ellos y valiente cuando estaba lejos (2 Cor 10:1). "En persona no impresiona a nadie y como orador es un fracaso" (2 Cor 10:10). Parece que a ellos les caían mejor esos "apóstoles" que, a

62. Thiselton, *First Corinthians*, p. 220 nota 420, citando a Eunapio, *Las vidas de los sofistas* 466-69, 475.

63. Cf. Teodoreto de Ciro, *Interpretatio*, 81:240, el cual emplea la imagen de un prisionero atormentado para parafrasear 2:3: "Torturado, condenado y atormentado y confinado, él siguió adelante".

cambio de su dinero, los insultaban, puesto que esos hombres mostraban fuerza y confianza en su mensaje[64].

2:4-5

Así como David rehusó la armadura de Saúl, Pablo no podía –o prefería no– usar la elocuencia como herramienta para mostrar la verdad del evangelio; desde su perspectiva cultural, su caso era débil. Por otra parte, su caso era enteramente convincente: el mensaje de Pablo y no el de los otros venía acompañado con *demostración del poder del Espíritu*. ¿A qué clase de "demostración" se refiere Pablo aquí? Algunos lo toman como la conversión: el hecho de que los corintios se convencieran por esa pobre presentación evidencia que el mensaje lo respaldó el Espíritu, trabajando en sus corazones. Si bien esto es cierto, lo mejor es entender este versículo como un paralelo de 2 Corintios 12:12, donde Pablo muestra "las marcas distintivas de un apóstol tales como señales, prodigios y milagros"[65]. En contraste, los apóstoles falsos de 4:19-20 eran convincentes pero no tenían el poder del reino en su trabajo.

Su punto es este: Dios no hace milagros al azar. Él hace milagros para confirmar el mensaje que él aprueba; y solo ese mensaje. Como el evangelio de Pablo llegó acompañado de milagros y de otras evidencias claras del poder del Espíritu, entonces debía ser que lo que Dios está afirmando es verdad. De momento, Pablo da por sentado que solo los verdaderos predicadores serán capaces de hacer milagros; por ahora, él deja de lado el problema de "milagros, señales y prodigios falsos" (los que yo considero milagros Satánicos reales en los últimos tiempos) de 2 Tesalonicenses 2:9-10. El pasaje paralelo en Gálatas 3:5 funciona de la misma manera:

- Gálatas 3: Fue mi evangelio el que llegó con milagros, no el evangelio de los legalistas.
- 1 Corintios 2: Fue mi evangelio el que llegó con milagros, no el mensaje pulido de los retóricos.

---

64. Timothy Savage, *Power through weakness: Paul's understanding of the Christian ministry in 2 Corinthians*, SNTS, Cambridge University Press, Cambridge, 1995, p. 73: "Los corintios deseaban agresividad y demagogia... [Pablo] les pronunció solo palabras de debilidad y de humildad".

65. Teodoreto de Ciro, *Interpretatio* 82.240: "Porque la operación de milagros [el término técnico *taumaturgia*] testificó del mensaje". Cf. Hays, p. 36; Stanley M. Horton, *I & II Corinthians*, Gospel Publishing House, Springfield, MO, 1999, p. 33. Los primeros Padres empleaban este mismo tipo de lógica para mostrar que el favor de Dios era para con la iglesia, no para con los judíos ni los paganos: véase Justino Mártir (*Diálogo* 87-88); Ireneo, *Contra herejías* 4.26.5; Novatio, *Sobre la trinidad* 29; Orígenes, *Princ.* 2.7; Anónimo, *Sobre rebautismo* 15; Ciro de Jerusalén, *Lecturas de catequismo* 17.19. Ireneo, *Contra herejías* 2.32.4 y 5.6.1 lo citó Eusebio con aprobación, *Historia de la iglesia* 5.7. Cf. Gary S. Shogren, "Christian prophecy and canon in the second century: a response to B. B. Warfield", *JETS* 40.4, 1997, pp. 609-26.

¿Por qué Pablo se afana por no asombrarlos con una lógica poderosa? Fue porque su meta era que la fe de estos descansara en el poder de Dios, no en el poder paulino para convencer. Después de todo, alguien llegaría más adelante (y en efecto, lo hicieron, en varias de las ciudades) y de momento parecería ser más convincente que Pablo, entonces, ¿dónde estaría la fe de ellos? Como Crisóstomo afirmó: "[Dios] expulsó a Platón, por ejemplo, no por medio de otro filósofo más talentoso, sino por medio de un pescador indocto"[66].

El poder del Espíritu en la vida cristiana 2:4
El Espíritu Santo es quien capacita al cristiano para que viva en el poder de Cristo, en santidad y con las virtudes cristianas (Hechos 1:8; 2:1-4; Romanos 8:5-6, 1 Corintios 12; 2 Corintios 3:3, 18; Gálatas 5:22-23; muchos otros pasajes). Pero, ¿cómo cumple esa función?

Hubo una vez un grupo de comerciales de TV muy popular. Presentaban algunos juguetes que funcionaban con baterías. Uno funcionaba con baterías de "nuestra marca," el otro con las de la marca X. Ambos juguetes marchan haciendo ruido juntos, hasta que las baterías de la marca X se agotaban, y "nuestra marca" sale airosa.

¿Es el Espíritu Santo así? ¿Es simplemente una batería mejor que nos hace vivir santos, llevar a cabo más cosas, realizar milagros? Cuando nos sentimos secos, ¿quiere decir que nuestra batería del Espíritu se ha gastado?

No, el poder del Espíritu no es así en absoluto:

1. *El Espíritu Santo no es meramente un poder o una fuerza semejante a la electricidad. Esta es una de las falsas doctrinas de los Testigos de Jehová. La Biblia enseña que el Espíritu es una persona y es Dios. Una de las pruebas de esto se encuentra en 1 Cor 12:11: "quien reparte a cada uno según él lo determina". Esto es, el Espíritu toma decisiones acerca de quién recibe qué don espiritual.*
2. *Los cristianos no simplemente "se agotan" cuando pierden el toque del Espíritu. De hecho, puede que sigan andando como antes: yendo a la iglesia, quizá orando y leyendo la Biblia – de modo que puede no ser tan obvio para otros creyentes que algo (¡Alguien!) se ha perdido. Dios sabe, sin embargo, qué débil e ineficaz es nuestro trabajo.*

Así que el Espíritu no mora en nosotros tan solo para llevarnos a hacer actividades, sino para que hagamos las cosas de forma efectiva, a la manera de Dios, es decir, de una manera que le dé gloria a Dios. Por eso tenemos que plantear unas preguntas importantes:

I. *¿Por qué nos da poder el Espíritu Santo?*
II. *¿Cómo obtenemos ese poder?*
III. *¿Cuáles son las manifestaciones de estar lleno del Espíritu Santo?*

66. Crisóstomo 4.4.

I. ¿Por qué nos da poder el Espíritu Santo?

Esto parece simple, pero no lo es en nuestro contexto. Porque podemos estar tan atrapados en el poder del Espíritu que olvidamos que se trata de poder para hacer algo. Somos como quien se jacta acerca del voltaje que fluye en su hogar, pero que ni siquiera tiene la intención de usarlo para ningún propósito útil.

Simplemente, Dios nos da el poder por una razón principal: para que podamos llevar a cabo su trabajo de una manera poderosa.

En el Antiguo Testamento, algunas de las referencias más antiguas al poder del Espíritu tienen que ver con Sansón y su extraordinaria fuerza física (Jueces 13:25; 14:5-6, 19; 15:14-15). Pero Dios no le dio esa fuerza únicamente para su propia diversión. No, su trabajo, por extraño que pareciera, fue hacer estragos al azar entre los filisteos.

¡Pero ahora nosotros vivimos en los días del Nuevo Testamento! Y el poder de Dios desciende sobre nosotros para otros fines que lisiar a los tipos malos. Lucas 24 es un excelente lugar para comenzar: "Ustedes son testigos de estas cosas. Ahora voy a enviarles lo que ha prometido mi Padre; pero ustedes quédense en la ciudad hasta que sean revestidos del poder de lo alto". Hechos sigue con este énfasis en 1:6-10. Aquí el poder es poder para llevar el evangelio a otras naciones. Lo mismo puede decirse de Hechos 2:1-4. El Espíritu los llena con poder; pero, ¿poder para qué? Para hablar en lenguas, eso es claro. Pero, ¿para qué? Para glorificar a Dios. Y, ¿por qué el Espíritu les dio que glorificaran a Dios en lenguas extranjeras? En parte para abrir la puerta para evangelizar a los judíos que se habían reunido a escucharlos, para testificar sobre Cristo de una manera que impulsara a la gente a la fe y al arrepentimiento (2:14-41). Y esos oyentes no solo escucharon el mensaje bien expresado; el Espíritu trabajaba dentro de ellos mientras escuchaban (2:37; hay un buen paralelo en 1 Tesalonicenses 1:4-6).

Es posible convencer a la gente de alguna idea por medio de la persuasión humana. Por ejemplo, los políticos nos convencen de votar por ellos y no por sus oponentes; las compañías nos convencen de que su detergente nos dejará la ropa más limpia; los estafadores nos convencen de darles el número de nuestra tarjeta de crédito. Pero recordemos, hablamos aquí de hacer la obra de Dios a la manera de él. Nadie puede hacer que otra persona verdaderamente se arrepienta y se vuelva a Dios con simple persuasión, aunque use la Biblia: es un milagro el poder del Espíritu.

II. ¿Cómo obtenemos su poder?

Podríamos escribir cientos de páginas sobre esto pero no lo haremos. Existen varios buenos pasajes, notablemente Lucas 11:9-13. Efesios 5:18, "sean llenos del Espíritu", expresa como un mandato que nosotros nos metamos en su vida y en su poder. Hablamos aquí de la vida de fe, no de alguna fórmula mágica especial. Pedirle a Dios el don de su Espíritu o su llenura son simples actos de fe: "Pues si ustedes, aun siendo malos, saben dar cosas buenas a sus hijos, ¡cuánto más el Padre celestial dará el Espíritu Santo a quienes se lo pidan!" (Lucas 11:13). El corazón de la fe descansa en el reconocimiento de nuestra propia incapacidad alejados de él, y se relaciona con una vida de servicio y de amor por Dios. Dios no nos llenará de poder para nuestro propio entretenimiento, sino con el fin de que seamos mejores siervos a su servicio.

III. ¿Cómo es ser lleno del Espíritu?

Planteamos un problema interesante al inicio de esta sección: el de los cristianos que andan en sus propias fuerzas. Entonces, ¿cómo se distingue entre el poder de uno y el poder del Espíritu?

1. La vida del Espíritu se centra en Dios, no en uno mismo. El Espíritu no nos da el poder para que vivamos para nosotros mismos. Al contrario, nos guía a vivir para Dios, a pesar del coste que eso implique.

2. La vida del Espíritu es la vida de Cristo y viceversa. Si no nos interesa vivir para Cristo, ¿por qué deseamos el poder del Espíritu? Quienes están llenos del Espíritu aman a Cristo, y quienes de verdad sirven a Cristo conocen el poder del Espíritu. En una iglesia que conozco, el pastor se enorgullecía de ver llamas brotando de sus manos. Yo no estaba presente. Quizá eso pasó en realidad, pero, ¿quién puede jactarse de experimentar algo así? Si viene del Espíritu, entonces el Espíritu de Cristo es el héroe; si es genuino, sigue siendo trivial comparado con amar a Cristo y ser amados por él.

3. La vida del Espíritu con frecuencia es una vida de sufrimiento. ¡Oh, cómo nos ofende esto!, pero es la verdad. Basta con leer 2 Corintios 11:23-33 para verlo. Pablo podía hablar de milagros y visiones, pero cuando quería demostrar que Dios de veras lo estaba usando con poder, enlistaba sus juicios y sus tribulaciones. Hasta experimentó un "aguijón en la carne", del cual no sabemos nada salvo que lo hacía sufrir. Aun ese sufrimiento era prueba –¡no desaprobación!– de que él estaba lleno del poder de Dios (2 Corintios 12:7-10). Pudo gloriarse en la debilidad (7:9) que era suya aun mientras portaba el poder de Dios en sí mismo. De modo que, si hacía algo que valiera la pena, se debía al poder del Espíritu en él.

Esto quiere decir que a pesar de toda su debilidad, su cansancio y su frustración, el Espíritu de Dios trabaja a través de usted, y él se glorifica por encima de sus limitaciones humanas.

d. Más pruebas procedentes del evangelio: La verdadera sabiduría divina es la revelada a través de la cruz/del Espíritu 2:6-16

Pablo no puede simplemente señalar su propia experiencia para probar su punto. Él invita a los corintios una vez más a considerar cómo el mensaje del evangelio fue diseñado para ir en contra de la sabiduría recibida de la humanidad. Algunos comentaristas ven el 2:6-16 como una digresión, donde Pablo supuestamente se adentra en un nuevo tema, uno que no ayuda fácilmente su caso[67]. De hecho, Pablo está simplemente desarrollando una verdad relacionada, que el evangelio es un evangelio del Espíritu Santo. Algunos corintios estaban tratando de encontrar la verdad a través de la razón humana; Pablo los aleja de eso y los dirige a la cruz y al Espíritu[68]. En términos prácticos, cuando las personas experimentan la obra del Espíritu Santo, él los atraerá hacia la cruz de Cristo, y además a la unidad de unos con otros.

2:6

Pablo ahora menciona que tanto él como los otros apóstoles *hablamos con sabiduría*, lo que ha llevado a ciertos estudiosos a imaginar que se contradice en lo que acaba de decir de la inutilidad de la mente humana para buscar la verdad de Dios. Pero el punto es que hay una sabiduría verdadera la cual es completamente distinta de la sabiduría falsa del mundo. Por supuesto, una vez más vemos las cosas a la manera de Dios, el mensaje del evangelio es todo sabio, porque revela el plan del Dios creador para nosotros. La verdad está disponible a *los que han alcanzado madurez*. El adjetivo "maduros", traducción del griego *teleios*, puede tener el significado de "perfectos" en otros contextos. "Espirituales" es el mismo concepto. No obstante Pablo no habla aquí de seres humanos perfectos, sino más bien de quienes han alcanzado un nivel más alto de entendimiento. Ellos contrastan con los "inmaduros" de 3:1 y con, literalmente, los "no espirituales" (NVI "el que no tiene el Espíritu") de 2:14, la frase "apenas niños en Cristo" a quienes Pablo tiene que instruir con habla infantil.

Él es deliberadamente irónico con pseudo-*teleioi*, aquellos orgullosos de sí mismos por ser más sabios, más profundos, mejor instruidos, mejor desarrollados intelectualmente que sus hermanos cristianos. Su sabiduría va a pasar y eventualmente será condenada en el juicio final.

Pablo usa un lenguaje a veces asociado con el pensamiento apocalíptico. Lo usa específicamente para invalidar la clase de acercamiento griego a la filosofía del cual él ha hecho una parodia en 1:21. La verdadera sabiduría no puede derivarse de la lógica y de la observación ni se obtiene copiando los eslóganes de la élite del mundo. No, en este universo, Dios deja a la élite en la oscuridad creada por su propio pecado y sus limitaciones. Pero él siempre intentó revelar su sabiduría en un momento de la historia, que es a través de la venida de su Hijo. Este punto de

---

67. Sin ninguna evidencia de manuscritos, algunos eruditos ven 1 Cor 2:6ss. como una interpolación; véase la reseña de Thiselton, *First Corinthians*, pp. 36-41.

68. Los teólogos sistemáticos tienden a usar las categorías de revelación general y especial, colocando toda la revelación especial dentro de la categoría de inspiración bíblica. Cf. especialmente Louis Berkhof, *Teología sistemática*, Libros Desafía, Grand Rapids, MI, 2002, pp. 37-45.; también Leon Morris, *Creo en la revelación*, Caribe, Miami, 1979, cap. 2. Debido a que ellos no quieren afirmar que el Espíritu está dando nueva revelación autoritativa, los teólogos podrían restar importancia al papel del Espíritu de guiar al cristiano de día en día, el tema mismo que Pablo está enseñando en este capítulo.

vista de la revelación histórico-redentiva es distintivamente bíblico y va en contra del acercamiento filosófico de los griegos y de los elitistas y en contra de la posición mística de los gnósticos del siglo II. De hecho, los gnósticos hacían de su propia lectura de 2:6 uno de sus textos claves, imaginaban que los apóstoles habían legado una tradición oral de una sabiduría más profunda que solo los "perfectos" (los gnósticos) podrían descubrir[69]. Esto va paralelo a la interpretación de que hubo cierta enseñanza más profunda que Pablo no pudo darles a los corintios. Pero el punto paulino es justamente lo opuesto: que hay un solo evangelio, el cual puede enseñarse en distintos niveles de profundidad.

2:7

Dios ha revelado este *misterio* de sabiduría divina (sabiduría previamente escondida en Dios pero ahora revelada en Cristo; ver los paralelos en Romanos 16:25-26, Colosenses 1:26, Efesios 3:5). Y él lo ha revelado en la manera como Pablo ya lo ha proclamado, el evento histórico de la crucifixión de Jesús, unas dos décadas antes del anuncio del evento en Corinto. Es Dios quien ha *destinado* que este mensaje sea nuestro camino a la gloria. Esto no es una filosofía para la vida cotidiana, sino un "anuncio acerca de la intervención apocalíptica de Dios, por el bien del mundo"[70]. Desde la muerte de Cristo durante la Pascua, todo acerca del universo ha cambiado.

2:8

Los *gobernantes de este mundo* no entendieron el plan de Dios (ver Juan 1:10-11). Más allá de eso, ellos participaron activamente crucificando al *Señor de la gloria*, quien estaba oculto en la forma humana. Ellos no hicieron esto para facilitar el plan de Dios, sino a causa de su resentimiento y de su desprecio combinados con su ignorancia, ellos inadvertidamente contribuyeron a la obra de salvación.

¿Quiénes son los "gobernantes" de 2:6 y 8?[71]. Una lectura es que Pablo se refiere a los principados y poderes demoníacos invisibles que en última instancia procuraron la destrucción de Jesús, incluyendo al diablo que instigaba a

---

69. Cf. Ireneo, *Contra herejías* 1.8.1: "Ese, entonces, es su sistema, el cual ninguno de los profetas anunció, ni el Señor enseñó, ni los apóstoles entregaron, pero del cual ellos se jactan que ellos tienen un conocimiento perfecto más que los demás". También 1.8.4. La nota en el *Diccionario de teología*, ed. E. F. Harrison, tr. H. Casanova y G. Serrano, T. E. L. L., Grand Rapids, MI, 1985, p. 250, es muy útil: "Los gnósticos pretendían un conocimiento esotérico o especial. Podía llegar a tenerlo solamente el segmento de la humanidad que era 'pneumática', o espiritual... Había una segunda clase de hombres, los que eran solamente 'psíquicos' y no podían ir más allá de la fe... Una tercera clase representaba la abrumadora masa de la especie humana. Ellos eran los 'hílicos'...".

70. Hays, p. 28; también p. 43. Además G. Finkenrath, "Misterio", *DTNT* 1.94-98.

71. Cf. la excelente reseña del asunto por Thiselton, *First Corinthians*, pp. 233-39.

Judas para que lo traicionara (Juan 13:2). Esto también encaja con el lenguaje cósmico-apocalíptico del pasaje, similar a aquel de Daniel[72].

Aunque dicha opinión es plausible, el otro punto de vista se ajusta mejor: Pablo se refiere primeramente a los gobernantes humanos, o sea, a conspiradores judíos y a Pilato y Herodes como agentes del imperio[73]. Esto haría la afirmación paralela a Hechos 4:27-28. La referencia "Ningún ojo... ningún oído... ninguna mente" o la cita en 2:9 concuerda mejor con una referencia a los seres humanos. El punto de Pablo es que esos poderes van a pasar, que ellos no habrían crucificado a Jesús de haber sabido el plan de Dios, que ellos no pueden proveer la sabiduría divina a la iglesia corintia.

2:9

Las Escrituras respaldan lo que Pablo está diciendo:

> *Ningún ojo ha visto,*
> *ningún oído ha escuchado,*
> ninguna mente humana ha concebido
> lo que Dios ha preparado para quienes lo aman.

Las primeras dos frases (en itálica) proceden de Isaías 64:4:

> Fuera de ti, desde tiempos antiguos
> *nadie ha escuchado ni percibido,*
> *ni ojo alguno ha visto,*
> a un Dios que, como tú,
> actúe en favor de quienes en él confían.

Sin embargo, las dos cláusulas siguientes no son de Isaías. Quizá es una extensión paulina del lenguaje de Isaías, o tal vez una tradición judía basada en Isaías que Pablo encontró ya hecha[74]. De cualquier modo, la tradición parece haber suplido el uso –para Pablo– inusual de "preparar" (*jetoimazo*). Esta cita respalda lo que Pablo dijo en 2:7, que Dios había planeado esto de antemano (cf. Romanos 8:28-30)[75].

---

72. Para el punto de vista "angelical/demoníaco", cf. Orígenes, *De principiis* 3.3.2; Agustín, *Sermón* 262.3 (Bray, p. 62); Tomás Aquino; Walter, p. 44; Allo; Héring; Schrage.

73. Así Teodoreto de Ciro, *Interpretatio* 82.243, quien agrupa a estos gobernantes junto con los filósofos de la élite; también Tertuliano, *Contra Marción* 5.6; Hays, pp. 43-44; Godet (específicamente los líderes judíos); Findlay. Ambrosiáster (Bray, p. 61) lo ve como gobernantes humanos, pero incluye los demonios ocultos detrás de ellos. Así también Thrall; Orr y Walther. Ignacio, *Trallianos* 11 (versión larga) incluye a los falsos maestros en este grupo.

74. Así Orígenes, *Comentario de Mateo* 5.29, el cual asegura que vio la referencia en el ahora perdido *Apocalipsis de Elías*.

75. *1 Clemente* 34:8 cita esto, con cierta variación al final, como Escritura. Se presume que conoce el texto por medio de 1 Corintios 2 y no independientemente.

Comúnmente, este versículo se saca de su contexto para decir que el cristiano posiblemente no puede concebir la clase de bendiciones que Dios tiene guardadas para nosotros en el cielo[76]. Mientras que esto es verdad, no es el punto aquí. Pablo está hablando de la verdad que puede conocerse en el aquí y el ahora, desde la crucifixión. Ningún ser humano podría ni siquiera imaginar, observar, o razonar las bendiciones del evangelio de Cristo, pero nosotros los cristianos ya las entendemos (2:10).

2:10

Ahora bien, Dios nos ha revelado esto por medio de su Espíritu, el cual nos revela el significado de la cruz de Jesús.

Cuando en nuestras Biblias se está hablando del Espíritu Santo, se escribe con mayúscula la palabra Espíritu. Cuando no se está hablando del Espíritu, sino de "un espíritu", no se escribe con mayúscula la palabra. Los editores modernos hacen esto con el fin de ayudar al lector a entender las referencias específicas. Pero en el siglo I, el griego escrito no diferenciaba entre letras minúsculas y mayúsculas: la palabra *pneuma* podía significar Espíritu o espíritu; todo dependía del contexto. Muy a menudo el contexto es claro. No obstante, hay alguna confusión acerca del uso que hace Pablo de *pneuma* en este capítulo, y la diferencia no es algo menor.

Pneuma puede tener varios significados. En lenguaje moderno usamos la palabra para hablar de una actitud, tal como el espíritu de Navidad o el espíritu de generosidad. Este es su sentido en 4:21, pero no funciona en el capítulo 2.

Una interpretación ligeramente más plausible es que se refiere a la parte inmaterial del ser humano, como en 2:11; 7:34 y en 1 Tesalonicenses 5:23; 2 Corintios 7:1. Si el "espíritu humano" es el sentido de 2:10, Pablo estaría enseñando un misticismo, que a través de nuestro ser interior experimentamos contacto inmediato con Dios. En el siglo siguiente, los gnósticos malinterpretarían 1 Corintios justamente en esa manera; en el siglo XIX, los cristianos liberales consideraban el espíritu como la parte divina de la persona, y la Teología de la Liberación ha afirmado que los pobres pueden conocer la verdad de Dios en una forma similar. En el lenguaje de hoy, alguien podría afirmar que conoce a Dios "en su corazón", como si hubiera alguna parte de nosotros que tuviera contacto inmediato con Dios. Sin embargo, eso sería contradecir lo que Pablo acaba de decir, que la sabiduría se reveló en un punto de la historia humana (no por medio del misticismo) y que es algo que la mente humana no podría concebir sin la revelación directa.

---

76. Como *1 Clemente* 34.8; *Martirio de Policarpo* 2.3; Isaac de Nínive (Bray, pp. 62-63), fallecido alrededor del 700 d.C. Elaine Hiesey Pagels, *The gnostic Paul: gnostic exegesis of the Pauline letters*, Fortress, Philadelphia, 1975, p. 58, cree que los gnósticos usaban este versículo en sus ceremonias de iniciación.

No, la interpretación que tiene el mejor sentido es la de la NVI, que el *pneuma* de esta sección es "su Espíritu", el Espíritu de Dios (2:11b), y así en mayúscula en español. Hemos recibido el Espíritu de Dios (2:12), él nos ha enseñado (2:13), hemos recibido sus dones (2:14), y se nos ha dado la mente de Cristo (2:16). Cuando Pablo habla de gente "espiritual" (2:13, 15), no quiere decir alguna clase de gente que cuenta con una relación más cercana con su ser interior y así ha llegado a ser "espiritual". Para Pablo, "espiritual" –dones espirituales, gente espiritual, entendimiento espiritual– denota lo que "tiene que ver con el Espíritu Santo", y como tal se nos ha dado desde fuera, no de lo profundo de nuestro interior. Así que podemos en nuestras mentes traducir el término como "Espiritual" en mayúscula. El no espiritual es "el que no tiene el Espíritu".

La venida del Espíritu es una parte del plan de Dios en la historia. Ningún sendero místico podría hacer que una persona conociera la mente del Espíritu, sino el don divino del Espíritu que comienza el día de Pentecostés y continúa hasta el fin en cumplimiento de Joel 2:28. Es el mismo Espíritu derramado que habla dentro del cristiano en Romanos 8:16, 26-27 y el cual introduce los dones espirituales en 12:4 o una revelación hablada y directa de parte de Dios en 14:3, 23-25.

Es virtualmente cierto que Pablo está usando el lenguaje del Espíritu aquí porque así es como los corintios orgullosos y causantes de divisiones hablaban. *"Nosotros"* tenemos el Espíritu, afirmaban, y así podemos atropellar a otros grupos con nuestra sabiduría superior. Pablo usa los mismos términos que ellos emplean en su contra.

¿Qué nos revela el Espíritu? El Espíritu conoce todo acerca de la verdad de Dios: *lo examina todo, hasta las profundidades de Dios* y él conoce *los pensamientos de Dios*. Ninguna revelación puede ir más allá del conocimiento que el Espíritu tiene de Dios, y ese conocimiento es el mismo mensaje de la cruz (2:4) que el Espíritu respalda con señales milagrosas. Cada manifestación verdadera del Espíritu hará que el cristiano se vuelva hacia el verdadero evangelio, a la palabra de la cruz. Si los corintios esperaban que el Espíritu facultara a algunos de ellos para ir más allá del simple mensaje de la cruz, estaban equivocados. El distintivo de un verdadero "carismático" será su centralidad en la cruz. Pablo dice: Claro que sí, seamos espirituales... pero la gente con la sabiduría del Espíritu será gente del evangelio de la cruz, y los tales no causan división sino que son humildes y amorosos (ver Santiago 3:13-18 para una descripción parecida de "la sabiduría de arriba").

2:11

Como un ser humano sabe mejor lo que pasa dentro de su propia mente, al menos en un grado limitado, así el Espíritu eterno de Dios es el único que conoce mejor la mente de Dios. Aquí Pablo refleja ciertas enseñanzas del Antiguo Testamento en relación con lo inalcanzable que es el conocimiento de Dios aparte de una revelación directa:

> Él revela lo profundo y lo escondido,
> y sabe lo que se oculta en las sombras (Daniel 2:22a).

> ¿Puedes adentrarte en los misterios de Dios
> o alcanzar la perfección del Todopoderoso? (Job 11:7).

2:12

¿Qué es este "espíritu del mundo"? Probablemente, no es Satán específicamente (como es en Efesios 2:2), sino más bien algo que Pablo dice para enfatizar los límites de la sabiduría terrenal y el conocimiento ilimitado del Espíritu. Nuestro conocimiento no viene de algún espíritu que solo saca información de la experiencia humana – el Espíritu viene a nosotros de más allá del mundo, de Dios mismo, y no vino a ocultar la verdad, sino a revelar la sabiduría divina –el evangelio de la cruz– a su pueblo. Porque "nosotros no hemos recibido algún espíritu creado, ni hemos recibido la revelación de las cosas divinas a través de un ángel; antes bien, el Espíritu mismo, quien procede del Padre, nos ha enseñado los misterios escondidos"[77].

2:13

El punto se reitera, que lo que Pablo enseña no se deriva de sabiduría humana, *sino que lo enseña el Espíritu Santo.*

La última parte de 2:13 puede tener diferentes significados, y presenta alguna dificultad para el intérprete: *pneumatikois pneumatika sunkrinontes*. Nosotros podemos empezar con la tercera palabra, la cual puede ser traducida como "comparar", pero ésta es mejor captada por la NVI, "expresar"[78].

Las primeras dos palabras son ambas formas de *pneumatikos*, una palabra que Pablo utiliza 15 veces en esta carta (por ejemplo, 2:13, 2:15, 3:1). El adjetivo *pneumatikos* está relacionado con el sustantivo *pneuma*, "espíritu/Espíritu". Nosotros ya hemos observado que cuando Pablo habla de *pneuma*, comúnmente él se está refiriendo al Espíritu Santo. Tiene mucho sentido el aplicar ese significado al adjetivo: Pablo está "expresando verdades espirituales (*pneumatika*)". Esto es sinónimo de "las cosas que vienen del Espíritu de Dios" en 2:14.

77. Teodoreto de Ciro, *Interpretatio* 82.244 [mi propia traducción].
78. Cf. Fitzmyer, *First Corinthians*, pp. 181-82.

El otro uso (*pneumatikois*) también puede tener dos significados: (1) "en palabras espirituales" (así la NIV)[79] o (2) "a aquellos que son espirituales" (así la ESV en inglés)[80]. Cualquiera de estos tiene sentido en este pasaje; (2) es preferible, puesto que en 2:14 Pablo hace un contraste con las personas que no tienen el Espíritu. Tomaremos a Pablo así: *"hablamos no en la enseñanza que viene de un ser humano, sino en la enseñanza que viene del Espíritu; así que estamos explicando estas verdades espirituales a aquellos que tienen el Espíritu".*

2:14

En contraste, las cosas que nos enseña el Espíritu no tendrán sentido para quien *no tiene el Espíritu*. Pablo emplea aquí otro par de términos: *pneumáticos*, la persona con el Espíritu es contrastada con el *psíquicos* o "gente del alma". La traducción de la NVI de *psuchikoi* como "el que no tiene el Espíritu" es una paráfrasis, aunque una paráfrasis que capta la idea del contexto, como lo hace "el hombre natural" de la RVR.

Esto entonces es la razón por la cual el filósofo, el adinerado y el de buena familia piensan que el evangelio cristiano no tiene sentido. Ellos pueden ser bien instruidos según el intelecto del mundo, ¡mas sin el Espíritu de Dios no tienen esperanza de percibir que la crucifixión de Jesús es la revelación de la sabiduría más profunda de Dios! Tal gente es constitucionalmente incapaz de ver eso, "no puede". Y si esto es cierto, entonces, por implicación, los corintios deben dejar de actuar como si la filosofía fuera a llevarlos más allá del mensaje simple del evangelio hacia verdades más profundas.

2:15

Este versículo es famoso por ser uno de los que más se ha abusado de las cartas paulinas. Durante siglos, la gente lo ha usado para justificar sus propias acciones y para condenar a sus oponentes, afirmando que como tienen el Espíritu están en lo correcto, y no es de extrañar que sus oponentes no los entiendan, al faltarles el Espíritu de Dios[81].

Ese no puede ser el significado de Pablo aquí, puesto que él va a decirles a los "espirituales" que su actitud de juicio pertenece al mundo, no a Dios. Algunos consideran que Pablo está citando un dicho de los súper cristianos orgullosos de Corinto, pero esto es difícil ya que él no corrige el punto, sino que parece que lo apoya con la cita de Isaías en 2:16.

Más bien el punto parece ser este: "Quien tiene el Espíritu y por lo tanto entiende la sabiduría de la cruz puede discernir y juzgar todas las otras supuestas

---

79. Conzelmann, *1 Corinthians*, p. 67, concuerda con esta interpretación.

80. Así el análisis por Thistelton, *First Corinthians*, p. 264. Sería mejor, "a aquellos que tienen el Espíritu".

81. Así es como los gnósticos leían 2:14-16. Cf. Pagels, *Gnostic Paul*, p. 59.

sabidurías, pero su sabiduría no puede ser condenada por nadie en el sistema terrenal, porque ésta viene de Dios y no del mundo". Se anticipa el rechazo de Pablo a permitir que los corintios juzguen su ministerio en 4:3.

2:16

De nuevo Pablo emplea la revelación de Isaías (ver 1 Corintios 1:19; 2:9), y cita dos frases de Isaías 40:13:

> ¿A quién consultó el SEÑOR para ilustrarse,
>   y quién le enseñó el camino de la justicia?
> ¿Quién le impartió conocimiento
>   o le hizo conocer la senda de la inteligencia?

Lo cita para probar que la sabiduría humana no tiene ninguna posibilidad de penetrar la sabiduría del Creador. Pero donde sea que Isaías nos deje con lo insondable de la mente de Dios, Pablo da respuesta a las preguntas retóricas. ¿Quién conoce la mente de Yahvé?[82]. Pero espere: ¡Nosotros los que tenemos la mente de Cristo, conocemos la mente de Yahvé! No en su omnisciencia, sino en el entendimiento de la estructura básica de su plan para la humanidad en la cruz de Cristo.

Así que Pablo nos ofrece una afirmación fuerte de la Trinidad al cerrar este capítulo: la mente de Yahvé es insondable, pero quienes tienen la mente de Cristo tienen la mente de Yahvé; aquellos que tienen el Espíritu tienen la mente de Dios; los que tienen el Espíritu comprenden la cruz de Cristo, y el Espíritu respalda la predicación de la cruz con señales milagrosas, todo "para que la fe de ustedes no dependiera de la sabiduría humana sino del poder de Dios" (2:5). Y con todo esto, ellos tienen la mente de Cristo: no simplemente un grupo de datos, sino la mente de Cristo que hará a las iglesias en casas de Corinto sobrenaturalmente "unidos en un mismo pensar" (1:10).

Aplicación: ¿Habría Pablo despreciado la educación teológica? 2:16

Como rabí judío, Saulo habría pasado por un riguroso entrenamiento. Él hablaba fluido en hebreo, así como en arameo, griego y —dado que él planeaba evangelizar España— probablemente latín. Saulo citaba constantemente las Escrituras, las cuales habría memorizado en hebreo y en la Septuaginta, la versión griega que él citaba en sus epístolas. Él estaba entrenado para predicar y enseñar. Sus epístolas reflejan una sólida educación en retórica y composición. Él se encontraba en casa en el púlpito de cualquier sinagoga del mundo y podía hablar lúcidamente a cualquier filósofo griego.

Cuando Pablo llegó a conocer a Cristo, este no se deshizo de su formación. Su afirmación, "todo aquello que para mí era ganancia, ahora lo considero pérdida por

---

82. Véase el uso que hace Pablo de Isaías 40:13 junto con Job 41:11 en Rom 11:33-36, donde la inescrutabilidad de los caminos de Dios son causa para alabanza.

causa de Cristo" (Fil 3:7) no significa que él haya vuelto la espalda a su entrenamiento bíblico, sino más bien cualquier esperanza de ganar el favor de Dios aparte de Cristo. Cuando Pablo dijo que "¿No ha convertido Dios en locura la sabiduría de este mundo?" (1 Cor 1:20), quiso decir que nosotros nunca podríamos llegar a conocer y amar a Dios a través del razonamiento humano aparte de la cruz. Él no estaba hablando de sabiduría divina, sino de la forma de pensar de los filósofos paganos.

Es incomprensible, este enfoque en algunos sectores de la iglesia, que un líder no debiera recibir entrenamiento, sino que debiese simplemente depender del Espíritu que le diga lo que tiene que decir. Solo basta con ver a Pablo, quien dependía del Espíritu, pero al mismo tiempo se preparó de forma suficiente para el fuego del Espíritu al estudiar las Escrituras. ¿Cómo nos atrevemos a pedir que Él nos supla palabras que decir, cuando no hemos osado aventurarnos en su palabra escrita?

Sin lugar a dudas, yo he conocido cristianos que tienen poca educación y entrenamiento, y muchos de ellos son usados maravillosamente por el Señor – pero eso a pesar de esa desventaja. Por otro lado, yo nunca he conocido a alguien que sería un mejor cristiano o pastor si solo él conociera menos acerca de la Biblia, sana doctrina, o herramientas prácticas para el ministerio. El entrenamiento sólido es el amigo, no el enemigo, del trabajo del Espíritu.

e. Más pruebas de la realidad corintia: ellos actúan como la gente del mundo 3:1-4

3:1

Pablo recuerda su primera visita a Corinto: "Yo [mismo]". Las dos descripciones paulinas de la iglesia corintia (aquí y en 1:26-31), son menos que halagadoras, y aquí él describe su percepción actual del estado espiritual de estos: cuando llegué donde ustedes originalmente para evangelizarlos[83], ustedes eran *apenas niños*, y, francamente, todavía lo son. Su lógica va de esta manera:

> En relación con el evangelio, ustedes eran del mundo cuando yo los conocí; entonces como eran bebés en la verdadera sabiduría de Dios, no pude darles la explicación más profunda acerca del evangelio, ustedes eran tan infantiles. Ahora quieren imaginar que han crecido, pero no son adultos ni sabios; todavía son muy inmaduros en el evangelio, sin mencionar su uso tonto de la sabiduría terrenal.

3:2

Leche y alimento sólido son símbolos comunes para necesidades de la niñez y de la madurez respectivamente. Así como un niñito no puede masticar ni obtener los nutrientes de un trozo de carne, y solamente lo escupirían nuevamente, así los

---

83. Él usa el mismo verbo, *laleō*, que usó para comunicar el evangelio en 2:6, 7, 13.

corintios aún carecen de la capacidad de alimentarse con comida para adultos. Esto debe de haber sido irritante para los corintios, quienes se enorgullecían de su sabiduría y (ver 1:4-7) quienes abundaban en dones espirituales.

Sin embargo, esto no quiere decir que la leche es el evangelio de la cruz y la carne, algo más que ese evangelio. Por ejemplo, H. Conzelmann, p. 72, lee este versículo como si Pablo estuviera diciendo: "Yo podría enseñarles unos secretos más profundos, pero como ustedes no son suficientemente carismáticos, no pueden recibirlos". Esta es la misma distorsión que los gnósticos del siglo II hacían de este versículo: los corintios eran cristianos simplemente normales (gente del alma), y nunca podrían escuchar ni comprender la enseñanza superior que tan solo los gnósticos (gente del espíritu) podían asimilar.

Esta es una total mala interpretación del punto. Pablo solo proclamó un evangelio. A lo que él se refiere es a una presentación más profunda, más madura, del mismo evangelio de la cruz, aparte de eso él no tiene nada más que decirles a los corintios (2:2)[84]. El error corintio radicaba en pensar que el simple evangelio estaba bien para los inmaduros y los simples, pero para la élite era preferible algo más sustancial, la ¡filosofía profunda!, la ¡discusión acalorada!

Su llamada profundidad intelectual, no basada en el evangelio de la cruz, indica que ellos aún eran niñitos espirituales. Esto supone una reprimenda implícita, después de algún tiempo, ¡si ustedes hubieran continuado creciendo en la dirección correcta, habrían superado la infancia espiritual![85]

3:3-4

Pablo concluye eso, con base en lo que ha oído, los corintios todavía son *inmaduros*. Esta es una traducción del griego *sarkikos* (de *sarx*, "carne") y es uno de los términos paulinos difíciles. G. E. Ladd dice[86]:

> Se refleja la misma situación en 2:14–3:3, donde Pablo describe a tres clases de personas: *psyjikos*, el ser humano natural (2:14); *sarkikos*, el ser humano carnal (3:3); y *pneumatikos*, el ser humano espiritual (3:1). En este pasaje el "ser humano natural" es el no regenerado, el que vive "en la carne" (Rom. 8:9), es decir, cuya vida toda está dedicada enteramente al nivel humano y como tal es incapaz de conocer las cosas de Dios. El "ser humano espiritual" es aquel cuya vida está regida por el Espíritu Santo. Entre estos hay una tercera clase que son "carnales"

---

84. Fee, *Primera corintios*, p. 143, está exactamente en lo cierto aquí: "...para Pablo el evangelio del Crucificado es a la vez 'leche' y 'vianda'. Como leche es la buena nueva de la salvación; como vianda, la comprensión de que toda la vida cristiana se fundamenta en la misma realidad; y los que tienen el Espíritu deberían entender de ese modo el 'misterio'". Cf. además Morna Hooker, "Hard Sayings: 1 Cor. 3:2", *Theology* 69, 1966, p. 21.

85. La misma idea se halla en Hebreos 5:12-14, donde el autor desea darles más que simple leche. La misma metáfora, sin la connotación infantil de beber leche, se encuentra en 1 Pedro 2:2.

86. Cf. Ladd, *Teología del Nuevo Testamento*, pp. 628-629.

todavía, que son niños en Cristo. Deben por tanto vivir "en el Espíritu" aunque todavía no andan "según el Espíritu"; como son niños en Cristo debemos concluir que el Espíritu de Dios mora en ellos; sin embargo, el Espíritu Santo no ejerce control total sobre sus vidas, y todavía andan "como hombres" (v. 3), poniendo de manifiesto las obras de la carne a través de celos y luchas. El que vive "en el Espíritu" y ya no "en la carne," es decir, el regenerado en quien mora el Espíritu de Dios, todavía tiene que aprender la lección de andar según el Espíritu y no según la carne.

La prueba de la afirmación paulina se halla una vez más en la referencia a los grupos, como en 1:11-12 y 11:18: si ellos fomentan el partidismo, entonces están viviendo como la gente del mundo vive. En este caso, viven como miembros de la comunidad griega. Tienen *celos* (*zēlos*), los cuales se presentan positivamente en 2 Corintios 7:7, 11; 9:2; 11:2, pero con un sentido negativo de competencia pecaminosa aquí y en 2 Corintios 12:20. También en ese pasaje aparece la palabra contiendas (*eris*), y ambos términos se usan en Gálatas 5:20 como obras de la carne.

Si tenemos alguna duda acerca de a qué se refiere Pablo, él menciona dos grupos, el de Pablo y el de Apolos, que contribuyen al partidismo con el cual se ha iniciado esta sección (ver 1:11-12).

Pablo usa dos frases:

según criterios meramente humanos (3:3) – literalmente "según los hombres", o como en la RVR "andáis como hombres".
con criterios humanos (3:4) – literalmente "¿no sois hombres?".

La traducción de la NVI, aunque parafrasea, capta el sentido adecuadamente. Por supuesto, los corintios son seres humanos... pero actúan como cualquier otro ser humano en el mundo y no como personas que han recibido la redención de Dios en Cristo. La Revised English Bible dice "are you not all too human?" ("¿no son ustedes demasiado humanos?"). Es decir, que al continuar con la actitud belicosa de los pseudo-filósofos, los corintios están comportándose como cualquier persona no redimida del mundo, y han perdido la sabiduría del evangelio. Ellos no son buenos cristianos, ni siquiera personas nobles del mundo.

¿Puedo ser un cristiano carnal? 3:1-4
Un miembro de una congregación es frío o tibio para con las cosas de Cristo, él recae en sus viejos patrones y pecados; lee la Biblia y ora solo en la iglesia, si es que asiste; se siente culpable cuando toma la Cena del Señor, pero no tanto como para arrepentirse. Su modo de comportarse se parece más al de los incrédulos. Aunque engaña a la gente de la iglesia, sus parientes y amigos cercanos saben que algo anda mal.

En América Latina este es un enorme problema. La gente entra y sale de la iglesia; o vuelve al tradicionalismo; o deambula por el mundo con una marca muy pequeña del cristianismo.

114

¿Qué se debe hacer? Él debería volverse a Dios con arrepentimiento, probablemente con la ayuda de otro creyente. Nunca debe posponerlo en espera de un momento mejor. Ni se debe centrar en una introspección, castigándose, haciendo promesas basadas en su propia fuerza. ¡Nuestros sentimientos de culpa no nos ayudan en nada a menos que nos impulsen a volvernos a la cruz! Más bien, él debe enfocarse en la obra de Cristo y acercarse a él en amor. En resumen: el camino para el creyente maduro, para el creyente pecador, o para el no creyente es siempre el mismo: ¡Buscar la cruz de Cristo!

En este punto, debemos mencionar que, contrario a la intuición, a menudo es el cristiano espiritual quien es más consciente de su propio pecado. Cuanto más nos acercamos a Cristo, más graves parecen nuestras propias faltas. Pero el cristiano espiritual es al mismo tiempo el más consciente de la cruz, y de la cruz que es más profunda que todo pecado. Por otro lado, nada caracteriza más a un cristiano no espiritual que el descuido y la superficialidad.

Pero hay otro refugio al que los cristianos acuden por seguridad, pero para muchos se convierte en una trampa puesta por un enemigo. Quizá haya escuchado de parte de predicadores bien intencionados que no se asuste. "Después de todo", dicen, "¿no es verdad que Pablo enseña que entre un creyente y un incrédulo hay un tercer tipo de persona: el cristiano carnal?". A veces esto también se entiende como una persona que ha recibido a Cristo como Salvador pero no como Señor. O la persona recibe consuelo, "no se preocupe, es imposible perder la salvación una vez que usted ha levantado su mano para recibir a Cristo; de modo que sus obras pecaminosas no dañarán permanentemente su salvación". Esto me trae a la memoria un funeral al cual asistí una vez. El hombre no era religioso y era un pecador reconocido en su pueblo, aun así el sacerdote anunció que ese hombre sería salvo debido a que de bebé sus padres lo habían bautizado. ¡Qué ridículo!, replicamos nosotros los evangélicos, pero nuestra doctrina parece igual de tonta desde una perspectiva bíblica.

El carnal en 3:1-4 se refiere a creyentes quienes se "están comportando según criterios meramente humanos". Corinto fue una iglesia de casos extremos: el hombre incestuoso en 5:1; los fornicadores en 6:15 o los elitistas en 1:12; 11:33; etcétera. Quizá no sea coincidencia que Pablo escribiera Romanos 6 desde la iglesia de Corinto, donde les recuerda 6:1-2, 12:

> *¿Qué concluiremos? ¿Que vamos a persistir en el pecado, para que la gracia abunde? ¡De ninguna manera! Nosotros, que hemos muerto al pecado, ¿cómo podemos seguir viviendo en él?... Por lo tanto, no permitan ustedes que el pecado reine en su cuerpo mortal, ni obedezcan a sus malos deseos.*

En Romanos 8:1-11, Pablo habla solo de dos grupos de personas: quienes viven según la carne, los cuales perecerán; y quienes viven según el Espíritu. Una persona que supuestamente es cristiana pero vive en la carne es, en todos los sentidos humanos, como un incrédulo. Ser salvo significa andar en el camino de la santidad: "Lo que importa es cumplir los mandatos de Dios" (7:19).

La categoría "cristiano carnal" no es un puerto seguro para quien desea vivir como el mundo pero que todavía espera recibir salvación en el juicio final. Ni la Biblia ofrece algún trato especial a la gente que quiere la salvación de Cristo pero no su señorío. Más bien —y digo esto como quien cree en la doctrina de la seguridad eterna—, estos versículos son advertencias para que la persona se arrepienta, y lo haga rápido. La gente carnal debe sentirse abrumada por la urgencia de su situación tan peligrosa.

En el caso del hombre incestuoso, los corintios iban a dar ese extraordinario paso de "entreguen a este hombre a Satanás" (6:5). Es decir, iban a echarlo de la iglesia, tratarlo como un no creyente. ¿Por qué? Porque sus frutos (ver Mateo 7:20), los elementos visibles de su vida, lo marcan como tal. Es decir, Jesús nos enseña que una persona que parece no ser salva es, muy probablemente, no salva, independientemente de lo que afirma con su boca. En el caso del pecador en 1 Corintios 5, Pablo espera que esto sirva para "que su espíritu sea salvo en el día del Señor", pero no sabe si en efecto eso ocurrirá. Puede ser que Dios use la disciplina de la iglesia para alejar la falsa esperanza de su corazón.

Pero, ¿qué hay de la gente en 1 Corintios 3:15, quien "sufrirá pérdida" pero "será salvo, pero como quien pasa por el fuego?". ¿No describe esto al cristiano carnal de la actualidad? Quizá, o quizá 3:17 es el versículo relevante: "Si alguno destruye el templo de Dios, él mismo será destruido por Dios". El punto aquí es que solo un necio correrá el riesgo de enfrentar el fuego de Dios, y esa persona a quien no le preocupa ofender a Dios con sus obras debe examinarse a sí misma para ver si en realidad es un seguidor de Cristo por fe (ver 2 Corintios 3.15).

Lectura recomendada:

Dietrich Bonhoeffer, El precio de la gracia: el seguimiento, *Sígueme, Salamanca, 1986.*
J. I. Packer, Conociendo a Dios, *CLIE, Barcelona, 1985.*

f. Más prueba del ejemplo apostólico: Todos los verdaderos obreros cristianos trabajan para la gloria de Dios, no para la suya propia 3:5-17

La última prueba de la *confirmatio* se toma del ejemplo apostólico nuevamente: como Pablo llegó con temor y temblor, asimismo trabajó duro para simplificar el mensaje del evangelio para su audiencia, también él y Apolos modelaron cómo debería comportarse un líder cristiano. Y por implicación, así era como todos los discípulos de Cristo deberían conducirse. Si los corintios hubieran visto el ejemplo de estos apóstoles durante sus años de formación y los hubieran imitado serían menos infantiles ahora[87].

¿Por qué Pablo deja fuera a Cefas hasta 3:22 y omite el grupo de "Cristo" completamente? Porque él y Apolos han trabajado particularmente cercanos como equipo en Corinto y luego de nuevo en Éfeso (16:12). Los corintios deberían ser capaces de no albergar ninguna duda en relación con la unidad y el trabajo en equipo que estos dos han mostrado. Si Cefas de veras trabajó en Corinto (como afirmamos, cf. *Introducción*), entonces su trabajo no fue tan prolongado ni visiblemente relacionado con el trabajo paulino, y por eso no era tan claro como ejemplo.

Pablo describirá la obra de Dios (la iglesia) por medio de dos metáforas: (1) un campo plantado (3:6-9), y (2) un edificio en construcción (3:9b-15), un edificio que se transforma en el Templo de Dios bajo la comprensión de que este edificio es el lugar de residencia de Dios (3:16-17). La ciudad floreciente testificaba de todos los tipos de edificaciones y de los proyectos de renovación en los días de Pablo. Además, Corinto no solo era un centro de intercambio y comercio, sino que sus alrededores estaban llenos de fincas. Él probablemente pensaba en uno de los extensos proyectos agrícolas que se extendían por el mundo mediterráneo, y empleaban a cientos o a miles[88].

3:5

De nuevo Pablo pregunta por qué alguien formaría un grupo basado en él o en Apolos. *Después de todo, ¿qué es Apolos? ¿Y qué es Pablo?* La pregunta no es quién, sino *¿qué es?*[89] ¿Qué clase de cosa son estos prominentes líderes? ¿Son filósofos heroicos o demagogos impetuosos que ordenan tal seguimiento? No, ellos son meramente siervos, brazos adicionales en el trabajo de construcción o en el de plantación y riego en una finca. Ellos hacen lo que el maestro ordena y nada más. Cualquier cosa que los orgullosos filósofos elitistas de Corinto pensaran de sí mismos, "siervo" no era la etiqueta que hubieran escogido para ellos.

Pablo ahora extrae varias lecciones de un campo cultivado:

Apolos y yo (y otros) somos siervos de un Señor.
Tanto quien planta como quien riega trabajan en equipo.
El que planta y el que riega no son nada, sino Dios quien hace crecer todo.

---

87. Witherington, *Conflict and community*, p. 130, argumenta que como Apolos era retórico, involuntariamente causó competencia entre él y los apóstoles; cf. Wikenhauser y Schmid, *Introducción*, pp. 641-642.

88. Marion Soards, *1 Corinthians*, NIBC: 7, Hendrickson, Peabody, MA, p. 69.

89. Aunque esto fuera corregido en algunos manuscritos por "¿quién es?", vale la pena notar (cf. Witherington, *Conflict and community*, p. 184) que los esclavos agrícolas se consideraban de un nivel más bajo que los domésticos y no contaban con ningún derecho.

Los siervos fieles recibirán una recompensa.
(Otra vez) Los siervos trabajan juntos como uno solo.

3:6

La obra de Dios es como un campo plantado. Pablo plantó, es decir, evangelizó la ciudad por primera vez y ganó a los primeros conversos, y sí, bautizó a unos cuantos. El encargo fundamental que Pablo recibió de parte de Dios no fue cultivar donde alguien ya había plantado (cf. Romanos 15:20), ni bautizar, sino surcar el terreno por vez primera. Apolos regó. Esto no quiere decir, como algunos han sugerido, que Apolos los roció con el agua del bautismo[90], más bien, la metáfora implica que él llevó a los corintios un paso más adelante, y según Hechos 18:27–19:1, sucedió después de que Pablo dejó la ciudad. Pero, como en una granja real, no es quien planta ni quien riega, sino Dios, *el que lo hace crecer.*

3:7

Al final, el que siembra y el que riega no son nada, sino Dios solo el que hace que las cosas crezcan. Esto no significa que los apóstoles sean superfluos; de hecho Pablo sigue y afirma que ellos son necesarios y que los corintios deben prestarles atención. Es que Dios es el protagonista en este crecimiento. La lección es esta: "¿Qué es Pablo? ¡Pablo no es nada! ¡Sigan a Dios!".

3:8

En una finca, el trabajo del que riega no sirve si primero no se ha plantado; él puede vaciar el agua en la tierra, pero todo lo que crecerá es un caos de lodo. Del mismo modo, el sembrador necesita al que riega... al menos en las regiones donde la irrigación es necesaria.

Así que ambos trabajadores trabajan juntos hacia la misma meta. Hay dos maneras de interpretar la cláusula siguiente que la NVI traduce: *están al mismo nivel.* Literalmente el griego dice que "ellos son uno" pero, ¿en qué sentido? Quizá Pablo quiere decir que ellos son iguales en valor; el problema con esta interpretación es que los trabajadores cristianos *no están* obviamente en el mismo nivel o son de igual valor: ellos recibirán compensación de acuerdo con su valor (3:8b, 12-14), y algunos hacen trabajos que no tiene absolutamente ningún valor (3:15). Más bien, el principal tema de Pablo a través de este pasaje es "para que ustedes estén perfectamente unidos en mente y pensamiento". Así es como lo entendemos aquí: "el que siembra y el que esparce solo quieren una cosa", no fama ni recompensa personal, sino glorificar a Dios sirviéndole en su campo.

90. Como Ambrosiáster (Bray, p. 70): "Plantar es evangelizar y atraer a la fe; regar es bautizar con las solemnes palabras".

Luego Pablo menciona la compensación, *cada uno será recompensado según su propio trabajo*, una idea que podría parecer fuera de lugar aquí, pero que anticipa las advertencias claves las cuales él amplía en la metáfora del edificio, comenzando en 3:9b. Pablo no simplemente dice que el buen obrero experimentará un sentido de satisfacción en esta vida, sino que en el reino de Dios todas las acciones llevan a una meta escatológica; esto tiene consecuencias futuras[91]. Cada siervo debe tener presente el juicio de Dios, debido a que ese día será el de revelación y escrutinio de lo que se ha hecho.

3:9

Nosotros (Pablo y Apolos y, por extensión, los otros) somos *colaboradores al servicio de Dios*. La traducción de la NVI es superior a la de la RVR, la cual los hace "colaboradores de Dios", una traducción bastante literal que, sin embargo, deja abierta la posibilidad de la mala interpretación de una sinergia con Dios. La lectura alterna de la RVR es preferible: "Somos compañeros al servicio de Dios".

Los corintios, por analogía, son *campo de cultivo y edificio* "de Dios" es enfático en el griego. Se cierra una metáfora y se abre la otra. Esto tiene una fuerte semejanza con el lenguaje de Jeremías 1:10 el cual emplea lenguaje de finca y de construcción como metáforas para la predicación profética de Jeremías:

> Mira, hoy te doy autoridad sobre naciones y reinos
>> para arrancar y derribar,
>> para destruir y demoler,
>> para construir y plantar.

3:10

Contrario a las ideas de algunos críticos de los evangelios, es posible trazar un número de analogías de una sola parábola o metáfora. Por lo tanto, Pablo usará el edificio para exponer varios puntos:

El edificio pertenece a Dios, no a ningún hombre.
Pablo es un maestro constructor sabio en la construcción en Corinto.
Él puso el fundamento correcto, el único posible, Cristo (y este crucificado).
Otros edifican sobre el fundamento.
Tener un buen fundamento no asegura una buena superestructura; entonces, hay que construir bien.
El edificio será probado por fuego; entonces, hay que construir para que resista.
El edificio no solo pertenece a Dios, es su lugar de residencia, su Templo, y debería construirse con sumo cuidado.

---

91. Thiselton menciona cuatro posibilidades para el significado de "será recompensado" y opta por la idea de una recompensa escatológica en el juicio final.

Los constructores fieles recibirán recompensa de parte de Dios; los constructores descuidados serán avergonzados.

Pablo describirá su papel especial en Corinto, el cual es más especializado de lo que el título de "siervo" haría pensar al lector. Pablo no es únicamente un trabajador manual; él es también el *maestro constructor*[92], el experto en diseño y construcción encargado de iniciar el trabajo:

> De la misma manera que el arquitecto de una casa nueva se preocupa de todo el edificio, mientras que a los pintores y decoradores les toca lo referente a la ornamentación, así nos parece que debe ser nuestra tarea (2 Macabeos 2:29 DHH).

Como el ingeniero-diseñador general de la iglesia, Pablo menciona que *yo eché los cimientos* de la iglesia, es decir, la establece en el evangelio de Cristo Jesús (3:11). Pablo no fundó una iglesia sobre los gustos cambiantes de la filosofía, como algunos corintios hubieran preferido. Si Pablo es un maestro constructor sabio, entonces se puede dar por sentado su conocimiento en cuanto al mejor tipo de fundamento y *otro construye sobre ellos* no se refiere a una persona específica, puede referirse a todos los que trabajan en Corinto, o de seguro, cualquiera que desea servir a Dios a lo largo de las edades. Pablo expresa su deseo de que otros construyan una superestructura que concuerde con ese fundamento tan importante.

Aquí aparece el primer imperativo paulino en esta carta (aparte de la cita en 1:31): *cada uno tenga cuidado de cómo construye*. Por supuesto, Apolos fue el siguiente constructor prominente que coloca sobre ese fundamento; pero hay otros, incluyendo los líderes actuales y los llamados filósofos que habría en las iglesias caseras[93].

3:11

Pablo no fundó una iglesia sobre las arenas movedizas del razonamiento filosófico, como algunos corintios hubieran preferido. ¿Por qué menciona él *un fundamento diferente*, en lo que parece una afirmación entre paréntesis? C. K. Barret sugiere que el grupo de Cefas ya se inclinaba hacia las ideas papistas: puesto que Cristo le había dicho a Pedro, que él construiría su iglesia sobre la roca (Mateo 16:18), Cefas mismo, o (más probablemente) algunos de sus seguidores, quería convertirse en el fundamento de la iglesia corintia[94]. Entonces, Pablo estaría diciendo: "Cefas

---

92. Él usa el término *architekton*, cuyo significado no es idéntico a nuestro término *arquitecto*, el cual tiene que ver principalmente con el diseño. El trabajo de Pablo era supervisar el diseño y la construcción. Este se usa en Isaías 3:3 LXX, en la lista de los tipos de personas que viven en Jerusalén. También puede traducirse *ingeniero*.

93. En el siglo XXI hay un cierto maestro que afirma que él mismo cumple la "predicción" de Pablo, el "otro que vendría y sería un nuevo apóstol". Una idea tan excéntrica apenas requiere refutarse.

94. Barrett, *First Corinthians*, pp. 87-88.

no es el fundamento de la iglesia, ¡es Cristo! como yo, su apóstol, les dije desde el principio". Esta lectura, por supuesto, supone que nosotros podemos imaginar lo que cada grupo de 1:12 creía y deseaba, una presuposición altamente especulativa para partir de ella. También quiere decir que Pablo estaba condenando al grupo de Cefas y favoreciendo a su grupo y al de Apolos con base en su eclesiología, una idea poco probable dado que Pablo condena cualquier tipo de partidismo.

3:12

Cuando vemos los materiales que los constructores individuales usaban *–oro, plata y piedras preciosas, o con madera, heno y paja–* nosotros podemos deducir muchas cosas acerca de su actitud hacia Cristo, la iglesia, y ellos mismos. Eran materiales con los cuales todos los corintios estarían familiarizados, dependiendo de la naturaleza de la edificación. "Piedra preciosa" evocaría la idea de bloques de mármol. Oro y plata se usan para decoraciones costosas y para acabados más que para la estructura, con el fin de mostrar la inversión costosa del proyecto. Por otra parte, hay materiales baratos y combustibles: madera (para techos o casas más baratas), heno y rastrojo para elaborar esos techos de paja tan comunes en las residencias privadas.

Los materiales se enlistan en un orden descendente, desde oro pasando por todos los demás hasta la paja. Quien construye con materiales costosos piensa en el futuro, y en la gloria duradera de Dios, por eso construye una obra que resista. Uno se acuerda de la preparación de David para el Templo de Jerusalén y cómo le dijo a su hijo Salomón:

> Mira, con mucho esfuerzo he logrado conseguir para el templo del SEÑOR tres mil trescientas toneladas de oro, treinta y tres mil toneladas de plata y una incontable cantidad de bronce y de hierro. Además, he conseguido madera y piedra, pero tú debes adquirir más. También cuentas con una buena cantidad de obreros: canteros, albañiles, carpinteros, y expertos en toda clase de trabajos en oro, plata, bronce y hierro. Así que, ¡pon manos a la obra, y que el SEÑOR te acompañe! (1 Cron. 22:14-16).

Quien utiliza paja en su construcción, piensa a corto plazo – si el viento arranca la paja del techo este invierno, solamente pondré un poco más en primavera. Por supuesto, el costo y la disponibilidad del material es la principal consideración en la vida real. Pero en la iglesia, no solo es la élite la que puede construir con materiales como mármol costoso y metales preciosos – nosotros predicamos el mismo precioso evangelio, y es una cuestión de elección más que de precio lo que hace que alguien emplee paja, ¡teniendo a la mano abundancia de oro![95].

95. Pelagio (Bray, p. 74) considera los seis materiales como seis tipos de *oyentes*; otros (por ejemplo, Frederic Louis Godet, *Commentary on First Corinthians*, Kregel, Grand Rapids, MI, 1977 [orig. 1889], pp. 182-83) piensan en diferentes tipos de *doctrina*.

3:13

Pablo no está contrastando el trabajo en el mundo con el trabajo en la iglesia. Todos los labradores y constructores en este capítulo, ya sea que construyan de forma pobre o de excelente calidad, tienen que ver con la construcción de la iglesia de Dios. Pablo no está advirtiéndoles a los débiles del mundo, sino a todos los que pretenden trabajar para el evangelio: *su obra se mostrará tal cual es, pues el día* del juicio *la dejará al descubierto.* La NVI añade "del juicio" para clarificar, pero no se encuentra en el griego. Contrasta la traducción literal de la RVR.

La crisis sugerida por Pablo es un fuego. Los antiguos vivían con terror de un incendio, especialmente, quienes habitaban en vecindarios pobres con materiales de construcción inflamables. No contaban con ayudas como las actuales, pautas de construcción, salidas de emergencia, alarmas de humo, ni siquiera funcionaban los cuerpos de bomberos. Una chispa podría encender una cuadra, o una ciudad completa. Esto pasaría a gran escala a escasos siete años o algo así, cuando Roma se quemó en el verano del año 64 d.C.

Pero, dice Pablo, un fuego no es simplemente una posibilidad, ¡es una certidumbre! El "edificio" se quemará porque Dios mismo encenderá el fuego, *para probar los materiales usados* en su templo. Pablo usa un lenguaje tradicional de juicio divino: *fuego*[96], *revelación*[97], y *recompensa*[98]. Por supuesto, estas palabras podrían usarse para la prueba divina y la recompensa en esta vida, sin embargo, la combinación de términos y el sentido de un desastre ardiente que se acerca indican que él está hablando del juicio final de Dios, una realidad que se cierne sobre todas las decisiones y las acciones.

¿Es alguno de los partidos blanco de Pablo aquí? Pensamos que no. Pablo no está probando a algún grupo de Cristo la necesidad de la mediación humana en la obra del evangelio. Ni está tratando de convencer al grupo de Cefas de que la Roca es simplemente uno de los muchos obreros. Más bien, su punto se resume en la exhortación de apertura de 3:10b: "Cada uno tenga cuidado de cómo construye". Pablo y Apolos le han dado a la iglesia un buen comienzo; bien, ¡pero tengan cuidado de cómo construyen!

---

96. Entre muchos versículos: Isaías 66:16; Amós 1:4–2:5; Mateo 3:10-12; 2 Tesalonicenses 1:8; Hebreos 10:27; 2 Pedro 3:7; Apocalipsis 18:8, fuego puede referirse al juicio de Dios durante esta era también, como en Génesis 19:24. Ver además "los ojos como llamas de fuego" de Cristo en Apocalipsis 2:18.

97. La idea de manifestar o revelar se toma del adjetivo *faneros* (cf. Mateo 12:16; 1 Corintios 3:13) y del verbo *apokaluptō* (cf. Lucas 17:30). Ambos se usan en referencia al descubrimiento divino de lo que estaba escondido, ya sea en esta época o en el retorno de Cristo.

98. *Mistos* es neutral y puede ser un premio por el bien o un castigo por hacer lo malo. Cf. el uso escatológico de la palabra en Mateo 5:12; 10:41-42; 20:8; 2 Pedro 2:13; Apocalipsis 22:12.

Normalmente, Pablo trata con los herejes de un modo distinto de cómo trata con los heraldos egoístas del verdadero evangelio[99]. Y ese último aspecto es el que tiene puesto en el punto de mira aquí; lo que provoca que una construcción sea pobre no es la falsa doctrina –¡la cual sería rechazar el fundamento que es Cristo!– antes bien, es que el obrero en la iglesia sea orgulloso, partidista, infantil, que busque lo suyo, negligente con respecto de la revelación de Dios a favor de la filosofía[100]. Pablo no pronunciará el *anatema* sobre ellos como sí lo hace con los judaizantes en Gálatas 1:8-9. Él prefiere que el destino de estos quede para el juicio de Dios, y les advierte de su conducta en la iglesia.

3:14-15a

Es posible pintar la madera con pintura dorada, pero aún así es un material inferior. El fuego viene, y después de todo será posible analizar qué se quemó y por qué. El juicio final de Dios puede dejar a muchos perplejos, lo que ellos consideraban bello y brillante arde tanto como la paja, y lo que creían inferior (como los sermones paulinos) resultará que estaba bien construido. El punto decisivo es si la obra *permanece* o si es pasajera y perece.

Y como es común en la enseñanza escatológica de Pablo, su propósito es advertir o animar a la gente en la era presente. Por ello Pablo utiliza oraciones condicionales:

> Si lo que alguien ha construido permanece,
>   recibirá su recompensa,
> pero si su obra es consumida por las llamas,
>   él sufrirá pérdida.

El edificio se quema, pero la obra de calidad permanecerá. El constructor recibirá su paga, no porque sea inteligente, persuasivo o bien parecido, sino porque su obra, a pesar del fuego, se mantiene en pie. Como en la mayor parte del Nuevo Testamento, no se nos dice cuál será la paga o la recompensa, ni es el punto de Pablo aquí. No se preocupen por lo que será el premio futuro –si viene de Dios, ¡valdrá la pena!– pero, al contrario, piensen en lo que ustedes están haciendo ahora mismo (cf. 2 Corintios 5:9 para el mismo énfasis).

---

99. Contraste esto con la condenación ardiente del "otro evangelio" en Gálatas 1:6. Encontramos un paralelo cercano con el fenómeno que unos comentaristas notan en Filipenses: que Pablo puede, por un lado, encontrar repugnantes pero aceptables a los predicadores del verdadero evangelio que se sirven a sí mismos (Filipenses 1:12-18); por otro lado, aquellos que predican un evangelio de la circuncisión son "perros" (3:2ss., aparece el término antiguo judío para quienes estaban fuera del pacto). El pecado de los evangelistas en Filipenses 1:15 es "envidia y rivalidad", *eris* se usa con un sorprendente parecido a 1:11; 3:3.

100. Cf. Cox, citado en Thiselton, *Conflict and community*, p. 312.

El lado negativo también es cierto – ¡el edificio se quema, Dios está probando el trabajo de la iglesia! Pero ahora la justicia tiene algo que decir, y el constructor queda atrapado dentro de su propia trampa de fuego. Él corre, pero su obra se consume; por tanto él no recibe recompensa. Probablemente, la imagen corresponde a un edificio en construcción, característica permanente del pueblo de Dios, y como se quema debido a la pobreza de los materiales, el edificio está expuesto. Su pérdida no es solo perder la recompensa de la construcción del edificio, sino también la pérdida de tiempo y de materiales que ya se han invertido en la obra. Habría sido mejor que él nunca iniciara el proyecto, es una pérdida real.

3:15b

Será salvo, pero como quien pasa por el fuego: este versículo ha intrigado a los cristianos desde el principio, y ha sido el campo de batalla para muchas doctrinas. Ante todo, se ha tomado como la prueba principal de la doctrina católico-romana en cuanto al purgatorio[101]. Es decir, al momento de la muerte el obrero cristiano imperfecto pasará un tiempo en el purgatorio, y finalmente alcanzará la salvación eterna después de pasar por el fuego:

> Los que mueren en la gracia y en la amistad de Dios, pero imperfectamente purificados, aunque están seguros de su eterna salvación, sufren después de su muerte una purificación, a fin de obtener la santidad necesaria para entrar en la alegría del cielo[102].

101. Junto a este pasaje, la iglesia romana aduce como prueba escritural 2 Macabeos 12:45 y Mateo 12:31 (si hay pecados que no serán perdonados en la era venidera, ellos razonan, por implicación debe de haber pecados que serán perdonados después de la muerte). Cf. Gregorio Magno, *Los diálogos* 4.41 (Bray, p. 76); Agustín, *Enchiridion*, 68-69: "Y no es imposible que algo de la misma clase ocurra aun después de esta vida. Es un asunto que puede ser investigado, y ya sea establecido o permanecer dudoso, si algunos creyentes pasarán a través de un tipo de fuego purgatorio, y en proporción como ellos han amado con más o menos devoción los bienes que perecen, sean menos o más rápidamente rescatados de él".
La enseñanza ortodoxa griega varía de la romana. Esta se resume bien en "The Orthodox Response to the Latin Doctrine of Purgatory Given at the Pseudo-Synod of Ferrara-Florence", disponible en www.orthodoxinfo.com/death/stmark_purg.htm: "Para todo esto los ortodoxos ofrecieron una respuesta clara y satisfactoria. Ellos comentaron que las palabras citadas del libro de Macabeos, y las palabras de nuestro Señor, solo prueban que ciertos pecados serán perdonados después de la muerte; pero si será por medio del castigo con fuego o por otro medio, nada se sabe con seguridad. Además, ¿qué tiene que ver el perdón de pecados con el castigo por fuego y con torturas? Solo una de estas dos cosas puede suceder: o castigo o perdón, mas no ambas a la vez". Este mismo documento interpreta nuestro pasaje como sigue: el débil va al infierno, sus obras se queman, pero su alma se preserva; "salvado" aquí no significa salvación, sino que se usa en el sentido de mantenerse eternamente en el fuego del infierno. Este último punto de vista lo promulgó Crisóstomo 9.5-6.
102. *Catecismo de la Iglesia Católica*, §1030.

Hay cierta cantidad de problemas con esto. (1) El más importante, por supuesto, es que la doctrina del purgatorio no se menciona aquí y se traslada a este texto de una tradición; (2) teológicamente, es el resultado lógico (pero no bíblico) de una doctrina católico-romana particular, de acuerdo con la cual el creyente regularmente debe participar de la gracia a través de los sacramentos con el fin de recibir justificación por el pecado; los pecados no confesados durante la vida deben ser expiados (como en 2 Macabeos 12:45 DHH: "Pero, como tenía en cuenta que a los que morían piadosamente los aguardaba una gran recompensa, su intención era santa y piadosa. Por esto hizo ofrecer ese sacrificio por los muertos, para que Dios les perdonara su pecado") en la siguiente, una doctrina ausente de las Escrituras y que minimiza el poder de la cruz; (3) aquí, fuego no se refiere a fuego del infierno literal, sino que es una metáfora de la destrucción de un edificio; el trabajador escapa "como" quien pasa por el fuego; (4) la metáfora usada por Pablo es usada muy ampliamente para apoyar la doctrina romana, según la cual casi todo cristiano debe pasar por el purgatorio, no solo los líderes visiblemente malos de la iglesia; así que, sería posible construir extraordinariamente bien, y todavía tener que pasar por el fuego. Esto no encaja con la imagen de Pablo aquí; (5) el orden es incorrecto; Pablo dice que Dios probará la casa con fuego en lo que es probablemente el juicio escatológico, después de lo cual se premia al buen constructor y el malo sufre pérdidas. En la doctrina católica, el constructor muere, se dirige de inmediato al fuego del purgatorio, es liberado y va al cielo, y luego al final enfrenta el Día del Juicio[103].

Si esto no se refiere al purgatorio, y si tiene que ver con el juicio escatológico, ¿de qué está hablando Pablo? Una enseñanza paulina consistente es que los creyentes, quienes han sido justificados por fe en Cristo, enfrentarán un juicio por sus obras. Algunos teólogos tienen problemas con esta tensión aparente, sin embargo, Pablo y los otros autores del NT afirman ambos puntos y, a pesar de nuestra dificultad con la lógica, ambos son verdad. El mismo pensamiento está presente en 2 Corintios 5:9-10, donde Pablo habla del tribunal de Cristo, el "*bēma*", ante el cual todos tenemos que comparecer. Mucho se ha dicho del hecho de que *bēma* se usara para el panel de jueces en eventos atléticos[104], aunque normalmente se refería a un tribunal en la Corte. Pablo tuvo la desdicha de presentarse ante el tribunal de Corinto durante su viaje, para comparecer ante Galión (Hechos 18:12 usa *bēma*). Del mismo modo, todos los cristianos se presentarán ante el tribunal de Cristo, quizá para ver el enorme imperio evangélico que han levantado ardiendo.

Y, ¿qué hay de esa persona desafortunada? *Será salvo.* Frecuentemente, Pablo emplea el término salvación para hablar de la salvación *escatológica*: nosotros

---

103. El único paralelo lo hallamos en Lucas 16:22b-23, donde el Hombre Rico muere y va directamente al Hades, nunca liberado de su tormento.

104. J. Dwight Pentecost, *Eventos de porvenir*, Vida, Deerfield, FL, 1984, pp. 169ss.

creemos en Cristo en esta vida, por tanto seremos salvos al final. Efesios 2:8 es una de las pocas excepciones. La mayoría de las referencias en 1 Corintios (ver nuestro comentario de 1:18) son ambiguas en cuanto al tiempo, aunque 5:5 es claramente salvación escatológica: "a fin de que su espíritu sea salvo en el día del Señor".

Entonces surge la cuestión de si el hombre casi ha perdido su salvación, o si de veras algo así es posible. Técnicamente, la pregunta no es sobre la pérdida de la salvación, porque él gana su salvación escatológica *después* de escapar a duras penas. Todo ocurre en tiempo futuro: el hombre sufrirá pérdidas, pero será salvo después de todo.

Pero, ¿acaba él de escaparse del fuego del infierno? Algunos han descrito su destino poéticamente como aquel hombre que entra al cielo con el olor a humo del infierno aún en su ropa. Pero esta no es la idea. Él no está amenazado por el fuego del infierno, más bien, *pasa por el fuego*, "por" en el sentido de "a través de" no de "cerca de". Él entra al cielo a través de la prueba del juicio de Dios. Se trata de esa evaluación de sus obras, no del infierno, por la cual él debe pasar, y así llega a salvarse. Un paralelo se encontrará en 5:5, si la iglesia juzgara al hombre incestuoso en este momento, y "echara" su cuerpo de la iglesia, entonces hay una esperanza de que en el día del juicio su espíritu sea salvo.

Entonces, la advertencia a estos corintios elitistas es: *Yo no dudo que ustedes son cristianos, pero todo su trabajo duro dentro de la iglesia, por más sincero que sea, ¡se dirige a la destrucción! Por eso, ¡cambien ahora, de modo que su obra permanezca al final! ¡No deje que la obra de su vida desaparezca en el humo!*

3:16

Pablo ahora intensifica la urgencia de su metáfora del edificio recordándoles que no están derribando juntos cualquier clase de edificio, sino un templo, *el* Templo de Dios. De hecho, los materiales costosos que él menciona en 3:12 toman un nuevo sentido: estos son los materiales mencionados una y otra vez en la descripción del templo de Salomón (1 Reyes 6-7; 1 Crónicas 28-29; ver arriba). Él emplea la figura retórica *(¿No saben qué…?)* conocida como "fórmula de descubrimiento"[105] con el objeto de recordarles a ellos que ya deberían saber: que la iglesia es el lugar de residencia del Espíritu de Dios mismo.

¿Cuál es el sentido de *ustedes son templo*? Algunos han interpretado esto a la luz de 6:19, o sea, que el Espíritu vive en cada individuo cristiano, y que debería honrarse a Dios con el ser físico:

3:16 – que ustedes son templo de Dios y que el Espíritu de Dios habita en ustedes.

6:19 – que su cuerpo es templo del Espíritu Santo, quien está en ustedes.

---

105. Observar la pregunta retórica en una forma como "¿no saben qué…?" en 5:6, 6:2, 6:3, 6:9, 6:15, 6:16, 9:24; también las afirmaciones positivas "quiero que entiendan" en 11:3, "les advierto" en 12:3 y "quiero recordarles" en 15:1.

En ambos versículos se usa el plural, pero con un sentido distinto en cada contexto. En 6:9, "su" está en plural (en griego, no en español) queriendo decir algo como "el cuerpo de cada uno de ustedes". Sin embargo, en 3:16 es más natural, dada la construcción de la metáfora, que el templo y el edificio son lo mismo. El templo no es el cuerpo humano, sino "ustedes" colectivamente, como grupo: "Juntos ustedes constituyen el templo de Dios; el Espíritu de Dios mora entre ustedes"[106]. El lenguaje del templo del Antiguo Testamento se aplica ahora a la iglesia, no al cuerpo físico, sino a la suma de la congregación reunida. Pablo usará la misma metáfora en Efesios 2:21, pero esta se desarrolla aún más en 1 Pedro 2:4-8, donde emplea la frase "casa espiritual" (mejor La Morada del Espíritu) en vez de templo, el lugar donde se ofrecen "sacrificios espirituales". 1 Pedro, Efesios y 1 Corintios todos parten de la misma presuposición: el pueblo cristiano de Dios (no el edificio en Jerusalén; y, con seguridad, tampoco los santuarios paganos) es el verdadero templo, constituye el real sacerdocio y ofrece los sacrificios que agradan a Dios.

Aunque los corintios estaban completamente familiarizados con los templos paganos, y probablemente los habían visto en construcción, la imagen de Pablo funciona mejor en términos del templo de Jerusalén. En los dos pasajes de corintios, la palabra templo es "*naos*". Propiamente hablando, se refiere al santuario interior del templo (la estructura interior más pequeña que albergaba el Lugar Santo y el Lugar Santísimo), en vez de todo el amplio complejo del templo[107]. En segundo lugar, él invoca la imagen de la llamada "Shekinah" divina, la nube resplandeciente que marcaba visiblemente la presencia de Dios en el tabernáculo y en el Templo de Salomón: "En ese instante la nube cubrió la Tienda de reunión, y la gloria del SEÑOR llenó el santuario" (Éxodo 40:34; cf. también 1 Reyes 8:10-11; 2 Crónicas 7:1; Ezequiel 43:1-5). Esta gloria del Señor no es alguna nube gaseosa, sino la presencia de Dios mismo. Pablo relacionará esta gloria con la tenencia del Espíritu Santo de los cristianos en 2 Corintios 3:8,18. Su uso de templo (de nuevo, *naos*) en 2 Corintios 6:16 puede referirse al pueblo de Dios, aunque este pasaje está lleno de cuestiones difíciles de interpretar.

¿Es este templo símbolo de una iglesia local o de la iglesia universal (como en Mateo 16:18, Efesios 5:25, y quizá en las imágenes en Efesios 2 y en 1 Pedro 2)? La iglesia local se ajusta mejor en este contexto. Primeramente, un paralelo en

106. Simon J. Kistemaker, *1 Corintios*, Libros Desafío, Grand Rapids, MI, 1998. Como Kistemaker; Orr y Walther; Ladd. Contra Calvino, quien traduce esto así "ustedes son templos [plural] de Dios" pero después consiente en que ese templo es "colectivo" aquí.

107. Normalmente todo el complejo se llamaba *hieron* y el santuario interior *naos*. Aunque esta distinción no se puede sostener en cada contexto, es típica y es el lenguaje judío tradicional del templo empleado en la Septuaginta (cf. Fee; Thiselton). De todos modos, es en el santuario interior donde reside la gloria divina, y ese es el punto paulino aquí.

5:4-5 dice: cuando los cristianos se reúnen, el poder del Señor Jesús está en medio de ellos de una manera distinta de cuando ellos están separados (esto tiene su origen en la enseñanza de Mateo 18:18-20). En segundo lugar, el simbolismo en todo este capítulo parece apuntar a la iglesia local: Pablo estableció el fundamento de esta iglesia, ¡pero no de todas! Apolos trabajó en este edificio, ¡pero no en otros! Los trabajadores del momento en Corinto tenían que tener mucho cuidado al construir sobre el fundamento que Pablo había colocado allí. Ellos no trabajaban en su propio imperio, sino en la residencia de Dios…, y Dios no les permitiría servir a su propio ego en su templo[108].

3:17

Pablo da una severa advertencia final a los descuidados y a quienes se sirven a sí mismos en el templo de Dios. *Si alguno destruye el templo de Dios, él mismo será destruido* por Dios. El término empleado es sorprendente. *Fteirō* puede significar destruir, aunque quizá "arruinar" o "echar a perder" resulta mejor en este contexto. Dios arruinará a la persona al consumir todo lo que pensó que era valioso (3:13-15) pero él no lo "destruirá" en las llamas eternas[109].

Una bien conocida anécdota de los días de Pablo proviene del siglo IV a.C.: el magnífico templo de Artemisa en Éfeso fue quemado por un fanático llamado Erostratus, quien cometió el acto simplemente para inmortalizar su propio nombre. Aunque el edificio fue hecho principalmente de piedra él fue capaz de prender fuego a las vigas de madera del techo. ¿Cuánto más grave será el acto de aquél que dañe el santuario del verdadero Dios viviente?

¿Cómo puede alguien arruinar el templo de Dios? En el Antiguo Testamento, era la apostasía la que llevaba al descuido de la estructura física (cf. 2 Reyes 12:4-16; 22:3-7) o a la profanación del templo con ídolos (cf. Ezequiel 8:1-18). En este caso, lo que le preocupa a Pablo es el *sabio según las normas de esta época* (3:18), quien daña a la iglesia a través de la ambición personal o la sabiduría mundana. Entonces no es la destrucción activa por parte de los enemigos, sino el daño hecho por sus "amigos". Antes bien, él llega a la conclusión de que quienes construyen pobremente debilitan la estructura, están conduciendo a la iglesia de Dios a la desilusión en el terrible juicio de Dios. Si todo se consume a causa de las llamas en el Día del Juicio, es su culpa, no la mía (¡Yo coloqué un buen fundamento!),

---

108. Barrett, p. 91, atribuye la destrucción del templo en este pasaje al efecto corrosivo de la llegada de alguna enseñanza falsa, por ejemplo, un evangelio judaizante. Por supuesto que Pablo los incluía en el juicio de Dios, pero aquí él piensa en quienes pasivamente destruyen o arruinan la iglesia por sus ambiciones personales, a pesar del hecho de que han edificado sobre el fundamento que es el Cristo crucificado (3:10).

109. Pablo usará el mismo verbo *fteirō* para afirmar que él no ha arruinado a nadie en su ministerio apostólico en 2 Cor 7:2. Cf. también Fitzmyer, *First Corinthians*, p. 203.

él ha construido sobre los cimientos del verdadero evangelio (3:10), tampoco de Dios (¡Él solo está probando los materiales empleados por ustedes!).

Muchos han observado que este lenguaje es parecido a la *lex talionis* de la Torá:

> ojo por ojo, diente por diente, mano por mano, pie por pie, etc. (Éxodo 21:24).

No obstante, Pablo se acerca más a los pronunciamientos escatológicos del Señor:

> Marcos 4:24 – "Con la medida que midan a otros, se les medirá a ustedes, y aún más se les añadirá".

> Marcos 8:38 – "Si alguien se avergüenza de mí y de mis palabras en medio de esta generación adúltera y pecadora, también el Hijo del Hombre se avergonzará de él cuando venga en la gloria de su Padre con los santos ángeles".

Y es paralelo a la propia enseñanza paulina en Gálatas 6:7-9:

> No se engañen: de Dios nadie se burla. Cada uno cosecha lo que siembra. El que siembra para agradar a su naturaleza pecaminosa, de esa misma naturaleza cosechará destrucción; el que siembra para agradar al Espíritu, del Espíritu cosechará vida eterna. No nos cansemos de hacer el bien, porque a su debido tiempo cosecharemos si no nos damos por vencidos.

Pablo no amplía lo que quiere decir con *él mismo será destruido por Dios*. Es una advertencia general que lo que uno haga a la iglesia de Dios recibirá retribución: *Si usted arruina el templo, Dios lo arruinará; hónrelo y Dios lo honrará.*

Pablo basa su pronunciamiento en *porque* el templo de Dios es santo. La NVI parafrasea en 3:17b, pero logra el sentido exactamente correcto en una frase densamente condensada en el original –ustedes son el templo, y el templo es santo–[110] (no "ustedes son el templo, y ustedes son santos"). Aún la pecaminosa, destrozada y reconstruida Jerusalén fue llamada la ciudad santa por un hombre de Dios (Nehemías 11:1). Justo como la iglesia corintia infantil y llena de faltas son "los que han sido santificados en Cristo Jesús y llamados a ser su pueblo santo"; así que es santo porque Dios lo ha escogido para que sea el lugar de residencia de su Espíritu.

Edificando adecuadamente 3:10-17

Quizá usted haya escuchado un sermón sobre: ¿Qué tipo de cristiano es usted? ¿Está edificando con oro en su vida, o con paja? ¿Ha visto usted por ahí a un cristiano con una copa de coñac? Él ha descendido de oro a plata.

---

110. Así Barrett en 3:17. La Vulgata contiene la misma idea con "templum enim Dei sanctum est quod estis vos". La RVR logra el mismo significado intercambiando cláusulas para obtener una forma más natural en español: "porque el templo de Dios, el cual sois vosotros, santo es".

Esta sección, de todos modos, no trata aspectos relacionados con el estilo de vida de los cristianos, sino más bien con el ministerio cristiano. Pablo se ofrece a sí mismo y ofrece a Apolos como ejemplos que muestran por qué los cristianos no deben ir tras héroes como lo estaban haciendo según 1:11-12. En ese juego por el estatus, los corintios no solo afirmaron cuál predicador preferían; también humillaron a los otros y disminuyeron su estatus.

Para algunos, como los corintios, un ministerio exitoso es lo que hace que yo parezca exitoso. ¿Qué me hace sonar más inteligente? ¿Qué me permite impresionar a la gente con la profundidad de mi conocimiento y de mi inteligencia? ¿Cómo decir que la gente adinerada exitosa busca mi consejo, que me invitan a lugares importantes y que almuerzo con gente prominente?

Por supuesto, justificamos nuestros valores al imaginar que estamos haciendo todas esas cosas para el Señor. Nos engañamos si pensamos que perseguimos estatus con el fin de extender el evangelio. Pero, ¡el poder de Cristo no tiene nada que ver con nuestro estatus! Pablo, por otro lado, compara el ministerio del evangelio con formas inferiores de trabajo manual, trabajo en granjas y labor de construcción. Un ministerio construido sobre sí mismo se quemará al final; un ministerio centrado en Cristo permanecerá.

¡Ojalá existiera un simple examen de farmacia que pudiera revelarnos el lugar donde nos hallamos en el espectro entre glorificar a Cristo y procurar prestigio para nosotros mismos! En vez de eso, debemos observar los síntomas de ir en busca de beneficio personal, y, por supuesto, estar abierto a que otros nos digan nuestros propios errores.

Síntomas de que estoy edificando pobremente:

1. Me preocupo más por las apariencias que por la realidad. Hemos visto que Pablo hacía tiendas para poder evangelizar sin cobrarle nada a nadie. Los corintios, de hecho, tuvieron la osadía de usar eso en contra de él, puesto que el trabajo manual se consideraba inferior. Los "constructores" de hoy pueden ser tentados a usar materiales finos literalmente en sus enormes edificios de iglesia en grandes ciudades, en lugar de construir con el verdadero oro de la humildad y el servicio.

2. Me aprovecho de la fama o de la reputación de otros para mi propia gloria. Lo utilizo como un punto para que otros vean la clase de gente tan importante que conozco; poseo fotos de mí mismo con la gente famosa.

3. Les presto más atención a quienes pueden darme algún beneficio, y menos a quienes no pueden ofrecerme nada. En América Latina, se nos enseña a "aprovecharnos" de las situaciones en las cuales nos hallamos. Nuestra cultura nos impulsa a buscar gente bien relacionada, con dinero, con influencia. Al contrario, los pobres y no influyentes son menos atractivos. Y, ¡qué lamentable que una persona de un trasfondo pobre alcance fama y acabe volviéndoles la espalda a personas en esa misma situación!

4. *Me comporto de un modo no ético y luego me digo a mí mismo que (1) después de todo es la obra del Señor; por lo tanto, se permite; o (2) el Señor está obligado a salvarme de las consecuencias si la obra se hace en su nombre.*

5. *Mido el éxito en términos de si soy exaltado o no. Por supuesto, nadie emplea ese lenguaje. Preferimos términos como "levantar esta obra", "confirmar este ministerio", "apoyar el mover de Dios en nuestro medio", etcétera. Sin embargo, llegamos al punto de que cuando se exalta a un rival, estamos desilusionados, aun cuando el nombre de Dios se ha engrandecido.*

El juicio final es una realidad latente detrás de cada decisión, cada acción y cada motivo. Ese día nos daremos cuenta de cuánto de nuestra obra era chatarra que se quema y cuánto era de valor permanente. Muchos de los imperios evangélicos llegarán a su fin en ese holocausto.

Una consecuencia de la tragedia ocurrida a las Torres Gemelas fue que los expertos en construcción y diseño pudieron estudiar de qué modo se habían construido las torres en los sesenta. Pudieron calcular en términos reales qué colapsaron después de haber sufrido X impacto y X calentamiento y, por tanto, si se construyeron pobremente o bien. Un desastre real es, tristemente, una prueba mucho mejor que cualquier simulación de computadora.

¿Cuál es el punto del apóstol?, entonces. La advertencia a quienes se autoproclaman líderes en Corinto: ¡Yo no dudo de que ustedes son cristianos, pero todo su trabajo en la iglesia, por más sincero que sea, se dirige hacia una prueba de fuego! Así que, ¡cambie ahora, de modo que su obra permanezca al final!

¿Cómo mediremos el éxito? Dios mismo lo medirá según su escala, no con la del mundo:

- *No por cuánta gente me ve y me oye; antes bien, si la gente ve a Cristo en mí (o, por cuántos ven a Cristo en mí).*
- *No por si puedo probar que mi ministerio es más indispensable que otros; sino si vivo en "una armonía auténtica de modo que no propicio divisiones en la iglesia, en una sola mente, unidos en pensamiento y propósito" (1:10).*
- *No porque sea reconocido como el mejor, digamos, evangelista; sino porque cuando comparto el evangelio, la gente dice – ¿No es Jesús maravilloso?*
- *No si gente importante y famosa me busca; sino porque quienes me buscan se van pensando en Jesús.*

Somos un templo, no un montón de ladrillos 3:17
Dios llama a individuos a recibir la salvación. Lo que es más, los invita a unirse a su pueblo y ser parte de su templo.

Existe la gran tendencia en Norteamérica, y una tendencia creciente en América Latina, de pensar en nuestra fe como "Dios y yo". Yo me acerqué a Dios, yo le rindo cuentas a Dios, Dios me bendice y me guía. Si otros cristianos no se adaptan a nuestro gusto, dejemos que busquen otra congregación, o quizá nosotros salgamos de la iglesia completamente disgustados.

C. S. Lewis en su supuesto manual del diablo se imagina que el diablo empuja al nuevo cristiano a despreciar la iglesia por esta razón, narrando la historia de un nuevo "tentador". Esto es lo que el diablo quiere que hagamos:

> *Cuando penetra en [la iglesia], ve al tendero de la localidad, con una expresión más o menos aceitosa en el rostro... Cuando llega a su asiento, y mira en su derredor, lo único que ve es una relación de los vecinos que hasta aquí ha evitado tratar. Aprovéchate lo más que puedas de esos vecinos. Haz que la mente de tu hombre vaya y venga revoloteando entre expresiones como "el cuerpo de Cristo" y los rostros reales que hay en la siguiente banca[111].*

Pero aquí y en muchos otros versículos se nos dice que Dios no solo se relaciona conmigo; también con el "nosotros" de los cuales yo soy un miembro. ¡Qué lección tan fuerte en contra del individualismo radical! Dios cuida de su iglesia, y si usted juega con ella, no importa qué tan amado o tan lleno del Espíritu usted se considera como individuo, Dios vendrá a juzgarlo.

4. Exhortación (Peroratio) 3:18–4:16

En la retórica antigua, un orador después de probar su caso, proseguía con una *peroratio* o *paraenesis* (del griego; *exhortación*) el cual resumía la enseñanza que se acababa de impartir y mostraba las aplicaciones prácticas para los oyentes. Era un llamado a la acción. Del mismo modo, Pablo comienza por exhortar a los corintios acerca de su falsa mentalidad superior y sus divisiones. No solo lo hace directamente, sino también por medio de un patrón.

Habiendo llegado a este punto sin mucho uso del imperativo griego (por ej., 3:10), él comienza en 3:18 a emplear una serie de mandatos (también 3:21; 4:1; 4:5; 4:16).

a. Busquen la verdadera sabiduría en Dios, no por medio de la sabiduría humana 3:18-22

3:18

Aunque él usa lenguaje retórico convencional con *Que nadie se engañe*, hay una posibilidad real de que algunos cristianos se hubieran engañado a sí mismos (cf. los comentarios en 4:3-4)[112]. ¿Con respecto de qué? De la idea de que ser sabios en

---

111. C. S. Lewis, *Cartas a un diablo novato*, Junta Bautista de Publicaciones, Buenos Aires, 1976, pp. 15-16.

112. La versión inglesa NJB capta esto con "Let no one be self-deceived", es decir, "Que nadie se engañe a sí mismo"; Thiselton concuerda con este énfasis. La BJ simplemente dice "¡Nadie se engañe!".

la sabiduría convencional *de esta época* es una ventaja en el reino de Dios. Esto no es así, y de hecho representa tal impedimento para la verdadera sabiduría que el cristiano debería resistir sus encantos. Pablo usa la misma palabra para "engañar" al referirse a la tentación de Eva por parte de Satanás (2 Corintios 11:3; 1 Timoteo 2:14; cf. la auto-decepción en Gálatas 6:3). Aquí, como en el Edén, la tentación es una interpretación distorsionada del universo de Dios.

3:19-20

De nuevo, el Antiguo Testamento muestra el camino (Job 5:13, Salmo 94:11). *Como está escrito*, siempre ha sido el plan de Dios hacer caer a los llamados hombres sabios. Con el transcurrir del tiempo, este fenómeno se manifiesta en la cruz, poniendo de relieve que *la sabiduría de este mundo es locura*.

La cita de Job en el versículo 19 difiere de la versión griega del Antiguo Testamento conocida como Septuaginta (LXX). Puede venir de otra versión desconocida[113]. *Panourgia* en 1 Corintios ("astucia" en el sentido de engaño), tiene un sentido más negativo que el término "inteligencia". Quizá Pablo esté haciendo un juego de palabras aquí, y escoge *panourgia* porque suena como el término filosófico elevado *paneguris*, que quiere decir un discurso elaborado y formal[114]. O sea, Dios atrapará a los sabios en sus presentaciones orales elaboradas y engañosas.

El versículo 20 viene del Salmo 94 (93:11 LXX), salvo que Pablo sustituye *los sabios* por "los hombres" con el fin de ofrecer una aplicación más fuerte para Corinto. La LXX usa otro término filosófico *dialogismos*, el cual puede significar pensamientos o razonamientos; pero que, además, encierra la idea de debate oral, razonamiento, discusión. El Dios que lo sabe todo, sabe cuán superficiales e inútiles resultan los razonamientos de los seres humanos considerados profundos.

3:21a

Puede que no le resulte claro al lector moderno, sin el conocimiento de primera mano con el que contaban los corintios, saber hacia dónde se dirigía Pablo con todo esto. Con *Por lo tanto, ¡que nadie base su orgullo en el hombre!* Finalmente, nos provee el enlace entre el partidismo de 1:11-13 y su largo discurso acerca del evangelio, de la sabiduría divina, de la revelación y de la humildad. La *confirmatio* no es una afirmación parentética, al contrario, todo lo que se ha dicho a partir de 1:18 ha tenido el objeto de que los corintios dejen de jactarse en los héroes humanos y opten por una recepción humilde del evangelio. Inherente está una aguda represión: *Por todas la razones que les acabo de dar, ¡no se engañen!*

---

113. La LXX ofrece una traducción, que debería traducirse como algo así: "Él atrapa a los sabios en [su propia] inteligencia".

114. Este mismo juego de palabras puede ser la intención del astrólogo del siglo II, Vettius Valens (*Anthologiarum libri* ix.245-246).

3:21b-23

El cristiano tiene tanto el derecho como la responsabilidad de disfrutar de todos los dones de Dios. En esta época, una persona escoge un líder, lo sigue aunque esté en lo correcto o no, desprecia a los seguidores de otros grupos (o manipula a otros grupos según sus propios fines), y trata de obtener la victoria aun si (¡especialmente si!) los otros grupos han llegado a sentirse perdedores. En el reino de Dios es una cuestión de *todo es de ustedes*[115]. Pablo va más allá de estos siervos humanos hasta temas cósmicos: el cristiano es el heredero de esta era y de la que viene (ver también 6:9-10; Romanos 8:38-39; Efesios 1:21), buenos términos apocalípticos que revelan la amplitud del reino de Dios.

Ustedes tienen a Cristo, pero aun más importante *ustedes son de Cristo*. Cristo es su Señor y su dueño (cf. 3:9, "colaboradores [al servicio] de Dios... el campo de cultivo de Dios... el edificio de Dios"; también 6:19, "Ustedes no son sus propios dueños"). ¡Ustedes no pueden clamar a él sin admitir que él es su dueño y el de otros distintos de ustedes!

La frase *y Cristo es de Dios* ha provocado que algunos vacilen, como si quisiera decir que Cristo es menos que Dios (ver también nuestro comentario de 11:3 y 15:28). Pero nada de eso está implícito aquí. Antes bien, Cristo es el Cristo de Dios (como en Lucas 2:26). Estar en Cristo es estar en Dios y tener acceso a él (como en la suprema afirmación trinitaria de Efesios 2:18). Estar en Dios significa que a uno le es dado saber lo que solo Dios sabe, lo que ningún ojo humano podría percibir (2:9, 16), y esto puede suceder solo a través de Cristo y del Espíritu. Es la unidad de la obra de Dios en el mundo, y por tanto la unidad del pueblo de Dios, lo que está en perspectiva. Quizá haya una réplica para el grupo de Cristo aquí, como en 3:5 y 4:1. En primer lugar, ha escogido a estos instrumentos humanos para su obra, y ellos deberían tenerlo presente. En segundo lugar, ¡fuera todas las afirmaciones de que son los únicos que tienen a Cristo!

Aceptar a todos los maestros de sana doctrina 3:21-23
Un día usted me compra una caja grande y hermosa de chocolates. Tiene de todos tipos imaginables: los hay con nueces, galletas o caramelo; algunos crujientes, otros suaves; unos con menta, otros no; los hay con pasas, con cerezas o con otras frutas; algunos son de chocolate amargo, otros de chocolate claro y otros de chocolate blanco, o hasta una mezcla. Es su amplia variedad lo que hace que sea tan impresionante... y costoso. ¡Qué bello regalo!

---

115. "Todo es de ustedes" es muy parecido a ciertas declaraciones estoicas, tales como la latina *omina sapientis sunt* (Godet, p. 199), que *todas las cosas pertenecen a los hombres sabios*. El significado es completamente distinto: la virtud estoica suprema era la autonomía que los sabios obtenían con su sabiduría; la finalidad de los cristianos es glorificar a Dios y disfrutar toda la gama de sus dones al tiempo que sacrifica su autonomía y su autosuficiencia.

Pero, ¿qué hago? Muerdo uno y al no hallar lo que me gusta, tomo otro. No solo eso, sino que soy tan grosero como para escupir los dulces en la basura mientras usted me ve, y mi rostro refleja el disgusto. Ni siquiera me preocupo por probar los chocolates blancos antes de tirarlos. "Yo solo quiero los de chocolate amargo rellenos con nueces", enojado como si quisiera reprocharle a usted no haberme dado solo de esos. El chocolate gotea de mi boca mientras escupo uno a uno todos esos dulces caros. Hago fuertes ruidos de satisfacción cuando devoro uno del tipo que me gusta.

Tengo la horrible sospecha de que hacemos lo mismo con los dones divinos. Dios nos da una amplia variedad de sus dones. Envía un pastor que no es un predicador profundo pero cuya especialidad es visitar al enfermo y ayudar al necesitado. Envía gente que escribe toda clase de buenos libros. Nos manda maestros, todos distintos.

El Dios que envió a Pablo a la iglesia de Corinto también envió a Apolos, a Cefas y a otros (3:18); rechazar a uno de los siervos fieles de Dios significa rechazar el don de Dios[116]. ¡Qué absurdo centrarse solo en Apolos y despreciar, o hasta atacar, a los dos apóstoles enviados por Dios! ¡Quienes se complacen con el que siembra la semilla, también deben darle honor al que riega, o mejor aún, al Maestro que ha enviado tanto al sembrador como al que riega! ¡Los partidarios de Pablo deberían sentarse a los pies de un Cefas y de un Apolos de modo que disfruten todas las riquezas de los dones de Dios!

Por supuesto, en nuestra experiencia no todo el mundo es un Pablo ni un Pedro ni un Apolos. Existe una gran cantidad de maestros horribles, de escritores pobres y de pastores negligentes. ¡Es la pura verdad! Pero asegurémonos de demostrar aprecio por los dones divinos disfrutándolos tanto como sea posible.

Si esto verdaderamente sucede dentro de una congregación, también pasa lo mismo en iglesia tras iglesia, en denominación tras denominación. Si somos bautistas, aprendamos tanto como podamos de nuestros hermanos y hermanas de las Asambleas de Dios. Si somos pentecostales, aprovechémonos de aquellos famosos teólogos presbiterianos. Si somos independientes, apreciemos las denominaciones y viceversa. No nos volvamos tan orgullosos que nos sea imposible admitir que otros también tienen el Espíritu de Dios. "Por lo tanto, ¡que nadie base su orgullo en el hombre! Al fin y al cabo, todo es de ustedes, ya sea Pablo, o Apolos, o Cefas..." (3:21-22). Abramos nuestro corazón a todos los dones que Dios nos da, no solo a los que cumplen con nuestros elevados estándares.

b. Muestren la actitud correcta hacia los apóstoles 4:1-5

4:1

La NVI no traduce *joutōs* ("por tanto", como aparece en la RVR), cuya idea es que esta sección está unida a lo anterior. Los corintios tienen en correcta estima a

---

116. Esta idea viene del comentario de Thiselton. Lo que es más, es parte del pecado de Diótrofes en 3 Juan 9. Su discriminación también fue una muestra de estatus personal y de poder.

los apóstoles, los *enviados* de Dios. Este tema dominará 2 Corintios, posiblemente en respuesta a la influencia aumentada de los nuevos falsos maestros.

De modo que la siguiente exhortación es que ellos nos (plural, no solo a Pablo) consideren *servidores* (*hupēretēs*[117] en lugar de *diakonoi* en 3:5), los únicos enviados por Cristo a su campo a trabajar.

Ellos también son *encargados*, literalmente "mayordomos" (*oikonomoi*) de los misterios de Dios[118]. Pablo emplea un lenguaje muy similar al de las religiones de misterio, donde ciertos oficiales guardaban el conocimiento secreto de los de afuera. No obstante, misterio aquí no significa un culto secreto, sino información que Dios mismo debe revelar, de lo contrario permanece desconocida[119]. Estos son los mismos misterios vistos en 2:7ss – la obra de Dios en un Mesías crucificado. Los apóstoles no repartieron secretos a unos cuantos iniciados. La revelación de Cristo es un evangelio público, no secreto[120].

4:2

La virtud clave para *los que reciben un encargo* no es ser muy inteligentes o atractivos u originales; sino más bien, ser fieles (una mejor traducción que *dignos de confianza* de la NVI). Este término *pistos* es uno de los adjetivos favoritos de Pablo para sus colaboradores (4:17; 7:25). Probablemente, un siervo fiel no solo transmitirá la información del evangelio con veracidad, sino que además modelará el evangelio al rechazar la gloria personal a favor de Cristo. Él repartirá los misterios con liberalidad a todos los que lleguen, evitando el partidismo y la auto gratificación, es decir, él construirá con oro, plata y piedras preciosas (3:12).

4:3

Para que no parezca que está evitando la pregunta, Pablo dice indirectamente que él se considera fiel. Pero primero, él argumenta que su dignidad no debe decidirla (o juzgarla, *anakrinō*, como en 2:14-15 y 9:3) *cualquier tribunal humano*. Cuando

---

117. Mucho se ha dicho acerca del supuesto significado escondido de esta palabra, la cual siglos atrás se había usado *a veces* para los remeros inferiores, es decir, el más bajo de los tres niveles de remeros en una galera. En los días de Pablo ese significado se había perdido por completo. El término *servidores* de la NVI (RVR y BJ) es absolutamente adecuado.

118. Aunque Orígenes (Bray, p. 80) dice que mayordomo y siervo son dos cargos muy distintos.

119. Cf. G. Finkenrath, "Misterio", *DTNT* pp. 2.94-98.

120. Por supuesto, esto va directamente en contra de lo que los gnósticos trataban de hacer, insistiendo en que había un nivel de verdad para los *psujikoi* (cristianos normales) y otro superior escondido para los *pneumatikoi* (los gnósticos). Cf. los títulos de trabajos tales como *El evangelio secreto de Marcos*. O note el prefacio del *Evangelio de Tomás*: "Estos son los dichos secretos que ha proclamado Jesús el viviente, y que anotó Dídimo Judas Tomás". O en un nivel más ortodoxo, Crisóstomo 10.5 advierte en contra de dar a conocer la doctrina indiscriminadamente.

Pablo apareció ante el tribunal romano (Hechos 18:12-17), Galión trató el caso como un debate religioso confuso. Galión era del mundo, y no pudo juzgar entre Pablo y sus oponentes. Tampoco, se da por sentado, que la dignidad de Pablo podía juzgarse con un voto de los corintios.

De hecho, ¿no es Pablo mismo un "tribunal humano"?, por lo tanto, él no puede juzgarse a sí mismo imparcialmente. Pablo por su parte ha examinado su conciencia (4:4). No obstante, él conoce qué auto-engañadas pueden estar las personas; él se apoya en la tradición de Prov 21:2:

> A cada uno le parece correcto su proceder,
> pero el SEÑOR juzga los corazones.

4:4

La conciencia de Pablo es clara, de modo que ese tema no se trata aquí[121]. Una buena conciencia no es lo que hace que Pablo quede *absuelto* (la NVI; el "no por eso estoy justificado" de la RVR es preferible, semejante a BJ). Para Pablo, el juicio es un hecho escatológico y teológico. Está en las manos de Dios, y es en el juicio final cuando Dios revelará lo que solamente él conoce por completo. Este es el mismo tema iniciado en 3:10b-15.

4:5

Está muy bien dejar todo en las manos de Dios; pero, ¿qué hay de 5:3-5, donde la iglesia debe juzgar a todos sus miembros ahora en esta época, de modo que se salven en el juicio final? Y luego en 6:1-6, Pablo argumenta que, como los cristianos juzgarán a los ángeles al final, por eso deberían ser capaces de juzgarse el uno al otro en esta época. En ambos casos, el hecho de la venida del tribunal de Dios es la base (aun más, ¡el imperativo!) para juzgar a otros cristianos en esta era. Entonces, ¿qué? ¿Ha establecido Pablo una norma doble? ¿Que todos los cristianos sean tratados por la iglesia, pero que solo el veredicto de Pablo quede pendiente hasta el Día del Juicio Final?

Como Thiselton señala, Pablo difícilmente insta a "una eliminación del discernimiento". La tensión probablemente se deba al hecho de que Pablo sabe que está tratando con gente mundana. No sabemos cómo habría reaccionado si Apolos y Cefas lo hubieran llevado aparte para regañarlo por orgullo o por alguna falta doctrinal. No, su punto aquí parece ser: Yo no voy a someter mi obra

---

121. Krister Stendahl trabaja mucho con este versículo, especialmente a la luz de Filipenses 3:6 y Romanos 7:14, y concluye (creemos que con razón) que Pablo no era un judío o un cristiano con culpa, y que había sido bendecido con una "conciencia robusta". Teológicamente, entonces, él se preocupaba más por permanecer en un estado objetivo de justificación que por sentir culpa o no. Cf. Krister Stendahl, "The Apostle Paul and the introspective conscience of the West", en *Paul among Jews and Gentiles*, Fortress, Philadelphia, 1976.

a ninguna corte meramente humana para saber su opinión; ustedes, corintios, tienden a pensar como "meros hombres" y juzgarían a un apóstol por medio de estándares superficiales; yo (que soy espiritual) me he examinado a mí mismo y no he hallado nada, más que eso, ni siquiera confío en mi propia conciencia, la cual podría engañarme. Dios es el juez supremo.

Pablo respalda su punto con lenguaje tradicional de juicio divino, influenciado por las Escrituras judías[122], especialmente Jeremías 17:10—,

> Yo, el Señor, sondeo el corazón
> y examino los pensamientos,
> para darle a cada uno según sus acciones
> y según el fruto de sus obras.

La clave aquí es que Dios pronunciará *alabanza* hacia el digno, en este contexto, el elogio por un trabajo bien hecho (como en Mateo 25:21). Se refiere a lo mismo de 3:8, el trabajador del campo "recompensado" y de 3:14 la "recompensa" para los constructores fieles.

"Examínese usted mismo" 4:3-5

Pablo conoce su propio corazón hasta cierto punto (4:4). Sin embargo, él no se juzga a sí mismo de una forma definitiva, sino que le deja eso a Dios. Como hemos visto, él dice esto porque no desea que los corintios lo juzguen. Pero eso también representaba un golpe a la sabiduría convencional de su cultura. Los estoicos le daban mucho énfasis al autoexamen. Sería normal que un estoico practicante pasara un rato diariamente examinando su propia conciencia para ver en que ofensas había incurrido. Se creían hombres sabios con la capacidad de detectar sus propios errores, corregirlos y evitarlos. Pablo demuestra que nadie es capaz de ser objetivo consigo mismo y que el conocimiento verdadero viene por medio de la revelación divina (1 Corintios 2:13). Hasta los cristianos pueden engañarse a sí mismos (1 Corintios 3:13, 18). Por ejemplo, un hombre de Corinto continuó en el incesto y la iglesia lo permitió (1 Corintios 5:1-2).

El punto de Pablo en el capítulo 4 es que solo Dios puede poner en orden las motivaciones, las actitudes, las acciones, las palabras y los pensamientos de un individuo que son irreconciliables, y al final solo él puede decidir la obra de quién permanece y la de quién merece el fuego.

En América Latina, existe un exagerado nivel de optimismo en relación con la capacidad de conocer el corazón. ¡Yo sé que parece que estoy haciendo lo incorrecto, pero en mi corazón, en lo más íntimo de mi persona, yo sé que soy puro! Con esto insinuamos: Sí, ustedes, el gobierno y la iglesia creen que he estafado a la gente. Mi corazón me dice que no, y esa es la corte final a la cual apelo. Esta enseñanza no es bíblica y es peligrosa. Pablo mismo dijo que él no sabía de ninguna ofensa en su

---

122. Refiérase a Fee, *Primera corintios*, p. 186, n. 33.

corazón, pero admitía que podía estar equivocado, y que solo Dios conocía esas cosas. Aun Pablo tiene que aguardar hasta el día del juicio final para estar completamente seguro de sus motivaciones. Esto se debe a que el pecado no solo afecta a la mente, la voluntad, las acciones, las emociones, sino también las intenciones del corazón.

Muchos de nuestros líderes cristianos se han aislado. Cuando enfrentan desafíos de parte de otros, los interpretan como desafíos en contra de Dios mismo. Su defensa es que ellos solo permitirán que sea Dios quien los juzgue; y su corazón está limpio. ¡Qué disparate! Cuántos ejemplos más necesitamos de pastores, supuestamente ungidos por el Espíritu Santo, quienes caen cada vez más profundamente en el engaño de un pecado reconocido, ignorando todas las advertencias de parte de quienes lo rodean.

¿Cómo evitar esto? Se podría sugerir lo siguiente:

1. *Nunca crea que el Espíritu Santo le habla única o especialmente a usted. El Espíritu Santo ministra a través de su iglesia. Si otro cristiano tiene una palabra para usted, usted está obligado a discernirla y usarla para su provecho.*

2. *No confíe en su propio corazón. El corazón humano puede ser engañoso, a pesar de que el Espíritu resida en una persona. Dios nunca prometió que usted individualmente tendría un conocimiento perfecto de sí mismo ni siquiera bastante claro. Es algo que ni aun Pablo poseía. No hay forma de saber con certeza si el corazón lo está engañando (ver también 1 Juan 3:20). Cuando Jesús dijo: "Mis ovejas oyen mi voz; yo las conozco y ellas me siguen" (Juan 10:27), él no estaba hablando de una voz interna silenciosa o sentimiento, sino del hecho que su pueblo escuche su mensaje y lo siga con sus vidas.*

3. *Sea extremadamente cuidadoso con las palabras "El Señor me dijo...". Muy a menudo, la gente quiere decir que algunas palabras han rondado en su mente, lo cual interpreta como un mensaje de parte de Dios. Pero, ¿cómo saber con certeza, con una mente tan ocupada que procesa miles y miles de pensamientos diariamente, lo que viene de Dios, lo que viene de Satanás, lo que surge de nuestra propia imaginación? Si usted dice, "El Señor me dijo esto y mi corazón me confirmó que en verdad venía de él", usted solamente une dos vínculos débiles: su mente y su corazón.*

4. *Asegúrese de rodearse de gente que le dirá la verdad. Puede reunirse regularmente con ellos de modo que le hagan esas preguntas difíciles acerca de sus motivaciones y sus acciones. La mayoría de los líderes tienen a su alrededor un equipo que o está de acuerdo con ellos o sale del equipo. Eso los hace dependientes tanto por el salario como por el estatus. ¿Cómo van a sentirse en libertad de decir toda la verdad? Es mejor que haya uno o dos que no dependan de usted ni compitan con usted, quienes le hablarán como amigos cristianos sin nada que perder ni que ganar. Juan Wesley*

aplicó mucho esta disciplina[123]. *Organizó pequeñas "bandas" en las cuales los miembros podían "hablar cada uno en orden, libre y claramente,
acerca del verdadero estado de nuestras almas, de las faltas que hemos
cometido de pensamiento, palabra u obra, y de las tentaciones que hemos
experimentado desde nuestra última reunión". La atención se personaliza
más: "Solicitar a alguno de entre nosotros que hable de su propia situación
espiritual y luego pedir a los demás que, de manera ordenada, planteen
en profundidad cuantas preguntas tengan concernientes a su estado, a
sus pecados y a sus tentaciones". John Wesley era un firme creyente en la
presencia del Espíritu en el creyente, pero también en la necesidad de que
otros creyentes reten lo que decimos que tenemos en nuestra conciencia.*

c. Imiten a los apóstoles en su humildad y en el sufrimiento más que en el triunfalismo 4:6-16

En este punto, Pablo intercala *hermanos*, para cambiar, como lo hace con frecuencia, a un estilo con una mayor confrontación. Él mostrará el contraste entre los apóstoles y los corintios triunfalistas, nos referimos a los creyentes que creen que pueden deslizarse por la vida como si fueran realeza.

4:6

El versículo es difícil. Emplea *metasjēmatizō* de una manera extraña, captada adecuadamente por la NVI como *todo esto lo he aplicado a Apolos y a mí mismo*[124]. Una interpretación, que hizo famosa Crisóstomo, es que Pablo y Apolos eran solo símbolos de los verdaderos protagonistas de la historia, los líderes partidistas reales cuyos nombres Pablo no quiso mencionar con el fin de no avergonzarlos[125]. Según esta lectura, tres de los grupos de 1:12 son seguidores de corintios no nombrados (ver *Introducción*). Una mejor interpretación es que *a Apolos y a mí mismo* se refiere al campo y al edificio del capítulo 3 (donde solo ellos se mencionan como par).

123. *Obras de Wesley*, Justo L. González, ed.; tr. E. Hall y L. E. Odell, Providence House, Franklin, TN, 1996, Tomo V, pp. 57-58.

124. La misma idea general se presenta en otras versiones: "Me he puesto como ejemplo a mí y a Apolos" (BJ); o "lo he presentado como ejemplo en mí y en Apolos" (RVR); "poniendo como ejemplo a Apolos y a mí mismo" (VP). Para una traducción que podría apoyar el punto de vista de Crisóstomo, ver "lo he aplicado en sentido figurado a mí mismo y a Apolos" (BA).

125. Crisóstomo 12.1: "Siempre que había necesidad de expresiones tan duras como esta, él se refrenaba de correr la cortina, y continuaba argumentando como si fuera él mismo la persona a quien ellos se dirigían; el hecho de que dejara intacta la dignidad de las personas censuradas tendía a contrarrestar a los censuradores, entonces no quedaba lugar para encolerizarse por los cargos. Pero llegado el momento de un proceso más suave, entonces él dejaba todo a un lado, quitaba la máscara y mostraba las personas ocultas tras el nombre de Pablo y Apolos. Y en relación con esto, él dijo: 'Estas cosas, hermanos, he transferido en una figura hacia mí mismo y hacia Apolos'".

Sin negar la realidad de los cuatro grupos en 1:12, aquí él quiere decir: "Yo les he mostrado una ilustración de cómo Apolos y yo trabajamos en unidad dentro de la iglesia en el capítulo 3".

El otro problema es su propósito, que ellos aprendan a *"no ir más allá de lo que está escrito"*. Lo que está escrito, ¿dónde, exactamente? Thiselton describe siete posibilidades para la referencia. Fee considera posible, aunque no lo mejor, convertir esto en "No saltarse el reglamento", como si Pablo estuviera pensando en un juego. La referencia mejor es que tiene que ver con el Antiguo Testamento y específicamente a las referencias usadas por Pablo en los capítulos anteriores (1:19, 31; 2:9, 16; 3:19, 20). La Biblia misma da a los corintios directrices sobre la falible sabiduría humana *versus* la verdad de Dios.

Pablo usa uno de sus términos favoritos para los corintios, *fusioō* o *engreírse* (ver 4:18,19; 5:2; 8:1; 13:4; cf. Colosenses 2:18; además, Ignacio en *Magnesianos* 12; *Trallianos* 7:1; *Policarpo* 4:3). Aquí el pecado es partidismo orgulloso, *engreírse de haber favorecido a uno en perjuicio del otro*. Difícil de traducir, es mejor tomar esta afirmación como una referencia a pertenecer a un líder y entonces estar contra los otros, estén esos líderes en Corinto o no.

4:7

Ahora Pablo hablará en el lenguaje duro de la *diatriba* griega "distinguida por su orientación dialógica, en la cual se dan preguntas y respuestas entre el orador y su interlocutor (ya sea real o hipotético)"[126]. Pablo hace las tres preguntas de 1 Cor 4:7, no para obtener respuestas, sino para desafiarlos a pensar acerca de su conducta incorrecta: *¿Por qué son ustedes tan especiales? ¿Por qué creen que las reglas se aplican a todos los demás, excepto a ustedes?*

La segunda pregunta retórica es una de las principales afirmaciones de la humildad cristiana en el Nuevo Testamento: "¿Qué tienes que no hayas recibido?". Dios les dio la salvación; el Espíritu; los *jarismata*; aun a sus maestros. Ellos a cambio no le han aportado nada valioso a la salvación (6:9-10). Así que, ¿cómo pueden haber cultivado este enorme grado de discriminación entre un *jarisma* y otro, entre un trabajador del campo y otro? ¡Ellos están censurando los dones que vienen de Dios!

4:8

Pablo se encuentra ahora en su máxima ironía. La primera parte puede traducirse como afirmaciones (como la mayoría de las versiones castellanas) o como preguntas retóricas; el significado no cambia. Los corintios se sienten llenos, ricos y como

---

126. Stanley E. Porter, *Handbook of classical rhetoric in the Hellenistic Period, 330 B.C.-A.D. 400*, Brill, Leiden, 1997, p. 575. Rom 2–3 contiene un largo pasaje que constituye una "diatriba".

reyes, superiores a Pablo y a los otros, tema que resurgirá en 2 Corintios. Pero, ¿por qué pensaban de esta forma? Y, ¿qué significa la respuesta paulina?

Debemos mostrarnos en desacuerdo con una interpretación popular[127]. Esta afirma que el problema corintio no era solo de actitud, sino teológico, se basaba en su mala interpretación de la escatología cristiana. Los corintios, según esta hipótesis de una "escatología *sobre*-realizada", pensaban que no tenían que esperar el regreso de Cristo, que habían entrado en el reino escatológico, que habían resucitado (como en 2 Timoteo 2:18, "diciendo que la resurrección ya tuvo lugar"), y que estaban reinando como reyes espirituales *ya*. Esto habría ido de la mano con su fuerte tendencia a un éxtasis carismático espiritual. Pablo entonces, de acuerdo con esta interpretación, lucha en la carta con el "ya y todavía no". Sin embargo, ya hemos concluido que esto es leer la epístola de un modo seriamente equivocado. La epístola en todas partes asume que los corintios tenían una fuerte escatología futura, que Pablo les enseñó durante un año y medio (cf. *Introducción*), a pesar de la tendencia de unos pocos a rechazar la resurrección escatológica.

Sostenemos, por el contrario, que los corintios eran triunfalistas y faccionarios debido a la influencia de la filosofía local. De hecho, los estoicos por siglos habían empleado los términos específicos ricos, saciados y reyes para describir al filósofo, quien ha aprendido a ser autosuficiente e independiente a través de la sabiduría. Por ejemplo: "Solo yo soy rico; solo yo soy rey en el mundo"[128]. Los corintios se regocijaban en su propia sabiduría y en el supuesto poder que esta les daba –el poder de causar división y de carecer de amor, en la práctica– y despreciaban a Pablo quien hablaba pobremente, sufría mucho, y continuaba enfatizando la crucifixión. Desde nuestro punto de vista, el paralelo más auténtico de 4:8 no es 2 Timoteo 2:18, sino Apocalipsis 3:17 ("Dices: Soy rico; me he enriquecido y no me hace falta nada"). Como los corintios, estos laodicenses eran arrogantes, no por una escatología súper-realizada, sino por orgullo y complacencia.

Entonces, ¿qué quiere decir la respuesta de Pablo? Él les recuerda el reino futuro, no porque lo hubieran negado, sino porque ignoraban sus implicaciones: ¡O, que ustedes fueran reyes, porque en ese momento nosotros seríamos reyes también y descansaríamos de este sufrimiento apostólico! La implicación escondida es que cada uno "recibirá su recompensa" (3:14), y cuando eso suceda, a Pablo le irá mejor que ahora; de hecho, mejor que a los líderes terrenales de Corinto.

127. Fee; Wendland; Thiselton; Fascher y Wolff; Schrage; Foulkes; Beker, *Paul the Apostle*, pp. 164-65; muchos otros.

128. Thiselton; Fee; Weiss; Conzelmann, Grant, *Paul in the Roman world*, pp. 29-30. etc. La mayoría de los comentaristas mencionan los paralelos filosóficos con el v. 8, pero no guían a las implicaciones. Para más citas ver Weiss; Conzelmann.

4:9

Pablo se coloca a sí mismo y a los otros apóstoles como modelos, empleando el plural de nuevo: *Dios nos ha hecho desfilar en el último lugar*. Ellos brindan una demostración especial (no única) por su sufrimiento. Pablo habla de ser un *espectáculo* (*teatron*), el cual puede referirse a un espectáculo en la arena o mejor (como la NVI y Fee) un desfile de triunfo. También es tema de 2 Corintios 2:14-16, con el cual Pablo prueba el mismo punto. El triunfo para honrar a un general romano victorioso consistía en una marcha de soldados, pero también consistía en traer el botín y los prisioneros a Roma. Al final, pasarían los insurgentes extranjeros, encadenados y en jaulas, transportados toda esa distancia solo para su ejecución. Nosotros somos así, dice Pablo, quien no insiste en otros detalles del triunfo romano. Llegamos de últimos, condenados a morir, un espectáculo para ser exhibido frente a todo el *universo*, para que *ángeles y hombres* se burlen; pero más cruelmente, los discípulos son también ridiculizados por cristianos arrogantes.

4:10

Pablo ofrece tres pares de contrastes, devolviéndose a temas previos para enlazar todo: *ignorantes/inteligentes, débiles/fuertes, despreciados/estimados*[129]. Aquí él va más allá de los razonamientos cuidadosos de los capítulos 1 a 3 y se vuelve sarcástico e irónico en la *peroratio*: ustedes no son sabios, ni fuertes, ni estimados, ¿lo son?

4:11-13

Pablo continúa presentando una lista de sus sufrimientos, un tipo de argumento que aflorará completamente en 2 Corintios 11:16–12:10. Los sufrimientos del versículo 11 son corporales, y este tipo era anatema para quienes, como los estoicos, tenían todo bajo control a través de su sabiduría. En el versículo 12a él trabaja con sus propias manos; en círculos judíos, se consideraba honorable para un rabino, pero en círculos griegos era una señal no de integridad personal, sino de una baja posición social. Si un instructor no podía recaudar dinero por medio de su enseñanza era un vergonzoso fracaso (cf. comentarios en 9:6)[130].

En el versículo 12b-13a la violencia puede ser física o verbal. Esta vez Pablo contrasta el trato de estos con la respuesta de los apóstoles, en un estilo evocador del Sermón del Monte:

---

129. La NVI contrasta *ignorantes* e *inteligentes*, mejor traducido "insensatos" (RVR) y "sabios", para recordarle al lector de 1:20, etc. La VP más o menos capta el sentido pero pierde la ironía con *pasamos por tontos... pasan por inteligentes*.

130. Cf. también Martin, *The Corinthian body*, Yale University Press, New Haven, CT, 1995, p. 51.

Dichosos los perseguidos por causa de la justicia, porque el reino de los cielos les pertenece. Dichosos serán ustedes cuando por mi causa la gente los insulte, los persiga y levante contra ustedes toda clase de calumnias (Mateo 5:10-11).

El versículo 13b tiene una declaración difícil de traducir, aunque el sentido parece suficientemente claro. Pablo se refiere a los apóstoles como la *escoria* del mundo (*perikatarma*) y *basura* (*peripsēma*). Probablemente usa los dos términos como sinónimos. Como la eliminación de la *escoria* es un símbolo de expiación en Proverbios 21:18, algunos han visto en *perikatarma* la idea de algún tipo de sacrificio expiatorio. Aunque existe un paralelo para esto en Colosenses 1:24, el uso del sinónimo *peripsēma* parece indicar que estos eran términos para *basura* en general y no hay que ir más allá[131].

Sufriendo por Cristo 4:9-13

A nadie le gusta sufrir. Si uno tiene religión, lo mínimo que uno quiere es que esta alivie el dolor y el sufrimiento, entre otras cosas. Mas en nuestra fe, seguir a Jesús puede traer más dolor y sufrimiento en esta vida que si nos hubiéramos quedado como estábamos. Si Pablo hubiera continuado como rabí, nunca habría recibido los golpes que fueron tan característicos en su vida.

Es necesario tocar un punto crítico que aparece en 4:16: "Por tanto, les ruego que sigan mi ejemplo". Es decir, los corintios debían seguir a Pablo y a los otros aun hasta el punto del sufrimiento por el nombre de Cristo. Es decir, los apóstoles no eran un caso especial. Ellos no sufrían por ser apóstoles; sufrían porque los cristianos sufren, y los apóstoles eran los mejores ejemplos de cómo tienen que vivir los cristianos.

Para algunos cristianos existe una contradicción fundamental aquí. Ellos desean atribuir todo el sufrimiento a la falta de fe. Toda la enfermedad y el dolor pueden derrotarse al pronunciar la rhēma, la palabra de fe expresada[132]. Aquí, por un lado, están los corintios hablando con un total positivismo de su riqueza y de su poder. De acuerdo con la doctrina rhēma, los corintios jactanciosos estaban haciendo precisamente lo correcto: Pablo debería haberlos felicitado de corazón por su habilidad de crear riquezas y victoria con sus palabras. ¿Pero qué es lo que leemos? Pablo los reprende por su arrogancia. Por el otro lado, Pablo está hablando fuerte y abiertamente

131. Como afirma Fee; Thiselton; Ignacio usa *peripsēma* de sí mismo en *Efesios* 18.1, y quizá con una idea sacrificial en 8.1.

132. Hay un ejemplo de esto en la información proporcionada en el sitio de Buenos Cristianos, "El que gana la mente gana la batalla," http://buenoscristianos.blogspot.com/2006/08/el-que-gana-la-mente-gana-la-batalla.html. Dicen: "Cristo se identificó con mi sufrimiento para que yo me identifique con su victoria. No me tengo que identificar con su sufrimiento, la vida cristiana es éxito, bendición y prosperidad". Sin embargo, según 1 Corintios 4, los sufrimientos de los apóstoles son normales, que eran tan extremos que parecía como si estuvieran marchando hacia su propia ejecución. Es decir, "el triunfo" se define como un sufrimiento fiel ligado a la extensión del evangelio, completamente opuesto a la enseñanza de ese sitio electrónico.

de sus sufrimientos y de sus enfermedades. ¡Que el cielo nos ayude si decimos que la teología de Pablo no es lo suficientemente fuerte como para comprender el principio de la fe! A fin de cuentas es el apóstol quien tiene la razón y es ejemplar.

El Libro de la Oración Común capta esta enseñanza en su oración para el Martes Santo: O Dios, que por la pasión de tu bendito Hijo convertiste a un instrumento de muerte vergonzosa en un medio de vida para nosotros: concede que de tal modo nos gloriemos en la cruz de Cristo, que suframos con alegría la vergüenza y privación por causa de tu Hijo nuestro Salvador Jesucristo, que vive y reina contigo y el Espíritu Santo, un solo Dios, por los siglos de los siglos. Amén.

4:14

Aunque nos parezca más duro de lo que es en su sentido original, el lenguaje de Pablo es ciertamente fuerte. Así que él termina esta reprensión con un abrazo amoroso y un recordatorio para los corintios de que son *hijos míos amados*. Él emplea *teknon*, que no tiene la connotación infantil de *niños* (*nēpios*) de 3:1. Sus palabras no han sido un rechazo, sino la clase de amonestación dada por un buen padre a sus hijos.

4:15

Pablo continúa con el simbolismo de padre-hijo al recordarles que él cumple un papel poco común en la fe de ellos: Él los "engendró" en el evangelio cuando llegó a plantar la semilla inicial (3:6ss.). En esto Pablo rompe un poco la implicación de sus comentarios anteriores de que todos los maestros son iguales. Sí, todos son siervos en el campo; aunque, comparados con Pablo los demás pasan a un segundo lugar, al menos en Corinto. De nuevo, en 3:10, Pablo es un constructor entre muchos, pero cumple el papel de "perito arquitecto", quien hace más que poner el fundamento: en un nivel, él es directamente responsable por lo que pase en la iglesia. Comparado con él, los otros son *tutores* (o mejor "instructores", VP; "maestros", BA): de enorme valor, pero no padres. La clave de la autoridad paulina radica en que él los engendró *mediante el evangelio*, o sea, no por medio de una muestra de sabiduría, no a través de la filosofía, sino del evangelio de la cruz (2:2).

4:16

Unos manuscritos inferiores añaden la frase "como yo imito a Cristo" de 11:1, pero no pertenece aquí. El método educacional de *mimēsis* (aprender por imitación de un *ejemplo*) es clave en Pablo, como lo era en el mundo grecorromano y en el judío de la época. En el sistema de la universidad occidental, la meta suprema es crear estudiantes independientes que logren más que sus instructores y hasta los contradigan. En el sistema del mundo antiguo, la meta era transformarlos en discípulos o imitadores, ya fuera de un rabino o de un sabio[133].

133. Cf. Conzelmann, *1 Corinthians*, p. 92.

Y así, Pablo concluye la *peroratio* con una motivación paternal: Sean como yo, su padre, y condúzcanse en esta situación de sabiduría causante de conflictos del modo como yo, Pablo, lo haría.

5. Itinerario y conclusión: Pablo juzgará a los corintios arrogantes cuando llegue, por eso estén preparados 4:17-21

Era típico de las epístolas que después de la *peroratio* siguiera el *itinerario* o los planes de viaje. Aun cuando este no es el final de la carta, Pablo cierra esta sección con unos planes concretos, mostrando que espera corregir los errores de las relaciones corintias.

4:17

Pablo dice *les envié* a Timoteo, el cual es *fiel* como en 4:2. El aoristo "envié" podría referirse a una acción pasada: "Timoteo ya se ha ido, pero no había llegado a ustedes por el tiempo en que ustedes, corintios, me escribieron a mí", o podría llamarse "un aoristo epistolar", con el significado de: "Yo les estoy enviando a Timoteo, quien les lleva esta carta"[134]. El hecho de que Timoteo no se mencione en 1 Cor 1:1 insinúa que él se había ido antes que Pablo escribiera 1 Corintios; también, en 16:10 él escribe: "si Timoteo llega". El orden parece ser que Timoteo dejó a Pablo para visitar varias iglesias (Hechos 19:22 menciona Macedonia), incluyendo, eventualmente, Corinto; Pablo entonces escribió 1 Corintios, para informarles que su asistente iba en camino y que lo recibieran cuando llegara.

El papel de Timoteo tiene que ver con la imitación (*mimēsis*) del versículo 16. Él les recordará lo que Pablo había hecho, no solo con sus palabras, sino también con su conducta. En algún momento más adelante, pero antes de 2 Corintios, Pablo envió a Tito a Corinto por razones similares, y Tito era un excelente modelo a seguir: "Le rogué a Tito que fuera a verlos y con él envié al hermano. ¿Acaso se aprovechó Tito de ustedes? ¿No procedimos los dos con el mismo espíritu y seguimos el mismo camino?" (2 Cor 12:18)[135]. Pablo señala aquí que los corintios no tienen que seguir un conjunto de reglas más estricto que el que siguen otras iglesias; ellos escuchan *como enseño por todas partes y en todas las iglesias* (véanse nuestros comentarios en 1 Cor 1:2).

4:18

Los corintios con frecuencia son "presuntuosos" (de *fusioō*), pero ahora *se han vuelto presuntuosos* en este momento, mofándose de que Pablo, el "perdedor", no se atrevería

---

134. Así la mayoría de los comentaristas, por ejemplo, Conzelmann, *1 Corinthians*, pp. 92, 297; Barrett, *First Corinthians*, p. 116.

135. Él se encontró con Tito nuevamente en Macedonia (2 Cor 2:12-13; 7:5-16).

a volver a Corinto. Aunque algunos (¿la mayoría?) todavía honraban a Pablo, era más fácil negar su influencia en su ausencia. La visita de Timoteo (v. 17) ayudará a rectificar eso, como presumiblemente lo hará también el portador de 1 Corintios.

4:19

Pablo regresará a Corinto, si Dios quiere, eso es *lo cierto*. Pablo cuenta con el rasgo apostólico de la tenacidad, rehusándose a abandonar el campo a pesar del costo de una considerable pena personal (cf. Gálatas, Colosenses, y especialmente 2 Corintios).

Luego verá cómo es esa gente engreída. Aquí Pablo refleja el estilo de su propia enseñanza en 2:4: "No les hablé ni les prediqué con palabras sabias y elocuentes, sino con demostración del poder del Espíritu". En contraste, él sospecha que sus oponentes en la ciudad hablan de un modo elevado, con palabras vacías y atracción terrenal. Por supuesto, Dios trabaja por medio del discurso humano, pero aquí Pablo se refiere a meras palabras. La VP es una ayuda aquí: "Entonces veré lo que son capaces de hacer esos... y no solamente lo que son capaces de decir". La prueba es, ¿manifiestan ellos el *poder* divino?. Como en 2:4, hay dos formas de ver esta prueba: una es, si su discurso conduce a resultados divinos de conversión y crecimiento. La interpretación preferida es que Pablo se refiere a los milagros apostólicos[136]. Estos son las señales mostradas en Corinto, "las marcas distintivas de un apóstol, tales como señales, prodigios y milagros, se dieron constantemente entre ustedes" (2 Corintios 12:10). Él implica en 2 Corintios 12:11 que los súper-apóstoles no pueden. La misma prueba y la misma lógica sirven aquí:

> Estamos de acuerdo en que yo realicé señales milagrosas entre ustedes;
>   por lo tanto, Dios confirmó mi mensaje.

> Yo apuesto a que esos hombres no hacen milagros;
>   (por tanto, ¿no es eso prueba suficiente de que no están haciendo la obra de Dios?).

Una vez más, el verdadero evangelio (revelado divinamente, centrado en la cruz, carismático) se opone a la sabiduría falsa (racionalista, filosóficamente sofisticada, con palabrería).

4:20

Después de todo, *el reino de Dios* no consiste en retórica ("*palabras*"), sino en *poder*. Esta declaración acerca del reino es sorprendente, viniendo como lo hace sin

---

136. Así Crisóstomo 14.2 quien interpreta esto como "teníamos los mejores argumentos: los milagros que hicimos por la fuerza del Espíritu Santo" (Bray, p. 88). Hays, p. 75, relaciona el v. 19 con el enfrentamiento entre Elías y los sacerdotes de Baal en 1 Reyes 18.

advertencia. El uso de "reino" aquí puede venir del reino de la filosofía corintia en 4:8 y Pablo responde que él quiere reinar también (¡pero no ha comenzado todavía!).

En la enseñanza bíblica, Dios irrumpirá en la historia y en la esfera humana y reinaría sobre su creación de nuevo. Usará su poder divino para imponer justicia, y para erradicar y juzgar todo mal. En todas las cartas paulinas, quizá hay unas catorce referencias al reino de Dios (*basileia*), la mayor parte de las cuales (1 Tesalonicenses 2:12; 2 Tesalonicenses 1:5; Gálatas 5:21; 1 Corintios 6:9-10; 15:50; Efesios 5:5; ver también Hechos 14:22) se derivan de la tradición de "heredar el reino" y se refieren a la venida escatológica de Dios como rey (véase también 1 Cor 15:24).

Pero aquí y en Romanos 14:17, Pablo apela al reino para describir lo que verdaderamente importa delante de Dios (ver 1 Corintios 7:19, Gálatas 6:15; también 1 Macabeos 3:19: "En una batalla, la victoria no depende del número de los soldados, sino de la fuerza que Dios da")[137]. En el siglo XIX, hubo una fuerte tendencia a interpretar el reino con el sentido del reinado interno de Dios, o un "dominio espiritual interno"[138]. Pero esta interpretación convierte la majestuosa irrupción del poder de Dios en la historia en una experiencia personal. Es mejor entender esto como la manifestación del poder divino que se hace presente en la venida de Cristo.

Algunos estudiosos niegan que Pablo haya enseñado la presencia del reino[139]. Pero Pablo, como Jesús (ver Mateo 12:28), empleó *basileia* y otro lenguaje del reino tanto para una experiencia presente como futura. La interpretación más natural del tiempo presente en Romanos 14:17 (implícita en 1 Corintios 4:20) es que el reino está de alguna manera presente. El final aún no ha llegado, pero la muerte, la resurrección y la ascensión de Cristo significan que él ha dado el don de la salvación y el Espíritu Santo antes de la época futura:

> Los cristianos poseen misteriosamente y en raíz aquellos bienes gloriosos que, con la irrupción milagrosa del reino de Dios, se revelarán como eternos y con su peculiaridad inalienable [*sic*] ante los ojos de todos[140].

Así que Pablo predica el reino de Dios, en un nivel que incluye tanto los actos presentes como futuros del Rey (cf. Hechos 19:8; 20:25; 28:23, 31; Colosenses 4:11; también Hechos 1:3; 8:12).

---

137. Cf. Gary S. Shogren, "Is the Kingdom of God about Eating and Drinking or isn't it?" (Romans 14:17)", *NovT* 42.3, 2000, pp. 238-56. También Ladd, *Teología del Nuevo Testamento*, p. 641.

138. Así Hodge; cf., además, Godet, p. 236: "El reino de Dios en el sentido espiritual el cual ya existe en las almas de los creyentes".

139. E. g., Kümmel, quien disiente del punto de vista de Lietzmann del "reino presente", encontrado en Hans Lietzmann y W. G. Kümmel, *An die Korinther I/II*, Handbuch zum Neuen Testament: 9, Mohr, Tübingen, 1949, p. 22.

140. Kuss, p. 213.

Sería sorprendente si los corintios tuvieran un punto de vista súper-realizado del reino de Dios como una realidad completamente presente. En ese caso, Pablo estaría poniéndose en las manos de ellos en este versículo, dándoles armas que puedan usar en contra de él mismo, mientras que 6:9-10 y 15:24 apoyarían la perspectiva paulina. Es mejor tomar esta referencia en el contexto del lenguaje apocalíptico de 2:6-13: Solo con la revelación de la cruz podemos esperar comprender la mente de Dios (2:11-12). Y, si Dios verdaderamente ha irrumpido en la historia para destruir la sabiduría humana, entonces se establece una lucha en esta época entre las palabras de la época antigua y el poder que ha venido por medio del mensaje de la cruz.

¿Qué sucede cuando reemplazamos el reino de Dios por mero parloteo? 4:20
El reino de Dios no se trata de retórica, sino de poder. En Corinto, esto quería decir que algunos usaban un lenguaje fino y expresiones elegantes para elevar su propio estatus. Por otra parte, a Pablo le importaba poco el estatus y en vez de eso se concentraba en el evangelio de la cruz y en mostrar el poder de Dios con milagros y señales apostólicas.

Comencemos con unos paralelos obvios en América Latina y luego vayamos hacia otros no tan obvios:

1. *Búsqueda de estatus por medio de un lenguaje indicador de nuestra educación formal más elevada.*

Pablo vivió en una época ajena a nuestra cultura electrónica, donde la falta de sofisticación y la mala gramática se tomaban como señales de "hablar con naturalidad". En su época se valoraban la elocuencia, la habilidad de suplir una cita acertada, un vocabulario amplio y una lógica sorprendente. Los escolares aprendían retórica y los discursos eran eventos públicos comunes.

¿Estaba Pablo denigrando ese talento con el único propósito de compensar las pobres habilidades que él mismo poseía? Es casi seguro que no: De hecho, sus credenciales educativas eran extraordinarias, y sus cartas muestran una profunda comprensión de las Escrituras y las corrientes filosóficas de su época. Pero él sí argumenta, en 1:17 y aquí en 4:20, que la elocuencia puede opacar al evangelio simple y convertirse en una desventaja para el reino de Dios.

Los profesores de seminarios estamos en una posición única para entender esto. Veamos al profesor a quien se le pregunta algo para lo cual no tiene respuesta; su mejor defensa en contra de la vergüenza es una buena ofensa, el usar palabras complicadas y conceptos que confundan al estudiante. ¡Qué distinto nuestro Maestro!, cuyas enseñanzas fueron claras, en términos concisos, con palabras ordinarias, con provechosa repetición, de modo que hasta el discípulo más lento pudiera seguirlas.

Por otra parte, he observado que el verdadero sabio y entendido no es quien habla con el fin de abrumar e impresionar. Más bien, los jactanciosos más a menudo son los farsantes, aquellos cuya educación e intelecto es mediocre por lo cual se esfuerzan por dar la impresión en sus oyentes de que son mentalmente iguales a todos.

Sorprendentemente, en el cuerpo de Cristo las mentes más claras y los pensadores más brillantes son normalmente hermanos y hermanas de la humildad. Una de las razones es que cuanto más estudia una persona –como en un buen programa de doctorado–, más se da cuenta de su ignorancia en muchos campos. En un cristiano, eso debería producir humildad, cautela, sensatez, caridad y disposición a aprender más. En las manos del Espíritu, un buen intelecto será amigo, y no enemigo, de la humildad cristiana.

En los días de Pablo, algunos esclavos contaban con una buena educación o con un oficio con el objeto de ser más valiosos para sus amos. No era nada raro que hubiera profesores, médicos o filósofos que les pertenecían a alguien. Así es con Cristo: una buena educación, aunque le haya costado mucho a usted, es un don tanto como una cara bonita, un buen apellido o el don de lenguas. Nuestro aprendizaje tiene la intención de hacernos mejores esclavos.

2. *Búsqueda de estatus por medio del lenguaje calculado de modo que los demás recuerden nuestra clase social.*

En muchas culturas la clase de una persona puede identificarse por los patrones del habla, su modo de hablar. Quien posee un estatus más alto, cuenta con un vocabulario mejor, puede citar libros o pensadores famosos, habla con un acento suave, "suena" como adinerado. Gran Bretaña, por ejemplo, todavía tiene su sistema de castas muy tradicional, basado en parte en el acento. En América Latina, se puede saber algo de la procedencia por la manera como una persona pronuncia la "ll" o si se come la 's' al final de las palabras. En ciertas naciones, un acento indígena es un inconveniente.

En este contexto, Pablo habría dicho algo como esto: lo que le importa al cristiano es la habilidad del siervo, lo cual depende de cuán poderosamente lo use el Espíritu. Yo, Pablo, soy un buen orador; pero, ¿qué importa eso? Si alguien se come la "s" al final de las palabras, pero puede hacer milagros de sanación, trae gente al Señor y manifiesta el fruto del Espíritu, ¡entonces allí es donde opera el reino de Dios! Y si una persona habla como un graduado universitario, pronuncia adecuadamente en cada caso y habla el castellano estupendamente, ¿qué importa si eso es lo único que tiene para ofrecer?

Existe un pecado igual y opuesto. Ciertos cristianos fingen un acento de clase baja por la razón opuesta: si el Espíritu se manifiesta a través de los pobres, cuando yo hablo con una gramática pobre y expresiones campesinas, la gente naturalmente dará por sentado que soy más espiritual. Es el juego del anti-estatus –más popular en Estados Unidos que en Europa o en Suramérica– para tratar de convencer a los demás de su trasfondo tan pobre, tan humilde y tan ignorante, de manera que se sorprendan *de cuánto usted ha logrado. Esto también es jactancia y pecado, y entristece al Espíritu Santo. Un cristiano debe hablar claramente, pero lo mejor que pueda.*

> *3. Búsqueda de estatus a través de meras palabras acerca del Espíritu (un lenguaje pentecostal sin acciones pentecostales).*

Llegamos a una forma de búsqueda de estatus que está muy extendida en nuestro continente. Pablo lo expresaría en los siguientes términos:

> *No es hablar acerca del poder del Espíritu,*
> *sino la manifestación real del poder del Espíritu*
> *lo que revela el reino de Dios.*

Gloriarse del poder del Espíritu no está mal en sí mismo —después de todo, Pablo lo hizo en 1 Corintios 4:19-20— pero puede ser engañoso. Así que uno asiste a un culto y escucha al predicador hablando durante 45 minutos sobre cómo el Espíritu trabaja de una forma nueva en nuestros días, cómo el Espíritu ha ungido este ministerio para este momento en la historia; cómo el diablo tiene que cuidarse más porque sus días por aquí están contados; cómo las finanzas de la gente se transforman, y más. ¡Estupendo! Pero no nos olvidemos de que las palabras son solo palabras, y de que las manifestaciones auténticas del Espíritu son otra cosa.

Por tanto, una mujer en silla de ruedas es sanada no cuando el predicador grita; no cuando usa su fórmula especial para sanar; ni cuando ella declara que tiene fe para recibir la sanación; ni cuando la congregación grita con ánimo; ni cuando ella testifica sobre la unción del predicador; ni cuando el predicador les cuenta a otras iglesias las cosas extraordinarias que el Señor está haciendo; ni cuando otros comentan que ese ministerio es ungido. Estas son palabras; buenas palabras, quizá, pero solo palabras. En sí mismas no son "el reino de Dios". El poder del reino de Dios se halla en... la sanación misma. Cuando se nota en la mujer una considerable mejoría —¡no solo el sentimiento momentáneo de sentirse mejor!— y el médico afirma que su condición ha cambiado, entonces el reino de Dios se ha hecho manifiesto. (A propósito, esta es la razón por la cual se debe instar a los cristianos a que vean a un doctor que confirme la sanación. Los resultados de las sanaciones divinas son visibles y evidentes para los observadores de afuera).

Pablo habría dicho, yo preferiría sanar a una persona en el poder del Espíritu Santo que gastar diez mil palabras diciendo qué tan maravillosamente Dios bendice mi ministerio y el enorme estatus que eso me da ante sus ojos. Es mejor invertir tiempo visitando al enfermo tranquilamente (Santiago 5:14-16) e imponer las manos sobre cinco personas y ver a algunos de ellos sanarse que gastar ese mismo tiempo hablando sobre sanación. Si esta tentación existe aún en pequeñas congregaciones, cuanto más cuando el predicador aparece en televisión. Allí se encuentra, con una pila de cartas delante de él; cada una, dice, cuenta un milagro que alguien ha recibido a través de su ministerio. La próxima vez que usted vea una hora de un discurso sobre milagros por televisión, recuerde que el reino de Dios tiene muy poco que ver con eso, pero mucho que ver con los eventos reales.

De igual modo, el diablo no sale de una persona cuando nos jactamos de que él sale, o testificamos, o escribimos libros, o dictamos conferencias; antes bien, él sale... cuando es expulsado.

4. Búsqueda de estatus a través de una jerga especial.

No es un problema exclusivamente moderno, pero sospecho que ha crecido en la última generación: la gente busca estatus y control usando lo último en cuanto a términos teológicos, sociológicos o administrativos para describir la obra del Señor.

Hay quienes siguen el modelo del Evangelismo Explosivo o el de Una Iglesia con Propósito (y aquí deliberadamente menciono ejemplos que me gustan y a los cuales respeto). Pero recordemos que el reino de Dios no se revela cuando usamos el lenguaje o las categorías de un grupo u otro. El reino de Dios se muestra a sí mismo por su poder, a través de manifestaciones poderosas de evangelismo y discipulado.

4:21

Pablo finaliza una vez más con lenguaje paternal. ¿Desean que su padre Pablo llegue para administrar unos azotes o que sea pacífico? Es asunto de los corintios.

Sabemos, de 2 Corintios, algo de lo que pasó luego. 2 Corintios 2:1 se refiere a una "dolorosa visita" y a una carta de seguimiento (ahora perdida). Esta visita parece haberse diseñado para ser breve, y no como parte de los planes regulares de viaje. Él les causó dolor (2 Corintios 2:2), tiene la implicación de que tuvo que llevar el *látigo*, y causó sentimientos difíciles pero los llevó a ellos a arrepentirse.

Sus planes de viaje iban a ser motivo de controversia más adelante. Los corintios aparentemente entendían que en el itinerario real de Pablo, este iba a ir directamente a Acaya desde Éfeso; de hecho, él fue al norte, a Troas, a Macedonia, y luego descendió a Acaya y a Corinto. Esto provoca que lo acusen de ser vacilante (2 Corintios 1:12–2:4).

Y así Pablo concluye esta carta dentro de otra carta con una pregunta abierta. Los corintios ahora necesitan seguir el evangelio: una verdadera epistemología, recordando lo que ya oyeron, la lógica, los versículos bíblicos relevantes, los ejemplos apostólicos que les muestren lo que Dios espera de ellos. *¿Qué prefieren?* ¿En qué dirección, concluye Pablo, vamos a ir?

B. Otros aspectos preocupantes para la iglesia en el mundo que Pablo plantea, basados en un informe oral 5:1–6:20

Pablo hasta ahora ha tratado el partidismo y sus raíces; ha sentado las bases para la comprensión del universo, la filosofía, el evangelio, la vida cristiana y el ministerio, y el templo santo que es la iglesia. Sin embargo, antes de contestar a la carta de los corintios, a partir de 7:1, tratará algunos rumores: que la iglesia ha tolerado el incesto, que algún corintio ha estafado a otro hermano y que este, a cambio, lo ha demandado en los tribunales públicos. Aun cuando para Pablo estas acciones son un desliz vergonzoso de ciertos individuos, él dirige su amonestación a toda la iglesia. "No solo es reo de muerte el que lo cometió, sino que tampoco están inmunes de pecado quienes lo aceptan (Ambrosiáster; Bray, p. 90)". En estos casos, el apóstol trata los asuntos en términos de blanco y negro, a diferencia de las explicaciones cuidadosas que ofrece en 1 Corintios 7-15[141]. Una vez más, es infructuoso preguntarse actualmente si fueron "los de Pablo" o "los de Cefas" quienes cometieron o aceptaron estos pecados[142].

Los temas mencionados ligan esta sección con la anterior, conexiones que hacen innecesarios los intentos de extraer dos fuentes separadas. La jactancia de los corintios obliga a una represión (5:2); la santidad de la iglesia (3:16) se relaciona con la presencia del Espíritu en los individuos (6:19); la destrucción de quienes destruyen el templo de Dios (3:16-17) resulta en la destrucción de la carne (5:5); el derecho del espiritual de juzgar todas las cosas (2:15) sustenta la responsabilidad de la iglesia de juzgar a los suyos por el pecado (5:12-13) y de resolver disputas entre los miembros (6:4-5).

En el capítulo 5, se comienza con un caso específico de la pasividad de la iglesia ante el pecado severo y luego pasa a un principio más amplio, con el fin de corregir una impresión incorrecta adquirida de una carta previa. En el capítulo 6, se tratan los pleitos y después se amplía el tema en 6:12-20 incluyendo lo que parecen ser dichos de los corintios: "¡Todo me está permitido!" y "¡los alimentos son para el estómago y el estómago para los alimentos – y Dios los destruirá a ambos!".

1. Incesto y separación moral 5:1-13

a. *Específicamente, este incesto debe juzgarse en el seno de la iglesia misma 5:1-8*

5:1

El tono fuerte empleado por Pablo se debe, según Crisóstomo (15.1), al hecho de que los corintios habían "encubierto la falta" y no habían sido francos. La expresión *del dominio público* usada por NVI es demasiado fuerte; "se ha sabido" (RVR; VP) mantiene la ambigüedad del original. Pablo no revela la fuente del chisme escandaloso, "los de Cloé" o cualquier otra. En ese tono indignado, él menciona

---

141. Thiselton, *First Corinthians*, pp. 381-82.

142. Lietzmann y Kümmel, *An die Korinther*, p. 25, sugiere que en 1 Cor 5–6 y 1 Cor 8–10 los corintios tenían malentendidos derivados del Decreto de Jerusalén (Hechos 15:20, repetido en 15:29), el cual había instruido a los cristianos gentiles no solo de "abstenerse de lo contaminado por los ídolos", sino también "de la inmoralidad sexual".

un caso de inmoralidad sexual (*porneia*, usada seis veces por Pablo, cinco de esas en 1 Corintios). Inmoralidad o fornicación se refieren a cualquier tipo de pecado sexual. Los judíos siempre consideraban a los gentiles como fornicadores e idólatras; pero aquí hay un pecado tan sorprendente *que ni siquiera entre los paganos se tolera*. Por supuesto que los judíos lo encontraban aún más abominable: era uno de los pecados capitales de Levítico (cf. Levítico 18:8: "La desnudez de la mujer de tu padre no descubrirás; es la desnudez de tu padre")[143].

¿Cuál era el pecado exacto? Un hombre de la congregación *tiene por mujer a la esposa de su padre*. "Tiene" (*ejō*) se usa en el sentido técnico de "tener relaciones sexuales", dentro o fuera del matrimonio. "Mujer del padre" (*gunē patros*) es un término tanto rabínico como veterotestamentario para referirse a la madrastra, no a la madre biológica[144]. De modo que un miembro de la iglesia cohabitaba con la esposa de su padre, ya fuera después del divorcio o de la muerte del padre. Aunque la situación parezca extraña, hay que recordar que en la sociedad romana un hombre podía casarse varias veces; sus últimas esposas eran tan jóvenes o aun menores que los hijos mayores, quienes con frecuencia vivían con todo el resto de la familia. Por eso era una tentación para la esposa joven de un *paterfamilias* muerto o débil fijarse en un hombre apuesto que viviera bajo el mismo techo. No es probable que se tratara de un matrimonio legal, pues la ley romana no permitía que nadie se casara con su madrastra[145]. Sin embargo, "tener" implica una relación continua. De cualquier manera, la iglesia corintia sabía bien la situación y las noticias llegaron hasta Pablo en Asia.

---

143. Para la enseñanza judía cf. Génesis 35:22; Levítico 18:8; Josefo, *Antigüedades* 3.12.1 §274 (*Antigüedades de los Judíos*, CLIE, Barcelona, 1988): "Moisés también repudió el incesto de los hombres con sus madres como uno de los crímenes más grandes; del mismo modo, acostarse con la esposa del padre y con las tías, hermanas y nueras lo señaló como ejemplo de abominable vileza". La Misná afirma en *Sanedrín* 7.4 (*La Misná*, Carlos del Valle [ed.], Ediciones Sígueme, Salamanca, ²2011, p. 553): "Los siguientes han de ser lapidados: el que tiene relación sexual con su madre o con la mujer de su padre o con la nuera, etcétera... [Rabí Yehudá comentó sobre esto: Si uno tiene relación sexual con la esposa de su padre, es culpable por ser la esposa de su padre y por ser la esposa de un varón, ocurra en vida de su padre o después de muerto, esté solo desposada o ya casada]". Cf. además Filón, *Leyes especiales* 3.12-21, quien de todos modos condena el sexo sea con la madre biológica o con la madrastra.

144. Además: "tiene como mujer a su propia madrastra" (VP); "la esposa de su padre" (RVA); "la mujer de su padre" (RVR; BJ; BA). Orígenes se refiere a ella como *matruia* (madrastra). Crisóstomo 15.2 dice: "Y él no dijo 'su madrastra', sino 'la mujer de su padre'", "como para golpear más severamente".

145. "[Un hombre] no podrá casarse con quien ha sido la madre de su esposa o la esposa de su hijo o la hija de su esposa o la esposa de su padre. Yo digo, alguien quien ha estado así aliado, porque durante la continuidad del matrimonio que produjo la alianza habría otro impedimento a la unión, porque un hombre no puede tener dos esposas ni una esposa dos esposos" (Gayo, *Instituciones* 1.63, siglo II d.C.).

5:2

Esta podría ser una pregunta ("¿Y se sienten orgullosos?") o una exclamación (como en NVI). Los corintios no solo toleraron el pecado, hasta se ufanaron de él (*fusioō*, como en 4:6, 18, 19; 8:1, cf. 13:4). Hay varias maneras de explicar esto. Una es, siguiendo la NVI, que los corintios se enorgullecían de la tolerancia que mostraban para con sus miembros, amándolos y aceptándolos sin tomar en cuenta el pecado (¡Al punto de que no era un pecado pertenecer a un partido contrario!)[146]. Más probable es el punto de vista de la mayoría de los comentaristas, quienes argumentan que se podría traducir: "Y a pesar de esto se sienten orgullosos". Esto tiene más sentido: Pablo quiere decir que los corintios siguen con su orgullo a pesar del hecho de que esto está pasando en medio de ellos[147].

¿Cómo justificaría un cristiano el hecho de dormir con su madrastra? Se puede descartar la influencia del estoicismo en este caso, puesto que los estoicos estaban en contra del sexo fuera del matrimonio[148]. Si la filosofía no era la causante, ¿podría encontrarse explicación en la presencia de alguna doctrina incorrecta? Algunos ligan este pecado con una supuesta "escatología realizada" o con el "entusiasmo" de la iglesia: si los corintios habían entrado en el reino y ya habían comenzado a reinar (4:8), entonces vivían en una esfera más allá de las costumbres normales del matrimonio. En este caso es posible señalar 5:3-4 para entender el pecado como un acto religioso consciente: "cometió este pecado en el nombre de nuestro Señor Jesús"[149]. Aunque teóricamente este punto de vista encaja bien, tales personas son generalmente ascetas a la luz de las herejías gnósticas del siglo siguiente, al defender la idea de que "es mejor no tener relaciones sexuales" en 7:1.

Otra explicación "teológica" (cf. Hurd) es que la pareja tenía un "matrimonio espiritual", es decir, vivían juntos sin tener relaciones. Esto también se puede encontrar en la iglesia del siglo posterior y los practicantes de esta idea apelaron a 1 Corintios 7. Pero si así fuera, Pablo estaría ignorando los hechos, y sería torpe e histérico tratar la relación como si fuera un incesto literal (y aun "pecado", 5:3).

146. William Baker, *1 Corinthians*, Cornerstone Biblical Commentary, Tyndale House, Carol Stream, IL, 2009, pp. 79-80: la iglesia estaba "abiertamente consintiendo esta relación sexual ilícita como si fuera una campaña de publicidad excelente para la libertad en Cristo para atraer a sus vecinos a la fe cristiana".

147. Cf. el análisis de Thiselton, *First Corinthians*, pp. 388-90.

148. Cf. *TDNT* 6.583-584. Musonio Rufo, contemporáneo de Pablo, tanto como Epicteto, posterior a él, concordaban en este punto.

149. La versión NRSV presenta una lectura alterna, traducida como: "El hombre quien ha hecho tal cosa en el nombre del Señor Jesus". Cf., especialmente, Fee; Craig Blomberg, *The NIV Application Commentary Series: 1 Corinthians*, Zondervan, Grand Rapids, 1994. Hurd, *Origin*, p. 277, dice: "Es difícil sobrestimar el entusiasmo que aparentemente existía en esta comunidad cristiana temprana"; el resto de sus comentarios en pp. 277-278 son, a lo mejor, excéntricos.

Desde una perspectiva sociológica, algunos sugieren que toda la iglesia reconocía la relación como pecado, pero era incapaz o reacia a tratarlo debido a la posición del ofensor; no se podía censurar a quien era un rico benefactor (así Thiselton). Este se parecía a un antiguo punto de vista, común entre los Padres, de que los corintios se sentían orgullosos de que aquel hombre fuera uno de sus maestros elocuentes[150]. Este acercamiento, aunque más probable que las explicaciones "teológicas", carece de pruebas positivas. No existe ningún dato que sugiera la presencia de una reticencia particular entre los corintios con respecto a este hombre en contraste con otros individuos. Es mejor ver esto como la resistencia a disciplinar, tal vez porque era muy difícil, quizá porque esto desbarataría el ambiente triunfalista de la iglesia. Los corintios no poseían la virtud de ser humildes ni la de abatirse.

Más bien (*ouji mallon*, solo aquí y en 6:7 en Pablo) estos debieron haberse entristecido y debieron expulsarlo (o tal vez, afligirse porque sus acciones han hecho que lo expulsen, ver Thiselton). *Expulsado* (*airō*) es algo más impreciso en el griego que en la NVI, posiblemente debido a que Pablo hablaba con un lenguaje indirecto. Todavía la idea es que la iglesia tome una acción decisiva. Pablo no establece reglas, ni siquiera tan generales como las que aparecen en Mateo 18:18-20. Pensamos que los corintios ya sabían lo que tenían qué hacer y cómo hacerlo, la única pieza que faltaba era la voluntad de llevar a cabo una acción[151].

5:3

En lo concerniente a Pablo, esto es lo que él hacía:

> *aunque no estoy presente físicamente [literalmente, en cuerpo] entre ustedes, sí estoy presente en espíritu.*

La frase "en espíritu" es un poco misteriosa. Va seguida de *como si estuviera presente*. Igualmente, la frase podría significar "viendo que yo estoy presente". Según NVI

---

150. Severiano; Teodoreto de Ciro; Crisóstomo, *1 ad Corinthios*, Introducción: quien especula que el ofensor era uno de los líderes partidarios, "un líder de la multitud, y dio el motivo a sus seguidores de ser engreídos". Por lo tanto, su elocuencia fue la causa del orgullo (5:2) eso lo protegería de la reprobación; cf., *1 ad Corinthios* 15.2. Cf. también Thiselton, *First Corinthians*, p. 389.

151. Se sabe que la sinagoga practicaba la expulsión y otras acciones disciplinarias. No es necesario trazar la enseñanza paulina hasta Qumrán (cf. Barrett), la cual parece repetir la práctica normal del judaísmo. Ver especialmente 1QS V, 24-VI, 1 (ed. García Martínez, p. 69): "Que cada uno reprenda a su prójimo en el amor misericordioso. Y que nadie hable con su prójimo con ira o murmurando, o con celo maligno...Y así se conducirán en todos sus lugares de residencia, siempre que se encuentre uno con su prójimo". Es tan sorprendente que los comentaristas a lo largo de los siglos hallen en este pasaje una afirmación de su propia política eclesiástica: un siglo y medio después Orígenes comentó: "Llevemos el pecado *ante el obispo*, de modo que el tal sea expulsado de la iglesia legalmente". Para Calvino, por otra parte, esto quiere decir que la situación debe llevarse ante el presbiterio, y la congregación debe confirmar el veredicto.

y la mayoría de la traducciones, esta frase significa "como si él estuviera presente, pero es un hecho que no está". En la actualidad, nosotros interpretaríamos esto como que "él estaba presente en los pensamientos de ellos", un punto de vista razonable a la luz del paralelo que tenemos en Colosenses 2:5. Mucho depende del significado de *presente en espíritu*. En los últimos tiempos se ha arraigado la idea de que para Pablo *pneuma* significa Espíritu Santo a menos que haya algún indicio de otro sentido. En el Espíritu, Pablo puede estar presente un grado más allá de la psicología humana, como se evidencia en 5:4, "y con su poder yo los acompañe en espíritu". Aunque no estemos seguros de cómo el Espíritu Santo le permite a Pablo estar "presente" cuando físicamente se encuentra a cientos de kilómetros, parece tratarse de una comunión sobrenatural más que de una simple empatía. Así dice Crisóstomo (15.3):

> Porque este es el significado de *presente en espíritu* como Eliseo estaba presente con Giezi, y dijo *¿No estaba también allí mi corazón?* (2 Reyes 5:26) ¡Maravilloso! Cuán grande es el poder de un don, hace que todo sea uno; y faculta para saber las cosas que pasan lejos.

Qué raro parece que desde la distancia y sin escuchar la evidencia diga: *ya he juzgado*. Posiblemente Pablo se convenció, por medio del informe, de que los cargos eran verdaderos, que de veras *cometió este pecado*, que la iglesia sabía que era cierto y que no había ninguna circunstancia atenuante. Este caso va más allá de los pasos que median en un conflicto, mencionados en Mateo 18 o en la propia enseñanza del apóstol en Gálatas 6:1-2. Así que él sería juzgado y expulsado irremediablemente, sin demora.

5:4

Como sugerimos anteriormente, existen varias opciones para interpretar esta oración. De hecho la sintaxis, basada en un genitivo absoluto, es difícil. La de la NVI es la mejor: *Cuando se reúnan en el nombre de nuestro Señor Jesús, y con su poder yo los acompañe en espíritu…* De nuevo, Pablo está presente en espíritu (o mejor "a través del Espíritu") y así la disciplina se impone con su autoridad apostólica. El elemento sobrenatural es la clave; aun cuando es una acción congregacional, se hace en el nombre de Jesús (ver 1:10) y con su poder.

5:5

Pablo da instrucciones con respecto a *este hombre*, pero no sobre la mujer. Es improbable que la iglesia creyera que solo los ofensores masculinos deberían ser disciplinados[152]. Aun en la Ley Mosaica, la mujer en esta relación incestuosa hubiera sido castigada: Lev 20:11: "Si alguien se acuesta con la mujer de su

---

152. Así Kümmel en Lietzmann y Kümmel, *An die Korinther*, p. 173.

padre, deshonra a su padre. Tanto el hombre como la mujer serán condenados a muerte, de la cual ellos mismos serán responsables". Si Pablo no se refiere a la mujer, es casi seguro debido a que ella no era una cristiana y por lo tanto no estaba dentro de la jurisdicción de la iglesia. Ellos deberían dejar su destino a Dios (1 Cor 5:12-13).

El deseo de la sociedad del siglo XXI de contar con un procedimiento burocrático limpio para la expulsión se ve frustrado: ¡sin duda, tal hombre se entregará a Satanás! *Entreguen* (*paradidōmi*) se usa en su estricto sentido legal de entregar a alguien para que sea puesto bajo custodia; se emplea en el Nuevo Testamento para el arresto de Juan el Bautista o el del Señor Jesús. El fin de esta acción es, literalmente, "para destrucción de la carne" (RVR; BJ; "su carne", BA). Pero más allá de la destrucción, aquí hay una meta positiva: *a fin de que su espíritu sea salvo en el día del Señor*. La disciplina es correctiva y constructiva más que un mero castigo para el ofensor. El único paralelo estrecho para este verso se halla en 1 Timoteo 1:20: "Entre ellos están Himeneo y Alejandro, a quienes he entregado a Satanás para que aprendan a no blasfemar" (igual Ignacio, *Efesios* 13.1). Otra vez, el objetivo no es la destrucción de los dos falsos maestros, sino hacer que estos "aprendan" y cambien su comportamiento.

Claramente, los lectores modernos hemos perdido algunos datos en relación con este verso difícil, el cual alude a un procedimiento familiar para los corintios (y para Timoteo en 1 Timoteo) pero que no se describe aquí. Ha habido un número de explicaciones para "entregar a Satanás". (1) Tal vez sea entregar al hombre a las autoridades civiles para que reciba su castigo[153]. Es raro si se toma en cuenta lo que dirá Pablo en el capítulo siguiente, quizá la diferencia se deba al nivel del pecado. Aquí el hombre quebrantó la ley romana; en el capítulo 6 se refiere a un pleito entre dos individuos. (2) Posiblemente la frase sea parte de una ceremonia la cual envuelve el nombre de Satanás. (3) Tal vez se refiera a la expulsión de la esfera del pueblo de Dios, a echar fuera del "templo santo", lo cual dejaría al hombre a merced del enemigo. Así que, Satanás castiga al hombre en su afán de dañar a la gente, pero al hacerlo se convierte en agente divino (un paralelo inexacto se halla en Job 1:12; 2:6). A falta de mayores datos, esta tercera explicación parece suficiente. Si el lenguaje suena fuerte y dualista, tal vez sea porque no pensamos que la iglesia sea un santuario del diablo, sino una organización voluntaria. Como se verá en 1 Corintios 8–10, los antiguos eran más profundamente conscientes de que fuera del templo de Dios ellos se volvían más vulnerables a lo demoníaco. Así

153. Así como J. D. M. Derrett, "'Handing over to Satan': an explanation of 1 Cor. 5:1-7", *Revue Internationale des Droits de l'Antiquite* 26, 1979, pp. 11-30; analizado en Thiselton. También usamos J. T. South, *Disciplinary practices in pauline texts*, Mellon, New York, 1992; Andrew D. Clarke, *Secular and Christian leadership in Corinth*, Brill, Leiden, 1993.

Teodoreto de Ciro: "Aprendemos aquí que a quienes son apartados y separados del cuerpo de la Iglesia, el diablo los ataca al encontrarlos despojados de la gracia"[154].

Entonces, ¿qué es *destrucción* de la carne? Las posibilidades son: (1) castigo corporal infligido por la autoridad civil o por la iglesia misma. El uso del castigo corporal por herejías fue el tema de la Inquisición, pero eso quedaría fuera en este contexto; (2) una enfermedad física, sufrimiento o muerte, infligidos por Satanás. Tal vez exista un paralelo en 11:30: "Por eso hay entre ustedes muchos débiles y enfermos, e incluso varios han muerto"; o en el "aguijón" de Pablo (2 Corintios 12:7); (3) la lectura más probable es que no se refiere a destrucción de la carne como al ser físico (como en 6:16, 15:50), sino de la carne como carnalidad (como en 1:26, 29). Este es el punto de vista plasmado en NVI con *su naturaleza pecaminosa*. De modo similar Fee anota (242):

> Lo que Pablo deseaba al exigir que este hombre fuera expulsado de la comunidad de fe era la destrucción de lo que había de "carnal en él"... la "destrucción" de la propia naturaleza pecadora pertenecería al mismo tipo de imagen que la de "crucificar" esa naturaleza pecadora (Gálatas 5.24; cf. Romanos 7.5-6).

A fin de que su espíritu sea salvo en el día del Señor. Esto es escatológico y se refiere al juicio final mencionado en 1:8; 3:13; 4:5. Pablo espera que este hombre se arrepienta en esta vida y resulte absuelto en el juicio.

No sabemos si este ofensor es el mismo hombre castigado por la congregación en 2 Corintios 2:9: "Con este propósito les escribí: para ver si pasan la prueba de la completa obediencia". Se puede hacer que los datos concuerden, aún cuando Pablo se refiera a un caso enteramente distinto y a una epístola diferente de 1 Corintios. Si no es el mismo hombre, el final que Pablo deseaba es el mismo en este caso: un hombre fue juzgado por la "mayoría", castigado, sufrió, se arrepintió y ahora (dice Pablo en 2 Corintios 2:7-8) la iglesia debe recibirlo de nuevo.

La disciplina y la iglesia 5:5

Hoy existe un renovado interés en la responsabilidad de la iglesia de disciplinar a sus miembros en pecado. Es un tema muy delicado y debe manejarse con sabiduría y un amor bien fundamentado en las Escrituras.

¿Qué clase de iglesia disciplina a sus miembros?

Algunos creen que la iglesia de Cristo se ha diseñado para el "consumidor". O sea, un individuo asiste o no si él lo desea. Llega tarde y sale temprano. Comparte en la Cena del Señor si por casualidad está allí en la fecha correcta; si se la pierde, no le da pena. Si no le agrada algún predicador, se queda aparte. Quizá no conozca a la gente sentada a su alrededor un domingo, y si la conoce probablemente sea por sus negocios.

---

154. Cf. Bray, p. 91; también Teodoreto de Mopsuestia, Severiano, Juan Calvino.

El cuidado de los miembros tiende a hacerse en grupos grandes o se limita al culto. La contribución individual de cada miembro se considera en términos financieros. El cristiano se reduce a un consumidor que paga (contribuye con su diezmo) con el fin de recibir un servicio (enseñanza, edificación espiritual, música excelente).

El modelo bíblico es que el cristiano es un "miembro del cuerpo". Si un miembro se pierde o se extravía, eso afecta a toda la iglesia. La contribución individual a la iglesia sí incluye aporte económico. Sin embargo, se espera que el miembro aporte su propia persona de modo que sea un cristiano en crecimiento, el cual es parte de la luz de la iglesia hacia el mundo.

En el modelo consumidor de la iglesia, la disciplina es poco común. Se limitará a casos extremos y probablemente se hará presionando a cierta gente para que abandone la iglesia y busque otra. Después de todo, los consumidores no pagarán bien solo para que les digan que no se ajustan a los estándares de la iglesia. Si hay alguna reprobación por el pecado, se hace indirectamente o en una advertencia general en un sermón. En este modelo, un hombre adinerado que diezma fielmente encontrará estándares de conducta menos estrictos que los de un hombre de escasos recursos.

En el modelo bíblico de la iglesia, cada persona se considera miembro. Si anda en pecado, su seriedad se juzga por el daño que se hace a sí mismo, el que le causa a la iglesia y al testimonio del evangelio.

La disciplina de la iglesia no es imposible en una mega-iglesia, ni es fácil en una iglesia pequeña. Pero cada congregación necesita asegurarse de que todos sus miembros reciban un cuidado pastoral tan solícito que alguien sepa cuando una persona ha caído en pecado. No hay una fórmula matemática, pero es útil recordar que en Corinto cada veinticinco personas, o algo así, tenían al menos un anciano preocupado por su alma.

La disciplina de la iglesia no es un añadido a la vida de la iglesia. Más bien, es una parte integral del ministerio de la palabra, la cual debe usarse "para enseñar, para reprender, para corregir y para instruir" (2 Timoteo 3:16). ¡Qué desatinado cuando un cristiano recibe su primera visita pastoral solo para imponer disciplina! Un líder, por el contrario, se gana el derecho de ejercer disciplina siendo un amigo y un guía constante.

¿Qué tipo de disciplina?

Amorosa. El hecho de que una iglesia aplique la disciplina —un ministerio en extremo difícil y agotador— se debe a que considera que está ejerciendo el amor hacia ese miembro. Si una iglesia ignora el pecado destructivo en medio de su membrecía, no es tolerancia, y ciertamente no es amor, antes bien, se ha convertido en una perezosa espiritual.

Con medida y apropiada. La declaración bíblica "ojo por ojo y diente por diente" puede sonarnos estricta. No obstante, es válida aquí: la disciplina debe corresponderse con la seriedad del pecado. La expulsión —ordenada por Pablo en este caso— es la medida extrema. Pero existen muchas otras medidas que una iglesia puede tomar para apartar a sus miembros del pecado: no ejercer la enseñanza durante seis meses; recibir consejería; decirle que tiene que enmendar sus errores.

Se preocupa más por la realidad que por la imagen. Algunas iglesias se rehúsan a ejercer la disciplina porque les parece desagradable. Prefieren tratar de preservar una falsa imagen de la iglesia como de una gran familia feliz, libre de problemas. Pero por aferrarse a la imagen del amor, terminan actuando en odio: es detestable permitir que un miembro se destruya a sí mismo con el pecado mientras una intervención amorosa, acaso difícil, podría salvarlo.

Se aplica imparcialmente a todos los miembros. No se excluye a los adinerados, a los influyentes, a los amigos o parientes del pastor. Tampoco se excluye a los pobres (Éxodo 23:3). Una disciplina injusta puede producir peores resultados que ignorar la disciplina por completo. Esto resulta particularmente importante para un líder prominente. El pastor que manda en su iglesia jamás permitirá que alguien lo juzgue y los hermanos no se atreverán a enfrentarse al ungido del Señor. Además, la iglesia duda de cómo disciplinar a alguien a quien obviamente el Espíritu bendice (o sea, la iglesia crece y prospera económicamente). Pero debe ser así. Por ejemplo, un doctor famoso por sus habilidades que llega a matar a unos cuantos pacientes tendrá que enfrentar la acción diligente de su junta médica.

Se aplica al pecador resistente, no para el que se arrepiente. En Mateo 18:16-18 y aquí en 1 Corintios, es la persona que no se arrepiente quien recibe la disciplina. Es decir, esta se usa para animar a la gente a que se arrepienta, no para castigar a quienes ya han cambiado. Por supuesto, una iglesia necesita mostrar un gran discernimiento para determinar si una persona verdaderamente está mostrando un fruto de arrepentimiento, o si nada más aparenta que está de acuerdo con el fin de evitar una disciplina desagradable.

Es correctiva y esperanzada. Cuando la iglesia disciplina a un miembro debe hacerlo con la esperanza de que ayudará a la persona a volver a Cristo. Una iglesia sin esa esperanza solamente alejará a la persona. Pablo se refiere a su esperanza de que el cristiano incestuoso reciba la salvación en el último día (5:5).

5:6

Pablo no se dirige al ofensor, sino a la iglesia: *Hacen mal en jactarse.* De nuevo, si ellos se enorgullecían de su tolerancia (cf. 5:2) o si había un rumor general en el fondo, no podemos decirlo, sin embargo, esto no cabe en el pueblo santo.

Pablo cambia ahora a la metáfora del pan leudado. El Señor Jesús también usó la levadura como metáfora en dos ejemplos: primero en la parábola del reino, Mateo 13:33 = Lucas 13:21 donde la levadura posiblemente es un agente del mal (como en Scofield), pero es más probable que únicamente sea un símbolo de expansión. Por lo tanto, el verdadero paralelo para 1 Corintios 5 es Mateo 16:6, 11, 12 = Marcos 8:15 = Lucas 12:1, la cual usó en más de una ocasión (cf. Gálatas 5:9). *Un poco de levadura hace fermentar toda la masa.* La metáfora funciona en niveles difíciles de seguir por quienes no saben hacer pan ni tienen un trasfondo en la Pascua judía. El propósito de la levadura es hacer que el pan crezca de modo que quede más liviano. No obstante, en la semana de la Pascua todo el pan tenía que ser sin levadura, hecho en forma de galletas planas (Éxodo 12:15, 19-20; 13:7; 34:25). Esto era para simbolizar la prisa con la cual Israel salió de Egipto. En otras ocasiones, los sacrificios quemados no podían ser leudados (Levítico 2:4, 11; 6:17; 10:12), mientras que las ofrendas que iban a comerse sí podían serlo (Levítico 23:17; Amós 4:5).

En la antigüedad, la gente no usaba levadura en polvo como hoy; donde se horneaba pan con "levadura", se reservaba un pedazo pequeño crudo del día anterior a la horneada. Este se mezclaba con harina nueva y agua y se dejaba reposar para permitir una reacción química en toda la masa, exactamente como se describe en Mateo 13:33. ¿Cuál es el punto de Pablo entonces? Que aun un pedazo de levadura no se puede contener cuando permanece en un recipiente con masa buena. Solamente al quitar al pecador se puede eliminar la corrupción de la iglesia. Crisóstomo y Ambrosiáster interpretan equivocadamente este versículo al concluir que un poco de maldad corromperá a la "persona" completa (no a la iglesia)[155].

5:7

Pablo va un paso más allá con la metáfora e insta a la congregación a ser como los panes sin levadura de la Pascua, es decir, como ofrenda digna para Dios. El punto de Pablo (con un paralelo en 1:2; 3:16) es que los corintios vivan como santos, puesto que eso es lo que ellos en realidad son.

Pablo toma un punto más de la Pascua: nosotros debemos ser santos *porque Cristo, nuestro Cordero pascual, ya ha sido sacrificado*. Algunos han deducido que todas estas referencias a la Pascua (cf. también 10:1ss.) se deben a que Pablo escribió durante la primavera, y la Pascua se celebraba en marzo o abril. Pablo dijo que planeaba permanecer en Éfeso hasta Pentecostés (16:8), el cual siempre caía 50 días después del inicio de la Pascua. Esta teoría es atractiva pero debe considerarse especulativa. Lo que queda claro es que la muerte de Cristo como el cordero pascual (cf. Juan 1:29) marca a los cristianos como el pueblo redimido, como en "fueron comprados por un precio" (6:20) y como tal se representa en la Cena del Señor (11:23-26).

---

155. Pablo usa de nuevo la imagen de la levadura en Gálatas 5:9, donde se refiere a los judaizantes, los cuales no solo contaminan el verdadero evangelio, sino que tienden a calar en todas las cosas. Ignacio usa la misma metáfora para los judaizantes en *Magnesios* 10.2: "Por tanto, poned a un lado la levadura vil que se había corrompido y agriado y echad mano de la nueva levadura, que es Jesucristo".

5:8

Celebremos nuestra Pascua: Pablo ahora resume su punto, aplica el término la vieja levadura a *la malicia y la perversidad* (términos generales para el mal) y llama a la iglesia a vivir la vida sin levadura, a vivir *la sinceridad* (o con un motivo puro, como en 2 Corintios 2:17) y *la verdad*.

b. En general, los cristianos deben expulsar los elementos mundanos de la iglesia 5:9-13

Pablo ampliará el tema de la responsabilidad de la iglesia en cuanto a vigilar a sus propios miembros.

Pablo ya había comunicado *por carta* la necesidad de separarse de lo pecaminoso. Algunos críticos toman esto como parte de la correspondencia corintia existente, tal vez la sección 2 Corintios 6:14–7:1 que comienza con "no formen yunta con los incrédulos". Aparte de las dificultades críticas envueltas en esto, el texto de 2 Corintios se refiere explícitamente a incrédulos (*apistois*), y aquí difícilmente sienta las bases para los comentarios posteriores de Pablo. Es mejor creer en la existencia de una carta más temprana, perdida ahora[156]. Los corintios habían vuelto atrás tolerando lo malo en medio de ellos mientras desaprobaban los pecados de los de afuera. Sospechamos que Pablo, por una razón u otra, deliberadamente no era bien entendido en Corinto. En todo caso, lo que él les había dicho *era que no se relacionasen* con *personas inmorales* (*pornos*, forma adjetival de *porneia*, 5:1; la VP es errónea con "quienes se entregan a la prostitución", lo cual vuelve a lo mencionado en 6:15 pero es menos específico en este capítulo). El verbo para relacionarse (*sunanamignumi*) significa mezclarse con; en este caso, socialmente (ver 15:33, "Las malas compañías corrompen las buenas costumbres"). Esto concuerda bien con la metáfora de la levadura: la iglesia tiene que evitar que el pecador se mezcle con la congregación ni debe ser vista aceptándolo.

Separación de los creyentes 5:9
Está de moda enseñar que la iglesia dibuja líneas y separa a las personas, pero Jesús mismo no rechazó a nadie. Un corolario es que la iglesia enseña sobre el infierno y la condenación, pero Jesús siempre habló de perdón: "No juzgue, o ustedes también serán juzgados". Mientras esto suena creíble en la superficie, no le hace justicia a los evangelios canónicos. Mientras que Jesús de hecho recibió a los pecadores y comió con ellos, para la consternación de los fariseos (Lucas 15:2), sin embargo, nadie en la Biblia entera habló más del juicio de Dios sobre los pecadores que él. Las personas

---

156. Orígenes; Ambrosiáster; Calvino; Godet; Walter; Thiselton; Schrage; contra Crisóstomo. Teodoreto de Ciro y Severiano toman esto como un aoristo epistolario, es decir, que Pablo se refiere a lo que "acaba" de escribir en nuestra 1 Corintios (Teodoreto indica 5:6).

muy a menudo extraen conclusiones acerca de Jesús, basadas en su propia parcial y defectuosa memoria. La única solución razonable es leer cuidadosamente a través de todos los cuatro evangelios.

Jesús mismo estableció la base de la disciplina de la iglesia en Mat 18:17: "Trátalo como si fuera un incrédulo o un renegado". En este contexto él está hablando acerca de un discípulo que ha sido advertido una y otra vez por su comportamiento pecaminoso, y que no rehúsa cambiar sus caminos. Lo que Jesús pide a sus discípulos en esta etapa de la iglesia es que dejen de fraternizar con él[157]. En 1 Cor 5 Pablo habla de suspender el contacto normal con él. Esta es la forma que Pablo enseña aquí, y también en 2 Tes 3:14-15 y Tito 3:10.

La naturaleza humana desea rescatar a una persona de la soledad y del sufrimiento. Así que cuando estamos con una persona de la cual tenemos que separarnos, sentimos la necesidad de darle un abrazo y confortarla en su tristeza. Pero debemos recordar que esa aflicción es saludable, y que conducirá a la persona a Cristo nuevamente (2 Corintios 2:10). ¿Abrazaría a un incrédulo y le diría que está bien si él rechaza a Cristo, que siempre podrá contar con usted? ¡Qué pobre sustituto del amor de Cristo es nuestro afecto humano!

Es imposible que no haya contacto accidental con alguien que esté bajo la disciplina de la iglesia. La disciplina no significa que uno no puede saludar a esa persona en el mercado o en el trabajo. Ni quiere decir que la persona debe ser condenada a alejarse por completo de los miembros de la familia cristiana. Más bien, Pablo nos dice que no haya contacto que estimule a la persona a permanecer como está; ni que le demos la idea de que simpatizamos con él en contra de la iglesia. Eso puede ser fatal para el proceso de animar a la persona a volverse a Cristo. Después de que una persona se arrepiente es cuando se le debe recibir de nuevo calurosamente (2 Corintios 2:7).

5:10-11

Pablo aclara que por supuesto los corintios viven en el mundo y tienen tratos con los incrédulos. En este sentido, el evangelio anima a la presencia cristiana en el mundo, lo que va más allá que los judíos con sus estrictas barreras sociales. Él se referirá a los límites entre la iglesia y el mundo en su enseñanza acerca de litigios y acerca de la prostitución (1 Corintios 6), matrimonio con un incrédulo (1 Corintios 7), y carne sacrificada a los ídolos (1 Corintios 8-10).

157. Yo soy consciente de que algunos críticos del Nuevo Testamento no creen que Jesús hubiera dicho lo que dice en Mat. 18:15-17. Esto se basa en el método crítico conocido como *Formgeschichte* o crítica de las formas. Esa metodología tiene como una de sus premisas que si un dicho de Jesús parece reflejar la práctica posterior de la iglesia, entonces no es probable que haya venido de Jesús mismo. Esta es una suposición no probada, que Jesús no pudo haber predicho la formación de la iglesia o aun conocido que él fuera a morir en la cruz.

Seguidamente, Pablo nos da tres listas de vicios (o mejor, tipos de pecadores) cada una más larga que la anterior:

5:10	5:11	6:9-10 (malvados)
inmoral (*pornoi*)	inmoral (*pornos*)	fornicarios (*pornoi*)
avaros	avaro	idólatras
estafadores	idólatra	adúlteros
idólatras	calumniador	"sodomitas"
	borracho	"pervertidos sexuales"[158]
	estafador	ladrones
		avaros
		borrachos
		calumniadores
		estafadores

Los sustantivos son parecidos en su forma, excepto que usa el singular más que el plural en 5:11. La lista en Gálatas 5:19-21 se refiere a hechos carnales, no a tipos de personas. Esta forma encuentra paralelos con la figura literaria conocida como lista de vicios (a menudo denominados por el alemán *Lasterkatalogen*). Se originó en la filosofía griega y la usó el judaísmo tardío, por ejemplo, de los rollos del Mar Muerto: "Al espíritu de falsedad le pertenece la avaricia, la debilidad de manos en el servicio de la justicia, la impiedad, la mentira, el orgullo y la altanería de corazón, etc". (1QS IV, 9-11). Los estoicos en particular escribieron largas listas de vicios y virtudes. Pero a pesar de las similitudes con las listas filosóficas, las declaraciones paulinas son muy cortas y aparentemente adaptadas a las necesidades de esta epístola[159]. Una persona "inmoral" había aparecido en 5:1, pero hay otros puntos de contacto con Corinto. Las bases del juicio en 6:1 es que, supuestamente, un cristiano había defraudado a otro (6:7), o había sido "estafador", o tal vez "ladrón" o "avaro". Quizá el "idólatra" se asociaba a los cristianos quienes con demasiada libertad participaban en los banquetes a los ídolos (10:14-22). Y la lista de 6:9 explícitamente refleja que "eran algunos de ustedes" (6:11). En 5:11, se amplía la lista cuando Pablo añade *calumniador* y *borracho*. El pecado de difamación probablemente no era ajeno a los corintios considerando sus divisiones partidistas. Exploraremos el significado específico de borracho junto con otros vicios en nuestros comentarios de 6:10.

---

158. Trataremos estos dos en el comentario sobre 6:9-10.

159. Contra Conzelmann, pero también Calvino; Thiselton cita con aprobación el artículo de Peter S. Zaas, "Catalogues and context: 1 Cor. 5 and 6", *NTS* 34, 1988, pp. 622-29: "Los catálogos de vicios de 1 Cor. 5:10, 11 y 6:9-10 están estrechamente relacionados con la situación epistolar de esta parte de la carta".

Como si los corintios en realidad lo necesitaran, aquí Pablo aclara: su enseñanza acerca de la separación tiene que ver con la comunión con quien *llamándose hermano, sea inmoral*. Tales "hermanos" actúan como mundanos y no tienen herencia en el reino escatológico (6:9-10). Los creyentes *ni siquiera deben juntarse para comer*, porque esto implica aceptación y comunión[160]. El consejo dado en 2 Tesalonicenses 3:12 parece más suave, probablemente, como Crisóstomo (16.2) manifiesta, debido a que el pecado de la pereza no es del grado del pecado mencionado en 1 Corintios[161].

5:12
Pablo no rechaza toda comunicación con el mundo –¿cómo se podría evangelizar?–, sino que prefiere la regulación de la relación diaria con los de afuera. *Los de afuera* es un buen término judío para aquellos que están fuera del pueblo de Dios.

5:13
De nuevo, Dios es el juez del mundo, como lo es de los cristianos (4:4). La responsabilidad de la iglesia no es hacer que una corte aplique el juicio escatológico de Dios; su trabajo es que *expulsen al malvado de entre ustedes*. Esta es una cita (con un cambio típico del singular al plural) de Deuteronomio 17:7. En ese contexto, un israelita idólatra debía ser apedreado en presencia de dos o tres testigos. El mundo está lleno de idólatras, pero aquí es abominable que algo como esto "se haya cometido en Israel" (Deuteronomio 17:5).

2. Litigios 6:1-11
Pablo cambia abruptamente a un nuevo escándalo. Un miembro de la iglesia ha demandado a otro, supuestamente para recobrar las pérdidas a causa de haber sido estafado (6:7). Esto era inadmisible en varios niveles: 1. Dañaba la unidad de la iglesia; 2. Los líderes locales veían a los cristianos juntos solo cuando se demandaban unos a otros; 3. Se ampliaba la brecha entre el rico y el pobre en la iglesia. En los tiempos modernos, los oprimidos a veces tienen la oportunidad de usar el sistema judicial para obtener sus demandas. En Corinto, solo los ricos podían financiar un litigio. Uno perdería toda esperanza de ganar un caso en contra de alguien con una posición social alta, quien podría pagar los mejores abogados y darle al jurado los incentivos más altos. El hombre que presentó una demanda en

---

160. Cf. Gálatas 2:11-13. La trasgresión de Cefas [Pedro en la NVI] en Antioquía fue que él quien "solía comer con los gentiles", después "comenzó a retraerse y a separarse" de ellos, lo que implicaba que no los reconocía completamente como cristianos.

161. Crisóstomo, *1 ad Corinthios* 16.2: "Pues [en 2 Tes 3] él está reprobando la pereza; pero aquí la fornicación y otros pecados más graves".

Corinto casi de seguro era acomodado y muy posiblemente demandó a uno que no podría defenderse.

Algunos han sugerido que el litigio en 6:1 tiene que ver con el incesto del capítulo 5, pero esto parece improbable, aún cuando existiera el tema de la herencia en juego. Es mejor ver estos problemas como dos de un tipo: pecados moralmente incorrectos, que exponen a la iglesia al ridículo frente al mundo, y encubren la falta de responsabilidad de la congregación frente al pecado o error en su seno.

a) Situación: Los cristianos están demandándose unos a otros en la corte 6:1

6:1

Sin transición, Pablo pregunta *cómo se atreve* a entablar un pleito ante el sistema civil. Esto ofende, no solo porque un cristiano demanda (usando el término legal, *pragma ejein pros*) a un compañero cristiano, sino porque lo hacía frente a *inconversos* antes que frente a *creyentes*.

Él usa el negativo *oiji*, término duro, para mostrar lo increíble que es esto. Pablo no niega lo que diría acerca de las autoridades civiles en Romanos 13; más bien, objeta que un cristiano haga un lío público, cuando es la iglesia la llamada a resolverlo.

El cristiano y los litigios 6:1
Un litigio es un reclamo presentado ante un sistema legal, generalmente para buscar compensación por algún daño recibido por parte de alguien. Esto era espiritualmente cuestionable porque dañaba el testimonio de la iglesia en la ciudad y a causa de que estimulaba las divisiones dentro de la iglesia.

El perjudicado a menudo tenía el derecho de llevar sus reclamos a la corte. En ciertas sociedades, hasta los pobres logran con éxito demandar a los gobiernos, a las corporaciones o a los individuos, especialmente si su causa atrae la atención de los grupos que ven una oportunidad de apoyar sus propios intereses. En las sociedades donde el sistema judicial es corrupto o poco fiable, la gente entabla demandas sin la más mínima esperanza de ver la justicia hecha realidad[162]. Por ejemplo, los ciudadanos peruanos demandaron a una compañía minera de Colorado, Estados Unidos, por supuestamente arrojar mercurio tóxico de la mina de oro de Yanacocha. La compañía norteamericana argumentó que debían demandarla en Perú, pero los peruanos no confiaban en que su propio sistema judicial les impartiera justicia. En otros casos

---

162. Acerca del tema completo de la corrupción, es necesario leer a Arnoldo Wiens, *Los cristianos y la corrupción: desafíos de la corrupción a la fe cristiana en América Latina*, CLIE, Barcelona, 1998.

relacionados con el ambiente, las víctimas no tienen los medios para interponer juicios en sus propias cortes nacionales.

En Corinto en una medida mucho mayor que la actual, solo los adinerados podían pagar los costes de un juicio. Casi nunca se esperaba ganar un caso contra alguien de la clase alta, quien podía pagar los mejores abogados y ofrecerles enormes incentivos a los jueces. Es casi seguro que el hombre corintio cuya demanda se menciona era acomodado, y muy posiblemente demandara a uno que no podía defenderse.

Perjudicamos a Pablo si reducimos su enseñanza aquí a "no pleitos". En este mundo, un litigio a veces es el único recurso legal para quienes han sido injuriados, especialmente si el ofensor es más rico y más poderoso. Pero, ¿qué pasa hoy cuando un cristiano más pobre trata de obtener compensación de los ricos? De repente, la iglesia interviene y le dice que es pecado demandar a otro creyente, que el creyente ofendido simplemente debe someterse y dejar de causar problemas. ¿Confirma esto los valores que estaban en juego para Pablo?

Hallamos el mismo tipo de engaño con el pecado de la queja. Imaginemos que un pastor de una iglesia abusa de su rebaño: dispone del dinero de las ofrendas sin rendir cuentas; cuando la iglesia compra propiedades y levanta edificios, él los pone a su nombre como si fuera el dueño legal; distorsiona lo que otros han dicho; manda a la gente como su jefe; amenaza a la gente si no está de acuerdo con él. Entonces un miembro ofendido del rebaño habla y dice que esto no debe ser. ¿Qué pasa? Oficialmente se le reprende con versículos como 1 Corintios 10:10 – ¿No saben lo malo que es quejarse y murmurar en contra de sus líderes?, ¿que ese es el pecado por el cual los israelitas murieron en el desierto? Y así una persona que en realidad era el ofendido se transforma mágicamente en el culpable. Es como una mujer que cuenta acerca del abuso recibido por parte de un pariente, solo para oír que posiblemente ella lo ha seducido o que no debería deshonrar a su pariente. En unas iglesias, quien grita cuando experimenta abuso es quien recibe el título de pecador. Los líderes ahora se sienten vindicados, porque aquellas personas han "murmurado en contra" de Moisés. Y en el proceso, se ha pecado dos veces contra la víctima.

Una iglesia debe amar la justicia y lo recto, sin importar el nivel de estatus del acusado y del acusador. Si le dice a alguien que no se queje o que no entable demandas, debe seguir también la otra parte de las enseñanzas paulinas. Debe proporcionarle al creyente ofendido un mecanismo justo y eficiente para obtener justicia. Si un cristiano ha acudido ante un juez no creyente con el fin de pedir una protección justa del estafador, ¿cómo puede la iglesia de Cristo ofrecer algo menos? Si una adolescente en la iglesia denuncia a su maestro de Escuela Dominical por tocarla sexualmente, ¿cómo puede la iglesia exigirle que deje de avergonzar a ese hombre tan importante? No, la iglesia debe ir al frente de la defensa de la justicia, la imparcialidad, la protección de los débiles y de los pobres. Debería indignarse de que uno de sus miembros *perjudique a otro, independientemente de la cantidad de dinero y de prestigio que el ofensor le dé a la iglesia.*

Así que la iglesia tiene que preguntarse lo que trata de lograr cuando prohíbe o desanima los litigios entre sus miembros. ¿Es su objetivo mantener la estructura de poder existente? ¿Es silenciar la propagación de información incómoda? ¿Es mantener a la gente bajo controles rígidos? ¿Es sostener una imagen falsa de unidad y de paz ante las otras iglesias y ante el mundo? ¡Ay de los cristianos ricos o poderosos que suprimen el desacuerdo con el único fin de proteger sus propios intereses, y al hacerlo invocan el nombre de Cristo!

Exploremos otra dirección que promete mucho hoy. Se ubica bajo el título general de "Resolución Alternativa de Conflictos". Es un intento privado por resolver las diferencias entre las partes sin la intervención directa de la corte. Un proceso más comprometido es el arbitraje, donde los participantes ceden sus derechos a un tercero y prometen seguir la decisión de un árbitro.

Muchos cristianos consideran esto como una alternativa para los litigios, especialmente cuando el conflicto no es un caso simple de pecado de una de las partes. La ventaja para los cristianos es que hablan entre ellos acerca de los pleitos abierta y positivamente, sin que sus abogados los inciten a ir por el camino que les garantice la ganancia más grande posible. Los mediadores cristianos dan importancia al amor, al perdón y al uso del conflicto para estimular a las partes a crecer en Cristo.

Las ventajas de esto son varias: la iglesia puede emplear un sistema de mediación como una forma de obedecer: Mateo 18:16-18 y 1 Corintios 6:1-8. Y por supuesto, las dificultades no se ventilan frente a los incrédulos, sino ante gente que un día "juzgará ángeles". Los jueces no son funcionarios distantes, sino hermanos y hermanas a quienes se ha conocido durante años.

Hay debilidades también. Una mediación o un arbitraje cristiano no es una varita mágica que repara todos los problemas de nuestros sistemas nacionales. Una triste verdad es que "jueces" cristianos pueden cegarse a causa de la influencia, el favoritismo o el dinero. Esto puede dejar a un cristiano privado de sus derechos tan golpeado como si hubiera acudido a un juez secular, y además con cicatrices por haber recibido las heridas de parte de un hermano. Es más, el miembro promedio de la iglesia puede carecer de la habilidad para investigar completamente un hecho o de la sabiduría para saber cuál es la solución justa. Finalmente, se dejarían a un lado las preguntas retóricas de Pablo, "¿No sería mejor soportar la injusticia? ¿No sería mejor dejar que los defrauden?". Aun con una resolución pacífica del conflicto, una de las partes o ambas pueden expresar enojo o venganza aunque sigan los pasos bíblicos para lograr la justicia.

Como la iglesia evangélica latinoamericana crece en número y en educación, nuestros propios miembros abogados deben ser capaces de establecer un sistema adecuado: uno que evite la prisa y la jactancia de la adolescencia espiritual, pero que inste a los frutos maduros de la paz dentro de la iglesia.

b. *Solución: La iglesia debe manejar los asuntos entre cristianos; si esto falla, olvidar el asunto 6:2-8*

6:2-3

Antes de ofrecer un plan de acción paso a paso, Pablo trae a colación la escatología para apoyar la fórmula diatriba repetida *¿Acaso no saben que...?* No solo los santos serán vindicados en el juicio final, sino que ellos mismos *juzgarán al mundo* y (v. 3) aun *a los ángeles*; véase también 2 Pe 2:4, donde se dice de los ángeles: "reservándolos para el juicio". Aquí hay un tema menor pero innegable en el Nuevo Testamento: los cristianos gobernarán en la época venidera (cf. especialmente 2 Timoteo 2:12; Apocalipsis 2:26-28), pero también juzgarán (si de veras el juicio mencionado en Mateo 19:28 es judicial). Conzelmann declara que la idea es absolutamente extraña al estricto monoteísmo del judaísmo, donde solo Dios juzga (cf. 4:5). Algunos hasta han sugerido que Pablo mismo no aceptó la idea, sino que irónicamente apelaba al triunfalismo de 4:8, pero esto parece muy improbable. De cualquier modo, ahora se cuenta con evidencia de Qumrán que los santos participan en el juicio así como participan en el reinado: 1Qp-Hab 5:3b-4: "Dios no destruirá a su pueblo por mano de las naciones, sino que por medio de sus elegidos juzgará Dios a todas las naciones". Además, la interpretación más creíble de la visión de Daniel es que el pueblo de Dios reinará sobre el reino futuro: "Entonces vino el Anciano y emitió juicio en favor de los santos del Altísimo. En ese momento los santos recibieron el reino". (Dan 7:22).

Pablo utiliza dos veces el argumento lógico común "del mayor al menor": si ustedes juzgarán a los ángeles, entonces serán capaces de *juzgar casos insignificantes* en esta era (así NVI; RVR; BA; VP. BJ tiene "esas naderías"). Si parece haber una tensión entre esta afirmación y "¿acaso me toca a mí juzgar a los de afuera?" en 5:12, es a causa de la tensión existente entre ya y todavía no, subyacente a esa idea. Pablo no necesariamente está a favor de una corte eclesiástica en el más estricto sentido, pero sí de que la iglesia tome la iniciativa para resolver aquellos casos menores.

6:4

Este versículo es notablemente difícil de entender con exactitud y de interpretar[163]. Existen tres formas de comprender el punto de Pablo acerca de establecer jueces (*katizō*, nombrar o instalar) que escuchen estos *pleitos*[164]:

1. En un sentido los corintios ya establecieron (*katizō* con un significado débil) jueces para sí mismos en este mundo, es decir, aceptaron jueces gentiles cuyo carácter la iglesia desprecia.

---

163. El comentario de Foulkes, *Problemas pastorales en Corinto*, pp. 155-164, es especialmente detallado y útil aquí.

164. Cf. especialmente Garland, *1 Corinthians*, pp. 204-7.

2. Los corintios de hecho ya han nombrado algunos de sus miembros para manejar estos casos, pero tales miembros, a causa de su reputación tan baja y de su falta de habilidad, no pueden llevar a cabo la tarea. Esto analizaría la oración como una pregunta: (NVI, también VP; BA; RVR) o como una exclamación (BJ, "¡tomáis como jueces a los que la Iglesia tiene en nada!").

3. Los corintios podrían nombrar el peor miembro de la iglesia como juez; ¡cualquiera dentro de la iglesia sería mejor que jueces gentiles! La NVI ofrece como traducción alternativa, "¡nombren como jueces aun a los que no cuentan para nada ante la iglesia!". Pablo es irónico, no es que literalmente desee que se escoja a los peores como candidatos, pero se podría y aún así sería un avance.

A la luz del v. 5 ("¿nadie lo bastante sabio?"), la lectura #2 (como NVI) parece la mejor, y la iglesia tenía un sistema de arbitraje existente pero inservible. La frase *no cuentan para nada ante la iglesia* es una traducción suavizada del original, que dice "los despreciados de la iglesia". El lenguaje es fuerte, considerando el llamado de Pablo a la unidad y al amor. Tal vez fueron los corintios mismos quienes usaron ese lenguaje arrogante (como quizá BJ quiera decir, ver #2 arriba).

6:5

Pero no, Pablo quiere alguien *bastante sabio* que sea el juez, alguien capaz de arreglar una solución justa entre las partes, alguien que voluntariamente se someta al sistema de la iglesia. Quizá aquí Pablo es provocativo, porque el orgullo de los corintios era ser "sabio" (y, ¡recordemos 1:5!); sin embargo, todavía nadie capaz había dado un paso adelante en ese deber desagradable. Él dice aquí (en contra de 4:14; pero cf. 15:34) *para que les dé vergüenza*. El juicio no debe venir de los de afuera, sino de los *creyentes* (literalmente "hermanos", cf. RVR). De nuevo se repite el punto del capítulo 5: la iglesia es adecuada y responsable para arbitrar las fallas morales de los cristianos o las disputas entre ellos, pero no debe manejar los asuntos de los incrédulos.

6:6

Este versículo puede ser una pregunta, una afirmación de hecho, o una exclamación; el significado cambia pero poco. De nuevo, Pablo parece advertir que los hermanos cristianos tendrán desacuerdos –de lo contrario, ¿por qué conceder la intervención de una corte eclesiástica?– pero es el cruce del límite, el estar *ante los* jueces *incrédulos* lo que es ofensivo.

6:7

Pablo ha resuelto la pregunta de cómo manejar las disputas, y ahora pasa a explorar un tema fundamental: una actitud acusadora, que no es lo mejor que un cristiano debería tener. El solo hecho que hubiera *pleitos* entre cristianos, *ya es una grave falla* (o tal vez "ya ustedes han perdido su caso"). ¿No es más cristiano abandonar del todo el asunto? Aquí Pablo hace eco (pero no cita ni parafrasea) del espíritu de la enseñanza del Señor Jesús, la cual consideramos que la congregación corintia ya sabía (Mateo 5:38-42).

Los filósofos griegos solían decir "es mejor sufrir una injusticia que cometer una"; es decir, sufrir injustamente no cuenta en contra de uno mismo, pero provocarle daño a otro disminuye la virtud propia. En este caso, las fallas cometidas no van contra el alma ni contra la reputación del hombre virtuoso, sino contra el nombre de Cristo. ¡Es mejor sufrir a que el nombre de Cristo sufra insultos! Esto no significa en absoluto que la iglesia deba permanecer indiferente. Tolerar la injusticia era uno de los peores pecados en Israel, y Pablo no pide un debilitamiento de su repulsión hacia el pecado (*defrauden*) que pueda apartar a la gente del reino de Dios (nótese ladrones, avaros, estafadores en v. 10). Pablo alienta a seguir un camino mejor, pero no manda a sufrir en silencio. El corintio tiene el derecho de obtener justicia en la iglesia; no obstante, él debería considerar abandonar el asunto si esto conduce a un bien superior. Una vez más es conveniente imitar a Pablo, quien habla con mayor detalle acerca de ceder sus derechos en el capítulo 9, y quien actúa así.

6:8

Por lo menos en este caso la culpa no la tiene un solo grupo: *los que defraudan y cometen injusticias*. Al parecer ambos lados actúan suficientemente mal. Y es aun peor cuando se trata de *hermanos*. Aquí hay un paralelo con la ética radical de Lucas 12:13-15: el hermano menor le exige a Jesús forzar al hermano mayor a pagar lo que es su deber legal. Aunque el hermano menor ha sido tratado injustamente, su reacción es en sí misma un pecado. ¡Mejor no tener nada que ver con aferrarse a los bienes del mundo! Difícilmente es coincidencia que Pablo incluya tres veces "el avaro" y "estafadores" en las listas de vicios que él ha confeccionado específicamente para la iglesia corintia (5:9, 11, 6:10), y dos veces él menciona "ladrones".

c. Rationale (Justificación): Los cristianos que demandan están viviendo como aquellos que serán condenados 6:9-11

6:9-10

El tono se vuelve más acalorado con dos fórmulas más de diatriba: *¿No saben que...?* seguida de *¡No se dejen engañar!* (como en 3:18; 15:33). *Los malvados no heredarán el reino de Dios*. Aquí la referencia al reino de Dios (*basileia tou theou*) es, en su sentido completamente escatológico, la era venidera en la cual entrarán los santos[165]. Contamos con unos cuantos pasajes paulinos similares:

---

165. Refiérase a los paralelos en Juan 3:3, 5; Hechos 14:22; también 1 Tesalonicenses 2:12; 2 Tesalonicenses 1:5. Según G. Dalman, los términos asociados con herencia significan

- 1 Corintios 6:9 – Los malvados no heredarán el reino de Dios (repetido casi *verbatim* en 6:10).
- 1 Corintios 15:50 – El cuerpo mortal no puede heredar el reino de Dios.
- Gálatas 5:19-21 – Las obras de la naturaleza pecaminosa se conocen bien: inmoralidad sexual, impureza y libertinaje; idolatría y brujería; odio, discordia, celos, arrebatos de ira, rivalidades, disensiones, sectarismos y envidia; borracheras, orgías, y otras cosas parecidas. Les advierto ahora, como antes lo hice, que los que practican tales cosas no heredarán el reino de Dios.
- Efesios 5:5 – Porque pueden estar seguros de que nadie que sea avaro (es decir, idólatra), inmoral o impuro tendrá herencia en el reino de Cristo y de Dios.

Es la opinión convencional en ciertos círculos que *Jesús predicó el reino de Dios, y Pablo predicó a Cristo*. De hecho, Pablo usó lenguaje de reino en Galacia, Acaya, Macedonia y Asia, esto es, en todas las regiones donde él fundó iglesias. Pablo estaba cómodo usando "reino de Dios" como un resumen de su trabajo del evangelio, así, "colaboran conmigo en pro del reino de Dios" (Col 4:11). Hechos también recuerda que Pablo predicó "el reino de Dios" (Hechos 19:8; 20:25; 28:28, 31; también 14:22). La evidencia sugiere que Pablo mismo acuñó la frase "no heredarán el reino de Dios". Esta estaba basada en la tradición de Jesús (Mat 5:3, 10; 25:34 y paralelos; Juan 3:3, 5) y mientras que se relaciona con ciertos conceptos del Judaísmo del Segundo Templo, no tienen paralelos exactos en la literatura judía [166]. El paralelo más cercano a Pablo es Santiago 2:5 ("¿No ha escogido Dios a los que son pobres según el mundo para que sean ricos en la fe y hereden el reino que prometió a quienes lo aman?") pero más allá de eso, los paralelos más cercanos se encuentran en escritos patrísticos que muestran la influencia de Pablo[167]. El apóstol mezcló la fórmula de reino con las listas de vicios

---

"tomar posesión de" e implican un título o un derecho para heredar antes que tomar posesión. La idea de "herencia" tiene sus raíces en el proceso veterotestamentario de tomar posesión de la tierra prometida en el pacto. Se llegó a usar, tanto en el Antiguo Testamento como en la literatura rabínica, como recibir las bendiciones de la salvación en el Eschaton. Cf. G. Dalman, *The words of Jesus*, tr. D. M. McKay, T. & T. Clark, Edinburgh, 1902, pp. 125-127. Cf. Mateo 5:4 y Santiago 2:5, por ejemplo, para predicciones acerca del fin intercambiables con heredar el reino.

166. Los rabinos, sin embargo, decían "tener parte en el mundo futuro" o "no tener parte en la vida futura" con el mismo significado (*m. San.* 10.1).

167. *Homilías Clementinas* 10.25: "En razón de tus juicios erróneos, te has sometido a los demonios. Sin embargo, por el reconocimiento de Dios mismo, por buenas obras ustedes pueden una vez más volverse amos, y ordenar a los demonios como esclavos, y como hijos de Dios ser constituidos herederos del reino eterno". Ignacio aplica la fórmula a los cismáticos en *Efesios* 16.1: "Aquellos quienes corrompen casas adúlteramente 'no heredarán el reino de Dios'"; también *Filadelfianos* 3.3: "Si alguno sigue a un cismático, él no heredará el reino de Dios". Hay citas de 1 Cor 6:9-10 en Policarpo, *Filipenses* 5.3; Ireneo, *Contra las herejías* 4.26.4; 5.11.1; él cita la versión de Gal 5 en 1.6.3. También se encuentra en la carta no auténtica de *Ignacio a los Tarsianos* 7.

para producir un paquete que era distintivamente suyo[168]. "Estos malvados no heredarán el reino de Dios" era una fórmula regular paulina. En sus epístolas él recordó a los corintios, los efesios y los gálatas verdades del reino de las que ellos deberían estar completamente conscientes desde sus primeras enseñanzas en sus ciudades. Si esta era una fórmula tradicional pre-existente, no dejó ningún registro fósil. En vez de eso, afirmamos que esta era una fórmula de la enseñanza paulina, como se evidencia al aducir ésta para recordarles a los corintios o a los gálatas los puntos de los cuales ellos deberían haber estado completamente conscientes.

Es de vital importancia que el lector entienda el significado de Pablo. Nosotros no podemos parafrasearlo como diciendo que, por ejemplo, la fornicación es *inconsistente con los valores de justicia que nosotros debemos seguir*. Más bien, él escribe como alguien que cree en el juicio final y la venida del reino de Dios en algún momento en el futuro, en el regreso de Cristo (especialmente 1 Cor 15:50; 2 Tes 1:5). La idea de que aquí Pablo únicamente cita una lista de vicios prefabricada también encuentra tropiezos. Más bien, es perfectamente claro que Pablo hace una lista aquí de pecados de una manera libre, mencionando aquellos vicios relevantes a los corintios, pero dejando fuera docenas de otros pecados. Sus palabras acerca de los pecadores en 6:9-10 tienen que ver con casos reales de personas que en los últimos tiempos serán excluidas de la nueva creación de Dios debido a sus obras malvadas. El ser excluido del reino es ser condenado. Existen paralelos vívidos en términos concretos de exclusión de la Ciudad Santa en Apocalipsis 21:8; 22:15. Últimamente se ha hablado de la estrecha relación existente entre estas listas y las tentaciones enfrentadas por las siete iglesias y los santos a través del libro. Así es como el padre de la iglesia Ireneo podría citar 1 Cor 6:9-10 y decir que, al igual que Mat 25:14, predice que los desheredados serán enviados al "fuego eterno"[169].

En 6:9-10, Pablo está construyendo en las listas más cortas de 5:10-11. Nosotros daremos breves definiciones de la mayoría de los términos, y mayor atención a los más difíciles. Él empieza con pecados sexuales en 6:9.

Pecados sexuales (mencionados en v. 9):

- fornicarios (*pornoi*) – pecado sexual de cualquier tipo en cualquier esfera (también se halla en Efesios 5:5).
- idólatras – judíos y cristianos enseñaban que la adoración a los ídolos va de la mano con el pecado sexual (cf. Romanos 1:18-27; también Efesios 5:5).

---

168. Cf. Gary S. Shogren, *The Pauline proclamation of the Kingdom of God and the Kingdom of Christ within its New Testament context*, tesis sin publicar, University of Aberdeen, 1986; también Gary S. Shogren, "The wicked will not inherit the Kingdom of God: a Pauline warning and the hermeneutics of Liberation Theology and of Brian McLaren", *TJ* 31.1, 2010, pp. 95-113.

169. Ireneo, *Contra las herejías* 4.26.4

- adúlteros – más específico que fornicación, relaciones sexuales que violan el pacto matrimonial.
- sodomitas, pervertidos sexuales (ver adelante).

Pecados de "avaricia" (v. 10):

- ladrones – tanto los ladrones comunes como aquellos quienes despojan a otros de lo que les pertenece.
- avaros – ávido de ganancias, mencionado también en la lista de Efesios 5.5.
- borrachos (ver más adelante).
- calumniadores – el verbalmente abusivo tal vez relacionado con "borrachos" como en 1 Timoteo 3:3; Tito 1:7.
- estafadores

Tres de los términos merecen nuestra atención especial, puesto que se han estudiado y debatido mucho en las últimas décadas. Los dos primeros son el par traducido por NVI como *sodomitas* y *pervertidos sexuales*. Algunos han discutido que Pablo no condena la conducta homosexual como tal, ni aquí ni en Romanos 1:24, 26-27, pero que sí rechaza ciertas formas de ésta en el mundo antiguo. Así se ha afirmado que "sodomita" no es una pareja por consentimiento, sino un homosexual dedicado a la prostitución (como la versión en inglés de NVI, NIV, "nor male prostitutes nor homosexual offenders").

Gracias a estudios léxicos recientes es más claro el significado de estos dos términos:

Sodomitas (*malakoi*) – literalmente "suave" (usado para ropa fina en Lucas 7:25), era un término aceptado para un hombre afeminado con tendencias homosexuales conocidas o sospechadas. Tradicionalmente, los griegos aceptaban el amor homosexual más que los romanos, pero todos los grupos despreciaban al *malakos*, aquel quien se vestía afeminado y quien se sometía a la penetración por otro hombre (de ahí "afeminados" en BA, VP, BJ). BDAG ofrece la definición "perteneciente a ser pasivo en una relación del mismo-sexo, *afeminado* especialmente de *catamitas*, de hombres y niños que son sodomizados por otros hombres en una tal relación". La mejor traducción literal es la de NET, aunque incómoda para los lectores, "compañeros homosexuales pasivos"[170].

---

170. Por ejemplo, Dion Crisóstomo, *Oration* 66.25 se queja de que las personas siempre lo criticarán, no importa lo que usted haga: "Si usted le da pensamiento al aprendizaje usted será llamado ingenuo y afeminado". Más adelante en el párrafo habla de "ropa suave", usando *malakos* con su significado de textura suave. La implicación es que el primer uso de *malakos* se pretende que sea un insulto sexual, no una observación acerca de la ropa "suave".

Los griegos eran tradicionalmente más tolerantes del sexo homosexual (de ahí el nombre "amor griego") que los romanos, pero todos los grupos despreciaban a alguien que se sometía dócilmente a la penetración por otro hombre. Tales hombres perdían su dignidad y el respeto de la comunidad. Algunas veces los esclavos o menores eran usados para sodomía, pero el sexo homosexual consensuado era también una práctica común.

¿Por qué un hombre o un niño se sometían de esa forma? Una motivación era económica, que él era un prostituto. En tiempos antiguos como hoy en día, las prostitutas son algunas veces voluntarias, mientras que otras son coaccionadas. Corinto tenía tanto prostitutos homosexuales como heterosexuales; no obstante, la palabra en sí misma no denota un prostituto (como la NTV incorrectamente la traduce), ni Pablo se restringe a ellos. "Prostituto homosexual" o "prostituto masculino" son entonces traducciones equivocadas, puesto que la palabra no denota ninguna transacción económica.

Otra motivación común sería para buscar estatus: al tener una relación sexual con un hombre poderoso, un concubino homosexual[171] obtendría conexiones y oportunidades. Nosotros podríamos comparar a esta persona con las mujeres de nuestra propia época, que se ofrecen sexualmente a estrellas musicales o deportivas. Otra posibilidad, por supuesto, es que los hombres actuaban como "mujeres" porque ellos disfrutaban.

En cualquier caso, Pablo no dice nada acerca de su motivación, sino que se enfoca en la acción o conducta. Por esta y otras razones, la traducción común de *malakoi* como "afeminado" es problemática (DHH; LBLA; RVA), puesto que en español la palabra es aplicada generalmente a muchachos que hablan o caminan de una cierta forma, o emplean gestos que están comúnmente asociados con mujeres, pero que no necesariamente practican sexo homosexual. La definición que Pablo tiene en mente es "varones que se someten sexualmente a otro hombre, y quienes quizá también se visten o actúan de tal manera con el propósito de atraer a otros hombres". Este punto de vista está sustentado en un comentario temprano sobre 6:9; Orígenes advierte a sus jóvenes estudiantes varones, "No sean ustedes manchados por tal mancilla afeminada"[172].

171. Este es el sentido de la palabra en latín *catamitus*, una palabra derivada del nombre del muchacho Ganímedes, el copero de Zeus a quién él también mantuvo para sexo homosexual.

172. Judith L. Kovacs, ed., *1 Corinthians interpreted by early Christian commentators*, Church's Bible, Eerdmans, Grand Rapids, 2005, p. 97. Cf. especialmente Fitzmyer, *First Corinthians*, pp. 255-56, quien da una lista de referencias donde *malakos* implica someterse sexualmente a otro hombre. Por ejemplo, Dionisio de Halicarnaso, alrededor del año 60 a.C. al 7 d.C, escribió en su *Antigüedades romanas* 7.2.4 (Alonso y Seco, https://www.scribd.com/document/138051184/Dionisio-de-Halicarnaso-VII-IX) que las personas se preguntaban por qué un cierto rey Aristodemo tenía el apodo poco favorecedor de 'Malakos'; una teoría era "porque de niño era afeminado y recibía

Pervertidos sexuales (*arsenokoitai*) – más literalmente "aquellos que se acuestan con [otros] hombres" o "los que se echan con varones" (RV 60) o aun más claro, "los hombres que tienen relaciones sexuales con otros hombres" (TLA) – usado en nuestra literatura solamente para varones que participan en actos con el mismo sexo (solamente se menciona en otro lugar en el NT, 1 Timoteo 1:10). Probablemente, este término es más amplio que *malakos*. Algunos han sugerido que *malakos* y *arsenokoitos* son la pareja pasiva y la activa (o "hembra" y "macho") respectivamente.

La traducción ofrecida por el léxico BDAG puede ser confusa: "un varón que se involucra en actividad sexual con una persona de su mismo sexo, *pederasta*", puesto que BDAG más adelante agrega que *no se puede* limitar a la pederastia. Para una definición provisional de esta palabra poco común uno debe buscar sus dos componentes: es un compuesto constituido por *arsēn* ("macho, varón") y *koitē* ("cama")[173]. El equivalente hebreo, *mishkav zakur* (literalmente, "acostarse con un

---

un trato propio de mujeres" (note que esto supone haber sido sumisión voluntaria, no coaccionada). Filón, *Leyes particulares* 3.7 §37-38 (ed. Triviño) condena a aquellos que no se avergonzaban al someterse voluntariamente a otros hombres: "Por otra parte, otro mal mayor, y por mucho, que el que ya hemos mencionado, ha irrumpido con su orgía en las ciudades. Se trata de las relaciones sexuales con jovencitos. Al principio grande era el vituperio que implicaba la sola mención de este vicio; ahora, en cambio, es motivo de jactancia, y no solo para los que consuman el acto, sino también para los que asumen el papel pasivo, los que, habituados a soportar la enfermedad del afeminamiento, toleran la disolución de sus almas y de sus cuerpos, sin permitir que ni una brasa siquiera de su masculinidad se encienda. Y es de ver el modo ostentoso como trenzan y aderezan sus cabellos; se frotan y pintan los ojos con albayalde, afeites rojos y otras sustancias semejantes; y se engrasan untándose con esencias de gratas fragancias; que, entre los tales aderezos, el más seductor en todos aquellos que se adornan para mostrar una buena presencia es el perfume; y no se avergüenzan de transformar su naturaleza masculina en femenina, práctica que ejercitan como un arte. Estas personas son consideradas merecedoras de la muerte por aquellos que acatan la ley, la cual manda que, el andrógino que adultera la preciosa acuñación de su naturaleza, morirá sin redención no permitiéndole vivir un solo día, ni siquiera una hora, ya que es una deshonra para sí mismo, para su casa, para su patria y para todo el género humano".

173. Dale B. Martin argumenta que es falaz el definir el significado de una palabra al analizar su etimología, así él duda que *arsenokoitēs* signifique "sexo entre hombres". Mientras que su punto es válido en parte, él falla al mencionar que los significados de las palabras de hecho pueden ser a menudo encontrados en su etimología, especialmente en el caso de poco usadas o recién acuñadas palabras compuestas. En el caso de *arsenokoitēs*, es posible que Pablo mismo haya inventado el término con miras a *meta arsenos ou koimētēsē koitēn gunaikos* en Lev 18:22. El hecho de que la forma griega sea la imagen en espejo del hebreo *mishkav zakur* es una fuerte indicación que, en este caso, la etimología es de hecho reflejada en el significado de la frase griega. Martin trata de definir la palabra al mirar su uso en la lista de vicios, en *Oráculos Sibilinos* 2:70-77; puesto que la palabra ocurre cerca de otros pecados de opresión, dice él, entonces *arsenokoitēs* podría significar "sexo opresivo" entre hombres. De hecho, una lista de vicios es un contexto pobre para definir una palabra: algunas veces vicios similares se agrupan juntos, algunas veces no lo son. Martin concluye que mientras que *arsenokoitēs* puede significar algún tipo de sexo opresivo, nadie realmente sabe hoy qué significa. Cf. las páginas 119-120 en Dale B. Martin, "*Arsenokoites* and *malakos*: meanings

varón"), era el término regular rabínico usado generalmente para describir el sexo homosexual entre varones[174]. Es muy probable que Pablo estuviera pensando en Lev 18:22, "No te acostarás con un hombre como quien se acuesta con una mujer. Eso es una abominación". En la Septuaginta el verbo y preposición *koimaomai meta* ("acostarse con") es una metáfora para relaciones sexuales[175]. Una vez más en Lev 20:13 se afirma: "Si alguien se acuesta con otro hombre como quien se acuesta con una mujer, comete un acto abominable y los dos serán condenados a muerte, de la que ellos mismos serán responsables". Este versículo se encuentra en el contexto de otros pecados sexuales, tales como incesto y bestialidad. No hay nada en el contexto de Levítico que apoye la hipótesis de que Moisés estuviera específicamente condenando la "prostitución sagrada", esto es, juntarse con otro varón como parte de la adoración de algún ídolo (una práctica que luego aparece en Deut 23:18). Es entonces una falacia lógica argumentar: *Moisés condena el sexo entre hombres; existían los prostitutos paganos cúlticos en ese día; por lo tanto, cuando Moisés condena el sexo homosexual, él se estaba limitando a los prostitutos cúlticos homosexuales.*

Es importante notar que Levítico desempeñó un papel anteriormente en esta epístola. De Lev 18:8: "No tendrás relaciones sexuales con la esposa de tu padre", viene el mismo pecado que Pablo condena en 1 Cor 5:1. Así como el hombre incestuoso debe ser echado fuera de la comunidad, así el *arsenokoitai* será excluido del reino escatológico. Es decir, el apóstol que dice que nosotros no estamos "bajo la ley" puede también proseguir y definir el pecado sexual usando el mismo código Mosaico. Esta es la razón por la cual Pablo puede simplemente decir que "fornicación" (*porneia*) es un pecado, en esta epístola y en 1 Tes 4:3, usando este término como una sombrilla para todos los pecados sexuales. En el mundo gentil se requería que enseñara a sus nuevos conversos lo que él quería decir precisamente por "fornicación".

Con *arsenokoitai* entonces, Pablo está hablando de "hombres que se acuestan con otros hombres para tener sexo". Esta era la interpretación que daban los rabinos a Levítico, presumiblemente incluyendo al rabí Saúl antes de su conversión. Parece que Pablo, el apóstol, está enseñando la misma doctrina. El término es usado en nuestra literatura solo para varones que participan en actos del mismo-sexo[176]. *Arsenokoitai* es probablemente un término más amplio que *malakos*, el cual se refiere al participante sumiso.

---

and consequences", en *Biblical ethics and homosexuality: listening to Scripture*, Robert L. Brawley, ed., Westminster John Knox, Louisville, KY, 1996, pp. 117-36.

174. Robin Scroggs, *The New Testament and homosexuality*, Fortress, Philadelphia, 1983, pp. 107-8.

175. El verbo es pasivo en la LXX, el cual es un modismo griego común. Cf. el paralelo en Gen 19:32, donde las hijas de Lot planean: "Ven, vamos a emborracharlo, y nos acostaremos con él".

176. Fitzmyer, *First Corinthians*, pp. 255-58; Garland; Schrage, Thiselton, Fee.

De lo que carecen los términos es de cualquier indicio de que Pablo se limitara (o ciertamente, pensara) a la prostitución, o al abuso de menores o de esclavos. De hecho, es dudoso que Pablo se saliera de su rumbo para excluir a los *malakoi* del reino, si ellos hubieran sido esclavizados o forzados[177]. Una condenación de los coaccionados sería debatida, puesto que en la teología de Pablo, como todo en la enseñanza cristiana, donde no ha libertad para actuar no hay culpabilidad moral; presumiblemente, cuando Lev 20:13 dice que "los dos serán condenados a muerte", es porque ambos hombres estaban actuando de propia voluntad. ¿Cómo entonces, pueden los teólogos argumentar que Pablo está condenando a aquellos que son ejemplos extremos de los oprimidos: menores de edad o esclavos quienes son usados para sexo por la fuerza? Pablo, junto con Filón y Orígenes, condenan solo a aquellos que pecan de propia voluntad.

Existen aquellos que argumentan que si alguien encuentra una condenación de la actividad homosexual en 1 Cor 6:9, entonces esa persona debe haberse acercado al texto con un prejuicio anti-homosexual. Una analogía es entonces dibujada con la institución de la esclavitud: así como muchos cristianos una vez emplearon la Biblia para justificar la esclavitud, así hoy en día las personas la usan para condenar el comportamiento homosexual. La observación está basada en una verdad, que ningún lector se acerca al texto bíblico libre de presuposiciones. No obstante, la analogía de la esclavitud –la cual es muy a menudo asumida como un paralelo, no probado– se cae casi inmediatamente. Aquellos mismos exegetas a menudo toman *malakoi* como si quisiera decir hombres y niños que son usados para el sexo por la fuerza. Así entonces, ¿qué sucede si intercambiamos las dos categorías de 1 Cor 6:9 y las reemplazamos con "esclavo" y "dueño de esclavo"? Si Pablo, en algún constructo hipotético, hubiera querido condenar la esclavitud, no hubiera dicho por supuesto que tanto esclavos y dueños de esclavos serían excluidos del reino como "personas injustas" (*adikaioi*). De la misma manera, si Pablo hubiera querido condenar la práctica de sexo predatorio, forzado, hacia el que no está dispuesto, de ninguna manera él hubiera dicho que las *víctimas* de

---

177. Como cree Foulkes, p. 166 – "Juzgada por el amor y la justicia del reino, la práctica de la pederastia es condenada, porque constituye una relación injusta en que un hombre satisface su propio deseo aprovechándose de la inmadurez (y aun de la necesidad económica) de un jovencito". Mientras que estos pensamientos sobre pederastia son ciertos en sí mismos, Foulkes no ofrece prueba de que la pederastia sea el asunto en *este* pasaje. Ni presta cuidadosa atención al texto: si fuéramos a seguir su línea de pensamiento, entonces Pablo no está condenando la "pederastia", sino a las "víctimas de pederastia". Ella no puede explicar por qué Pablo excluiría al "hombre joven" de la salvación eterna. En la misma línea véase también Scroggs, *The New Testament and homosexuality*, pp. 126-27, quien argumenta que esto tiene que ver solo con pederastia y no con relaciones adultas consentidas. Martin, *"Arsenokoites and malakos"*, p. 122, lo hace hablar de *violación* sexual, aunque las referencias históricas que él cita no prueban su caso. Él agrega que a la larga nuestra ética debería incluir la Biblia, pero no necesariamente debemos tomar la enseñanza bíblica como autoritaria.

sodomía serían condenadas junto con sus opresores. La analogía de la esclavitud simplemente no se sostiene.

En Corinto y alrededor del imperio, existía todo tipo de actividad sexual. Pablo viajaba ampliamente y conocía su ambiente bien; él no era inocente. Conocía que existían relaciones que eran violentas, y otras que eran consensuadas. Había personas en relaciones heterosexuales, homosexuales y bisexuales. Por ejemplo, un joven podría tomar un amante del mismo sexo mientras estaba soltero, y más adelante se casaba con una mujer. De hecho, como observa Thiselton, en este versículo él parece estar dando pinceladas a grandes rasgos: ¡No solo los adúlteros, sino los fornicarios de cualquier tipo! ¡No solo relaciones "normales", sino homosexuales! ¡No solo el agresor, sino también el (voluntariamente) receptivo! Todos estos pecados caracterizan a quienes enfrentarán la exclusión del reino. Hay una advertencia implícita para quienes cometen actos sexuales ilícitos "normales" y desdeñan a otros pecadores que están marginalizados de la sociedad, todos están sujetos a la condenación de Dios. Ningún pecado sexual es racionalmente más detestable que otro, de modo que alguien parezca más digno de la condenación divina[178].

En la época moderna se tiende a considerar la homosexualidad en términos de orientación sexual más que en términos de una práctica. Verdaderamente, Pablo habría sido consciente de que algunos en su época practicaban actos sexuales a causa de sus propios deseos, mientras que algunos por ganancia personal (o para el beneficio de otros). Sin embargo, él no se refiere aquí a si la gente nace con tendencias homosexuales o si las adquiere. No menciona la bisexualidad, aun cuando la mayoría de los hombres practicaban actos homosexuales. Para Pablo esto no cambia el hecho de la exclusión de los injustos del reino.

El otro término que provoca discordia en nuestra época es *borracho*. Nos preguntamos si esto tiene relación con estudios modernos sobre alcoholismo y cómo, y una vez más hay quienes consideran que Pablo está irremediablemente alejado de lo que sabemos ahora. Aquí, como en el caso del sexo homosexual, debe tenerse en cuenta que Pablo está usando un término para describir *comportamiento*, no su causa o resultados subyacentes. Es un error representar a estos como "alcohólicos" con el fin de hacer sonar a Pablo más moderno; las dos palabras no son lo mismo para nada. Un "borracho" es una mujer o un hombre que bebe regularmente para intoxicarse. En este momento, a Pablo no le interesa si es alcohólico, o un parrandero ocasional, o un bebedor excesivo de fin de semana.

---

178. Cf. el excelente ensayo de Thiselton, *First Corinthians*, pp. 447-53. En contra, John Boswell concluye que "el Nuevo Testamento no toma una posición demostrable sobre la homosexualidad". Cf. *Christianity, social tolerance, and homosexuality*, Chicago University Press, Chicago, 1980, pp. 103-17.

Mientras que el Nuevo Testamento en ninguna parte prohíbe el uso de vino, Pablo sí habla acerca de su abuso (Ef 5:18; 1 Tes 5:7-8; 1 Tim 3:8; Tito 2:3)[179]. Él sigue los requerimientos escriturales contra la locura de la embriaguez, por ejemplo, Prov 23:20-21:

> [20]No te juntes con los que beben mucho vino,
> ni con los que se hartan de carne,
> [21]pues borrachos y glotones, por su indolencia,
> acaban harapientos y en la pobreza.

Lo que es notable acerca de esta lista es que no se centra en el pecado ocasional, sino en las conductas que "dominan la vida". Pablo no habla acerca del hombre que cae en pecado una vez, por ejemplo, con embriaguez; él se refiere a quien se le ha llegado a identificar con ese pecado. Estas conductas tienden a ser del conocimiento público y tienden a etiquetar a la persona completa. Así, un hombre no simplemente bebe a menudo y mucho, sino que él se ha convertido en, él es un "borracho", cuya conducta puede conducir a, e incluir abuso verbal, violencia física, fornicación, así como avaricia y odio u otros vicios de rápido desarrollo. Como todos los pecados en la lista paulina, nunca se mantienen como un hábito aislado, sino que conducen a un deterioro cada vez mayor y a una multiplicación de todos los tipos de pecado. La codicia, la idolatría y otros tienden a reproducirse y a multiplicarse rápidamente.

Llegamos ahora a la pregunta de la intención: ¿Por qué menciona Pablo esta enseñanza del reino aquí? ¿Por qué asume que el reino de Dios de forma patente afecta a cómo los cristianos manejarán los pleitos y fraudes? La respuesta es una espada de dos filos. Primero, el futuro reino anticipado refuerza la enseñanza paulina v. 1 y v. 6 (y quizá v. 4): estos pecadores gentiles son el tipo de personas que se hallarán sentados en los tribunales locales. Dios no permitirá a los tales en el reino; ustedes los juzgarán a ellos al final; entonces, ¿por qué no arreglar las pequeñas denuncias dentro de la congregación sin su interferencia?

El segundo punto es más sutil y más apremiante. Pablo ha visto conductas en la iglesia corintia que todos ellos saben que caracterizan a los condenados. El hecho de que la lista de vicios está tan directamente orientada a Corinto muestra que esta es una advertencia relacionada con su conducta más que una polémica

---

179. Hay una larga serie de los que desean probar que el vino en la época del Nuevo Testamento era solo jugo de uva. Tal exégesis es un ejemplo de la falacia conocida como "alegato especial" o "razonamiento *ad hoc*". Después de todo, ¿cómo es posible que el vino (*oinos*) no contenga alcohol si es un producto de la fermentación (Mar 2:22) y, si usado en exceso, causa embriaguez (Ef 5:18), mientras que al mismo tiempo *oinos* no contiene alcohol? De hecho, el consejo práctico de Pablo a que Timoteo "use un poco de vino (*oinos*)" (1 Tim 5:23) no tiene sentido a menos que el vino contenga alcohol: las dolencias estomacales de Timoteo eran debidas a que el agua que se bebía tenía contaminantes, que el alcohol en el vino mataría.

secundaria en contra de "los de afuera". Cuando un hermano corintio estafa, o fornica, o roba, o calumnia, o bebe demasiado, surge la interrogante de si él es solo un "llamado hermano". Quienes hacen tales cosas no deberían preocuparse solamente por las apariencias; o por mantener la unidad de la iglesia; ellos deberían cuidar su propio destino eterno[180].

La oveja adicta dentro de la grey 6:9-10

Acabas de recibir una llamada. Una hermana de la iglesia estaba frenética porque su esposo (un maestro de escuela dominical) admitió que estaba bebiendo. Eres el pastor, entonces ¿qué debes hacer? Sugerimos que tu papel con el adicto sea ser su pastor guiándolo hacia la reconciliación con Cristo, especialmente si el Señor ya lo ha puesto bajo tu cuidado.

La dificultad es que los adictos, lo primero que hacen es esconder su adicción, y la tendencia a disimular es más fuerte en la persona con una vida "normal". Significa que el adicto en la grey se inclina a engañar para evitar la deshonra. La pornografía por internet, por ejemplo, le sirve mejor que comprar revistas públicamente. La probabilidad es que en la grey sí hay adictos escondidos, pero bien escondidos.

En una serie de tres partes vamos a explorar unos aspectos de la adicción desde la perspectiva pastoral, específicamente cómo aconsejar a las ovejas adictas. En esta parte vamos a acordarnos de que no actuamos en el vacío, sino como portavoces de la Palabra de Dios. Entonces revisemos los datos conocidos sobre la adicción y seguidamente la verdad de la Biblia.

¿De qué adicciones estamos hablando?

Es natural que el pastor asuma que la adicción tiene que ver solo con alcohol o drogas. No obstante, hay muchas más, aún incluso sustancias "normales". Mencionaremos unas pocas:

Sustancias:
Alcohol
Drogas ilícitas: siempre marihuana, pero desde hace pocos años, la cocaína y otras son un problema creciente en Latinoamérica.
Medicinas: calmantes, píldoras para dormir, de dieta, etc.
Nicotina
Cafeína

---

180. Ireneo ofrece una fuerte exposición sobre este versículo y algunos otros de 1 Corintios, *Contra herejías* 4.27.4, con el fin de demostrar en contra de los gnósticos que el Dios del Antiguo Testamento y el Dios de Cristo son el mismo, y que el Antiguo Testamento se escribió para guiar a los cristianos. Citando 6:9-10, él nos recuerda que "no dijo eso para quienes estaban fuera, sino para nosotros, con la intención de que no fuéramos expulsados del Reino por hacer esas cosas".

Actividades:
Juego por dinero (legal o ilegal)
Pornografía
Televisión, especialmente las novelas
Desórdenes de la alimentación
Trabajo (¡una tentación típica del pastor!)

Y muchas más...

¿Qué encadenan todas estas adicciones?

A primera vista no parece que nada una estas diversas adicciones. Sin embargo, en su esencia funcionan de un modo parecido. Un especialista dice: "Aunque existan muchos tipos de adicción, sea la que sea, cada adicto puede tomar parte en una relación con un objeto o un evento para producir un cambio de humor deseado" (traducido de Craig Nakken, The Addictive Personality, 1988, 4). Entonces el adicto dice: "No me siento como quiero; me gustaría sentirme diferente; entonces este químico me lo dará". Luego, la sustancia disfrazada como la solución en sí misma viene a ser el problema principal. En la iglesia alguien aún se podría imaginar que no existe ninguna incongruencia entre su vida con la droga y su vida con Cristo.

¿Qué es adicción desde una perspectiva científica?

Las definiciones, p. e., la de la Organización Mundial de la Salud, generalmente subrayan los elementos neurológicos, sicológicos o sociales. Enfatizan aspectos reales como la dependencia y la tolerancia físicas a la sustancia. Y según los expertos, ¿qué causa la adicción? En este punto, las teorías son distintas. Unas mencionan la falta de autoestima, la crianza, la presencia de una enfermedad sicológica, la presión de los compañeros y —especialmente en años recientes— los genes. Cada hipótesis científica es útil y contiene parte de la verdad.

¿Qué es adicción desde una perspectiva bíblica?

Hay una pregunta que ningún científico puede poner a prueba: ¿Cuál es el elemento espiritual? Subrayemos una perspectiva muy importante. Romanos 1:18-25 muestra cómo se deformó la imagen de Dios por el pecado: cambiaron la verdad de Dios por la mentira, honrando y dando culto a las criaturas antes que al Creador. Aunque este pasaje tiene que ver específicamente con la gente no cristiana, es posible que un miembro de tu grey viaje por un camino parecido con una adicción. El domingo alaba a Dios en el culto, pero el lunes su amor, su devoción y su servicio pertenecen a otra sustancia. Efectivamente, la adicción es como una mentira contra Dios. Él miente, viviendo como si su vida con el Dios viviente no existiera o no fuera suficiente. Vive como si necesitara otro "salvador" —sea cocaína, cerveza, juego— para coronar su existencia. Como la humanidad en Romanos 1, ha escogido un ídolo, un dios falso, resultado de la imaginación. Sin embargo, aquel ídolo a su vez lo engaña:

- *Se siente poderoso, ¡pero no tiene poder!*
- *Se siente como si tuviera todas las respuestas, ¡pero está equivocado sobre el mundo!*
- *Se siente como si hubiera cambiado la vida para su propia conveniencia, ¡pero se llega a dar cuenta de que el universo no se adapta a sus sueños!*

¿Es la adicción un pecado, una enfermedad, o qué es? Sí, el modelo de adicción como una enfermedad es muy conveniente. Sin embargo, el adicto no solo se daña a sí mismo, sino que también ofende a Dios. Él ama y sirve a otro amo; ¿no es esta la verdadera definición de pecado? Sí, se puede sugerir la actividad de un espíritu inmundo. El problema es que muchos cristianos quisieran expulsar a tal espíritu para resolver el pecado, una solución que suena bien pero que no es la bíblica. Olvidan que nuestro pecado es contra Dios, y que tenemos que buscar la reconciliación con él. Sin embargo, hay buenas noticias, porque si Cristo vino aquí para redimir tanto al adicto como al pecador "normal", entonces podemos ofrecer un mensaje de esperanza y de cambio.

Como la adicción es una mentira, entonces una solución para aquella oveja debe basarse en un encuentro fresco con la verdad, o mejor dicho, con el Jesús que dijo "Yo soy la Verdad". Es aquí, hermano pastor, que puedes sentirte confundido. "Pensaba que todos los adictos estaban afuera, son cosa aparte de la vida de mi iglesia. Pero ahora me dices que es muy probable que haya adictos en mi grey, y ellos necesitan a Cristo también". "Bueno... si alguien no cristiano me pide ayuda, yo sé que hacer. Pero, ¿qué le puedo decir a la persona que ya parece ser cristiana?".

La tentación es enojarse o regañarlo, soluciones peligrosas, porque el adicto generalmente las usa como la excusa para beber o usar más droga.

Según Pablo, no tenemos otra receta fuera de Cristo crucificado (ver 1 Corintios 2:2), y es en la cruz donde hay una solución bíblica. Lo ilustro con el ejemplo de la aspirina. Es posible tomarse aspirina como una pastilla que ayuda al cuerpo entero. Además, se vende una crema que contiene la misma aspirina. Si le duele el dedo o la rodilla, se aplica solo al área afectada. Pero siempre es el mismo químico. Es así con el evangelio también: es posible aplicárselo completo a la persona (evangelización) o aplicar sus verdades a la parte infectada (consejería sobre un pecado esporádico o habitual, una adicción).

La homosexualidad y el evangelio 6:9

La palabra "homosexual" es de origen relativamente moderno: parece haber sido acuñada en 1886 en el libro de referencia alemán Psychopathia sexualis de Richard von Krafft-Ebing; él argumentó que la inclinación a la homosexualidad era producida durante la gestación en el vientre. Él trató la homosexualidad al lado de otras "neurosis" tales como la pedofilia y otras "perversiones" (sus términos). No obstante, la idea que algunos eran orientados homosexualmente no era invención suya; a lo largo del siglo XIX hubo una creciente tendencia a distinguir a los homosexuales del resto de las personas.

El debate moderno acerca de la naturaleza de la homosexualidad y los derechos de los homosexuales ha confundido terriblemente lo que dice 1 Corintios 6:9. Pablo no trata aquí "la orientación sexual", ni plantea la pregunta de lo que causa tal inclinación. Ni él se acercaría al tema usando la definición de homosexualidad de Krafft-Ebing como una enfermedad. Más bien, habla de conductas: actos de intimidad sexual de hombres con hombres, ya sea que el hombre sea el agresor o un compañero pasivo. Qué equivocado, entonces, traducir esto como "afeminados/ homosexuales" (como la RVR), términos que para el lector moderno conllevan implicaciones no sugeridas por Pablo. Para el apóstol, no se trata de lo que significa ser homosexual o, si se puede decir, bisexual o heterosexual. Antes bien, él toca el asunto en términos de conducta (la cual se mide) más que de orientación (la cual puede ser vaga y subjetiva). Esto constituye un marcado contraste para el lenguaje convencional de los sicólogos y de los grupos de homosexuales y lesbianas, quienes consideran la homosexualidad como algo que uno es en lugar de lo que uno hace.

Para resumir, el mensaje paulino en estos dos versículos es que la gente encadenada al pecado será excluida de la salvación. Incluye a hombres (lesbianismo no se contempla aquí) comprometidos en intimidad con su mismo sexo.

Nuestras respuestas culturales a la homosexualidad nos llevan por rumbos extraños. Por un lado, existe un desprecio hacia los hombres que actúan afeminados o que se conocen como practicantes homosexuales. En nuestras grandes ciudades circulan listas de incidentes de pandillas que golpean o matan a homosexuales. Sorprendentemente, se sabe de pandillas que emplean la sodomía con un homosexual con el fin de dominarlo. Este es un machismo americano en su máxima expresión, y por coincidencia se acerca también a la mentalidad del mundo grecorromano: "Tú no eres homosexual puesto que eres quien asume el mando y haces el papel de agresor". Esto no es tan evidente en ningún otro sitio más que en las prisiones, donde el abuso sexual es un elemento al establecer la jerarquía de poder. Las palabras de Pablo se aplican de igual manera a los antiguos griegos como a los colombianos o a los mexicanos de hoy: es la conducta lo que los condena a ustedes, no si se sienten sexualmente "encendidos" mientras que lo hacen[181].

---

181. Los hombres de Sodoma que querían violar a los huéspedes de Lot utilizaron la violación homosexual como una muestra de poder. Gen 19:4-11 en ninguna parte afirma que los hombres de Sodoma fueran gays, ni que su pecado fuera su orientación sexual. Más bien ellos querían afirmar su dominio sobre Lot y sus visitantes a través del uso de la fuerza sexual. Lot por su parte ofreció a sus hijas para que ellos las usaran sexualmente (19:7b-8), es decir, que él siguió el código tradicional de hospitalidad de Oriente Medio al sacrificar a su familia por la seguridad de sus visitantes que habían venido bajo su techo. De esta forma Lot "se sometió" a los hombres, que por su parte rechazaron la oferta de víctimas sustitutas (¿porque a ellos no les atraían las

En este comentario, seguiremos este acercamiento a la homosexualidad:

1. *Una inclinación homosexual no es, como una vez fue la moda en psicología, una enfermedad a ser curada.*
2. *Una tendencia homosexual está influenciada por la genética y experiencia in vitro, pero no determinada genéticamente. Esta parece ser la tendencia general de las investigaciones, y pensamos que corresponde bien con la enseñanza bíblica.*
3. *Una inclinación homosexual también parece estar ligada a una relación pobre o inexistente con el padre del mismo sexo. Mientras que ese no es el principal origen, muchos homosexuales hombres cuentan del abuso físico, emocional o sexual recibidos por parte de sus padres. Se sintieron rechazados por ese padre y llegaron a identificarse más con la madre, la cual los conducía a veces a un rechazo aún mayor hacia el padre. Tenemos que proveerles a los jóvenes varones modelos positivos del papel masculino, ya sea que lo haga un tío, un abuelo o un hombre de la iglesia.*
4. *La homosexualidad no se elimina forzando a los muchachos a ser más masculinos, o a las chicas más femeninas. De hecho, la situación podría empeorar si el padre rechaza al muchacho a quien le gusta la música o la poesía y es indiferente al fútbol. Todos los varones —y por consiguiente todas las jovencitas— deberían sentirse bien con lo que son y ser aceptados aun si sus gustos se salen de los intereses tradicionalmente masculinos o femeninos.*
5. *Una práctica homosexual no es una clase distinta de pecado. Muchos cristianos actúan como si fuera el peor posible. Pero es obvio que la fornicación homosexual con consentimiento no alcanza la crueldad de un incesto forzado o del abuso infantil.*
6. *La tentación homosexual no "se cura" hallando al hombre adecuado o a la mujer correcta. Existen demasiados casos trágicos de personas que han tratado de curarse a sí mismos por medio de un matrimonio que luego se desmorona.*
7. *Las tentaciones homosexuales no tienen que ser llevadas a cabo. Me agrada el tono de la carta del Cardenal Ratzinger en cuanto al tema: "Aunque la inclinación particular del hombre homosexual en sí no es pecado, sin embargo, es una inclinación más o menos fuerte a una conducta*

---

mujeres? El texto guarda silencio en esto) y amenazaron con violar a Lot en su lugar (19:9). El paralelo cercano en Jueces 19:22-25 es útil: un levita está quedándose en una casa en Galaad. Los hombres de la ciudad tocan la puerta para hacer que su anfitrión les entregue el hombre a ellos; el anfitrión ofrece a su propia esposa y la concubina del levita, pero los hombres rehúsan. No obstante el levita les arroja a su concubina, y ellos la violan grupalmente hasta que ella muere: los hombres de Galaad codiciaban la "dominación" más que sexo homosexual como tal.

intrínsecamente pecaminosa en lo moral"[182]. *Podemos añadir que alimentar cualquier pensamiento sexual ilícito aparte del matrimonio va en contra del evangelio, no importa la dirección (cf. Mateo 5:28).*

8. *Las tentaciones homosexuales pueden ser extremadamente difíciles de resistir. Esta conducta está profundamente arraigada en el estilo de vida de un individuo. Involucra su vida social y su ser interior, también el modo como se presenta a sí mismo ante los demás. Muchos hombres homosexuales que desean dejar ese estilo de vida y servir a Cristo encuentran que sus gestos afeminados son un obstáculo para ellos. Con cada gesto o palabra, envían señales de que "parecen" homosexuales, lo que los deja expuestos a enormes tentaciones. Muchos ministros cristianos animan a tales hombres a pasar tiempo con mentores no homosexuales. Esto les provee un modelo de alguien que exhibe conductas masculinas más convencionales.*

Escuchamos a los cristianos planteando el tema de la homosexualidad solo para menear la cabeza sobre los avances de "derechos de los homosexuales". Evangélicos y católicos generalmente se levantan juntos en contra de la legalización del matrimonio homosexual. Pero, ¿puede ser ese el enfoque del mensaje cristiano con respecto al homosexual? ¿Cómo deberían los cristianos abordar este tema tanto dentro como fuera de la iglesia?

1. *Sea directo acerca de lo que la Biblia llama pecado. Esto son en realidad noticias positivas, puesto que el evangelio está diseñado para pecadores. Por supuesto, hay una enorme presión en la actualidad para eliminar la conducta homosexual de la categoría de pecado. Algunos tratan de probar con base en la Biblia que hemos malinterpretado lo que ella dice en relación con la homosexualidad. He notado sus argumentos básicamente muy poco convincentes. Aun más, siempre debemos basar nuestro mensaje totalmente en la Palabra, no en alguna sensación de que "la homosexualidad solo se siente mal".*

2. *Predique a "Cristo crucificado" como la única respuesta para todos los interrogantes. Aunque muchos cristianos podrían recibir ayuda profesional (particularmente "los borrachos"), la cruz sigue siendo la base de todo cambio y de la reconciliación.*

3. *Manténgase firme en contra del odio, de la violencia y de la discriminación. La iglesia católica y la evangélica hablan en contra del pecado homosexual pero el mensaje es malinterpretado tanto por amigos como enemigos por igual. Los grupos a favor de los derechos de los homosexuales culpan a los cristianos por estimular la violencia y la discriminación en contra de ellos*

---

182. Cardenal Ratzinger, "Carta a los obispos sobre la atención pastoral a las personas homosexuales", Roma, Octubre 1986. En línea: http://www.vatican.va/roman_curia/congregations/cfaith/documents/rc_con_cfaith_doc_19861001_homosexual-persons_sp.html

(ante la ley, en el lugar de trabajo). Al mundo le cuesta aceptar que la iglesia puede considerar los actos homosexuales como pecado y, por otra parte, amar a los homosexuales. Trágicamente, el mundo posee bastante evidencia que respalda su opinión. No podemos permitir que esto continúe. La iglesia ama y recibe a la gente con tendencias homosexuales como lo hace con cualquier otra persona, ni más ni menos que con el amor de Jesús.

4. *Acepte que las iglesias evangélicas tienen miembros con tendencias homosexuales. Sí, esto significa que su iglesia también, no solo las otras, no solo las demás denominaciones. Recuerde esto la próxima vez que se vea tentado a burlarse de los homosexuales imitando su manera de hablar o de actuar. Esto es una puñalada en el corazón de la gente que estará buscando en ese momento el amor y el poder de Cristo con todas sus fuerzas. Qué beneficioso ser mentor de una persona que lucha con esto, porque pueden estar peleando contra la tentación aun hasta el día de su muerte.*

5. *No cometa el error de considerar a los grupos que defienden los derechos de los homosexuales como los voceros de todos los homosexuales; ni debe ignorarlos, puesto que se puede aprender mucho de la propaganda organizada.*

6. *Convierta su iglesia en un lugar de refugio para personas con SIDA. A menudo asociamos el SIDA con relaciones homosexuales, pero en esta parte del mundo principalmente es a causa del contacto sexual heterosexual[183]. Pero aun cuando todos los casos se debieran a un contacto homosexual, eso no debería disuadirnos de ministrar a quienes sufren. No tenemos la autoridad bíblica para proclamar el SIDA como una plaga enviada por Dios para castigar a los pecadores. Ni es sabio desalentar la protección en contra de las Enfermedades Trasmitidas Sexualmente (las ETS). Pero tenemos una clara oportunidad para demostrar nuestra intención de estar al lado de quienes sufren, aunque estos no sigan el evangelio. Muchas iglesias evangélicas han desarrollado un excelente ministerio con pacientes de SIDA y lo han usado como una oportunidad para el evangelismo y para proclamar su amor a la comunidad homosexual.*

6:11

Pablo concluye esta advertencia implícita con una nota positiva. *Y eso eran algunos de ustedes*, contrastando el pasado con el presente como lo hace a menudo (cf. especialmente Efesios 2:1-22). Y él utiliza la dinámica que es tan típicamente paulina: por un lado, los corintios son santos y *ya* son libres de esos pecados; por otro lado, ellos tienen que vivir lo que son, pueblo santo de Dios.

183. Ver los datos para América Latina y en otras regiones aquí: https://www.who.int/hiv/es/

Del mismo modo que en 1:30 ("justificación, santificación y redención"), hay una tríada de palabras relacionadas con salvación: *ya han sido lavados, ya han sido santificados, ya han sido justificados.* "Lavados" es un término común para la limpieza del ser interior. Algunos ven en esto una alusión al agua del bautismo (cf. también Hechos 22:16; 1 Pedro 3:21). Cualquiera que sea el punto de vista del bautismo, es claro que este no es un rito mágico: ¡Algunos de los bautizados actuaban como los perdidos!

Pablo hablará a los corintios del Nuevo Pacto en 1 Cor 11:25 y 2 Cor 3:6, el último versículo en particular muestra cómo él veía su ministerio, como un cumplimiento de la palabra profética. "Lavar con agua" había sido una parte del lenguaje del Nuevo Pacto desde los días de Ezequiel:

> Los rociaré con agua pura, y quedarán purificados. Los limpiaré de todas sus impurezas e idolatrías. Les daré un nuevo corazón, y les infundiré un espíritu nuevo; les quitaré ese corazón de piedra que ahora tienen, y les pondré un corazón de carne. Infundiré mi Espíritu en vosotros, y haré que sigan mis preceptos y obedezcan mis leyes (Ezeq 36:25-27).

Es posible que 6:11 (y Juan 3:5, "nacido de agua") tengan sus raíces en ese pasaje. Debido a que los corintios son "espirituales" (personas del Espíritu) y han sido "lavadas," esto significa que ellos se han vuelto de su antigua manera de vivir. Aunque Ezequiel ha estado hablando de Israel en su profecía, ahora los cristianos gentiles también se han convertido en nuevas personas. A lo largo de la misma línea, en otros pasajes Pablo hablará de los creyentes como revestidos del "nuevo hombre" (Col 3:10).

"*Santificados*" rememora el término "santos," el pueblo escogido de Dios en 1:2, y el templo santo que es la iglesia. Pablo cree que "justificados" se manifestará en una vida de santidad. ¡Quienes no son santos deberían tener cuidado con lo que excluye a la gente del reino de Dios! Como dice Gordon Fee (p. 281) de esta sección: "Para Pablo la teología no es una abstracción, sino la aplicación del evangelio a la vida en el mundo real". El apóstol no es amigo de que los creyentes puedan ser "posicionalmente" santificados y luego sigan viviendo en pecado: después de todo, "eso es lo que algunos de ustedes *eran*", en el pasado. Los llamados y justificados manifestarán ciertamente una vida de santidad. El anverso es también verdadero: aquellos que no son santos deberían tener cuidado de lo que excluye a las personas del reino de Dios. Sea codicioso, demande a otros cristianos, cometa pecado sexual, y usted estará actuando como los condenados.

La "justificación" es primeramente escatológica, esto es, que tiene que ver con el juicio final, cuando los justos heredarán el reino de Dios. No obstante, aquellos que creen en Cristo tienen la seguridad de que ellos ya han sido absueltos por Dios, en anticipación del fin. "Y a los que llamó, a estos también justificó" (Rom 8:30), y estos son ambos eventos pasados.

Es posible que *en el nombre del Señor Jesucristo y por el Espíritu de nuestro Dios* deba ser atribuido a todas las tres facetas de la salvación en 6:11, no simplemente "justificado". "Nuestro Dios" es el Padre que lava, santifica y justifica; los verbos pasivos son lo que se conoce comúnmente como los "pasivos divinos" y tienen al Padre como su ejecutor sin nombre. Barrett señala el "inconsciente Trinitarianismo" en 6:11, cómo Dios, el Señor Jesucristo y el Espíritu Santo todos trabajan en el creyente (véase asimismo la declaración aún más clara en 2 Cor 13:14). Inconsciente o no, el lenguaje tiene sus raíces en lo que Pablo ha dicho en el capítulo 2: que hay una sabiduría de Dios, y que esa es revelada en el Espíritu Santo y en el evangelio de la cruz de Cristo.

3. Libertinaje 6:12-20

Pablo salta a otro ejemplo de pecado, de nuevo sin palabras de transición. Esta sección es complicada por la fuerte posibilidad de que Pablo esté citando los dichos de alguna otra persona, es decir, lemas que revelan tendencias teológicas. Él las cita de la iglesia de Corinto, luego las refuta o las reorienta. Pero, ¿cuáles son dichos populares y cuáles afirmaciones paulinas? El griego carece de comillas u otros signos semánticos.

6:12

La NVI usa comillas donde piensa que hay citas de los corintios. Es muy probablemente correcto el denominar *"Todo me está permitido"* (*panta moi exestin*), como un eslogan corintio. Esa conclusión es reforzada por el hecho de que Pablo usa dos veces la frase, solo para refutarla, y que él hace lo mismo dos veces más, en 10:23[184]. Aparentemente esto refleja la actitud que Pablo satiriza en 4:8 –¡Nosotros somos reyes! ¡Somos ricos! ¡Podemos hacer lo que queramos!– y tal vez tenga relación con una actitud estoica.

¿Que querría decir un corintio con tal frase? Una explicación es que ellos interpretaron mal la doctrina paulina en relación con la gracia, dándole una lectura anti-legalista como se menciona en Romanos 3:8, 2 Pedro 3:14-17. O quizá los corintios rechazaban las normas morales convencionales porque eran "entusiastas" o tenían una "escatología realizada" que presentaba la fornicación como un hecho

---

184. Los comentaristas modernos son casi unánimes. Consultar la lista en Hurd, p. 68. Thiselton dice que aquí no hay una pregunta, sino una cita. El término griego implícito es *exestin*, el cual a veces se usa para lo que es legal o conforme con la Torá (por ej., Marcos 3:4; Mateo 12:2, 14:4). BJ y RVR usan una forma de "lícito", que sirve si no se toma como libertad legal en su sentido más estricto. VP prefiere: "Yo soy libre de hacer lo que quiera". Ambrosiáster, Ciro y Clemente de Alejandría parecen creer que la frase es paulina y por eso aclaran lo que Pablo quiso afirmar con esta. Calvino dice que Pablo inventó la frase, pero lo hizo para expresar lo que los corintios de veras tenían en mente.

indiferente para el espiritual. Como con este modelo en general, el texto no da indicación de que las personas visiten prostitutas o cometan incesto basándose en una escatología defectuosa; nosotros afirmamos que los corintios derivaron sus dichos de ciertas actitudes filosóficas comunes[185]. Por ejemplo, el estoico Epicteto solía usar *exestin* en este sentido, como "lo que se encuentra dentro del poder" de una persona, y pensaba que la verdadera libertad era la libertad para actuar con independencia. El hecho de que el eslogan encuentra solo un paralelo, estoico, indica que debería entenderse en esa dirección.

Entonces, ¿qué debería un hombre tener listo en tales circunstancias? ¿Qué más que esto? Lo que es mío, y lo que no es mío; y lo que es permitido (*exestin*) para mí, y lo que no es permitido (*exestin*) para mí[186].

Epicteto enseñó que la verdadera libertad era la libertad para la acción independiente dentro de los límites de lo "posible". La hipótesis estoica se ve reforzada aún más por una búsqueda exhaustiva en toda la antigua literatura griega del eslogan "todo está permitido para mí". Este eslogan tiene su paralelo más cercano en una frase estoica: "Pues ¿por qué debería uno enojarse con la deidad, para quien todas la cosas son lícitas (*hō panta exestin*)?"[187]. En ese caso, un corintio influenciado por el estoicismo puede buscar vivir libre de las restricciones innecesarias. Si un cristiano es suficientemente sabio para entender lo que puede o no puede hacer, entonces él puede hacer sus propias elecciones sin las reglas y regulaciones de algún apóstol[188].

¡La contestación paulina se presenta en lenguaje estoico también! Pablo aventajará a los corintios mostrándoles que un estoico auténtico –ni que hablar de un apóstol cristiano– desaprobaría su filosofía. *Pero no es todo para mi bien* (o "convienen", RVR; ver además BJ) traduce el verbo *sumferō*. Este es lenguaje estoico típico para denotar una acción apropiada (aunque también paulino, ver 2 Corintios 8:10; 12:1; además, LXX; Josefo, *Antigüedades* 1.8.1 §162).

---

185. En contra, entre muchos otros, Charles Talbert, *Reading Corinthians: a literary and theological commentary on 1 and 2 Corinthians*, Crossroads, New York, 1987, pp. 29-30, que señala como la fuente una "escatología ya realizada".

186. Epicteto, *Disertaciones* I.1.21. Cf. W. Foerster, *"exestin"*, en *TDNT* p. 2:560.

187. Una investigación por computadora de la literatura existente arrojó solo un paralelo claro para *panta moi exestin* en la literatura griega, y viene del estoicismo: Casio Dio (principios del siglo 3 d.C.) cita o inventa un discurso del emperador y filósofo estoico, Marco Aurelio. Marco dice: "¿Por qué debe uno enojarse con la deidad, para quien todas las cosas son permitidas (*hō panta exestin*)?", cf. Casio Dio, *Historiae Romanae* 71.24; también Filón, *Quod Omnis Probus Liber Sit* 59.

188. Thiselton, *First Corinthians*, p. 463, señala que los corintios no eran libertinos en el sentido normal. Más bien estos eran "personas espirituales" que estaban confundidas acerca de dónde se ajusta el cuerpo con el evangelio.

El segundo grupo de oraciones es muy parecido. La libertad es una cosa, pero los corintios olvidaron cuán dominante puede ser el pecado (ver Romanos 6:12-14; también 2 Pedro 2:19-20). Los estoicos tenían horror a ser coaccionados, ya fuera por su medio o por sus propias pasiones internas. Incluso un esclavo podía ser independiente y libre mentalmente, dada la filosofía correcta. La esclavitud comienza en la actitud, y es el destino del inculto. Pablo usa el verbo *exousiazō* para decir *no dejaré que nada me "domine"*.

¿Cómo este versículo invalida el uso frívolo de la posición estoica?

–Los corintios: ¡Yo soy un hombre sabio, puedo hacer lo que me plazca!

–Pablo: ¡Sí, pero aun los "sabios del mundo" saben cómo no usar incorrectamente aquello que los daña!

–Los corintios: ¡Yo soy un hombre sabio, puedo hacer lo que me plazca!

–Pablo: ¡Sí, pero aun los "sabios del mundo" no permitirán que factores externos los atrapen!

6:13

Hay una fuerte opinión por parte de los eruditos de que este versículo también es un eslogan corintio, aunque no es unánime como en 6:12. Es difícil determinar cuánto es pensamiento corintio y dónde precisamente se inicia la voz paulina. La mayoría sugiere que la primera frase es corintia: "Los alimentos son para el estómago y el estómago para los alimentos". Para los que limitan el eslogan a esa frase, Pablo comienza con: "Así es…" (NVI; también las demás versiones, por ejemplo la VP, "Es cierto, pero…"). Sin embargo, la otra lectura, en la que el eslogan llega hasta *a ambos*, tiene más sentido (cf. Foulkes, p. 175). Pablo comienza con: *Pero el cuerpo*.

Algunos corintios estaban diciendo que ellos podían pecar con el cuerpo, puesto que Dios iba a destruir el cuerpo de todas maneras. En ese caso, Pablo mismo empieza con: "Pero el cuerpo no es para la inmoralidad sexual, etc."[189]. La evidencia principal es que el argumento de Pablo en 6:13-14 es una apelación a la resurrección futura de los santos. ¿Por qué entonces afirmaría que Dios iba a "destruir" el cuerpo, cuando todo su sistema de creencias le informa que su cuerpo importa? Primero, el cuerpo cristiano es el templo del Espíritu (6:19); segundo, Dios resucitará el cuerpo (1 Cor 15); y tercero, aquellos que niegan la resurrección son los mismos que dicen cosas como: "Si los muertos no resucitan, 'comamos y bebamos, que mañana moriremos'" (1 Cor 15:32). De hecho este último eslogan

---

189. Thiselton; Jerome Murphy-O'Connor, *1 Corinthians*, Doubleday Bible Commentary, Doubleday, New York, 1998, p. 51; Jean Héring, *The First Epistle of Saint Paul to the Corinthians*, Epworth, London, 1962, p. 46; Hays; Fee; Fitzmyer.

es el paralelo más cercano de "Dios destruirá" el cuerpo en 6:12; las dos deben verse como expresiones de la misma falsa premisa.

> – Los corintios: ¡Mire, la comida es para el cuerpo y el cuerpo para la comida! ¡Qué importa, Dios acabará con la comida y con el cuerpo físico!
> – Pablo: (13) ¡Pero nuestro cuerpo no es para fornicación, sino para servir al Señor! ¡El Señor está interesado en el cuerpo, (14) como lo muestra el hecho de que Dios levantó el cuerpo de Jesús y resucitará nuestros cuerpos también!

¿Qué querrían decir los corintios? Algunos comentarios detectan en "comida" una referencia codificada al sexo. Esto es improbable, aunque su actitud para con la comida era la misma que para con el sexo: es un apetito natural, entonces ¡satisfagámoslo! En la segunda parte de la frase, ellos proclaman que Dios destruirá el cuerpo, no necesariamente quemándolo en el infierno, sino suprimiendo ese plan de existencia corpórea. Con este eslogan relacionado con la comida, y con sus acciones con prostitutas, dejaban ver el poco significado que tenía para ellos el cuerpo físico dentro de la salvación. Esto iba de la mano con su escatología espiritual, la cual consideraba la salvación para el "alma" no para el ser físico.

Los corintios pudieron haber conocido (según Conzelmann) la enseñanza del Señor de Marcos 7:19: "Porque no entra en su corazón, sino en su estómago, y después va a dar a la letrina. Con esto Jesús declaraba limpios todos los alimentos". Pero en ese caso, ellos lo habían aplicado mal con la idea de que las acciones corporales de una persona (comida, sexo) no podían tocar a la persona interior. Si ese fuera el caso, ellos no sabían o no tomaron en cuenta que Jesús hablaba de rituales en relación con el lavamiento de manos (Marcos 7:3-4), no de pecados de glotonería o fornicación (el cual se condena en Marcos 7:20-21).

6:14

Con su poder Dios resucitó al Señor, y nos resucitará también a nosotros. Esto anticipa el argumento detallado de Pablo en 1 Corintios 15, que si Cristo fue levantado en cuerpo, y nosotros estamos en Cristo, entonces es obviamente el placer de Dios redimir nuestros cuerpos físicos también. Ernst Käsemann tiene absoluta razón cuando cita este versículo para decir que "para Pablo es sumamente importante que la vida cristiana no se limite a la piedad interior ni a un cristianismo de otro mundo que no tiene ningún efecto en la vida en el mundo. En la obediencia corporal del cristiano… el señorío de Cristo se hace visible, y solo cuando esta expresión visible adquiere forma personal en nosotros, la totalidad se vuelve creíble como el mensaje del evangelio"[190]. La doctrina de la resurrección es un buen balance

---

190. Ernst Käsemann, "Primitive Christian apocalyptic", en *NT questions of today*, SCM, London, p. 135.

para un cristianismo interno o alejado del mundo, que no tiene efecto en la vida terrenal: porque "si los muertos no resucitan, 'comamos y bebamos que mañana moriremos (15:32b)'". La resurrección afirma que Dios es el creador del cosmos, y que él no lo abandonará al mal para siempre (cf. Romanos 8:18-23, que trata la resurrección del cuerpo a la par de la "liberación" de la creación.

6:15

Pablo llega al punto aquí, que la fornicación no puede coexistir con estar en Cristo. Con una fórmula diatriba, él les recuerda *que sus cuerpos son miembros de Cristo mismo.* Usa *sōma* (cuerpo) en 6:13, 15, 16, 18, 19, 20 (cf. especialmente 7:34 y 1 Tesalonicenses 5:23), y también *sarx* en su sentido neutral de "carne", 6:16, para subrayar que el evangelio tiene que ver con el ser físico. El cristianismo no se vive simplemente en el corazón, sino en el cuerpo en el mundo.

Los cuerpos de los cristianos son *miembros de Cristo.* Pablo pregunta retóricamente si es apropiado tomar lo que pertenece a Cristo *para unirlos con una prostituta.* ¡Jamás!, es su respuesta. Y pasa a explicar el porqué en el versículo siguiente.

No sabemos exactamente qué era lo que los corintios pensaban que podían hacer impunemente. La VP traduce *porneia* en 6:13 como "prostitución", basada en la relación entre *porneia* y *pornē* (prostituta). Lingüísticamente esta es una definición de *porneia* demasiado estrecha, porque puede usarse para todo tipo de pecado sexual (incluyendo incesto, 5:1; la forma verbal se refiere a orgías en 10:8). Sin embargo, es verdad que Pablo es quien menciona prostitutas en este versículo. Quizá su pecado era la fornicación con prostitutas y con otros, hombres o mujeres.

Esto nos impresiona a los occidentales como una conducta increíble para un cristiano, pero debemos recordar la cultura sexual de ese momento. Por supuesto, Corinto era una ciudad portuaria y mantenía prostitutas al servicio de los marineros y de los viajeros. Pero dentro de la población asentada, la prostitución era una norma cultural. Los hombres solteros jóvenes eran especialmente propensos a derrochar tiempo y dinero de esa manera. Con el tiempo, se le permitirá más libertad al rico y poderoso que al pobre… especialmente debido a que el rico podía darse el lujo de pagar por lo que quisiera. Una esposa no debía utilizarse para satisfacción sexual, sino para dar a luz a los herederos legítimos. Los esclavos eran para alivio sexual, y cualquier niño que naciera de esa relación no tenía parte en la herencia. Más allá de esto, las relaciones con prostitutas eran el derecho de los hombres. A pesar de las opiniones de algunos filósofos y de promotores de la familia como César Augusto que la menospreciaban, con todo la prostitución se consideraba aceptable en la sociedad, mientras que uno no quedara en bancarrota ni se convirtiera en un tonto[191].

---

191. Este acercamiento pragmático se refleja en el libro helenístico-judío Eclesiástico 19:2–3, VP: "El vino y las mujeres llevan al libertinaje; y el que anda con prostitutas se vuelve descarado. Se pudrirá, los gusanos se lo comerán, y su descaro será aniquilado".

Dentro de este contexto, un cristiano podría inventar un sinnúmero de racionalizaciones para estar con una prostituta: él estaba evitándole molestias a su esposa y no quería embarazos; estaba protegiendo la herencia de sus hijos; ayudaba a la economía local; él compartía con la muchacha (¡o el muchacho!) solamente con su cuerpo, su esposa todavía tenía el compromiso legal, y por supuesto, Jesús tenía su espíritu.

6:16

Así no es, dice Pablo, introduciendo otra fórmula diatriba encabezada por una cita de las Escrituras: *¿No saben que el que se une a una prostituta se hace un solo cuerpo con ella?* La naturaleza real de la unión con una prostituta se esconde detrás de un versículo fundamental, Génesis 2:24: *"Los dos llegarán a ser un solo cuerpo"*[192]. La LXX emplea *proskollaō* (juntarse con), un cognado del término paulino *kollaō* utilizado en Corintios. Para el apóstol, el mandato de Génesis no cubre solo el matrimonio legítimo (aunque sí lo hace Efesios 5:31). A los ojos de Dios, la persona se hace uno con cada compañero sexual, no importa cuán casual sea la relación. En otras palabras, es imposible categorizar las relaciones sexuales como meramente físicas, o por debajo de la atención o el interés de Dios.

Parece que algunos cristianos habían estado de acuerdo con Pablo pero luego llevaron el principio al otro extremo: el matrimonio con un incrédulo era en sí mismo una abominación y debería disolverse (ver 7:12-15).

6:17

Aplicando algunas de las verdades de 1 Corintios 2, Pablo completa este círculo recordándoles que el cristiano *se une al Señor* y por lo tanto *se hace uno con él en espíritu* (como NVI). Es mejor la traducción "en Espíritu": el cristiano se une a Cristo porque el Espíritu Santo se apropia de él como su templo (como es el punto en 6:19).

No es necesario argumentar que la unión con Cristo es exactamente el mismo tipo de unión como con una esposa (Efesios 5:30-32) o con una prostituta (aquí). Este no es el punto de Pablo. Su punto es que si un cristiano se junta en una unión con una prostituta y también en una unión con Cristo; entonces Cristo, que habita en él, en cierto sentido comercia con la prostituta. El pecado cristiano es mezclar dos mundos y producir así una abominación (cf. también 2 Corintios 6:14–7:1).

6:18

Ahora viene una exhortación: *Huyan de la inmoralidad sexual*, la cual quizá hace eco de la huida de José de la esposa de Potifar en Génesis 39:12. Este hecho se

---

192. Pablo añade "dos" (*duo*) al hebreo, pero también lo hace el Targum, LXX, Filón, Mateo 19:5-6, Marcos 10:8, Efesios 5:31.

evocará de nuevo en el motivo de Éxodo 10:8. La penetrante naturaleza del sexo y los encuentros diarios con la tentación significan que el creyente debe tomar decisiones claras y firmes con el propósito de evitar caer en pecado y deshonrar a Cristo.

Todos los demás pecados que una persona comete quedan fuera de su cuerpo tiene sus dificultades; la NVI probablemente es correcta (así BJ "queda fuera de su cuerpo"; VP "no afecta a su cuerpo"). Lo que es cuestionable es si la fornicación es el único pecado cometido "dentro" y *contra* el cuerpo físico. ¿Qué hay del suicidio, el abuso de sustancias, la glotonería? ¿No dañan el cuerpo también?

Las posibilidades se reducen a dos: o Pablo quiere decir que la fornicación es cualitativamente peor que otros pecados, los cuales no invaden a la persona hasta ese grado. O, como consideramos más probable, él habla en términos amplios en este contexto, exagerando a causa de que piensa en los corintios unidos con el cuerpo de Cristo y al mismo tiempo unidos a las prostitutas. No hay nada más groseramente discordante que ese pecado, insultante como es a Cristo y al Espíritu.

Prostitución 6:17-18

La prostitución, fornicación en general y las relaciones homosexuales son conductas que Pablo condena en esta carta. Es natural, puesto que el estereotipo grecorromano era que un hombre joven soltero acudiera a las prostitutas en busca de alivio, y los griegos a menudo mantenían relaciones homosexuales hasta que se casaban. Como resulta llamativo por su omisión, notamos que Pablo no dice nada acerca de la masturbación para aliviar el deseo sexual. El silencio paulino no debe tomarse como prueba de una cosa u otra; basta decir que la alternativa cultural al sexo con el cónyuge propio era tener sexo con otra persona, a menudo con una esclava.

La Biblia condena la prostitución de hombres y de mujeres. Normalmente, sin embargo, habla de mujeres prostitutas desde la perspectiva masculina (como en Proverbios 7:6-27; 23:27; 29:3). La Ley les prohibía a los sacerdotes casarse con una prostituta (Levítico 21:7-8) y condenaba la participación en la prostitución cúltica (Éxodo 34:16; Deuteronomio 23:18), problema al cual se alude en 1 Corintios 10:7-8. Por otro lado, no se castigaba a la prostituta misma, a menos que ella le produjera una desgracia particular al padre (Levítico 21:9; Deuteronomio 22:21).

En el NT, las prostitutas ocuparon un lugar importante en el ministerio de Cristo, pues ellas y otros pecadores notorios disfrutaban la salvación antes que los que se justificaban a sí mismos (Mateo 21:32). A pesar de lo que algunas versiones hacen con 1 Corintios 6:9 (especialmente ciertas versiones en inglés con "prostitutas masculinas"), la Biblia no prohíbe a las prostitutas su entrada en el reino de Dios. Esto difícilmente puede considerarse una actitud floja hacia la fornicación (¡de nuevo, 1 Corintios 6:9!). Antes bien, el evangelio resalta el castigo para los hombres que se relacionen con prostitutas en vez del castigo hacia las (mujeres) prostitutas mismas. Esto probablemente refleja la aplicación del evangelio en una cultura dentro de la cual las prostitutas eran esclavas o pasaban apuros económicos. Ellas, por tanto, no acarrean la misma culpabilidad como quienes fornican por su propia voluntad.

La institución de la prostitución en América Latina mantiene asombrosas semejanzas con el mundo de Pablo. En el machismo, se da por hecho que los hombres tienen necesidades sexuales irresistibles. Si no encuentran alivio por medio de las prostitutas, se supone que lo harán en contra de mujeres y niñas inocentes. La prostitución se vuelve un mal necesario y uno que se tolera si es que se hace discretamente.

En nuestro continente, la prostitución no es un crimen sin víctimas, la explotación inherente se ve claramente por todas partes: menores, chicos y chicas son vendidos en una virtual esclavitud. Su esclavitud se refuerza con la violencia y la pobreza. También se arrastra por la adicción a las drogas. "El turismo sexual" de los ricos a menudo tiene que ver con prostitutas menores de edad, como se lee casi diariamente en nuestros periódicos. Pero no pensemos que este es el único abuso. Las mujeres y los hombres mayores de edad también son explotados, en parte por su propia decisión pero también a causa de las circunstancias a las que han sido empujados. La adicción, la enfermedad y la violencia no acaban cuando una prostituta llega a la mayoría de edad.

Por esta razón, los teólogos de la liberación tales como Leonardo Boff en Brasil han ayudado a las prostitutas a organizarse en sindicatos de trabajadores con el propósito de proteger sus derechos y recuperar algún nivel de dignidad. En este caso, el lado pecaminoso de la prostitución se cree que descansa primordialmente en las estructuras de la sociedad que producen la opresión y deshumanización de los trabajadores del sexo. Mientras que nosotros los evangélicos podemos hallar esto (en parte) mal dirigido, hay una percepción profunda ahí también. Si nuestra respuesta a la prostitución es arrestar y encarcelar a la prostituta, ¿no estamos participando en su opresión en lugar de aliviarla?

Pablo no ofrece un remedio estructural para la prostitución, sino que se enfoca en el lado de la "demanda" de la ecuación. Específicamente, se les enseña a los hombres que no se unan con prostitutas, para honrar el matrimonio, para afirmar que sus cuerpos pertenecen a Dios y, si estos están casados, también a sus esposas. Más ampliamente se les enseña que Cristo vino a salvar a aquellos que se encuentran en los peldaños más bajos de la sociedad. Así, la cruz nos enseña a aceptar la gracia y a ofrecerla a otros quienes están todavía atrapados en y por el pecado.

Más allá de esto la iglesia debe dar otros pasos, más activos. Uno debe ministrar a la prostituta misma, para llevar a Cristo a las personas que son usualmente los más oprimidos de nuestra sociedad. Lo otro es trabajar para cambiar estructuras, especialmente aquellas en las que se usan la riqueza y el poder para encarcelar a los débiles para la explotación sexual.

Fuentes:

Fundación RAHAB: https://www.facebook.com/FundacionRahab/
Acerca de la explotación sexual de menores: Red Viva www.redviva.org

6:19a

Aquí hay un paralelo de 3:16-17, pero en esta ocasión se aplica al miembro individual de la iglesia: *su cuerpo es templo del Espíritu Santo*. Hemos recibido el Espíritu *de parte de Dios*; y si Dios ha colocado su Espíritu en nuestro cuerpo, entonces a Dios le importa el cuerpo. En 2 Cor 6:16 abordará el mismo punto, solo que en términos más fuertes, y usando "templo" en el sentido de todo el pueblo de Dios: "¿En qué concuerdan el templo de Dios y los ídolos?".

La presencia del Espíritu no elimina la personalidad individual, ni conduce al cristiano a una existencia de otro mundo en la que el comportamiento diario no importe. "El Espíritu no nos lleva lejos del cuerpo, sino que define la existencia en el cuerpo como existencia delante de Dios"[193]. Algunas veces escucho a personas que dicen que comen bien y hacen ejercicio y evitan fumar, así como las drogas, porque "mi cuerpo es un templo". Lo que están diciendo es que su cuerpo es el recipiente para la mente o el alma, y que ellos creen que deben cuidarlo apropiadamente. Esta es la filosofía que tenían los romanos: *Mens sana in corpore sano* ("una mente sana en un cuerpo sano"). Mientras que este es un acercamiento positivo a la salud física, el eslogan romano no es para nada lo que Pablo está insinuando o dando a entender. Más bien, el cuerpo cristiano es el templo de otra persona, de afuera, el Espíritu de Dios. Él habita los cristianos y los hace templo, y por el contrario, aquellos que no tienen el Espíritu no son templos en ese mismo sentido.

6:19b-20

Pablo pasa a una segunda metáfora, aunque relacionada: *fueron comprados* (*agorazō*, usado a veces, como su cognado *exagorazō*, como un término relacionado con redención). Desarrolla el hecho de la redención al que aludió en 1:30 (y el cual es importante en Romanos, Gálatas y Efesios). Aunque redención generalmente se describe como libertad de la esclavitud, aquí se usa en una dirección distinta: los cristianos fueron redimidos al ser comprados por otro amo, Dios. Redención implica un nuevo dueño, no autonomía, y definitivamente no "todo me está permitido". Los estoicos luchaban por la libertad que venía por la sabiduría y el dominio propio. Por el contrario, Pablo les dice, *ustedes no son sus propios dueños*.

El *precio* no se menciona aquí, pero desde luego es la muerte de Cristo (como es el caso en Romanos 3:24; Gálatas 3:13; Efesios 1:7; Tito 2:14). La misma terminología aparece en el capítulo siguiente, 7:23. Pertenecer a Dios o ser su templo son la experiencia del cristiano; estos versículos no pueden usarse para probar que naturalmente "el cuerpo es un templo" aparte de Cristo.

---

193. Conzelmann, *1 Corinthians*, p. 112.

El cuerpo del esclavo no estaba bajo su propio control, sino que era propiedad de otro. El dueño podía comprar y vender a la persona, o siendo más cruel, golpearla, violarla o matarla si lo decidía así. Un esclavo no tenía el derecho de suicidarse o de dañarse, porque eso sería en efecto robar lo que no le pertenece. El significado para el cristiano es que nosotros tenemos un nuevo Señor, que es Dios: *por tanto, honren con su cuerpo a Dios*[194]. Algunos manuscritos tardíos añaden "y en vuestro espíritu, los cuales son de Dios" (como RVR). Como Fee apunta (p. 302), este sentimiento acerca del espíritu humano es verdadero, pero la frase añadida disminuye el punto sobre el cuerpo. Esta exhortación deshace la idea falsa de los corintios, para quienes la noción de honrar a Dios con su propio cuerpo era inherentemente contradictoria. Ellos sabían que Dios era honrado en la mente, ¡mas no en el cascarón físico! Pero no, según Pablo, el cuerpo puede pecar; o el cuerpo puede honrar a Dios; pero ante todo, el cuerpo importa. Tertuliano es excelente en su contraste con el punto de vista filosófico: "Aunque la doctrina platónica ve en el cuerpo una cárcel, por lo demás la doctrina apostólica ve el templo de Dios, cuando está en Cristo"[195].

Honren con su cuerpo a Dios, qué apropiada conclusión para la primera parte de la epístola: la vida cristiana es para vivirla en el mundo, y vivirla para Dios. En 1 Corintios 7–10, se continúa con un tema parecido, pero contestando preguntas específicas surgidas de los corintios mismos.

"Honren a Dios con su cuerpo" 6:20

Crisóstomo (17.3) creía que existía una relación entre la carnalidad de los corintios y su negación de la resurrección. Él predicaba a su iglesia: "Entonces no se vuelvan incrédulos en cuanto a la resurrección; porque esta es una doctrina del diablo. Esto es lo que el diablo busca ardientemente, no solo que se deje de creer en la resurrección, sino que con eso las buenas obras desaparezcan". Algunos cristianos han llegado a creer que el cuerpo será destruido, lo cual borrará toda evidencia de su mala utilización (cf. nuestros comentarios acerca de 6:13). Pablo corrige ese error en 1 Corintios 15 y anticipa su aplicación práctica de la doctrina de la resurrección en 6:14: "Con su poder Dios resucitó al Señor, y nos resucitará también a nosotros".

Aunque no seamos tan sofisticados teológicamente para negar la resurrección, podemos rechazar inconscientemente algunas de las implicaciones de esa doctrina. De modo que: ¿Qué importa si dañamos nuestra mente o nuestra salud, si todo se

---

194. Ireneo, *Contra las herejías* 5.6; aquí el autor tiene una hermosa sección para mostrar que la salvación es para la persona completa. Cf. también 5.13.3: "Lo que es mortal será absorbido de la vida, cuando la carne no esté más muerta, sino que permanece viviendo e incorruptible, cantando himnos de alabanza a Dios, quien nos ha perfeccionado para esta misma cosa. Con el fin, luego, que seamos perfeccionados para esto, acertadamente le dice a los corintios, 'Honren con su cuerpo a Dios'".

195. Tertuliano, *De alma* 53.5 (Bray, p. 104).

reparará cuando Jesús vuelva? ¿Qué le importa a Dios el sexo fuera del matrimonio —acto que nos atrevemos a reducir a una simple función corporal—, si de todos modos mi sexualidad y mis genitales no podrán tomar parte en el reino de Dios? O, por extensión legítima, ¿Qué importa si destruimos el ambiente?

Un paralelo peligroso se halla en algunos cristianos que siguen el señuelo del falso misticismo. Este usa la vida íntima de oración y la meditación como escape. El verdadero misticismo anhela un encuentro con Dios, pero no para apartarse del mundo, sino para ser luz de Cristo en él. El falso toma la forma de una auto-negación del cuerpo, convirtiendo el sexo, la comida, el vino o las celebraciones en pecaminosos per se. La vida en el cuerpo se restringe con el fin de edificar la verdad, la vida interior. El misticismo verdadero se centra en la gracia de Cristo que no puede alcanzarse a través de una simple auto-negación o privación, sino que es un regalo del salvador crucificado. Podría haber un misticismo falso en el ejercicio de los dones también, si se los usa para apartarse del mundo por las lenguas u otras experiencias. Pablo señala aquí también que los dones son para la edificación del cuerpo de creyentes. O sea, son sociales, nos ayudan a ministrar de persona a persona en un grupo de cristianos.

Si, como Pablo ha enseñado, Dios ha redimido nuestro ser, incluyendo nuestro ser físico, de ahí se desprende que cuanto hacemos con nuestro cuerpo le importa a él. Debemos servir a Dios con los sentimientos, la mente, el corazón y con el cuerpo, el cual también es "para el Señor" (6:13).

Pablo emplea esta metáfora para mostrar la razón por la cual los cristianos no deben relacionarse con prostitutas. Nosotros los evangélicos con frecuencia usamos esto para prohibir ciertos vicios, a saber, el abuso del tabaco o de las drogas o el alcohol. De hecho estas son aplicaciones legítimas pero son bastante limitadas si nos detenemos ahí. Porque a Dios no le interesa que nosotros simplemente evitemos ciertas cosas dañinas. Como sus esclavos, le pertenecemos hasta en el más mínimo detalle: la comida y la bebida; el descanso y el trabajo; el sexo; las relaciones interpersonales, especialmente con otros siervos redimidos de Dios; las conversaciones, los pensamientos, las emociones; lo que nos permitimos ver y oír. Todo esto estará bajo el escrutinio de Cristo en su trono del juicio "para que cada uno reciba lo que le corresponda, según lo bueno o malo que haya hecho mientras vivió en el cuerpo" (2 Corintios 5:10).

C. Asuntos que los corintios han expuesto en su carta: 1 Corintios 7:1–16:4

1. Acerca del matrimonio: ¿No es el matrimonio tan solo la institucionalización del deseo carnal? 7:1-39

Los corintios habían escrito una carta a Pablo, ahora perdida para nosotros. Pablo ha esperado hasta ahora para empezar a contestar sus preguntas (véase *Introducción*), no necesariamente en el orden en el que estas fueron planteadas, sino en el orden que Pablo ha escogido. 1 Cor 7 es un estudio de cómo el apóstol aplica los mandamientos de Dios en una situación específica, basada en lo que podríamos etiquetar como "pragmatismo del evangelio". Con la excepción de 1 Cor 8–10, es el tratamiento más largo de Pablo en un solo asunto social.

Lo que hace a 1 Cor 7 tan difícil de interpretar es el hecho de que no estamos seguros de lo que los corintios habían preguntado y cuál era su motivación, ni cómo deberíamos leer la respuesta de Pablo basada en su "conversación". Este comentario seguirá el enfoque de que algunos corintios estaban en contra de la intimidad sexual y por lo tanto menospreciaban el matrimonio, siguiendo el "Punto de Vista 2" (véase abajo). No obstante hay otra forma, totalmente diferente, de interpretar el capítulo[196]:

Punto de vista #1. Pablo permite el matrimonio a regañadientes como una concesión (7:5), pero solo porque de otro modo algunos cristianos vivirían en fornicación (7:2). El matrimonio pertenece al orden de la caída y es un impedimento para la santidad y quizá para la salvación misma. Su ideal, de acuerdo con el cual él mismo vive, es que *es mejor no tener relaciones sexuales.*

Este capítulo fue uno de los textos principales que la iglesia católico-romana, a partir del siglo III en adelante, usó para promover el celibato como el estándar más alto. Mateo 19:10-12 y 22:30 fueron otros de los pasajes claves: en la era venidera no existirá el matrimonio, por tanto, en esta era el cristiano debe vivir como eunuco, es decir, sin sexualidad.

En el siglo II, la fijación cristiana con el celibato alcanzó su extremo. Uno de los mejores ejemplos de esta interpretación de Pablo aparece en el apócrifo *Hechos de Pablo y Tecla* de fines de este siglo, el cual lo retrata andando de acá para allá predicando un evangelio de "dominio propio y de la resurrección". En Cartago, Cipriano escribió que "Las vírgenes están avanzando tanto en la más alta como en la mejor parte al Señor"[197]. Más adelante, en el Este, Teodoreto de Ciro resumió 1 Cor 7: "Los corintios estaban preguntándole a Pablo si era correcto para los cristianos legalmente casados, una vez que ellos eran bautizados, disfrutar de las relaciones sexuales uno con otro. Pablo contestó alabando la castidad, condenando la fornicación y permitiendo las relaciones conyugales". Por supuesto, Pablo creía que la persona que se casa no ha "pecado" (7:28). Para Agustín, el celibato era preferible, pero no universalmente obligatorio; él lo llamaba la perla de gran precio[198]. Todavía existe la tradición

---

196. Cf., especialmente, la reseña de literatura de Thiselton, *First Corinthians*, pp. 487-97.

197. Cipriano, *Sobre la vestimenta de las vírgenes* 24. Ver también el estudio por Rosa Mentxaka, *Cipriano de Cartado y las vírgenes consagradas: observaciones históricas-jurídicas a la carta cuarta de sus Epístolas*, Lecce, Edizioni Grifo, 2010.

198. Agustín, *Confesiones* 6.11, 8.1.

romana de que los sacerdotes y obispos (en la iglesia oriental, solo los obispos) deben mantenerse solteros[199].

Punto de vista #2. El punto de vista que sostendremos en este comentario es que Pablo afirma que el matrimonio y el celibato son dones de Dios, y que escoger uno u otro depende de los dones del individuo y de la situación individual[200]. Ante Dios, a nosotros no se nos define por estar casados o no, por ser judíos o gentiles, esclavos o libres. La voluntad de Dios es usar a cada persona en el estado en que se encuentre, así que los corintios deberían quedarse como están a menos que las circunstancias los lleven en otra dirección, por ejemplo que los esclavos sean liberados, o que una mujer casada pierda a su esposo por muerte o por abandono.

En el caso de la posición #1, los corintios debieron de haberle escrito a Pablo para preguntarle en general acerca del sexo y del matrimonio. ¿Está bien que un cristiano se case? Yo estoy comprometido..., ¿debería seguir adelante con mis planes? Yo estoy casado..., ¿debería dejar a mi esposa? O, como afirma Teodoreto, *Yo estoy casado, ¿estoy en la obligación de tener relaciones con mi esposa?* La respuesta de Pablo en ese contexto sería que los casados no deben divorciarse, pero que si usted está comprometido debe acabar con su compromiso, a menos que, por supuesto, usted sea débil y no pueda controlar sus impulsos.

En el caso de la posición #2, posiblemente los corintios plantearon una pregunta capciosa con la intención de que Pablo condenara el matrimonio. Él responde que un cristiano no debería buscar un cambio de condición, imaginando que si mi situación fuera distinta yo sería mejor cristiano. La clave está en 7:7: "En cualquier caso, cada uno debe vivir conforme a la condición que el Señor le asignó y a la cual Dios lo ha llamado". Entonces, tal vez estos escribieron: *Pablo, ¿no es mejor que un cristiano viva como célibe? ¿No lo convierte esto en un mejor creyente, más separado del mundo y más libre de actividades menos importantes como las relaciones? De hecho, ¿no debería un cristiano casado vivir como célibe o dejar a*

---

199. La dureza del celibato de la iglesia primitiva fue moderada, en parte como una reacción al rechazo gnóstico hacia el matrimonio. Cf. *Catecismo de la Iglesia Católica*, §2349: "La castidad 'debe calificar a las personas según los diferentes estados de vida: a unas, en la virginidad o en el CELIBATO consagrado, manera eminente de dedicarse más fácilmente a Dios solo con corazón indiviso; a otras, de la manera que determina para ellas la ley moral, según sean casadas o célibes'. Las personas casadas son llamadas a vivir la castidad conyugal; las otras practican la castidad en la continencia. 'Existen tres formas de la virtud de la castidad: una de los esposos, otra de las viudas, la tercera de la virginidad. No alabamos a una con exclusión de las otras. En esto la disciplina de la Iglesia es rica' [San Ambrosio]". Cf. además §915, 1579-1580, 1599 para una explicación en cuanto al celibato en el clero.

200. Cf. Fee; Thiselton; Robertson y Plummer; Héring; "Sex: marriage and divorce", en Victor Paul Furnish, *The moral teaching of Paul: selected issues*, Abingdon, Nashville, TN, 1985.

su esposo o esposa? ¿No debería un hombre romper con su prometida? ¿No debe una viuda quedarse sin casar?

Aquí una vez más, Pablo puede estarles citando la creencia corintia, solo con el fin de legitimarla o refutarla (cf. los comentarios en 6:12-13, 10:23). Una vez que la frase "tocar a una mujer" es interpretada correctamente (cf. comentario en 7:1), *no puede* ser vista como la propia creencia de Pablo, y es probable que él los esté citando o al menos resumiendo su actitud[201]. La NVI está en lo correcto al poner 7:1b entre comillas. Nosotros podemos parafrasear: *Ahora, con respecto a las cosas sobre las que ustedes escribieron; primero, esta idea de que es mejor que el hombre no tenga relaciones sexuales con una mujer. Muy bien, sin embargo, a causa de la fornicación, los hombres y mujeres deben casarse, etc.* Pablo ya se ha mostrado de acuerdo con la institución del matrimonio, citando Gen 2:24 (en 1 Cor 6:16), siendo en Génesis la respuesta a "No es bueno que el hombre esté solo" (Gen 2:18). No necesitamos ni siquiera comentar un pasaje tal como Ef 5:22-33, con su pronunciamiento de que el matrimonio es un modelo de nuestra unión con Cristo. El Judaísmo del Segundo Templo estuvo casi unánimemente a favor del matrimonio, y también del sexo dentro del matrimonio[202]. Pablo, aparentemente, no había cambiado de opinión, pues estar casado es un don de Dios (7:7) y ve las relaciones sexuales dentro del matrimonio como un deber (7:3).

Detengámonos aquí para definir dos términos cuyos significados son con frecuencia confusos, aun para los estudiosos: *ascetismo* y *celibato*. Las personas comúnmente confunden el uno con el otro, y una revisión de comentarios y el estudio técnico de esta epístola muestra que aun los eruditos fallan al tratar de definir apropiadamente sus términos, haciendo afirmaciones *non sequitur* en la línea de "nosotros sabemos que Pablo era un asceta, porque él escogió no casarse". Este es un serio error, y conduce a toda clase de malentendidos teológicos.

Celibato: ("abstinencia" es un sinónimo cercano en este contexto, como es "castidad"), la decisión de abstenerse del matrimonio y de todas las relaciones sexuales, generalmente por una razón religiosa o moral. La persona no es necesariamente virgen, tal vez esté formalmente casada. Pero él o ella han optado por ese modo de vida para siempre o simplemente por el momento.

Ascetismo: un estilo de vida estrictamente disciplinado, normalmente con el fin de alcanzar un nivel espiritual más elevado. El ascetismo incluye abstenerse del sexo, de ciertas comidas, de alcohol, de comodidades carnales, o de actividades

201. Así muchos comentaristas modernos, por ejemplo, Barrett, *First Corinthians*, p. 154; cf. Hurd, *Origin*, p. 65; especialmente Garland, *1 Corinthians*, pp. 247-54.

202. Los esenios deben de haber sido una excepción, y por esa razón ellos observaban una normativa poco común del judaísmo (Josefo, *Guerras* 2.8.2 §120; *Antigüedades* 18.1.5 §21; Filón, *Hypotética* 11.14-17). Hay mucha discusión acerca del papel del celibato entre los esenios y la comunidad de Qumrán.

que arrastran al creyente a lo mundano. El único ejemplo positivo de ascetismo en el Nuevo Testamento es Juan el Bautista, quien con su vestido simple, su comida silvestre y su abstinencia de alcohol reflejaba la tradición nazarea del Antiguo Testamento (Lucas 1:15). Los judíos se quejaban de que Juan era asceta, pero también de que Jesús *no* lo era (Mateo 11:18-19).

Basado en estas definiciones, una persona no casada puede (y de acuerdo con Pablo, debe ser) célibe, pero ese estilo de vida casto no tiene que ver necesariamente con el ascetismo. Por su parte, el interés de los corintios en el celibato puede haber surgido de un compromiso con el ascetismo o de un deseo de vivir libre de las preocupaciones de la familia[203].

Pablo era célibe, aunque se piensa que estuvo previamente casado. Él insta a otros cristianos a seguir ese estado si ellos tienen ese don. Como veremos más adelante, esto se debe a razones prácticas, no a una creencia asceta de que esto lo acercaría a Dios. Pablo, de hecho, condena las herejías ascetas en Colosenses 2:8-23. El "error colosense" incluía abstenerse de comidas, del contacto con ciertas sustancias, y "fingir humildad" supuestamente con el fin de hacerse más santos. Pablo mira esto no solo como un esfuerzo inútil, sino absolutamente como una distracción de la centralidad de Cristo. De nuevo, en 1 Timoteo 4:3 Pablo cataloga como herejes a quienes "prohíben el matrimonio y no permiten comer ciertos alimentos que Dios ha creado".

Pablo mismo no vivía como asceta, pero quizá su celibato provocó que los corintios preguntaran si ese era el plano más elevado para un cristiano. Pablo afirma su valor –obviamente, ¡porque él lo ha escogido!–, pero sus razones, como ya mencionamos, son prácticas más que teológicas: para algunos creyentes, es mejor mantenerse sin los impedimentos de una esposa y una familia. Él hubiera tenido esposa si hubiera querido (9:5). Afirma que era mejor para él no tenerla (7:7, 8, 40) así niega el argumento de los corintios. Las razones que él da son prácticas, en parte porque la iglesia está en crisis (7:26). Sin esposa, Pablo encuentra más fácil dedicarse a los negocios del Señor (7:32-35); no implica que encuentre más fácil alcanzar la *salvación*.

Dentro de estas líneas, Pablo da algunas instrucciones específicas y unas recomendaciones muy personales para varios grupos sociales. Este es un estilo que él ha usado a lo largo de la carta, por ejemplo, él trata con asuntos locales mientras que no hace comentarios acerca de otros pecados (cf. 1 Cor 6:9-10). Debido a esto, el lector debe aceptar que 1 Cor 7 no es un libro general de reglas

---

203. Contra Will Deming, *Paul on marriage and celibacy: the Hellenistic background of 1 Corinthians 7*, Eerdmans, Grand Rapids, MI, ²2004, quien argumenta que el deseo estoico de permanecer sin ataduras fue la base para la objeción de los corintios al matrimonio. Deming también aporta una fuerte prueba de que el ascetismo como tal no era el objetivo de Pablo en este capítulo.

sobre soltería, matrimonio, divorcio o viudez. La palabra de Pablo a Corinto estaba basada en su realidad concreta. Sus comentarios sobre divorcio, por ejemplo, deben ser comprendidos dentro de un contexto de ley romana y costumbre, y la aplicación a nuestra cultura debe incluir el paso adicional de traducir sus palabras a un contexto muy diferente. En otras ocasiones, el estudiante debe contentarse con decir "en este asunto, no tenemos una palabra clara".

Tanto judíos como griegos sostenían que una mujer debía estar siempre bajo la vigilancia de algún hombre, ya fuera esposo, padre u otro pariente masculino. Por lo tanto, bajo la enseñanza de Pablo hay una presuposición que hubiera parecido radical a sus contemporáneos: él fue cuidadoso al dirigirse tanto a hombres como a mujeres directamente. Él afirmó los derechos de la mujer dentro del matrimonio y el derecho de ella de permanecer soltera si ella lo escoge. Él insistió que tanto los hombres, como las mujeres, "pertenecían a" sus esposos, y que ellos deben serles fieles y no divorciarse de ellos. No solo en términos de moralidad, sino además en términos de su trato hacia las mujeres, el evangelio funcionaba al contrario de las costumbres del Corinto romano.

a. Principio general: La gente recibe el don del matrimonio o del celibato; en general, los cristianos deben casarse, y los cristianos casados deben vivir como marido y mujer 7:1-7

7:1

Los corintios querían que Pablo confirmara su opinión de que *es mejor no tener relaciones sexuales*. El original contiene un modismo bien atestiguado, "no tocar (de *japtomai*) mujer", un eufemismo característico para el contacto sexual[204]. Algunos corintios afirman que todo contacto sexual es incorrecto, dentro o fuera del matrimonio[205]. Ellos mismos primero usaron el término *kalon* (NVI "mejor"; o preferiblemente, "bueno" en el sentido del bien moral supremo).

---

204. Esto *no* significa "casarse"; cf. Witherington, p. 175. Nótese el uso judío en Génesis 20:6; Proverbios 6:29. Josefo, *Antigüedades* 1.8.1 §163 comenta el pasaje de Génesis y los usos de *japtomai*. En *Ant* 2.5.1 §63 ofrece una idea parecida (tocar a la mujer de otro hombre), pero con el sinónimo *psauō* en vez de *japtomai*.

205. Contra Winter, *After Paul left Corinth*, pp. 225-26, quien se inclina hacia el punto de vista que significa "no tener relaciones sexuales con la propia esposa". Cf. también Norbert Baumert, *Woman and man in Paul: overcoming a misunderstanding*, Liturgical, Collegeville, MN, 1996, p. 30, que traduce esto: "bueno para un hombre (casado) (en ocasiones) no acercarse a su esposa (no tocarla)". Aunque ellos están en lo correcto técnicamente, que ese *gunē* ("mujer") también podría significar "esposa", el eslogan parece ser más bien un rechazo general de todo el sexo, sentando así las bases para que Pablo se dirija a los solteros, viudos, y vírgenes.

¿Cómo había producido esta enseñanza una iglesia que tolera el incesto y las prostitutas? Tal vez ellos eran sarcásticos con Pablo con el fin de adquirir más libertad sexual: *¿Usted dice que no podemos fornicar...? Entonces, si nosotros acatamos su punto de vista todo el sexo es sucio, ¿correcto? Todos los casados deberían divorciarse y todos los novios deberían terminar, ¿verdad?* Pero es más probable que un grupo u otro, viendo el desorden que el sexo causaba en la iglesia, se fuera al otro extremo y sugiriera que todos los cristianos fueran célibes. O a lo mejor llevaron la reverencia de los estoicos por el autocontrol hasta un extremo lógico, y como lo hacían ellos generalmente, hacia un supuesto ideal más elevado que era contrario al evangelio, por una parte, e insoportable, por la otra.

7:2

Pero Pablo comienza a modificar este punto de vista. La perspectiva corintia mezclaba un poco de verdad con mucha distorsión y Pablo hace grandes esfuerzos para mostrar cuál es el camino cristiano. A primera vista, él parece decir que el matrimonio es un mal menor que la fornicación, pero hay una mejor lectura. Inmoralidad es más literalmente "fornicaciones" (*porneia*) en plural, entonces en el griego dice: *a la luz de los casos de inmoralidad*, o como en NVI, *en vista de tanta inmoralidad*. Pablo no está inventando una situación hipotética (5:1 y 6:15-18 también las tres listas de vicios en 1 Cor 5-6), cuando señala que ese celibato universal obviamente fallará en Corinto.

En 7:2b-4, él da tres afirmaciones a favor del matrimonio y del sexo dentro del matrimonio. Observe que el hombre y la mujer se representan cuidadosamente en igualdad, a diferencia del eslogan en 7:1

> Cada hombre debe tener su propia esposa,
> ...y cada mujer su propio esposo.
> El hombre debe cumplir su deber conyugal con su esposa,
> ...e igualmente la mujer con su esposo.
> La mujer ya no tiene derecho sobre su propio cuerpo, sino su esposo.
> ...Tampoco el hombre tiene derecho sobre su propio cuerpo, sino su esposa.

"Tener esposo/a" es simplemente eso: estar "casado"; no necesariamente significa casarse, ni tomar esposa, ni practicar las relaciones dentro del matrimonio. En estos primeros versículos Pablo se refiere de un modo muy general a lo bueno del matrimonio y de la sexualidad dentro del matrimonio como una norma para los cristianos.

7:3

El celibato puede ser un estilo de vida de provecho pero está mal tratar de vivirlo cuando uno ya está casado. Si había un movimiento a favor del celibato, probablemente venía del mundo griego. En general, el sexo, el matrimonio y los hijos se consideraban impedimentos para una vida de crecimiento filosófico y de sabiduría. Los judíos hablaban a favor, y sorprendentemente con franqueza, acerca del valor del sexo entre marido y mujer[206]. Como rabino y como apóstol, Pablo habría tenido esta actitud positiva hacia el sexo marital.

Los griegos y los romanos creían que el esposo tenía ciertas responsabilidades para con su mujer, entre éstas la primera era el derecho al sustento económico. Más allá de esto, se esperaba que el esposo típico fuera discreto con sus amantes y no avergonzara a su esposa. Pablo no tendrá nada que ver con esta doble moral. Un esposo cristiano tiene un deber hacia su esposa, no solo abstenerse de la infidelidad, sino también tener relaciones sexuales con ella. En Cristo, el hombre es para la esposa y ella para su marido, y ambos tienen un *deber conyugal*. Si el concepto de deber nos parece desagradable a nosotros los modernos, nosotros podríamos recordar que el sexo no es solo una obligación, sino que es un don de Dios (cf. v.7).

7:4

Por supuesto, los griegos y los romanos deseaban que la esposa fuera fiel, aunque el hombre no lo fuera. Su paradigma tradicional era:

> Nosotros mantenemos amantes para nuestro placer,
> concubinas que nos sirvan todos los días,
> pero tenemos esposa para procrear la descendencia legítima
> y que sea fiel guardián del hogar[207].

Pero Pablo se manifiesta en contra de la opinión predominante, haciendo que tanto el marido como la mujer tengan obligaciones el uno para con el otro. En *no tiene derecho* él usa la misma palabra, *exousiazō*, que usa en 6:2 en el sentido de "que nada me domine". Aquí Pablo no habla de dominación, sino de derechos. Comienza con la parte con la cual los tradicionalistas de su audiencia estarían de acuerdo, que *la mujer ya no tiene derecho sobre su propio cuerpo, sino su esposo*. Pero espere, ¡aún hay más! Pablo usa *tampoco* (o "asimismo", *jomoiōs*) y un lenguaje idéntico para el esposo. Él tampoco es autónomo, sino que su cuerpo le pertenece a su mujer. Esta es una afirmación revolucionaria para los paganos, pero también para los judíos.

---

206. Para quienquiera que piense que los judíos no valoraban las relaciones maritales, un vistazo a la Misná será suficiente. que recomienda las relaciones diarias para quienes se encuentran en el hogar. Cf. *m. Ketubbot* 5.6 (versión del Valle) – "La obligación del débito matrimonial impuesto por la ley es: los ociosos, todos los días; los trabajadores, dos veces por semana; los arrieros, una vez por semana; los camelleros, una vez cada treinta días; los marineros, una vez cada seis meses."

207. El formulario fecha del siglo II a.C., en *In Neaeram* 59.122, libro incorrectamente atribuido a Demóstenes. Citado en G. W. Peterman, "Marriage and sexual fidelity in the papyri, Plutarch and Paul", *TynB* 50.2, 1999, pp. 163-72.

Esto denota que el hombre es libre solo para tener relaciones sexuales con su esposa, y ella posee el derecho, no solo el privilegio, de su fidelidad y de su compañía.

Si alguien en Corinto era el tipo de persona súper-espiritual, que quería orar más que comportarse como un esposo, él debería pensar en esto: primero, su cuerpo no le pertenece a él mismo, sino al Señor (6:19). Pero segundo, su cuerpo también pertenece a su esposa (7:4). Esto significa que aun la persona espiritual no tiene derecho a rechazar a su esposa, supuestamente en favor del Señor.

El sexo y el matrimonio cristiano 7:2-4

La cultura latinoamericana posee raíces profundas en el modelo clásico acostumbrado en los días de Pablo. Aquí, como en Corinto, se considera que el marido es dueño del cuerpo de su esposa, pero el derecho no es mutuo —la esposa da y no espera—. Quizás el hombre puede mantener relaciones extramaritales —con una segunda esposa ilegal, con una amante, con una prostituta, con una conocida—. Hace esto porque es hombre y los hombres tienen esos impulsos. Se considera que ellos están obligados a mantener a los hijos que procreen, pero en la práctica ellos hacen caso omiso de las normas tradicionales y abandonan a sus múltiples mujeres y novias con sus hijos. Se piensa que las mujeres tienen un impulso sexual menor y que ven el sexo en términos de concebir hijos. Las mujeres que muestran un interés en el sexo se vuelven objeto de sospecha por su promiscuidad.

Por supuesto, con la urbanización y la globalización de América Latina, con más mujeres con educación universitaria y que trabajan fuera del hogar, se hace visible la presencia de algunos de los valores occidentales. Normalmente, estos valores incluyen que una mujer tiene tanto derecho como el hombre a ser sexualmente activa, a escoger sus compañeros y a expresar verbalmente sus necesidades sexuales. El control de la natalidad o el aborto son muy valorados, con el incentivo agregado de terminar una carrera antes de iniciar una familia. Entonces también, para nuestros hombres y mujeres jóvenes, el deseo sexual a menudo está completamente separado del amor marital. Puede simplemente llegar a ser una necesidad física más la cual requiere satisfacción donde sea, por medio de la masturbación o de relaciones sexuales casuales. O quizá la gente trate de fingir lo que fue el plan de Dios al establecer una relación duradera con alguien que se espera que le sea fiel. Pero todas estas opciones serán destructivas al final. Las parejas no casadas que viven juntas para "probar" la monogamia son estadísticamente más dadas a ser infieles después y acabar en divorcio.

La enseñanza paulina choca con ambas culturas, la clásica y la occidental moderna. ¿Cuáles son las implicaciones de ella para hoy en día?

1. Dentro del matrimonio, la relación sexual es una responsabilidad y un derecho mutuos

Trate de decirle a la gente de hoy que el sexo es un deber y será testigo de una colisión de culturas inmediata. En la sociedad de hoy, es de poca o de ninguna importancia si una pareja está legalmente casada. Si el deseo sexual se enciende, entonces todas las reglas y las responsabilidades se hacen a un lado. Lo que es más, el "deber sexual" siempre se imagina en términos patriarcales: la esposa tiene el deber de satisfacer a su marido cuando él quiera, mientras que el esposo no tiene responsabilidad hacia su mujer. Hasta los cristianos se ofenden con que Pablo sea (aparentemente) tan insensato como para darle valor al sexo marital debido a que así disminuiría el índice de fornicación.

¿Qué hay de las relaciones como un "deber"? Es de ayuda pensar en estos términos: en la vida cristiana hay muchos deberes: congregarse, leer las Escrituras, orar, hacer el bien a los pobres, etcétera. Estos tienen que cumplirse ya sea que sintamos ganas o no. Por otra parte, nos equivocamos si de mala gana los consideramos como "meras obligaciones". No se trata simplemente de dar; sino de que Dios "ama al dador alegre". Tenemos que orar con regularidad; pero no lo hacemos sin entusiasmo ni dejamos de orar y esperamos hasta que nos sintamos diferentes. Lo correcto es cambiar nuestra reticencia o nuestro resentimiento hacia Dios como primer acto de alabanza, luego ir a cumplir nuestro deber con alegría. Es lo mismo con el sexo: tenemos el deber de ser fieles a nuestro cónyuge, pero también de considerar esto como positivo, como un deber alegre.

Pablo no estaba atrapado en el sexismo y costumbres patriarcales de su tiempo. Extraordinariamente, según Pablo, el deber sexual marital es para compartirse de la misma manera tanto para el hombre como para la mujer. Esto redujo severamente las opciones para los hombres cristianos de Corinto donde la prostitución era socialmente aceptable siempre que fuera discreta. Que le dijeran a un converso del paganismo que "tampoco el hombre tiene derecho sobre su propio cuerpo, sino su esposa", era una exigencia impresionante. Tal pertenencia mutua a los filósofos les parecería intolerable para un hombre educado: ¿Su esposa la dueña de su propio cuerpo? ¿Entonces de qué sirve la libertad que el hombre sabio está tratando de cultivar?

En este modelo de "pertenencia mutua", el sexo marital se da y se recibe libremente. Esto elimina toda manipulación sexual como medio de control. Tradicionalmente, esta conducta se ha asociado a la esposa, pero los hombres la han usado así también; por ejemplo, amenazando con llenar sus necesidades en otra parte si la esposa no se sujeta a su voluntad. Del mismo modo, si una esposa se niega al sexo con el fin de controlar a su marido, está en efecto robando, al retener lo que no es de ella.

¿Qué hay de la recomendación paulina de las relaciones sexuales como antídoto para la lujuria, una idea que muchos de nosotros hallaríamos ofensiva? Recordemos que él no define las relaciones sexuales "simplemente" o "principalmente" como una solución a la lujuria, más bien, dice que las relaciones maritales regulares "podrían" de hecho ayudar a resolver el verdadero problema de que los cristianos visiten a las prostitutas. Él habla de forma concreta y práctica en una situación difícil. El sexo es para el matrimonio, así que, ¿por qué no se casan y disfrutan la relación con su esposa?

Nosotros los modernos estamos fuertemente influenciados por el romanticismo del siglo XIX que llega hasta la actualidad. Las esposas, especialmente, quieren creer que su marido no sentirá tentaciones sexuales si "en realidad me ama". Pero esto es una idea poco realista y alejada de lo terrenal, como Pablo sabe y afirma. El apóstol no es un idealista romántico. Su enseñanza refleja el hecho de que, para una mujer o un hombre casados, las tentaciones sexuales surgen en proporción directa a la falta de sexo regular en casa. Si ellos se sienten necesitados, no solo sus necesidades sexuales están insatisfechas, sino que fácilmente interpretan el abandono de su cónyuge como un rechazo emocional, el cual usan luego para justificar sus propios pecados sexuales.

Pablo toma el deseo sexual con seriedad y respeta la fuerza que tiene. En cambio, en nuestra cultura, la lujuria se ha convertido en una broma. Piense en cuántas comedias de televisión se burlan de la esposa que esconde a su amante en el armario, o la confusión acerca de quién es el padre verdadero de un niño, o las payasadas de un hombre que trata de mantener alejadas a sus dos amantes. Nos mofamos del deseo sexual hasta el momento en el que surge para arruinar nuestra propia vida.

2. La relación sexual no es tan solo para procrear

La relación sexual formaba parte de la creación original. Dios creó a Adán y Eva con genitales y con el deseo de compartir su vida sexual con el otro y solo con el otro. Esta era una de las cosas a las que él llamó "muy buenas". La Caída no fue causada, como ciertos teólogos han asumido, por el deseo sexual. Sin embargo, la Caída sí dañó la relación marital, causó que el parto fuera doloroso, y complicó enormemente el aspecto sexual de la existencia humana.

La sociedad grecorromana, tan promiscua como lo era, a menudo promovía ideas sorprendentemente negativas acerca del sexo. Este servía para la procreación de los descendientes legítimos, no para el placer marital. Algunos consideraban que la eyaculación de semen debilitaba al hombre, una idea que ha permanecido entre los atletas hasta hoy. En el pensamiento gnóstico posterior, se esperaba que un hombre espiritual se abstuviera de toda clase de actividad animal y en su lugar cultivara el espíritu. En el judaísmo, en contraste, la actitud hacia las relaciones maritales y la procreación constituían una sana parte de la vida de un hombre piadoso. Pero Pablo va incluso más allá de este acercamiento positivo:

> «Para Pablo, lo que legitima un matrimonio no es el mandato bíblico de "sean fructíferos y multiplíquense" [como en el judaísmo], la posibilidad de procreación, ni tampoco el llamado imperial [romano] de tener familias numerosas, sino la necesidad recíproca de dos personas, el uno por el otro, en la medida en que estén dispuestas a comprometerse con el otro en una relación de fidelidad y cuidado mutuo».[208]

Como es bien sabido, existe una gran diferencia de interpretación entre los intérpretes protestantes y los católicos acerca del propósito de las relaciones sexuales. Dichosamente, la mayoría de los teólogos católicos modernos han dejado a un lado las presuposiciones filosóficas que convierten el sexo marital en carnal o el matrimonio

---

208. Victor Paul Furnish, "Sex, Marriage and Divorce", en *The moral teaching of Paul: selected issues*, Nashville, Abingdon, ²1985, p. 49.

en algo de segunda categoría. Actualmente, la principal diferencia con los evangélicos radica en el rol de procrear: los católicos afirman que el propósito del sexo está inseparablemente ligado a la concepción de hijos. Exploremos esto.

Génesis 2:18 establece el fundamento para una relación marital en la necesidad de compañía de Adán. El hecho de que Eva viniera de Adán conduce a una relación sexual en 2:24-25, sin referencia alguna a la procreación[209]. Es revelador que en 1 Corintios, Pablo puede hablar acerca de una relación sexual prácticamente sin ninguna referencia al parto ni a la crianza (aparte de la digresión en 7:14). Las palabras paulinas no se limitan a quienes estaban en edad fértil; ni a aquellos cuya esposa todavía no estaba embarazada; ni a quienes no experimentaban la infertilidad. No, todos los maridos y las esposas deben tener relaciones sexuales con su cónyuge.

En términos prácticos esto se relaciona con la cuestión de la contracepción. Hablaremos aquí de la contracepción para evitar el embarazo "dentro" del matrimonio, no para evitar el embarazo o una enfermedad "fuera" del matrimonio. Hace un siglo cuando se comenzaron a utilizar métodos anticonceptivos artificiales, la mayoría de los cristianos protestantes los rechazaron por considerarlos pecaminosos. Pero durante el siglo XX, la mayor parte de las denominaciones protestantes y evangélicas llegaron a aceptar los anticonceptivos (preservativo, esponja, espermicidas) y las píldoras que regulan la ovulación, mientras que consideraron dudosos el DIU o la píldora RU-480. En la antigüedad, los hombres querían recortar los gastos y limitar el número de descendientes, y las mujeres estaban ansiosas por sobrevivir a sus años fértiles. Debido a los cuidados médicos y nutricionales tan pobres y a la ineficacia de los controles de natalidad, la muerte y el parto estaban estrechamente ligados. Para aquellos que querían regular los nacimientos había todo tipo de anticonceptivos populares y a base de hierbas, la mayoría de ellos inefectivos. Con frecuencia, las mujeres daban a luz un bebé tras otro hasta que alcanzaban la menopausia, o hasta que murieran en uno de sus partos o hasta que decidieran echar a su esposo de su cama. A pesar de eso, la población no crecía tanto. Muchos años disminuía y se consideraba una buena época cuando la población solamente se sustituía a sí misma en la siguiente generación. Interesantemente, César Augusto creó un sistema de incentivos para castigar el divorcio y la falta de hijos, en parte debido a la baja tasa de natalidad.

En los días de César, la población mundial no sobrepasaba los 250 millones. No fue sino hasta 1800 que se alcanzaron los mil millones. En nuestra época, con mejor control prenatal, la nutrición y la atención médica, una mujer promedio podría tener más niños sanos que su madre, su abuela, su bisabuela, etcétera; y en teoría la mayoría de esos 20-25 niños sobrevivirían. Esto es particularmente relevante cuando la población del planeta ha crecido durante mi vida de 3 mil millones a más de 7 mil millones de habitantes y no se vislumbra un final.

---

209. La iglesia católica afirma esto, también, pero no lo lleva hasta su fin lógico; cf. *Humanae Vitae* §11.

Sin embargo, nuestro contexto nos anima a volvernos nuevamente al texto bíblico para tratar de discernir si hemos comprendido la voluntad de Dios completamente. Así que, el famoso versículo "sean fructíferos y multiplíquense" en Génesis 1:28 tiene que examinarse de nuevo. A Adán y a Eva se les dijo que hicieran esto "llenen la tierra y sojúzguenla". El mismo mandato se les da a Noé y a sus descendientes en Génesis 8:17 y 9:7. El punto parece claro: El mandato se da dos veces, en ambas ocasiones cuando la raza humana se limitaba a unas cuantas hectáreas en una esquina del globo. A Adán y a Eva se les dijo que se multiplicaran y llenaran la tierra; después de la destrucción de la raza, a Noé se le dijo que la llenara de nuevo.

No se estableció ningún límite numérico en el mandato divino. ¿Contiene un cumplimiento implícito? ¿Cuándo se puede considerar el planeta suficientemente "lleno" para que la raza humana no tenga que duplicarse con cada generación? Cada teólogo y experto en crecimiento de la población tendrá su propia opinión, pero razonablemente puede considerarse que 7 mil millones de personas en el 2011 hacen de la tierra un sitio lleno.

No obstante, la iglesia católico-romana se ha opuesto a la contracepción por medios artificiales y solo permite el control de la natalidad mientras que se realice por medios naturales, un concepto confuso con el cual comenzar. La contracepción "natural" cuenta con una larga historia. Una de las razones por las cuales nuestras abuelas amamantaban a sus hijos durante mucho tiempo (a veces hasta los tres años, probablemente el trasfondo de Génesis 21:8) era que esto retardaba el regreso de la ovulación y de ese modo se espaciaba la llegada de otros bebés. Por su parte, la iglesia romana moderna permite el llamado método del ritmo y motiva a los esposos a abstenerse del sexo durante el período de ovulación si no desean concebir un hijo. Es bien sabido que esto es poco confiable para muchas parejas, especialmente si la mujer no tiene ciclos menstruales regulares.

El rechazo romano hacia la anticoncepción artificial se presenta como un asunto de autocontrol y se explica, a nuestro parecer, en términos filosóficos racionalistas: «El dominio del instinto, mediante la razón y la voluntad libre, impone sin ningún género de duda una abnegación, para que las manifestaciones afectivas de la vida conyugal estén en conformidad con el orden recto y particularmente para observar la continencia periódica. La auto-disciplina de este tipo es un testimonio resplandeciente de la castidad del marido y de la mujer y, lejos de ser un obstáculo a su amor el uno por el otro, lo transforma al darle un carácter verdaderamente humano».[210]

Esto parece noble, pero, ¿no es precisamente la dependencia filosófica en la razón humana lo que le preocupa a Pablo en 1 Corintios 7? ¿Que ciertos cristianos en su afán de practicar el autocontrol caigan en la fornicación? Parece que Pablo, con su

---

210. *"Humanae Vitae"* §21, en línea http://w2.vatican.va/content/paul-vi/es/encyclicals/documents/hf_pvi_enc_25071968_humanae-vitae.html. Esto incluye "la esterilización directa, perpetua o temporal, tanto del hombre como de la mujer". §14

enorme respeto por la tentación sexual, ofrece un consejo más realista al advertirles a las parejas casadas que no se abstengan salvo en el caso poco común del "ayuno sexual" para dedicarse a la oración. Para él la auto-privación hacia el propio cónyuge no es una virtud.

Mas, nos parece que los católicos caen en una "culpa por asociación", al relacionar la contracepción con el libertinaje sexual, una manera de tener relaciones sexuales ilícitas sin el temor de un embarazo. Ciertamente, este es un lado del asunto. Pero veamos la cuestión desde otro ángulo: ¿No es cierto que el control de la natalidad actual les permite a las parejas evangélicas disfrutar más del sexo marital y reducir la tentación de buscar otro compañero sexual, sin el temor constante de un embarazo? ¿No cuenta una mujer cristiana de 40 años que planifica con una mayor oportunidad de tener un esposo fiel que una esposa que expulsa a su marido de la cama por su propio bienestar? Yo siempre he considerado que, dentro de nuestro contexto de fertilidad y de larga esperanza de vida, la contracepción artificial es una gran bendición de Dios para la pareja cristiana que valora la fidelidad. Si nuestros amigos católicos encuentran esto desagradable o carente de "abnegación", les comentaré acerca de los siglos de tradición durante los cuales los hombres católicos de mediana edad han mantenido una amante, a veces solo con el fin de no importunar a su esposa.

3. Implicaciones para los aspectos físicos del matrimonio cristiano

El discipulado cristiano debe incluir la vida sexual. Si alguien considera que la Biblia trata con timidez los aspectos íntimos, observe las reglas en Levítico 18 o las descripciones crudas acerca de los pecados sexuales en Israel, o la enseñanza paulina aquí o en 1 Tesalonicenses 4. Nuestros jóvenes discípulos deberían saber con claridad lo que la Biblia enseña y contar con el apoyo de otros cristianos. Enseñar acerca de la intimidad marital también debe ser claro. Los escritores católicos consistentemente han hablado con franqueza del amor marital; para nuestra vergüenza, a menudo sus libros y sermones son más directos, bíblicos y positivos que los de sus contrapartes evangélicos[211]. Con frecuencia los evangélicos parecen dirigir toda su energía contra la fornicación —al menos en el plano abstracto—, pero dedican muy poco a edificar y afirmar lo que es el sexo marital sano. Cuando lo hacen, los resultados son cómicos y carnales: algunos manuales de sexo cristianos se asemejan a su contraparte pagana con unas cuantas citas bíblicas agregadas. He escuchado sermones que simplemente concluyen que cualquier cosa que dos cristianos casados quieran hacer en su cama está bien. Estoy seguro de que tales predicadores no son vulgares, sino excesivamente ingenuos acerca de lo que sucede detrás de algunas paredes.

El Señor nos observa hasta en nuestra cama, y las relaciones sexuales deberían seguir los pasos del amor de Cristo por nosotros: Cristo es amoroso, protector, edificador,

---

211. Hay, por ejemplo, una sección excelente en la encíclica papal *Humanae Vitae* §9 en relación con la belleza y la conveniencia del amor marital.

paciente, amable, dadivoso, perdonador: el fruto del Espíritu es la forma de vida para las relaciones íntimas de un esposo y una esposa cristianos. Aunque la Biblia no entra en detalles en cuanto a actividades específicas, deja la profunda impresión de que el sexo marital tiene que ver con el acto unificador de las relaciones y no solo con la estimulación como fin en sí mismo. En el aspecto sexual del matrimonio no debería existir ningún indicio de coerción; relaciones forzadas; humillación; violencia; dolor; travestismo y fantasías pecaminosas; aun cuando sea para producir estimulación. El cristiano no debe recurrir a la pornografía en ninguna de sus formas para su satisfacción o excitación sexual, las cuales deben alcanzarse plenamente con el cónyuge.

La Biblia habla un poco acerca de la cantidad tanto como de la calidad: una pareja cristiana debería seguir el modelo enseñado por Pablo y tener relaciones sexuales "regularmente". Los rabinos de los días antiguos, quienes no dejaban al azar ninguna de las actividades humanas, mantenían distintos puntos de vista acerca de la frecuencia con la cual una pareja debía tener relaciones. Una opinión parece sugerir que si un hombre trabaja cerca de su casa —es decir, no tiene que trasladarse para su trabajo—, debería tener relaciones todos los días (ver el comentario sobre 7:3). Los judíos también mencionaban la posibilidad de un ayuno sexual en tanto que Pablo lo permite únicamente como una concesión en 7:5-6. Aunque Pablo no menciona cifras, podríamos dar por sentado que está pensando en esa clase de práctica rabínica, la cual duraría a lo sumo una o dos semanas[212]. A partir de esto podríamos deducir que Pablo, anteriormente rabino, está pensando en un número muy limitado de días, no en meses ni en años. ¡No dejemos que el cónyuge más dispuesto se queje de la falta de compromiso de su esposa o de su marido por orar, cuando él o ella desean tener relaciones al mismo tiempo que una vida devocional fuerte![213]. Tanto hombres como mujeres deben aceptar que su compañero no se puede tildar de carnal o pecador porque es un ser sexual.

¿Cómo se aplicaría esto a nosotros hoy? No tenemos un número fijo. No hay dos personas que deseen sexo con la misma frecuencia, así que es normal que una persona —a menudo, pero no siempre, el esposo— lo desee más que el otro. El espíritu

212. Cf. en la Misná en *m. Ketubbot* 5.6 (versión del Valle): "Si uno obliga a su mujer a hacer voto de no realizar el acto sexual, la escuela de Samay enseña: (ella puede consentirlo) por dos semanas. La escuela de Hilel, en cambio, enseña: (ella puede consentirlo) por una semana". Además *T. Neftalí* 8.8 (versión Diez Macho) – "Pues hay un momento para la unión con la propia mujer y otro para abstener para la oración".

213. En su comentario, Orígenes en efecto reprende al "esposo" por hacer esto, aunque tradicionalmente el texto se ha aplicado a la esposa. Él le advierte al esposo "santo" que al imponerse a sí mismo el celibato, daña a su esposa, a la cual se le dificulta aguantar toda esa pureza. Cf. también Crisóstomo 19.3, quien piensa de una esposa célibe: "Así que, imaginemos a una pareja, y que la esposa se abstiene, sin el consentimiento de su marido, entonces, en caso de que él fornique, o incluso se abstenga de fornicación se vuelve intranquilo, apasionado y pendenciero y le causa todo tipo de problemas a su esposa. ¿Dónde queda la ganancia del ayuno y de la abstinencia, causando una ruptura en el amor?".

de las palabras paulinas aquí es que una pareja tenga relaciones con la frecuencia que permita que el cónyuge más dispuesto no sienta la presión regular de sentirse insatisfecho. Para ponerlo en términos de Pablo, ustedes no tienen relaciones sexuales con la debida frecuencia si se están "quemando de pasión" (7:9). Esto requerirá un espíritu de paciencia cuando haya dos personas con deseos sexuales distintos, pero, ¿sería un problema para quienes cuentan con el Espíritu Santo?

En tiempos modernos, y particularmente con la incorporación de la mujer a la vida laboral, a muchas parejas les resulta difícil hallar tiempo para las relaciones sexuales. Con las lámparas eléctricas para leer de noche, con la llegada de internet, con la televisión por cable y con otras distracciones tanto los hombres como las mujeres van a la cama exhaustos nada más que para dormir o por lo menos distraídos y cansados debido a un largo día. A veces el hombre y la mujer trabajan en turnos distintos, o se acuestan a horas diferentes. Esto es demasiado peligroso, y la pareja debe tomar medidas firmes para evitar que otras cosas los distraigan de pasar tiempo juntos para tener relaciones sexuales, o simplemente para estar juntos. Si un esposo se encuentra demasiado cansado para tener relaciones por las noches, pero al día siguiente se queda paralizado ante las secretarias en su trabajo, él debe ordenar sus prioridades, ¡y rápidamente! Una esposa —o un esposo— se hace un favor a sí mismo e invierte en su matrimonio, si está accesible y se muestra amable. Una relación marital saludable es un regalo de Dios placentero a la vez que una protección contra las tentaciones externas.

Preparémonos para proclamar esta verdad sin miedo de que nos provoque burla. El pasaje aquí es práctico, no de otro mundo, en su enseñanza acerca de la pureza. Por tanto el evangelio de Cristo, el misterio de Dios, sí toma en cuenta, afirma y apoya aun hasta nuestra vida sexual.

7:5

Si hay alguna duda de que Pablo está hablando de sexo, aquí está el tercer punto: *no se nieguen el uno al otro* (con una excepción estrictamente limitada, tratada más adelante). Él usa el término (*apostereō*) mencionado anteriormente en 6:7-8 con el sentido de estafar a alguien con lo que por derecho le pertenece. Negarse a las relaciones es robar.

Por supuesto, muchos lectores, antiguos y modernos, asumirán inmediatamente que él está pensando en la mujer que rechazaba al hombre[214]. Más allá de esto, en la antigüedad, muchas mujeres murieron o sufrieron problemas de salud en el parto, bajando el promedio de esperanza de vida para las mujeres casadas a

---

214. Sin embargo, contrario a la creencia popular, los griegos y los romanos pensaban que las mujeres estaban llenas de deseo sexual. Cf. Martin, *The Corinthian body*, pp. 219-28. Creían que solo los deseos sexuales masculinos eran justificables; las esposas quienes mostraban interés en el sexo a diferencia de ser receptoras pasivas de su marido, se consideraban de conducta impropia, aun cuando fueran fieles. Que "la buena esposa no se mueve" durante el acto sexual era una enseñanza común, cf. Peterman, "Marriage and sexual fidelity", p. 168, n. 21.

cerca de 20 a 30 años. Todas las mujeres sabían que la relación traía consigo cierto riesgo físico, o al menos, un niño más para cuidar. Y así, tradicionalmente, este versículo se ha usado para recordarle a la esposa su deber marital hacia su marido.

Pero Pablo, sorprendentemente, menciona la otra cara de la moneda: tampoco el marido puede privar a su esposa de lo que es legalmente suyo, la intimidad sexual con él. Esto puede deberse a la falta de deseo de su parte. O a que él podría creer, como tantos otros hombres y mujeres, que un caballero cortés no importunaba a su mujer ocupada con sus necesidades sexuales (cf. Plutarco, *Moralia* 140B-D). No obstante, también cabía la posibilidad de que él hubiera encontrado a alguien más joven o más bonita, alguien cuyos hijos no demandaran una herencia. O quizá él prefería muchachos en vez de a su esposa.

¿Por qué Pablo afirmaría las obligaciones maritales a menos que esto fuera un problema para los corintios? De hecho, Fee defiende su punto de vista de que 7:5a quiere decir, "Deben 'dejar' de defraudarse". El hecho de que Pablo conoce hasta el más mínimo detalle, puede citar su eslogan en 7:1, y se refiere al deseo de ellos de *oración* en el v. 5b y todo esto indica que algunos habían dejado de tener sexo con su mujer estando casados, con el fin de conseguir un nivel espiritual más elevado. El marido o la mujer privados que reclamaban este celibato forzado eran etiquetados como no espirituales, al colocar sus propias pasiones más bajas por encima de las cosas más altas del Señor. Pero, ¿qué ocurrió? En su afán por alcanzar un ilusorio estado espiritual más alto, acabaron por abrir la puerta al conflicto e incitar a la fornicación (7:2).

Se ha sugerido que el problema primario aquí era la mujer espiritual. De hecho, A. C. Wire defiende a tales mujeres, diciendo que Pablo mismo valoraba las necesidades sexuales del esposo por encima de las aspiraciones espirituales de la esposa[215]. ¡Quizá fue la mujer quien acuñó el eslogan de 7:1! Sin embargo, Pablo no dice de quién venía la privación, y podría haber dos escenarios posibles: (1) las esposas privaron a los maridos; los hombres, enojados y frustrados, justificaron sus visitas a las prostitutas; (2) los hombres les anunciaron a sus mujeres que iban a abstenerse del sexo con el fin de orar más; después decidieron que no podían soportarlo, entonces acudieron a las prostitutas para ocultar su falla espiritual. El hecho de que Pablo finalice el capítulo con una palabra dirigida a las mujeres casadas (7:39-40) quizá incline la balanza a favor de las mujeres que desean abstenerse de sus relaciones maritales o que procuran un divorcio, pero en este aspecto no podemos ser dogmáticos.

Pablo concede una excepción a las relaciones maritales regulares: *para dedicarse a la oración*. Aun así él define límites con cuidado: debe hacerse *de común acuerdo* (no el paso de fe de una persona; no el marido como "cabeza" de la esposa

---

215. Antoinette C. Wire, *The Corinthian women prophets*, Fortress, Minneapolis, MN, 1990, p. 94.

diciéndole que tiene que ser así); debe ser solo *por un tiempo*. Este tiempo no debe ser demasiado largo como para provocar frustración sexual, lo cual acabaría por convertir ese período de tiempo tranquilo para orar en una completa pérdida de esfuerzo, pues "¿dónde está toda la ganancia del ayuno y de la continencia, si causa una ruptura en el amor?" (Crisóstomo 19.3). Entonces *no tarden en volver a unirse nuevamente*, "unirse" refiriéndose a relaciones sexuales, como en Plutarco (*Moralia* 139B, 142C). Es decir, no adquieran la costumbre lo que sería verdaderamente dañino a largo plazo. Aunque Pablo no da ningún número, nosotros podríamos asumir que él está pensando en el tipo de práctica sexual mencionada por los rabinos del siglo I a.C., la cual podría durar un máximo de 1-2 semanas.

El hecho de que el hombre y la mujer tengan deseos sexuales no es malo ni carnal. El deseo sexual es parte de la creación divina de la humanidad, y como tal es bueno. Sin embargo, el sexo es una de las áreas donde la gente con frecuencia cae en pecado. Así que cuando Pablo dice que algunos cristianos *pueden caer en tentación de Satanás, por falta de dominio propio*, él no los calumnia. Él hace lo mismo que hace un buen pastor, apartando a su gente lejos de la tentación innecesaria. En contra de la actitud corintia, no hay mérito en cortejar la tentación con el fin de demostrar cuán fuerte uno es.

7:6

Dependiendo de la interpretación del capítulo, el término *concesión* puede leerse de dos maneras: (1) que Pablo concede el matrimonio y el sexo marital, pero es lo segundo mejor; como tal podría referirse a vv. 2-4 o a "volver a unirse nuevamente"; (2) que Pablo concede lo que acaba de describir (v. 5b) como la única excepción al sexo marital regular: *Yo concedo períodos estrictamente controlados de oración y de abstinencia, ¡pero no más! Yo lo permito pero no lo ordeno ni lo recomiendo*[216]. Esta segunda lectura se ajusta mejor al contexto.

7:7

Pablo usa la palabra *preferiría* (*telō*) aquí. Mantenerse soltero no es un mandato, pero Pablo mismo prefiere esa opción y le gustaría que todos la siguieran. La base para su consejo pastoral es el llamado de Dios, y su siguiente afirmación abunda en implicaciones: *No obstante, cada uno tiene de Dios su propio don (jarisma): éste posee uno; aquél, otro*. Pablo utiliza la palabra que él usa para los dones espirituales en 1 Cor 12. Esto significa que ambos estados son dones de Dios: el permanecer

216. Consultar Fee; Witherington, *Conflicts and community*; Fascher y Wolff; Schrage; Barrett. Contra Agustín, *Carta a Ecdicia*, 262.2 (Bray, p. 108), el cual reprende a tal esposa por no estar de acuerdo con el deseo de celibato de su marido: ¡Si ella no fuera tan débil, ellos habrían alcanzado un bien magnífico de mutuo acuerdo! Hays es excelente en este punto: una persona casada no puede practicar el celibato a corto ni a largo plazo por decisión unilateral.

célibe (1b, 7a) es un *jarisma*, pero también casarse, "tener su propia/o esposa/o" con un permiso mínimo para abstenerse de las relaciones (vv. 2-6). Si los dos son *jarismata*, entonces los dos son buenos y, como se afirmará en 12:4, "hay diversos dones (*jarismata*), pero un mismo Espíritu". No se trata de escoger entre lo bueno y lo malo, ni lo bueno y lo mejor: para Pablo la cuestión es escoger lo que se amolda mejor a los dones de una persona y a sus circunstancias: *"a la condición que el Señor le asignó y a la cual Dios lo ha llamado"* a él o ella (7:17). Una vida sexual activa con el cónyuge puede ser tan carismática como vivir en celibato, puesto que es un don de Dios. Él desarrollará esto más adelante en 7:17-24. Si los estoicos pensaban que el dominio propio era la señal de un hombre sabio, Pablo veía el celibato como un don espiritual que los cristianos recibían de arriba. Él podía haber estado pensando o no en la tradición de Jesús de que "otros se han vuelto eunucos por causa del reino de los cielos" (Mat 19:12), es decir, como una gracia divina que permitía a las personas servir mejor al reino. Como afirma Schrage:

«Para Pablo, el celibato cristiano es un carisma (1 Cor. 7:7). Esto tiene dos implicaciones. Primero, no es obligatorio para todos los cristianos, sino que es un regalo gratuito de la gracia de Dios. Segundo, sin embargo, como carisma, les da una oportunidad especial para un servicio especial a otros, una capacidad para la *diakonia* ["servicio, ministerio"]. No hay nada [en 1 Cor 7] acerca del celibato ascético por el bien de cultivar la propia personalidad espiritual, basado en el desdén por el cuerpo, o el celibato basado en egoísmo, desprecio por el sexo opuesto, o similares»[217].

El celibato en la actualidad 7:7

Repitiendo: la castidad es el compromiso que todos los cristianos deben hacer de vivir puros fuera del matrimonio; el celibato permanente es un compromiso especial de mantenerse soltero y puro. Actualmente, parece terriblemente pasado de moda o una práctica católico-romana. ¿Quién escogería voluntariamente vivir como una monja o un monje, personas que "asumimos" que viven una vida frustrada debido a su estilo de vida en contra de la naturaleza humana? ¡Con seguridad la soltería santa se reserva para los enfermos, los raros o los poco atractivos físicamente! Pero no es así. A pesar de la presión social de darles nietos a nuestros padres, el servicio al evangelio ocupa un lugar más elevado que las expectativas familiares, y la soltería puede enriquecer la calidad de lo que hacemos en nombre de Cristo. ¿Quién debe casarse y quién permanecer soltero?

---

217. Wolfgang Schrage, *The ethics of the New Testament*, Fortress Minneapolis, MN, 1990, p. 229. También Conzelmann, *1 Corinthians*, p. 118: "[Pablo] difiere tanto de los gnósticos como de los legalistas en sostener no que todos los dones son iguales, sino que cada uno tiene su propio don peculiar...". En la p. 120 Conzelmann muestra que lo que es *jarisma*, un don espiritual, no debería tenerse como una virtud. Por otro lado, Reuss (citado en Godet, *First Corinthians*, p. 328) está completamente equivocado cuando afirma que, "Si la abstención, vida en celibato, es un don particular de la gracia de Dios, es evidente que algo está carente en el hombre que no lo posee".

Hay dos asuntos que la persona debe preguntarse a sí misma:

1. *El asunto del pecado: ¿Tengo el don del celibato o el del matrimonio? ¡Pues no hay valor alguno en quedarse soltero si quebranto los mandamientos divinos y arruino mi servicio al evangelio!*
2. *El asunto del servicio: ¿Me indican mis circunstancias que yo puedo servirle mejor al Señor soltero o casado?*

Pablo sugiere que él ha decidido abstenerse del matrimonio y así de las relaciones sexuales. Es decir, (1) Dios le dio el don de vivir sin relaciones sexuales y sin una familia convencional, y (2) le ha mostrado que puede servirle mejor siendo soltero. Resulta difícil imaginar que Pablo recomendase la soltería si no fuera una auténtica ayuda para el evangelio. Él no era asceta, sino un pragmático en procura de mejorar su servicio a Cristo. Por otra parte, Aquila y Priscila se nos presentan como el modelo de pareja, dos personas dedicadas al servicio del Señor en su matrimonio. Pero por encima de todo esto, es el evangelio lo que realmente importa. Evidentemente, Pablo está a favor del estilo de vida célibe para quienes poseen tal don. Pero no es una cuestión de rectitud versus pecado, ni siquiera un asunto de superioridad moral. Él no vive solo con el fin de ser más santo, sino que está apartado (el sentido de jagios *en 7:34) con el fin de ser más "útil".*

¿Cómo debe manejar la iglesia la castidad?
En América latina, cerca de un 26% de los adultos nunca se han casado y el doble, un 52%, está casado, ya sea por primera vez o no. La edad de casarse se ha pospuesto, en parte debido a que los jóvenes adultos continúan su educación o una carrera y, en parte, debido a que las personas se están involucrando en relaciones sexuales con un menor peligro de un embarazo, de modo que hay menos presión para casarse joven.

Los pastores a veces muestran un punto ciego cuando se trata de los estudiantes universitarios de su rebaño. Ellos imaginan que esa gente joven motivada e inteligente no tiene ningún problema en controlar sus deseos sexuales. El pastor no trata el tema hasta que se presente un embarazo no deseado y haya que ejercer la disciplina. Las pruebas demuestran que en Estados Unidos entre los estudiantes cristianos a veces el índice de abortos es más alto que entre los no cristianos: ellos caen en la fornicación sin estar preparados, y luego deciden abortar en secreto puesto que un embarazo arruinaría su reputación cristiana. Tanta ruina, y mucho de esto se origina en la falta de reconocimiento hacia la fuerza del deseo sexual, el tipo de respeto que muestra Pablo en esta epístola.

Otro asunto en el cual la iglesia falla es en que los estudiantes universitarios enfrentan una adolescencia prolongada. Es una cosa que un muchacho madure sexualmente a los 14 años y se case —como en algunas culturas— a los 18, la mujer aún más joven. Es otra muy distinta que un hombre y una mujer sean maduros sexualmente durante 10 o 15 años, o hasta más mientras concluyen su bachillerato, licenciatura, maestría, etcétera, y luego tratan de establecerse en su carrera, para después casarse y comenzar a pensar en tener hijos. La juventud no es amiga de la castidad, y este retraso del matrimonio podría destruir la salud espiritual así como la trayectoria de muchos de nuestros jóvenes. Cristianos bien intencionados instan a los hombres jóvenes a que se metan en planes de ejercicios rigurosos con el fin de ejercer control sobre su propio cuerpo: aunque ahora se sabe que el ejercicio aumenta el nivel de hormonas masculinas, y por tanto el deseo sexual, lo que potencialmente empeoraría el problema. Muchas parejas de novios hacen toda clase de cosas para satisfacer sus impulsos sexuales, razonando que no se trata de "sexo" a menos que haya una penetración vaginal. Pero esto no es santidad tal y como Dios la define. ¿Qué hace su iglesia para ayudar a quienes, tanto hombres como mujeres, no cuentan con el don para vivir como célibes durante un tiempo que parece insoportablemente largo?

¿Cómo debería la iglesia ministrar a los solteros?
Otra dificultad que muchos solteros enfrentan es que les gustaría casarse y formar una familia pero no encuentran un compañero cristiano adecuado. En algunos países esto ha conducido inclusive al regreso de ciertos ritos de cortejo antiguos, además servicios de parejas por internet. En estos días puede ser muy difícil que los cristianos jóvenes se conozcan socialmente, y he conocido a muchos cristianos maravillosos para quienes ha sido duro tratar de encontrar una pareja. Para muchos cristianos solteros no es una cuestión de escoger una larga vida de celibato. Ellos deben casarse, y sus amigos cristianos deben ayudarles a encontrar a alguien adecuado. El celibato no es simplemente una segunda opción para quienes no pueden encontrar pareja; antes bien, es una decisión consciente de servir al Señor como soltero.

Entonces, ¿qué debería hacer la iglesia? Es necesario que recuerde que la gente soltera tiene las mismas necesidades que la casada, por ejemplo, de relaciones familiares. La iglesia debería ser el lugar perfecto para esto. Pasamos tanto tiempo recalcando los valores familiares y los retiros matrimoniales que olvidamos que Cristo desea que la iglesia misma sirva como su familia del Nuevo Pacto. ¡Que el cielo ayude a la familia eclesiástica que hace sentir a los solteros como extraños o defectuosos! Sucede en el ministerio, con las amistades y los grupos sociales "que los iguales se juntan": los casados tienden a aislarse y formar grupitos con "otros casados", así como los solteros forman los suyos también. Los solteros y los divorciados con frecuencia se sienten marginados por quienes viven en familia. La iglesia tiene que ser más partidaria de crear un ambiente donde los solteros encuentren la oportunidad de interactuar, tener compañerismo y ministrar juntos. También debe preguntarse si sus "ministerios para solteros" están aliviando el aislamiento que las personas experimentan o están haciéndolos sentirse aun más ajenos.

¿Debe la iglesia hacer parejas entre los solteros? Eso depende en gran parte de la cultura de cada país y a algunos solteros les resulta vergonzoso saber que otros están tratando de organizar sus vidas románticas. Con todo, es importante no decirle

a un soltero: "Oye, conozco a alguien a quien deberías conocer", y luego no hacer nada al respecto. Existen muchas formas de presentar a las personas sin ser tan obvio o parecer manipulador.

Como hemos sugerido antes, no hay ningún poder mágico en la soltería. De modo que en ciertos campos misioneros es mucho mejor ser soltero; en otros, mejor ser casado. Lo mismo se aplica en relación con ser pastor, escritor, fundador de iglesias o músico: a veces una condición es mejor; a veces, otra. El punto de Pablo es: ¿qué importa si no nos reproducimos o no contamos con alguien especial en nuestra vida, siempre que sirvamos bien al evangelio?

De estos enunciados generales que afirman el matrimonio, Pablo pasa a tratar con subgrupos específicos de la iglesia:

b. Instrucciones específicas para los no casados y viudas 7:8-9

¿A quiénes se dirige Pablo? No es tan simple como insinúa la NVI. *Solteros* es un término moderno, no bíblico. *Agamoi* significa literalmente "no casado" (como la nota al pie en RVR). La dificultad es, ¿por qué Pablo da instrucciones a los tales aquí y luego a los "vírgenes" en 7:25-28, 36-38? ¿No son el mismo grupo? Y, ¿por qué Pablo diría literalmente "los no casados y los vírgenes" en 7:34 si eran el mismo grupo?

La evidencia de la literatura y las inscripciones y papiros (véase LSJ, MM) no es concluyente; parece que *agamos* puede referirse a una persona que nunca estuvo casada (por ejemplo, "Hijos míos, unos agamos y otros casados en balde: no veré a vuestros hijos ni tendré la dicha de ser llamada abuela". 4 Mac 16:9 DHH) o alguien que fue previamente casado. El significado específico depende del contexto. "Nunca ha estado casado" simplemente no capta el significado de *agamos* en el contexto de 1 Cor 7. Pablo habla del "no casado" como un grupo aparte de las "vírgenes" (mujeres jóvenes, castas no casadas) en 7:25-28, 36-38. La mujer que deja su marido debe permanecer *agamos* (7:11); entonces *agamos* debe por lo menos algunas veces significar "previamente casada". Entonces *agamos* en este pasaje no es estrictamente "nunca casado", sino más bien "no casado ahora". Este grupo incluye a los "anteriormente casados", viudos/viudas o los divorciados[218].

7:8

Para ellos *sería mejor* que se quedaran como Pablo. El hecho de que Pablo se identifique con su grupo ha llevado a algunos a concluir que él, en algún momento, había estado casado. De hecho, hubiera sido extraño si Pablo siendo un rabí hubiera

---

218. Así Thiselton, *First Corinthians*, p. 515; Schrage, *An die Korinther*, pp. 2:93-94; Deming, *Paul on marriage and celibacy*, p. 130. Fee, *Primera corintios*, pp. 327-28, afirma que *agamoi* aquí son los viudos masculinos, correspondiéndose con las viudas femeninas, pero este punto de vista es difícil de sostener.

estado soltero; algunos han conjeturado que su esposa murió o lo abandonó, pero no existe evidencia para probar ninguna de estas hipótesis. Esta es la preferencia del apóstol, no un mandato. *Pero si no pueden dominarse*, ellos deben casarse. De nuevo Pablo señala el problema actual del fracaso sexual. El mismo verbo para "dominarse" (*engkrateuomai*) aparece otra vez en 9:25: "Todos los deportistas *se entrenan con mucha disciplina"*, pero allí el pensamiento no es primariamente ni aun necesariamente dominio propio en aspectos sexuales. En este versículo, el "pueden" de NVI no aparece en el griego: mejor traducirlo "ya no se dominan". Él no descarta el poder de los deseos sexuales ni simplemente le dice a su gente que recobren la compostura; como pastor, él busca maneras piadosas para que ellos resistan la tentación.

¿Permite este versículo que los divorciados se casen de nuevo? Fee dice que no, pero agrega sabiamente que este pasaje no se escribió para contestar esta pregunta... se escribió para mostrar por qué los cristianos pueden casarse o quedarse célibes. De cualquier modo, en términos más claros en 7:11 Pablo especifica que una mujer divorciada "debe" (¡un mandato esta vez!) ya sea quedarse *agamos* o reconciliarse con su marido original.

7:9

Si esto es correcto, los divorciados pueden casarse de nuevo (pero solo con el cónyuge del cual se habían separado) y los viudos también[219]. ¿Por qué podrían casarse las personas? Porque literalmente es mejor casarse "que estarse quemando" (así en RVR). ¿En qué sentido se utiliza quemarse? Una interpretación antigua es que esta es una referencia al infierno o al fuego del juicio divino en 3:13. ¡Los fornicadores no heredarán el reino (6:9)! Esto va estrechamente ligado a la enseñanza del Señor en Mateo 5:29-30:

> Por tanto, si tu ojo derecho te hace pecar, sácatelo y tíralo. Más te vale perder una sola parte de tu cuerpo, y no que todo él sea arrojado al infierno. Y si tu mano derecha te hace pecar, córtatela y arrójala. Más te vale perder una sola parte de tu cuerpo, y no que todo él vaya al infierno.

---

219. En la iglesia primitiva había un argumento principal acerca de los viudos y de casarse nuevamente. A veces se argumentaba que si Pablo recomendaba que una viuda se quedara soltera, entonces ella debía permanecer así, a pesar de las concesiones para casarse de nuevo. En efecto, Tertuliano le dijo a una mujer que la muerte de su esposo era un don de Dios, una oportunidad espléndida (cf. *De monogamia*; *A su esposa* 7). El punto de vista más estricto viene del montanismo, y se refleja en las obras de Tertuliano. Ellos argumentaban que las viudas no podían volver a casarse, o que era pecado. ¿Por qué Pablo permite el segundo matrimonio? Porque (según la doctrina montanista) cuando Pablo escribía 1 Corintios, el *Paracleto* no había venido todavía, y Pablo todavía ignoraba esta revelación divina, de forma que él mismo aseguraba que "conocemos y profetizamos de manera imperfecta". En contra de eso, los montanistas afirman que por medio de ellos ha llegado la revelación completa. Cf. Tertuliano, *Contra Marción* 1.29.

La otra interpretación es más razonable en este contexto, que quemarse se refiere a *quemarse de pasión* (como NVI)[220]. Pablo ya ha traído a colación el problema de un deseo insatisfecho en 7:2-6. Además esto haría que él hablara en forma paralela, relacionando *falta de control* con *quemarse de pasión*:

> Pero si no pueden dominarse
> que se casen,
> porque es preferible casarse
> que quemarse de pasión.

Nosotros examinaremos más adelante la pregunta de si los divorciados cristianos pueden casarse nuevamente en nuestros comentarios de 7:15. De cualquier forma, los viudos pueden volver a casarse de acuerdo con 7:8-9 y 7:39-40. Una viuda, en tiempos antiguos, se hallaba en una condición más desesperante que su contraparte moderna. Típicamente, ella quedaba sin ningún medio de sustento. Aun algunos esposos bien acomodados eran generosos con sus hijos en su testamento, pero desconsiderados con su viuda. Esto hizo que la iglesia se preocupara por la viudas (Hechos 6:1-6; 1 Timoteo 5:3-16; Santiago 1:27), esa preocupación era igual a la de la sinagoga y por supuesto a la del Antiguo Testamento (Éxodo 22:22; Deuteronomio 10:18; Isaías 1:17, y muchos textos más).

Más allá de su pobreza, la viuda y el viudo experimentan soledad y frustración sexual. Si nosotros pensamos en las viudas como mujeres maduras que están por encima de este tipo de pasión (y que en sí misma sería una presuposición cultural), recordemos que una viuda en la antigüedad podría ser bastante joven, hasta una adolescente. Pablo trata con un problema como este en 1 Timoteo 5:11-16, una reprensión sorprendentemente dura que, sin embargo, concuerda con la sabiduría convencional concerniente a las pasiones femeninas. Los problemas en 1 Timoteo no eran meramente sociales, sino también sexuales (5:11-12) y espirituales; de nuevo se menciona el diablo en 5:15 ("algunas ya se han descarriado para seguir a Satanás"). Con el fin de dar a estas viudas jóvenes un soporte, ellas deben casarse y procrear más hijos (5:14).

Escogiendo una pareja 7:9, 36, 39
Perdemos el tiempo si tratamos de hallar en el Nuevo Testamento una fórmula para escoger esposo o esposa. Pablo habla de optar por casarse y de seleccionar con quien casarse. Es decir, los apóstoles se preocupaban más de que nos casáramos con un cristiano y de que viviéramos en santidad dentro del matrimonio; no dijeron nada acerca de cómo deducir con qué cristiano casarse.

---

220. Cf. Fee, pp. 329-330; y así lo entiende BJ ("abrasarse"); VP. LBLA y RVR lo dejan vago. Cf. también Oseas 7:4; Eclesiástico 23:17.

La iglesia de hoy tiende a añadir esa enseñanza. Combinamos nuestra fe con un punto de vista romántico acerca del matrimonio: que existe alguien especial para cada uno, que uno solo tiene que hallar a la persona correcta. Quizá usamos el relato del sirviente de Abraham y Rebeca en Génesis 24:10-21 como el modelo bíblico, pero eso es tan específico para el heredero inmediato de Abraham que resulta de muy poco valor para otros.

El problema con esto es que Dios no promete en su Palabra darnos una revelación especial para mostrarnos con quién debemos casarnos. Ni dice que existe una, y solo una persona para cada cual. Lo que sí dice es que debemos casarnos con creyentes y vivir de forma piadosa en nuestro matrimonio. Cualquier enseñanza más allá de esta es producto de nosotros mismos, no de la Palabra del Señor.

Las costumbres culturales afectan en un sentido. Por ejemplo, en muchas culturas los jóvenes no escogen su pareja, sino sus padres u otros miembros de la familia o la tribu. Por otro lado Pablo da por sentado que una persona viuda cristiana tendrá el derecho de tomar su propia decisión, un derecho que no siempre está garantizado.

La enseñanza del NT aquí sugiere que si un hombre o una mujer se tienen por responsables de su matrimonio, entonces debieron haber tomado parte —no necesariamente en completa libertad— a la hora de escoger su pareja. En muchas culturas donde se arreglan los matrimonios, como en muchas culturas latinas del siglo XIX en adelante, la iglesia católica suele pedir una declaración firmada por ambos padres. El hombre y la mujer todavía tienen el derecho a vetar lo que otros han escogido para ellos (puede ser este el significado de Génesis 24:58), y esto sería lo mínimo que un cristiano podría hacer. Interesantemente, algunos cristianos occidentales han dejado a un lado la libertad total y recalcan más el encontrar una pareja por medio de otro, un cristiano maduro, ya sea en la iglesia o en la familia. ¡En cualquier caso, es una necedad desestimar el consejo de los amigos cristianos más sabios y de los parientes a cambio de lo que nos dicta nuestro corazón!

Sin considerar el equilibrio al tomar decisiones, todos los cristianos de la edad que sean deberían conocer muy bien la enseñanza bíblica acerca de este tema. Aquí hay un breve bosquejo de los puntos que pueden abarcarse en una serie de estudios bíblicos:

"¿Cómo escojo una pareja matrimonial?". Ore y hágase estas tres preguntas, en el orden como se presentan:

• *Pregunta 1. ¿Desea Dios que yo me quede soltero?*

Aunque a menudo se evita, esta es la primera pregunta a considerar, no se deshaga de ella hasta que se enamore perdidamente de alguien. A veces las adolescentes piensan en convertirse en monjas, pero no tiene que ver tanto con la fe, sino más bien con la duda personal de si son bonitas o lo suficientemente interesantes como para atraer a un muchacho.

Medite sobre 1 Corintios 7:32-35, que muestra que a ciertas personas se les llama a ejercer un servicio especial como cristianos solteros.

- *Pregunta 2. ¿Con quién debo casarme? Es mejor seguir la sabiduría bíblica antes que presuponer que uno tiene que localizar a la persona indicada.*
- — *Primer paso: La voluntad de Dios revelada para usted es que los cristianos deben casarse solo con otro creyente (1 Corintios 7:39; 2 Corintios 6:14-16). Por tanto: Cualquier casamiento entre un incrédulo y un creyente está fuera de la voluntad divina, no importa que el creyente se case con la esperanza de convertir al otro, no importa los sentimientos que se tengan de que esta es la voluntad de Dios y una excepción a sus reglas.*
- — *Segundo paso: Piense en el significado del matrimonio y ore por eso. Considere la enseñanza bíblica, en particular 1 Corintios 7 y Efesios 5:21-33.*
- — *Tercer paso: Pídale consejo a alguien piadoso, honesto e imparcial. Es en extremo importante no solo decidir con quién casarse, sino también escuchar la voz de la experiencia antes de la boda.*
- — *Cuarto paso: ¡No deseche el sentido común cristiano! En las novelas, el romance se considera la experiencia final. Estas subrayan encontrar un amor a primera vista, matrimonios casuales, y por lo general una falta de un buen sentido cristiano. ¿Por qué no darle al matrimonio una base más sólida casándose con alguien a quien usted por lo menos crea que puede tolerar durante las siguientes décadas?*
- *Pregunta 3. ¿Cuándo casarse?*

Algunas personas evitan esta pregunta, creyendo que si han hallado a la persona "indicada", pueden casarse de inmediato. De nuevo, hay que buscar la sabiduría divina y la Palabra de Dios que nos guíe. Encontrar un buen compañero es importante, pero hagámoslo mejor al contraer matrimonio en el momento oportuno. ¡Los matrimonios precipitados siempre conllevan más riesgo!

c. Instrucciones específicas para hombres y mujeres casados con creyentes 7:10-11

7:10

Ahora Pablo se dirige a los (ya) *casados*. Aun cuando no es explícito, el contexto indica que está pensando en cristianos casados con cristianos. A ellos no les da una opinión ni una sugerencia, sino una *orden* (literalmente "mando", como RVR). Este mandato viene directamente del *Señor*. Es decir, que no tenía que buscar más allá de la enseñanza de Jesús durante su ministerio terrenal para contestar esta pregunta. Es muy raro que Pablo cite o aluda a la enseñanza de Jesús[221]. El hecho de que Pablo aluda a esta palabra como si fuera conocida provee una perspectiva importante de que Pablo enseñaba a sus conversos por lo menos algunos dichos de Jesús.

Aunque Pablo no cite directamente ninguna de sus palabras, Jesús se pronunció en contra del divorcio y en contra de casarse de nuevo (cf. Marcos 10:1-12 y sus paralelos). Puesto que Pablo habla ante todo a la mujer –*que la mujer no se separe de su esposo... que se reconcilie con su esposo*–, y que el mensaje a las mujeres es más extenso, quizá esto sea un indicio de que era la mujer quien deseaba el celibato[222].

El lenguaje de divorcio debe entenderse en el marco del mundo grecorromano. Tanto hombres como mujeres podían obtener el divorcio. Era un asunto privado, normalmente no un tema ventilado en la corte. Podía llevarse a cabo por mutuo consentimiento, o al abandonar o despedir al cónyuge. El hombre le devolvía la dote a la mujer. De ahí que la fórmula en latín común para el divorcio era cuando el esposo decía, *tuas res tibi habeto* ("¡tome sus cosas [y váyase]!").

La distinción moderna entre separación y divorcio no se aplica aquí. Lo que llamaríamos divorcio en aquellos tiempos era cuando una pareja simplemente se separaba y no volvía al matrimonio. Por tanto preferimos "que el marido no despida a su mujer" (BJ), una traducción más literal que el término *divorciarse* de la NVI. Pablo asume que los cristianos que dejaban su matrimonio estarían siguiendo la costumbre local y no necesariamente la ley de Deuteronomio 24. Entre los judíos solo el esposo tenía el derecho de iniciar el divorcio. La ley mosaica lo obligaba a escribir un certificado formal de divorcio, principalmente para proteger a la mujer y darle la oportunidad de volver a casarse (Deuteronomio 24:1-2). Existía una amplia gama de opiniones en relación con las causas permitidas para el divorcio; la enseñanza de Jesús de "no divorciarse excepto en caso de adulterio" fue aún más estricta que la lectura estricta del rabí Samay (cf. Mateo 19:3-9, el cual incluye una discusión de Deuteronomio 24).

7:11

En 7:11a (que es mejor leerlo como un paréntesis), Pablo da a las esposas separadas dos opciones: que permanezca *agamos* o *que se reconcilie con su esposo*. La ley deuteronómica examina la posibilidad de que una mujer divorciada se case por segunda vez y si se divorcia o enviuda, se vuelva a casar con el primer marido.

---

221. En sus cartas hay referencias a la enseñanza de Jesús aquí en 1 Cor 7:10-11; 9:14; 11:23-25; véase la lista de otras posibles alusiones en Fitzmyer, *First Corinthians*, p. 56. Nótense las citas en 1 Tim 5:18; Hechos 20:35; y posibles alusiones en Rom 12:14-21, 13:8-10.

222. Severiano (Bray, p. 111) emplea una lógica falaz cuando dice: "No dijo esto sobre los que se separan [de sus esposas] por renunciar y consagrarse a Cristo".

Esto está estrictamente prohibido como una profanación (Deut 24.4). Una de las razones del certificado de divorcio era forzar al marido a repudiar públicamente a su mujer, no para dejarla o volver con ella según él quisiera. En el Antiguo Testamento y en la enseñanza rabínica, una mujer divorciada podía casarse con otro. Aquí Pablo se adhiere a un estándar más estricto, al decirle a la mujer que se quede sin casarse o que tiene la posibilidad de casarse de nuevo con su primer marido... una esperanza que de acuerdo con Deuteronomio 24, se arruinaría si ella se casaba con un segundo hombre.

Pablo añade *que el hombre no se divorcie de su esposa*. Él habla a los hombres quizá por el bien del equilibrio al final de 7:11, que el hombre no debería dejar a su esposa. La brevedad de Pablo no debe pensarse que está dando más flexibilidad a los maridos; es simplemente que Pablo ya se ha puesto a sí mismo en el registro como estrictamente imparcial al aplicar las mismas reglas para los hombres y las mujeres.

d. Instrucciones específicas para "el resto", o sea, aquellos casados con incrédulos 7:12-16

Pablo ahora habla *a los demás*; por el contexto, debe tratarse de cristianos casados con incrédulos. Esta gente recibe instrucciones más detalladas, y la razón es fácil de adivinar. ¿Cómo aplicaría esta gente la enseñanza paulina de "que no se relacionen con personas inmorales" (5:9), y su punto posterior acerca de "no formen yunta con los incrédulos (2 Corintios 6:14)? Sería muy fácil ante una dificultad matrimonial –¡o por aspiraciones a la súper espiritualidad!– racionalizar que posiblemente Dios no quería que ellos permanecieran unidos a un pagano. ¿Cómo iban a servirle a Dios?

7:12-13

Cuando él dice *les digo yo (no es mandamiento del Señor)*, nos imaginamos que esto no es verdad divina, igual que su "preferiría" en 7:7, o "en mi opinión" en 7:40. Pero no, simplemente quiere decir: *el Señor Jesús no dejó instrucciones con respecto a los matrimonios mixtos, entonces yo como su apóstol autoritativo les hablaré*. Solo después de que el evangelio se esparció por el mundo helenista, es que surgió la posibilidad de que uno de los cónyuges se hiciera cristiano y el otro continuara siendo pagano.

No todos los hogares se convertían a Cristo como un todo, como había hecho la familia de Estéfanas (1:16). La situación –especialmente para una esposa creyente– podía ser en extremo difícil a causa de un desagradable esposo pagano. Tradicionalmente, la cabeza masculina de la familia escogía la religión de la casa. Mostraban respeto a todas las deidades, pero especial devoción a un dios o a una diosa en particular. Los otros miembros no estaban en libertad de escoger su propia fe, sino que se esperaba que presentaran respeto en el templo o en el santuario familiar. Rehusarse a hacer esto a favor de una lealtad superior a Jesucristo solo sería un insulto grave hacia el marido, los parientes y la comunidad. Con esto un esclavo se buscaría un castigo; una esposa, el divorcio o peor. Pablo no habla hipotéticamente: su asistente Timoteo venía de tal situación familiar (cf. Hechos 16:1-3). El padre de Timoteo era un (pagano) griego que no permitía que su hijo fuera circuncidado. No está claro por qué él se había casado con una mujer judía. La madre de Timoteo y su abuela eran judías y criaron al niño con conocimiento de las Escrituras; más tarde Timoteo vino a Cristo, e implícito en 2 Tim 1:5, Eunice y Loida hicieron lo mismo. El hecho de que Timoteo estuviera posiblemente en sus veinte cuando fue circuncidado por Pablo indica que la opinión de su padre todavía dominaba en ese hogar. Por consiguiente la familia fue dividida por el judaísmo y más tarde por el cristianismo, y Timoteo y las mujeres rompieron dos veces con el paganismo del esposo.

Aún así, la instrucción paulina es permanecer casado. En caso que deba hacerse un abandono (*afiēmi* se usa para ambos sexos en esta ocasión), ¡deje que el pagano tome la iniciativa, no el cristiano! Pablo parece creer que un cónyuge pagano *consiente en vivir con él/ella*. Es lo mismo que en 1 Pedro 3:1, donde la mujer cristiana tiene un esposo que "no cree en la palabra". La historia de la iglesia nos ha ofrecido ejemplos de esto a través de cada siglo hasta hoy.

7:14

¿Qué quiere decir eso de que el compañero incrédulo *ha sido santificado* (*jēgiastai*) por el creyente, o que sus hijos son *santos* (al adjetivo cognado *jagios*) en vez de *impuros* (*akatarta*, como en 2 Corintios 6:17, Efesios 5:5) por virtud de que tan solo uno de los padres sea cristiano? Esto no puede referirse al bautismo de infantes, como algunos han imaginado, porque Pablo habla de un efecto sobre el cónyuge también[223]. La clave parece ser la influencia divina que el creyente trae a su hogar la cual persuade a otros a aceptar el evangelio (como es la instrucción de 1 Pedro 3:1-7). En una forma limitada todos los miembros de la casa se encuentran protegidos del gobierno de Satanás (cf. 1 Cor 5:5).

7:15-16

Y, ¿si el cónyuge pagano decide *separarse*? En ese caso el creyente *no se lo impidan y queda sin obligación* (más literalmente, "no están obligados" [LBLA], o "ligados" [BJ]; la RVR "no está... sujeto a servidumbre" va demasiado lejos), o sea, no está obligado a hacer que la unión continúe. En una cultura donde el divorcio ocurría simplemente cuando uno abandonaba a su pareja, el cristiano no lo impediría. Ni

---

223. Cf. Conzelmann, p. 123; Héring, pp. 52-53 es útil aquí. Godet, pp. 346-48, declara que este pasaje no se puede entender *sin* dar por sentado el bautismo infantil.

debería automáticamente asumir la culpa por el divorcio. Mientras haya esperanza de que el incrédulo se convierta al cristianismo, es un deseo más que una garantía. *¿Cómo sabes tú si acaso salvarás a tu esposo/a?. Dios nos ha llamado a vivir en paz*, y el cristiano debe aceptar la paz de un matrimonio intacto tanto como la paz de ponerle fin a una relación mala y turbulenta.

Una interpretación persistente de este pasaje es que establece el denominado *Privilegio* paulino. La idea es que mientras Pablo prohíbe volver a casarse como una regla, lo permite en caso de abandono por parte de un incrédulo. Entonces sería el suplemento de la cláusula que el Señor Jesús menciona como excepción en la versión de Mateo acerca del divorcio diciendo, la cual solo contiene la condición –excepto "en caso de fornicación"– (*porneia*; Mateo 19:9, pero sin paralelo en Marcos y Lucas). La interpretación gira en torno al significado de *queda sin obligación*. Algunos toman esto como "libre del matrimonio, como si el cónyuge hubiera muerto y así (del mismo modo que la viuda) queda libre para casarse de nuevo". Algunas denominaciones reconocen la infidelidad o el abandono por parte de un cónyuge incrédulo como motivos para el divorcio y el nuevo matrimonio.

Es difícil probar cualquier excepción, como ambos pasajes tratan diferentes temas. Jesús estaba rechazando la política liberal de la escuela de Hilel, y descartando el divorcio completamente a menos que haya adulterio. Pablo no está enseñando acerca de casarse de nuevo, sino que se dedica a la pregunta de si los cristianos podían separarse de su cónyuge por supuestas razones espirituales. ¿Es obligatorio para el cristiano quedarse en el matrimonio? Sí, excepto en el caso que el cónyuge incrédulo se empeñe en el divorcio, entonces usted puede respirar tranquilo, no está obligado a forzar a su pareja a permanecer con usted para ser un buen cristiano.

La interpretación del *Privilegio* paulino depende del significado de "no está obligado". Esta palabra "ligado" quiere decir casarse en 7:27. Por lo cual la NVI traduce "estás casado"; ver también Romanos 7:2 que usa, literalmente, "ligado" y "quedar libre" para una mujer casada que luego enviuda. Ser "libre" en 1 Corintios 7 significa "libre de ese matrimonio", no casado/a, y nada más.

Parece que Pablo simplemente no se dirige al asunto de volver a casarse, ni aun para aquellos que fueron abandonados por cónyuges no creyentes. Thiselton argumenta que, dada la naturaleza situacional del capítulo, Pablo se contentó con dejar esa pregunta sin contestar como un "cabo suelto"[224]. La conclusión que podemos extraer de 1 Cor 7, es que la regla para aquel casado con un creyente es que él o ella solo pueden volver a casarse con la misma persona; la regla para la persona casada con un incrédulo es que debe permanecer sin casarse, es decir, libre del matrimonio.

---

224. Thiselton, *First Corinthians*, pp. 536-37.

7:16

Quizá el esposo o esposa no creyente será salvado a través de la influencia de su cónyuge. Los cristianos son naturalmente tímidos para usar el verbo "salvar" (*sōzō*) para la actividad evangélica humana; por supuesto, la salvación es solo de Dios, sin embargo, no es poco común en el Nuevo Testamento usar "salvar" para el trabajo de evangelismo o para rescatar a un cristiano que está extraviado (aquí; 9:22; Santiago 5:20; Judas 23).

Mientras que siempre hay esperanza de que un incrédulo se convertirá en cristiano, no hay garantía, y por ende no hay necesidad de tratar desesperadamente de preservar el matrimonio si el incrédulo lo abandona: como lo traduce la NVI, *¿Cómo sabes tú, si acaso salvarás a tu esposo/esposa?*

e. Exhortación general: en este momento, quédese como usted está; no use sus circunstancias como excusa para la negligencia 7:17-24

7:17, 20

Pablo da un nuevo conjunto de instrucciones en 7:17-24 y ofrecerá las razones para esto en 7:29-35. Los cristianos corintios estaban siendo tentados a cambiar su situación, por ejemplo, al querer un divorcio o al tratar de forzar a su cónyuge a quedarse cuando estaba decidido a irse. Pablo enseñó justo lo contrario: de hecho la palabra general para todo cristiano en cualquier situación *—la norma que establezco en todas las iglesias—* es: *¡No cambie! Esté contento con sus circunstancias y acéptelas hasta donde sea posible. Si hay cambio, no sea usted quien tome la iniciativa. No busque una esposa; no busque el divorcio; no cambie nada de sus circunstancias.* Esta enseñanza afecta fuertemente a los cristianos occidentales, porque el carácter moderno los presiona con intensidad para que tomen la iniciativa, persigan la mejora personal y escojan libremente entre una gran cantidad de opciones posibles. Pablo no era conservador, aferrándose a un *status quo*; se estaba rebelando en contra de la cultura contemporánea. Su regla sonaba revolucionaria en una sociedad donde el *status quo* era el movimiento y el cambio constantes. Pero en Cristo, hasta un esclavo debía seguir siendo esclavo (aunque Pablo aclarará esto). Pero también debemos señalar que el divorcio era incontrolado y los hombres y las mujeres con frecuencia cambiaban de cónyuge; en ocasiones, ciertamente, por amor, pero generalmente por interés en la posición social o económica. El matrimonio tenía que ver con el estatus: de seguro solo un aspirante perezoso no descartaría a un cónyuge si el divorcio fuera una oportunidad para ascender socialmente[225].

---

225. Cf. el ejemplo de un cierto Cnaeus Julius Agricola: "Se alió con Domitia Decidiana, una señora de ilustre nacimiento. El matrimonio era uno que dio a un hombre con ambición de avanzar distinción y apoyo", Tácito, *Agrícola* 6.1. Afortunadamente, esa pareja "vivía en singular armonía, a través de su mutuo afecto y preferencia del otro sobre sí mismos".

Pablo recalca –al igual que Jesús– que el matrimonio es para toda la vida. Parece no importarle si el matrimonio lo arreglaron los padres, si se hizo por razones sociales o por amor. Los cónyuges cristianos deberían amarse sin importar las razones iniciales de su contrato matrimonial (cf. Efesios 5:25; Tito 2:4).

La enseñanza de Pablo del matrimonio y el estatus social se centra en Dios: no en las costumbres sociales ni en la elección personal. Se supone que las circunstancias de uno no son producto de una fuerza impersonal ni de una suerte accidental. Más bien, cada individuo cristiano vive en *la condición que el Señor le asignó y a la cual Dios lo ha llamado* (cf. 1:2). Se usa el término *kaleō* ("llamar") siete veces en este párrafo; del mismo modo, "asignó" (*merizō*) invoca la idea de asignarle a uno la herencia o la porción que le corresponde (2 Corintios 10:13; Romanos 12:3; la misma palabra se usa en 1 Corintios 1:13 y 7:34 con un significado completamente distinto). Pablo reitera que *cada uno permanezca en la condición en que estaba cuando Dios lo llamó* (7:20), y una tercera vez: *Hermanos, cada uno permanezca ante Dios en la condición en que estaba cuando Dios lo llamó* (7:24). Este versículo revela mucho acerca del universo en el cual el cristiano reside. Él está seguro de que las normas divinas gobiernan las circunstancias individuales ya sea que la persona tenga un estatus superior o inferior de acuerdo a los valores de la sociedad.

7:18-19

Pablo terminó por ahora con el asunto de los casados y de los no casados; pasa a otras parejas de grupos sociales: circuncisos/incircuncisos y esclavos/libres. En lo concerniente al primer par se hace una afirmación que no nos parece nada sorprendente, sin embargo, es una declaración muy acertada en su contexto: *Para nada cuenta estar o no estar circuncidado, lo que importa es cumplir los mandatos de Dios*. Existe un paralelo fuerte en Gálatas 6:15: "Para nada cuenta estar o no estar circuncidados, lo que importa es ser parte de una nueva creación". Para un rabino esto habría sido una contradicción absoluta de términos, puesto que recibir la circuncisión era la puerta de entrada a la obediencia de los mandatos divinos. Así que el falso evangelio de los judaizantes pretendía eliminar la idea misma de un "cristiano gentil", los gentiles deberían convertirse al Judaísmo: "Es necesario circuncidar a los gentiles y exigirles que obedezcan la ley de Moisés" (Hechos 15:5). La palabra de Pablo aquí sonaba tan sorprendente como "¡Cometan asesinatos, o adulterio, roben o hagan lo que quieran, mientras obedezcan los mandamientos de Dios!". Para Pablo, el evangelio crea un pueblo en el cual no hay ningún valor especial en pertenecer a una raza o a otra (cf. especialmente Gálatas 3:28; 1 Corintios 12:13; Colosenses 4:11). Pablo no desarrolla las implicaciones de "para nada cuenta estar circuncidado" como lo hace en otras cartas, porque en Corinto se inclinaban hacia la sabiduría griega más que a las ideas judaizantes.

A la vez, muchos judíos en el mundo helenístico se vieron tentados a "esconder" su circuncisión (cf. Josefo, *Antigüedades* 12.5.1 §241; 1 Macabeos 1:14-15: "Construyeron un gimnasio en Jerusalén, como acostumbran los paganos; se hicieron operaciones para ocultar la circuncisión, renegando así de la alianza sagrada; se unieron a los paganos y se vendieron para practicar el mal"). Muchos judíos renunciaron a su estilo de vida distinto para asimilar la cultura griega y escalar en ella (por ej., Filón, *Sobre las leyes especiales* 1.1-11). Pero, contrario al falso cargo en Hechos 21:21, Pablo pensaba que los judíos cristianos debían vivir al modo judío; no hay ninguna ventaja en ser un cristiano gentil como no hay ninguna ganancia en actuar más judío.

7:21

El otro par de términos es *esclavo/libre*. Algunos esclavos cristianos habrían imaginado que ellos no eran libres para practicar el cristianismo por pertenecer a otra persona. Mucho menos probable, aunque posible, es que alguno imaginara que solamente en servidumbre una persona podría vivir como Cristo.

Al menos un tercio de los residentes de Corinto eran esclavos[226]. Aunque imaginemos que todos los esclavos trataban de liberarse y que todos los libres querían evitar la esclavitud, no sucedía así en el mundo antiguo. La línea entre los hombres libres pobres y los esclavos era muy fina. Las personas se vendían a sí mismas por un tiempo limitado con el fin de cancelar sus deudas. Muchos esclavos consideraban su pérdida de libertad y su integridad personal por un precio bajo a cambio de comidas regulares, un techo y ropa adecuados. Algunos esclavos se convirtieron en parte de la familia, y se quedaron a trabajar con ella por un salario una vez que fueron liberados. Otros esclavos consiguieron ahorrar pequeñas cantidades y con el transcurrir del tiempo pudieron comprar su libertad. No se trata de minimizar lo malo que es que una persona sea propietaria de otra, lo que se quiere es tan solo mostrar que para ambas partes la esclavitud tenía sus atractivos. Pablo mismo le dice al esclavo que *si tienes la oportunidad de conseguir tu libertad, aprovéchala*. En algún punto de su historia, la iglesia empezó a recibir peticiones de que se usaran sus fondos para liberar esclavos cristianos. Ignacio de Antioquía menciona la práctica en el 107 d.C, pero dice que esto solo llevaba al abuso: "No desprecies a los esclavos, sean hombres o mujeres. Pero no permitas que éstos se engrían, sino que sirvan más fielmente para la gloria de Dios, para que puedan obtener una libertad mejor de Dios. Que no deseen ser puestos en libertad a expensas del pueblo [la iglesia], para que no sean hallados esclavos de su (propia) codicia" (Ignacio, *Policarpo* 4.2-3).

---

226. Así Witherington, *Conflict and community*, p. 183.

7:22

De nuevo, Pablo muestra el malentendido teológico inherente al deseo de cambiar de estatus. *¡No espere hasta que sus circunstancias cambien para empezar a disfrutar su libertad en Cristo! ¡No espere el momento de convertirse en un esclavo de Cristo, puesto que ya fue "comprado" y le pertenece a Él!* (7:23a, paralelo con 6:20). En Cristo, las categorías de esclavo y libre no definen lo que significa ser cristiano. El esclavo también representa a Cristo, en la posición donde Dios lo haya puesto (Efesios 6:5-8; Colosenses 3:22-25; 1 Timoteo 6:1-2; Tito 2:9-10; 1 Pedro 2:18-21, específicamente da ánimos a los esclavos basado en el hecho de la propia servidumbre y los sufrimientos de Cristo).

7:23

La declaración paulina en 7:23 de que *ustedes fueron comprados por un precio; no se vuelvan esclavos de nadie* debe tomarse dentro de este contexto. Él no razona —como algunos esclavos cristianos seguramente lo hicieron— que es pecaminoso o una traición permanecer siendo esclavo de otro ser humano. Puede leerse de dos maneras: tal vez habla literalmente de esclavitud: Nadie debería entregarse a sí mismo como esclavo con el fin de obtener provecho: ¡Le pertenecen a Cristo, no a ustedes mismos! O más probable, habla de manera figurativa: "No se conviertan en esclavos de nada que no sea Cristo, se llame pecado o cualquier otra cosa".

Clemente de Roma lo menciona como un ejemplo de amor, "Sabemos que muchos entre nosotros se han entregado a la esclavitud, para poder rescatar a otros. Muchos se han vendido como esclavos y, recibido el precio que se ha pagado por ellos, han alimentado a otros" (*1 Clem* 55.2). Clemente aparentemente no ve esto como una transgresión de 1 Cor 7:23.

7:24

Pero el tema de Pablo aquí es el matrimonio, no esclavos/libres ni judíos/gentiles. Él ha usado estas categorías solamente para ampliar su punto acerca de la providencia divina y para mostrar que su consejo relacionado con el matrimonio es semejante a lo que él le dice a la gente que se halla en otras situaciones difíciles o desventajosas: *¡permanezcan!*

Los cambios de estatus y el reino de Dios 7:24
Pablo no era estoico. No nos dice que nos conformemos al universo, porque lo que será, será. En el evangelio paulino, existe un Dios soberano, quien puede esclavizar o libertar, formar y terminar matrimonios, ascendernos o degradarnos según su deseo. El cristiano vive en el mundo, pero conoce una ciudadanía superior regida con sus propios valores. La enseñanza de este capítulo tiene un paralelo en 1 Tesalonicenses 4:13: "Para que no se entristezcan como esos otros que no tienen esperanza". Esto no

significa que un cristiano no puede llorar una pérdida; quiere decir que un cristiano, sabiendo lo que sabe acerca de este mundo y de la resurrección, no debería lamentarse "como los paganos". La ganancia o pérdida tienen su lugar dentro del contexto más amplio del reino de Dios.

Sin embargo, nosotros los hijos de Dios soñamos con cambiar nuestra posición social. Erróneamente, damos por sentado que "si solo" las cosas fueran distintas, seríamos personas mucho más felices y mejores cristianos. A lo largo de todo el capítulo, Pablo permanece firme contra esa actitud. Exploremos cómo estos puntos nos instruyen a nosotros en esta época:

- *Divórciese busque una nueva pareja: ¿Qué hay de nuestros días? Los Estados Unidos poseen uno de los índices de divorcio más altos del mundo, aunque Cuba, Panamá y Puerto Rico también encabezan la lista[227]. La mayor parte del tiempo, esa gente procura alcanzar algo mejor, ya sea por razones económicas o sociales. Creen que tal vez haya alguien mejor para ellos en algún sitio... o quizá llegaron a la conclusión de que estar solos sería mucho mejor que como están. La mayoría de la enseñanza cristiana —¡correcta!— recalca los ideales del matrimonio, la devastación del divorcio, y el daño sufrido tanto por los padres como por los hijos. Pero el punto paulino en esta carta tiene que ver con la búsqueda de estatus. Los corintios pensaban mejorar su vida cristiana quedándose célibes o cambiando de pareja. ¡Ojalá que las parejas que se divorcian en la actualidad tuvieran motivos tan relativamente elevados![228]. En ese caso, Pablo les dice a los casados y a los solteros que es mejor que permanezcan tal y como están. Detrás de esta idea se halla la verdad de que el reino de Dios utiliza completamente tanto a los casados como a los solteros. ¡Qué absurdo, entonces, escuchar a un soltero afirmando que le serviría de verdad al Señor "si tan solo" estuviera casado... mientras que quienes tienen familia ambicionan el estado de la soltería y fantasean acerca de cómo podrían servirle mejor a Dios "si tan solo" no estuvieran atados a una responsabilidad! ¡Qué triste ver a mujeres cristianas jóvenes prometiendo empezar a servirle a Dios tan pronto como consigan un pastor con quien casarse!*

- *Escalar socialmente: Actualmente, como en Corinto, a la persona joven con iniciativa y energía se le insta a salir y relacionarse con gente adinerada e influyente. Esto también puede verse dentro de la iglesia: ¡Yo sería un mejor cristiano "si tan solo" fuera el favorito del pastor! ¡Si tuviera contactos en*

---

227. Refiérase a www.aneki.com para estas estadísticas y otras de interés.

228. Consideramos que el punto de Pablo en este capítulo tiene que ver con el estatus más que ofrecer un manual sobre divorcio y nuevo matrimonio, y así es como lo aplicaremos aquí. No obstante, también provee una perspectiva importante acerca del divorcio. Recomendamos el desarrollo planteado por Guy Duty, *Divorcio y nuevo matrimonio*, Editorial Betania, Nashville, TN, 1975.

ministerios importantes! ¡Si unos misioneros extranjeros me hicieran parte de su proyecto!

- *Superación personal: Como norteamericano, me crié con la religión de la superación personal y, en muchos aspectos, todavía me identifico con ella. ¡Si usted es pobre, trabaje duro! ¡Si es ignorante, procure educación! ¡Si tropieza, inténtelo otra vez! El problema surge cuando imaginamos que esto representa con exactitud los valores del reino de Dios. A algunos cristianos les asombra oír esto, pero es posible que a Dios no le importen nuestros ingresos ni que seamos profesionales en vez de operarios. La enseñanza de Cristo en torno a las posesiones descansa en esto, especialmente el Sermón del Monte: "No acumulen para sí tesoros en la tierra, donde la polilla y el óxido destruyen, y donde los ladrones se meten a robar. Más bien, acumulen para sí tesoros en el cielo, donde ni la polilla ni el óxido carcomen, ni los ladrones se meten a robar. Porque donde esté tu tesoro, allí estará también tu corazón" (Mateo 6:19-21). Por supuesto que esta enseñanza se ha torcido y se ha empleado de modos incorrectos. Qué grosero escudar nuestra indiferencia hacia el sufrimiento de los demás diciéndonos a nosotros mismos que esa gente pobre debería estar contenta con su situación. Aun más cruel es emplear esto como un recurso contra aquellos a los que oprimimos pagándoles menos o jugando un juego de estatus al decirles que es cristiano de su parte quedarse callados y aceptar nuestro trato en silencio.*
- *Descenso social: Esta práctica es contraria a la del punto anterior, pero se basa en el mismo malentendido. Es decir, ciertos cristianos buscan poder espiritual y estatus al descender socialmente. Venden su casa y establecen granjas auto-sostenibles en lugares remotos. Viven en comunas porque todos "saben" que eso forma el carácter y contribuye al crecimiento espiritual. Esta visión utópica puede servirles a algunas personas, pero no tiene relación alguna con nuestra relación con Dios.*
- *Váyase al campo, o cámbiese a la ciudad: De nuevo, distintos creyentes han hecho cambios completamente radicales en su vida, imaginando que Dios habita más en un lugar que en otro. "¿Cómo vamos a servirle al Señor aquí?" clamaron. "¡Si tan solo pudiéramos estar en otro lugar!".*
- *«Deje el trabajo "secular": La mayoría de los evangélicos tienen una terrible teología del trabajo, la cual participa más del modelo tradicional de "clérigos/laicos" que de lo que dice la Biblia. Por eso, cuando Dios comienza a moverse en su vida, automáticamente dan por hecho que deben dejar su trabajo "secular" y dedicarse al servicio cristiano. Ellos menosprecian su trabajo diario: Solo hago esto para pagar las cuentas; yo cumplo con mi horario y luego uso el resto del tiempo sirviéndole al Señor; por lo menos me provee para diezmar, pero resiento el tiempo perdido que podría pasar*

en la iglesia. Pero esto va totalmente en contra de la actitud divina hacia el trabajo. En su reino, no hay tal cosa como trabajo "secular", sino que todo se hace en su nombre (Efesios 6:5-8; Colosenses 3:23).

En mis esfuerzos personales por costearme una educación, trabajé en una serie de fábricas. Uno de los trabajos fue en una línea de ensamblaje. Hacíamos pequeñas bombas que hacían circular el agua en sistemas de calentamiento. Luego de unas pocas semanas, yo era capaz de ensamblar más de mil bombas en cada turno. Trabajaba sobre un horno y era un trabajo sucio y caluroso (de hasta 40 grados a veces). Pero lo peor era el lado mental de mi labor: era repetitiva y me aburría de modo inimaginable. Me alegraba no tener que hacer eso para siempre. Pero aun así, Dios veía mi trabajo no solo en el sentido de que me proveía el dinero para mi educación, sino porque era un modo de darle gloria a él. Yo ensamblaba bombas en el nombre de Jesús y trataba de que fueran de una calidad que lo honrara a él.

— *«Busque un sabor religioso distinto: Pablo les dice a los judíos cristianos que sean judíos cristianos y a los gentiles cristianos que sean gentiles cristianos. No existe una verdadera diferencia si uno alaba a Dios circunciso o no. Ahora bien, cada evangélico acepta esto hasta cierto punto: por supuesto, ¡no hace ninguna diferencia en relación con la salvación! No obstante, entretejida se halla la sospecha de que esas cosas sí distinguen la calidad de la experiencia cristiana de un individuo. Pero, ¿no somos capaces de ver que esto es precisamente lo que Pablo rechaza aquí? Si eso no importa, entonces no importa, punto. No somos más salvos ni menos salvos por ser judíos o gentiles. Lo que es más, no somos ni mejores ni peores por preferir el estilo judío de la danza davídica por encima de los himnos tradicionales; no somos ni más ni menos pacificadores por bendecir a la gente con un Dios te bendiga o con un Shalom. No tenemos más contacto con Dios ni menos por colgar banderas en nuestra iglesia o cruces, ni por ser litúrgicos o cantar coros.*

En conclusión: Conténtese con su estatus y acéptelo ante Dios. En Cristo, hasta un esclavo podría permanecer siendo esclavo y ser completamente agradable a los ojos de Dios».

f. Instrucciones específicas para vírgenes de ambos sexos 7:25-28

7:25

Pablo se dirige ahora a "las vírgenes" (RVR). El uso de *peri de* aquí (como en 7:1) probablemente señala que los corintios habían preguntado acerca de este punto específico. La expresión *las personas solteras* en NVI es inadecuada. "Soltera" y "virgen" no son términos equivalentes, y este grupo se distingue de los no casados y de los viudos de 7:8-9. Aquí Pablo se refiere a jóvenes castos que nunca se habían casado. Aunque el término se usará en 7:36-38 para referirse a mujeres jóvenes, aquí parece tratarse tanto de hombres como de mujeres[229]. En 7:26 la enseñanza acerca de las vírgenes, muestra que él incluye hombres o mujeres castos. El tema de esta sección, entonces, es "personas que son castas y no casadas."

No sabemos mucho acerca del estado en el cual se hallaban esas personas: ¿prometieron quedarse célibes? ¿Se comprometieron a casarse y ahora dudan? (Fee) ¿Se trata de un "matrimonio espiritual" pero enfrentan la tentación?[230]. Muchos comentaristas argumentan que esta gente joven, cualesquiera que fueran sus propios deseos, recibían presiones de algunos de la iglesia para abrazar el celibato como el bien supremo.

En relación con este asunto no existe nada en la enseñanza del Señor Jesús: *no tengo ningún mandato del Señor, pero doy mi opinión*. El consejo paulino aquí está estrechamente ligado a las circunstancias, no a una regla declarada para todo el mundo. Pero Pablo es *digno de confianza*, es quien declara con modestia, "yo también tengo el Espíritu de Dios" (7:40).

7:26

Esta es una aplicación apostólica de verdades conocidas a una situación nueva encabezada por un lenguaje como: *Pienso que, a causa de la crisis actual, es bueno...* Desdichadamente, no sabemos cuál era "la crisis actual", salvo que nos arroja luz acerca de cómo aplicar la Palabra de Dios. *anagkē* puede significar una obligación (como en 7:37; 9:16; 2 Corintios 9:7). Los estoicos usaban el mismo término para referirse a "circunstancias presentes" (Epicteto, *Disertaciones* 3, 26); de ahí que BJ diga "la necesidad presente". O puede que signifique un tiempo de angustia poco común (3 Macabeos 1:16), o hasta la tribulación de los últimos tiempos (Lucas 21:23). El participio para "actual" (*enestōsan*) significa ya sea "presente" o "inminente"[231]. Una manera de leer este pasaje es que Pablo usa el término en su sentido apocalíptico: nosotros estamos en un período de tribulación; "nos queda poco tiempo" (7:29); "este mundo, en su forma actual, está por desaparecer" (7:31). En este caso, Pablo piensa que el fin está cerca, que los corintios estaban por llegar a ser "como los ángeles", o que era demasiado tarde para ponerse a pensar en el matrimonio.

229. También Thiselton. No así Robertson y Plummer, p. 151; Héring, p. 57, quien está de acuerdo con "doncellas" de LBLA.

230. Cf. Hurd, p. 177; Lietzmann; Héring, p. 63. Cipriano trata este tema detalladamente en su *Carta* 61; algunas vírgenes comprometidas supuestamente compartían la cama con un hombre, pero aseguraban permanecer castas.

231. Fee argumenta que debe significar "presente" y no "cercano", pero los tres textos cristianos primitivos que usan *enestōsan* (aquí, 2 Timoteo 3:1 y *Bernabé* 17.2) fácilmente pueden tener cualquier sentido.

Otra interpretación resulta más adecuada: Pablo pensaba en "las dificultades del tiempo presente"[232], dificultades que afectaban al Corinto de los años cincuenta. Esta crisis les recordaba a los cristianos que este mundo es pasajero, por tanto, el matrimonio, importante especialmente para las mujeres jóvenes, es una más de las instituciones que desaparecerían. Recientes estudios de Corinto muestran que hubo una gran hambruna a finales de los cuarenta y de nuevo en el 51, afectando a los pobres durante algún tiempo[233]. Tal vez por esa razón los pobres padecían hambre en la asamblea según 11:21. En ese caso, ¿por qué casarse, si es tan difícil obtener lo suficiente para comer? ¿Por qué divorciarse si implicaba que la mujer y los hijos sufrirían privaciones?

7:27

Pablo no está escribiendo un manual para responder a todas las preguntas acerca del matrimonio: "Él se dirige a dificultades específicas que se han desarrollado en Corinto y no está presentando un manual del matrimonio o sus pensamientos sistemáticos acerca del matrimonio"[234]. Ofrece una política pragmática y situacional para el momento: *¿Estás casado? No procures divorciarte* (por supuesto, Pablo ya había regulado esto, pero aquí añade a la razón teológica una pragmática). En el párrafo siguiente se da una nueva guía (no una regla): *¿Estás soltero? No busques esposa.* Resulta sorprendente el razonamiento paulino dado aquí. Cuando se trata del divorcio, obedecemos el mandato del Señor; por tanto, el divorcio es un asunto "teológico" (7:10).

Para algunos corintios, el celibato era el bien superior ante Dios: ellos afirmaban que era un estado inferior el tener contacto sexual con una mujer (7:1). Esto no es la voluntad de Dios en absoluto –contesta el apóstol–: puede ser para un hombre viudo o que nunca se había casado o para una joven y casta mujer, pero si te casas, no pecas, puesto que el matrimonio, como el celibato, es de hecho un regalo de Dios (7:7). Pablo también argumenta desde el punto de vista práctico: él mismo es célibe y se lo recomienda a otros, no porque el Señor lo ordene, sino (1) porque *los que se casan tendrán que pasar por muchos aprietos, y yo quiero evitárselos*; él explica qué *aprietos* son más adelante; (2) porque existe una verdadera falta de dominio propio en Corinto (7:2, 5, 9, 36). Optar por el celibato sin tener el *jarisma* es correr el riesgo de fornicación –buscar un pecado grave con el fin de adoptar un estilo de vida que él nunca pidió–. De modo que Pablo aconseja la soltería para quien pueda.

---

232. Como RVR. Cf. Fee, *Primera corintios*, pp. 373-74; R. Morganthaler, "anangkē", *DTNT*, p. 2:47-48.

233. Winter, *After Paul left Corinth*, pp. 216-225.

234. Garland, *1 Corinthians*, p. 242.

g. *Exhortación general, continuación: ¿Por qué deben quedarse como están? 7:29-35*

Aquí Pablo desarrolla con lujo de detalles su visión del mundo. Muestra que el cristiano mira más allá de las instituciones del mundo y se centra en la realidad mayor, la época venidera. Es un rechazo, no del matrimonio, sino del énfasis en la posición social.

7:29-31

Pablo usa un elevado estilo poético, mostrando las implicaciones de *que nos queda poco tiempo y este mundo, en su forma actual, está por desaparecer.* ¿Cómo debe vivir un cristiano en esta época después de la cruz, *de aquí en adelante?*

> Los que tienen esposa deben vivir
> como si no la tuvieran;
> los que lloran,
> como si no lloraran;
> los que se alegran,
> como si no se alegraran;
> los que compran algo,
> como si no lo poseyeran;
> los que disfrutan de las cosas de este mundo,
> como si no disfrutaran de ellas.

Este lenguaje es el típico escatológico de cambio radical. El cristiano, mientras que se le ha ordenado servir a Dios en y por medio de las estructuras del mundo, vive en otra dimensión escatológica. Esto no quiere expresar pánico ante el fin del mundo, ni el rechazo del mundo: antes bien, es "relativizar las cosas terrenales"[235].

Los que tienen esposa deben vivir como si no la tuvieran; desafortunadamente fue por muchos siglos un versículo clave en la enseñanza del celibato: *Si ya usted está casado, viva aparte de su esposa o repúdiela por completo.* No obstante, esta afirmación no es un llamado al divorcio o al "matrimonio espiritual" y así se muestra concluyentemente en los primeros versículos de este capítulo donde Pablo llama a los cónyuges a permanecer casados y tener relaciones sexuales regulares dentro del matrimonio.

7:32-34

Pablo continúa hablando primero a los hombres, luego a las mujeres previamente casadas (*agamos*, como en 7:8, 11) y a las jóvenes vírgenes que nunca se han casado. Él afirma lo que los ascetas corintios deben de haber visto, que prácticamente

---

235. V. L. Wimbush, *Paul the worldly ascetic: response to the world and self-understanding according to 1 Cor. 7*, Mercer, Macon, GA, 1987, p. 33.

es más fácil servir al Señor siendo soltero. Por supuesto, esto variará de lugar en lugar y de tiempo en tiempo, pero para el apóstol esto tiene sentido. Así también entre los corintios, si a uno se le ha dado ese don, que permanezca *libre de preocupaciones*, que *se preocupe de las cosas del Señor y de cómo agradarlo*. Pero implícitamente también él está alejando a los corintios de la atracción del estatus terrenal, según el cual arreglar un matrimonio beneficioso es un paso crítico para mejorar la posición social. En las distintas culturas esto afecta a los hombres y a las mujeres de maneras diferentes, sin embargo, normalmente ambos sexos ven el matrimonio en sí mismo como un progreso, y casarse con alguien adinerado y de buena posición social como un *golpe maestro*. ¿Pero qué es eso en comparación con servir al Señor con mayor atención?

En términos prácticos de tiempo y energía, la mujer soltera *se afana por consagrarse al Señor tanto en cuerpo como en espíritu*. Esta afirmación podría darles ventaja a los ascetas, si no fuera por el hecho de que Pablo no estaba alabando el celibato como tal –y, ¡sin duda tampoco al ascetismo!–. En esos mismos términos, *la casada se preocupa de las cosas de este mundo y de cómo agradar a su esposo...* normalmente, y como resultado, dando a luz y criando a los hijos. Pablo no habla de "las cosas de este mundo" para argumentar que casarse es "mundano" y pecaminoso. Antes bien, para mantener una familia hay que cumplir con muchísimas tareas y deberes.

7:35

En términos prácticos, ¿no sería mejor emplear toda esa energía para *consagrarse al Señor* en el ministerio de servicio o evangelismo? Pero de nuevo, Pablo recomienda un camino mejor, no opta por ofrecer una lista de órdenes ni *ponerles restricciones*. "Con decoro" (de *eusjēmōn*) puede significar "decente"; no obstante también tiene el sentido de noble o de buena reputación, como eran los estimados José de Arimatea (Mar 15:43) y las mujeres de alto estatus social en Antioquía de Pisidia (Hech 13:50; véase LSJ). Es decir, hombres y mujeres que escogieron no casarse no deben preocuparse por su pérdida de estatus social: ante Dios ellos son nobles.

h. Instrucciones específicas para los comprometidos con vírgenes 7:36-38

7:36

Pablo vuelve al caso específico de las vírgenes, pero habla a los hombres ("su" es masculino en el griego) acerca de cómo tratan, literalmente, a "su virgen". Esto se refiere a mujeres vírgenes, y como parafrasea NVI, ella es la *prometida*[236]. Hay indecisión acerca de si la pareja debe seguir con sus planes y casarse, quizá porque alguien en la iglesia instaba al celibato como el camino supremo. Pablo instruye

---

236. Algunos han afirmado que esto no podría significar un "compromiso", porque el compromiso matrimonial era una práctica judía, no griega. No obstante, Conzelmann, p. 135, n. 44, prueba que los griegos también contraían matrimonio con anticipación.

del mismo modo a como lo hizo en 7:25-28, se case con su prometida o no; las razones para no casarse son las prácticas ya mencionadas.

Con esto, claro, hay una enorme diferencia de opinión con respecto a quién se dirige Pablo. Casi todas las versiones modernas escogerán una lectura y presentarán las otras posibilidades como lecturas alternas.

•*1. Pablo se dirige a un padre en relación con su hija.* El punto de vista tradicional (RVR; LBLA) es que Pablo le habla al padre o al guardián de la joven virgen[237] (o, con gran dificultad, al dueño o guardián de una esclava). Él tiene el derecho de darla en matrimonio, pero quizá decidió que ella permaneciera pura al servicio de Cristo: "Pero si alguno piensa que es impropio que a su hija virgen se le pase la edad, y que es necesario casarla, haga lo que quiera, no peca: que se case (RVR)".

Esta traducción presenta varios problemas. Primero, la RVR debe suplir la palabra "hija", ya que no aparece en el texto griego. Segundo, escoge "es necesario casarla" para traducir un verbo infinitivo (*asjēmonein*) que tiene mejor explicación. Tercero, hay un problema claro con la traducción "que se case". En el original es plural (*que se casen*, NVI), y también tendría el sentido de "deje que ellos [la joven pareja] se casen" en vez del implicado "deje que ella se case" de la RVR o la LBLA[238]. Ese verbo plural hace referencia a ambas personas comprometidas, y es una evidencia a favor de la segunda interpretación:

•*2. Pablo le habla a un hombre no casado acerca de su prometida* (NVI; VP; BJ). "Deje que ellos se casen" quiere decir que el joven varón decida seguir adelante y casarse (con el consentimiento implicado de la mujer, lo cual Pablo afirma en 7:28). Esta es la idea de NVI, *si alguno piensa que no está tratando a su prometida como es debido*[239]. Esta es la opinión más simple, en vista de ambos contextos, el de la carta y el histórico. Si el "padre" estuviera en mente aquí, sería la primera vez que aparece en este capítulo, lo cual en apariencia afirma que tanto el hombre como la mujer toman sus propias decisiones de conciencia

---

237. Así (según Conzelmann) Teodoro de Mopsuestia; Crisóstomo; Teodoreto de Ciro; Agustín; Ambrosiáster; Robertson y Plummer, p. 158, quienes postulan una cuestión específicamente de los padres; Allo; Morris; Grosheide; Hodge; Goudge; Godet; Findlay; *DTNT*, p. 1:48.

238. Algunos manuscritos (incluyendo el original de D) tienen singular, que significaría "deje que se case" pero este es posiblemente uno de esos casos en que el escriba cambió el texto según el significado que él percibía.

239. Winter, *After Paul left Corinth*, pp. 243-46, demuestra que "no como es debido" (*asjēmoneō*) posee un tono fuertemente sexual en la literatura. Nótese también el convincente argumento de Martin, *The Corinthian Body*, pp. 219-228; también Norbert Baumert, *Woman and man* in Paul: *overcoming a misunderstanding*, Liturgical, Collegeville, MN, 1996.

acerca del matrimonio y del celibato. Así en 7:37, *se mantiene firme en su propósito*. Si él decide casarse, Pablo le asegura a "él" que *no peca*.

•3. *Pablo se dirige al esposo en un supuesto matrimonio espiritual*[240]. Basado en la práctica cristiana marginal durante los siguientes dos siglos, se deduce que esta pareja había contraído un "matrimonio espiritual" en el que vivirían juntos permanentemente o por intervalos, pero sin consumar el matrimonio. El término técnico para estas esposas espirituales es *virgines subintroductae*. Tertuliano, por ejemplo, promovía el matrimonio espiritual para viudos que no podían vivir sin ayuda doméstica. Él hace que un viudo diga:

> "En mi estado presente [de viudez], también, una consorte en trabajos domésticos es necesaria". (Tertuliano contesta), entonces toma alguna esposa espiritual. Toma para ti entre las viudas una justa en la fe, dotada con pobreza, sellada con edad. Ustedes así harán un buen matrimonio[241].

Aunque esto resulta curioso, consideramos que presenta serias dificultades: no existe evidencia del matrimonio espiritual en el primer siglo; además, ellos en efecto ya estarían casados, lo cual hace que la frase "deje que ellos se casen" sea redundante o nos forzaría a interpretarla como "deje que ellos consuman su matrimonio".

Es mejor tomar los términos en su sentido natural, (•2) que Pablo le habla a una pareja ya comprometida, y que el hombre joven tiene dudas acerca de la santidad de seguir con los planes. Esto permite que el párrafo fluya con mayor facilidad de la referencia a las vírgenes en 7:25-26, y sin introducir nuevos personajes (padre o amo de la joven) o versiones hipotéticas de matrimonio o prácticas desconocidas.

Pablo pasa a aclarar las circunstancias, NVI traduce *ella ha llegado ya a su madurez (juperakmos), por lo cual él se siente obligado a casarse*. Existen varias formas, fuertemente debatidas, de interpretar *juperakmos*. Una es que la joven ya ha alcanzado la madurez sexual (DHH "ya está en edad de casarse"). No era raro del todo que se arreglara un matrimonio con mucha anticipación para las mujeres preadolescentes. En este caso, ella ya está en edad casadera. Esta es la opinión

---

240. Lietzmann y Kümmel, *An die Korinther*; Conzelmann, p. 135, cf. Hurd, *Origin*. Cf. contra Fee, *Primera corintios*, pp. 324-28.

241. Tertuliano, *De exhortatione castitatis* 12. Cipriano trata este asunto al detalle en su *Carta* 61: "vírgenes quienes, después de haber decidido continuar en su condición, y mantener firmemente su continencia, han sido luego encontradas estando en la misma cama al lado de hombres... Nosotros debemos interferir de inmediato en el caso de tales como estas, que puedan ser separados mientras que todavía puedan ser separados en inocencia; porque tarde o temprano ellos no podrán ser separados por nuestra interferencia, después de haber sido unidos por una conciencia muy culpable. Más aun, qué serie de graves males vemos que han surgido; y qué multitud de vírgenes contemplamos pervertidas por uniones inmorales y peligrosas de este tipo, ¡para nuestro gran dolor de la mente!". Cf. además Eusebio, *Historia de la Iglesia* 7.30.12.

seguida por NVI y por la mayoría de las versiones castellanas. Hay otro punto de vista con más evidencia, que ella se está pasando de la edad para una mujer que tiene un matrimonio arreglado, que ella es *superadultus* (Vulgata Latina). Por supuesto, en ese contexto las "vírgenes" por lo general tenían entre 12 y 16 años (ver Thistelton); "mayor" permite que ella todavía sea adolescente. La tercera opción es que *juperakmos* no se refiere a la joven, sino al varón; en ese caso, se traduciría "y él se siente agobiado por sus deseos sexuales". En el caso de •1 tendría que referirse a la hija, no al prometido. Para la interpretación •2, cualquiera de las opciones cabe en el contexto, aunque la referencia a una joven "que se hace mayor" encaja mejor, puesto que Pablo mencionó al joven varón en la primera cláusula. De modo que entendemos el significado de este párrafo de la siguiente manera:

- una joven y un varón cristianos han estado comprometidos durante algún tiempo
- la joven tiene 15 o 16 años y es obvio que existe algún tipo de demora
- el hombre se ha vuelto inseguro acerca de la conveniencia del matrimonio, además siente una enorme presión sexual y tal vez hasta haya tenido acercamientos inapropiados con la muchacha

El versículo 37 subraya que si él opta por finalizar el compromiso, es libre de hacerlo, pero bajo las mismas condiciones ya mencionadas. En el caso de que decida quedarse célibe, la NVI parafrasea: literalmente "si él decide mantener a su propia virgen", es decir, decide (con el consentimiento de la joven, naturalmente) dejar a la muchacha virgen.

7:37

Pero el que se mantiene firme en su propósito, es decir, que no se deja llevar por la presión externa. *Y no está dominado por sus impulsos, sino que domina su propia voluntad*, es decir, que no va a disponerse a sí mismo para la fornicación (como en 7:2, 9, 36).

7:38

Pablo ofrece una conclusión característica: *De modo que el que se casa con su prometida hace bien, pero el que no se casa hace mejor*. En ambas ocasiones el verbo mencionado aquí es *gamizō*, que además quiere decir "dar en casamiento" (cf. Mateo 24:38) en vez de "casarse". De cualquier modo también se usa para "casarse" en ciertos contextos y podría ser sinónimo de "dejar que ellos se casen" en 7:36.

El contexto nos ofrece un sentido claro de lo que Pablo entiende por *bien* y *mejor*. Quedarse célibe es mejor, por las razones prácticas que él ha mencionado pero no es moralmente mejor:

> No tiene nada que ver con el bien y el mal, y ni siquiera con lo que es mejor o peor, sino con lo que es bueno o mejor a la luz de esa situación (Fee, p. 405).

i. Recapitulación con un comentario especial para las mujeres casadas 7:39-40

7:39

Pablo finaliza este capítulo tan largo con un resumen. Su última petición se dirige a las mujeres casadas. Esto acerca más al lector a la idea de que las mujeres casadas descontentas eran el principal tema de discusión, y que algunas esposas habían declarado que era moralmente correcto que ningún hombre las tocara (7:1). Haciendo a un lado todas las contingencias y la aplicación extensa, Pablo resume brevemente la enseñanza dada en 7:10-11, "que la mujer no se separe de su esposo". Su matrimonio con su marido dura hasta la muerte de él. Solo si y cuando él muere, ella puede casarse con quien quiera (¡se le permite a la mujer!) pero *con tal de que sea en el Señor...* él debe ser cristiano. Esto obvia el problema de los matrimonios mixtos hallados en 7:12-16. De modo que, la libertad de la mujer de contraer nupcias por segunda vez es la misma libertad de las vírgenes que nunca se han casado. Y Pablo no puede evitar mencionar que le sería mejor a ella quedarse *agamos*.

7:40

El resumen paulino también reitera su epistemología: *en mi opinión... y creo que yo también tengo el Espíritu de Dios.* Su opinión es personal, pero al mismo tiempo espiritual y por tanto debe tomarse muy en serio.

Sigamos la guía paulina y resumamos nuestras conclusiones:

La situación corintia: En Corinto, existían varias presiones sociales y semejantes. El divorcio y nuevo matrimonio por razones de promoción social eran una constante en esa cultura. Más allá de eso, algunos cristianos (¿esposas?, no sabemos) concluyeron que el sexo era malo para los cristianos.

Esto se desarrolló debido a la influencia de cierta postura filosófica de que el ascetismo (así como el celibato) era más piadoso, o hacía que los cristianos fueran más dedicados y profundos. Alguien andaba diciendo que era mejor que los solteros y los viudos optaran por el celibato; que las parejas casadas debían abstenerse de las relaciones; que las parejas comprometidas tenían que terminar con sus planes; que los cristianos casados con paganos tenían que separarse de ellos.

La carta corintia decía algo así: *Pablo, ¿no cree usted que es mejor que un hombre no tenga relaciones sexuales con ninguna mujer? ¿No cree que las vírgenes deberían quedarse así? ¿Por qué es usted célibe, Pablo, si no es porque ese es el comportamiento más santo? ¿No es el matrimonio tan solo la institucionalización del deseo carnal?*

Pablo percibe que algunos corintios tratan de cambiar sus circunstancias con tal de convertirse en cristianos de un nivel más alto. Él considera que este propósito está fuera de lugar. Pablo también cree que los corintios han subestimado severamente el poder de la tentación sexual. Comenzaron con un ideal alto, y eso ha provocado la fornicación. Y de hecho, Pablo hasta puede señalar ejemplos específicos de fornicación con prostitutas.

Pablo en 1 Corintios habla del matrimonio a la luz de su desarrollo del evangelio de la cruz y sus implicaciones. Explícitamente a una viuda que considera volver a casarse (7:39), pero implícitamente, se dirige a todos, un cristiano debe casarse "en el Señor", es decir, con otro creyente. Primeramente, él exhorta a la gente a permanecer en el estado en el cual se hallaban cuando Dios los "llamó", porque Dios, por implicación, tiene un propósito en medio de ese conjunto de circunstancias. Pablo tiene un respeto más sano hacia la tentación sexual del que tienen los corintios. De ahí sus palabras para todos los grupos: a los vírgenes, comprometidos, casados, viudos y divorciados les acechan los peligros carnales y satánicos de la fornicación.

La preferencia clara de Pablo por el celibato se basa principalmente en razones prácticas. Él esquiva los asuntos teológicos y va directamente a las circunstancias, la capacidad personal y la preferencia, señalando donde no hay pecado. En esos aspectos él anima a quienes tienen ese *jarisma* a considerar seguir su ejemplo. Él da órdenes o consejos concernientes a varios subgrupos, todo dentro de la esfera de evitar la fornicación:

1. A los hombres y mujeres ya casados (2-6) – ellos deben tener relaciones sexuales regulares, ¡es imperativo! Presuponemos este mandato cuando Pablo se dirige a los subgrupos de casados:

1 a. A hombres o mujeres casados con creyentes (10-11): eviten la fornicación; tengan relaciones regulares con su cónyuge (2-6); la única excepción es "el ayuno sexual" por un período de especial oración corto y limitado, después del cual deben volver a sus relaciones regulares; permanezcan casados, ¡así lo manda Jesús!

1 b. Al "resto", es decir, a aquellos casados con no creyentes (12-16): eviten la fornicación; tengan relaciones sexuales con su cónyuge (2-6); Jesús no les mandó nada pero, ¡Pablo lo hará! Sigan casados si el incrédulo lo consiente, y sean una influencia cristiana sobre su cónyuge y sus hijos. Si hay divorcio, que sea por iniciativa del no creyente; no se sienta culpable por lo que pase.

2. A los previamente casados (*agamos*) y a los viudos (8-9, 39-40): eviten la fornicación; si usted no está casado porque se divorció, quédese como está o cásese de nuevo con su primer cónyuge; si usted enviudó, es libre de casarse con un creyente, o de quedarse célibe (la preferencia de Pablo).

3. Concerniente a los nunca casados/as (vírgenes) por lo general (25-28): eviten la fornicación; Pablo prefiere que ustedes permanezcan célibes

a causa de la crisis presente, y debido a que eso les da la libertad para servirle al Señor más directamente en todo momento.

3 a. En relación con los hombres jóvenes ya comprometidos con vírgenes (36-38): eviten la fornicación; cásense si es lo que desean, quédense célibes si pueden (para Pablo, esto es lo mejor), pero tome usted mismo la decisión.

El matrimonio es un asunto social; no obstante, en la enseñanza paulina el casarse o no casarse es un asunto del individuo, descansa fuertemente en la decisión y en la conciencia de cada individuo sin considerar su sexo y sin importar las presiones externas. Decidir acerca de la siguiente pregunta que Pablo contesta –la carne sacrificada a los ídolos– tendrá que ver no solo con la conciencia individual, sino con la conciencia de los otros cristianos además de la consideración de la sensibilidad de los corintios paganos.

Matrimonios mixtos de cristianos con no creyentes 7:39
¿Es permitido tener un incrédulo como esposo? La respuesta, sorprendentemente, es sí. De hecho, esto era lo que se preguntaban los corintios, si un cónyuge cristiano tenía el derecho, o hasta la obligación, de separarse de su pareja no creyente. Puede que esto haya sido parte de la comprensión errónea que Pablo menciona en 5:9-13.

1. Pablo se opone a que los creyentes acaben con los matrimonios mixtos ya existentes

La misma brevedad de Pablo en este capítulo nos provoca una falsa impresión de que estar casado con un incrédulo es simplemente un asunto de continuar sin quebrantar el estado del matrimonio. Él emplea la frase "y consiente en vivir con" él o con ella, como si el creyente únicamente tuviera que expresar su voluntad y todo va a estar bien. En efecto, Pablo no intenta explorar cada una de las posibilidades. Particularmente, en el caso de la esposa creyente, hay una enorme cantidad de casos desde la antigüedad hasta hoy en los cuales el marido utiliza la violencia o hasta causa la muerte para impedir que su esposa practique su fe.

Pablo no se dirige aquí a los matrimonios donde existe la amenaza de violencia; sus comentarios van dirigidos a quienes tienen hogares donde "todas las cosas siguen igual" y la pareja incrédula no desea separarse, por lo que el cristiano no debe iniciar el divorcio para acabar con una relación desigual.

2. Pablo desea que los nuevos matrimonios se contraigan solo entre creyentes

Por otra parte, el apóstol trata con la gente no casada que busca una pareja. En una sola oración con toda claridad, afirma que una viuda "queda libre para casarse con quien quiera, con tal de que sea en el Señor". Esto no puede tomarse con el significado de "Yo puedo casarme con un incrédulo si el Señor me muestra que eso está bien". Más bien, "en el Señor" es una forma rápida de expresar "un creyente, un hombre en Cristo", en 7:22 (también en Romanos 16:11, Efesios 5:8). Pablo no menciona en los otros versículos relevantes (7:9, 7:28, 7:36, 7:38) que un cristiano debe casarse con otro cristiano, sino que no hay razón por la cual no se pueda aplicar universalmente aquello que funciona para las viudas en 7:39.

La mayoría de intérpretes consideran 2 Corintios 6:14 ("No formen yunta con los incrédulos") como una prohibición contra el matrimonio con un incrédulo. Aunque Pablo no está hablando específicamente de matrimonio allí, es una aplicación válida. Sin embargo, nosotros también debemos insistir en que Pablo permite —¡hasta anima!— que las parejas desiguales continúen juntas en 1 Corintios 7.

Dependiendo del tiempo y del lugar, algunos matrimonios son arreglados por otros familiares con autoridad o por miembros de la tribu, lo que significa que ciertos matrimonios mixtos no se contemplan dentro de las opciones de ninguna de las partes. Pero la tragedia mayor se da con la gente que tiene total o parcial libertad de escoger, éstos echan a perder la oportunidad y escogen equivocadamente. He conocido a muchos cristianos que se han casado con incrédulos, en contra de la fuerte sugerencia de su pastor, padres y de sus amigos cristianos. Las jóvenes especialmente —aunque no exclusivamente— desean combinar el evangelismo con el romance: "¡Si me caso con este hombre, seré capaz de acercarlo a Cristo después! ¡Él podrá ver el amor cristiano en mí como esposa y lo ganaré para el evangelio!" Hasta llegan a afirmar que Dios les dijo que hicieran eso. ¿Puede suceder esta clase de conversión milagrosa? Seguramente, como dice Pablo en 7:16, pero no ofrece ninguna garantía. He visto uno o dos ejemplos con un final feliz, por lo cual le doy gloria a Dios. Sin embargo, en la mayoría de los casos que he conocido, se termina en un rápido divorcio, o una larga vida de lucha contra un cónyuge resentido por su negativa a estar en el campo misionero. Hay mucha gente joven que podría vaciar su energía en el evangelismo, en las misiones o en la obra cristiana, pero en vez de eso gasta todas sus fuerzas simplemente arreglándoselas con un matrimonio difícil.

¿Cómo prevenir este desperdicio? Es difícil parar una boda una vez que el proceso se inicia. Incluso si usted trata de explicarle a una pareja joven que la suerte les es contraria, en su confusión romántica lo tomarán tan solo como un reto para demostrarle al mundo que está equivocado. No, si a la gente joven se le debe decir por qué no debe casarse con un incrédulo, debe hacerse muchos años antes. Tenemos que practicar la medicina preventiva, no esperar al momento cuando haya que razonar con personas en la flor del romance. Necesitamos hablarles a los adolescentes no solo acerca de lo que deberían hacer, sino la razón. Los padres pueden ofrecer ejemplos de matrimonios mixtos y subrayar el daño que causan. En esta y en otras áreas, debemos enseñar que nunca es sabio cometer un error —un "romance evangelístico"— con el fin de alcanzar un bien mayor.

Pablo permite como principio que un cristiano se case con cualquier otro creyente. Es su derecho y su obligación. No debemos inferir de allí, sin embargo, que es sabio casarse con cualquiera, basados solo en el hecho de que es creyente. Aun dado este principio general, podemos imaginar a Pablo exhortando a algunas parejas a no usar su libertad para casarse, debido a que en algún nivel tal matrimonio sería insensato.

2. Acerca de los alimentos que se sacrifican a los ídolos: ¿No cuenta un cristiano instruido con el derecho de comer carne sacrificada a los ídolos? 8:1–11:1

1 Corintios 8–10 forma un desarrollo de pensamiento continuo, aunque sinuoso. Los cambios abruptos de contenido en 9:1, 10:1 y 10:14 han provocado teorías que plantean que 1 Corintios es una recopilación de enseñanzas paulinas diversas, unidas en lo que parece ser una carta[242]. Pero aparte de la metodología cuestionable de esas teorías, ni dos de ellas producen los mismos resultados: de hecho, una lectura cuidadosa de estos tres capítulos refleja una unidad. Las claves son la repetición de los conceptos mencionados en los primeros capítulos de la carta: conocimiento (*gnōsis*), derechos y libertad (a menudo junto con la palabra *exousia*), la necesidad de saber los derechos de uno, la participación cercana de cada creyente en la comunión de Cristo y la virtud de hacer a un lado los derechos individuales en bien del amor y por el evangelio. En el capítulo 9, parece que Pablo se sale por la tangente en cuanto a los derechos de un apóstol, pero aun entonces él está usándose como un modelo de conducta cristiana y habla de algunos derechos a los cuales él ha renunciado para darles ejemplo a los corintios: *Así es como yo vivo; ahora, ¿cómo deben vivir ustedes?*

La exploración tan extensa y cuidadosa del tópico puede causarle al lector moderno la impresión de que se trata de un nuevo tema, o de que la iglesia primitiva no había desarrollado todavía una opinión firme en relación con este aspecto. Esto estaría lejos de la verdad. El libro de los Hechos, el cual consideramos un reflejo verídico de los eventos, indica que Pablo había encontrado el asunto antes de evangelizar Corinto, en el Concilio de Jerusalén. Algunos judíos cristianos (Hechos 15:1, 5) se oponían al concepto de "cristiano gentil". De acuerdo con esto, los gentiles que se habían convertido a la fe en Jesús necesitarían la circuncisión y llevar el yugo de la Torá; es decir, tenían que convertirse al judaísmo.

El Concilio rechazó esto y afirmó que los gentiles y los judíos eran salvos por la gracia de Cristo (15:11). Ellos además escribieron a los cristianos gentiles para decirles eso y que evitaran ciertas prácticas que los judíos consideraban estereotipos

---

242. Así Héring, *First Corinthians*, p. 100; contra Hurd, *Origin*, pp. 131-42, quien argumenta a favor de la unidad de la sección.

de las ofensas gentiles (Hechos 15:20, 29; 21:25), la última probablemente se derivó de la reglas mencionadas en Génesis 9:1-7, dadas por Noé[243]. Estas son:

- Prohibición contra la comida sacrificada a los ídolos[244]
- Prohibición contra la "sangre" (probablemente en el sentido de comer sangre animal)
- Prohibición contra el comer animales estrangulados
- Prohibición contra la fornicación (*porneia*, como en 1 Cor 5:1; 6:13; 6:18; 7:2)

El Apocalipsis condena fuertemente la fornicación y comer carne sacrificada a los ídolos en las cartas dirigidas a Pérgamo y a Tiatira (Apocalipsis 2:14, 20)[245]. Esta falta moral es etiquetada como la enseñanza de Balaam, y trae a la memoria la apostasía de Israel en Moab (Números 22–25; cf. 2 Pedro 2:15-16). Balaam había seducido a los israelitas para que ofendieran a Yahvé a través del engaño de la mujer moabita y del banquete idólatra de Baal (Números 25:1-2; 31:16). Más o menos contemporánea con el Apocalipsis es la tradición detrás de la *Didajé* 6.3, que ofrece una breve nota que parece ser independiente de 1 Corintios: "Y con referencia a la comida, come de aquellas que puedas; con todo, abstente en absoluto de la carne sacrificada a los ídolos, porque es adoración a dioses muertos"[246].

243. Existen dudas acerca del texto exacto (ver NA[28]). El texto occidental "moralizó" las leyes en cuanto a comida. Ver los comentarios de NA[28]. El texto bizantino preservó el texto antiguo así como las versiones castellanas. Más allá, hay un desacuerdo acerca del significado exacto de algunos de estos términos.

244. La obra *José y Asenet* muestra el aborrecimiento judío por la carne sacrificada a los ídolos, aunque el texto como ahora lo conocemos puede haber estado influido más tarde por la enseñanza cristiana acerca de los sacramentos: "A un varón piadoso, que bendice con su boca al Dios vivo, que come el pan bendito de la vida, bebe la copa bendita de la inmortalidad y se unge con la unción bendita de la incorruptibilidad no le está permitido besar a una mujer extranjera, que bendice con su boca imágenes muertas y mudas, come de la mesa de los ídolos carnes de animales ahogados, bebe la copa de la traición procedente de sus libaciones y se unge con la unción de la perdición" (*José y Asenet* 8.5, versión Diez Macho). Más tarde, cuando ella se arrepintió de su idolatría, "Tomo Asenet su regia comida, sus viandas suculentas, pescados y carnes y todo lo sacrificado a sus dioses, los vasos de vino para la libación, y lo lanzó por la ventana para alimento de los perros" (10.14). El libro no usa el término técnico *eidōlothutos*.

245. Los Padres pensaban que los nicolaítas solían comer comida sacrificada a los ídolos. Cf. Ireneo, *Contra herejías* 1.26.3; Hipólito, *Refutación* 7.24. El comentario de Victorino de Petau, del siglo III, al Apocalipsis 2:6 dice que algunos de ellos pensaban que "lo que se había ofrecido a los ídolos podría exorcizarse y comerse, y que quienquiera que hubiera cometido fornicación recibiría paz en el octavo día".

246. Para otras discusiones patrísticas acerca del tema refiérase a Clemente de Alejandría, *Misceláneas* 4.15; *Instructor* 2.1; Tertuliano, *De espectáculos* 13; Novaciano, *De la comida judía* 7. Orígenes tiene una sección bastante larga en la cual refuta a Celso, quien había escrito en la década del 170 para burlarse de los cristianos porque se abstenían de la carne idolátrica, cf. Orígenes, *Con-*

¿Por qué Pablo no menciona ninguna referencia al Decreto de Jerusalén en 1 Corintios? Dada la historicidad de Hechos 15, sería sorprendente que no se hubiera promulgado en Corinto. Algunos argumentan que el decreto de Jerusalén no existió como tal, o que si existió, Pablo no lo conocía[247]. Otros han supuesto que Pablo no aceptó la autoridad del Decreto, o pudo ponerlo a un lado. Esto es enteramente innecesario. En estos capítulos, Pablo rechaza abiertamente cualquier participación en comidas sacramentales con ídolos. Pablo y el Concilio llegan a la misma conclusión; solo Pablo muestra cómo llegó allí. El nuevo factor (cf. Walter) con el cual Pablo trata yace más allá del asunto por el cual se interesa el Decreto: *¿Qué si un cristiano come esa carne accidentalmente? ¿Es pecado también? ¿Qué si un cristiano ha llegado al conocimiento de que los ídolos son ficción?*

¿Qué había en este rito pagano que levantaba tantos interrogantes? La práctica en los días de Pablo era el ofrecimiento de ciertos alimentos o, como en este caso, una carne recién sacrificada –ya fuera de ganado, de aves, o aun de pescado– a una deidad pagana. Normalmente, un tercio se quemaba en el altar; un tercio se dejaba en la presencia del ídolo; un tercio lo tomaban los fieles o se vendía en el mercado. Como con la costumbre paralela en el templo judío (cf. 10:18), comer esa carne significaba la participación cúltica con la deidad y por tanto era un acto de adoración. Pablo usa aquí un término judío peyorativo, *eidōlotuton*, "eso que es sacrificado a un ídolo"[248]. Por supuesto, los paganos no usaban este término –¡mi dios no es un ídolo!– pero hablaban de *hierotutos* ("eso que es sacrificado a una divinidad"). En el NT esta palabra solo aparece en 10:28 para informar lo que diría un amigo pagano. Orígenes señala que él y Celso usaban dos palabras

---

tra Celso 8. A diferencia de su fuente, las advertencias de la *Didajé*, la de *Constituciones apostólicas* 7.21 (siglo IV) se basa directamente en 1 Corintios 8–10. Pasajes tales como *Reconocimientos de Clemente* 4.36 parecen incluir ambos, 1 Corintios y Hechos. Teodoreto, *Historia de la Iglesia* 3.11 registra cómo Juliano, el emperador apóstata del siglo II, contaminó con ídolos los pozos y toda la comida del mercado con el fin de dañar la conciencia de los cristianos.

247. Conzelmann, *1 Corinthians*, p. 139, usa 1 Corintios para anular la confiabilidad de Hechos 15: "No hay un rastro de rechazo o evasión del decreto apostólico de parte de Pablo. [Esto es porque] ni él mismo ni la comunidad en Corinto tenía ningún conocimiento de él". Cf. también Fitzmyer, *First Corinthians*, pp. 50-51, 334-35, quien dice que el comentario de Santiago en Hechos 21:25 prueba que Pablo no había estado presente en Jerusalén cuando los apóstoles escribieron a los gentiles. Si eso fuera así, entonces Hechos 15:30-31 y 16:4 es historia revisionista. Cf. Godet, *First Corinthians*, pp. 403-4, quien argumenta que el Decreto estaba limitado a Siria y Cilicia, y que Corinto planteó preguntas complejas que el Decreto no contestaba.

248. Aunque el uso vigente más antiguo de la palabra está aquí en 8:1; la referencia judía más antigua mencionada en 4 Macabeos 5:2 que es contemporánea o posterior a 1 Corintios, y posiblemente haya sido influenciada por el vocabulario cristiano (así Witherington, *Conflict and community*, p. 189; también su artículo, "Not so idle thoughts about *eidolôthuton*", *TynB* 44.2, 1993, pp. 237-54), aunque es mucho más probable que refleje el uso judío más temprano. *Oráculos sibilinos* 2.96 prohíbe comer sangre y *eidolôthuta*, pero esto también refleja una redacción cristiana posterior.

distintas, *Contra Celso* 8.21; 8.31. El comentario del siglo IV de Severiano muestra que un cristiano podía intercambiar los términos *hierotuta* y *eidōlotuta*, pero la alteración en 1 Corintios parece intencional.

¿Dónde encontraría un cristiano corintio esa carne? Las siguientes cuatro situaciones van en orden desde la de menor hasta la de mayor importancia sacramental:

1. Se vendería en uno de los mercados de la ciudad (*agora*), a un precio bajo porque había pasado por cierto manejo, y era etiquetado de esa manera (cf. 10:25). El promedio de los cristianos consumía una dieta a base de granos y probablemente comían carne con poca frecuencia, debido a su alto coste y a la dificultad para conseguirla. No obstante, el hecho de que Pablo podía renunciar a comer carne (8:13) muestra que no estaba más allá del alcance aun de un apóstol pobre[249].
2. Se serviría con una oración en reuniones especiales de asociaciones de negocios, grupos fraternales, o eventos cívicos. La importancia de mantener los contactos comerciales en una ciudad como Corinto no se puede subestimar. Esto podría incluir presiones por parte de los superiores para asistir con el fin de mantener buenas relaciones comerciales. En Corinto especialmente, en eventos deportivos tales como los Juegos Ístmicos se incluía la adoración a los ídolos y banquetes sagrados[250].
3. Se ofrecería en un encuentro especial de familiares y amigos. La cantidad de rituales religiosos variaba enormemente (10:27-28)[251].

249. Una investigación reciente ha demostrado que las personas comunes podrían haber comido más carne que lo que antes se había pensado posible, cf. Fitzmyer, *First Corinthians*, 334.

250. Bruce W. Winter, *After Paul left Corinth*, pp. 269-86, ha sugerido que el asunto tomó un nuevo sentido poco después de que Pablo dejó Corinto. Los Juegos Ístmicos se habían realizado durante un siglo en Corinto, pero para esta época se transfirieron de nuevo a su sitio tradicional en Istmia que había sido reconstruida. En los días de Pablo, estos juegos se habían hecho muy populares una vez más; cuando Nerón asistió a ellos en el 66, este participó, y su presencia contribuyó a que resurgieran aún más. Cf. Elizabeth R. Gebhard, "The Isthmian Games and the sanctuary of Poseidon in the early empire", *Journal of Roman Archaeology*, Sup Series 8, 1993; ella también se refiere al descubrimiento de un hoyo para basura que contenía huesos de ganado quemado. Los Juegos ofrecían banquetes especiales a los romanos residentes allí, y Winter sugiere que la lista de invitados incluía algunos cristianos de Corinto quienes contaban con un "derecho" (*exousia*) especial para asistir. Ellos habrían participado en el culto al emperador así como en los rituales supervisados por el complejo deportivo del Templo de Poseidón. Los banquetes solo para hombres habrían incluido el embriagarse y recibir la visita de prostitutas locales. Los más famosos Juegos Olímpicos se dedicaron a Zeus y se llevaron a cabo delante de su santuario.

251. Ver los ejemplos contemporáneos de Plutarco en Murphy-O'Connor, *St. Paul's Corinth*, p. 104. Tertuliano, *De idolatría* 16, intenta distinguir algunas de las aplicaciones de 1 Corintios 10.

En relación con 2 y 3, podían llevarse a cabo en un hogar privado o en un "restaurante del templo". En los últimos tiempos, los arqueólogos han hecho una gran labor al descubrir en Corinto un templo de Esculapio que tiene tres comedores junto a él. En esos comedores cabían 11 personas[252]; en otros, hasta 22[253]. Aparentemente, estos salones los usaba el templo para sus propias actividades, como cualquier salón en una iglesia. Pero también se alquilaban para eventos especiales como "salas de fiestas". Los asientos se acomodaban al estilo romano de *triclinium*: tres mesas alrededor de las cuales los comensales se reclinaban con su codo izquierdo, y comían con su mano derecha. Algunas salas se encontraban parcialmente abiertas, como muchas cafeterías en América Latina. Esto quiere decir que algunos transeúntes veían hacia adentro y descubrían a un hermano cristiano sentado a una de las mesas comiendo (resulta posible que alguien atisbara en una reunión privada, y divisara a un compañero sentado en una de las mesas comiendo la comida, probablemente sea la base de "alguien... te ve a ti... comer en el templo de un ídolo", 8:10).

4. Se serviría a los fieles en los alrededores del templo como parte de un culto regular (8:10; 10:14-22).

Los corintios le escribieron a Pablo para preguntarle si era aceptable que un cristiano participara en ese tipo de comida. No sabemos si esto tenía que ver con las opiniones de los distintos partidos; Hurd (123-125) lo duda, y aunque va un poco lejos, estamos de acuerdo en que la iglesia no se divide a causa de este punto. Sin embargo, el tono de la carta sugiere que algunos (sin duda gentiles) siguieron el pensamiento liberal, y que otros cristianos, tal vez los pobres y sin educación, se sintieron ofendidos por el asunto.

Es probable que la cuestión tuviera que ver con los aspectos limítrofes (•2 o •3). O ellos o Pablo dividieron el punto en dos: *Primero*, ¿qué hay de la sustancia misma: se daña el cristiano u ofende a Dios por comer tal clase de comida, ya sea por ignorancia o por escogerla? *Segundo*, ¿qué hay del significado sacramental de comer una comida sagrada pagana?

Como siempre, Pablo reinterpreta y reorienta la pregunta de los corintios al contestar. Mientras que ellos se preocupan por la libertad, el conocimiento y la independencia, Pablo enfatiza el amor, la consideración, la humildad y la preocupación por las repercusiones que las acciones de un individuo tienen en la vida de los otros. Además escribe una de las secciones más importantes de todas sus cartas.

Dejaremos para el final una comparación entre 1 Corintios 8-10 y Romanos 14.

252. Cf. Murphy-O'Connor, *St. Paul's Corinth*, pp. 169-175.
253. Así lo considera Witherington, *Conflict and community*, p. 195.

a. Las bases para decidir la cuestión 8:1-6

8:1

En cuanto a (*peri de*, cf. comentario sobre 7:1) introduce la siguiente pregunta corintia. Hay prácticamente unanimidad en que Pablo está citando un eslogan corintio, *todos tenemos conocimiento*[254]. Pablo admite que hay algo de cierto en su orgullo, pero no acepta que ese conocimiento por sí mismo equipe al cristiano para la vida: *El conocimiento envanece, mientras que el amor edifica.* Más allá de eso, él señala que su presuposición necesita restricciones: de hecho, "no" todos los corintios poseen este conocimiento (8:7, 11) puesto que si no fuera así, no existiría ningún conflicto. Su arrogancia los ha llevado a subestimar las preocupaciones legítimas de los otros creyentes.

Pablo emplea el lenguaje de "conocimiento" (tal como *gnōsis*) y puede alternar el uso de *gnōsis* con una forma procedente de otro verbo de conocimiento (*oida* en los mejores manuscritos) en 8:4. Estos términos aparecen en varias formas distinguibles en esta carta. En 1:5, 21, 2:12, 14, 16 Pablo habla del conocimiento del evangelio revelado divinamente. Existe el *jarisma* de la palabra de conocimiento (12:8). Hay un conocimiento que experimentamos en esta era pero que será eclipsado en el regreso de Cristo (13:8-12). Para Pablo, esta última categoría se ajusta con el sentido de 8.1, algunos corintios percibían la verdad acerca de la naturaleza real de los ídolos, era información verdadera, pero empleaban mal ese conocimiento al no actuar en el amor[255]. Esto es porque ellos menospreciaban a otros hermanos corintios que no estaban de acuerdo con ellos y se ofendían con su conducta.

W. Schmithals (p. 143) ha argumentado que la referencia a *gnōsis* indica una tendencia gnóstica en Corinto. Es casi seguro que esto es un error, principalmente por la falta de evidencia de un sistema gnóstico antes del siglo II d.C. Más bien, los corintios mantenían un conocimiento racionalista del cosmos y de la naturaleza de dioses paganos "en el mundo". Esto apunta una vez más a los elitistas de los primeros capítulos, quienes basaban su estilo de vida en su supuesta profundidad filosófica. Otra pista para llegar a identificarlos: el asunto del tipo de comida que se podía comer era un tema de la gente adinerada, no de los pobres. Después de todo, ellos podían comprar carne; ellos eran los únicos que recibían invitaciones a buenas cenas (cf. Theissen, "Los fuertes y los débiles en Corinto"). Por tanto, su conocimiento era el racionalismo de las mejores clases, aunque incluía

---

254. Los comentarios que Hurd analiza coinciden en 8:1; la mayoría también considera 8:4 como lenguaje propio de los corintios. Cf. Hurd, p. 68.

255. Los Padres tendían a considerar el conocimiento corintio como datos falsos o como mera opinión, pero esto no es lo que enseña el texto. Cf. Crisóstomo, 20.3; Teodoreto de Ciro; Clemente de Alejandría, *Misceláneas* 1.54.4 (todos en Bray, p. 125). Cf. Hays, quien correctamente señala que Pablo concuerda sustancialmente con los datos de los corintios, pero no con su aplicación.

el monoteísmo del evangelio[256]. Y como en el capítulo 2, este conocimiento los llevaba a llenarse de orgullo. Pablo destaca la superioridad del camino del amor aquí, como lo hará en 12:31b.

8:2-4

Como los corintios habían iniciado con una falsa epistemología, Pablo corregirá esto antes de referirse a los ídolos (comenzando en 8:4).

> *El que cree que sabe algo,*
> *todavía no sabe como debiera saber.*
> *Pero el que ama a Dios*[257]
> *es conocido por él.*

Pablo usa la forma verbal de *gnōsis* (*ginōskō*) para devolverles el vocabulario que usan en su contra. El verdadero cristianismo no se fundamenta en el conocimiento racionalista (el cual hace que pisoteen a otros creyentes), sino en amar a Dios y en ser conocido por él. Aun la verdad tan limitada que poseemos viene de lo alto, del Dios que todo lo conoce, por revelación a uno, que es "conocido por él" (2:6-16). Como Severiano: "No es como si Dios no conociera a quienes no aman, sino más bien que a aquellos quienes aman él los reclama como suyos...". Pablo se referirá a las limitaciones del conocimiento en esta era en 1 Corintios 13:8-12. Crisóstomo (20.3) señala la conexión entre dos textos:

> — *Si todavía no poseemos un conocimiento exacto de nada, ¿cómo es que algunos se han apresurado con tal grado de manía como para decir que conocen a Dios con total exactitud?: Por el contrario, si nosotros tuviéramos un conocimiento exacto de todas las otras cosas, ni aún así sería posible poseer este conocimiento de tal magnitud. Porque cuan separado se halla él de todas las cosas, es imposible hasta decirlo.*

8:4

Pablo vuelve a su tópico, añadiendo *comer* para aclarar. Es probable que reitere dos frases corintias: de hecho, ellos tienen razón en *que un ídolo no es absolutamente nada*, y en *que hay un solo Dios*. Estas son implicaciones básicas del monoteísmo como se expresan en la Shemá de Deuteronomio 6:4: "Escucha, Israel: Yahvé

---

256. Contra P. D. Gardner, *The gifts of God and the authentication of a Christian: an exegetical study of 1 Corinthians 8-11*, University Press of America, Lanham, MD, 1994, quien argumenta que ellos pensaban que su conocimiento era un don carismático. También Fee, *Primera corintios*, p. 416, n. 34.

257. 8:2-3 presenta varios problemas textuales; el más importante es la omisión de "Dios" en el v. 3, convirtiéndolo en "si alguien ama". Este es el texto que Fee y otros aceptan, entendiendo por "ama" amor por el compañero cristiano. La NA[28] tiene razones para rechazar la lectura más corta, y este es el texto a partir del cual trabajaremos.

nuestro Dios, Yahvé uno es". La primera frase corintia literalmente es "un ídolo nada es en el mundo" (RVR; también la versión latina de la Vulgata). Esto significa que los dioses falsos no existen, o más probablemente, que los dioses falsos no significan nada para los cristianos (así VP).

Que la segunda perspectiva es mejor se muestra por la frase *para nosotros* en 8:6. También, ¿cómo puede Pablo pedir que estén de acuerdo con su afirmación si va a contradecirla inmediatamente en 8:5? Los corintios afirmaban que un cristiano vivía como si los falsos dioses no existieran, porque la vida en Dios significa que los rivales de él no son nada.

Cualquier lectura muestra que los elitistas habían sido influenciados por la discusión filosófica acerca de la existencia de diosas y dioses. Ellos rechazaban la teología "poética" de Homero y Virgilio, con todas sus deidades demasiado humanas. Un filósofo argumentaría que hay una unidad en la divinidad, pero que los muchos dioses son representaciones de algún aspecto de lo divino, particularmente útil para el ignorante. Muy pocos paganos educados pensaban que la estatua en sí misma era dios; antes bien, esta señalaba la verdad más allá, o servía como canal para la divinidad.

8:5-6

Pablo está de acuerdo con los corintios educados: por supuesto, el ídolo físico no es un dios, es tan solo un objeto inanimado (como argumentó con tanto cuidado Isaías 44:9-20; 46:5-6; también Eclesiástico 30:19 DHH: "¿De qué les sirve eso a los ídolos, que no comen ni huelen? Así le pasa a quien tiene riquezas pero no las puede gozar"; Sabiduría de Salomón 13:10–15:17: "¡Pero qué desgraciados son los que llaman dioses a cosas hechas por los hombres, a objetos de oro y plata, artísticamente trabajados, a figuras de animales, a una piedra sin valor, tallada hace mucho por un escultor, pues ponen su esperanza en cosas muertas!", etc.). No obstante, el monoteísmo paulino deja un amplio espacio para ver una realidad espiritual detrás de la estatua. Los "llamados dioses" de hecho existen, aunque no son deidades como los paganos insisten en su necedad. Esto es lo que Crisóstomo quería decir (20.4) cuando dice "...ellos no tienen poder; ni son dioses, sino piedras y demonios". No podemos estar seguros de hasta dónde los corintios estaban de acuerdo con Pablo:

> *...aunque haya los así llamados dioses,*
> *ya sea en el cielo o en la tierra*
> *(y por cierto que hay muchos...)*

Pablo pasará a explicar en 10:20-21 que detrás de los ídolos están los demonios, los enemigos de Dios que desean usurpar la adoración divina. Este era el punto de vista judío en el período intertestamentario, y el adoptado por la iglesia. La referencia al *cielo* y a la *tierra* podría relacionarse con deidades astrales y terrestres,

255

o tal vez con los dioses en los cielos y sus representaciones terrenales por medio de los ídolos. A los dioses se les dio el título de "señor" (*kurios*), término utilizado por la Septuaginta y el Nuevo Testamento para traducir el término hebreo *adonai*, título dado a Dios[258].

El versículo 6 es una declaración teológica muy importante. Posiblemente se tomó de un antiguo credo y es casi un hecho que los corintios ya lo conocían. La NVI dice:

> *Un solo Dios, el Padre,*
> *de quien todo procede y*
> *para el cual vivimos;*
> *un solo Señor, es decir, Jesucristo,*
> *por quien todo existe y*
> *por medio del cual vivimos*[259].

Pero la NVI es una ampliación de un original más enigmático:

> Un solo Dios, el Padre,
> de quien (griego, *ex*) todo y
> para el cual (*eis*) nosotros;
> un solo Señor Jesucristo,
> por quien (*dia*) todo y
> por medio del cual (*dia*) nosotros.

Las declaraciones teológicas de gran alcance con una simple preposición son típicas del lenguaje cristiano de los primeros siglos (cf. Juan 1:2, 10; Romanos 11:36; Colosenses 1:15-20; Hebreos 1:1-2). En la primera declaración, Dios, el Padre, es la fuente de toda la creación pero también la meta hacia la cual los cristianos avanzan. El Señor Jesucristo es la razón subyacente para todas las cosas incluso para nosotros los cristianos.

Esto significa que, se diga lo que se diga acerca de la existencia de dioses falsos demoníacos, el cristiano vive en un universo creado y gobernado por el Dios verdadero, el cual está dirigiendo todo hacia su consumación en el Reino. El hecho de que tanto la creación como la historia pertenecen a Dios vendrá con fuerza al primer plano en el capítulo 15, donde la resurrección del cuerpo prueba la inversión legítima y permanente de Dios en el mundo físico.

---

258. Este paralelo provee las bases para la teoría revolucionaria de A. Deissmann ahora desacreditada de que a Jesús el Mesías se le llamó por primera vez Señor en una comunidad helenística.

259. Algunos escribas tardíos agregaron "y un Espíritu Santo, en (*en*) quien todas las cosas, y nosotros en él" con el propósito de hacer esta una afirmación Trinitaria. 1 Cor 8:6 fue citada muy frecuentemente por los Padres de la iglesia en los debates cristológicos y en otros contextos.

b. Comer carne sacrificial perjudica a otros cristianos 8:7-13

8:7

Pablo les devuelve a los corintios el eslogan empleado por ellos: todo lo que se tiene que hacer es mirar a su propio grupo para darse cuenta de que *no todos tienen conocimiento* (*gnōsis*) *de esto*. La aseveración de que esto es universalmente sabido –¡que cada necio lo sabe!– es en sí misma un alarde y llevó a algunos a desdeñar a los que no habían captado los hechos. Calvino opina que los débiles "no eran suficientemente instruidos", pero hay una mejor explicación. Aunque todos los cristianos confiesan al único Dios y al único Señor Jesucristo, ese dato no borra automáticamente los temores ocultos del débil. Algunos cristianos todavía operan con viejas presuposiciones, las cuales son demasiado profundas como para simplemente reírse de ellas. Godet parafrasea el desprecio acumulado en los débiles por los bien informados: "La libertad de comer carnes ofrecidas a los ídolos viene lógicamente del principio monoteísta común a todos; ¡tanto peor para aquellos a quienes [les falta] lógica! Nosotros no estamos llamados a cambiar por un hermano que razona mal"[260].

En su enfoque, Pablo los impulsa a tener una consideración amorosa de sus hermanos débiles. Aunque un judío converso se escandalizaría por la carne ofrecida a los ídolos –*eidolōtuton*–, el caso típico en Corinto serían los conversos del paganismo. Debido a su historia en relación con la adoración a los ídolos, la conexión se mantendría vívida. Quizá se trataba de conversos de una forma no sofisticada de paganismo. Antes de llegar a Cristo, pasarían poco tiempo preguntándose acerca del significado de las estatuas de los ídolos: estas personas estaban *acostumbradas* a pensar que esas estatuas eran dioses, ¡y ahora ellos "saben" que están infestadas de demonios! Su conciencia es débil, no en el sentido moderno de la conciencia disoluta, más bien se trata de que es sumamente sensible a la enorme cantidad de posibilidades de ofender a su nuevo Salvador, o de invocar el involucramiento en su vida de la actividad demoníaca. Por tanto, la libertad de quienes comen conlleva que *su conciencia se contamina*, usando un verbo *molunō* relacionado frecuentemente con impureza moral[261].

8:8

Pero lo que comemos no nos acerca a Dios, ni somos mejores o peores por comer o no comer. El versículo que NVI traduce "no nos acerca a Dios", se podría traducir (Thiselton) como "no nos llevará ante el juicio de Dios".

---

260. Godet, *First Corinthians*, pp. 420-21.

261. Orígenes, *Sobre Mateo* 2.11.12 es excelente aquí: "Aquél entonces come en la fe quien cree que aquello que se come no ha sido sacrificado en los templos de ídolos, y lo que no ha sido estrangulado ni sangre; pero come no en la fe aquél quien tiene duda acerca de cualquiera de estas cosas. Y el hombre quien a sabiendas de que han sido sacrificados a demonios, sin embargo los usa, se vuelve un comulgante con los demonios, mientras que al mismo tiempo, su imaginación está contaminada con referencia a los demonios participando en el sacrificio".

¿Podría ser esta parte o toda ella un eslogan de los cristianos corintios filosóficamente refinados? Como ambas mitades se pueden traducir de varias formas, es difícil decir cuál es una cita y cuál es un comentario paulino. Ciertamente Pablo pudo afirmar toda la declaración; Romanos 14:17 refleja el mismo sentido básico: "El reino de Dios no es comida ni bebida" (RVR). Por otra parte, Pablo lo habría rechazado, si se hubiera tomado de un modo reduccionista, que después de todo la comida es tan solo comida... afecta el cuerpo pero no tiene ningún significado para el espíritu. Para el apóstol, la carne sacrificada a los ídolos sí tiene dos ramificaciones serias: el daño que le causa al hermano (8:9-13) y en el capítulo 10, Pablo agrega otra dimensión, la vertical: la ofensa a Dios. Tanto porque cuando dañas a tu hermano (capítulo 8), ofende a Dios, pero además el hacerlo ofende a Dios directamente (capítulo 10).

8:9

Pablo les dice a los informados *tengan cuidado*. Ellos no pueden andar por la vida, disfrutando sus derechos, sin preocuparse por otros. Por el contrario, deben ser "guardianes de sus hermanos". No estamos seguros de cuál era la actitud específica que asumieron estos "sabios" corintios. Tal vez eran indiferentes y despreocupados en relación con la comida. O creían que un cristiano debía atreverse a comer esa carne como prueba visible de su libertad —o, como Pablo diría—, de su falta de amor.

El ejercer abiertamente su libertad resultaba *un motivo de tropiezo para los débiles*. Esta es la segunda ocasión en que Pablo menciona "tropiezo". Por supuesto, el evangelio de la cruz es un motivo para que la gente se ofenda por el plan de Dios y peque al despreciarlo (1:23), pero aquí tenemos la creación de un riesgo innecesario, el de perjudicar a un compañero cristiano.

Mientras escribo esto, una cristiana me acaba de escribir. Va a un viaje a México, y quiere saber si debería subir a las ruinas de los templos Mayas. Está preocupada con la posibilidad de una presencia demoniaca residual. Yo le dije que no creía que ningún demonio la dañaría si ella exploraba las ruinas, y que si fuera yo, iría sin dudarlo. También le dije que, *por supuesto*, si su conciencia la inquieta debería evitarlas: cualquier cosa que no sea hecha en fe es pecado para ella.

8:10

Aquí tenemos un ejemplo del caso: ¡un espectador accidental! Con seguridad esta no es la única posibilidad ni la única razón para evitar la carne sacrificada a los ídolos, aunque sí es un peligro auténtico. Una persona de conciencia débil *te ve a ti... comer en el templo de un ídolo*. La última frase es un intento por traducir *eidōleion*; como *eidolōtuton* que es un término peyorativo judío. La palabra *eidōleion* como su pariente léxico *eidōlothuton* es un término peyorativo usado por la Septuaginta (pero ningún otro autor judío) y por los cristianos[262]. La palabra "templo" en NVI es un agregado al original, se expresaría mejor no como un templo propiamente, sino más ampliamente como "un lugar dedicado a un ídolo". De hecho, la palabra es similar a otros nombres griegos para salones donde se ofrecían los banquetes para adorar a los dioses paganos[263]. En Corinto, los ídolos estaban localizados en muchos lugares, no solo en los mismos santuarios.

Así que, un cristiano —ya sea en el salón del templo o afuera— ve por casualidad a otro cristiano comiendo carne. La conciencia del espectador "aumenta" o "se edifica". La traducción de la NVI, "*animado*", es muy débil. Pablo usa el verbo cristiano común *oikodomeō* irónicamente ("edificar"; ver 8:1, 10:23 para usos positivos; cf. Thiselton):

> *¡Ustedes edifican a su hermano, de acuerdo! ¡Ustedes lo edifican de modo que él puede avanzar audazmente y arruinar su conciencia!* Si los hermanos informados montaron una campaña educacional para expulsar esas ideas de clase baja fuera de estos hermanos, hicieron un buen trabajo. Esta es la arrogancia de aquellos quienes de verdad o supuestamente tienen "conocimiento", que empujan a sus hermanos a aceptar una verdad cruda, no importa lo que suceda. Y los hermanos débiles con tanta facilidad se dejaban dominar por la influencia de esos cristianos sofisticados que actúan en su conocimiento sin temor ni vacilación.

8:11

Pablo ha venido hablando con cierta calma hasta este punto, pero ahora el asunto explota. Por causa del conocimiento, están dispuestos a destruir a un hermano *por quien Cristo murió*[264]. Hay muchos niveles de significado en esta frase:

- Cristo murió para redimir "lo insensato del mundo, para avergonzar a los sabios, y escogió lo débil del mundo para avergonzar a los poderosos", por tanto al final estos hermanos sencillos de quienes a ustedes les gusta burlarse tienen mayor importancia en el plan de Dios que ustedes las personas "sabias".

---

262. F. Büchsel, "*eidōleion*", *TDNT*, p. 2:379, reclama que *eidōleion* se encuentra solo en la Biblia y en escritores eclesiásticos; así también LSJ. Moulton y Milligan afirma: "Ninguna instancia ha sido encontrada todavía en el griego profano". Pero de hecho hemos encontrado una instancia de la palabra en la fábula de Esopo "Apolo y la Serpiente", donde *eidōleion* se refiere a un templo de Apolo.

263. MM, p. 183.

264. Cf. Carlos Hodge, quien mira esto como puramente hipotético si no es para atacar la doctrina de la expiación limitada. Por otro lado, Calvino mismo se centró más cuidadosamente en el punto propio de Pablo. Los Padres usaron este versículo (y Romanos 5:8) para refutar la llamada cristología del "adopcionismo", la cual afirmó que Cristo había descendido sobre el Jesús humano, y que ese Jesús murió en la cruz: *¡No! También es posible, según Pablo, decir que "Cristo" murió*.

- La muerte de Cristo en la cruz (como en los capítulos 1–2) nos une a todos en humildad.
- Cristo pagó un precio extremadamente alto por este hermano, y ustedes están arriesgando que se anule su obra salvadora (cf. Romanos 15:1-3).
- "Que Cristo no haya rechazado 'morir' por él, y tú no hagas 'nada' por impedir su debilidad" (Crisóstomo, 20.10, Bray, 129).
- ¿Qué clase de cristianos son ustedes que tan despreocupadamente colocan a su hermano en peligro eterno, y todo en aras de mostrar lo mucho que saben?

8:12

Además de todo, no se trata simplemente de un insulto contra otro ser humano. Es una acción en perjuicio de un "hermano", y más allá de esto, *pecan ustedes contra Cristo*. Estos orgullosos muestran que su sabiduría se basa en el racionalismo más que en la cruz de Cristo; estos pecan al dañar a uno que le pertenece a Cristo, pero también al insultar su cruz en favor de la propia astucia mundana.

8:13

Siempre existe la tentación de minimizar el efecto que las propias acciones producen en la vida de otros. Pablo desafía a los informados a tomar con seriedad el hecho de que sus acciones provocan que otros pequen. Pablo cambia a la primera persona para mostrar lo que él haría: *no comeré jamás*. Esto no quiere decir que Pablo recomiende la dieta vegetariana. Más bien, usa una hipérbole: *¡Si esta carne o aquella hacen que mi hermano caiga, no comeré nada de carne, si esto es lo que procede!* Como dice en Romanos 15:1, "Los fuertes en la fe debemos apoyar a los débiles, en vez de hacer lo que nos agrada". Los corintios sofisticados podrían burlarse de la idea de acomodarse a aquellos que deberían saber mejor que nadie. Lo que el amor requiere en el siguiente caso no es la argumentación sutil, comentarios punzantes a expensas de los ingenuos ni una evasión ingeniosa. Él quiere una acción decisiva de sacrificio personal por el bien del otro hermano, en otras palabras, edificar a otro en amor (8:1). Esto es lo que Pablo haría, y ellos deberían imitar su actitud (11:1).

Prácticas controversiales (adiaphora) y nuestros hermanos creyentes 8:13
Como Pablo, trataremos con la cuestión de las prácticas controversiales en dos niveles: cómo afectan a nuestros hermanos creyentes y, cómo afectan a Dios (véase la aplicación en 10:21-22). Pablo no les ofrece únicamente la respuesta correcta. Antes bien, dedica un buen tiempo a mostrar cómo un cristiano puede llegar a obtener una respuesta piadosa para cada asunto difícil.
Adiaphora entre los cristianos de hoy:

Las adiaphora *(la forma es plural)* son temas que *(1)* no se tratan directamente en la Biblia; *(2)* no encuentran ningún paralelo obvio en otras enseñanzas bíblicas; *(3)* se refieren a aspectos en los cuales los buenos cristianos podrían tener opiniones encontradas. *Este tercer punto perturba a algunos, pues sugiere que debe de haber ciertos asuntos en realidad grises en la vida. Después de todo, ¡su instinto les dice que todos los buenos cristianos deberían pensar como ellos! Como los autores del Talmud, desean que Dios dé una ordenanza para cada uno de los detalles de la vida; quieren que la congregación establezca reglas. Pero el apóstol acepta que dos cristianos puedan estar en desacuerdo y aun así ambos tengan razón.*

La actitud de la iglesia hacia prácticas cuestionables cambiará de siglo en siglo y de un país a otro. Los latinos también notarán que los cristianos rurales tienen opiniones distintas (por lo general más conservadoras) que los de la ciudad.

Ofrecemos unos cuantos ejemplos modernos:

No se deben considerar adiaphora*:*

El abuso de la heroína no pertenece a la lista de adiaphora*, pues conserva una relación estrecha con la enseñanza bíblica sobre el abuso del alcohol.*

La pornografía por internet es una variación del estímulo visual del deseo sexual, prohibido en Mateo 5:28, es decir, que no se encuentra entre las adiaphora*.*

Las relaciones sexuales homosexuales no se encuentran entre las adiaphora*, pues se prohíben (como hemos argumentado antes) en la Biblia.*

Adiaphora *o asuntos legítimamente controversiales:*

El baile, ya sea en la iglesia o socialmente, pertenece a esta lista. El baile era parte de las culturas más antiguas. Formaba parte de la alabanza en Israel así como de su vida social. Pero los cristianos no se ponen de acuerdo con respecto de si es apropiado actualmente o no.

Tomar vino era, a pesar de lo que algunos eruditos traten de argumentar, parte de la cultura de Israel. Jesús no transformó el agua en jugo de uva, sino en vino con el cual los judíos estaban familiarizados, una bebida alcohólica, aunque con un contenido de alcohol menor que el de los vinos modernos. Este asunto es una verdadera adiaphora*, y así lo afirma Pablo en Romanos 14:21.*

En mi iglesia en Costa Rica, surgieron las siguientes adiaphora*: colocar un árbol de navidad; jugar al billar; jugar a las cartas; ir al estadio; presenciar boxeo o la corrida de toros; comer en restaurantes donde se sirve licor. Una serie de "áreas grises" tienen que ver particularmente con las mujeres: su trabajo; maquillarse y usar joyas, de qué tipo y cuántas; si las mujeres pueden llevar pantalones; si ellas pueden usar esmalte de uñas al participar en la Santa Cena; si se puede presenciar ciertas prácticas católico-romanas como una procesión o una fiesta en honor a un santo.*

Nuestra lista quizá incluya contradicciones. Por ejemplo, algunos creen que los hombres no deberían ver películas violentas, pero los deportes violentos se consideran aceptables. Ellos pueden ver partidos por televisión, pero no asistir al estadio.

Lo que pasaba en Corinto:

En Corinto, algunos cristianos "débiles" consideraban malo comer carne sacrificada a los ídolos. Pablo no está de acuerdo con las razones de estos, pero termina respaldando su derecho a estar libre de las críticas de otros cristianos. Sus "sabios" oponentes tenían un mejor conjunto de argumentos, con los cuales Pablo concordaba ampliamente; sin embargo, Pablo rechazó sus actitudes y sus acciones puesto que no estaban basadas en amor.

Las diferencias de opinión en Corinto en parte estaban determinadas por el nivel social y la educación más que por ser judío o gentil. En América Latina, como en muchas regiones, los cristianos provienen de todo tipo de niveles socioeconómicos, un rango mucho más amplio que el representado en la iglesia corintia. Encontramos a quienes son multilingües y enormemente sofisticados y con alto grado de educación. Por otro lado, hay cristianos criados en la selva, analfabetos y aislados, quienes piensan en términos de animismo. Si estos extremos tuvieran que enfrentar el mismo asunto de la carne sacrificada a los ídolos, las conclusiones de ambos serían totalmente distintas... y, ¡los dos grupos hasta podrían respaldar sus conclusiones con una gran cantidad de versículos bíblicos!

Un ejemplo pequeño de esto en América Central tiene que ver con los tamales, la comida navideña tradicional. Puesto que algunos evangélicos asocian los tamales con el catolicismo, se preguntan si será pecado comerlos. ¡Hasta hemos escuchado que los demonios se pasarán del tamal al cristiano si se lo come! En otra situación, unos van a comer carne durante la Semana Santa como evidencia de su libertad de la tradición católica.

Pablo le da prioridad a la persona que corre el mayor riesgo. Los creyentes "fuertes" de Corinto usaban su conocimiento en parte para elevar su estatus dentro de la iglesia. Querían que la gente los viera como los cristianos que no le temen a un ídolo de metal, y cuya libertad reflejaba su nivel social superior. Para ellos, ceder los derechos les hacía correr el riesgo de perder estatus nada más. Para los cristianos débiles, el riesgo era mucho más grave: tenía que ver con su conciencia y su relación con Cristo. Lo vemos en términos como "tropiezo", "se perderá", "ocasiona la caída", "hiriendo". ¡Qué maldad! ser capaz de ver al dañado y encogerse de hombros y decir: Bueno, si ellos no continúan en Cristo, supongo que nunca fueron creyentes genuinos.

Tratando con las adiaphora *cuando estas destruyen las relaciones entre cristianos:*

En un sentido, 1 Corintios 8 es hipotético. Creemos que todos los cristianos ya sabían que el Concilio de Jerusalén había prohibido comer carne sacrificada a los ídolos. Por tanto, en 1 Corintios 8 Pablo comienza hablando "como si" ellos abordaran el tema partiendo de cero. El pasaje paralelo en Romanos 14 trata de aspectos en discusión relacionados más puramente con las adiaphora, *no regulados por el decreto apostólico: el vegetarianismo, la abstención del vino y la observancia del sábado.*

¿Qué enseña Pablo?, o mejor aún, ¿Qué enseña y modela?:

1. *Comunique la verdad. O sea, debemos ser francos acerca de lo que sabemos de la revelación divina. Pablo no escondió el hecho de que "sabemos que*

un ídolo no es absolutamente nada, y que hay un solo Dios" (8:4). Los cristianos débiles necesitaban oír eso. Nosotros también debemos de estar dispuestos a decirles a los cristianos débiles: ¡Ustedes están equivocados! Sí, debido a su conciencia tendremos cuidado de no causarles daño, ¡pero están equivocados!

2. *Enseñe la verdad y nada más. Dios no revela respuestas para cada una de las preguntas que tengamos. Debemos estar dispuestos a declarar "respecto de este tema, Dios no ha hablado".*

3. *Admita que la instrucción de la iglesia no penetra en la gente de la manera tan profunda que uno imaginaría. Los expertos en educación han demostrado que la gente "sabe" hechos en distintos niveles. Podemos saber cosas en el nivel de profunda confianza, en un nivel que afecte nuestras acciones; o en un nivel más superficial de simple "reconocimiento". Probablemente los cristianos débiles "sabían" que "un ídolo no es absolutamente nada, y que hay un solo Dios". Pero solo porque a alguien se le dijeran los hechos acerca de un asunto, éste puede aun no conocerlo verdaderamente en un nivel profundo que afecte su conciencia.*

4. *Cuide a quienes corren un riesgo mayor. La persona "débil" no es la que se queja más fuertemente o la que amenaza con eliminar los diezmos a la iglesia si no se sale con la suya. Más bien, es la persona que está en peligro espiritual. Fee (p. 556) hace una observación reveladora:*

> *...en la mayoría de los contextos contemporáneos los ofendidos no son los no creyentes ni los nuevos cristianos, sino aquellos que tienden a confundir sus propias regulaciones con la eterna voluntad de Dios.*

> *Es decir, la gente que no está expuesta a un daño espiritual inmediato termina poniendo el alma de otros en riesgo debido a sus escrúpulos. Hacen esto, no para salvar su propia conciencia, sino por su descontento con las inclinaciones morales de otros. Como cuentan con un estatus más alto en la iglesia, sus gustos tienen mucho peso, aun cuando su severidad perjudique a los creyentes más recientes.*

5. *No deje que nadie se apodere del evangelio con su agenda personal. No tolere que la gente grite que Dios está de su lado, aunque no pueda probarlo. Su lógica es:*

> *Como soy cristiano*
> *hago esto.*

Esto está bien, pero luego dan un paso lógicamente erróneo:

> *Por tanto para ser un buen cristiano*
> *uno debe hacer esto.*

De nuevo, Fee (p. 550) dice: *"...Pablo no permite que ningún cristiano haga de la comida una cuestión de preocupación cristiana". Es decir, Pablo no permitirá que elevemos una de las* adiaphora *al mismo nivel de "mensaje cristiano". Esto se destaca en Romanos 14:3b, donde los cristianos débiles se convierten en jueces, y aún más fuertes en Colosenses 2:16 donde los escrupulosos juzgan y menosprecian a los demás. No permita que nadie sugiera que usted no tiene el Espíritu o no conoce a Cristo si usted ejerce su libertad de una manera santa. No deje que nadie sugiera que sus* adiaphora *son pecaminosas en sí mismas, solo porque son controvertidas o a causa de que otros podrían salir perjudicados. Por definición, las* adiaphora *no son pecaminosas per se.*

6. *El amor es más importante que cualquier preferencia personal. Este es el punto principal de Pablo aquí. Amar no significa ser débil o cobarde. Antes bien, significa que los cristianos con puntos de vista y prácticas establecidas en las* adiaphora *deciden con bondad y humildad poner a un lado su propia práctica por el bien de otros, con el fin de no herirlos.*

7. *Exhorte a la santidad y a la excelencia. Considero que la discusión acerca de las* adiaphora *carece de este punto. Hay una declaración atribuida a Susana Wesley, la madre de Juan: "Si usted fuera a juzgar la legalidad o la ilegalidad de un placer, tome en cuenta esta simple regla: Cualquier cosa que debilite su razón, deteriore la sensibilidad de su conciencia, oscurezca su percepción de Dios y le quite el entusiasmo por las cosas espirituales, incrementa la autoridad del cuerpo sobre la mente, eso para usted es pecado, por inocente que parezca en sí mismo". Esto es excelente, siempre y cuando nosotros recalquemos "eso 'para usted' es pecado", no "eso es pecado per se". Debemos procurar aquello que nos haga mejores creyentes, incluyendo la práctica santa y buena de cosas que algunos consideran controvertidas. Si rechaza el tabaco, ¡hágalo con pleno gozo y por una razón superior, pues percibe que eso mejorará su caminar con Dios! Si usted bebe cerveza, ¡hágalo con gozo y agrado ante su presencia!*

La *parenesis* paulina (*Egressio*): El amor cristiano significa hacer a un lado la libertad propia cuando es por el bien del otro 9:1-27

Pablo acude a su propio ejemplo como modelo del manejo de los derechos propios. Es cuidadoso (ver Thiselton) al distinguir dos puntos:

Uno: los derechos individuales sí existen. Él no comete el error de refutar la afirmación corintia "¡pero tenemos el derecho de comer!" diciendo "¡ustedes no tienen derechos!". Por supuesto que tenían derechos, hasta Pablo tenía los derechos especiales de los apóstoles (casarse; demandar sustento de parte de las iglesias como Corinto) que podía ejercer en cualquier momento que escogiera.

Dos: el propósito supremo del cristiano es el amor, vivir con consideración hacia los otros y estar dispuesto a pagar el precio por el bienestar de los otros. El amor cristiano no consiste en la abolición de los derechos individuales, sino en la decisión voluntaria de poner a un lado los derechos propios (¡no abandonar!, ¡no eliminar!) por el bien de los demás.

La mayordomía paulina de sus derechos individuales –como su celibato, su "temor y temblor", su marcha en el desfile de prisioneros capturados– es un modelo para Corinto. Su enseñanza de estos aspectos no son simples palabras, sino para invitarles a vivir del mismo modo como él lo hace (ver 11:1).

9:1

Pablo cambia abruptamente: *¿No soy libre? ¿No soy apóstol? ¿No he visto a Jesús nuestro Señor? ¿No son ustedes el fruto de mi trabajo en el Señor?* Con esto, él pasa del asunto de la carne a un contexto mucho más amplio. Si un corintio puede reclamar sus derechos, Pablo más. No solo poseía la libertad de cada cristiano, sino que también otros derechos otorgados a un puñado de apóstoles. *Si vamos a hablar de derechos, hablemos de los que yo tengo garantizados especialmente de parte de Cristo.*

Esta no es por consiguiente una teoría completamente desarrollada del apostolado. Ni es necesariamente una defensa del llamado paulino (como dice Fee), aunque la necesidad de hacerlo sale a la luz en 2 Corintios. No, el punto es que, *Aquí estoy yo, su apóstol, a la vanguardia, renunciando a mis derechos por el bien de gente como ustedes los corintios.* Como regla, los corintios, hambrientos de estatus, ejercieron todos los derechos que tenían hasta el límite como símbolo de su libertad (así Thiselton). Naturalmente, su apóstol puede –en efecto, debe– exhibir cada símbolo de su autoridad superior. Si no, ¿qué de bueno hay en ser apóstol? Su renuncia a aceptar dinero o a enseñorearse sobre ellos, una humildad loable a los ojos de algunos, le llevó a ser despreciado. Si él se comportaba humildemente, la conclusión lógica era, debe de estar ocultando su inferioridad.

9:2

La afirmación paulina que *otros no me reconozcan como apóstol* puede tener dos caras, tal vez ambas sean válidas en este contexto. Primero, Pablo a veces tuvo que contender con quienes rechazaban su mensaje; los corintios no tenían ese problema. Pero, en segundo lugar, no todas las iglesias podían afirmar que Pablo era su fundador. Él "puso el fundamento" en Corinto, un hecho histórico inalterable que no afectaba a que su enseñanza estuviera de moda en un momento dado. Corinto es la prueba viviente de que Pablo es apóstol, es *el sello* (o mejor, un sello y una confirmación) de su autoridad y de sus derechos (ver especialmente 2 Corintios 3:1-3).

Durante los siglos siguientes, llegó a ser un gran motivo de orgullo tener un apóstol como fundador de la iglesia. Roma llegó a proclamar tanto a Pedro como a Pablo, dándole a esa ciudad una razón más para reclamar la primacía. La iglesia apostólica posterior, como lo dictaba la lógica, preservó la enseñanza apostólica de su fundador. Es particularmente irónico escuchar la jactancia de las generaciones siguientes, considerando el dolor que los primeros discípulos le habían causado al apóstol.

9:3

Esta es mi defensa contra los que me critican – la NVI correctamente toma esto como encabezado de lo siguiente, aunque podría servir como conclusión de 9:1-2. La mayor parte del resto del capítulo 9 es una serie de preguntas retóricas mezcladas con comentarios paulinos. Las preguntas se diseñaron para recalcar que, sí Pablo, usted tiene derechos los cuales no invoca por causa de Cristo; por tanto nosotros hacemos lo mismo. No sabemos quién era el juez específico en este caso, ni los sujetos de "muy poco me preocupa que me juzguen ustedes" en 4:3. Tal vez no haya ningún atacante específico en mente, sino que prefiere el uso de figuras retóricas. Si los corintios juzgaron a Pablo, fue probablemente por su inconsistencia (cf. Hurd): comer carne aquí y no allá; actuar como judío los sábados y como grecorromano los lunes.

Se busca – un apóstol con estilo 9:3
Pablo hablaba irónicamente cuando dijo que: "Aguantan incluso a cualquiera que los esclaviza, o los explota, o se aprovecha de ustedes, o se comporta con altanería, o les da de bofetadas" (2 Corintios 11:20). Pero, a pesar de eso, no estaba exagerando mucho. De lo que podemos entresacar de las dos epístolas, ¿qué buscaban los corintios en un líder?
Pablo tenía una idea precisa de cómo servir a Dios. Él trabajaba día y noche con sus propias manos; arriesgó su vida y su salud; "sirvió" a las iglesias y no las explotaba. Como maestro y escritor de epístolas, actuó con paciencia y consideración: cuando las personas querían respuestas él les daba cuidadosas, y detalladas explicaciones. Pablo comunicaba el evangelio de una forma que cualquiera podría entender (1 Cor 9:20-22).
De lo que podemos deducir de 1 y 2 Corintios, esa iglesia quería una estirpe diferente de apóstol:
Iglesia en Corinto, Acaya
Se busca: un apóstol con estilo
La iglesia de Dios en Corinto busca aspirantes al puesto de apóstol. Hemos tenido problemas en el pasado con personas que no alcanzaban los estándares tan elevados del ministerio cristiano. Basados en nuestra experiencia, insistimos en que todos los candidatos cumplan con las siguientes condiciones:

Aire profesional:

Queremos un hombre que mantenga su frente en alto, no alguien con una actitud de esclavo ante los otros. Queremos mostrar el atractivo del evangelio a gente con ambición y con ímpetu.

Debe tener una buena vida familiar; un soltero parece demasiado inestable.

Debe vestirse bien; debe saber sobre distintas clases de comida fina.

Debe preocuparse por cultivar una buena imagen en la comunidad.

Debe ser un buen orador. Que no use un vocabulario simple cuando existen los términos filosóficos precisos.

Debe saber lo que quiere. Debe tener respuestas concisas, blanco o negro, para las preguntas difíciles.

Debe ser capaz de impartir órdenes y hacer a un lado a quienes no están de acuerdo con su visión. Deberá organizar su agenda por encima de las necesidades de los individuos. Si uno habla bruscamente, en particular a las masas ignorantes, logrará controlar su respeto y su obediencia.

No debe estar perdiendo su tiempo con el llamado movimiento "Orar sin cesar".

Debe contar con la capacidad de defenderse a sí mismo de sus detractores. Cuando lo calumnien, debe devolver tan bien como lo recibió un ataque verbal decisivo.

Prioridades ministeriales:

Que no tenga mala salud, que evite arrestos y persecuciones. El sufrimiento es una pérdida de tiempo —días y semanas perdidas en un hospital, en una cárcel, viajando de una ciudad a otra— y eso le da a la gente la impresión de que el evangelio no es para los exitosos.

Que muestre una gran flexibilidad en relación al tema delicado del evangelismo. Es decir, que no debe obsesionarse tanto con ganar a los perdidos que falle en satisfacer a quienes desean una instrucción más profunda. El evangelio es más atractivo si se complementa con verdades ya conocidas de las distintas corrientes filosóficas.

Que descanse lo suficiente de modo que no ande por ahí soñoliento, hambriento o exhausto debido al trabajo.

Detalles contractuales:

Buscamos a alguien que se dedique por completo a la enseñanza. Nos hemos dado cuenta de que no sirve que un apóstol se distraiga con un empleo secular, que afecte nuestra reputación y que provoque una pérdida de tiempo, tiempo que podría emplear instruyéndonos. No tiene que sentirse avergonzado de demandar un buen salario. Debe recompensar a quienes le pagan con un liderazgo fuerte y con una presentación impresionante del mensaje cristiano.

Pablo arrugó el anuncio y lo tiró a la basura.

9:4

¿Qué derechos, entonces, poseen Pablo y los otros apóstoles (los doce, pero también Bernabé y los hermanos del Señor Jesús)?

- El derecho de comer y beber – no solo literalmente (aunque esto es lo que tiene en mente en estos capítulos), sino también el derecho de recibir comida y bebida de parte de las iglesias.
- El derecho de llevar a su esposa en los viajes misioneros.
- Lo más importante, ganarse su sustento del ministerio del evangelio.

9:5

Pablo recibió órdenes de *viajar* por el evangelio pero no recibió órdenes de hacerlo siendo célibe. Él podía llevar consigo *una esposa creyente* durante sus viajes antes que vivir simplemente en compañía de sus amigos varones y dormir en el segundo piso de su tienda. De hecho, otros ejercían su derecho con perfecta libertad. Pablo es la excepción, tal vez Bernabé también.

En un apartado, Pablo menciona una referencia a los apóstoles y a los hermanos del Señor, incluyendo al mismo Santiago que decidió en cuanto a los sacrificios a ídolos en Hechos 15:20[265]. Críticos modernos tienden a ver a la iglesia primitiva como una serie de asambleas inconexas, sin relación entre una y otra, ignorantes de todo salvo de sus creencias y de sus líderes locales, desinteresada en la enseñanza terrenal de Jesús y de sus apóstoles.

Tal ideología ignora el hecho de que la iglesia primitiva surgió en una de las sociedades más altamente móviles que hubieran existido hasta ese punto. De seguro los corintios estaban suficientemente relacionados como para saber quiénes eran Cefas, los apóstoles y los hermanos del Señor; para saber en general cuál de ellos era casado; para saber quién era Bernabé, el compañero de Pablo "antes" del Segundo Viaje; para saber que él, al igual que Pablo, trabajaba para obtener su propio sustento; para participar en un intercambio de cartas con su apóstol mientras él se hallaba en el extranjero (la comunicación entre Pablo y los filipenses es otro buen ejemplo); para hacer que algunos de sus líderes cruzaran el Mar Egeo con el fin de ponerse en contacto con Pablo; para que Febe de Cencrea fuera a Roma a dejar una epístola. ¡Para tratarse de un grupo internacional que se extendía a lo largo de miles y miles de kilómetros cuadrados, la iglesia primitiva se mantenía notablemente integrada (cf. Thiselton, pp. 682-683).

Aun Cefas tenía esposa, para la consternación de quienes recomiendan el celibato de los sacerdotes católicos. De hecho, los evangelios registran la sanación de la suegra de Pedro como uno de los milagros de Jesús (Marcos 1:30 y sus paralelos). Quizá ofenda a los lectores modernos saber que ni las esposas apostólicas ni los hijos se mencionan para nada en el Nuevo Testamento; pero esto no era raro en los documentos antiguos.

---

265. Refiérase al estudio completo de Richard J. Bauckham, *Jude and the Relatives of Jesus in the Early Church*, T. & T. Clark, Edinburgh, 2000.

Los exegetas no tardaron en ofrecer varias interpretaciones para explicar estas "esposas hermanas" (como se traduce literalmente *adelfē gunē*). Algunos extendieron la intención de Pablo al traducir *gunē* como "mujer" (como en 7:1), y estiraron el significado de la frase para decir que se trataba de una asistente femenina, algo así como una monja en un equipo misionero. Difícilmente esto encajaría en el griego: "hermana mujer" es redundante para denominar una monja. Ni siquiera explica cómo es que esto es un gran derecho que Pablo ha sacrificado[266]. Por supuesto, los Padres leyeron esto a través de los lentes de su propia experiencia: Pedro y Felipe tenían esposa, pero después siguieron a Cristo y no tuvieron más relaciones, ¡pero continuaron viviendo juntos como hermano y hermana![267]. Esto concordaría bien con la práctica del siglo II, pero contradice absolutamente 1 Corintios 7:2-6, donde Pablo prohíbe el matrimonio sin sexo.

Todo esto es para mostrar que Pablo no hablaba ambiguamente en el capítulo 7 cuando dice que el celibato era su elección, no una obligación. Tanto el celibato como el matrimonio eran dos opciones reales para él como apóstol. Él optó por quedarse soltero (o *agamos*) porque esto le permitía dedicarse al Señor. Los otros apóstoles no se cuestionaban por su libre elección. De la misma manera, él no critica la libre elección de los otros apóstoles.

9:6

Esperamos que Pablo diga que solo él y Bernabé "no eran casados". En vez de eso se dirige a otro asunto: *obligados a ganarnos la vida con otros trabajos.* Este tema ocupará la mayoría de su atención en este capítulo, y Pablo lo mencionará en repetidas ocasiones (especialmente en 2 Corintios, Filipenses; 2 Tesalonicenses 3:9: "Y lo hicimos así, no porque no tuviéramos derecho a tal ayuda, sino para darles buen ejemplo").

Se han elaborado muchos estudios en relación al papel del dinero y del patrocinio en el mundo antiguo, tanto como al acercamiento de Pablo en cuanto

266. Cf. Allo, *Corinthiens*, pp. 212-14; hoy en día hay unos pocos que siguen este punto de vista. Véase el análisis de Thiselton, *First Corinthians*, pp. 680-81.

267. Tertuliano expresa dos puntos de vista en dos ocasiones distintas: asistentes en *De monogamia* 8; esposas en *Exhortación a la castidad* 8. La interpretación de "matrimonio espiritual" de 1 Corintios 9 la apoya Clemente de Alejandría, *Misceláneas* 3.6, aunque él afirma que los apóstoles Pedro y Felipe habían tenido hijos anteriormente; Eusebio lo cita con admiración en *Historia de la Iglesia* 3.30.1. Teodoreto de Ciro dijo que estas eran asistentes mujeres, como lo dijo Agustín, *El trabajo de los monjes* 4.5; 7.8 (Bray, p. 132). Los estudiosos modernos que defienden el mismo punto de vista incluyen a E. Walter; W. Kuss ("auxiliar femenina"). La Vulgata escoge una lectura (*sororem mulierem*) que refleja bien el griego literal "hermana mujer". Las versiones católico-romanas: Castellano tiene "una colaboradora"; La Santa Biblia dice "una mujer cristiana", la cual en español podría referirse a una esposa o a una mujer; así también la Biblia de Jerusalén – el original francés de ésta presenta la misma ambigüedad con "une femme chrétienne" (una mujer cristiana), mientras que la traducción inglesa habla claramente de "a Christian wife" (una esposa cristiana).

a su derecho apostólico. La Dra. Janet Everts nos ofrece una buena visión general de los aspectos en el artículo "Financial Support", en *Dictionary of Paul and His Letters*, el cual resumiremos: Los filósofos siempre tenían el problema de parecer mercenarios, aún así necesitaban sostenerse a sí mismos. Algunos cobraban honorarios; otros (especialmente los filósofos cínicos) mendigaban; algunos trabajaban; otros buscaban el patrocinio de admiradores adinerados. El problema con esto último radicaba en que con frecuencia el mensaje tenía que arreglarse o suavizarse para evitar ofender a quien pagaba las cuentas. Este tipo de compromiso era el que Pablo quería evitar. Prefería la libertad incuestionable para proclamar el evangelio sin comprometer el mensaje.

Pablo trabajaba con sus propias manos, para ganarse su sustento, con el fin de evitar parecer codicioso, y también para darles a sus conversos un ejemplo de diligencia (ver 4:12; 9:6; 1 Tesalonicenses 2:9; 4:11; especialmente 2 Tesalonicenses 3:6-15). Un rabí, algunos años después de Pablo, enseñaría: "Es bueno el estudio de la Torá acompañado de una profesión temporal, ya que la conjunción de ambas cosas hace olvidar el pecado. En cambio, cuando el estudio de la Torá no va acompañado de un trabajo temporal, termina por cesar y arrastrar al pecado" (*m. Abot* 2.2). El problema para Pablo consistía en que dicho trabajo manual, honrado por los judíos y por los rabinos, dejaba una mala impresión entre los griegos y los romanos. ¿Cómo puede este maestro ser digno de algo si tiene que tener un segundo trabajo para comer, y para colmo un trabajo manual? Además de eso, rehusarse a recibir el patrocinio, hubiera sido un insulto para los ricos, y Pablo hubiera parecido arrogante y estirado. Algunos tienen la teoría de que ese era el problema en Corinto, dejándose, más adelante, "robar" y gobernar por maestros falsos y aduladores (cf. particularmente 2 Corintios 11:20-21a). Pablo afirma aquí y con grandes detalles en 2 Corintios (11:7-12; 12:13-18) que él optó libremente por no recibir su merecido sustento de Corinto. Es decir, si como apóstol tiene el derecho de recibir sustento económico, como apóstol también tiene el derecho de rechazarlo.

Pablo, como señala Everts, no siempre rechazó el dinero. La carta a los filipenses es en el fondo una nota de agradecimiento por su ayuda tanto económica como en la persona de Epafrodito, y menciona que ellos le habían ayudado desde el principio (Filipenses 4:15-16). La carta, cálida y cortés, también refleja la reticencia de Pablo acerca de estos hechos (ver Filipenses 4:18; ver Hechos 16:15 el paralelo interesante de la hospitalidad que él recibió en Filipos, ayuda que Pablo aceptó solo después de la presión de Lidia). La regla parece ser que Pablo no tomaba nada de las iglesias mientras estaba en la ciudad, pero esperaba que ellos sostuvieran el trabajo misionero o apoyaran su Fondo para Jerusalén (1 Corintios 16:1; 2 Corintios 8-9) cuando él estaba ausente. A cada iglesia nueva se le permitía ayudar a Pablo a evangelizar las ciudades siguientes a lo largo del viaje. De hecho, quizá fue una donación de los filipenses lo que le permitió a Pablo dedicarse más fuertemente al trabajo en Corinto, una vez que su equipo llegó del norte (Hechos 18:5; ver la alusión probable a esto en 2 Corintios 11:8-9).

"Ninguna buena acción queda sin castigo". Podríamos compadecernos de Pablo pues sus buenas intenciones llevaron a complicaciones. ¡Esperamos que esto no sea el panorama completo, y que Pablo de hecho haya cosechado grandes beneficios evangelísticos por su sacrificio! Tenemos que presuponer que un hombre tan práctico como Pablo no haya seguido una política contraproducente innecesariamente, después de todo, era el evangelio lo que importaba más que cualquier otra cosa.

9:7

Pablo continúa ofreciendo una serie de metáforas, la mayoría de las cuales, como la economía del Nuevo Testamento, pertenecen a la agricultura.

- El soldado que paga sus propios gastos
- El sembrador que no tiene parte en la viña
- El pastor de cabras que no obtiene una parte de la leche
- El buey que pisa el grano y se le pone bozal para que no coma
- El arador, trillador, cosechador en una finca, a los que les está prohibido por el dueño tomar una parte
- El personal del templo que no tiene una parte de los sacrificios

Pablo usa las tres comparaciones, soldado, atleta (ver 9:24-27), agricultor en 2 Timoteo 2:3-6, pero con un punto ligeramente distinto.

Por medio de las imágenes agrícolas el lector recuerda a Pablo y a Apolos como labradores del campo en 3:6-9. El punto del soldado, el trabajador de la granja, hasta el buey, hay muchos ejemplos donde un trabajador merece una parte de los bienes que técnicamente le pertenecen a otro. Esto no es caridad ni codicia, es simple justicia que los participantes en un proyecto merezcan su parte justa de la ganancia.

¿Qué soldado presta servicio militar pagándose sus propios gastos? El Imperio Romano se mantenía parcialmente por su milicia. "Gastos" (*opsōnion*) es el término técnico para la comida y otras provisiones que se le daban a un soldado[268]. Por supuesto, la historia provee algunos ejemplos de soldados que corrían con sus propios gastos, pero este no es el punto de Pablo: a saber, que no es razonable alistar a un hombre en el ejército y que los gastos corran por su propia cuenta.

La siguiente ilustración se podría referir al dueño de un viñedo, pero es más natural tener: *agricultor planta un viñedo* para aludir a un empleado que

---

268. Así Thiselton, *First Corinthians*, pp. 683-84. La palabra es aplicada a soldados en Lucas 3:14. Cf. también 2 Cor 11:8.

trabaja en una finca para otro (como la RVR: "¿Quién planta una viña...?"). Él suda y trabaja, aun así el dueño lo arroja del viñedo cuando él se come las uvas. Lo mismo sucede con el *pastor*, a quien se le prohíbe tomar ni tan siquiera un trago de la leche de las cabras, la cual un caluroso y sediento pastor debe obtener en el campo directamente de la cabra. Las ilustraciones paulinas están diseñadas para mostrar la afrenta de negarle al trabajador una porción de su propia producción para aliviar su carga.

9:8

Cuán fuertemente Pablo contrasta aquí –como lo hizo en 2:6-16– las lecciones desde *un punto de vista humano* y la revelación del misterio divino. Esa revelación existe no solo en el evangelio, sino también en la ley del Antiguo Testamento.

9:9-10

Pablo cita como prueba Deuteronomio 25:4: "No le pongas bozal al buey cuando trilla". El piso para trillar era un área circular dentro de la cual arrojaban tallos enteros de grano. El buey andaba alrededor de un poste central para majar el grano con sus patas con el fin de separar el grano comestible de su cáscara. Pablo se refiere a la práctica de sujetar las mandíbulas de la bestia de modo que este no pudiera inclinarse y comer mientras trabajaba. La ley aplicada a los animales es lo que se encuentra en otras leyes que prohíbe a los israelitas aferrarse a los bienes que Dios ha dado: leyes de espigar, prendas para los préstamos, etc. La lección es que *puesto que Dios es bueno con Israel, ustedes también sean generosos con los hombres y con las bestias*. Este versículo aparece en Deuteronomio al final de una lista significativa de leyes sobre el trato justo de los seres humanos. 25:4 no está estrictamente relacionado con lo anterior, o es algo análogo al trato justo de los humanos: ¡traten bien a los animales también! La ley de Moisés contiene otras regulaciones para el modo de tratar las bestias de carga. Así que el judaísmo siempre ha considerado que los animales deberían tratarse humanitariamente, y que sean matados lo menos dolorosamente posible, y sobre todo tratados como criaturas hechas por Dios.

El uso que Pablo hace de Deuteronomio 25:4 ha llevado a algunos (Barrett; Hays; Conzelmann) a acusarlo de torcer o alegorizar el texto. Pero esto no es una alegoría: en una alegoría, "el buey" por medio de cierto análisis ingenioso llegaría a significar "apóstol", "trillar" otra cosa y "grano" algo más. Cuando Pablo dice *¿Acaso se preocupa Dios por los bueyes, o lo dice más bien por nosotros?* es mejor no forzar su redacción hacia una forma u otra, o concluir que Pablo cree que el trato inhumano de los bueyes falta en Deuteronomio. Más bien su significado –si no su retórica– es similar a la del Señor en Mateo 6:26. O sea, si Dios se encarga de proveer para el buey mientras trilla, ¿cuánto más no velará por su apóstol humano mientras trabaja en la iglesia de Dios?[269]. Todos los trabajadores humanos deben trabajar con la confianza (mejor que la *esperanza* de la NVI) de recibir su parte[270]. De nuevo, no se trata de caridad: *deben* poder *hacerlo* (9:12), es un "derecho".

9:11-12a

Un apóstol que anda sembrando la semilla *espiritual* tiene el derecho de esperar a cambio una recompensa en *lo material*. Esto tampoco es caridad, sino lo que le corresponde, de lo contrario el argumento del apóstol no funciona. La misma figura es la base de Gálatas 6:6 (ver también 1 Timoteo 5:17). Pablo argumenta desde lo menor hacia lo mayor: otra gente merece el sustento de parte de los corintios; ¿cuánto más tiene este *derecho* un apóstol?

9:12b

Finalmente, el argumento tan largo en preparación empieza a cristalizarse. *¿Estamos todos de acuerdo, entonces, en que yo como apóstol tengo este derecho? Muy bien, entonces: mi punto es que nosotros (es decir, Pablo y su equipo, no Pablo y los otros apóstoles), no ejercimos ese derecho.* ¡No digo que ustedes corintios no tienen derechos! *Digo que un cristiano puede no recurrir a sus derechos si es por un bien mayor.*

Y, ¿cuál es el bien mayor en el caso de Pablo? No anteponer ningún *obstáculo*[271] a la predicación del evangelio. Este es el bien que consumirá el resto del capítulo. Lejos de ejercer su derecho, Pablo opta por tolerar cargas innecesarias (*stegō*; así como el amor "todo lo soporta" en 1 Corintios 13:7).

9:13

269. Así Nicoll, *First Corinthians*, p. 2:848. La NTV capta el significado al agregar "únicamente" – "¿Acaso pensaba Dios únicamente en bueyes cuando dijo eso?". Calvin, *First Corinthians*, p. 1:294, observa que Pablo podría haber citado si hubiera querido bastantes versículos que hablaran directamente a los seres humanos, entonces, ¿por qué cito este versículo acerca de los bueyes si no fuera que su objetivo era argumentar *de lo menor a lo mayor*? Cf. similarmente Hodge. Fitzmyer, *First Corinthians*, pp. 361-63 tiene una discusión completa de la hermenéutica de Pablo aquí.

270. Así Findlay subraya el argumento de lo menor a lo mayor (*minore ad maius*) de la cita: ¿"cuánto más" los seres humanos? Del mismo modo (todos en Bray, p. 134) Orígenes, *Los primeros principios* 2.4.2 (Ropero). Aquí muestra evidentemente que Dios dio la ley por causa nuestra, esto es, debido a los apóstoles: "No pondrás bozal al buey que trilla", cuyo cuidado no fue por los bueyes, sino por los apóstoles, que predicaban el Evangelio de Cristo". También, Crisóstomo 21.5; Fulgencio de Ruspe, *Sobre la regla de fe* 42.

271. *Enkopē* aparece solo aquí en el NT. Debe de ser sinónimo del verbo estorbar, *kōluō*, que se usa en relación con la predicación evangelística en Hechos 28:31, pero allí el sentido es que ninguna autoridad lo forzó a detenerse.

Pablo no ha terminado con sus ilustraciones, pero intensifica el efecto al pasar de la granja a la función sagrada en el Templo. *¿No saben que...?*, es para un efecto retórico adicional. Él no necesariamente describe dos clases de personas, los levitas en el *templo* y los sacerdotes en el *altar*; más probablemente usa un paralelismo hebreo para describir todos los tipos de trabajadores del templo. Los corintios sin duda conocían esta práctica en los templos paganos y, como apuntan los Padres de la iglesia, todo el lenguaje de este versículo se podría aplicar ya sea a los judíos como a los paganos en el templo. Sin embargo, parece más probable que Pablo esté pensando en el Templo de Jerusalén (por ej., Levítico 7:6-10; nótese el abuso del derecho en 1 Samuel 2:12-17) como en 1 Cor 3:16-17; 6:19 y especialmente 10:18; sería paradójico que usara el derecho a comer carne sacrificada a los ídolos paganos como un ejemplo positivo en este punto. Él expone esto como un hecho conocido en lugar de citar, como lo hizo con el punto sobre los bueyes.

9:14

Pablo muestra aquí el paralelo entre el Antiguo y el Nuevo Pacto con *así también*, mejor traducido como "de igual manera" (VP). Y ahora aparece otra referencia (ver 7:10) a la enseñanza de Jesús: *Quienes predican el evangelio vivan de este ministerio.* No hay una cita, pero es obvia la referencia a Lucas 10:7 o a la tradición oral detrás del versículo, que también usa la metáfora de un trabajador agrícola quien merece su salario: "Quédense en esa casa, y coman y beban de lo que ellos tengan, porque el trabajador tiene derecho a su sueldo"[272]. En 1 Timoteo 5:18 Pablo cita directamente tanto Deuteronomio 25:4 como Lucas 10:7 y llama a ambos pasajes "Escritura". Ahí él demuestra por qué la iglesia efesia debería apoyar financieramente a sus líderes, los "ancianos".

¿Es posible que alguien acusara a Pablo de desobediencia a los mandatos del Señor por rechazar el sustento económico? Si este es el caso, entonces Pablo entiende que el mandato del Señor crea un privilegio para el apóstol, el cual él puede dejar de lado si así lo decide.

9:15

Cuando Pablo dice *no me he aprovechado de ninguno de estos derechos*, debemos medir esto con otros pasajes: Pablo sí recibió regalos de las iglesias, pero él no los pidió como algo que merecía. Él ha renunciado consistentemente a sus derechos desde el principio. El hecho de que Pablo se defienda no trayendo a colación el asunto *porque quiera reclamarlos* refuta el punto de vista de que los corintios querían darle dinero que él rechaza. Entonces, ¿por qué saca a la luz todos estos

---

272. Weiss defiende de manera plausible que la paráfrasis casual de esto significa que lo que está diciendo ya en Corinto se sabía (citado en Conzelmann, p. 157, n. 6).

detalles y listas de ilustraciones acerca de su derecho solo para declarar que no lo usará? El asunto para Corinto iba más allá del sustento económico, tenía la intención de comunicarles cómo un cristiano renuncia a sus derechos por el bien del evangelio. En un tono muy paulino, ¡él preferiría morir que tomar su dinero!

9:16-18

Cuando Pablo dice que tiene razones para jactarse, debemos colocar esto junto a 1:31: "El que se quiera enorgullecer, que se enorgullezca en el Señor". Pablo se enorgullece en el evangelio de Cristo, no en su propia inteligencia ni en su propio poder.

La lógica aquí es difícil de seguir:

¿En qué me glorío?
No en que predico el evangelio (me siento forzado a hacerlo por *obligación*, entonces ¿qué crédito hay en eso?).
Yo de veras tengo motivos para gloriarme:
Cuando cumplo con mi deber evangelístico, lo hago gratuitamente; no solo cumplo con mi deber, sino que activamente me deleito encontrando maneras de hacerlo de prisa, aun a costa de un enorme sacrificio personal. ¡Esto es algo de lo que yo puedo jactarme!

No sabemos a qué se refiere cuando dice *¡Ay de mí!* en el versículo 16, pero es casi seguro que la referencia es escatológica, dirige la mirada hacia adelante, al juicio de Cristo. Menos probable es la interpretación psicológica, de que Pablo se sentía mal si no obedecía a su encargo.

El versículo 17 amplía la idea de obligación: en un contraste importante entre la jactancia y la arrogancia de los corintios "sabios", Pablo no puede jactarse de sí mismo. Él no halló la verdad por medio de su razón ni de su propia inteligencia; tampoco la proclama como un favor para los incultos, sino por obligación para con Dios. Su recompensa no es la fama, sino el conocimiento de que su sacrificio personal permite que el evangelio siga adelante con un poco más de libertad.

El versículo 18 pretende ser irónico: su compensación surge de poder predicar sin compensación (*mistos*[273]) y sin ejercer su *derecho*. Si esto no tenía sentido en un mundo consciente del estatus, sí tenía un sentido perfecto para un cristiano cuya vida presente es moldeada por el *esjaton*.

---

273. *Mistos* es una palabra cristiana común para el premio que Dios otorga. Puede referirse a una recompensa escatológica o a una presente, o a un castigo dependiendo del contexto (e. g., Mateo 5:12, 46; 6:1, 5, 16; 10:41-42 y sus paralelos; Lucas 10:7; Juan 4:36; Romanos 4:4; 1 Corintios 3:8, 14; Apocalipsis 11:18, 22:12). Romanos 6:23 usa *opsōnia*, la misma palabra se halla en 1 Corintios 9:7. Aquí en 9:17, 18, así como en Mateo 6:1 y otros, el tiempo y la naturaleza de la recompensa son vagos.

9:19

Al igual que los corintios interesados en el estoicismo, Pablo es *libre* (*eleuteros*), pero suficientemente libre como para rechazar el dinero y trabajar con sus propias manos. A simple vista, lo que viene aparenta ser una contradicción de lo que dijo anteriormente:

> *Pablo sobre los corintios en 7:23*   No se vuelvan esclavos de nadie
> *Pablo dice de sí mismo en 9:19*   De todos me he hecho esclavo

¿Qué es esto? ¿Es que un apóstol tiene el derecho de esclavizarse a otros en una forma en que otros cristianos no pueden? ¡De ninguna manera! Pablo no ofrece aquí una justificación para su propia práctica apostólica, sino un ejemplo que espera que los corintios sigan. La diferencia es de propósito: los corintios se vuelven esclavos con el fin de escalar social o económicamente, vendiendo lo que no les pertenece, sus propios cuerpos. Pablo, que es libre, es libre de someterse a otros si eso beneficia al evangelio. Pero la sumisión de la cual él habla no es a un patrocinador adinerado, quien le proveerá lo necesario pero le dará órdenes. En vez de eso, Pablo se vuelve esclavo de su audiencia *para ganar a tantos como sea posible*. Cinco veces usa Pablo el verbo *kerdainō* (ganar) en el sentido de ganar a alguien para el evangelio; o como un paralelo de *sōzō* (salvar) en 7:22. Su lenguaje es repetitivo, pero indudablemente con el propósito de subrayar su objetivo: ganar al perdido, a los judíos, a los gentiles, al débil, a todos, salvar a toda clase de personas por cualquier medio.

9:20-22

¿Cuál es esta esclavitud a la cual Pablo se somete voluntariamente? Está hablando específicamente de adaptar su persona y sus hábitos a su audiencia "no por ardid mentiroso, sino por afecto misericordioso"[274]. Esto le nace del amor al evangelio, y lo hace para que más gente de cualquier grupo acepte a Cristo, no solo el grupo con el que él se siente mejor. Ver también Colosenses 1:28: "A este Cristo proclamamos, aconsejando y enseñando con toda sabiduría a todos los seres humanos, para presentarlos a todos perfectos en él". Así Pablo busca:

- A los judíos
- "A quienes están bajo la ley". Esto es más o menos sinónimo de "judíos", aunque estrictamente esta segunda designación incluye gentiles prosélitos al judaísmo[275].

274. Agustín, *Carta a Jerónimo* 82.3.27 (Bray, p. 139).

275. Severiano dice "aquellos bajo la ley" son estrictamente prosélitos, o sea no "judíos" de nacimiento; también Teodoro de Mospuestia; Teodoreto de Ciro considera que son quienes han recibido el evangelio pero todavía guardan la ley.

- A quienes están fuera de la ley
- A los débiles
- A todo el mundo

Es un giro extraño de la historia que la primera adaptación es para "ganar" a la audiencia judía. Este primer objetivo nos ofende a nosotros los lectores modernos más que a otros. Olvidamos que cuando Pablo andaba libremente por las sinagogas de la Diáspora, parecía, vestía, hablaba, comía y vivía como cualquier rabino visitante de la época lo haría. Había límites definidos a lo que Pablo consideraba una adaptación aceptable. En Antioquía, por ejemplo, él condenó a Pedro por rehusarse a comer con los cristianos gentiles (Gálatas 2:11-14). ¿Por qué? Porque ese ajuste a la sensibilidad judía no era una ayuda para extender el evangelio, sino una negación de la igualdad de los gentiles en Cristo (Gálatas 2:15-21). La verdad del evangelio siempre iba primero y luego en segundo lugar la acomodación cultural o religiosa para ayudar a su expansión[276].

El Decreto de Jerusalén, en Hechos 15:20, coloca algunas restricciones a los creyentes gentiles, a causa de que "cada ciudad" tenía su sinagoga: ¿por qué deberían los gentiles hacer ostentación de su libertad cuando esta obstaculiza la llegada de los judíos a Cristo? Por razones similares Pablo circuncidó al joven judío Timoteo para evitar una grave ofensa hacia otros judíos (Hechos 16:1-3)[277]. De igual modo, él no titubeó en hacer un voto judío en Cencrea justo cuando terminaba su larga estancia en Corinto (Hechos 18:18); tampoco en su participación en un rito de purificación judío en su último viaje a Jerusalén, no solo apoyando a otros cuatro, sino tomando parte él mismo en esto (Hechos 21:23-26). Algunos dispensacionalistas defienden que Pablo estaba equivocado cuando participó en el juramento en el Templo. En esta lectura, el disturbio y el arresto de Pablo parecen ser el final justo para el pecado, o tal vez el modo como Dios impide que él siga con el ritual. Pero Hechos no da indicio de que Pablo estuviera equivocado, no incluye apología ni retractación. Uno de los cargos claramente falsos en contra de Pablo fue que él les mandaba a los judíos en la Diáspora que apostataran de

276. Aquí debemos mencionar el estudio de Eckhard J. Schnabel, *Paul the missionary: realities, strategies and methods*, IVP, Downers Grove, IL, 2008, pp. 135-37. Con respecto a este pasaje afirma: "La regla básica de existencia misionera requiere que el misionero tome al oyente seriamente (1 Cor 9:19). El comportamiento del predicador está subordinado a la predicación del evangelio. Pablo está preparado para renunciar a su libertad cristiana si puede ganar a las personas a la fe en Jesucristo…[Pero] la base normativa del comportamiento de acomodación misionero es el evangelio, no la eficacia práctica".

277. Conzelmann, p. 161, n. 24, argumenta contra la historicidad de Hechos 16:3 y niega que esto encaje con el criterio que Pablo establece aquí para el evangelismo, puesto que Timoteo ya era creyente. No se sigue la lógica, pues Pablo el cristiano quiere que Timoteo el cristiano se acomode a los judíos "incrédulos".

la Torá (Hechos 21:21)[278]. Sin embargo, *yo mismo no vivo bajo la ley*. La Ley se ha convertido para él en un asunto de libre elección, una libertad que cualquier judío fiel hubiera considerado abominable.

Los gentiles son *los que no tienen la ley*. Él vuelve a caer en categorías tradicionales aun cuando causa una erosión: el mundo se divide en quienes tienen la Torá y quienes no la tienen. El término que emplea para "sin ley" (también RVR) es *anomos*, que en otros contextos se refiere a "incontrolado" o a una conducta en contra de la ley (1 Timoteo 1:9; 2 Pedro 2:8; la LXX). Para un judío ambos significados eran inherentes al término, ¡aquellos sin ley eran incontrolados! Aquí, en contraste, encontramos un sentido más neutral de "sin ley" antes que un comentario de la conducta: después de todo, Pablo no actuó sin hacer caso a las leyes con el fin de relacionarse con los gentiles. Pero él refrenó su condición cultural judía y se acomodó a la cultura con el fin de facilitar el evangelio.

Pablo reconoce que podría darse una mala interpretación por el doble significado de "sin ley" y entonces añade *no estoy libre de la ley de Dios, sino comprometido (ennomos) con la ley de Cristo*. No está claro a qué se refiere esto y hay varias definiciones de su contenido: ¿Es la ley de Dios/Cristo la misma que la ley mosaica? ¿O los estándares morales de esa ley?[279]. ¿Es esta la enseñanza de Jesús? ¿La ley del amor (Levítico 19:18; Mateo 22:39; Gálatas 5:14)? *Ennomos* aparece solo aquí y en Hechos 19:39 en un contexto distinto. Por otro lado, la frase "ley de Cristo" (*nomos tou Cristou*) en Gálatas 6:2 dice que un cristiano cumple esa ley cuando lleva la carga de otro cristiano. No es una coincidencia que tanto Gálatas 6 como 1 Corintios 9 aparezcan en el contexto de tener cuidado al considerar a otros con humildad y amor. Gálatas 5:14 específicamente vincula Levítico 19:18 con servir a otros. Concluimos que la idea específica aquí es "la ley que Cristo enseñó", afirmando con Levítico que debemos amar a nuestro prójimo como a nosotros mismos.

Considerando cuán aislados los rabinos de la misma época podrían estar, Pablo provee un fuerte ejemplo de cómo un judío debe predicar el evangelio en un mundo gentil. Por supuesto, al lado de su entrenamiento rabínico él era también un hijo de Tarso, una ciudad universitaria y un centro griego de aprendizaje. Es más, habían pasado más de dos décadas de sus inicios como apóstol a los gentiles y parece haberse tomado la molestia para ser un buen apóstol para ellos. Compare su sermón tan judío en Hechos 13:14-41 con sus referencias a la religión griega y su cita de Arato (*Phaenomena* 5, ver 17:28) en Atenas en 17:22-31; o aun con su uso hábil y su reinterpretación de los términos estoicos en 1 Corintios. Compare su uso perfecto del griego en sus sermones y en sus cartas, pero su preferencia por el

---

278. Cf., sin embargo, Calvin, *First Corinthians*, pp. 1:304-5, quien piensa que esa descripción de Pablo era básicamente precisa.

279. Cf. C. H. Dodd, *"Ennomos Christou"*, en *Studia Paulina*, J. N. Sevenster, ed., Bohn, Haarlem, 1953, pp. 96-110.

arameo (no hebreo) en Jerusalén, un cambio lingüístico que aparentemente ayudó a calmar a su audiencia (Hechos 22:2). Esto no implica suavizar el evangelio, él usó el arameo para anunciar el hecho implacable de que Dios lo mandó a evangelizar a los gentiles (Hechos 22:21-22); citó a los filósofos con el fin de anunciar la resurrección (Hechos 17:31-32). Es decir, Pablo se acomodó a sí mismo, pero no omitió ni minimizó los hechos del evangelio[280].

Y lo que es más, *entre los débiles me hice débil, a fin de ganar a los débiles*. Esta parece una oración rara, cuando judío y gentil parecen abarcar las dos principales audiencias evangelísticas. Pero finalmente llega al punto de este largo discurso: ¡por qué deberíamos cuidar a los débiles! En la iglesia corintia, por supuesto, los "débiles" eran los convertidos del paganismo, cristianos gentiles. ¿Cómo puede expresarse Pablo para acomodarse al débil en el evangelismo? La respuesta posiblemente se halla en que Pablo habló apropiadamente a los oprimidos y a los impotentes, a los temerosos y a los confundidos. Él no se hizo temeroso, sino que de verdad tomó en consideración la debilidad errada. Los corintios solo tenían que mirar su propia historia para hallar un ejemplo perfecto. Pablo se hizo débil para ellos… y ¡gracias a Dios por eso (2:1, 3:1-2)!

Entonces, ¿cuál es el punto de Pablo?

Si yo, un apóstol privilegiado, puedo adaptar mis derechos
al débil, al ignorante y al impotente *incrédulo*
con el fin de ganarlo…,
¿cómo es que ustedes, beneficiarios de mi predicación, gente del Espíritu, no puede adaptar sus derechos
a las necesidades de los débiles, los ignorantes y los impotentes *creyentes*
con el fin de preservarlos en Cristo?

Es una hipérbole común de Pablo decir que él trata de ganar gente *por todos los medios posibles*. El amor demanda un esfuerzo mayor en el evangelismo y en la iglesia. Este versículo es la clave para abrir lo que sigue en 9:24-27, utilizando la metáfora de la competencia atlética para desarrollar más la razón de su abnegación.

9:23

Pablo sirve al evangelio y desea *participar de sus frutos*. La adición de "frutos" la hace NVI con la mirada puesta en las ilustraciones de la agricultura mencionadas al inicio del capítulo, pero la palabra no está en el original. RVR tiene una traducción más literal "para hacerme copartícipe (*sunkoinōnos*[281]) de él".

280. Clemente de Alejandría emplea 1 Corintios 9 en su *Misceláneas* para justificar la interacción tan frecuente con la filosofía griega.

281. La palabra específica se usa en un sentido parecido solo en relación con la participación de los filipenses en el evangelio (Filipenses 1:7), pero los términos con la raíz de *koinōnia* son los favoritos de Pablo, aparecen 33 veces en sus cartas.

Su servicio al evangelio aquí es su ministerio de evangelismo; él desea ver el producto de esa labor.

Renunciar a los derechos por el evangelio 9:23
Pablo resuelve la fricción interna de la iglesia y luego amplía el principio de cómo llevar a cabo el evangelismo.

Uno de los memorables mitos griegos tenía que ver con Proteo, un dios del mar. Con el fin de escapar a la captura, este podía convertirse en otras formas, tales como animales o árboles o agua, y evadir el peligro. ¿Era Pablo un "proteano"? ¿Cambiaba para ajustarse con su entorno, dejando que la gente se preguntara quién era él realmente? De ningún modo. Les recuerda a los corintios que él se hace socialmente aceptable a sus oyentes siempre y cuando él no transgreda ninguno de los valores auténticos del evangelio. Él podía interactuar cómodamente tanto con judíos como con gentiles, con gente de distintas clases sociales, con gente de la ciudad y zonas rurales. "Golpeo mi cuerpo y lo domino"; en otras palabras, yo refino activamente mis habilidades porque me ayudan a extender el evangelio. Pablo no era de los que se aferran a sus propias preferencias culturales y luego culpaba a su audiencia —o ¡que Dios nos ayude! al Espíritu Santo— cuando no respondían.

Una parte del entrenamiento misionero moderno incluye este punto preciso. Somos conscientes de que, hace unos años, cuando los misioneros norteamericanos y europeos evangelizaron en América Latina, a veces no podían definir con claridad lo perteneciente al evangelio y lo correspondiente a su propia cultura. Así que enseñaban a los recién convertidos a realizar los cultos en un edificio con apariencia extranjera y a cantar música que sonaba importada. Esta fase no permaneció: Uno de los frutos visibles del rápido crecimiento del protestantismo latino de las últimas décadas es la aculturación del evangelio.

Es prácticamente inevitable que cuando los latinos van al campo misionero cometan el mismo error. Solo porque han sido afectados por el imperialismo cultural no significa que no vayan a cometer el mismo error. Pues ahora los latinos "saben" cómo debe ser y sonar un culto. ¡Debería tener un ritmo de salsa, con un sistema de sonido potente, y debería haber teclados, trompetas y bongos! ¡Y la Biblia debe sonar como la Reina Valera! ¡Y si la gente de la Ventana 10-40 objeta estos adornos culturales (vestido, comida, música, interacción social), los misioneros quizá escriban a su tierra natal acerca de la falta de espiritualidad de los nativos! A los misioneros quizá les irrite la prohibición de comer cerdo y las misioneras se preguntarán por qué deberán cubrirse de pies a cabeza.

Y de ese modo, los misioneros latinos tendrán que aprender la misma cruda lección, a distinguir lo esencial de lo cultural. Al hacerlo, se colocarán en la misma difícil situación en la cual se hallaba Pablo. Él actuaba como buen judío mientras se encontraba rodeado de judíos, pero quienes lo conocían sabían muy bien que él dejaba a un lado la tradición cuando le convenía. Los gentiles que pasaron algún tiempo con él se dieron cuenta de que Pablo odiaba muchas cosas de la cultura griega, a pesar de lo cual trataba de "actuar con naturalidad" debido a un propósito más alto. Sin embargo, algunos de sus oyentes estarían asombrados de su postura aparentemente "camaleónica" en asuntos de relaciones sociales. Es decir, podían acusarlo justamente de transigir con ambas partes y "el portarse incoherentemente en tales asuntos se clasifica como uno de los peores males"²⁸². Hasta los corintios se quejaron de eso (9:3).

De igual modo, los cristianos de hoy que han formado parte de dos o más culturas y deben ubicarse a ambos lados a causa del evangelio atraerán las críticas de ambas partes. Este es uno de los sacrificios que habrá que hacer, junto a la desubicación dentro de nuestra propia cultura o a la posibilidad de enfrentar el sufrimiento físico. "¿Quién es usted en realidad?" cuestionarán. Nuestra respuesta debe ser la misma de Pablo: que somos gente del evangelio de principio a fin, y que nuestra meta suprema es ganar a otros para Cristo.

9:24

9:24-27 se lee a menudo aparte del contexto anterior (9:3-23) y lo convierten en una generalización acerca de esforzarse por lograr la santidad cristiana. Este no es el caso para nada: Pablo está usando el tropo (estereotipo) del estricto entrenamiento de los atletas griegos como una ilustración para continuar desarrollando su estrategia misionera; es paralelo a 10:33b: "No busco mis propios intereses, sino los de los demás, para que sean salvos".

Parece que a Pablo le gustaban los deportes; o al menos ¡se convirtió en un fanático de los deportes para ganar fanáticos de los deportes! Los griegos y los romanos adoraban los deportes, mientras que los judíos los consideraban estrechamente relacionados con la idolatría y el nudismo público. Probablemente tampoco es coincidencia que los estoicos favorecieran las ilustraciones deportivas (cf. Thiselton, p. 713). Por ejemplo, Epicteto escribió acerca del entrenamiento atlético:

> Usted debe conformarse a las reglas, someterse a una dieta, abstenerse de las golosinas; ejercitar su cuerpo, ya sea que lo escoja o no, a una hora establecida, en calor y frío; usted no debe tomar agua fría, ni algunas veces incluso vino. En una palabra, usted debe entregarse a su [entrenador deportivo], como a un doctor (*Enchiridion* 29.2).

¿No saben que…? encaja muy bien aquí, en vista de que el Corinto romano había vuelto a adquirir el antiguo derecho de albergar los Juegos Ístmicos. Estos juegos seguían en segundo lugar a los Olímpicos en la antigüedad, y como los Olímpicos, se llevaban a cabo en un ciclo regular. Las ruinas del sitio de los juegos se han excavado en el último siglo y se pueden ver unos 15 kilómetros al norte a lo largo del istmo de Corinto.

282. Fee, *Primera corintios*, p. 485.

Como el apóstol indica, los juegos griegos eran mucho más tradicionales que los Olímpicos modernos, y se centraban en pruebas de pista y de campo tanto como lucha libre, boxeo y otros deportes de combate. El pentatlón antiguo incluía salto, carreras, lucha libre, lanzamiento de disco y de jabalina. Generalmente los competidores eran hombres, aunque no era raro que hubiera otros eventos para muchachos o para mujeres. Los ganadores recibían una "corona" (*stefanos*; en 9:25 la NVI parafrasea esa palabra como "premio"), una guirnalda tejida de laurel u otra planta: en los Juegos Ístmicos la corona era de pino. Los juegos estaban saturados de sacrificios paganos, oraciones y rituales. Se habían realizado en el 49 y en el 51 d.C., lo que significa que Pablo estaba en Corinto por ese tiempo. Si así fuera es probable que hiciera tiendas para venderles a los miles de visitantes que llegaron a ver los juegos. Es más, los juegos deben de haber tenido lugar alrededor de la época cuando se escribió 1 Corintios, en la primavera del 55. Si no, de todos modos se realizaban otros juegos en alguna parte de la región cada año.

Él se refiere primero a la carrera, una metáfora usada también en Filipenses 3:12-14, y tal vez en 2 Timoteo 4:8. *Todos los corredores compiten, pero solo uno obtiene el premio.* Aunque Pablo ofrece su propio ejemplo como modelo cristiano, él claramente desea que todos hagan lo que él hace: *Corran pues, de tal modo que lo obtengan* [ustedes los corintios]. El significado de ser ganador o de obtener la corona se define en los versículos siguientes. Pablo no insta al elitismo, que ha sido el problema de éstos todo el tiempo. Pero en Corinto, la élite se ha distinguido por su conocimiento inflado y por su trato descuidado hacia el débil[283].

9:25

Un atleta anhela ganar el *premio* de la corona. Esa guirnalda representa toda la alabanza de la multitud, la adulación de las mujeres, la aceptación de la élite imperial y el patrocinio. El premio no es así con los cristianos; sin embargo, como un atleta ganador, debería practicar la disciplina que Pablo practica.

Qué violentamente sacamos este versículo de su contexto, ya sea en un sermón o en un estudio académico. *Todos los deportistas se entrenan con mucha disciplina… golpeo mi cuerpo y lo domino*, ¡no significa que Pablo sea asceta![284]. Él

---

283. Varios Padres de la iglesia consideraron la idea de un solo ganador demasiado elitista, puesto que más de uno recibirá la salvación. Así que el "único" ganador es la iglesia, en oposición a otros corredores tales como Israel o los griegos. Consultar Orígenes; Severiano.

284. Nicoll, *First Corinthians*, p. 2:855, etiqueta esta sección "El Ascetismo de Pablo", que refleja tanto un malentendido fundamental de este contexto como un malentendido del significado de "ascetismo". Cf. para la misma mala interpretación: Ambrosiáster (Bray, p. 143): "Castigar el cuerpo es someterlo a los ayunos, y darle lo que necesita para vivir, no para el capricho". También Ireneo, *Contra herejías* 4.37.7: "Este hábil luchador, por lo tanto, nos exhorta a la lucha por la inmortalidad, para que podamos ser coronados, y consideremos la corona valiosa, a saber, aquello que es adquirido

acaba de afirmar el matrimonio, está inflexiblemente a favor del sexo dentro del matrimonio, tiene el derecho de comer y de beber lo que le plazca y de tomar una esposa. No es que Pablo de un momento a otro esté pensando en estas libertades en un impedimento para la santidad o hasta para la salvación[285].

No, él está probando el mismo punto que ha venido elaborando desde 8:1 en adelante: con el fin de ganar una carrera, un atleta se niega a sí mismo ciertas cosas que en otras circunstancias sería perfectamente libre de disfrutar, y esto porque quiere tener éxito en su empeño. Con el fin de ganar personas para el evangelio, Pablo libremente limita su libertad, no porque él no tenga derechos, sino porque tiene un objetivo más alto, ganar a judíos, y a gentiles, en todas partes. Es este logro más amplio en evangelismo, y es la corona *que dura para siempre*[286].

9:26

Para concluir, Pablo usa las imágenes de una carrera y añade las del boxeo. La metáfora de la carrera no es la misma que en Filipenses 3:12-14, la cual presenta a Pablo corriendo hacia la perfección de la resurrección. Más bien, su carrera en este contexto tiene como meta el éxito evangelístico. La figura del boxeador también es útil para su punto. Pablo no es *como quien da golpes al aire*. Esta frase *jōs ouk aera derōn* es difícil en el original y probablemente emplea terminología deportiva con la cual nosotros no estamos familiarizados. Quizá se refiera a un boxeo con un adversario imaginario, o a golpes que no logran derribar al oponente[287]. Cualquier imagen favorece su punto aquí: *¿por qué boxeo, a menos que yo esté planeando golpear algo? ¿Por qué llevar a cabo una misión difícil sin tratar de hacerlo en un modo que consiga la mayoría de conversos?*

---

por nuestra lucha, pero que no nos rodea de su propio acuerdo"; Clemente de Alejandría, *Primera carta sobre la virginidad* 9; Orígenes, *Contra Celso* 5.49; Crisóstomo 23.2: "Para mí ni predicar ni enseñar ni traer innumerables personas, es suficiente para la salvación a menos que yo exhiba mi propia conducta también intachable...". Tertuliano usa esta sección en *Exhortación a los mártires* 3, con el fin de mostrarles a los cristianos sufrientes cuanto el sufrimiento en prisión los moldea para la vida eterna; nótese también el énfasis en el martirio en Cipriano, *Sobre la gloria del martirio* 28; además, su *Epístola* 8. Para los de hoy en día que piensan que el asunto aquí tiene que ver con la autodisciplina en la salvación de Pablo, consultar Hays; Godet; Morris; Horton; Kuss; Robertson y Plummer; Dods.

285. Como demuestra Thiselton, *First Corinthians*, pp. 715-17.

286. Así Simon J. Kistemaker, *1 Corintios*, Libros Desafío, Grand Rapids, MI, 1998, pp. 312-15; también Baker, *1 Corinthians*, pp. 136-37.

287. Un acercamiento patrístico (e. g., Crisóstomo; Teodoro de Mopsuestia; Orígenes, *Contra Celso* 7.52) fue leer esto a través de los lentes de Efesios 2:2 e interpretarlo como "no es como si yo estuviera luchando contra los poderes [Satánicos] en el aire". Crisóstomo 21.2 entiende esto como que Pablo no está atacando al diablo, como lo hacen los corintios; los golpes de él golpean de verdad. Pero esto difícilmente calza con el contexto, ni toma la terminología obvia de la lucha para referirse a puñetazos inefectivos.

9:27

Pablo todavía está pensando en el entrenamiento deportivo cuando asegura *golpeo mi cuerpo y lo domino*. De nuevo esto no es abnegación ascética, sino que él aguanta las privaciones con el fin de ser un apóstol efectivo: se abstiene de ciertas comidas (8:13), trabaja para mantenerse a sí mismo (9:6), decide no tomar una esposa (7:32-35; 9:5) o hasta las dificultades que ha enfrentado mientras viaja o evangeliza (2 Corintios 11:23-33). Estos apuros apostólicos van aun más allá de un riguroso entrenamiento atlético: ¡palizas!, ¡piedras!, ¡naufragios! Estas cosas no se diseñaron para refrenar a Pablo, sino para acelerar el evangelio.

¿Qué hay del peligro de *después de haber predicado a otros, yo mismo quede descalificado?* La NVI (aun más fuerte que RVR: "yo mismo venga a ser eliminado") toma esto como terminología deportiva una vez más. Algunos entienden esto como: "¡Yo predico el evangelio a otros, pero yo mismo no recibiré la salvación!"[288]. Pero claramente este no es el contexto. El fin exitoso de la carrera no es la salvación individual, sino el premio que es el triunfo evangelístico. Pablo les ha predicado a otros (aquí a los corintios) la importancia de poner a un lado, no el pecado (Hebreos 12:1), sino la libertad personal *para ganar a tantos como sea posible.* La misma meta suena más fuerte al final de esta sección: él vive para "los demás, para que sean salvos" (es decir, el premio es que *ellos sean salvos* no que *Pablo sea salvo* 10:33). Es una disciplina, un régimen que él tiene que mantener, y, qué absurdo instar a los corintios a vivir ese valor y no tomarse la molestia de vivirlo él mismo. Como predicador del evangelio él sería "descalificado" o "eliminado".

Así que ya hemos visto lo que se volverá más claro en el capítulo 10: que el tema de comer carne sacrificada a los ídolos no es nada comparado con la importancia de velar por los compañeros cristianos de uno. Y, aquellos que viven para otros no simplemente piensan en términos de su grupo cercano – el amor por los cristianos es del tipo que se preocupa por los perdidos. De esta manera, la actitud personal hacia la carne sacrificada a los ídolos revela mucho acerca de la actitud hacia el evangelismo.

c. La historia de Israel nos muestra el peligro de coquetear con la idolatría 10:1-14

En 1 Corintios 8–9, Pablo muestra que el "instruido" podría pecar al dañar a un compañero cristiano. Aquí Pablo profundiza más: ellos podrían pecar al contaminarse con la idolatría. A diferencia del Judaísmo, "el énfasis en la parénesis de Pablo, sin embargo, no es el mantenimiento de límites, sino la solidaridad de la comunidad cristiana: la responsabilidad de los miembros unos con otros,

---

288. Barrett (y Fee, aunque este lo considera hipotético).

especialmente del fuerte hacia el débil, y la lealtad indisoluble de todos al único Dios y Señor"[289].

Pero, ¿por qué Pablo recorre la vida de Israel bajo la nube, el cruce del mar, la comida y la bebida espiritual? Una interpretación popular es que los corintios habían desarrollado una teología sacramental que iba mucho más lejos de las enseñanzas impartidas anteriormente por Pablo[290]. En ese caso, los corintios decían:

> Si usted ha sido bautizado en Cristo,
> y ha participado de su cena,
> entonces usted está libre de demonios
> y libre de caer en la apostasía:
> Por tanto: ¡usted puede comer carne sacrificada sin temor!

Este caso es muy débil por varias razones. Una es que Pablo nunca aborda la teología sacramental de estos como tal, ni siquiera cuando enseñó acerca de la Cena del Señor en el capítulo 11. Segundo, hemos sugerido que la élite "sabia" de Corinto eran los posibles candidatos para ser los cristianos "descuidados" de los capítulos 8–10. Su profundidad filosófica los llevaba a la libertad de comer comida sacrificada.

En contraste, los débiles son aquellos que no cuentan con tal sofisticación intelectual. Estos ven demonios en cada esquina. Consideran la carne sacrificial en sí misma contaminada por los demonios y por tanto peligrosa, un punto de vista que Pablo corregirá más adelante recurriendo a la creación (10:26). En ese caso, no es probable que los cristianos "sabios" hubieran desarrollado una visión mágica de los sacramentos como amuletos en contra del mal. Más bien, sugerimos que estos cristianos se consideraban demasiado sofisticados para asociar los banquetes a los ídolos con pavorosos demonios. Ellos eran menos cuidadosos, e insensibles a la transgresión involucrada. La respuesta paulina se basa en la provisión de Dios para ellos:

> Lo que ustedes poseen Dios se lo ha dado (4:7)
> pero con todo debemos guardarnos constantemente de la idolatría.
> Israel también recibió muchos regalos de Dios (el cruce del Mar Rojo, comida milagrosa,
> la nube de gloria para guiarlo)
> aun con todo eso la gran mayoría pereció en la idolatría[291].

289. Cf. p. 75, Wayne A. Meeks, "'And rose up to play': midrash and paraenesis in 1 Corinthians 10:1-22", *JSNT* 16, 1982, pp. 64-78.

290. Cf. Fee, etc. Entonces esto estaría relacionado con el "bautismo por los muertos" en el enormemente difícil 15:29.

291. Del mismo modo Witherington, *Conflict and community*, p. 219; James G. Dunn, *El bautismo del Espíritu Santo*, La Aurora, Buenos Aires, 1977, pp. 148-50.

Pablo no desarrolla ninguna clase de teología de los sacramentos israelitas, pero desea mostrar el paralelo entre Israel y el pueblo de Cristo en Corinto. Los regalos divinos que Pablo enlista aquí se "cristianizan" al añadir la palabra *bautizados en*. Ellos fueron bendecidos, guiados, "bautizados" por así decirlo, comieron de la misma comida común y a pesar de todo perecieron (cf. también Heb 3:7-18; Judas 5).

10:1

No quiero que desconozcan es una fórmula retórica cuyo significado positivo es "ahora me gustaría ofrecerles una información o percepción relevante". Pero, ¿qué datos nuevos introduce Pablo? Difícilmente es el hecho del Éxodo, o el agua que salió de la roca o el cruce del Mar Rojo. Los cristianos gentiles de Corinto debieron de haber pasado algún tiempo aprendiendo estos hechos claves de las Escrituras, y Pablo avanza a lo largo de la historia como si su audiencia la conociera bien. Era bien conocido el hecho de que Israel había fallado en su fidelidad a Dios (10:5-10). No, su punto se extiende a lo largo de varios versículos: *Quiero que estén conscientes de la relevancia contemporánea alarmante de este hecho, que aunque los israelitas experimentaron todos tales bendiciones, "sin embargo, la mayoría de ellos no agradaron a Dios"* (10:5a). Hay un fuerte contraste entre "todos" los que salieron de Egipto y "la mayoría" de ellos cuyos "cuerpos quedaron tendidos en el desierto".

Los antiguos pertenecientes al pueblo de Dios *estuvieron todos bajo la nube y… todos atravesaron el mar*. La columna de nube aparece primero en Éxodo 13:20-21. Probablemente no se trata de dos columnas, una de nube y otra de fuego, sino de una nube de la brillante gloria *Shekiná* de Yahvé que se volvía más brillante cuando oscurecía. La nube se levantaba entre Israel y el ejército egipcio (Éxodo 14:19-20) mientras los israelitas se preparaban para cruzar el Mar Rojo.

La división del Mar Rojo, con la escapada de Israel y la destrucción de los egipcios, se detalla en Éxodo 14:21-31. En algunas tradiciones judías (por ej. el midrash *m. Éxodo* 14:16 (36a), el agua formó un arco sobre los israelitas y alrededor de ellos, construyendo un túnel a través del cual pasaron. Esta podría ser la imagen detrás de la frase paulina "atravesaron el mar". El canto de Moisés en 15:1-21 muestra el significado cúltico de esa milagrosa división: exaltar a Yahvé por encima de todos los dioses (15:11) y mostrar la singularidad de su santuario (15:17); ambos puntos se volverán relevantes en 1 Cor 10.

Es más que un interés pasajero que Pablo se refiera a Israel como *nuestros antepasados*, una frase que habría sido natural en una sinagoga. Después de todo, la iglesia corintia era principalmente gentil, no descendiente de Israel. El intento paulino no es ofrecer una afirmación positiva de esa iglesia como pueblo de Dios. Más bien, Pablo usa la designación como advertencia: que aquellos son sus ancestros y que los hijos serán como el padre. Es el mismo tipo de argumento que Jesús usó en Mateo 23:29-36.

10:2

No se debe tomar *fueron bautizados* más allá del significado paulino. El cruce del Mar Rojo no fue un sacramento bautismal. Sin embargo, pasar a través del Mar y seguir la presencia visible de Dios eran elementos fijos en la identidad de Israel. No eran ritos, sino eventos de iniciación que mostraban la salvación divina específicamente para ellos. La NVI (asimismo VP, RVR) va muy lejos del original con su *para unirse a Moisés*. La frase es "bautizados en Moisés", y toma esta forma por analogía con "bautizados en Cristo Jesús" (ver Romanos 6:4, Gálatas 3:27). La enseñanza clave del bautismo en 1 Corintios es la unidad: todos los cristianos fueron bautizados en el único Espíritu (12:13), por lo que todos deben estar atentos al bienestar uno del otro. Es esta solidaridad universal en Cristo la que se enfatiza en la enseñanza paulina aquí.

10:3-4a

La referencia a *alimento espiritual y bebida espiritual* viene más naturalmente de las secciones siguientes de Éxodo: la provisión de maná (Éxodo 16) y el agua de la roca en (Éxodo 17:1-7). El uso de "espiritual" aquí no debe reducirse, sino entenderse con su típico sentido paulino de "que tiene que ver con el Espíritu Santo", en este caso "provista por el Espíritu"[292]. Fee (como muchos otros) insiste en que esto se refiere a la cena del Señor, puesto que se halla en el marco de referencia de rechazar la comida de los ídolos en 10:14ss. Pero es mejor decir que todas las bendiciones mencionadas aquí se usan para mostrar la identidad de Israel como pueblo escogido por Dios no con el fin de proveer una correspondencia de uno a uno con cada rito cristiano. Por ejemplo, el agua del Espíritu aquí no es el vino en la cena del Señor, sino el Espíritu Santo que se les ha dado a beber a todos los cristianos (12:13b)[293].

10:4b

El lector moderno se pone en estado de alerta con *la roca espiritual... los acompañaba* y luego que *la roca era Cristo*[294] .¿Qué vamos a hacer con la primera frase? Es bien sabido que en el judaísmo tardío, la roca de Éxodo 17 desarrolló

---

292. Cf. especialmente Hodge. Algunos sugieren que este era lenguaje ya utilizado en la Comunión. La *Didajé* preserva lo que podría ser la liturgia más antigua existente para la Cena del Señor. Alude a 1 Corintios 10:3 en su oración de Acción de Gracias después de la comunión: "Diste comida y bebida a los hombres para que disfrutaran de ellas... pero nos has concedido alimento y bebida espiritual y vida eterna por medio de tu Hijo". El referente para "bebida espiritual" no está claro, aunque se podría dar por un hecho que se trata de vino. Pero esto no hace que el referente de Pablo en 1 Corintios sea "vino". Crisóstomo (23.4), así como muchos otros Padres, toman estos como prefigurando los dos sacramentos.

293. Contra Calvin, *First Corinthians*, p. 1:312-21.

294. Cf. la discusión detallada en Thiselton, *First Corinthians*, pp. 727-30.

vida en sí misma. Así es como los rabinos razonaban: Si Moisés golpeó una roca en Refidín y el agua brotó de ella milagrosamente, entonces, ¿qué bebió Israel después de que emprendió el viaje? Según algunos rabinos, se llevaron la roca con ellos. Tenía forma de colmena y como una planta rodadora acompañaba a la nación. Cuando se detuvieron a acampar, esta rodó hasta detenerse en el patio del Tabernáculo de Reunión. Cuando estaban para continuar con su camino de nuevo, los israelitas le gritaron "¡Levántate, oh pozo!" (Números 21:17-18, este, en el contexto, en realidad se refiere a un pozo excavado en Ber). En ese caso, Pablo está diciendo algo como: *La roca de la cual brotó el agua los siguió, y la roca era la misma presencia de Cristo.*

La dificultad con esta exégesis es su anacronismo: la tradición de la "piedra rodante" no está claramente atestiguada tan temprano como Pablo[295]. La sugerencia de Fee va mucho más al punto: Moisés mismo había identificado a Yahvé como la Roca de Israel cierto número de veces en Deuteronomio 32, por ejemplo, "Proclamaré el nombre del Señor. ¡Alaben la grandeza de nuestro Dios! Él es la Roca, sus obras son perfectas, y todos sus caminos son justos. Dios es fiel; no practica la injusticia. Él es recto y justo" (Deut 32:3-4). De hecho, él además contrasta la Roca con los falsos dioses de las naciones: "Su roca no es como la nuestra. ¡Aun nuestros enemigos lo reconocen!... Y les dirá: ¿Dónde están ahora sus dioses, la roca en la cual se refugiaron?" (Deut 32:31, 37). Y esto es el punto realmente importante en 1 Corintios, comenzando en 8:5. Lo que hace Pablo es cristologizar las referencias a la Roca. Que Cristo "es" Yahvé se hace evidente por la manera como Pablo cita el Antiguo Testamento y lo aplica a Jesús (ver Romanos 10:9-10, 13; 11:26-27. También Fee en 10:4). De modo que lo que quiere decir es: *Ellos bebieron agua de una Roca, provista por el Espíritu; y la Roca verdadera es Yahvé, quien estaba con ellos en el desierto; y la misma Roca es nuestro Señor Jesucristo*[296].

Pablo no solo identifica a la iglesia corintia con los israelitas; él también descubre a Jesucristo y al Espíritu Santo en la historia. No podemos (como lo hacía Marción en el siglo II d.C.) divorciar la iglesia del antiguo Israel, ni a Cristo de Yahvé. Cristo estaba con ellos también. El Espíritu Santo también proveyó para ellos. Y Cristo y el Espíritu ahora alimentan a la iglesia. Y, si un pueblo con semejante presencia divina apostató, ¿cuán grave advertencia es la que se da a los corintios?

---

295. Fitzmyer, *First Corinthians*, p. 383.

296. Que Cristo es Yahvé se hace evidente por la forma en que Pablo cita el Antiguo Testamento y consistentemente aplica los pasajes de Yahvé a Jesús. Cf. especialmente como "Yahvé" se convierte en el Señor Jesucristo en Rom 10:9-10, 13; Rom 11:26-27. Así Fee, *Pauline christology*, pp. 577-78; Fee, *Primera corintios,* pp. 508-10; Fitzmyer, *First Corinthians*, pp. 72-73.

10:5

Ahora viene la crisis: *Sin embargo, la mayoría de ellos no agradaron a Dios*[297]. La evidencia no proviene tan solo del texto del Pentateuco, sino también de la imagen vívida del suelo de un desierto con los cadáveres de los apóstatas desparramados (ver también Heb 3:17).

10:6

Por si la referencia a los "antepasados" no resultara clara, Pablo mencionará explícitamente aquí y en 10:10-13 que *todo eso sucedió para servirnos de ejemplo*. Esto no significaba que ese era el único propósito de los eventos de Éxodo, los cuales fundamentalmente sirvieron para glorificar a Dios como Redentor. Pero como siempre, los eventos históricos antiguos sirven para advertir y animar a quienes viven después. En este caso el propósito específico es que *no nos apasionemos [epitumētēs] por lo malo, como lo hicieron ellos*. Pablo también usa el verbo relacionado *epithumeō*; *epitumētēs* se encuentra solo aquí en el NT y significa algo como "ansiar lo malo". Se usa en el relato del éxodo registrado en Números 11:34 para quienes habían ansiado carne en el incidente de las codornices, y esto es casi con seguridad lo que Pablo tenía en mente: *Ustedes que desean la carne idolátrica son como aquellos que lloriquearon por la carne en el desierto y murieron a causa de la peste*. El lenguaje aquí es fuerte: los sabios de Corinto no eran tan listos ni sofisticados como querrían creer.

10:7

El rechazo de Yahvé hacia Israel no fue un mero capricho divino, sino el resultado de una larga e inquebrantable cadena de desobediencia. Pablo mencionará algunas de las acciones atroces en 10:6-10, pecados que el AT también destaca. Pablo alude brevemente a versículos cuyos detalles parece que los corintios conocían:

> 7 – El becerro de oro en el Sinaí: Idolatría, incluyendo sentarse para comer y levantarse para "jugar" (RVR), es decir, cometer fornicación.
> 8 – Apostasía en Moab: Fornicación, comer carne sacrificial, arrodillarse ante ídolos.
> 9 – Poner al Señor a prueba al quejarse en contra de él.
> 10 – Queja amarga contra Dios y contra Moisés.

En 10:7 Pablo cita el versículo clave de Éxodo 32:6: "Al día siguiente los israelitas madrugaron y presentaron holocaustos y sacrificios de comunión. Luego el pueblo se sentó a comer y a beber, y se entregó al desenfreno". Esto sucedió mientras

---

297. La BJ capta esto mejor con "la mayoría de ellos no fueron del agrado de Dios". Un paralelo remoto se halla en Lucas 2:14, con su pronunciamiento de paz "a los que gozan de su buena voluntad (*en antrōpois eudokias*)". Pablo emplea la forma verbal *eudokeō* en 10:5.

Moisés y Josué estaban en el Sinaí para recibir la ley, y el escándalo del jolgorio es lo que Josué confunde con un ataque furtivo en 32:17. *Se entregó al desenfreno* de la NVI es una paráfrasis, aunque una justificable, puesto que Pablo usa una frase que significa orgía sexual. Nótense los elementos claves aquí: Aarón hizo un becerro de oro, probablemente llamándolo "Yahvé"; la gente le ofrecía sacrificios; ellos comieron delante de él; luego tuvieron una orgía escandalosa. Pablo está de acuerdo con la teología tradicional judía que asocia la adoración al ídolo, la carne sacrificada a los ídolos y las fiestas desenfrenadas. Estas actividades, separadas o juntas, son *idolátricas*.

10:8

Cuando Pablo dice *no cometamos inmoralidad sexual* no está simplemente inventando la posibilidad de fornicación, la cual era fundamental en el fracaso de la iglesia corintia. Él subraya como el antiguo Israel cayó en el mismo pecado de Corinto. Su referencia específica es la gran apostasía de Moab, instigada por Balaam (Números 25:1-3; ver nuestra introducción al capítulo 8 en este comentario). Una vez más, la tríada de ídolo-sexo-comida sobresale. Por su apostasía *en un solo día perecieron veintitrés mil.* Hay una discrepancia bien conocida entre la cantidad paulina de 23 mil y la de 24 mil registrada en Números 25:9, para la cual los principales comentarios ofrecen una serie de explicaciones. Basta decir que el número exacto no es de importancia aquí en 1 Corintios: lo que importa es la horrible pérdida de vidas que se produjeron debido a la carne sacrificada a los ídolos.

Todavía no se ha determinado si existía la prostitución cúltica en el Corinto romano, como sí se daba en los tiempos griegos. Por otro lado, no sabemos si Pablo tenía en mente el evento de Moab como prostitución sagrada o solo como fornicación casual con idólatras. A fin de cuentas, no importa mucho si la prostitución era cúltica o "secular". Pablo encuentra en las Escrituras que los ídolos podrían conducir a los cristianos corintios a la fornicación.

10:9

Tampoco *pongamos a prueba al Señor* [o mejor, *a Cristo*][298]. Los israelitas pusieron al Señor a prueba diez veces de acuerdo con Números 14:22. Sin embargo, es posible localizar la referencia específica utilizada por Pablo en Números 21, un incidente que ocurrió casi al final de los cuarenta años y no mucho antes de la apostasía

---

298. Aunque el texto de NA[28] finalmente establece "a Cristo" como la lectura original correcta, varios manuscritos antiguos y los Padres tienen *kyrion* (al Señor). Dice "Cristo" en la RVA y "Señor" en la RVR. Fee considera "Cristo" como casi seguro. Los Padres de la iglesia usaron este pasaje para refutar la idea gnóstica de que el Dios del Antiguo Testamento no era el Dios cristiano. Cf. Ireneo, *Contra herejías* 4.26.3-4, por ejemplo, "No tentemos a Cristo, como algunos de ellos le tentaron, y perecieron mordidos por las serpientes". También Calvino, quien muestra que esto prueba la eternidad de Cristo.

en Moab. Su pecado consistió en quejarse contra el Señor, y especialmente de la supuesta falta de comida y de agua. El castigo fue la plaga de serpientes venenosas, detenida por el Señor por medio de la serpiente de bronce.

El pecado de poner a Dios a prueba se comenta en Salmo 78:18-20

> Con toda intención pusieron a Dios a prueba,
> y le exigieron comida a su antojo.
> Murmuraron contra Dios, y aun dijeron:
> "¿Podrá Dios tendernos una mesa en el desierto?
> Cuando golpeó la roca,
> el agua brotó en torrentes;
> pero ¿podrá también darnos de comer?,
> ¿podrá proveerle carne a su pueblo?".

En la base de probar a Dios está la falta de confianza. Es una exigencia deliberada e incrédula que Dios muestre su poder para satisfacer nuestros propios deseos. Es una imitación malvada de la oración de fe que pide específicamente ayuda divina. ¿Pusieron los corintios a Dios a prueba con sus acciones? La respuesta es tan simple como que ellos se colocaron en una posición peligrosamente desagradable, en efecto, desafiando a Dios a que los afligiera pero creyendo que él no lo haría. Comer en restaurantes idolátricos habría sido como el equivalente corintio a la invitación del diablo a que Cristo se lanzara del pináculo del Templo, una acción temeraria percibida por Cristo como una manera de poner al Señor a prueba (cf. Mateo 4:5-7; Lucas 4:9-12, donde Jesús cita Deuteronomio 6:16, "No pongas a prueba al SEÑOR tu Dios").

10:10

Ni murmuren. La NVI añade sin justificación *contra Dios*. Pablo usa el término bíblico (*gonguzō*), que junto con sus cognados se usa 17 veces en la narración de Éxodo. En el Nuevo Testamento se evoca este habitual pecado israelita (ver Lucas 5:20; Juan 6:43; también Judas 16 y Filipenses 2:14). Murmurar en contra de Dios es una queja dura que surge de la falta de fe, de la falta de obediencia, de la ingratitud y del olvido de todas aquellas bendiciones pasadas recibidas de parte de Dios. En el Éxodo, normalmente la queja fue producto de la escasez de agua o de comida o de una comida mejor. A menudo se presentan recuerdos nostálgicos, endulzados, de la vida en Egipto comparados con las privaciones exageradas del desierto. En el pasaje clave de Números 13–14, el pueblo se queja (*gonguzō, diagonguzō*) a causa del reporte de los diez espías en relación con la presencia de gigantes en la tierra. Las quejas iban directamente en contra de Yahvé, pero normalmente, también en contra de los líderes de Yahvé (por ej., Éxodo 15:24, 16:2, 17:3; Números 14:2). Ciertamente los corintios se quejaron de Pablo, su apóstol, pero Pablo ve esto en última instancia como una queja en contra de Dios. Incluso creció su insatisfacción y quizá se quejaron porque no habían recibido los mejores *jarismata* (Teodoreto de Ciro, Bray, p. 149).

10:11

Todas estas cosas fueron *"tupikōs"*, o sea, sirvieron como ejemplo[299]. Pablo incluye toda la narrativa de Éxodo como *ejemplo*, y específicamente como *advertencia* para los cristianos corintios. Por supuesto, el pueblo de Dios del Antiguo Pacto también tenía que prestar atención a los ejemplos de las generaciones previas. Por ejemplo, Salmo 95:7b-11 es una exposición del incidente en Meribá narrado en Números 11 donde el pueblo deseaba comer carne (usado por Pablo en 10:6). Sin embargo, lo que hace Pablo no es la alegorización a la manera de Filón. Filón, en su exégesis, no encuentra sentido de progreso en la revelación de Dios. Antes bien, en los textos antiguos, adecuadamente alegorizados, el pueblo de Dios puede encontrar patrones de conducta humana y actos de Dios que los guíen en todas las edades.

Para Pablo, además, en el caso de la iglesia cristiana hay un elevado sentido de urgencia: *pues a nosotros nos ha llegado el fin de los tiempos*. Esto no significa que los cristianos sean una secta de los últimos tiempos como la comunidad de Qumrán. En las ruinas de Qumrán que dan al Mar Muerto, los eruditos han descubierto y descifrado rollos y fragmentos de rollos, muchos de los cuales describen la comunidad esenia. Ellos también usaron las Escrituras de una manera escatológica: enseñaban esto debido a que era el final de este tiempo y porque los esenios eran el remanente escogido del pueblo de Dios, por tanto el AT habla específicamente de su comuna. Su fundador el Maestro de Justicia les había dado la clave para interpretar apropiadamente las Escrituras, y sin el Maestro no se podía comprender la Biblia. Con esta tendencia el versículo clave de Habacuc 2:4 ("el justo vivirá por su fe") se interpretaba como una predicción "el fiel vivirá por seguir el método hermenéutico del Maestro"[300].

Esto contrasta con la hermenéutica paulina. Él no opera guiado por la presuposición de que el mundo se está acabando y de que los cristianos tienen que huir al desierto para esperar el Armagedón. Al contrario, por fin Dios ha revelado su misterio en esta época, a través de la cruz y del Espíritu: "Una sabiduría que ha

---

299. El adverbio "típicamente" (*tupikōs*), "servir como un ejemplo" se encuentra solo aquí en el NT, y se usa en su sentido general. Está relacionado con la forma sustantiva para "tipos" (*tupoi*) en 10:6 y de hecho el Textus Receptus emplea el sustantivo aquí en 10:10 también. No por esa razón se justifica que demandemos un significado alegórico para cada uno de los elementos de las historias, como, por ejemplo, Teodoro de Mopsuestia: "El mar es figura del bautismo en agua; la nube, del bautismo en el Espíritu" (Bray, p. 145); asimismo Teodoreto de Ciro y Genadio.

300. 1QPesher Habacuc (1QpHab) VIII.1-3 (edición García Martínez, p. 251): "Su interpretación [de Hab 2:4] se refiere a todos los que cumplen la Ley en la Casa de Judá, a quienes liberará Dios del castigo a causa de sus trabajos y de su fidelidad al Maestro de Justicia".

estado escondida y que Dios había destinado para nuestra gloria desde la eternidad… Dios nos ha revelado esto por medio de su Espíritu" (1 Corintios 2:6-10). Esta sabiduría no se alcanza por medio de la razón, ni de una exégesis mística de las Escrituras; Dios la reveló en este tiempo en una cruz.

¿Cuál es la aplicación para los cristianos? Que en este tiempo de revelación y cumplimiento, las Escrituras antiguas llegaron a aclararse. Esto es cierto, por supuesto, para aquellas profecías mesiánicas que eran oscuras antes de la venida de Cristo. Pero también es cierto para otros pasajes: las Escrituras se escribieron para la enseñanza del pueblo de Dios que iba a venir, la iglesia. Los corintios aparentemente pensaban que se habían escrito para mostrar lo obtuso que puede ser el pueblo cuando se priva de los caminos de la sabiduría, que era tan sobresaliente en la iglesia corintia.

10:12

Esta advertencia contra su orgullo viene directamente de las Escrituras: de hecho, no solo que el pueblo de Dios pueda caer; no solamente que el que confía en sí mismo cae; sino que los que confían en sí mismos son los más propensos a caer. ¿No ha probado Pablo con la Escritura que Dios establece su punto de hacer caer al sabio en su propia estima (1:19-20, citando a Isaías 29:14; 1:26-29)? Corinto cuenta con su buena cantidad de gente que *piensa que está firme*. No se trata de confianza en la eficacia mágica de los sacramentos. Antes bien, es la arrogancia que nace de "todos tenemos conocimiento" (8:1b). Y la iglesia debe entender eso, "sabia" y "rica" como es, aún así no puede descuidar su herencia ni actuar con un exceso de confianza irresponsable.

10:13

Este versículo tan amado por lo general se toma fuera de su contexto. Primero, debemos tomar en cuenta el trasfondo del Antiguo Testamento: *Ustedes no han sufrido ninguna tentación que no sea común al género humano*. La última frase es una ampliación del adjetivo *antrōpinos*, un término ya empleado en diferentes contextos en 2:13 y 4:3. También se usa en la LXX en Números 5:6 para la persona que quebranta la ley divina. Aquí tiene el sentido de "una medida humana, no superhumana" (cf. Jeremías, *TDNT*, p. 1:266-67). Ciertamente, la iglesia debe ser resistente ante las tentaciones. ¡La ciudad corintia no ha inventado ninguna nueva tentación! La tentación allí no era superior a la que sus hermanos cristianos experimentaban en Atenas o Éfeso, y específicamente, no excedía la que Israel había experimentado en el desierto.

En las Escrituras, se puede ver al pueblo de Dios enfrentando todo tipo de tentaciones de poder, sexo, idolatría, crueldad, orgullo y cualquier otro pecado imaginable. Dios mismo, que es *fiel*, se encargará de que ellos no sean tentados *más allá de lo que puedan aguantar*. Esto es un alivio, pero también una advertencia: primero, que si un cristiano sucumbe ante la tentación, es su culpa, no culpa de Dios ni de las circunstancias; segundo (ver Fee), el aliento que da Pablo es para quienes viven bajo la providencia normal de Dios y no se andan metiendo en problemas. Esta verdad se aplica especialmente a un cristiano que orgullosamente se sienta en un banquete idólatra y ríe ante aquellos que se ofenden. Estas personas arrogantes están caminando fuera del pasto seguro, probando a Dios para ver si él los mantendrá a salvo. "Divertirse en las fiestas idolátricas es similar a beber deliberadamente veneno y luego orar por una sanación milagrosa!"[301].

La otra mitad también tiene dos caminos: *cuando llegue la tentación, él les dará también una salida a fin de que puedan resistir*. El término "salida" en la NVI (igualmente en RVR, VP y LBLA) es una traducción apropiada de *ekbasis*, que también podría significar "fin" o "resultado". Con seguridad esto se refiere una vez más a la tentación que llega por su propia fuerza, difícilmente se referirá a la tentación que un cristiano persigue. La vía de escape de Dios está garantizada para quienes tienen buenas intenciones, no para los que participan en juegos con ídolos como proezas de poder. "La *salida* es para quienes la solicitan, no para aquellos que (como los corintios) andan, en lo que respecta a la idolatría, buscando la manera de meterse en ella"[302].

La historia bíblica como cura para la Singularidad Terminal 10:13
El uso paulino del Antiguo Testamento en este capítulo levanta varias inquietudes acerca de la hermenéutica. Sin embargo, su punto medular es suficientemente claro: Si los cristianos leen la Biblia y recuerdan que esta trata de los mismos seres humanos y del mismo Dios, entonces podrían tomar en serio los ejemplos de los fracasos del pasado y evitar las tentaciones necias.

Pero obviamente, algunos corintios no sacaron esta aplicación de la Biblia. ¿Por qué?

¿No conocían la Biblia?

La Biblia de la iglesia apostólica era la versión griega del AT (la llamada Septuaginta), usada por Pablo para conducir a estos lectores a Éxodo y a Números. ¿Les estaba brindando nueva información a los corintios? Aparentemente no, puesto que se refiere libremente a las historias como si ellos ya conocieran el contenido básico. ¿Cuántos miembros de su congregación de hoy serían capaces de ubicar la cita de Éxodo 32 en 10:7? ¿Cuántos podrían citar algunos ejemplos bíblicos de murmuración?

---

301. Garland, *1 Corinthians*, p. 469. Calvin, *First Corinthians*, p. 1:331: "Deje que otros tomen su propia forma de interpretar esto. Por mi parte, yo soy de la opinión que se pretendía para su consolación, no sea que, al enterarse de tales casos terribles de la ira de Dios, como él había relatado previamente, estos se sintieran desanimados, siendo abrumados por la alarma".

302. Barrett, *First Corinthians*, p. 229.

¿Imaginaron ellos que Dios había cambiado? En otras palabras, ¿pensaban que Dios estaba menos preocupado ahora por la idolatría que en el pasado? Algunos gnósticos posteriores habrían defendido que el Dios del Antiguo Testamento era distinto del Dios cristiano, pero no notamos nada de eso aquí.

¿Creyeron que la naturaleza humana había cambiado? En Cristo, somos nuevas criaturas (2 Corintios 5:17). ¿Significa esto que a los cristianos se les ha alterado su naturaleza básica de modo que esos pecados graves ya no les afectan más? De nuevo, si los corintios fueran gnósticos, este habría sido el caso. Pero consideramos que existe una mejor explicación:

¿Consideraban ellos que ciertos cristianos maduros estaban más allá de esta tentación? Pensamos que la respuesta se halla aquí: que los elitistas de Corinto dieron por sentado que la idolatría era una tentación solo para los ignorantes. Consideraban que las masas iletradas tenían miedo de los demonios que vivían en los ídolos, y así le concedían poder a algo en realidad inexistente. Por otro lado, los instruidos eran lo suficientemente sofisticados para discernir las tentaciones mucho antes que se convirtieran en pecado. Ellos podían vivir en esa área gris de la ética pero eran demasiado inteligentes como para desviarse hacia el pecado.

Por tanto, la palabra de Pablo en 10:13 era tanto una advertencia como una promesa: los elitistas experimentaban tentaciones como todos los seres humanos que los antecedieron. Antes que jactarse en su fuerza para estar firme ante la tentación, los elitistas deben evitarla… o buscar rápidamente la ruta de escape provista por Dios.

Con anterioridad, en este comentario hablamos del pecado de la Singularidad Terminal (ver la aplicación de 1 Cor 1:2). Aquí Pablo nos ofrece un remedio más para esta clase de pensamiento: leer la Biblia, no simplemente como una colección de historias o una mina de alegorías, sino también como ejemplos reales de creyentes que han luchado para servir a Dios. Entonces comprenderemos que nuestra situación no es única; que no somos los primeros creyentes en enfrentar las tentaciones de la idolatría, la religión falsa, los compromisos y el sexo; que nosotros, así como los israelitas, tenemos que enfrentar la tentación con humildad y con confianza en Dios, no con arrogancia en nuestra propia firmeza.

10:14

La conclusión a lo anterior se introduce con un *por tanto* (*dioper*, usado en el NT solo aquí y en 8:13 para introducir una aplicación práctica). Aquí se menciona la vía de escape para un corintio tentado por la idolatría: *¡huyan de la idolatría!* El verbo *feugō* aparece en 6:18, "Huyan de la inmoralidad sexual"[303]. El versículo refleja la huida de José de la esposa de Potifar (Génesis 39:12, LXX usa *feugō*). En

---

303. Nótese también el uso paulino de este en 1 Timoteo 6:11 2 Timoteo 2:22. El verbo puede significar huir por seguridad (Mateo 2:13) pero también huir de la tentación. Conzelmann, p. 170, prefiere "rehuir la idolatría", el cual, aunque posible, no logra captar la urgencia de Pablo.

el caso de los corintios, la solución no es saber los hechos correctos ni racionalizar la justicia de la conducta personal ni sentarse y resistir mentalmente la tentación, ¡hay que apartarse físicamente del lugar de la idolatría! No camine, sino salga corriendo de ese restaurante idolátrico. Qué indignante, qué infantil debió parecerle esto a la élite de Corinto. Como a ovejas tontas se les dijo que usaran sus pies en vez de su poder de razonamiento.

La situación corintia era extraña, contenía dos elementos no contemplados en el Decreto de Jerusalén. Primero, los apóstoles prohibieron comer alimentos sacrificados a los ídolos con base en la suposición natural de que cualquiera que participaba en eso lo hacía como un acto de adoración. Así que ellos lo descartaron por completo, sin el largo razonamiento paulino. Los corintios, por su parte, no se consideraban idólatras, porque, ¡las estatuas no eran dioses verdaderos! Ellos sabían que los ídolos eran "ilusiones"; ellos "sabían" dónde y cuándo eran libres de transgredir las normas que se establecieron para otras personas; por tanto, comer carne era una demostración del poder de Cristo, o del dominio de la razón, ¡pero nunca un compromiso con los demonios! Ellos iban más allá de la muchedumbre supersticiosa que pensaba que en verdad importaba lo que una persona comía, o que vivía aterrorizada con apariciones demoníacas. Entonces, si esto no era lo que el Concilio de Jerusalén tenía en mente, ¿se aplicaban las reglas a ellos? Y, segundo, ¿qué hay de la carne vendida en el mercado de la cual se sospecha o se sabe que ha sido sacrificada a un ídolo? ¿Es esa carne prohibida por el Decreto? Pablo ha mostrado en 10:1-14 que hay peligros escondidos para estos corintios orgullosos, peligros que él explicará en 10:15-22.

d. Comer carne sacrificial es una señal de lealtad dividida y por tanto ofende a Dios 10:15-22

Si un cristiano está participando en una comida sagrada, Pablo finalmente mostrará, entonces de hecho el Decreto de Jerusalén ya había proscrito, lo que algunos corintios "instruidos" estaban haciendo. En 10:1-14, Pablo está de acuerdo con el decreto, argumentando primero con la historia bíblica que tales comidas son la puerta de entrada de la idolatría. Él desarrolló una segunda ramificación de su conducta en 10:15-22: desde el punto de vista divino, aun si no hubiera mayor deslizamiento moral, crea una ofensa contra Dios. Esto es porque una comida idolátrica no puede ser reducida simplemente a una persona comiendo un plato de comida. Tiene implicaciones sociales y religiosas: sociales, en que puede dañar a otra persona a través de su simbolismo; religioso, en que ofende a Dios porque es un sacramento del mal[304].

---

304. Walter insinúa que es imposible entender esta sección aparte de la doctrina romana de transubstanciación. Por el contrario, una serie de protestantes argumentan que es imposible entender el pasaje con ese punto de vista.

10:15

Pablo está en su momento más irónico aquí. Tiene en la mira específicamente a quienes son supuestamente *personas sensatas*, a las que les fascina juzgar lo que Pablo dice y evaluarlo según su propio conocimiento previo. Con esto Pablo ayuda al intérprete moderno, señalando que él se dirige a los elitistas de Corinto. Este versículo podría relacionarse con lo anterior o con lo que sigue. Nosotros entendemos que apunta a lo posterior: *juzguen* lo siguiente.

10:16

Su argumento es que la comida sacrificada a los ídolos tiene implicaciones sacramentales, simboliza para el mundo (aun para Dios y para los ángeles) que el partícipe adora al dios y se ha unido en participación o "comunión" con sus devotos paganos.

Los corintios con todo su alarde de conocimiento han cometido un error lógico fundamental, el "reduccionismo". Un ejemplo es la afirmación que se escucha frecuentemente de que el ser humano vale "tan solo" unos cuantos dólares en químicos, lo cual implica que el valor de sus partes es equivalente a su valor total. Pero incluso un materialista afirmaría que el ser humano es más que la suma de sus componentes químicos. De nuevo, uno puede asegurar que una fusión atómica es "tan solo" la desintegración rápida de un átomo de uranio. ¡Trate de decirle eso a un superviviente de Hiroshima! Los corintios querían reducir una comida sacramental a su componente más simple: ¡Es solamente una persona que come una carne en perfecto estado! Pero es mucho más que eso; solo por el hecho de ser simbólico, no es menos real. Ni es el bautismo "simplemente" un baño.

Además Pablo compara la comida idolátrica con el sacramento de la Cena del Señor[305]. Él da por sentado un conocimiento de la tradición, la que citará en 11:24-25: "Este pan es mi cuerpo, que por ustedes entrego". "Esta copa es el nuevo pacto en mi sangre". Puede ser que *copa de bendición* fuera un lenguaje litúrgico, pero no estamos seguros de eso[306]. La referencia al partimiento del pan también se origina en "lo partió" (11:24).

La palabra clave aquí es *comunión*, la que traduce el griego por *koinōnia* (ver, por ejemplo: Hechos 2:42; Filipenses 2:1; 2 Corintios 6:14; 13:13; 1 Juan 1 *in loc.*). Puede denotar un grupo de gente unida en un compañerismo común; la

---

305. No dejemos que el lector se confunda con el término "sacramento", que surge del autor de la teología Reformada. Para los propósitos de este comentario, el lector lo puede sustituir por el término "ordenanza" sin cambiar el significado.

306. La tradición de dar gracias (*eujaristia*) por el pan y por la copa (11:24; cf. *Didajé* 10) dominaba ya en el primer siglo al punto de nombrar a la cena del Señor como la "Eucaristía" (*Didajé* 9.1, 5; Ignacio, *Filadelfianos* 4; *Esmyrneanos* 8.1; quizá *Efesios* 13.1). 10:16 en la edición NA[28] tiene *eulogia* (bendición), pero en algunos manuscritos se lee *eujaristia* (acción de gracias), probablemente debido a la influencia del uso litúrgico o por la influencia del verbo cognado en 11:24.

clase de unión depende del contexto. También tiene el sentido verbal de "compartir en", el cual VP aclara más con "participamos en común de…". La vida cristiana en su totalidad puede llamarse una comunión con Cristo. Pablo ha enseñado que Dios "los (a los corintios) ha llamado a tener comunión con su Hijo Jesucristo, nuestro Señor" (1:9). Pablo no define aquí el tipo de comunión a la cual se refiere, ni la manera en que el cristiano participa en el cuerpo y la sangre de Cristo. Él describe esta *koinōnia* principalmente para mostrar por qué su vínculo diabólico, la comunión con ídolos, es abominación.

10:17

El punto de Pablo aquí de ser *un solo cuerpo* no es un paréntesis, sino que forma la base para el cuidado que un cristiano debería tener por otro (8:9-13, 10:24, 32). Al participar de un mismo pan, la iglesia de Dios ha llegado a ser una sola masa. ¡Así se despide del reduccionismo de los corintios "sabios"! La iglesia no es simplemente una colección de granos individuales que se han juntado en un área; antes bien, los granos se han molido y se han horneado juntos hasta convertirse en una sola masa de pan, en la cual los granos individuales son invisibles y sirven al todo. Es frecuente que Pablo alterne entre el cuerpo de Cristo (la palabra típica griega *sōma*) representado en el pan de la Cena del Señor (11:24, 27, quizá 29) y el cuerpo de Cristo (de nuevo *sōma*) que es la iglesia (más notablemente a lo largo del capítulo 12; Romanos 12:4-5; Colosenses y Efesios) Aquí, como en el capítulo 12, Pablo afirma la unidad auténtica de la iglesia que existe más allá de su individualismo manifiesto y a pesar de la desunión.

10:18

Otra vez Pablo rememora la historia de Israel, pero esta vez (como en 9:13) su culto en el templo. La traducción de la NVI *pueblo de Israel como tal* es un poco débil, en tanto que el original es "Israel según la carne" (así como RVR; BJ). La referencia es probablemente a Israel como nación; aunque Pablo habla de los gentiles como descendientes de los "antepasados" en 10:1, este quiere decir el Israel histórico, no la iglesia. El Segundo Templo permanecería en Jerusalén 15 años más, y el rito del que habla sucedió durante cada hora del día. Pablo pregunta retóricamente, *¿no entran en comunión con el altar los que comen de lo sacrificado?*

No se trata de sacerdotes y levitas, como en 9:13. En su lugar, los participantes son quienes han traído el animal al Templo para el sacrificio, y más tarde se han comido un poco de la carne cocinada. Esto tenía lugar principalmente durante el ritual de la Pascua. La respuesta que Pablo busca es que por supuesto, comer carne ofrecida a Yahvé es mucho más que una comida normal; no se reduce a una persona que come tal tipo de carne, sino que proclama la lealtad de uno a Yahvé. *Tusiastērion* (también en 9:13) se refiere al altar principal para quemar el sacrificio, que quedaba en el patio del tabernáculo y más adelante en el templo.

Los fieles no se acercaban ni usaban el altar personalmente; más bien, entregaban su animal para el sacrificio a quienes trabajaban en el templo, y un sacerdote lo sacrificaba y lo quemaba. Más tarde el fiel recibía una porción de la carne para comer en casa. ¿Pensaba algún corintio que ese ritual se reducía a una simple comida? Lo cierto es que en sí mismo esto era un acto de adoración[307].

10:19

Ahora Pablo regresará al dato original sobre el cual los corintios basaron su argumento: *¡Pero los ídolos no existen! ¡Son meras estatuas!* (8:4-6). Esto es verdad en parte, como acaba de decir Pablo, y los "débiles" están equivocados si piensan que Hera o Apolo en realidad reciben los sacrificios ofrecidos a ellos en Corinto. Pero los corintios aplicaron esto incorrectamente: si los dioses no significan nada, entonces con seguridad *el sacrificio que los gentiles ofrecen a los ídolos* es también nulo y vacío, ¡se trata tan solo de carne a la parrilla!

10:20

Los cristianos débiles tienen a su favor que por lo menos reconocen una realidad espiritual invisible que los fuertes pasan por alto: detrás de las máscaras de los dioses paganos se hallan los poderes de los *demonios*[308]. Hay un fascinante doble significado en esta palabra. Para los cristianos el griego *daimōnion* ha llegado a significar demonio, diablo, ángel caído o espíritu malo (Marcos 1:34), el cual posee a un endemoniado (Marcos 1:32). Los griegos paganos al menos los primeros como Homero generalmente usaban *daimōnion* en un sentido neutral que se ha perdido, así como nosotros usamos la palabra "espíritu". Era una designación común para cualquier clase de ser sobrenatural o dios. En esta forma se usa en Hechos 17:18, donde el término se traduce correctamente como "dioses". Pero aquí es donde encontramos un cambio en el contenido de la palabra: los paganos se referían a sus deidades como *daimōnia* y los cristianos eran capaces de clamar, *Ajá, ellos consciente o inconscientemente adoraban a los demonios* (o al diablo). De hecho, una de las quejas que los paganos modernos tienen en contra nuestra es que los acusamos de adorar a Satanás con conocimiento; para la vasta mayoría de los paganos o practicantes de Wicca esto no es cierto. Lo que Pablo dice es que

---

307. Cf. por ejemplo 2 Reyes 23:21-23, donde el rey Josías destruyó los ídolos paganos y luego invitó a los verdaderos creyentes en Jehová a celebrar la fiesta como una señal de su lealtad: "Después el rey dio esta orden al pueblo: Celebren la Pascua del Señor su Dios, según está escrito en este libro del pacto. Desde la época de los jueces que gobernaron a Israel hasta la de los reyes de Israel y de Judá, no se había celebrado una Pascua semejante. Pero en el año dieciocho del reinado del rey Josías, esta Pascua se celebró en Jerusalén en honor del Señor".

308. Cf. Godet. Justino Mártir, *Primera apología* 5, por otra parte, cree que cada dios pagano es un demonio disfrazado. Esta es la idea también que hay detrás de la teología de Milton acerca de los dioses paganos en su *Paradise Lost* (*Paraíso Perdido*) y parece ser el sentido de Pablo aquí.

en la adoración a sus *daimōnia*, éstos adoran "sin conocimiento" a los demonios de Satanás.

Gramaticalmente, el análisis paulino del sacrificio pagano se puede traducir de dos maneras, puesto que *teō* podría referirse a Dios o a un dios:

Ya sea
Lo hacen para los demonios, no para [el verdadero] Dios.
o
Lo hacen para los demonios, no para un supuesto "dios" real como Apolo.

La primera es con seguridad correcta (así como la NVI junto con todas las versiones castellanas), puesto que el contraste establecido por Pablo es entre la mesa de los demonios y la mesa de la Cena del Señor (10:21). Además es probable que esta sea una alusión a Deuteronomio 32:17:

> Ofreció sacrificios a los demonios,
> que no son Dios;
> dioses que no había conocido,
> dioses recién aparecidos,
> dioses no honrados por sus padres.

10:21

Cuando Pablo dice *no pueden* participar, lo dice en el sentido de "ustedes no deben". Contrasta la copa, cuyo contenido de vino se bendecía en el nombre del dios, y la copa bendecida en el nombre del Dios de Cristo. Además, Pablo usa "mesa" para representar la Cena: mesa, debido a que los corintios comían de una mesa, no directamente de un altar, en el restaurante idolátrico; el término "altar" no se usaba todavía en relación con la mesa en la iglesia.

El punto de Pablo es que no se puede considerar un sacramento cristiano la realidad y el pagano una mera ilusión para engañar a los ignorantes. Ellos públicamente dividieron su lealtad entre Yahvé y un dios falso, así como los adoradores de Baal hicieron en los días de Elías. Como en 1 Reyes 18:21 su pecado fue doble; no solo honraron a un dios falso, sino que negativamente no mostraron una devoción indivisible hacia el Dios verdadero. Por lo tanto, Elías proclamó: "¿Hasta cuándo van a seguir indecisos? Si el Dios verdadero es el Señor, deben seguirlo; pero si es Baal, síganlo a él". Y como el profeta, Pablo demanda una decisión sincera. Esto solo tiene sentido en un trasfondo judeocristiano. Ningún ídolo pagano emitiría un llamado a través de su profeta, demandando adoración exclusiva. Eso va en contra de la verdadera esencia del paganismo, el cual permite que las personas sean devotas a un dios en tanto que no rechazan a ninguno de los otros dioses. Solo Yahvé afirma "No tengas otros dioses además de mí" (Éxodo 20:3).

10:22

Aquí tenemos la conclusión a esta sección: *¿O vamos a provocar celos al Señor?* Pablo utiliza de nuevo el lenguaje del Antiguo Testamento. El corintio refinado supone que él se encuentra más allá del Dios colérico y celoso del Antiguo Testamento; después de todo, él ha deducido que los rivales de Yahvé no existen como tales. ¿Cómo podría Dios estar celoso de una ilusión? Especialmente con el contagio de la filosofía griega, algunos corintios habían tenido problemas para imaginar que Dios fuera capaz de sentir celos. ¿Cómo es posible que un Ser Supremo esté dispuesto a esa clase de pasiones humanas? Pero el Dios que prohíbe a todos los otros dioses, lo hizo en Éxodo 20:5 basado en su celosa demanda de adoración exclusiva (cf. también Éxodo 34:14; Deuteronomio 4:24, etcétera; especialmente en Ezequiel). Pablo pudo estar pensando en Número 25:11, que se refiere a la apostasía de Israel en Moab (cf. 1 Corintios 10:8).

La segunda pregunta ofrece un golpe aún más fuerte. Debemos recordar la perspectiva de la élite corintia:

El elitista dice: *Yo soy sabio y tan instruido que tengo el derecho de comer comida idolátrica y tengo el poder de hacerlo sin ofender mi propia conciencia.*

Pablo en los capítulos 8 y 9 dice: *Un cristiano debe tomar en cuenta la conciencia débil del hermano y hacer a un lado sus propios derechos por el bien de los otros.*

Pero después de decir eso, Pablo deja de mencionar a los otros cristianos y dirige la atención de los "sabios" hacia el cielo:

Ustedes afirman ser lo suficientemente fuertes para llevar a cabo esa acción sin ofender su conciencia. Pero si es así, entonces su conciencia debe de ser más fuerte no solo que la de los otros cristianos, sino que la de Dios mismo, puesto que "él" se ofende con esto.

No es coincidencia que la Cena del Señor aparezca en esta sección sobre la idolatría, y en el siguiente capítulo en la sección acerca de las reuniones de la iglesia. Pero Pablo no enseña una teología de la Cena del Señor en ninguno de los dos casos. ¿Está el Señor presente en el pan? ¿Se convierte el pan en el cuerpo de Cristo? O, ¿es una metáfora? A simple vista parece que hay dos puntos separados: en el capítulo 10, que la Cena del Señor es participación en Cristo y así declara al cielo y a la tierra una lealtad. En el 11, menciona el tema debido a los abusos específicos en el culto: no solo estaba su división en general, sino que esta se manifestaba muy específicamente en la Cena del Señor.

Pero lo que aparenta ser dos enseñanzas distintas está profundamente unido. Pablo afirma en el capítulo 10 que el partícipe de la comida no solo muestra su lealtad a un ídolo o a Cristo, sino también a los otros adoradores. Es una señal de comunión tanto en el nivel horizontal como en el vertical. Pero lo mismo se presenta en el capítulo 11, cuando uno insulta a un compañero cristiano a la mesa del Señor, es un insulto hacia Dios y hacia Cristo (11:22, 27b). Ellos no han discernido que esos otros discípulos constituyen el cuerpo de Cristo (11:29) y así insultan ese cuerpo. En otras palabras, no han discernido que todos los cristianos constituyen "un solo pan" (10:17).

Así que, las aplicaciones tan variadas de los capítulos 10 y 11 surgen de una única perspectiva: que el cristiano es miembro de un cuerpo y que no puede actuar como individuo; que ejercer la libertad individual de un modo abusivo (10:23) ofende tanto a Dios como al hombre; que es deber cristiano no ofender a Dios pero al mismo tiempo anteponer el bienestar de su hermano a su propia libertad.

Las prácticas controversiales (adiaphora) y Dios 10:21-22

En 1 Corintios 8, Pablo habla del tema de la carne en un solo nivel. Afirma que si la carne sacrificada a los ídolos perjudica a mi compañero cristiano, entonces "no comeré carne jamás" (8:12) con el fin de protegerlo. Pablo menciona nuestra relación "vertical" con Dios, pero principalmente para decir que Dios se ofende si nosotros pecamos en nuestra relación horizontal: "Al pecar así contra los hermanos... pecan ustedes contra Cristo".

En 1 Corintios 10:1-22, a la inversa, Pablo se centra en el nivel vertical. La palabra clave es "comunión", o sea, participación en una ceremonia religiosa o en una unión espiritual. Los corintios tenían comunión, en un verdadero sentido, en dos creencias distintas, de esa forma insultaban a Dios.

Hay prácticas y ceremonias en las que nosotros ofendemos a Dios o señalamos a otros que nuestra lealtad al único Señor está diluida. Aquí hay algunos asuntos contemporáneos que ameritan nuestra atención:

- *Carne ofrecida a los ídolos literalmente. Esto es todavía hoy un problema para los cristianos en Asia, África y América Latina.*
- *La misa romana. Participar en la misa no es "simplemente" compartir una oblea; es una afirmación de la doctrina de la transubstanciación y el recibir gracia a través del sacramento.*
- *Los días de los santos. Los cristianos tienen que analizar si ofende a Dios que ellos tomen parte en ciertas celebraciones centradas en torno a un santo cristiano.*
- *Ritos sincréticos. Latinoamérica está particularmente plagada de mezclas de cristianismo con prácticas indígenas. Esto no se limita al catolicismo; los evangélicos también mezclan su fe. De modo que, en la selva peruana los cantos del chamán por salud, protección y poder pueden incluir términos cristianos y citas bíblicas.*

- *Los cristianos confunden su fe en Cristo con otros sistemas, otros "-ismos", dando a entender con eso que son parte del mismo paquete: cristianismo y capitalismo, o socialismo, o pacifismo.*
- *Los cristianos piden de su fe en Cristo solo una forma de salvación; otras "creencias" nos dan las respuestas a otras preguntas.*

Recordemos que lo que Pablo nos enseña aquí es que le debemos a nuestro Dios no solo lealtad, sino una lealtad absoluta, sin mezclas. Cuando una ofensa a nuestro Señor está verdaderamente en juego, no debemos escatimar ningún esfuerzo de hacer lo correcto por él.

e. Instrucciones específicas en cuanto a temas relacionados 10:23–11:1

En su conclusión a una sección muy larga, Pablo toca algunos detalles periféricos, no acerca del tema principal. Explica detalladamente situaciones hipotéticas pero bien probables para una persona que vivía en Corinto. Hay dos principios que guían sus consejos: la realidad última de nuestro Dios y el amor hacia los cristianos y los incrédulos.

10:23

¿Será mera coincidencia que Pablo vuelva a citar el eslogan *"Todo me está permitido"*? En el 6:12 también el tema era la libertad del hombre sabio de comer lo que quiera, cuando quiera. Allí Pablo defiende en su momento que esos supuestos sabios estaban preparando neciamente su propia trampa. Aquí en el capítulo 10, el enfoque cambia hacia afuera: ¿tienen permiso de comer lo que quieran? Bien, tenemos que modificar más esa jactancia preocupándonos por las necesidades de los hermanos. No todo lo que ustedes comen es *provechoso*, ni todo es *constructivo* para otros.

10:24

Si no está claro para quiénes no es provechosa ni constructiva la carne del ídolo, Pablo lo explicará ahora. *Que nadie busque sus propios intereses, sino los del prójimo.* Es parecida a otras declaraciones paulinas, y es el motivo teológico (o *leitmotif*) a lo largo de Filipenses (por ej. 2:3-4). Esto se deriva del enunciado de la Torá y de Jesús, "Ama a tu prójimo como a ti mismo". El contexto de ese amor en Levítico 19:18 no es simplemente un sentimiento de afecto hacia el prójimo; antes bien, resulta en el cuidado de sus intereses, sus intereses con respecto a la propiedad señalada por las líneas limítrofes. Ningún corintio puede afirmar que es amoroso y luego pisotear la conciencia de su hermano. La tendencia de los filósofos era el énfasis en el cultivo de la vida interior. La religión pagana contemplaba tanto un aspecto individual como uno cívico, pero no animaba a amar la comunidad como tal. El cristianismo, en contraste, se manifestó principalmente por comunidades que trataban de amar a Dios y de amarse unos a otros en concordancia con un mensaje[309]. "Hemos de estar más atentos...a evitar lo que es necesario para la salvación de nuestro prójimo"[310].

10:25

De una declaración amplia acerca de la responsabilidad para con otros, Pablo cambia abruptamente a las realidades del *agora* local. Primero, *Coman de todo lo que se vende en la carnicería*. Pablo usa el griego *makellos*, que es el equivalente directo del latín *macellum*, término empleado en el Corinto romano. De hecho, el *macellum* de Corinto no es extraño para quienes excavan en las ruinas de la ciudad[311].

Sin preguntar nada por motivos de conciencia puede verse en más de una forma. La interpretación más débil es "debido a que su conciencia puede ofenderse, no hagan preguntas". La otra forma de verlo (NVI, con VP, LBLA, BJ) probablemente va en la dirección más correcta: "No pregunten nada que surja de su conciencia". Esto constituye una seria ruptura de las prácticas del judaísmo. En el judaísmo todo se consideraba impuro a menos que pudiera probarse lo contrario. En muchas ciudades, los judíos iban donde sus propios carniceros, de quienes dependían para que les vendieran la carne autorizada por la ley judía, apropiadamente cortada, no manipulada por gentiles y libre de cualquier relación con la idolatría. Si esto no era posible, estos preguntaban muchísimo; de hecho, *anakrinō* aquí puede ser tan fuerte como "hacer una investigación" (cf. en la Misná el tratado de *Hullin*, que ofrece instrucciones detalladas para manipular la carne). A los cristianos, por otra parte, se les dijo que dieran por sentado que toda la carne era buena hasta que se dijera lo contrario.

De este modo, Pablo disipa los temores de los débiles: ser dedicado a un dios pagano, no contamina. El consumidor no ingerirá la influencia demoníaca no deseada: "Por tanto, debemos abstenernos de estas comidas, no por miedo (porque no tienen ningún poder), sino que debemos odiarlas a causa de nuestra conciencia, la cual es santa, y a causa del odio hacia los demonios a los cuales se han dedicado..."[312].

Dios no se ofenderá. ¿Por qué?

---

309. Ecumenio (Bray, p. 155): "Pues dice que no busca solamente esto, si comes con conciencia pura, sino que esto suceda para favorecer a tu hermano".

310. Ambrosiáster (Bray, p. 155).

311. Cf. David W. J. Gill, "The meat market at Corinth (1 Corinthians 10:25)", *TynB* 43.2, 1992, pp. 389-93.

312. Clemente de Alejandría, *Instructor* 2.1; asimismo su *Misceláneas* 4.14; *Reconocimientos de Clemente* 2.71; Teodoreto de Ciro, Bray, p. 153.

10:26

Para mostrar por qué, Pablo cita el Salmo 24:1, un versículo bien conocido tanto para judíos como para cristianos: *del Señor es la tierra y todo lo que hay en ella.* Es decir, el cristiano debería ver el orden creado como un lugar amigable: el Señor lo hizo para el beneficio de su pueblo. Sin lugar a dudas, el demonio trata de usurpar el lugar de Dios manipulando a los seres humanos para que les sacrifiquen animales. Pero al final, esos animales le pertenecen a Dios por derecho de creación. Negar esto sería someterse a los engaños de los demonios[313].

Por supuesto, la élite corintia probablemente había seguido un razonamiento similar, pero lo había llevado al extremo. "¡Si los demonios no existen, y si Dios es el único Dios y Hacedor, entonces yo debería ser libre de comer en un restaurante pagano!". La diferencia radica en la esfera sacramental: la carne material no significa nada, dice Pablo. Pero una declaración ante la humanidad y ante el cosmos de que ustedes aman y siguen a una deidad demoníaca sí significa algo, aun cuando el dios como tal no exista.

10:27-29a

El segundo enunciado hipotético es *Si algún incrédulo los invita a comer, y ustedes aceptan la invitación…* Aquí ya estamos por encima de las restricciones del judaísmo, en el cual ese tipo de reunión para cenar sería imposible. ¿Un no creyente invita a un creyente a comer? Bueno, tiene total libertad de aceptar, si quiere[314]. Pero, ¿dónde sucede esta cena? Debe leerse completamente con el fin de entender la naturaleza exacta de esto. No debe tomarse como una invitación a comer en el salón de un templo pagano: Pablo ya demostró que tal clase de comida viola el evangelio y ofende a Dios. Más que eso, el cristiano no sabe en este último caso que la carne que se ha ofrecido es producto del sacrificio: él se entera porque alguien le dice que *"Esto ha sido ofrecido en sacrificio a los ídolos"*. Esto no podía pasar en el templo, puesto que un cristiano allí sabría sin lugar a dudas de dónde viene la carne. Entonces lo que tenemos aquí es una situación donde un pagano invita a un cristiano a una comida privada, en su casa o en otro lugar neutral. Es

---

313. *1 Clemente* 54 cita Salmo 24:1, presuponemos que bajo la influencia de 1 Corintios porque parece extrañamente fuera de lugar en ese contexto. Él insta a quienes provocan cismas en la iglesia corintia a hacer las paces con los ancianos. Ellos pueden estar en paz dondequiera que estén, porque "la tierra es del Señor". Aparentemente, él quiere decir que todas las iglesias en el mundo aceptarán a un hermano cristiano justo, y que no existe un lugar adonde pueda ir el que provoca cismas sin que esté fuera de la unidad del Señor.

314. Aunque esto va en contra del tono del versículo, Calvin, *First Corinthians*, p. 1:345, toma 10:28 como una concesión: "Cuando él dice *–y usted está dispuesto a ir–*, él da a entender indirectamente, que él no lo aprueba del todo, y que sería mejor si ellos declinan, pero como es una cosa indiferente, él no escoge prohibirlo por completo".

una comida secular, pero alguien menciona el origen de la carne. ¿Por qué alguien diría eso? Quizá sea una afirmación casual; tal vez el pagano no se da cuenta de que eso sería un disgusto para su invitado cristiano, y solo deseaba mostrarle su devoción; quizá sea una táctica para atrapar o avergonzar al cristiano. O tal vez el pagano sabe tanto acerca del evangelio como para presuponer que su amigo no puede comer ese tipo de carne y, como buen anfitrión le informa, así como nosotros le diríamos a alguien que un platillo contiene determinados ingredientes a los cuales sabemos de antemano que él es alérgico.

De hecho, el contexto no favorece ninguna de estas explicaciones en particular. Muy probablemente Pablo no está pensando en eso específicamente: si alguien les dice que la carne era sacrificada, es decir, otra persona en el grupo lo sabe y lo cuenta, y ustedes no lo averiguan al leer la etiqueta, entonces proteja su conciencia refrenándose de comer carne.

Sin embargo, hay una buena indicación de que Pablo está pensando en un informante pagano, aunque el mismo principio también se aplicaría a un hermano débil. Primero, su punto es evangelístico. Aquí Pablo va un paso más allá aun del cuidado hacia la hermandad cristiana: él no quiere perjudicar la conciencia de un pagano, ni impedir que él reciba positivamente el evangelio (9:19-27; 10:32-33). Segundo, la información se ofrece desde el punto de vista de un pagano, no de un cristiano ni de un judío. ¿Cómo sabemos esto? Porque Pablo usa vocabulario pagano: la carne se llama *jierotutos*, es decir, carne sacrificada a una "deidad". El hablante no usa el término peyorativo "ídolo", puesto que es pagano, y no usaría el lenguaje judío o el cristiano (ver nuestro comentario de 8:1). Una vez más, Pablo aclara que la conciencia del cristiano no se ofende, ni debería: la carne en este contexto no significa nada. Es la conciencia del otro la que corre peligro.

Se nota en este pasaje un intento cuidadoso de encauzar a la iglesia entre dos extremos. Por un lado está la idolatría. Pero por el otro, el peligro de que la iglesia se aleje del mundo: rehúse comer con los pecadores, insista en elaborar leyes de pureza, que en efecto se aparte del ejemplo de Jesús y siga hacia el modelo de los fariseos (ver 5:9-13). El ministerio de Jesús fue notable (y para muchos objetable) debido a su hábito de comer y comunicarse con pecadores, notoriamente con prostitutas y con publicanos. Por supuesto, estos eran pecadores judíos, quienes a pesar de sus defectos no eran idólatras. Pero el asunto sigue en la iglesia: cómo honrar el abrazo extenso de Jesús sin ofender a Jesús por medio del compromiso[315].

El *Textus Receptus* añade a 10:28 una repetición del Salmo 24:1 como aparece en 10:26, así lo hace LBLA, RVR, pero no RVA. Parece que la repetición se debe a un error del copista.

---

315. Véase el desarrollo ampliado de esta misma tensión por Tertuliano, *Sobre la idolatría* 14.

10:29b-30

¿Por qué se ha de juzgar mi libertad de acuerdo con la conciencia ajena? Esta oración presenta dificultad. A menos que se trate de una ironía del apóstol (y lo que sigue en 10:30 no permite esa interpretación), no estamos seguros de la conciencia "de quién" juzga la libertad de quién. ¿Es la primera persona singular "mi" una referencia a Pablo mismo, o a Pablo como un cristiano representativo? La *New International Version* (a diferencia de NVI) retoma un texto anterior y hace que 10:29b sea una referencia al informante en la cena. De modo que, Pablo pregunta, ¿por qué los escrúpulos de esa persona o su incomprensión deben influir en mi libertad de comer lo que yo quiera?

Alternativamente, Lietzmann pone este texto en la boca del cristiano "sabio", que inmediatamente objeta la concesión paulina a la conciencia de los demás[316]. La dificultad con esta interpretación es que Pablo deja la pregunta sin respuesta y el punto de vista "fuerte" se deja sin comprobación hasta el final de la discusión.

La mejor interpretación (ver Fee, p. 551) es que Pablo mismo había experimentado un desafío acerca de sus propios hábitos de comida. ¿Cuáles eran? Que él es libre de comer cualquier tipo de carne; que él se mantiene claro en cuanto a los banquetes idolátricos o a los lugares de comida; que él se preocupa por un bien superior a simplemente satisfacer su apetito o ejercer su libertad; que esas metas incluyen atraer a los paganos al evangelio y edificar a los otros cristianos. ¿Por qué lo han juzgado? Porque algunos lo han considerado demasiado flojo; otros, demasiado estricto; algunos, sumamente preocupado por los sentimientos de otros; unos, indiferente en cuanto a la voluntad de Dios. Es posible que esta sea una razón más para que algunos cristianos despreciaran a su apóstol (como en 4:3-5).

Pablo invoca el nombre de *Dios* para mostrar que él no ofende al cielo con su comida. Cualquier comida que él coma es creación de Dios (10:26), y con una conciencia tranquila le agradece al único Dios por lo que come, aun si en algún momento antes de llegar a su mesa alguien lo hubiera dedicado a un ídolo.

10:31

La frase *en conclusión* termina el pensamiento de tres capítulos, y ha tardado mucho en aparecer. Comparamos esto con el resumen de 7:39-40, donde Pablo otra vez se dirige a las esposas cristianas que desean llegar a estar "no casadas". Como al final de ese capítulo, creemos que 10:31-33 resume lo que Pablo considera el corazón del asunto. Sí, hay libertad; sí, hay escrúpulos: pero al fin y al cabo lo que

---

316. Lietzmann y Kümmel, *An die Korinther*, p. 52. Cf. Thiselton, *First Corinthians*, pp. 788-89.

importa es hacerlo *todo para la gloria de Dios*[317]. Por supuesto, tanto el débil como el docto, antes de escuchar su epístola, habían afirmado que ¡ya sus acciones eran para la gloria de Dios! Yo ejerzo mi libertad de comer en una cafetería del templo, pero para la gloria del único Dios verdadero. Pablo ha demostrado que hay una segunda dimensión: Dios es glorificado al no poner ningún obstáculo entre él y cualquier persona (10:32), y al buscar el bien de los otros en amor (10:33).

10:32-33

Esta es una declaración rara. Pablo ha venido hablando en contra de poner obstáculos a otros cristianos, pero aquí este piensa más ampliamente. Los judíos dividían a la humanidad en dos grupos distintos: los circuncisos y los incircuncisos (un paradigma que Pablo rechaza en 7:39). Los griegos dividían el mundo en griegos y "bárbaros", o sea, los griegos con su cultura y su su lenguaje y los que no lo son. Pablo muestra que él es libre de usar ese vocabulario (dos veces en Romanos 1:15, 16). Él sabe que si el mundo se puede dividir en dos grupos serían aquellos que están en Cristo y aquellos que no lo están; si hay tres grupos, hay *judíos, gentiles y la iglesia de Dios*. La última frase aparece en 1:2; 10:32; 11:22 y 15:9 y en 2 Corintios 1:1. Fuera de las epístolas corintias solo ocurre en Gálatas 2:18 y Hechos 20:28. El término se ajusta naturalmente: *Yo perseguí a la iglesia de Dios, ustedes muestran desprecio por la iglesia de Dios*.

Ya sabemos que un cristiano podría tropezar en algo, causándole que transgreda su conciencia y se perjudique su andar con Dios (8:9). Por analogía, Pablo evita crear algún obstáculo que aleje a los judíos o a los griegos paganos de Cristo. Aquí él regresa a 9:19-27, y logra unir los tres capítulos. ¿De qué vale mi libertad si al comer algo arruino la oportunidad de ganar a un converso? ¿Cómo puede glorificarse Dios en eso? Del mismo modo la preocupación de Pablo se extiende hasta el espectador pagano en 10:27-29a.

Positivamente, Pablo procura *agradar a todos en todo*. Esto crea una tensión aparente con Gálatas 1:10, donde complacer a los hombres (el mismo verbo *areskō*) es un pecado y lo opuesto a complacer a Dios. Pero por supuesto, ya se ha definido claramente lo que Pablo quiere decir en este contexto: un estilo de vida que se moldeaba de una manera limitada a las costumbres culturales de la audiencia. Donde existe obediencia a Dios, no hay compromiso; este es el tema de Gálatas, donde alguien aparentemente había acusado a Pablo de haber adaptado su mensaje según el gusto de su audiencia. Pero aquí, donde hay una cuestión de libertad personal, Pablo preferirá someterse a otros que a sí mismo. Él toma el marco conceptual del cuidado que uno debe tener hacia otros cristianos (Filipenses

---

317. Ignacio, *Policarpo* 5, cita esto como prueba de que hasta los matrimonios deberían contar con la aprobación del obispo. *2 Clemente* muestra cómo los cristianos deberían comportarse frente a los paganos, refiriéndose a menudo a 1 Corintios.

2:3-4; 2:19-21), y lo aplica al evangelismo: *No busco mis propios intereses, sino los de los demás, para que sean salvos.* Por supuesto, uno no tiene que mirar más allá que al ejemplo de Cristo mismo, quien se ocupó por los intereses del ignorante, del desposeído y del que no tenía ningún poder cuando se dirigió a la cruz (1 Corintios 1–2; Filipenses 2:5-11).

11:1

Aquí descansa uno de las más desafortunadas divisiones de capítulos de nuestras Biblias, haciendo de 11:1 el inicio de un nuevo capítulo. Pablo no insertó divisiones de capítulos en sus cartas. En el siglo XIV un editor dividió el capítulo aquí, pensando que este versículo pertenecía al capítulo 11, o por lo menos que no era parte del capítulo 10. La mayoría de las ediciones modernas arreglaron el texto para que 11:1 fuera la conclusión de los capítulos 8 a 10 y específicamente un resumen de 10:31-33 – *Hagan como yo* (10:33) en el tema de la comida (así el sermón de Crisóstomo). Este versículo, tomado aisladamente, parecer estar atestado de auto-confianza, como si Pablo estuviera diciendo que seguirlo a él es equivalente a seguir a Cristo[318]. Es como si a Pablo no se le diera espacio para equivocarse, lo cual con seguridad él era capaz de hacer.

Con el fin de captar la intención del versículo, debemos tener en mente que este se refiere específicamente a las prácticas paulinas acerca de la comida. *"En el asunto de la comida sacrificada a los ídolos, aun más, en cualquier asunto de libertad y amor, hagan lo que yo hago; porque yo hago lo que Cristo mismo haría".* Los lectores modernos, a menudo perdemos de vista el papel preponderante de la imitación en el Nuevo Testamento, especialmente en las epístolas paulinas. Sus conversos no simplemente tomaron los principios que les enseñó y luego trataron de expresar la esencia en su modo de vida; ellos también aprendieron a seguir el modelo de Pablo, ya sea que se tratara de libertad y de amor, trabajo manual (9:6; 1 Tesalonicenses 2:9) o su manera de hablar (1 Tesalonicenses 2:5-6).

Paréntesis: 1 Corintios 8–10 y el fuerte y el débil en Romanos 14

En Romanos 14 Pablo habla de cristianos que toman decisiones acerca de algunas prácticas. Como hemos afirmado en otro lugar[319], Pablo trata un asunto muy distinto en esa carta. Lo que había pasado era que Claudio había expulsado a los judíos de Roma (Hechos 18:2). Esto hizo que la iglesia en ese lugar fuera estrictamente gentil durante un tiempo. Después de la muerte de Claudio en el 54 d.C.,

318. Ambrosiáster (Bray, p. 159): "Así como Dios Padre envió a Cristo como maestro y autor de la vida, así también Cristo envió a los apóstoles como maestros nuestros, para que fuésemos sus imitadores...".

319. Gary S. Shogren, "Is the Kingdom of God about eating and drinking or isn't it? (Romans 14:17)", *NovT* 42.3, 2000, pp. 238-56.

los judíos pudieron regresar. Los judíos cristianos (tales como los mencionados en Romanos 16) al regresar encontraron una iglesia funcionando completamente, pero una que operaba según las sensibilidades gentiles más que según las judías. La carta de Pablo a los romanos contiene una advertencia hacia los gentiles para que no se vuelvan triunfalistas ni que actúen arrogantemente para con Israel (Romanos 9–11). Más bien, la meta de Dios es que los judíos y los gentiles adoren juntos en una sola iglesia de Dios (Romanos 15:7-13). Es en este contexto que Pablo trata con los cristianos que guardan el sábado y se abstienen de comer carne y de beber vino (14:5-6). No obstante, en Roma el tema no era comer carne sacrificada a los ídolos como tal, ni si a un cristiano se le permitía consumir alcohol. Más bien, algunos judíos vivían como vegetarianos, como una forma de mantenerse apartados de la capital pagana. Ellos lo hacían para seguir el ejemplo de Daniel y los otros, quienes se guardaron a sí mismos de la comida y la bebida del rey.

De modo que la conclusión de Pablo en Romanos y la de 1 Corintios son parecidas en algunas maneras pero muy distintas en otras. Como en Corinto, Pablo afirma que la comida como tal es un asunto indiferente ante Dios (14:17). Un tema clave en ambas cartas es preocuparse por los hermanos cristianos. Como en Corinto, él demanda que ningún cristiano cause el tropiezo de otros (14:13b) o la ruina de uno por quien Cristo murió (14:15b).

¿Cuáles son las diferencias? En 1 Corintios, Pablo se identifica más con el débil. En Romanos, se dirige al débil, y le dice que no desprecien a quienes tienen más libertad (14:13a), una cosa que él no hace en 1 Corintios. Solo Romanos usa el término "fuerte" para el segundo grupo, aunque quizá esté implícito en Corintios en la frase paulina "¿son ustedes más fuertes que Dios?" (10:22). Falta en Romanos cualquier desarrollo de un elemento directamente vertical: comer carne o no como tal es completamente indiferente; en Corinto deja de ser un hecho indiferente si se consume como parte de una comida cúltica. El principio que subyace en ambos casos es que "los fuertes en la fe debemos apoyar a los débiles, en vez de hacer lo que nos agrada" (Romanos 15:1).

Volviendo a 1 Corintios. Resumamos lo que ha sucedido en los capítulos 8 a 10

La situación corintia: En la iglesia había dos puntos de vista opuestos. Cada uno fue fuertemente defendido por el grupo que creía que el suyo era el resultado natural del evangelio y la aplicación correcta del Decreto Apostólico. El punto fuerte de discusión era esa área "gris" de si un cristiano podía tomar parte en una comida específicamente dedicada a un dios pagano. Esto probablemente tuvo lugar fuera del culto normal en el templo, pero en sus alrededores: en un restaurante adjunto al templo, o en una reunión privada donde se honraba al dios. Los aspectos extremos, es decir, en blanco y negro, tales como ir al templo a adorar o comprar carne en el mercado eran solo de preocupación secundaria para los corintios.

Muchos cristianos, instruidos por el evangelio, por la filosofía y por la razón, "sabían" que los dioses paganos no existían como tales. Por tanto, cualquier oración o ritual a una deidad era nulo, palabras vacías dirigidas a nadie: así que razonaban: tales rituales no ofendían a Dios, y el cristiano contaba con el derecho (tal vez hasta el deber) de comer un poco de esa comida. ¡Ellos tenían libertad (*exousia*)! ¡Todas las cosas eran lícitas (*exestin*)!

El resto de los creyentes, con certeza, no se etiquetaban a sí mismos de "débiles", pero Pablo los denominó así o, como es más probable, lo hicieron sus hermanos más sofisticados de Corinto. Ellos no "sabían" que los dioses no eran nada; ¡habían vivido bastante y habían visto demasiado para aceptar eso! Su debilidad radicaba en no darse cuenta de que el señorío de Cristo los liberaba a ellos del temor a los otros seres espirituales[320]. Quizá el débil había sido reaccionario y había condenado al fuerte, pero de ser cierto, Pablo ni siquiera lo menciona. Los verdaderos culpables eran los fuertes, quienes se atribuyeron la "educación" de los débiles en su libertad cristiana básica, y de ese modo ponían en riesgo su alma.

No tenemos idea de cuál es la relación entre los débiles y los fuertes en los grupos de Pablo, Apolos, Cefas o Cristo; si el fuerte imitaba la libertad paulina, había perdido completamente el principio supremo de amor que Pablo practicaba.

La carta corintia enviada a Pablo parece haber provenido de los "sabios", puesto que es a ellos a quienes Pablo responde. Ellos pueden haber creído: *Pablo, ¿no saben todos los cristianos que los dioses no son nada? ¿No es el punto central del evangelio que hay un solo Dios y un solo Señor? ¿No es cierto que "lo que comemos no nos acerca a Dios, ni somos mejores o peores por comer o no comer?". ¿No se refiere el Decreto Apostólico a la participación en la adoración en el templo como tal? ¿No comes tú mismo carne comprada en el mercado sin preguntar nada? ¿No tenemos, por tanto, nosotros la libertad de comer en una cafetería del templo o asistir a una fiesta dedicada a un dios, debido a que se trata de la misma carne? ¿No se reduce nuestro debate interno a un asunto de conocimiento* versus *ignorancia?*

Pablo percibe que el asunto no tiene que ver con conocimiento *versus* ignorancia, sino más bien con conocimiento sin amor *versus* amor. Los "sabios" usan su libertad, no para honrar a Dios, sino con el fin de halagarse por su propia profundidad intelectual. Ellos han exaltado la libertad como un valor mayor que el de ayudar a otro cristiano y a expensas de la misión de evangelizar. Los fuertes no se han dado cuenta de que en el evangelio la persona cuenta con ciertos derechos, pero que estos tienen que usarse para servir a Dios y a otros, o ponerlos a un lado si eso es lo mejor. Él también percibe que el espíritu del Decreto Apostólico sí

320. Clinton Arnold afirma que detrás de Efesios yace un temor parecido del cosmos. Cf. su libro *Ephesians: power and magic: the concept of power in Ephesians in light of its historical setting*, Society for New Testament Studies, Cambridge University Press, Cambridge, 1989. Cf. también su obra *Tres preguntas cruciales acerca de la guerra espiritual*, UNILIT, Miami, 2000.

se está violando en Corinto, ya sea en un templo o en un restaurante, los fuertes están participando en un ritual pagano. Esa parte, por lo menos, debe ser quitada de la esfera de la libertad personal, puesto que Dios se ofende.

Pablo en 1 Corintios dirige la palabra a los "entendidos", no a los débiles. Como es típico de Pablo en esta carta, este trasciende la pregunta original de quién tiene razón y quién está equivocado con una ética superior: ¿Cómo glorificamos a Dios mejor? Si Pablo no menciona el Decreto Apostólico se debe a que ese Decreto no está en discusión, solo su aplicación en lo que parece una área no tan clara.

1. *El asunto principal:* comer carne sacrificada a los ídolos fuera del templo pero aún dentro de los límites del contexto pagano de adoración y de sacrificio. Pablo dice: *No participen en esa clase de comidas.* ¿Por qué?:

    1 a. Perjudica a su hermano, que puede verse tentado a seguir su práctica obviamente "bien instruida".

    1 b. Lo que es peor, esto ofende a Dios directamente; para Dios esta comida no puede verse a través de unos lentes reduccionistas. Estamos hablando de idolatría.

    1 c. Aparte de eso, ustedes se están involucrando con los demonios los cuales están detrás de los dioses y las diosas.

    1 d. Ustedes andan por una senda más peligrosa de lo que se imaginan. La Biblia está llena de ejemplos de gente que incursionó en prácticas idolátricas, y esa gente inevitablemente apostató. Su arrogancia los convierte en los mejores blancos de la apostasía.

2. *Tema secundario:* comer esa clase de carne en un contexto no cúltico:

    2 a. Sigan adelante, compren y consuman carne vendida en el mercado; no solo no tienen que investigar su procedencia, es mejor que no pregunten nada al respecto.

    2 b. No coman esa carne si alguien les ha dicho que piensa que esta tiene algo que ver con el culto pagano, eso solo perjudicaría a esa persona.

3. *El asunto verdadero y superior:* Pablo dice que agradar a Dios es el principio más importante:

    3 a. Las mejores formas de agradar a Dios:

        – públicamente mostrar su lealtad solo a Dios
        – velar por el bienestar del hermano
        – vivir de modo que el evangelismo esté por encima de la libertad individual
        – vivir de una manera que muestre que entiende la importancia de la cruz, por ejemplo, al tratar a sus compañeros cristianos como parte de la misma "masa de pan".

    3 b. Las formas más rápidas de desagradar a Dios:

        – públicamente enviar mensajes mixtos acerca de sus lealtades religiosas
        – destruir a un compañero cristiano

- pisotear la sensibilidad de alguien, sea un pagano o de un judío
- (remontándonos a los capítulos 1–3) despreciar la centralidad de la cruz en la historia humana al destruir a su hermano al que Cristo compró por medio de su cruz

En el capítulo 11, Pablo toca otros dos asuntos de la comunidad. Los corintios escribieron acerca de la mujer y la cabeza cubierta. Además, y más crítico, Pablo se ha enterado de que sus reuniones se han dividido por causa de lo social y lo económico. Hablaremos de la Cena del Señor una vez más, aplicando sus enseñanzas de la unidad de la iglesia en una dirección fresca.

3. Acerca de las reuniones: ¿Qué tan en serio habló al decir que la mujer debe llevar velo en las reuniones? 11:2-16

Desde 11:2 hasta 14:40, Pablo tocará temas relacionados con las reuniones cristianas. Él ha oído ciertas cosas y también los corintios le escribieron. 11:2-16 es el pasaje más difícil de 1 Corintios. No está claro qué pregunta le habían hecho los corintios a Pablo, ni desde qué perspectiva la plantearon. Lo que es peor, no es seguro de inmediato lo que Pablo está enseñando, ni el porqué, ni cómo se va a comprender su aplicación en contextos distintos del original.

El lector actual debe recordar que Pablo estaba aludiendo a una instrucción oral previa, así como a los comentarios de los corintios. Así que, él y sus lectores ya sabían si los términos de 11:3 tenían que entenderse como hombre y mujer o esposo y esposa; si la costumbre es para aplicarse en el culto o en otro lugar; cuál era el sentido o los sentidos de *kefalē* (cabeza); cuál era la costumbre local en cuanto al vestido y al peinado; qué se debía entender por "señal de autoridad" (*exousia*) en 11:10; qué quería decir con *angeloi* en 11:10; si Pablo entendía que el cabello largo en sí mismo era un tipo de velo, o si solamente sugirió una razón para el uso del velo. Esto ha llevado a algunos estudiosos a un profundo pesimismo acerca de si en realidad se puede llegar al fondo de esta sección. Pero afortunadamente, los avances en las investigaciones histórico-culturales tienden a mejorar más que a nublar nuestra comprensión de la intención paulina.

Pablo no resalta la pregunta corintia con *peri de* (en la NVI, "en cuanto a") como lo hace en otros casos. Más bien comienza con una afirmación –sincera, creemos– acerca de la obediencia general de los corintios y su adherencia a su enseñanza. Él emplea la forma retórica conocida como "epidéitico o epidíctico", en la cual una figura de autoridad escribe para examinar la conducta de sus lectores, usando un lenguaje como *epainō* o *ouk epainō* ("Los elogio... no puedo elogiarlos"; ver 11:2, 17, 22). De esta forma, Pablo afirma y refuerza una conducta deseable y les critica cuando se extravían del camino correcto. En este caso, Pablo los alaba por su obediencia en general, y aclara un punto de disputa de la carta de estos

(11:3-16); pero los avergüenza por la conducta en la Cena del Señor, sobre la cual ha recibido informes orales (11:17-34; observe "oigo decir que..." en 11:18).

Algunos han especulado que su pregunta tenía que ver con las mujeres específicamente, y que la referencia paulina al cabello masculino y al vestido solamente era para redondear el contexto. Otros sugieren que quizá los hombres o las mujeres o ambos estaban rechazando una costumbre cristiana, y de hecho, es a los hombres a quienes Pablo se dirige primero en 11:4. Creemos que es más probable que las mujeres, más que los hombres, dudaran de esa costumbre, de ahí nuestra hipotética redacción de su pregunta: "¿Qué tan en serio habló al decir que la mujer debe llevar velo en las reuniones?"[321]. Pablo les habla a los hombres, pero se dirige a las mujeres más detalladamente; según nuestra cuenta en siete versículos y medio, mientras que a los hombres en uno y medio. Por tanto, la dinámica del capítulo 11 refleja lo que sucede en el capítulo 7: que la pregunta de los corintios tenía que ver específicamente con las mujeres corintias; pero que Pablo respondió ampliando el punto para reforzar sus enseñanzas anteriores dirigidas tanto a hombres como a mujeres. Dado el tono suave y desapasionado de este capítulo (tanto como en capítulo 7), inferimos que también la iglesia continuaba obedeciendo a Pablo aun cuando surgían dudas acerca de la sabiduría de sus enseñanzas originales.

En este comentario argumentamos que la interpretación más natural es:

Pablo enseñó a todas las iglesias que en un culto tanto los hombres como las mujeres eran libres para hablar en voz alta y para profetizar a la congregación[322]; los hombres deberían orar y profetizar con la cabeza descubierta; las mujeres, que llegaban con la cabeza cubierta, debían quedarse así durante todo el culto. Esta regla se dio por varias razones: reflejaba el orden creado como se describe en Génesis; porque era "natural"; porque hacerlo de otro modo produciría vergüenza cultural. Pero más adelante, una o más mujeres cristianas querían quitarse el velo. Pablo percibe que, en tanto que el velo en sí mismo no es un aspecto fundamental del evangelio, las motivaciones para rechazarlo son cuestionables: declarar la independencia de hombres/esposos; rechazar las costumbres culturales por ser irrelevantes para un cristiano; actuar como si las diferencias de género no existieran; actuar –¡otra vez!– independientemente, como si la iglesia corintia no estuviera unida "con todos los que en todas partes invocan el nombre de nuestro Señor Jesucristo" (1:2). Por estas razones, él reafirma que ellos deben mantener el *estatus quo* que él ha establecido.

---

321. Cf. Fee, contra Thiselton. Hurd considera que Pablo les había enseñado esto en su carta previa.

322. Walter, p. 191, no obstante va más allá de la evidencia cuando dice: "No había, pues, duda alguna sobre la posibilidad y la licitud de que en tales reuniones las mujeres hicieran uso de la palabra, lo mismo que los hombres".

De modo que, el tema de la cabeza cubierta llegó a ser para Pablo un asunto importante principalmente debido a que los corintios expresaban su deseo de rechazarlo[323].

11:2

Se acuerdan de mí en todo y retienen las enseñanzas, tal como se las transmití. Pablo emplea un par de términos aquí (*paradidōmi*, "transmitir"; su cognado *paradosis*, "tradición") que más adelante se convertirían en términos claves para describir la transmisión oral de la tradición apostólica (ver 11:23 y 15:1-3, en los cuales Pablo emplea otro término técnico, *paralambanō*, "recibir la tradición"). Algunos han defendido que Pablo es sarcástico aquí: *¡Oh, qué bien están obedeciendo mi tradición!* declara antes de mostrar una vez más que ellos lo habían decepcionado. Esto es improbable, dada la naturaleza del lenguaje epidéitico. Además, si Pablo es irónico aquí, su sarcasmo es amargo y falto de amor al extremo y no digno de un pastor. Consideramos que el sentimiento es genuino, aunque con reservas[324]. Esto muestra –a pesar de la serie de reprimendas– que Pablo no estaba siendo sarcástico en el Exordium de 1:4-9. Los corintios, de hecho, se conducían bien como cristianos en muchos aspectos.

No sabemos si Pablo está respondiendo a alguna duda personal de los corintios, tal como: ¿En realidad somos tan decepcionantes como su tono nos lleva a sospechar? Es más probable que Pablo mismo escogiera la forma epidéitica.

11:3

Pablo usa ahora una "fórmula de descubrimiento" preferida, *quiero que entiendan*. Él no les da una enseñanza nueva, sino argumentos frescos a favor de la costumbre de cómo debe uno vestirse para el culto[325].

Su primer argumento a favor del *estatus quo* es el orden del cosmos como se revela en el relato de la creación y más tarde ampliado por el evangelio. Pablo ofrece tres afirmaciones usando la palabra que ha sido tan analizada "cabeza" (*kefalē*).

323. También Thiselton; Hays; Fee, *Primera corintios*, p. 565: "Pablo tiene opiniones suficientemente fuertes acerca del problema como para referirse a él, aun cuando su argumento carezca del acostumbrado vigor...probablemente lo que conduce a esta respuesta es el problema teológico más amplio".

324. Así cree Atanasio, *Carta festiva* 2.6: "Pablo alaba justamente a los corintios, porque sus opiniones estaban de acuerdo con sus tradiciones".

325. Conzelmann está equivocado (p. 183) cuando afirma que en este pasaje: "Es evidente que [Pablo] tiene que terminar con una costumbre existente". De ahí que Conzelmann traduce *de* como "Deseo que sepan", "sin embargo"... Pero seguramente este es un párrafo demasiado enigmático para ser la primera mención del tema.

> *Cristo es cabeza de todo hombre*
> *El hombre es cabeza de la mujer*
> *Dios es cabeza de Cristo*

En muchos sectores se afirma, con muy poca evidencia, que el verdadero significado de *kefalē* es "fuente"[326]. Es cierto que el plural a veces se usa en la literatura griega antigua para referirse a "cabezas" de un río. Por eso una oración como "X es la *kefalē* de Y" se toma con el significado de "X es la fuente de la cual Y viene o en la cual existe".

Este significado es sumamente improbable aquí, puesto que los textos relacionados con "río" siempre usan el plural y se refieren explícitamente a un río. En ciertos contextos (¡aquí por ejemplo! 11:8), el referente de *kefalē* "*puede*" considerarse una fuente, pero ese no es el significado de *kefalē* en sí mismo. De modo que la mujer está en otro nivel que el hombre en cuanto a su punto de origen (11:8), su "fuente", pero ella no se llama su *kefalē*.

El mundo exegético ha presenciado muchos años de debate en torno a *kefalē*, basado ahora en nuestra capacidad de investigar los textos griegos a través del programa magistral *Thesaurus Linguae Graecae*. La literatura crece diariamente, y el lector debe acordarse de que hay argumentos contra cada teoría. Sin embargo, en general los resultados son: *kefalē* generalmente se refiere a la cabeza literal física, en lugar de al cuerpo. Cuando se emplea metafóricamente, de hecho sí se refiere a menudo a una posición de autoridad. Es difícil en extremo proveer evidencia contundente de que "*en realidad*" signifique "fuente" o de que cuando es usado como metáfora no signifique "autoridad sobre"[327]. El significado más natural de *kefalē* en este contexto es "líder" o "autoridad sobre" aunque, por supuesto, esto debe entenderse cuidadosamente en el contexto de la enseñanza paulina. Aquí Pablo no desarrolla *kefalē* en el contexto de las relaciones humanas o matrimoniales específicamente; su punto es que el orden de Dios-Cristo-hombre-mujer juega un papel fundamental en cómo los hombres y las mujeres se presentan ante la iglesia de Cristo:

Cristo es cabeza de todo hombre
Contrario al mito popular, el griego del Nuevo Testamento no es un idioma científicamente preciso. Aquí, *la cabeza de cada hombre es Cristo* presenta otro

---

326. Barrett dice que *kefalē* significa "origen". Fee, *Primera corintios*, p. 570, dice que "la forma en que Pablo entiende esta metáfora, y casi con toda seguridad la única que los corintios habrían podido captar, es 'cabeza' como 'fuente', y especialmente 'fuente de vida'".

327. Cf. Joseph A. Fitzmyer, "The meaning of *kephalē* in 1 Corinthians 11:3", en *According to Paul: studies in the theology of the apostle*, Paulist, New York, 1993, pp. 80-88, quien argumenta que "autoridad sobre" es uno de los usos metafóricos de la palabra. *Kefalē* era tomado en el sentido de "una autoridad" por Tertuliano, *Contra Marción* 5.8; *Constituciones apostólicas* 3.1§6; otros Padres, probablemente incluyendo a Clemente de Roma. También Calvino.

problema de traducción, puesto que *anēr* puede ser traducido como "hombre" o como "esposo", dependiendo del contexto (no es genérico y no puede ser traducido como "persona"). La misma dinámica se mantiene en relación con *gunē* ("mujer" o "esposa"). Esta falta de distinción en el griego ha provocado un interrogante en la traducción de 7:1. En 11:3, los comentarios están divididos entre hombre/mujer y esposo/esposa[328]. "Hombre" y "mujer" son la mejor opción, como en la NVI. Primero, notamos que en el cap. 11 no hay ninguna referencia al matrimonio; segundo, Pablo no está hablando como si "Cristo fuera la cabeza de cada esposo", sino de "cada hombre" o, mejor aún, de "cada hombre cristiano".

Entonces, ¿dónde deja esto a las mujeres en relación con Cristo? ¿Quiere decir que Cristo es la cabeza de los varones cristianos, pero que las mujeres tienen a alguno o a todos los varones cristianos como cabeza? No, todos los miembros del cuerpo de Cristo, sin importar el género, la raza, la posición social, tienen igual acceso al Padre por medio de Cristo y del Espíritu Santo (ver especialmente Gálatas 3:26-28; Efesios 2:18). De modo que esta frase intenta recordarles a los hombres: puede que ustedes se vean tentados a enseñorearse sobre las mujeres, sin embargo, recuerden que ustedes vienen de una mujer (11:8) y que también tienen que dar cuentas a la cabeza, o sea a Cristo, y asegúrense bien de que están atrayendo gloria hacia otros y no hacia sí mismos.

El hombre es cabeza de la mujer

Un lenguaje parecido se emplea en cuanto a esposos/esposas en Efesios 5:23. En ese contexto, el papel del esposo como cabeza es amar a su esposa como a su propio cuerpo; la esposa debe someterse a su esposo y respetarlo[329]. Esta metáfora surge de la relación de Cristo con la iglesia en Efesios 1:22; 4:15. Cristo como cabeza tiene autoridad sobre la iglesia; pero su papel principal, según Efesios 5, es rescatarla y nutrirla.

El lenguaje en Colosenses es parecido: allí, Cristo es la cabeza de la iglesia en 1:18, 2:10, 19, la cual es su cuerpo (*sōma*).

En 1 Corintios, Pablo está pensando en la creación, adelantándose a lo que dirá en 11:8-9, que esa mujer es la gloria del hombre, y que esa mujer (Eva) desciende del hombre (Adán). ¿Cuál, entonces, es el punto de Pablo? ¿Que cada hombre tiene el derecho de dominar sobre cada mujer, porque se encuentra en un nivel superior que ella en la creación? De ninguna manera. Así como "Cristo es la

328. Para hombre/mujer generalmente, aparte del asunto de los roles matrimoniales: Tertuliano, *La oración* 21-22; *Velar a las vírgenes* 7; Conzelmann, *1 Corinthians*, pp. 183-85. Para esposo/esposa, cf. Philipp Bachmann, *Der erste Brief des Paulus an die Korinther*, KNT 7, Deichert, Leiden, ²1910, p. 350.

329. *1 Clemente* presupone que los corintios del primer siglo enseñaban a sus esposas a rendir "la consideración debida" a sus esposos y a vivir bajo "la regla de la obediencia" (*1 Clemente* 1.3).

cabeza del hombre" es un mensaje para los hombres, "El hombre es la cabeza de la mujer" va dirigido a las mujeres y moldea su comportamiento ante la iglesia. Aquí en 1 Corintios 11, esas mujeres que desean orar sin velo, no importa cuán horriblemente esto avergüence a los hombres cristianos, tienen que darse cuenta que su obligación verdadera es glorificar a Dios en parte al honrar "a los hombres", es decir, a sus hermanos en Cristo. Ni el hombre ni la mujer en Cristo son una unidad individual, cada uno debe acercarse a Cristo por medio del servicio a los demás.

Dios es cabeza de Cristo

Pablo se volverá a referir a la vida interior de la Trinidad en 15:27-28, donde Cristo gobierna como el regente del Padre hasta que todos los enemigos sean derrotados; entonces el "Hijo mismo se someterá a aquel que le sometió todo, para que Dios sea todo en todos". Algunos comentaristas han inferido que esta doble referencia a la sujeción del Hijo al Padre no era coincidencia. Se especula que los corintios, en su éxtasis carismático, habían exaltado al Hijo quitándole la gloria al Padre. Así que Pablo modera su experiencia cristocéntrica teniendo cuidado de no apagar su fervor (del mismo modo en Filipenses 2:11). Esta interpretación la consideramos completamente improbable. Se debe tomar en cuenta cómo Pablo pudo gastar tanta energía en el tema de cubrirse la cabeza, y luego simplemente dar una ligera pincelada a lo que habría considerado un serio error de cristología, y por ende un golpe fundamental al monoteísmo.

Esos antiguos herejes arrianos, como sus herederos, los Testigos de Jehová, emplearon 11:3 para enseñar que Cristo era un dios menor creado, no igual al Padre eterno. Los Padres de la iglesia, en cambio, argumentaron que la posición como cabeza no implica que Cristo no es Dios eterno; su sumisión al Padre es temporal y parte de su encarnación (el llamado punto de vista de Agustín) o eterna (el punto de vista de Tertuliano), pero que no implica inferioridad.

Hasta ahora Pablo no ha dicho nada aquí acerca de la relación entre género y autoridad en la iglesia. Qué impresionante, entonces, que esto sea exactamente lo que los Padres de la iglesia infirieron de 11:3. En el siglo II, Clemente de Alejandría (*Misceláneas* 4:8) usa este para probar que "pero como existen diferencias en lo que respecta a la construcción peculiar del cuerpo, ella está destinada a procrear hijos y al cuidado de la casa". *Constituciones apostólicas* 1.3 §8 (del siglo IV, pero contiene material del siglo II) aplica este texto a las esposas: "que la esposa sea obediente a su propio marido, porque el marido es la cabeza de la esposa". Más adelante *Constituciones apostólicas* 3.1 §6 presenta este texto como la razón para: "No permitimos que nuestras mujeres enseñen en la iglesia, sino solo que oren y oigan a quienes enseñan"; tampoco pueden realizar bautismos (§9). Según Epifanio, padre de la iglesia del siglo IV, los montanistas ignoraban este versículo cuando ordenaban mujeres como obispos y presbíteros[330]. Por nuestra parte, nosotros debemos leer lo que Pablo dice aquí y no importar a este contexto enseñanzas que Pablo no menciona, esto es, el rol de las mujeres en el liderazgo de la iglesia.

11:4

La conclusión paulina que *Todo hombre que ora o profetiza con la cabeza cubierta deshonra al que es su cabeza* aparentemente pretendía ser una implicación evidente de 11:3; sin embargo, debemos tomar en cuenta que esta no es la primera vez que los corintios han escuchado algo sobre el tema. Lo que ya sabían se fue incorporando al material fresco proporcionado por Pablo.

Hay comentaristas que toman esto como un caso ficticio: Pablo habla de hombres con la cabeza cubierta solo para balancear el verdadero asunto, es decir, las mujeres con la cabeza descubierta. Pero este no es un paralelo casual que Pablo menciona rápidamente aquí, sino un punto que probará en 11:7a. ¿Se cubrían los hombres, de hecho, la cabeza para orar en el mundo antiguo? El paralelo en el cual la mayoría de los evangélicos piensa es en la gorra pequeña que los hombres y muchachos judíos llevan puesta llamada *yarmulke* (o *kipá*), cuando entran a la sinagoga, o sugiere la manta de la oración *tallith* para cubrirse la cabeza. Así que, Pablo estaría revocando la costumbre de la sinagoga, incluyendo como parte del nuevo pacto que los hombres oren con la cabeza descubierta. Esta interpretación se ve socavada por la falta de evidencia de que los hombres judíos se cubrieran la cabeza para orar tan temprano como el primer siglo (ver Fee, p. 575).

No, el paralelo más cercano viene del mundo pagano. Richard Oster recientemente demostró que la costumbre romana era cubrirse la cabeza de manera particular mientras se oraba o se sacrificaba[331]. Hay evidencia de esto en el Corinto romano[332]. Pablo no está diciendo "dejen de orar como los judíos", sino más bien "no se vistan como los idólatras romanos, cuando oren".

Entendemos *ora o profetiza* como el hacerlo en voz alta en el culto; uno se dirige a Dios; el otro, a una revelación sobrenatural, normalmente un mensaje

---

330. Epifanio, *Las herejías* 49.3 (Bray, p. 164).

331. Richard Oster, "Use, misuse and neglect of archaeological evidence in some modern works on 1 Corinthians", *ZNW* 83, 1992, pp. 52-73. Cf. también Cynthia L. Thompson, "Hairstyles", *BA* 51, 1988, pp. 99-115; D. W. J. Gill, "The Importance of Roman portraiture for head-coverings in 1 Corinthians 11:2-16", *TynB* 41, 1990, pp. 245-60; Witherington, *Conflict and community*, pp. 232-35. En pp. 238-40 él argumenta que tanto hombres como mujeres estaban pecando al rechazar la tradición cristiana.

332. Así Thompson; Thiselton. Por tanto, estamos en desacuerdo con Horton, *Corinthians*, p. 100, cuando dice que Pablo prohibió los velos a los hombres en Corinto porque habría sido vergonzoso según la costumbre local; de hecho, la costumbre local lo veía como una práctica pagana aprobada. Crisóstomo dice que los hombres ya habían comenzado a andar con la cabeza cubierta en Corinto.

de parte de Dios para la iglesia[333]. Profetizar involucra a una persona que entrega un mensaje de Dios a otros, es algo social, no privado. El contexto completo de 10:1–14:40 tiene que ver con la reunión de cristianos en el culto, ya sea para orar, profetizar, edificar u observar la Cena del Señor. Pablo no se dirige a la oración privada como tal, aunque uno supone que un hombre cristiano no debería cubrirse la cabeza ni entonces. Véanse nuestros comentarios en 14:33 acerca de si las mujeres profetizaban en el culto.

Los hombres no deberían profetizar "con la cabeza cubierta" es más ambigua en el griego de lo que la NVI sugiere. *kata kefalēs ejōn* (literalmente "abajo desde la cabeza") muy probablemente quiere decir que algo cubre la cabeza y pende de ella; un velo o una capucha más que un diminuto *yarmulke*. El opuesto es *akatakaluptō tē kefalē* (descubierta) en 11:5, lo cual sugiere la traducción de "cubierta" para 11:4. Hay quienes han tomado lo que cubre no como ropa, sino como cabello largo, anticipando el punto del cabello largo de los hombres en 11:14. Pero, más bien parece que Pablo toca dos conjuntos de puntos aquí: que el cabello largo de la mujer sugiere lo apropiado de un velo en la oración; que el cabello corto de los hombres sugiere que la cabeza de él no debería estar cubierta con una tela.

Hay un juego de palabras en 11:4 y 5, entre la cabeza física humana y la Cabeza que es Cristo. Esto dificulta saber exactamente qué se deshonra cuando un hombre con la cabeza cubierta "deshonra su cabeza" (así en RVR; BJ, LBLA y VP lo dejan igualmente vago). Una lectura es que el hombre trae vergüenza sobre su propia cabeza, es decir, sobre su persona. Una mejor lectura, la de la NVI se inclina por la interpretación de *Cristo*: él quien es la cabeza del hombre (Cristo, véase 11:3): es deshonrado, algo así como "deshonra su Cabeza". Esto nos parece lo más probable, dado que su opuesto es traer gloria a la cabeza de uno en 11:7: el hombre a Cristo, la mujer al hombre.

¿Cuál es la naturaleza de la vergüenza? Se ha sugerido que es vergüenza social; que el hombre que se pone un velo (o la mujer que no) atrae la atención hacia sí mismo en un modo que distrae de la atención hacia Dios. Sugerimos que la vergüenza va más allá de convertirse en una distracción; después de todo, existen cientos de maneras de hacer eso sin que tenga nada que ver con adornos en la cabeza. Antes bien, debido a que la vergüenza se dirige a Cristo, está en la

---

333. Contra Thiselton, p. 826, quien considera esto como "predicación profética". Cf. Robertson y Plummer, quienes señalan que el significado de oración y profecía para los hombres en 11:4 debe de ser igual a lo que las mujeres hacían en 11:5, esto es, tanto hombres como mujeres oraban y profetizaban en el "culto". Bachmann argumenta que esto tiene que ver con la adoración de la mujer en "casa", donde ella profetizaba a un grupo de amigas. Nótense los problemas con esto de acuerdo con Grosheide, pp. 252-253. Crisóstomo (26.2 y 4) dice del pasaje "en ese entonces las mujeres también solían profetizar"; pero no queda claro si la iglesia de él carecía de profecía o si restringía a las mujeres.

misma categoría de "provocar a celos al Señor" en 10:22. Pues el que un hombre lleve puesto un velo resta gloria a Cristo y lo ofende, porque es un símbolo pagano.

11:5

Hasta la última frase, este versículo se equipara gramaticalmente con 11:4. La mujer es la gloria del hombre (11:7). Sin embargo, si ella está en el culto, orando en voz alta o profetizando, y decide quitarse lo que le cubre la cabeza, ella avergüenza literalmente "su cabeza". Puesto que el versículo es paralelo a 11:4, la NVI está en lo correcto al traducir *"deshonra al que es su cabeza"*. Si la "cabeza" de la mujer es el hombre, entonces, esto se refiere a los hombres en la asamblea[334].

Algunos sugieren que esto debería traducirse "ella avergüenza su propia cabeza", es decir, a sí misma. Pero todo el punto de Pablo aquí es, de nuevo, que cada cristiano está obligado por el sentido del deber a elevar a los otros. Si las mujeres hubieran sido avergonzadas por descubrirse la cabeza, ¿no habrían sido las primeras en darse cuenta de eso? El punto más bien es que, están avergonzando a los hombres, ya sea que lo noten o que les preocupe.

Estamos tratando aquí con algo más profundo que una elección de moda. El vestido, especialmente en las sociedades antiguas, transmitía fuertes señales acerca de la posición social y de la propia conciencia, incluyendo el género. Las costumbres varían según el lugar y el tiempo, pero esto no significa que las señales no tienen significado. Por ejemplo, no hace muchas generaciones, una muchacha que comenzaba a peinarse hacia arriba indicaba que ya estaba disponible para casarse. Para los muchachos varones, la adquisición del primer par de pantalones largos era un paso serio.

En la sociedad romana, una mujer casada o una viuda salían a la calle no solo con el pelo recogido, sino también con una capucha, un velo o un pañuelo como señal de respeto a su condición de casada. Representaba su lealtad a su marido y que no estaba disponible para los hombres que se encontrara en su camino[335].

---

334. Así Hays, *First Corinthians*, pp. 184-85.

335. En la tradicion judia, *Ketubbot* 7.6 (versión del Valle) permite que un hombre se divorcie de su esposa si ella anda públicamente "con el pelo suelto"; no se menciona el velo. 3 Macabeos 4:6 muestra cómo las respetables mujeres recién casadas sufrían vergüenza cuando caminaban en público sin velo. Plutarco, *Quaest Rom* 267a (traducido por Conzelmann, p. 185, n. 40): "Es más frecuente que las mujeres anden en público con la cabeza cubierta y los hombres con la suya descubierta". Su *Apophthegmata Laconica* 232c, muestra que los velos tenían que ver con ritos de cortejo: "Y concerniente a la cuestión de que por un lado las solteras salen sin cubrirse, pero las esposas cubiertas: 'Porque', él dijo, 'las solteras necesitan buscar marido, pero las casadas tienen que cuidar lo que tienen'". Hay abundancia de retratos de mujeres del Corinto romano que muestran esposas con la cabeza descubierta (Witherington, *Conflict and community*, p. 234), pero se debe a que los retratos no reflejaban la forma de vestir de las mujeres cuando andaban *en público*. Bruce W. Winter, *Roman wives, Roman widows*, Eerdmans, Grand Rapids, 2003, sugiere que los retratos de la familia real servían para mostrar como una señora romana debía peinar su

Esto no era la forma extrema de la práctica *purdah* musulmán, por la cual las mujeres andan con el *burka*, que puede ocultar por completo la cara y la cabeza. Más bien era una tela o pañuelo completo puesto encima de la cabeza, cayendo hacia atrás, debajo del cuello. Aparentemente, una reunión de la iglesia, aunque en un hogar privado, se consideraba una reunión pública a la cual la gente caminaba. Una mujer llegaba con la cabeza cubierta, y debería permanecer así, ya sea que hablara o no. Quitarse el velo –como si estuviera en su propia casa, o como si estuviera disponible para otros hombres– traería vergüenza a todos los hombres y a su esposo, en el caso de que estuviera casada. Witherington demuestra que en el culto pagano tanto los hombres como las mujeres llevaban la cabeza cubierta[336]. Pero, como las mujeres normalmente andaban así, en el culto o en cualquier lugar público, su vestimenta no tenía implicaciones paganas para Pablo.

Un siglo y medio más tarde, Clemente de Alejandría describió cómo las personas deberían caminar hacia la iglesia; su cultura era similar a aquella del Corinto romano:

> Mujer y hombre deben ir a la iglesia decentemente vestidos, con pasos naturales, abrazando el silencio, poseyendo amor sincero, puros en cuerpo, puros de corazón, aptos para orar a Dios. Que la mujer observe esto, más a fondo. Que ella esté completamente cubierta, a menos que ella resulte estar en su casa. Pues ese estilo de vestir es serio, y protege que la miren fijamente. Y ella no caerá jamás, quien ponga ante sus ojos la modestia, y su chal; ni ella invitará a otro a caer en pecado al descubrirse su cara. Porque este es el deseo de la Palabra, pues es apropiado para ella que ore con velo[337].

Nosotros entendemos más acerca de cómo una mujer podría entrar a la iglesia en una ciudad romana por medio del padre de la iglesia Hipólito:

> Todas las mujeres deben cubrir sus cabezas con un *pallium* [esto es, una cubierta como un manto o chal], y no simplemente con un [pequeño] pieza de lino, el cual no es un velo apropiado[338].

Pero, de nuevo, debemos preguntar, ¿por qué una mujer cristiana se quitaría el velo? Hay una variedad de explicaciones. La más directa, aunque improbable en este pasaje, es que ella lo hizo para atraer la atención sexual de los hombres de la

---

peluca. Esto refuta la teoría de Kümmel, quien afirma que como las mujeres judías llevaban velo, Pablo buscaba la manera de introducir una costumbre oriental en Occidente; pero esto es pasar por alto lo que también era claramente una costumbre occidental, una práctica romana común.

336. *Conflict and community*, pp. 233, 236.

337. Clemente de Alejandría, *Instructor* 3.11.

338. Hipólito, *Tradición apostólica* 18.5, parafraseado por el autor.

iglesia[339]. Otra, también poco probable, es que algunas mujeres corintias cristianas se metían en un frenesí carismático, literalmente soltándose su cabello y dejando que su velo cayera, agitando el cabello mientras profetizaban[340]. Este es, como algunos aseveran, el modo como se comportaban las profetisas paganas, pero es difícil imaginar que Pablo no lo censure directamente. La mejor solución es la que encaja bien con el capítulo 7 y tal vez con el 14: que algunas mujeres en la iglesia, disfrutando plenamente de su nueva igualdad en Cristo y su derecho a orar y profetizar, deseaban deshacerse por completo de las ataduras sociales. Así como ciertas mujeres en el capítulo 7 querían abstenerse del sexo o abandonar a su esposo en un intento de mejorar su vida espiritual, así algunas mujeres –¿las mismas?– querían desligarse de su esposo en el culto. Un equivalente moderno sería que una mujer se quitara su anillo de matrimonio, porque supuestamente su compromiso con su esposo la aparta de una completa devoción a Cristo.

De manera que, las mujeres sin velo y los hombres con velo traen vergüenza a su "cabeza", pero en diferentes modos: por rechazar su interdependencia con los hombres, o los hombres quienes le restan valor a la gloria única que le pertenece al único Señor Jesús.

¿Qué, entonces, de la comparación paulina de que la mujer sin velo *es como si estuviera rasurada*? Otra vez, hay varias posibilidades, todas aquellas que presuponen la costumbre de las mujeres de llevar el cabello más largo que el hombre, o en una manera que muestre su feminidad. A veces una mujer era rasurada como castigo por prostitución, con una "Letra Escarlata", una marca para indicarle a la comunidad lo que ella era. Si las mujeres corintias eran promiscuas, Pablo estaría diciendo: "Debido a que ustedes actúan como esa clase de mujeres, ¡deberían ser avergonzadas como ellas!". Pero hemos argumentado que la sensualidad no era el problema, sino un espíritu anticristiano de independencia de otros creyentes. Así que la otra posibilidad es mejor: que Pablo está pensando en una mujer rapada como asexuada: *Si en realidad no consideran apropiado tener un compromiso*

339. Pelagio (Bray, p. 162): "Las mujeres andaban en la Iglesia con la cabeza descubierta, ufanándose del pelo. Lo que no solo es indecoroso, sino que incitaba a la fornicación". Keener, "Man and woman", en *Dictionary of Paul and his letters* sigue esta línea.

340. Difícilmente este parece el punto de la sección, ni le aporta ningún sentido a por qué los hombres deben orar con la cabeza descubierta. Después de todo, Pablo apoya el cabello largo en las mujeres, lo cual sorprendería si el pelo suelto fuera el problema... o si fuera la solución al problema de la cabeza descubierta. Godet desea que "orar" signifique orar en lenguas, como en el capítulo 14; esto no tiene por qué ser así. Hays (pp. 182-183), interesantemente, dice que el problema tenía dos caras: las mujeres se quitaban el velo, y dejaban caer el pelo; Pablo rechazó ambas acciones. Pero si ese fuera el caso, ¿por qué Pablo parece afirmar que el cabello largo era un elemento natural para cubrirse? Hays asevera sin prueba (p. 185) que las mujeres romanas y griegas normalmente no llevaban velo, pero creemos que él no distingue bien la diferencie entre los velos antiguos y el *burka* musulmán.

femenino con un marido/con hermanos cristianos, ¡entonces por qué no desechar todos los atavíos femeninos!

La idea de que aun en la iglesia las mujeres deben ser mujeres y los hombres deben ser hombres ofende a algunos modernos. Pero examinemos positivamente lo que Pablo está diciendo: en la iglesia, los hombres y las mujeres siguen siendo hombres y mujeres; los maridos y las esposas siguen como tales. Estar en Cristo, aunque garantiza la igualdad entre los creyentes, no significa el final del género ni del matrimonio, ambos son parte de la creación original de Dios antes de la Caída. Por lo tanto, no hay necesidad de que las mujeres asuman que ser independientes o más varoniles las convertirá en cierta medida en mejores cristianas. La palabra de Pablo es: una mujer cristiana, que se vista apropiadamente, puede orar y profetizar en voz alta, hombro a hombro con cualquier hombre en la congregación.

11:6

Pablo está siendo irónico: no ordena que ella se rasure la cabeza. Si es cristiano y deseable que una mujer tenga un peinado femenino, entonces es cristiano y correcto que una mujer lleve velo en el culto. Ella no abandona nada en Cristo por ser mujer. El argumento paulino descansa en la presuposición de que "es vergonzoso para la mujer tener el pelo corto"; por supuesto, en ciertas culturas actuales, las mujeres llevan el pelo más corto que el de los hombres, más de lo que se considera el estilo típico femenino en esa cultura.

11:7

Volviendo a los hombres en el culto: *El hombre no debe cubrirse la cabeza.* Se supone que el hombre es la imagen y la gloria de Dios (no, como uno esperaría, *de Cristo*; Pablo hace eco de Génesis 1:27). Para él adorar con la cabeza cubierta es robarle a Dios su gloria, al aparecer públicamente ante Dios como si se acercara a Zeus o a Apolo. Pablo primero recuerda la creación del hombre y de la mujer en Génesis 1:26-27. Tanto hombres como mujeres son a imagen de Dios, y ambos tienen autoridad sobre la creación. Génesis 2:18-23 provee el punto de partida para *ya que él es imagen y gloria de Dios, mientras que la mujer es gloria del hombre,* un punto que retomará en 11:8-9. Tomando a Pablo y Génesis juntos, puede decirse que la mujer es la gloria del hombre, y que hombre y mujer juntos son la imagen y la gloria de Dios. Tanto hombres como mujeres, por tanto, tienen su parte como creación especial de Dios, pero también la responsabilidad de prestar atención a Dios y a los otros seres humanos.

11:8-9

El hombre no procede de la mujer, sino la mujer del hombre resume Génesis 2:21-23, donde Eva fue hecha de Adán. En este texto de la Santa Escritura, *la mujer a causa del hombre,* específicamente (Génesis 2:18, 20) para resolver su soledad.

Así que, Pablo muestra que el origen de la mujer es la causa de que ella viva como la gloria del hombre, y no como su vergüenza. Las diferencias de género son moldeadas por la cultura pero tienen sus raíces en la creación, es decir, son ordenadas por Dios.

11:10

Por esta razón... la mujer debe llevar sobre la cabeza señal de autoridad. Seguiremos el orden griego y dejaremos la segunda razón, los ángeles, a un lado por un momento[341]. Para Pablo, el relato del Génesis quiere decir que la mujer indica con su vestido que Dios creó al hombre y a la mujer dentro de cierto orden y cierto propósito. Ya sea que los lectores modernos encuentren esa lógica fácil de seguir o no, está claro que este es el punto de Pablo.

Lo que no queda claro es lo que Pablo quiere decir cuando asegura que un velo es una "señal de autoridad" (*exousia* solamente, en el griego; "señal" se suple)[342]. ¿Qué autoridad se señala por medio de un velo? Un punto de vista tradicional es que eso indica al mundo que ella reconoce la autoridad de su "marido" sobre ella y que se somete a él[343]. Esto surge del uso del término *kefalē* en 11:3, que aparte de este versículo no se presenta en términos de autoridad-sumisión como en Efesios 5.

La alternativa principal observa que el texto no dice nada acerca de la autoridad del marido; así que el velo representa la autoridad propia de ella. Si el abandono del velo señalaba su negligencia moral, entonces llevarlo es una señal de que ella ejerce dominio propio en el campo sexual (Thiselton). Hemos argumentado en contra de este acercamiento al texto. O podría significar algún tipo de protección poderosa (Conzelmann) anticipando "por causa de los ángeles". O quizá sea una señal de que ella, siendo mujer, también tenía el derecho de profetizar en una reunión cristiana: es una señal de la autoridad de ella, no de la de otro[344]. Aunque esto parezca forzado en el castellano, uno tiene que admitir que sí es cierto que *exousia* se ha usado en el sentido de derechos legítimos o de legalidad auténtica en otros textos, aunque normalmente en comparación con la verdad más grande, el amor cristiano.

---

341. Algunos exegetas aparentemente dan por sentado que es *"solo"* por causa de los "ángeles" que debe llevarse el velo, pero esto no es lo que Pablo dice. Él afirma que hay dos razones: los ángeles y la narrativa de Génesis.

342. En lugar de *exousia* en la crítica del texto, ciertos manuscritos sustituyen la lectura más fácil *kalumma* ("velo"). *Exousia* no es solo la *lectio dificilior*, sino también cuenta con fuertes manuscritos como evidencia.

343. Los Padres griegos consideraron este como su significado (Crisóstomo). Esto se refleja en ciertas versiones: LBLA tiene "símbolo de autoridad"; BJ "una señal de sujeción".

344. Morna Hooker, "Authority on her head: an examination of 1 Cor 11:10", *NTS* 10, 1964, pp. 410-16; seguido por Fee.

La forma de desentrañar este difícil pasaje es recordar que el efecto debe fluir de la causa: o sea, una mujer debe llevar una señal de *exousia* "porque" Génesis enseña que ella fue hecha "del" varón, y "para" el varón. El hombre es su *kefalē*, y el adorno de su cabeza debe reflejar eso. Esto hace que 11:10 sea un paralelo más cercano a 11:3 pero también a 11:5, 6, su velo/cabello largo indican la relación de la mujer con el hombre. Lo que es más –aunque Pablo no desarrolla ese punto– el hombre ora con la cabeza descubierta como señal de la autoridad de Dios/ Cristo sobre él, no como señal de sus propios derechos como hombre.

¿Por qué más debería una mujer llevar velo? *A causa de los ángeles* (del griego *angelos*). Esta también es una palabra difícil, y ciertos eruditos han optado por quitarla como si fuera una interpolación posterior. Tanto el hebreo *malak* como el griego *angeloi* usado aquí pueden referirse a un mensajero general, o a un mensajero angelical de parte de Dios. Este es el mismo punto que afecta a la interpretación de los siete "ángeles" (¿ángeles guardianes?, ¿mensajeros que esperan para entregar epístolas?, ¿pastores?) de las iglesias en Apocalipsis 2–3. Si los ángeles de 1 Corintios son mensajeros humanos o pastores, entonces Pablo está diciendo: *cada iglesia practique esto, si no lo hacen, ¿qué pensarán los de las otras iglesias cuando vean a las mujeres corintias con la cabeza descubierta?* (cf. 11:16)[345].

El hecho de que la mayoría de las versiones prefiera "ángeles" refleja lo difícil que es hallar la idea de mensajeros humanos en 11:10. Pero si Pablo se refiere a ángeles, ¿de qué ángeles se trata?, y, ¿por qué los ángeles prestan atención a lo que las mujeres llevan sobre la cabeza?

Una interpretación antigua tiene su base en Génesis 6:1-2:

«Cuando los seres humanos comenzaron a multiplicarse sobre la tierra y tuvieron hijas, los hijos de Dios vieron que las hijas de los seres humanos eran hermosas. Entonces tomaron como mujeres a todas las que desearon».

En este caso, quizá Pablo habla de ángeles malos que serían tentados a fornicar con las mujeres[346]. De modo que, las mujeres cristianas deben llevar velo para evitar la atención sexual, venga de los hombres o de los ángeles malos.

---

345. Cf. Ambrosiáster (Bray, p. 165): "Los ángeles son los obispos". Una alternativa a esto se encuentra en Ecumenio: "Por ángeles él quiere decir hombres justos y virtuosos. Que ella se ponga el velo, entonces, que no los provoque a ellos a la fornicación. Para que los verdaderos ángeles en el cielo la vean a pesar del velo". O sea, ¡que los ángeles tienen una visión sobrenatural de rayos X y pueden ver a través de los velos, entonces, no les importa el velo!

346. 2 Pedro 2:4; Judas 6; varias fuentes judías, incluyendo *1 Enoc* 15:2-3 (versión Diez Macho): "Ve y di a los vigilantes celestiales que te han enviado a rogar por ellos: Vosotros debierais haber rogado por los hombres; no los hombres por vosotros. ¿Por qué habéis dejado el cielo alto, santo y eterno, habéis yacido con mujeres, cometido torpezas con las hijas de los hombres y tomado esposas, actuando como los hijos de la tierra, y engendrados hijos gigantes?" Tertuliano, *Velar a*

Hay otra lectura más probable, dado que "ángeles" sin ninguna calificación generalmente se refiere a ángeles santos más que a demonios o a ángeles caídos. La iglesia es la gloria de Dios, no solo sobre la tierra, sino también en los cielos. De modo que, los ángeles de Dios observan cómo se comportan los cristianos[347]. Entonces podríamos parafrasear esto así: "tomando en cuenta que esos ángeles están mirando nuestra conducta...". Pero, es imposible determinar por qué eso representa una preocupación particular para Pablo o para los corintios y debe dejarse sin contestar.

11:11-12

Las diferencias entre 11:11-12 y 11:18 son suficientemente sorprendentes como para que Conzelmann las titule "contradicción" y al último pasaje "una nota de retractación"[348]. Esto es completamente innecesario, pues Pablo también afirma lo que ya se había dicho. Con *sin embargo* (*plēn*), él señala que está cambiando de dirección y continúa ampliando la parte de la verdad que afirmó. Si la narración del Génesis parece dejar a la mujer dependiente del hombre, pero los hombres son libres, Pablo ahora cerrará esa puerta.

¿Significa *en el Señor* que en el orden de la creación, las mujeres están subordinadas y se derivan de, pero en Cristo las mujeres pasan a ser iguales? O, ¿es epistemológico, que "en el Señor" nos revela que la interdependencia es mutua? Este último parece ser el caso aquí, pues los argumentos que Pablo usará como prueba son de Génesis (Eva fue formada de Adán) y de la naturaleza (el nacimiento) más que del evangelio. Sin embargo, nosotros sabemos estas cosas "en el Señor", no a través del razonamiento natural ni de la filosofía. Génesis, después de todo, es parte de la revelación de Dios.

El texto griego aquí no emplea verbos, sino solo preposiciones (ver nuestros comentarios en 8:5-6). Colocamos entre paréntesis los verbos que los editores han añadido:

---

las vírgenes 7.2 usa esto para argumentar que, si una mujer casada necesita un velo por causa de los demonios, ¡cuanto más la tierna joven virgen!

347. La idea se origina en el AT (cf. Walter, p. 196), por ejemplo Salmo 137:1 LXX (138:1): "Yo te reconoceré, Oh Señor, con todo mi corazón, porque escuchaste las palabras de mi boca, y delante de los ángeles yo haré música para ti". La idea de que los humanos se junten con ángeles invisibles no es rara en Qumrán y en la cosmología apocalíptica. El culto de Qumrán era la mitad visible, mientras que los ángeles alababan a Dios invisiblemente al mismo tiempo y en el mismo lugar. Cf. Barrett; Conzelmann, p. 189, n. 87; Robertson y Plummer adelantan esta idea en su comentario. Por supuesto, la teología de Qumrán y la de la iglesia son muy distintas en muchos puntos relevantes.

348. Así Conzelmann, *1 Corinthians*, p. 190.

> *Ni la mujer [existe] aparte del hombre*
> *ni el hombre aparte de la mujer*
> *Porque así como la mujer [procede] del hombre,*
> *también el hombre [nace] de la mujer*
> *pero todo [proviene] de Dios.*

De nuevo, los referentes son los hombres y las mujeres, no necesariamente maridos y esposas. Eva fue formada de Adán, que quede claro, y esto demuestra la interdependencia de la mujer hacia el hombre. No obstante, ningún hombre es independiente de la mujer: cada hombre viene de una madre. La lección tanto para hombres como para mujeres es que ninguno puede declararse independiente del otro; ambos existen en y por el otro. Y si algún hombre o alguna mujer desea rechazar ese orden con base en la libertad cristiana, no necesitan mirar más allá de esta cláusula: *pero todo [proviene] de Dios.* Por definición, el orden natural es el orden establecido por el Creador de Génesis 1. Pablo afirma aquí un punto que surge con extraordinaria frecuencia en Corintios: el cristiano no vive por sí mismo ni para sí mismo; él o ella vive para Dios, pero también para los demás. Este principio muestra el camino cuando un cristiano bien instruido quiere comer carne dedicada a los ídolos frente a un cristiano débil; cuando un marido supuestamente muy espiritual desea abandonar las relaciones maritales con el fin de alcanzar mayor santidad; cuando un carismático desea demostrar su don de lenguas para llamar la atención en el culto; cuando una esposa cristiana tira su velo con el fin de probar su igualdad en Cristo. Vivimos para Dios y Dios a su vez nos dice que vivamos para el Otro.

11:13

Juzguen ustedes mismos: ¿Es apropiado que la mujer ore a Dios sin cubrirse la cabeza? Algunos comentaristas encuentran que Pablo titubea, como si supiera que su caso es débil, por lo cual debe preguntarles a los lectores: "Observen los hechos... ¿no les parece que mi conclusión es la correcta?". Este no es el caso de ninguna manera. Al contrario, Pablo presupone que los corintios creían por instinto –ya fuera cultural, genético o espiritual– que se considera incorrecto ver a una mujer orando con la cabeza descubierta. Él invita a los corintios a repasar los hechos y a sacar la conclusión apropiada.

11:14-15

Schrage demuestra que el *orden natural* (*fusis*) podría referirse simplemente a lo que parece natural, dado un conjunto de presuposiciones culturales[349]. Y entonces, en lugar de "la naturaleza exige cabello largo para las mujeres, cabello corto

---

349. También, Thiselton, *First Corinthians*, pp. 844-46, quien señala que los estoicos usaban el término para referirse a "el orden de cómo son las cosas". Fitzmyer, *First Corinthians*, p. 420.

para los hombres" una mejor formulación sería "les parece natural a ustedes, ¿no es así?". Esto es de gran ayuda. Pues mientras que existe una tendencia entre las culturas del mundo a seguir un patrón en peinados, en algunas los hombres llevan el cabello largo, y las mujeres llevan el suyo relativamente corto, quizá más que el de los hombres. Nosotros no podemos apelar a 1 Cor 11:13 para probar que estas personas están rebelándose contra la naturaleza al hacer esto. Por otro lado, en los tiempos romanos, algunos hombres y muchachos llevaban el cabello largo, a veces como señal de que eran homosexuales, en otras ocasiones provocando sospechas no deseadas acerca de su orientación. Algunas lesbianas llevaban el cabello corto por la misma razón[350]. Así que, para los hombres dejarse *crecer el cabello* (*komaō*) significaba más que simplemente aumentar el tamaño, significaba enviar señales sexuales mixtas. Lo mismo pasaba en relación con la vestimenta, y por eso se prohibió llevar ropa del otro sexo en Deuteronomio 22:5.

Al final de su argumento, Pablo hace una afirmación que provoca que los comentaristas titubeen y pierdan el hilo. *Es que a ella se le ha dado su cabellera como velo* generalmente se interpreta como que el cabello largo es la cubierta natural (*peribolaion*; VP dice "para que le cubra la cabeza", mejor traducción que "velo"); por tanto, llevar velo artificial también tiene sentido para las mujeres cristianas. Alternativamente, algunos entienden "por" (o "como") (en el original *anti*) en su sentido de "en lugar de velo" (así RVA, RVR). Es decir, una mujer con un cabello largo (que ondea) no necesita velo. Pero, si ese fuera el caso, ¿por qué Pablo no les dice a los corintios que rechacen el estilo común de llevar el cabello recogido? Esta interpretación solo sirve para confundir lo que se ha dicho anteriormente, que las mujeres con el cabello largo también deben llevar velo en el culto, con la implicación de que ellas lo lleven recogido bajo el velo, y así es precisamente cómo lo llevaban en público las mujeres en el siglo I[351]. La mejor interpretación aquí es que es natural que creamos que el velo es apropiado para una mujer; después de todo, la naturaleza también le ha cubierto la cabeza.

11:16

Pablo, habiendo apelado a la Biblia, al sentido común, a la cultura, a la naturaleza, apela ahora a la costumbre cristiana: la iglesia corintia no debería crear sus propias reglas en contra de la tradición de las demás iglesias. Quizá el tema de los velos no era tan importante para él; no obstante sí importaba el que alguien

---

350. Pseudo-Focílides, *Sententiae* 212, dice que un hombre no debería llevar su cabello largo (*komaō*) ni trenzarlo o peinarlo en una delicada manera femenina, porque eso no es apropiado; también Plutarco *Moralia* 267B.

351. Como interpreta Ben Witherington III, *Women in the earliest churches*, Cambridge University Press, Cambridge, 1988, pp. 78-90.

insista en discutir un hecho[352]. Aparte de esto, *nosotros no tenemos otra costumbre, ni tampoco las iglesias de Dios* relacionada con los hombres y las mujeres en el culto. Pablo utiliza a las otras iglesias para negarles el derecho a los corintios de seguir su propio rumbo, recordándoles lo que otras iglesias hacían.

Hacemos bien al seguir las palabras de Fee: "La distinción entre los sexos ha de mantenerse; la cobertura debe volver a usarse; pero para Pablo no parece ser cuestión de vida o muerte"[353]. Él dice esto, no solo debido al tono relajado de la sección, sino también porque Pablo parece probar el punto principalmente por medio de apelar a la vergüenza y a la tradición. Indudablemente, Fee está en lo correcto al decir que el tema de la Cena del Señor tiene mucho más peso para Pablo. Sin embargo, Pablo no (ahora, contra Fee) simplemente apela a la lógica y a las costumbres humanas aquí; la mayor parte de su argumento surge de su comprensión de la creación como se describe en Génesis 1–2. Por tanto, concluiremos que para Pablo el principio de "autoridad" de 11:3 es inalterable, y eso debe reflejarse en la iglesia. Los adornos de la cabeza, en su contexto histórico cultural, eran una forma de señalar esto.

Paremos y parafraseemos esta difícil sección con el fin de destacar nuestras propias conclusiones (seguimos en parte la línea de la Nueva Traducción Viviente):

> Pero hay una cosa que quiero que ustedes sepan:
> Los *hombres* son responsables ante Cristo,
> Las *mujeres* son responsables ante los hombres,
> Y Cristo es responsable ante Dios.
>
> Por tanto, un *hombre* deshonra a Cristo si lleva algo sobre su cabeza
> mientras ora o profetiza en una reunión de la iglesia.
> Pero una *mujer* deshonra al hombre si ora o profetiza en la iglesia
> sin cubrirse la cabeza.
>
> Si ella quiere deshacerse de las señales de género,
> ¿por qué no da un paso más y se rasura la cabeza?
> Sí, si ella se rehúsa a cubrirse la cabeza femeninamente,
> ella podría cortarse todo su cabello femenino.
> Y, como es vergonzoso que una mujer lleve el cabello corto o la cabeza rasurada,
> entonces ella debería ponerse una cubierta femenina que le cubra la cabeza.
>
> Un *hombre* no debe cubrirse la cabeza cuando adora,
> porque el *hombre* es la gloria de Dios, hecho a su propia imagen,
> pero la *mujer* es la gloria del hombre.

---

352. O literalmente, "ser contencioso" (RVA). *filoneikos* se halla solo en este versículo en el NT. La otra referencia en la literatura cristiana primitiva aparece en *1 Clemente* 45.1: "Contened, hermanos, y sed celosos sobre las cosas que afectan a la salvación".

353. Fee, *Primera corintios*, p. 601; contra José María González Ruiz, *El evangelio de Pablo*, Sal Terrae, Santander, ²1988, p. 75, quien ve a un Pablo "lleno de nerviosismo".

¿Cómo sabemos esto? Porque de acuerdo con Génesis
el primer Hombre no nació de una Mujer,
sino que la Mujer salió del Hombre.
y el Hombre no se hizo para beneficio de la Mujer,
sino la Mujer se hizo para el Hombre.
De modo que una *mujer* debe cubrirse la cabeza
como signo de responsabilidad hacia los hombres [o quizá su marido],
y también porque los ángeles están mirando.

Pero con la nueva revelación del Señor que nos guía, sabemos que esa interdependencia es mutua:

Las *mujeres* no son independientes de los *hombres*,
y los *hombres* no son independientes de las mujeres.
Porque, aunque la primera mujer vino del hombre,
todos los *hombres* han nacido de las *mujeres* desde entonces,
pero, ¡es de Dios de quien viene todo!

¿Les parece correcto que una *mujer* ore a Dios en adoración sin cubrirse la cabeza?
¿No consideran obvio que es desagradable que un *hombre* lleve el cabello largo?
Y, ¿no piensan que es obvio que el cabello largo es el orgullo y el gozo de
una *mujer*?
Porque se le ha dado a *ella* como cobertura.

Pero si alguien quiere discutir sobre cubrirse la cabeza en la reunión, todo lo
que puedo decir es
que no tenemos otra costumbre más que esa,
y que todas las iglesias de Dios practican la misma costumbre.

El cristianismo no elimina indicadores sociales 11:16
*No estamos seguros de lo que rechazaban las mujeres corintias: el velo mismo como
una tradición "mundana" grecorromana, o la realidad bíblica simbolizada por este.
Sin embargo, defendemos que el punto de Pablo es que para representar a Cristo bien
en este mundo, los cristianos deberían fijarse en las señales que envían: que el hombre
corintio debía tener el pelo corto y la mujer el pelo largo y un velo.*

*Todas las sociedades humanas tienen sus indicadores sociales, mensajes silenciosos que ayudan a comunicar ideas acerca de ellos mismos. Estos cambian radicalmente
de una cultura a otra, en cada época y en cada lugar. Pueden ser muy útiles: ahorran
miles de horas de explicaciones cada año:*

— *Se acostumbraba que las viudas se vistieran de negro. Del mismo modo, los
hombres llevaban bandas negras en los brazos. Por medio de esto, mostraban su respeto por el muerto. Pero también indicaban a los otros, "Yo estoy
de duelo... no hagan bromas cerca de mí como si todo estuviera normal".*
— *Un anillo de matrimonio es una señal de que no estamos disponibles para
un romance. En mi cultura, generalmente tanto los hombres como las*

> *mujeres lo llevan. Cuando mi anillo se dañó en el gimnasio un día, compré uno barato que me sirviera como reemplazo temporal. ¿Por qué? ¿Andar sin anillo significa que yo amo menos a mi esposa? No, pero tampoco deseo enviarles a otros una señal equivocada. Las personas que se quitan sus anillos para esconder su estado civil son consideradas mentirosas.*

Como norteamericano, tuve que reaprender ciertas señales sociales cuando me mudé a Costa Rica. Por ejemplo, se me dijo que no estaba bien en América Latina mirar a una mujer joven a los ojos en la calle. Mi propia cultura me había dicho lo contrario, que es grosero no sonreír y saludar a todos los que veo. Pero tuve que aprender las señales apropiadas en la nueva cultura; después de todo, no quiero que la gente se sienta mal ni enviar mensajes equivocados con respecto a mi carácter.

Hay mensajes innumerables que comunicamos por medio de tatuajes, en distintas partes del cuerpo, aretes, dependiendo de en cual oreja, el peinado, camisetas y tipo de ropa, o nuestra manera de hablar.

Aun cuando somos ciudadanos del cielo, vivimos todavía en este mundo. Nuestro Señor mismo era famoso por romper las reglas sociales convencionales, y a veces nosotros también debemos hacerlo (véase Marcos 7:2, 5; Lucas 15:2; Juan 4:27; aun Juan 2:10). Pero él siempre lo hizo con una intención: servir mejor al Padre, no para probar que la sociedad no lo gobernaba. Como él, enviemos mensajes claros a quienes nos rodean, ya sea con nuestras palabras, con nuestras acciones o con esos indicadores silenciosos.

4. Y a propósito, acerca de sus reuniones: ¿no saben que la Cena del Señor debe mostrar la iglesia en su máxima unidad en amor? 11:17-34

Nosotros los cristianos leemos las palabras de la institución de la Cena del Señor en el culto. Esto es legítimo hacerlo, no obstante debemos leer el contexto completo de esta sección para saber por qué Pablo insertó la tradición en ese contexto. Él no les escribió a los corintios para enseñarles por qué tenemos comunión, o con cuáles palabras introducirla. ¿Qué asunto, entonces, estaba enfocando? Que el evangelio de la cruz, representado en el vino y en el pan, une a todos los creyentes, específicamente a los ricos y a pobres[354].

El problema (según se lo informaron a Pablo oralmente):

- Cuando se reúnen como iglesia hay divisiones entre ellos.
- Cada uno se adelanta a comer su propia cena, de manera que unos se quedan con hambre mientras otros se emborrachan.
- Hay entre ellos muchos débiles y enfermos, e incluso varios han muerto.

354. Similarmente en Fil 2:6-11 Pablo toma prestado o compone un poema cristiano acerca de la encarnación. Él lo hace así, no específicamente para enseñar cristología, sino para enseñar a los filipenses a ser humildes y obedientes, como era Cristo.

El análisis de Pablo:

- Aquellos con abundancia de comida y bebida avergüenzan a quienes no tienen, así agravian a la iglesia e ignoran el significado de la muerte de Cristo. [Para ponerlo más fácil, estamos empleando términos como "ricos" y "pobres" para describir estas dos divisiones. En realidad, la relativa riqueza de Corinto no sobrepasaba lo que hoy sería la clase media: quienes cuentan con una adecuada alimentación y una vivienda apropiada, con lo suficiente como para ofrecer una cena a un puñado de amigos cercanos].
- Si la reunión maltrata a los que no tienen, no es la auténtica Cena del Señor como fue transmitida.
- Estas enfermedades y muertes extrañas en la iglesia corintia son el resultado del abuso de la Cena del Señor.
- El juicio divino pararía si este abuso terminara: *para que las reuniones no resulten dignas de condenación.*

La solución paulina:

- Cuando se reúnan para comer, espérense unos a otros.
- Si alguno [rico] tiene hambre, que coma en su casa.

No todos habían percibido que la iglesia tenía un problema con la Cena del Señor, ni escribieron para preguntar acerca de eso. Pablo oyó lo que pasaba; sus palabras son desde la perspectiva de los pobres de la iglesia y que les parecía este asunto a ellos. No sabemos si escuchó esto de "los de Cloé" o de otros; probablemente se abstiene de informar sobre su fuente debido a que, después de todo, los pobres han hablado de sus "superiores", y lo han hecho a sus espaldas. Lo que es más, es Pablo quien establece la conexión teológica entre la desigualdad de clases en la iglesia con el significado detrás de la Cena del Señor. Él podría muy bien haber usado el bautismo como su punto de referencia, si la conexión dada por comer y beber no hubiera estado tan a mano.

Dichosamente, la excavación de Corinto ha arrojado nueva luz sobre este texto con información fresca[355]. Era una costumbre romana que una persona relativamente rica ofreciera banquetes a sus amigos, a menudo buscando estatus. El comedor (*triclinium*) de un hogar privado era pequeño, y según los estándares modernos el espacio no se aprovechaba eficientemente: así que, quizá se podía invitar a unas nueve personas a comer. Los comensales —normalmente todos hombres adultos— se reclinaban con sus codos izquierdos en cojines o divanes alrededor de una mesa baja.

---

355. Cf. Murphy-O'Connor, *St. Paul's Corinth*, pp. 161-169; Witherington, *Conflict and community.*

Especulemos sobre lo que pasaba en el Corinto cristiano. Una congregación se reúne al atardecer en casa de uno de sus miembros más adinerados. Pero un domingo en la tarde antes de la reunión, él también invita a sus amigos ricos a una gran comida. Esto favoreció una ronda de comidas y bebidas, hasta el exceso. Casi al terminar, los otros hermanos y hermanas cristianos llegan a la casa, y esperan fuera del comedor, quizá en el atrio al aire libre. Ellos deben de ser jornaleros que acaban de volver del campo, o esclavos que se apresuran a obtener permiso de sus amos. No hubo tiempo para conseguir algo de comer, tal vez tampoco podían pagar una ese día. Pero, se quedan de pie, sudando, cansados y hambrientos, esperando a que sus superiores socialmente hablando acaben con su fiesta. Después de la reunión, comparten el vino y el pan de la comunión. Para unos esta es su primera comida en horas; para otros, un poco que se acomoda pesadamente encima de montones de comida y de muchas copas de vino. Los ricos no sienten desigualdad; los pobres, mientras tanto o se sienten insultados, o concluyen que la igualdad en Cristo es un eslogan vacío, mera teoría que no tiene nada que ver con la vida cotidiana[356].

El tono de Pablo cambia drásticamente del estilo relajado de 11:2-16. Es en este punto de la epístola donde alcanza su punto más alto de furia santa[357].

11:17

Pablo continúa el estilo epidéitico (ver 11:2) con lo negativo: *no puedo elogiarlos*, es decir, en lo que sigue. Su siguiente afirmación es nueva para todos salvo para unos cuantos cristianos pobres. A pesar de toda su sabiduría, sus dones espirituales y su aparente prosperidad, *sus reuniones traen más perjuicio que beneficio*. Pablo emplea el verbo *sunerjomai* ("venir juntos" para una reunión) aquí en 11:18, 20, 33; 14:23, 26 a sus reuniones de la iglesia en casas.

11:18

Pablo habla del problema de la división *en primer lugar*. Es difícil decir si él ofrece "un segundo lugar", aunque 11:20 puede considerarse un segundo tema. El informe que él ha recibido dice que hay *divisiones* en la iglesia. *Sjismata* es la misma palabra usada en 1:10 para referirse a los cuatro grupos (ver también 12:25), pero aquí él añade la palabra *haerēsis* en 11:19 (divisiones, no necesariamente el significado posterior "herejías"). ¿Significa esto que estas divisiones siguen las líneas bosquejadas en 1:11-12? Aparentemente no: la división aquí es en la línea de ricos y pobres. Sugerimos en 1 Corintios 1, que un líder de la iglesia en una

---

356. La gente presente en el mismo banquete podía enfrentar una desigualdad radical, como lo muestra Marcial en *Epigramas* 3.60. Los preferidos recibían la mejor carne y el mejor vino.

357. En un paralelo impresionante, Santiago argumenta que dar al pobre los lugares inferiores en la asamblea ¡es una blasfemia contra el nombre de Jesús! (Santiago 2:1-7).

casa A podría estar enfrentado contra los de la iglesia en la casa B por el estatus; pero en el cap. 11, el líder de la casa A aparece maltratando también a los de su propia congregación que no tienen esperanza de estatus.

Hasta cierto punto lo creo puede significar algo como "¡Difícilmente puedo creer esto!". Es más probable que él esté dándoles el beneficio de la duda, puesto que ha escuchado solo un lado de la historia. Sin embargo, el encontró que el informe era enteramente plausible, dado lo que él sabe de la lucha de la iglesia por el estatus.

11:19

Este versículo es un rompecabezas, capaz de dos explicaciones razonables. La primera es que Pablo ve en la situación de estos una alusión a Mateo 24:9-13. Jesús predijo que en esta época, especialmente hacia el fin, el trigo sería separado de la cizaña y los verdaderos santos se manifestarían. Este proceso ya estaba en marcha en Corinto[358]. Este punto de vista enfrenta varios problemas: primero, es difícil hallar alguna referencia escatológica en este párrafo. Segundo, no es fácil ver cómo Pablo habría aplicado la enseñanza apocalíptica a la situación corintia: después de todo ellos estaban divididos entre los ricos egoístas y los desdichados pobres. Entonces, ¿"quiénes cuentan con la aprobación de Dios"? Un giro en este punto de vista es que los corintios mismos justificaban sus divisiones recurriendo al Discurso de los Olivos. Nos parece demasiado sofisticado para los cristianos corintios.

La otra explicación calza mejor, aunque involucra el delicado procedimiento de atribuir una afirmación a los corintios (como en 6:1, 6:12, 7:1, etc.). Es decir, Pablo está citando a los corintios ricos (*via* sus informantes pobres) o más irónicamente poniendo en su boca las palabras que él pensaba que ellos estarían diciendo: "Después de todo, si no existen diferencias entre nosotros, ¿cómo podemos decir quién en realidad tiene la aprobación divina?"[359]. De modo que, los ricos justificaban su exclusividad, recurriendo a su propia profundidad filosófica o hasta a su propia riqueza como una señal del favor evidente de Dios. En ese caso, los *sjismata* son divisiones sociales más que teológicas (y por tanto,

---

358. Así Calvino; Hodge; Godet; Kistemaker; Fee; Conzelmann; Kümmel contra Lietzmann; Schrage; Witherington. Grosheide dice que esto significa que la iglesia debe permitir discusiones y no forzar la uniformidad, pero cuesta creer que ese sea el punto de Pablo aquí. Que esto era una concesión auténtica para las divisiones fue casi universal entre los Padres, quienes aplicaron esto a los sectarios de su propia época. Ver Justino Mártir, *Diálogos* 35 (quien puede, sin embargo, estar citando un dicho desconocido de Jesús más que 1 Corintios): "[Porque Jesús dijo]...'Habrá cismas y herejías'". Asimismo Clemente de Alejandría, *Misceláneas* 7.15; Tertuliano en varios pasajes, tales como *Contra herejías* 5; Cipriano, *Tratado* 1.10; *Tratado* 12.93; también Arquelao, Lactantio, Crisóstomo, Ambrosiáster, Agustín, Vincente de Lérins. Cf. Bray, p. 168.

359. Así Lietzmann y Kümmel, *An die Korinther*. Thiselton, *First Corinthians*, p. 848, lo parafrasea bien: "Porque 'las disensiones son inevitables', se afirma entre ustedes...".

no "sectarias" como en la NVI). Como en 1:10ss., Pablo no encuentra bases para estas divisiones.

11:20

Pablo emplea un adjetivo, *kyriakos*, "del Señor" el cual aparece solo aquí y en Apocalipsis 1:10 ("Día del Señor") en el NT pero se encuentra en unos Padres griegos[360]. Se relaciona con el término griego para Señor (*kurios*) y significa "perteneciente al Señor".

Hay dos sentidos posibles para *no es para comer la Cena del Señor*, aunque el significado final es casi el mismo. Uno es que *Ustedes no vienen anhelando la cena del Señor, sino su propio festín*. El otro es más probable, que *No es en realidad un comer la Cena del Señor, puesto que ustedes abusan terriblemente de su significado* (así VP).

11:21

Cada uno se adelanta a comer su propia cena, es decir, cada uno que tiene una cena llega a comérsela. No es seguro cuando se llevaba a cabo esa cena. Durante el último siglo, el punto de vista más popular en cuanto a la ocasión de esa comida era el llamado *agapē* antes de la comunión. Lo que se suponía debía ser una comida ligera de compañerismo se convirtió en un festín, al cual los ricos traían sus comidas y los pobres traían un poco o nada[361]. Nosotros no contamos con la fiesta *agapē* pero seguimos la opinión bastante convincente de Gerd Theissen, de que los invitados especiales llegaban temprano, para tener un banquete anterior al culto. Los trabajadores pobres, los esclavos y, quizá también, las mujeres y los niños llegaban solo para enterarse de que la fiesta había comenzado sin ellos[362].

Algunos comentaristas, especialmente los de la iglesia primitiva, vieron el problema corintio como de glotonería y embriaguez[363]. Si bien es cierto que estas faltas eran un delito adicional, no se trataba de ese comportamiento, sino, antes bien, la división de la iglesia lo que tan groseramente ofende al apóstol[364]. No

---

360. La frase actual *kuriakon deipnon* (cena del Señor) no es común en los Padres, aparte de citas de 1 Corintios 11:20. Cf., sin embargo, Basilio, *Asceticon Magnum* 31.1304.33; Crisóstomo, *Oportet haereses esse* 51.259.23.

361. Clemente de Alejandría, *Instructor* 2.2.

362. Ver el par de ensayos en Gerd Theissen, *Estudios de sociología del cristianismo primitivo*, Sígueme, Salamanca, 1985 – pp. 189-234, "Estratificación social de la comunidad de Corinto: estudio de sociología del cristianismo primitivo helenista"; pp. 235-55, "Integración social y acción sacramental: 1 Cor 11, 17-34".

363. Cf., especialmente, Clemente de Alejandría, *Instructor* 2.1-2, pero también muchos escritores modernos. Cf. Fee para una refutación.

364. Así Schrage, *An die Korinther*, p. 3:57. El argumento que los corintios sostenían un sacramentalismo individualista que se enfocaba en el beneficio espiritual del individuo. Por su

necesitamos imaginarnos una orgía salvaje con la expresión *otros se emborrachan*. Se servía vino y el problema no era el componente de alcohol –sustancialmente menor que en los vinos de hoy–, sino la cantidad que se habrían tomado durante varias horas. En una comida formal, la gente se embriagaba tan lentamente que no se daba cuenta de lo que estaba pasando, mientras tanto, los recién llegados evaluarían la situación a simple vista.

11:22
Pablo se dirige a los ricos de la iglesia, porque el lujo de poseer una casa propia donde comer y beber no era común en Corinto. Esos pocos comían y bebían en exceso en la casa de su anfitrión. Si ellos comieran y bebieran en su propia casa, preservando el sitio de reunión de la iglesia y el momento para fines santos, la ofensa sería menor.

Pablo ahora presenta una conclusión teológica: ustedes ricos, nunca habían considerado esto de esta manera, pero cuando ustedes comen hasta saciarse en una bulliciosa y exclusiva cena como preludio para el culto, ustedes desprecian o *menosprecian a la iglesia de Dios*. El lenguaje epidéitico se vuelve apasionado: *¿Qué les diré? ¿Voy a elogiarlos por esto? ¡Claro que no!*

Cómo menospreciamos a los pobres 11:21-22
Una de las manifestaciones graves del elitismo corintio fue hacer que los pobres se sintieran como miembros de segunda categoría dentro del cuerpo de Cristo. Santiago protesta contra el mismo pecado en 2:1-6. Recordemos, mirar a los pobres como inferiores no requiere ningún esfuerzo humanamente hablando. Por lo general, eso pasará natural e inconscientemente si no se toman medidas activas. Mientras la actitud básica de negligencia permanezca, esta puede manifestarse de todo tipo de formas.

Aquí hay algunas experiencias que he escuchado:

– *a los pobres se les culpa de su pobreza; se les dice que no tienen fe o que son pecadores.*
– *La gente se aparta de los pobres debido a sus "malas vibraciones"; su supuesta falta de fe puede ser contagiosa.*
– *Se ofrecen los asientos especiales a las personas dependiendo de su estatus.*
– *No se invita a los hijos de los pobres a jugar con los otros niños.*
– *Se evita a los hijos de madres solteras, particularmente a las hijas: sin un padre en casa se sospecha que ellas serán menos dignas de confianza.*

Lo que sigue es el testimonio directo de una hermana. Le pedí que hablara libremente acerca de sus expectativas de cómo sería convertirse en cristiana, de su posición actual

---

parte, Pablo mostrará que la Cena del Señor tiene implicaciones para la comunidad y la iglesia.

en la iglesia y sus reuniones, y, como en 1 Corintios 11, del modo cómo se manifiesta el estatus durante las convivencias:

En la sociedad ser pobres, no es muy agradable, pues ser pobre es algo así como tener lepra, como alguien que no es bienvenido en ningún lugar.

No tiene un buen trabajo. No tiene una carrera.

No tiene un buen apellido y no es hija de alguien y no tiene un esposo o algo que pueda respaldarla y una se siente sin esperanza, nadie te conoce. Pues no eres importante para nadie y una se siente sin esperanza y estás casi a punto de rendirte.

Pero un día te das cuenta de que, ¡Hay un Dios bueno y con mucho amor para ti y puede cambiar tu vida y darte una nueva esperanza donde ya no había nada y deseas entregarle tu vida y tus frustraciones!

Pero hay un gran problema. Debes congregarte y asistir a una iglesia y crees que tendrás una familia y amigos y todo parece ser muy bueno. Al principio nos dicen que las cosas son diferentes dentro de la congregación. Pero la realidad es totalmente diferente de las afirmaciones. Porque te das cuenta que no es verdad puesto que te recuerdan de inmediato, no, no puedes avanzar, eres diferente, no eres igual a los demás. Muy rápido te recuerdan inmediatamente que eres limitada; lo más triste de esto es que esto es muy difícil de superar. Esto es porque alguien nos dijo que los cristianos son diferentes, ellos te aman no por lo que tienes, sino porque eres hijo de Dios y él no hace diferencia entre las personas, todos somos iguales. Pero los pobres no tenemos mucho que dar, entonces no somos importantes para nadie. Reciben a los niños de buena familia, no a los pobres. Recogen dinero para los pobres de lugares lejanos, pero no nos ayudan dentro de su propia iglesia.

Después de todo esto quedas sin deseos de nada y totalmente sin esperanza y tienes "dos" cursos de acción, te retiras de todo o te quedas, pero te das cuenta de que no puedes estar solo y decides quedarte pero estás lleno de amargura y dolor para el resto de tu vida. A veces es difícil escucharlos, porque en mi corazón estoy diciendo que es mentira. Es de la misma forma con mis amigos solteros. Unos son muy exitosos y hacen mucho por la iglesia, pero nunca pertenecen porque no tienen esposo o esposa o niños.

La congregación está dividida por lo menos en 4 o 5 grupos:

1. *Los ricos*
2. *Los famosos*
3. *Los populares*
4. *Los pobres (donde yo estoy)*
5. *Los miserables*

Durante las reuniones o convivencias, todo el mundo va al grupo correcto. Usted debe conocer su posición, donde estás en relación con los demás. Si no la conoces, la gente tiene pequeñas maneras de recordárselo. Dicen que te comportas como rústico (pueblerino). Y por supuesto, ninguno se mezcla, cada uno está donde debe estar.

Si Pablo estuviera aquí, él declararía que esta tensión de clases es el enemigo de la cruz.

11:23a

Las palabras de institución en 11:23-25 (y probablemente 11:26) no constituye información nueva para los corintios. Ciertamente, el argumento llevaría poco peso si ellos no estuvieran ya familiarizados completamente con la cena del Señor. Pablo emplea el lenguaje de la tradición oral (*paralambanē/paradidōmi*; ver 11:2) para introducirlo. Teniendo en cuenta el lenguaje de la tradición oral, no necesitamos entender que *yo recibí del Señor* quiera decir que Pablo oyó directamente esto de Jesús por revelación. Más bien significa que él recibió la tradición iniciada por el Señor Jesús.

11:23b-24

Lo que sigue es "una expresión considerada autoritativa en la iglesia en general y no surgió de la propia composición paulina"[365]. La tradición comienza *el Señor Jesús...* Aquí Pablo coloca a sus conversos por encima de las riñas y celos locales de Corinto y les muestra cómo ellos son parte de la historia redentora en la cual todas las iglesias participan. Fee señala que la Cena apunta hacia Cristo, es la Cena del Señor, no el festín en la casa de un amigo. Transporta a la iglesia al pasado, a la noche cuando Jesús fue traicionado por Judas (también *paradidōmi*; la palabra aparece en el anuncio de la traición hecho por Jesús en Lucas 22:21).

La tradición de la institución de la Cena del Señor se halla en dos formas en el NT: la llamada forma marcana (en Marcos y en Mateo) es más corta; Pablo más o menos sigue la forma lucana[366], incluyendo las tres acciones de tomar el pan, dar gracias por él (*eujaristeō*) y partirlo.

La tradición misma dice poco en relación con una doctrina de la expiación (ver 1 Corintios 1:30, 6:11), que más que explicarse por las palabras de la práctica, se da por sentada[367]. Hay una variante textual aquí, la más memorable dado que se encuentra en un versículo tan repetido. Los mejores manuscritos dicen simplemente "Este pan es mi cuerpo, que es por ustedes"[368].

---

365. I. Howard Marshall, *Last Supper and Lord's Supper*, Eerdmans, Grand Rapids, MI, 1981, pp. 111-112.

366. Pablo no menciona la primera copa, ni que la sangre es "derramada por ustedes". Lucas 22:19, sin embargo, tiene una única referencia a "hagan esto en memoria de mí" la cual encontramos dos veces aquí en 11:24-25. Pablo no menciona que Jesús les dio (*didomi*) a ellos el pan.

367. La sección eucarística de *Didajé* 9-10 no contiene las palabras de institución. Más bien su intención es ofrecer oraciones para antes y después del ritual.

368. La RV 60, la RV 95, y hasta la RVA siguen los manuscritos inferiores que añaden "es partido" luego "por vosotros". La NVI con "entrego" difiere de la NIV inglesa, ya sea parafraseando o siguiendo los manuscritos que añaden "dado" para conformarlo a la tradición de Lucas.

Hagan esto en memoria de mí muestra que la Cena del Señor, como la comida de la Pascua, es un recordatorio de las obras redentoras de Dios[369]. Esto en sí mismo no prueba que el rito no tuviera otro significado sacramental, solo que un recordatorio es parte de la costumbre. Calza bien con lo que los corintios tenían que recordar: que su Señor, Cristo crucificado, derroca la sabiduría superficial de esta época y rompe las barreras entre las personas.

11:25

Después de cenar probablemente sugiere que en la última cena original hubo un intervalo antes de partir el pan. A lo largo de dos milenios, las iglesias han celebrado las dos partes de la Cena, una seguida de la otra, y bien puede haber sido lo que los corintios hacían ya en el primer siglo.

La frase *cada vez que beban de ella* (*hosakis*) es vaga en el griego. No provee una guía en cuanto a la frecuencia de la comunión, aunque es probable que la iglesia apostólica la observara cada semana. La tradición lucana es útil otra vez: el enfoque de la comida es recordar a Cristo, no procurar estatus.

La mención al Nuevo Pacto viene asimismo de la tradición lucana. Se refiere a la promesa en Jeremías 31:31-34, 33:15-26. En el Nuevo Testamento, la tradición del Nuevo Pacto se expone de modo más completo en 2 Corintios 3 y Hebreos 9–10. Lucas la amplía con "que es derramada por vosotros", haciendo una conexión aún más clara a la muerte sacrificial en la cruz, con una alusión a la obra del Siervo de Yahvé en Isaías 52:13–53:12. No obstante, no es solo de la tradición sinóptica que Pablo la extrae. En 1 Tes 4:1-12, por ejemplo, él muestra una clara dependencia de las predicciones del Nuevo Pacto de los profetas, en particular Isa 30:20b-21; Jer 31:31-34; 33:14-26; Eze 36:26-27[370]. Pablo había sido criado para creer que al final de la época, Dios intervendría en la historia de Israel y dotaría a su pueblo con el Espíritu para siempre, eliminando su tendencia a la apostasía. Lo que los rabinos no podrían haber previsto era que el pacto vendría a través de la crucifixión del Mesías, ni que los cristianos gentiles recibirían sus bendiciones. Eso significaba que cuando Pablo hablaba de ser "espiritual" en 1 Corintios, quería decir que los cristianos judíos y gentiles son personas "del Espíritu", beneficiarios del Nuevo Pacto. Ellos pueden vivir en el amor que Dios

---

La traducción de VP "que muere en favor de ustedes" es una paráfrasis, pues "muere" no aparece en ningún manuscrito.

369. Refiérase a comentarios de los evangelios y ensayos donde se discuta el tema de si la Última Cena era una Cena Pascual, en que noche se celebró, y cuál de las distintas copas de la Pascua se usó para la sangre de Cristo.

370. Cf. T. F. Deidun, *New covenant morality in Paul*, AnBib 89, Instituto Biblico, Roma, 1981, un maravilloso y menospreciado libro.

manda, no simplemente porque estos hayan recibido una buena enseñanza, sino porque ellos han sido transformados de adentro hacia afuera y "Dios mismo les ha enseñado a amarse unos a otros" (1 Tes 4:9, una alusión a Isa 30:20b-21: "Tu maestro no se esconderá más; con tus propios ojos lo verás. Ya sea que te desvíes a la derecha o a la izquierda, tus oídos percibirán a tus espaldas una voz que te dirá: "Este es el camino; síguelo' "). En el Nuevo Testamento, el Nuevo Pacto recibe su más completa exposición en 2 Cor 3 y Heb 9–10.

11:26

Es posible, dado el enfoque escatológico y el vocabulario no paulino, que originalmente 11:26 fuera parte de la tradición primitiva. Cada conmemoración de la Cena del Señor debe enfocarse en Cristo y en su muerte por todos. Dada la teoría de la escatología ya realizada de los corintios, algunos consideran *hasta que él venga* como una corrección, con el fin de recordarles a los corintios que su teología debe estar orientada hacia el regreso de Cristo, para incluir así el futuro escatológico[371]. Pero esto no es necesario; tanto la tradición eucarística marcana como la lucana ya tenían una referencia escatológica: Marcos 14:25 ("Les aseguro que no volveré a beber del fruto de la vid hasta aquel día en que beba el vino nuevo en el reino de Dios"; también Mateo 26:29); y Lucas 22:16, 18 ("Pues les digo que no volveré a comerla hasta que tenga su pleno cumplimiento en el reino de Dios... Les digo que no volveré a beber del fruto de la vid hasta que venga el reino de Dios"). La tradición litúrgica primitiva en la *Didajé* 11.6 hace de *Maranatha* (¡Nuestro Señor viene! 1 Corintios 16:22; cf. Apocalipsis 22:20) una parte del cierre de la Eucaristía. Si fuera Pablo el mismo que introdujo la referencia escatológica, no fue para corregir la teología de estos, sino para recordarles a esos corintios su aparición inevitable ante Cristo con este pecado en sus manos (como en 11:32, "nos disciplina para que no seamos condenados con el mundo").

Cómo celebrar la comunión 11:23-26
La comunión tiene varias funciones. Una de ellas es un memorial de la muerte de Cristo. Es decir, es una excelente forma de hacer cada culto centrado en la cruz de Cristo por nuestros pecados (1 Cor 2:2) y no acerca de la elocuencia del predicador o en la belleza de la adoración. Aunque nosotros podamos predicar acerca de la cruz, es también excelente verla representada en el pan y en el vino. Otro propósito es que fuerza a cada creyente a una crisis espiritual semana a semana: Yo debo ahora confesar mis pecados si voy a participar. Pero hay otras funciones: aquí, en esta epístola, nos recuerda la unión de cada miembro en el cuerpo de Cristo (10:17; 11:33). ¿Sus compañeros cristianos se dan cuenta del pecado tan grave que es dañar la unidad de la

---

371. Schrage, *An die Korinther*, p. 3:47.

iglesia o menospreciar a los miembros más débiles mientras que toman la comunión? ¿Saben ellos lo grave que es saltarse la comunión?[372].

En la iglesia católica, la celebración de la Santa Cena es la culminación de los servicios semanales, y el culto a menudo se llama simplemente misa. Algunos cultos protestantes, también se centran en el sacramento, notablemente en las iglesias anglicanas y episcopales. La mayoría de los evangélicos y de los pentecostales se centran en la alabanza o en el sermón o en los dos.

Creo que como una reacción en contra de Roma nos hemos ido, negativamente, al extremo opuesto. En las iglesias europeas o norteamericanas, la comunión tiene un lugar, pero se ve opacada por otras cosas. Normalmente, no se celebra semanalmente; algunos la tienen mensual, cuatrimestral o hasta anualmente, otros no la celebran nunca. En las iglesias latinoamericanas, donde el culto puede ser dos, tres o hasta cuatro veces más largo que en las norteamericanas, el tiempo de comunión no se incrementa, sino que viene a ser desproporcionadamente más pequeño en comparación con otras cosas.

En otras palabras, en una iglesia que se reúne durante horas, seguramente una buena parte de ese tiempo puede apartarse para celebrar la Cena del Señor juntos cada semana. Cuando la celebramos, ¿es significativa? O, después de toda la inversión de tiempo y energía en la alabanza y el sermón, ¿lanzan los líderes un suspiro de alivio de que al menos la comunión no es una parte complicada y pueden llevarla a cabo automáticamente? Pero esto es un error, pues quizá sea el único recordatorio de la cruz de Cristo que la gente tenga durante esta semana.

La comunión puede hacerse como parte de la alabanza, o antes del mensaje o después de este. Puede incluir un tiempo especial de confesión, o de compañerismo, o de oración en silencio. Qué tal si se anunciara, con base en 1 Corintios: "Mire a su alrededor, cada uno de ustedes, a la gente en este lugar. Si usted tiene algo contra alguien, o aunque sea una duda acerca de su relación, entonces acérquese a esa persona y tómese el tiempo necesario para reconciliarse". O podría colocar a la gente en grupos de dos o tres y que participen de la comunión juntos. Qué tal si cada persona pasara un tiempo orando esa antigua oración "venga tu reino", basada en el aspecto escatológico de la comunión "hasta que él venga".

Después de toda la inversión de tiempo y energía en la preparación de la adoración y el mensaje, los líderes de la iglesia sueltan un suspiro de alivio de que por lo menos la comunión no es complicada y puede ejecutarse de forma automática.

---

372. Juan Calvino, *Institución de la religión cristiana* 4.17.44, ed. rev., Nueva Creación, Buenos Aires, 1967, p. 1118, se refiere a las *Constituciones Apostólicas* del siglo IV y muestra que no participar en la comunión podría ser causa para la excomunión en la iglesia primitiva. Cualquiera hoy en día que ayude a servir la comunión es consciente de que muchas personas no participan, aun cuando se profesan cristianos. Cuando alguien se la salta semana tras semana, debería constituir un asunto de consejería pastoral. Véase también 4.17.38, 40.

Mucho puede hacerse para restaurar la importancia de la Cena del Señor, pero solo para quienes están dedicados a hacer eso.

11:27

Pablo ahora va a trasladar a sus lectores de la tradición conocida a una interpretación profética asombrosa de la situación corintia. Su lenguaje viene a ser repetitivo y se va construyendo lentamente. Generalmente, habla de participar *de manera indigna* (NVI, también VP; una traducción mucho mejor que "unworthily" de varias traducciones inglesas, que implican una indignidad interior). Sin aun llegar al grano, hace que sus lectores estén de acuerdo con un principio general: quienes profanan la Cena del Señor están difamando al Señor y su sacrificio. Conzelmann (p. 202) considera que *culpable de pecar* quiere decir que "el hombre que celebra inadecuadamente se coloca junto a aquellos que mataron al Señor, en vez de proclamar su muerte". Esto resulta demasiado fuerte, y es mejor la conclusión de Thiselton (p. 888) de que cada persona se considera responsable por lo que hace con el cuerpo y la sangre de Cristo. Esto no tiene que implicar nada con respecto de la presencia de Cristo en los sacramentos; después de todo, su pecado no consistió en profanar los elementos físicos, sino en que mientras afirmaban honrar a Cristo, avergonzaban a sus redimidos.

11:28-29

Examinarse (*dokimazō*) es un término de juicio, y se usó en 3:13 para el terrible juicio de Dios. Este versículo contiene la misma tensión que 4:1-5: sí, debemos conocernos a nosotros mismos, pero Dios es el verdadero juez y su juicio no se revelará hasta el fin. Sin embargo, Dios también nos da la oportunidad de examinarnos a nosotros mismos en esta época (11:32).

Así, exactamente, la expresión *cada uno debe examinarse a sí mismo* se saca de su contexto con mucha frecuencia. Se lee antes de la Cena del Señor, instando a los participantes a investigar en quietud su propia conciencia antes de participar, para evitar el peligro de ser juzgados cuando coman. Esta no es una práctica mal orientada[373], pero Pablo está apuntando en otra dirección. El examen tiene que ver específicamente con los pecados en contra del espíritu del evangelio: avergonzar al pobre, excluir a los no influyentes, convertir la conmemoración de la muerte de Jesús en una oportunidad para festejar y para exaltarse uno mismo por encima de los otros[374]. Los corintios deberían dar un

---

373. Por lo tanto Calvino en su comentario en 11:27 con seguridad tiene razón al decir que: "Algunos restringieron esto a los corintios, y al abuso que poco a poco había penetrado en medio de ellos, pero yo soy de la opinión de que Pablo aquí, según acostumbraba, paso de un caso particular a una afirmación general, o de un ejemplo a una lección completa".

374. Clemente de Alejandría, *Misceláneas* 1.1, está sintonizado con Pablo cuando cita nuestro texto para hablar de escritores cristianos: "Pero imitar a quienes ya han sido probados, y

paso atrás y reevaluar su actitud completa hacia la cruz, hacia el evangelio, hacia la comunión y hacia los hermanos. Esto no puede llevarse a cabo en unos pocos segundos antes de la comunión y justo después de todos los errores relevantes que se han cometido.

Pablo muestra cuál es el pecado que les trae *condena*. Es el de una persona que *come y bebe sin discernir el cuerpo*. Por supuesto, ese pasaje se cita con frecuencia para probar la doctrina de la transubstanciación, como si Pablo estuviera diciendo "ellos no reconocen que los elementos se han convertido en la presencia real de Cristo". Pero este no es el sentido aquí: más bien, es que no respeta a la iglesia como cuerpo de Cristo y, por extensión, al pueblo constituido por la sangre y el cuerpo de Cristo. Radica en no reconocer que la cruz ha unido al pobre y sin influencia con el rico y poderoso. Como es típico de Pablo, toma lo que aparenta ser un asunto social y demuestra que es un asunto teológico. Así que, excluir al hermano pobre es negar lo que debe creerse acerca del cuerpo de Cristo[375].

11:30

Tanto Pablo como los corintios habían observado en la iglesia *muchos débiles y enfermos, e incluso varios han muerto*. *Muchos* deben ser "relativamente muchos". Es difícil calcular de cuántos se habla en esta colección de pequeñas iglesias caseras; no era nada como la muerte de los 23.000 israelitas (10:8). Sin embargo, los corintios habían empezado a darse cuenta de un patrón perturbador de enfermedad y fatalidad.

No toda enfermedad es causada por el pecado, o sea, viene como resultado directo de una acción pecaminosa del individuo. Si ese fuera el caso, 11:30 sería totalmente evidente por sí mismo, y los corintios ya habrían buscado la causa espiritual de sus problemas. No, "este" pecado, en medio del panorama de todos sus pecados, es el que ha acarreado "esta" reprimenda física por parte de Dios. La Cena, que simbolizaba la vida y la salud, que Ignacio más adelante llamaría "la

---

a quienes han llevado una vida recta, es lo más excelente para comprender y practicar los mandamientos. 'Así que cualquiera que coma el pan y beba la copa del Señor indignamente, será culpable del cuerpo y de la sangre del Señor. Pero que el hombre se examine a sí mismo, y que luego coma del pan y beba de la copa'. Lo que sigue, por tanto, es que cada uno de quienes se comprometen a promover el bien de sus vecinos, debe considerar si se ha abocado a enseñar precipitadamente y en rivalidad hacia alguno; si su comunicación de la palabra proviene de la vanagloria; si la única recompensa que obtiene es la salvación de quienes escuchan, y si no habla para ganar el favor: si es así, el que habla por su obra escrita escapa de la censura de motivos mercenarios".

375. El punto de vista de Walter Schmithals, *Gnosticism in Corinth: an investigation of the letters to the Corinthians*, Abingdon, Nashville, TN, 1971, es que los gnósticos en esa iglesia rechazaron cualquier tipo de sacramento, pues un sacramento tiene sus raíces en el materialismo filosófico. Esto no concuerda con lo que Pablo está diciendo en realidad en este capítulo, que su irrespeto por el cuerpo de Cristo es social (contra la comunidad) más que teológico y sacramental (contra el pan y el vino físicos).

medicina de la inmortalidad", ha llegado a ser un veneno para los ofensores. Esto no quiere decir que el pan y el vino tengan un efecto mágico sobre un cristiano en pecado; si eso fuera cierto, ya habrían matado a tantos corintios como para que no valiera la pena mandar una epístola como esta.

11:31-32

De nuevo, Pablo insta a los corintios a analizar si han avergonzado a sus hermanos; este no es un simple examen de sus sentimientos, sino de hechos de los que no se han percatado. Soards debilita grandemente la fuerza de este pasaje cuando dice: "[Pablo] está explicando que él percibe que Dios está trabajando disciplinando a los miembros de la iglesia corintia. Ya sea o no que él esté en lo correcto en sus conclusiones", etc[376]. No hay nada de ese tipo en este texto. Más bien, Pablo como profeta les está diciendo la verdad, y él no necesita advertirles, "en mi opinión". Como alguien informado por el Espíritu, Pablo declara que las enfermedades y las muertes cesarían si los corintios hicieran eso. Aún así, la enfermedad y la muerte de un cristiano ofensor deben ser un remedio más que una condenación. Justo como la disciplina del hombre incestuoso en 5:5 fue "a fin de que su espíritu sea salvo en el día del Señor", de modo que Dios mismo intervino para prevenir un desastre para aquellos que han pecado.

11:33

Al ofrecer una solución, Pablo nos ayuda a entender cuál era el problema. A pesar de algunos argumentos contrarios, el verbo "espérense" implica que quienes llegaban temprano debían esperar a que los otros llegaran antes de comer... o que debían comer en su casa y suspender el banquete completamente. El mandato paulino de *espérense unos a otros* nos podría parecer mera cortesía. No obstante, ataca directamente el sistema social de Corinto, donde los pobres esperan según la conveniencia de los poderosos, y, ¡los ricos no esperan a nadie! Pablo les dice a los ricos que olviden su derecho de hacer lo que les plazca cuando les plazca, y que actúen como si los trabajadores y los esclavos fueran sus iguales o sus superiores. Dice Teodoreto de Ciro: "Las mesas comunes habían de ser comunes e imitar la del Señor"[377].

11:34

Otra vez, no es embriaguez como tal el tema presente aquí; ni Pablo recomienda emborracharse en la privacidad del hogar. Sin embargo, irónicamente dice, quienes tengan sed pueden beber en su casa.

---

376. Soards, *1 Corinthians*, p. 248.
377. Cf. sus comentarios de 11:20 (Bray, p. 169).

Después de la asombrosa lista de temas que ya ha tratado en esta carta, nos preguntamos qué pudo haber dejado sin corregir. Pero, aparentemente, esta carta solo toca los asuntos más urgentes; los demás *los arreglaré cuando los visite.*

5. Acerca de los dones espirituales (jarismata): ¿Es cierto que hablar en lenguas es la señal más infalible del nivel espiritual? 12:1–14:40

Ahora Pablo vuelve a los interrogantes escritos por los corintios. En los capítulos 12–14 contestará su solicitud de orientación en cuanto a los dones espirituales. El capítulo 14 supone que el "don de lenguas" era la preocupación fundamental de los corintios. Nuestra reconstrucción de la pregunta refleja que la iglesia en conjunto escribió para que Pablo refutara a una minoría carismática que estaba reclamando demasiado de las lenguas[378]. Nosotros usaremos el término "ultracarismático" para describir a este grupo.

El don (*jarisma*; *jarismata* es la forma plural) de hablar en lenguas (o el don de "glosolalia") se había convertido en un fin en sí mismo más que un instrumento de servicio a la iglesia. Pablo afirma que el don es genuino y deseable. Él solamente critica que los cristianos lo usen para su edificación egoísta; critica a los que hablan en voz alta en las reuniones sin que la iglesia comprenda lo que se dice, y a los que actúan desordenadamente en el culto, luchando entre sí para llamar la atención, creando así un ambiente de confusión.

¿Quién provocaba este desorden? Primero, es evidente para Pablo y para los corintios que no todos los cristianos hablan en lenguas (12:10-11, 30; para más sobre este tema, ver *in loc.*). Pero había quienes hablaban en lenguas, algunos lo hacían en la iglesia, y tendían a abrumar a los demás. Si hay un adjetivo para describirlos, es infantil (ver 13:11-12; 14:20). En su afán de realización espiritual, se interrumpían unos a otros y eran incontrolables. Puede ser que las mujeres especialmente cometieran la falta (14:33b-35).

Como vimos en la *Introducción*, muchos eruditos tratan de buscar el origen de los distintos problemas corintios a partir de una causa principal: un triunfalismo entusiasta o carismático que incluía una visión de la escatología

---

378. Contra la mayoría de comentaristas, que creen que los corintios escribieron para solicitar alguna prueba para distinguir entre las verdaderas y las falsas manifestaciones del Espíritu. Esto convertiría 12:1-3 en el corazón de la respuesta paulina. De ahí que Crisóstomo usa 12:3 como una herramienta para discernir entre los adivinadores paganos y los profetas cristianos. Schrage (p. 3:126) dice que el punto de 12:1-3 es probar que no todos los fenómenos espirituales como tales son del Espíritu. Por nuestra parte, argumentamos que el asunto no tenía que ver con el discernimiento, sino más bien con el estatus. Es mejor Hurd cuando dice (p. 192): "Los tres capítulos conforman un ataque largo a la noción de que hablar en lenguas era la única manifestación o la mejor de la obra del Espíritu en la iglesia".

ya realizada[379]. Según este punto de vista, quienes desordenaban las reuniones con las lenguas eran los mismos que se gloriaban en su sabiduría, se jactaban de ser reyes y se consideraban a sí mismos por encima de las costumbres sexuales comunes.

Un argumento más fuerte es que esto es exactamente opuesto a lo que ocurría en Corinto, y que el abuso de las lenguas era una reacción *contra* el elitismo de otros corintios. Después de todo, Pablo ya ha instado a los elitistas a rechazar la sabiduría terrenal a favor de la sabiduría del Espíritu. Los pobres no tenían que hacerlo, puesto que la sabiduría humana estuvo siempre fuera de su alcance. Si quienes comían comida especialmente fina en Corinto eran los trepadores sociales de la iglesia, entonces quienes iban sin nada eran los que probablemente se sumían en una experiencia ultra-carismática. No se trataba de partidarios de alguno de los oradores de 1:12; ellos vivían demasiado marginados como para meterse en esa competencia. Pensamos que 1:10–4:21 principalmente tenía que ver con los trepadores sociales; que 11:17-34 era una amonestación contra el mismo grupo a favor de quienes tenían hambre; y que los capítulos 8–10 se dirigían a los cristianos fuertes con el fin de proteger a los cristianos simples que no eran capaces de razonar su temor a los ídolos. Pero argumentaremos que al final Pablo se centra en "lo insensato del mundo... lo más bajo" (1 Corintios 1:27-28). Porque ellos también están tratando de competir con otros cristianos, aunque bajo el estandarte del Espíritu Santo, por medio del exceso carismático.

En una comunidad dada no son los trepadores sociales quienes se trasladan a una religión emocional o eufórica. Estos tienen mucho que perder si parecen dementes o poseídos. Por el contrario, es el cristiano quien no tiene nada que perder: el pobre, el analfabeto, el impotente, quien podría rebelarse en contra de la competencia social de la élite al servirse de las lenguas en el culto. ¿Competían los elitistas contratando a los filósofos, haciendo referencia a gente importante o a escritos profundos, tratando de superar a los otros en las comidas que ofrecen, prácticamente, cambiando al Espíritu por una sabiduría filosófica terrenal? Entonces qué mejor forma de hacerse valer ante ellos que siendo gente del Espíritu, cristianos tan cercanos al Dios del mensaje apostólico que pierden el control en un éxtasis.

Parte de la competencia carismática incluía jactancia o implicaba que los dones propios liberaban al individuo de su dependencia de la iglesia y del deber de edificarla. Algunos podían haber afirmado que quienes no hablaban en lenguas no tenían el Espíritu Santo o no deberían considerarse como partes auténticas del cuerpo de Cristo.

---

379. Cf. Fee; Schrage. Esta perspectiva es la que toma D. A. Carson, *Showing the Spirit: a theological exposition of 1 Corinthians 12-14*, Baker, Grand Rapids, MI, 1987, pp. 16-17.

El tono paulino es admirablemente más amable en estos capítulos que cuando reprende a los elitistas. Sus palabras más fuertes hacia los ultra-carismáticos son: "Hermanos, no sean niños en su modo de pensar". Comparemos esta amonestación con la ironía de 4:8, o las amonestaciones de 3:17; 4:21, o 11:22. Pablo no aplasta a los hermanos débiles, sino que los regaña gentilmente, y los orienta hacia un camino mejor. Su punto es que aun el hermano o la hermana más débil pueden abundar en el poder del Espíritu Santo, pero esta dotación debe y puede ser usada para bendecir a todo el cuerpo[380].

Así Pablo lanza su discusión más completa de la obra del Espíritu tanto en el culto como en la vida más amplia de la iglesia. El argumento paulino, mientras se dirige principalmente en contra de los ultra-carismáticos, es perfectamente aplicable a cualquier cristiano corintio, rico o pobre, hable en lenguas o tenga dones de administración. Él argumentará ante todo que todos los cristianos tienen el Espíritu Santo; que cada uno tiene un lugar en la iglesia de Cristo y merece el apoyo de los demás cristianos; que los dones son una gracia maravillosa de Dios, pero que todos deben ejercerse en amor, el don supremo; que la profecía es preferible a las lenguas siendo más útil directamente a la iglesia.

a. Lo importante es la unidad del cuerpo fomentada por el único Espíritu 12:1-31

12:1

Pablo emplea *peri de* ("en cuanto a" para introducir la siguiente pregunta, concerniente a los asuntos del Espíritu. La traducción de la NVI "dones espirituales", no es la mejor. El griego literalmente es *tōn pneumatikōn*, una forma del adjetivo empleado por Pablo 11 veces en esta carta, pero solo 9 en todas las otras. En 12.1 la forma puede ser del género masculino o del neutro. Como masculino significaría "ahora acerca de los pneumáticos, personas del Espíritu" (como en 1 Corintios 2:15; 14:37; Gálatas 6:1). Pero considerando el paralelo en 14:1 (en la que se usa la forma, *pneumatika*, que solo podría ser neutra), es mejor traducir 12:1 "concerniente a asuntos del Espíritu" (o "del espíritu", aunque esto sería menos típico de Pablo; cf. el uso de Pablo en 9:27)[381]. El principal interés de Pablo aquí de hecho se halla en los dones espirituales (*jarisma*, 12:4)[382], pero esta frase en

---

380. Cf. Teodoreto de Ciro (Bray, p. 176): "En efecto, manifestaban el poder de la gracia más por amor a la gloria que por servicio a los demás".

381. Así Findlay; Héring; Godet. El padre griego Severiano lo parafrasea: *tas tou hagiou pneumatos energeias*, "las actividades del Espíritu Santo".

382. Ralph P. Martin, *The Spirit and the congregation: studies in 1 Corinthians 12-15*, Eerdmans, Grand Rapids, MI, 1984, p. 8, y otros desean limitar *pneumatika* a los dones que tienen que ver con adoración, o a los "dones carismáticos" según la definición popular. Algunos

12:1 es más general. Los *jarisma* no son unos poderes mágicos, sino más bien la manifestación de la persona del Espíritu Santo (cf. 12:7, "una manifestación especial del Espíritu"). Pablo les impartirá información, como lo indica con la fórmula de descubrimiento: "no quiero que ignoréis..." (RVR). La NVI (como la VP) desenreda el doble negativo con su "quiero que entiendan bien este asunto".

12:2

Oidate puede ser imperativo ("¡Sepan esto!"), pero como este comentario no es información nueva, estamos de acuerdo con la NVI y con las otras versiones que lo traducen como indicativo: *ustedes saben*. Pablo habla a la iglesia formada principalmente por conversos del paganismo (como se ve en 8:7). La frase *se dejaban arrastrar* es difícil de representar; consideramos que la NVI es la interpretación más probable. Las estatuas que ellos adoraban no eran simplemente símbolos; aun cuando fueran mudas e impotentes (ver Isaías 46:7), tenían el poder de engañar. Pablo está pensando no solo en los malos entendidos humanos, sino también en los poderes malignos ocultos detrás de la adoración a un ídolo (10:20). Esta no es una observación ajena, sino que lleva al siguiente punto: si alguien ha logrado escapar de ese engaño, fue solo a través de la poderosa intervención del Espíritu.

12:3

Ahora por fin viene la información que Pablo anticipó con "quiero que entiendan bien..." en 12:1: *Por eso les advierto...* Pero este mensaje tiene dos caras:

> *nadie que esté hablando por el Espíritu de Dios puede maldecir a Jesús;*
> *ni nadie puede decir: "Jesús es el Señor" sino por el Espíritu Santo.*

El original es más enigmático de lo que la NVI implica: las dos declaraciones son *Anatema Iēsous* ("Jesús sea maldito"; en 16:22 y en otro sitio *anatema* se refiere a la condenación divina) y el credo cristiano antiguo *Kurios Iēsous* ("Jesús es Señor"; ver Romanos 10:9, Filipenses 2:11).

Este texto llegaría a confundir a los estudiantes de Biblia durante los siguientes dos milenios, produciendo, según Thiselton, no menos de doce interpretaciones. Eruditos tales como Godet han imaginado que Pablo se refiere a una práctica ritual de ese entonces. Hay una referencia en Orígenes que indica que algunos gnósticos exigían que los nuevos iniciados maldijeran a Jesús[383].

---

argumentan que el término es corintio, no paulino. Podría ser cierto, pero no puede demostrarse con base en estos capítulos que *pneumatika* era un término corintio o enfocado así.

383. Cf. Orígenes, *Contra Celso* 6.28; también su comentario de 1 Corintios: "Hay una cierta secta [los ofitas] que no aceptarán como miembro a cualquiera que no maldiga a Jesús".

Los gnósticos rechazaban la creencia de la encarnación de Cristo, o negaban la humanidad de Jesús, o pensaban que el espíritu de Cristo se había posado sobre un humano Jesús. Dadas las teorías de que los corintios eran gnósticos o pregnósticos, es lógico que algunos piensen que los corintios cristianos maldecían al Jesús humano como una forma de afirmar su origen celestial. Alternativamente, existe la teoría de que durante un éxtasis místico, algunos corintios decían cosas de las cuales no eran conscientes, llegando al punto de maldecir a Jesús durante un trance profético[384]. Encontramos que ambas versiones de esta teoría van más lejos de lo creíble. No se trata únicamente de la evidencia de un gnosticismo tardío y cuestionable, sino que estas teorías dan por sentado que Pablo pudo emplear tres capítulos en la regulación de la glosolalia, pero solo fruncir el ceño expresando su desagrado (¡solo indirectamente!) en relación con una maldición ritual o carismática del Señor Jesús.

Más bien, Pablo trata de hacer una distinción bien clara entre un cristiano y un incrédulo, del mismo modo que lo hace en Romanos 8:9b ("Y si alguno no tiene el Espíritu de Cristo, no es de Cristo"). Coincidimos con Conzelmann en que Pablo aquí utiliza la fórmula *Anatema Iēsous* como algo que el no creyente podría decir. Diseñada para ser la imagen en espejo, el gemelo maligno de "Jesús es el Señor". Tampoco la idea se creó de la nada: Pablo dice que él mismo era antes blasfemo (1 Timoteo 1:13) y trató de hacer que los cristianos blasfemaran contra Jesús (Hechos 26:11)[385]. Ni era la idea improvisar: Solo un incrédulo puede maldecir a Jesús, o calumniar su evangelio, o hablar en contra de la verdad de esa manera. Es un pecado análogo al "pecado imperdonable" de blasfemar contra el Espíritu Santo (Mateo 12:31), el rechazo final y la condena del trabajo del Espíritu.

Pablo no quería decir que era físicamente imposible para los no-cristianos pronunciar la frase *Kurios Iēsous*, o para los cristianos el decir *Anathema Iēsous* en voz alta (después de todo, … ¡si los corintios iban a recibir este mensaje de Pablo, alguien de la iglesia tenía que leer 12:3 en voz alta a la congregación!). ¿Por qué Pablo usa esto para distinguir entre un cristiano y un incrédulo? Porque él nos está conduciendo a su punto en 12:13: que cada cristiano, independientemente de los dones espirituales que tenga, tiene el Espíritu y por tanto es parte del cuerpo; que

---

384. Así Soards; Héring; Grosheide; cf. Allo; Barrett; Margaret E. Thrall, *I and II Corinthians*, Cambridge Bible Commentary, Cambridge University Press, Cambridge, 1965, quienes piensan en un cristiano que resiste el Espíritu de Jesús cuando viene a tomar control extático de él.

385. Cf. también *Martirio de Policarpo* 9:2, donde a los cristianos de Esmirna se les invitó a maldecir a Jesús con el fin de librarse del martirio. La *Carta de Plinio a Trajano* 10:96-97 muestra que en el norte de Asia Menor los acusados de ser cristianos eran liberados del castigo, dice Plinio, si estos "maldecían a Cristo – ninguno de ellos, siendo un verdadero cristiano, se decía, podía ser forzado a hacerlo...".

nadie puede afirmar que posee el Espíritu exclusivamente, basado en la glosolalia. De este modo, 12.3 establece el fundamento para lo que sigue en 12:4-30[386]:

Quiero que piensen en esto, que hay dos y solo dos clases de personas en el mundo:

1. *Aquellos que no tienen el Espíritu, quienes rechazan a Cristo, los incrédulos.*
2. *Aquellos que tienen el Espíritu, quienes confiesan a Cristo, los creyentes.*

Es solo por el Espíritu Santo que una persona puede dejar de maldecir a Cristo para confesarlo como Señor. Por lo tanto, Corintios, si su compañero cristiano, miembro de la iglesia, ha rechazado a los ídolos mudos, y se ha vuelto a confesar a Jesús como Señor, entonces él o ella tiene el Espíritu y es uno con ustedes en el cuerpo de Cristo. Esto implica que cualquier don del Espíritu que ustedes o su hermano posean, se lo ha dado el único Espíritu. Esta es la advertencia de Pablo para que los ultra-carismáticos de Corinto dejen de pensar (o hasta de decir en voz alta) que en realidad los otros no tienen parte en Cristo y en el Espíritu. ¡La conversión a Cristo presupone la obra del Espíritu Santo![387]

12:4-6

Pablo ahora tocará la pregunta: ¿Tiene el Espíritu la gente que *no* habla en lenguas de manera perceptible? ¿Y son ellos necesarios en el cuerpo de Cristo? El estilo de Pablo ahora es sumamente repetitivo, como si les hablara a niños (ver 13:11). Él establecerá un fundamento teológico para entender todos los dones antes de centrarse en las lenguas y la profecía en el capítulo 14. Su fórmula, *diversos dones* (*jarisma*) *pero un mismo Espíritu*, proporcionará el tema a lo largo de 12:30, punto en el que anunciará una nueva dirección en 12:31.

La NVI emplea un adjetivo "diversos" para lo que es un sustantivo en el original (*diairesies*, literalmente "diversidades de..."; cf. RVR; LBLA; el verbo cognado –*diaireō*, repartir– se usa en 12:11). *jarisma* en el sentido técnico de "dones del Espíritu" aparece en 12:4, 9, 28, 30, 31; Romanos 12:6; 1 Pedro 4:10. Pablo también ha mencionado los *jarismata* de celibato y matrimonio en 1 Corintios 7:7.

---

386. Este es también el punto de vista de Hays. Carson, *Showing the Spirit*, pp. 30-31, sabiamente dice de las teorías acerca de maldecir a Cristo: "...la mayoría de ellas dependen fuertemente de la presuposición de que Pablo intenta bosquejar rápidamente un criterio que capacite a sus oyentes para que distingan entre los dones espirituales 'verdaderos' y los 'falsos'. Si nos liberamos de eso y percibimos que el propósito paulino, más bien, se dirige a establecer quién verdaderamente tiene el Espíritu Santo, entonces se reduce la presión para identificar un trasfondo preciso y creíble... el punto de Pablo es establecer un contraste bien definido" entre lo que los cristianos y los no cristianos dicen de Jesús".

387. Así en el siglo VI el Segundo Concilio de Orange (cf. Schrage, p. 3:128) usó este texto, Juan 6:44 y Mateo 16:17 como pruebas textuales de una soteriología agustiniana, según la cual una persona cree por medio de una intervención divina directa y no de un libre albedrío natural. Dada nuestra lectura de 1 Corintios 12:1-3, esta es una aplicación legítima de este texto.

En estos tres versículos subyace claramente una referencia trinitaria:

diversos dones (*jarismata*)	pero un mismo Espíritu
diversas maneras de servir (*diakonia*)	pero un mismo Señor [Hijo]
diversas funciones (*energēmata*)	pero un mismo Dios [Padre]

Pablo no está sugiriendo tres niveles de dones espirituales, como si algunos vinieran del Padre y otros del Hijo. Más bien, está usando la fórmula *Espíritu, Señor y Dios* y la variedad de términos relacionados con dones con el fin de hacer entender la (a menudo no muy clara) unicidad de la iglesia. Esto anticipa el mismo lenguaje de "Espíritu, Señor, Dios" del cual se hace eco en Efesios 4:4-6, donde Pablo demuestra nuevamente la unicidad de la iglesia de Cristo. También se refleja en la bendición trinitaria que concluye la otra carta a los corintios: "La gracia del Señor Jesucristo, el amor de Dios y la comunión del Espíritu Santo" (2 Corintios 12:14).

"Maneras de servir" (*diakonia*) les recuerda a los corintios que sus dones no se les han dado para su propio placer, sino para servir a otros. En la tercera parte, hay un juego de palabras: las "funciones" (*energēmata*) existen debido a que Dios es *el que hace* (*energōn*) *todas las cosas en todos*[388].

Pablo enfatiza que los *jarismata* existen para otros, no para uno mismo. De 1:5, 7: "Unidos a Cristo ustedes se han llenado de toda riqueza, tanto en palabra como en conocimiento… de modo que no les falta ningún don espiritual". Si el punto no queda claro, él lo confirmará de nuevo en el siguiente versículo.

Estos dones son capacidades especiales impartidas por el Espíritu Santo, de modo que cada miembro está equipado para edificar el cuerpo de Cristo. A través de los *jarismata* el individuo provee para la iglesia lo que Dios mismo desea proveerle: enseñanza, información, dirección, discernimiento, sanación, y otros medios para animar.

12:7

Cada don dentro de estas tres categorías puede denominarse *una manifestación especial del Espíritu* (*pneuma*), llevándonos de nuevo al tema de la sección completa en 12:1: *pneumatika*, "cosas espirituales", o mejor "cosas del Espíritu", y más específicamente, los dones del Espíritu. Pablo emplea la voz pasiva en griego en 12:7, 8 (NVI, *se le da… les da*) para recordarles que ellos son receptores, no

---

388. Crisóstomo 29.4: "Porque ciertamente ustedes no pueden decir que el Espíritu otorgó el don a él, pero [meramente] un ángel a ti: porque el Espíritu lo otorgó tanto a él como a ti". La llamada herejía macedonia enseñaba (como los Testigos de Jehová hoy) que el Espíritu no es una persona, sino una fuerza dadora de dones. Gregorio de Niza, *Contra Macedonio*, argumenta de este versículo que el Espíritu, puesto que es alguien que toma decisiones, es una persona y no meramente un poder impersonal.

creadores, de cualquier don que tengan[389]. Todos estos dones se les ha dado para bendecir a otros, *para el bien de los demás*; la palabra empleada aquí es la misma que Pablo usa para hablar de beneficiar a otros cristianos en 6:12 y 10:23 ("pero no todo "es provechoso"; ver también 2 Corintios 8:10; 12:1 para sus otros dos usos).

Gramaticalmente, no es claro si *a cada uno* requiere que cada creyente tenga por lo menos un don espiritual, aunque esta es probablemente la presuposición paulina. No obstante, su punto específico aquí es que cada cristiano debe reconocer su dependencia del Espíritu y su deber para con la iglesia.

12:8-10

Pablo dicta no menos que tres listas de *jarismata* en este capítulo, sin mencionar las listas en Romanos 12 y Efesios 4. El hecho de que varios dones estén presentes o falten de una lista a otra indica que Pablo está adaptando estas listas a su audiencia y no tratando de dar un registro exhaustivo. Por ejemplo, los dones en 12:8-10 son casi todos manifestaciones "sobrenaturales", a diferencia del énfasis en Efesios 4:11[390]. También, "es inútil querer buscar fronteras definidas entre las diversas capacidades que aquí enumera Pablo" (González, *El evangelio de Pablo*, p. 80).

12:8-10
palabra de sabiduría
palabra de conocimiento
fe
sanar enfermos
poderes milagrosos
profecía
discernir espíritus
diversas lenguas
interpretar lenguas

12:28
apóstoles
profetas
maestros
hacer milagros

---

389. Cf. un uso parecido en 1:4; 3:5; 3:10; 7:25; la misma idea en 4:7, pero allí hay tres ocasiones con el verbo activo *lambanō*: "¿Qué tienes que no hayas recibido? Y si lo recibiste, ¿por qué presumes como si no te lo hubieran dado?".

390. Martin, *Spirit and congregation*, p. 13, correctamente dice que "debemos permitir... que el soberano Espíritu cree nuevos dones para ocasiones frescas y necesidades especiales, conforme surgen en la vida y en el servicio en la iglesia...". Él pasa a mostrar que la lista de dones aquí se ajustó específicamente a la situación de Corinto.

353

sanar enfermos
ayudar a otros
administrar
diversas lenguas

12:29-30
apóstoles
profetas
maestros
hacer milagros
lenguas
interpretar lenguas

Quizá no debería sorprendernos que los *jarismata* que siguen apareciendo son profetizar y hablar en lenguas; "hacer milagros" también aparece tres veces. Lo cual refleja las preocupaciones de la iglesia, y también allana el camino para la comparación de la profecía y las lenguas en el capítulo 14.

Estos dones el Espíritu se los da a uno o a otro, pero es el mismo Espíritu Santo quien los concede[391].

Algunos de los dones se definen bastante bien, pero otros se dejan con solo el nombre[392]. Dos de los últimos son *palabra de sabiduría y palabra de conocimiento*. Hay varias observaciones: primero, que estos parecen ser en cierta medida distintos de los otros y de la profecía, hablar en lenguas e interpretación de lenguas; segundo, que no tenemos ninguna idea por el contexto de cuáles eran sus funciones; tercero, que no se nos dice si o en qué medida involucran una revelación sobrenatural; cuarto, que es improbable que el segundo don sea a lo que Pablo se refiere más adelante, con el "conocimiento desaparecerá" en 13:8 (ver nuestros comentarios)[393]. Muchos cristianos han ofrecido sus propias definiciones, definiciones que, aunque útiles en la vida diaria de la iglesia, no son necesariamente lo que Pablo tenía en mente; ni son estrictamente derivadas de las Escrituras.

Fe – cada cristiano por definición tiene fe, de modo que esta se refiere a una expresión inusual de ella. La persona tiene la habilidad de ejercer la confianza en Dios de tal modo que beneficie a la congregación[394].

---

391. Confieso que no veo por qué la NVI usa aquí plural ("a unos... a otros") en vez del singular del griego ("a uno... a otro"). La RVR hace una traducción más precisa de la distinción singular-plural.

392. Cf. C. Peter Wagner, *Sus dones espirituales pueden ayudar a crecer a su iglesia*, CLIE, Barcelona, 1980, quien trata de desarrollar el significado de los distintos dones con un acercamiento razonable.

393. Crisóstomo 29.5, ciertamente desvaloriza la palabra de conocimiento al decir: "Eso que la mayoría de los fieles tenía, poseyendo un conocimiento interno, pero que no por eso eran capaces de enseñar ni de convencer a otros de lo que sabían".

394. Crisóstomo 29.5, considera que se trata de la fe para hacer milagros.

Sanar enfermos y hacer milagros son más conocidos por otros pasajes del NT (Hechos 19:1). Sanar al enfermo es un milagro también, entonces parece correcto entender esto como "sanaciones milagrosas de los enfermos y otros hechos milagrosos que no son sanaciones principalmente". Pablo realizó sanaciones (Hechos 14:8-10; 19:11-12; 28:7-9; probablemente en 20:10), y otros milagros no de sanación: la ceguera de Bar-Jesús (Hechos 13:11); exorcismos (Hechos 16:18; 19:12); sobrevivir a ser mordido por una serpiente (Hechos 28:3-6). En términos más generales, el equipo paulino hizo "señales y maravillas" (Hechos 14:3; 15:12; Gálatas 3:5; Romanos 15:19; probablemente también 1 Tesalonicenses 1:5).

¿Cómo se manifiestan estos dones en la iglesia? ¿Significa que si una persona tiene el don de "sanar", por ejemplo, puede sanar en cualquier momento o solo en ciertas ocasiones? O, ¿quiere decir que cualquier cristiano en cualquier momento recibe el poder de sanar a alguien, pero no necesariamente tiene un don permanente que puede usar en otra ocasión?

La primera lista nos dice muy poco acerca de esto, pero el último contexto nos ayuda más. Primero, Pablo pregunta retóricamente en 12:29-30 si todos los cristianos tienen algún don particular. La implicación es que hay algunos cristianos que no poseen y nunca tendrán, por ejemplo, el don de sanación. Segundo, aunque Pablo escribe una lista de dones, él hablará en 12:28 y en Efesios 4:11-12 de *personas dotadas*: entonces, un cristiano puede tener el don de profecía; por lo tanto, es profeta. Esto indicaría que los dones llegan a ser parte de la persona. Así que un rápido vistazo podría revelar que el miembro con el don de interpretación de lenguas sí está presente en el culto o no (14:28). Tercero, tener cierto don no significa que este pueda usarse en todo momento. Hay profetas que llegan al culto sin ningún mensaje para esa semana; estos no los convierte en menos profetas (14:26; cf. 14:30).

Profecía (ver el *Apéndice: Hablar en lenguas y Profetizar, ¿qué son?*). El don de profecía es la habilidad sobrenatural de recibir y comunicar mensajes que vienen directamente de Dios; no es lo mismo que predicar o enseñar (véase abajo).

Discernir espíritus. Contamos con pocos datos para definir este don. Los paralelos en el NT no son exactos:

1 Corintios 14:29: En cuanto a los profetas, que hablen dos o tres, y que los demás examinen con cuidado (usando *diakrinō*, el verbo cognado) lo dicho.

1 Tesalonicenses 5:19-22: No apaguen el Espíritu, no desprecien las profecías, sométanlo todo a prueba (*dokimazō*), aférrense a lo bueno, eviten toda clase de mal.

1 Juan 4:1: Queridos hermanos, no crean a cualquiera que pretenda estar inspirado por el Espíritu, sino sométanlo a prueba (*dokimazō*) para ver si es de Dios...

En el caso de 1 Juan 4:1, el discernimiento no viene sobrenaturalmente, es una prueba de la doctrina del maestro: si alguien pretende dar una revelación que niega la encarnación de Cristo (1 Juan 4:2-3), entonces no es de Dios, sino del espíritu del anticristo. En 1 Corintios 14:29 y 1 Tesalonicenses 5, no se nos dice si la prueba es por discernimiento sobrenatural, o por una prueba de fuego doctrinal o por cualquier otro medio. El don de discernimiento de espíritus en 12:10 es probablemente un discernimiento sobrenatural.

Además, dos obras cristianas primitivas proveen paralelos. Primero *Didajé* 11:7-12, probablemente ofreciendo material del primer siglo cristiano:

> No obstante, no todo el que habla en el Espíritu es un profeta, sino solo el que tiene los caminos del Señor. Por sus caminos, pues, será reconocido el profeta falso y el profeta. Y ningún profeta, cuando ordenare una mesa en el Espíritu, comerá de ella; pues de otro modo es un falso profeta. Y todo profeta que enseñe la verdad, si no hace lo que enseña, es un falso profeta. Y ningún profeta aprobado y hallado verdadero, que hace algo como un misterio externo típico de la Iglesia, y, con todo, no os enseña a hacer todo lo que él hace, que no sea juzgado delante de vosotros; porque tiene su juicio en la presencia de Dios; porque de la misma manera también hicieron los profetas en los días de antaño. Y todo aquel que diga en el Espíritu: Dadme plata u otra cosa, no le escuchéis; pero si os dice que deis en favor de otros que están en necesidad, que nadie le juzgue.

De modo que, un verdadero profeta practica lo que predica, y no ambiciona ganancias; no cae en trance ni demanda que se le dé dinero o comida para sí mismo. El mismo problema se toca en *Pastor de Hermás*, de la primera mitad del siglo II. La prueba es el carácter del profeta. El verdadero profeta es humilde, tranquilo y no codicioso. No solicita nada a cambio de su mensaje. El falso profeta es orgulloso y ambicioso. Así tanto el *Pastor* como la *Didajé* abordan el problema de personas que actúan como charlatanes por ganancia; lo que necesita ser discernido es el carácter personal. El hecho de que tres epístolas canónicas y varios Padres del inicio del siglo II hablen de la necesidad de discernimiento es una indicación de que la falsa profecía era una ocurrencia regular.

Diversas lenguas (ver el *Apéndice: Hablar en lenguas y Profetizar, ¿qué son?*). El griego *genē glōssōn* se traduce un poco más claramente en la LBLA como "diversas clases de lenguas". El sustantivo *glōssa* es muy parecido a nuestro término castellano *lengua*; puede referirse literalmente a un órgano físico (Lucas 16:24) o a un lenguaje humano (Hechos 2:6; Apocalipsis 5:9).

Interpretar lenguas. El *jarisma* de traducir o interpretar lenguas sobrenaturalmente se encuentra solo en 1 Corintios 12, 14. En Pentecostés los discípulos hablaron sobrenaturalmente en lenguas, lenguas que los expatriados en Jerusalén entendieron naturalmente como dialectos conocidos. Consideramos que esto era la traducción a la lengua vernácula de la oración o la alabanza dirigidas a Dios, de modo que el resto de la iglesia puede entonces participar en la oración o adoración dirigida a Dios.

Dones del Espíritu 12:8-10
Yo tenía 14 años cuando de repente me di cuenta de que el Señor me llamaba al ministerio suyo. Para acortar un testimonio muy largo: comencé a orar, ¿qué me dices? ¿Qué quieres de mí, Señor? Si es predicar, vamos a tener un problemita. Porque tanto hablar ante una congregación, como hablar a dos o tres personas me hubiera derribado, ¡y no por el Espíritu, sino de espanto! ¡Tímido no es suficiente para describirme! Cuando alguien me decía, ¿qué tal? no lo podía aguantar, me enrojecía, sudaba y tartamudeaba. Cuando tenía que dar un discurso en la escuela, yo faltaba. Por lo tanto, oré: creo que estás dirigiéndome a predicar o enseñar o a ambos ministerios; estoy dispuesto, solo que Tú sabes que se necesita un milagro. O mejor dicho, un don espiritual.

—¿Por qué dones espirituales?

Dios quiere lograr ciertas cosas durante este siglo, y quiere que su pueblo las haga, por ejemplo:

> *Que su nombre sea glorificado*
> *Que las naciones oigan el evangelio*
> *Que los pobres y enfermos reciban ayuda*
> *Que se discierna y se impida la obra del Diablo*
> *Que los cristianos lleguen a ser mejores cristianos*
> *Que la gente sepa más y más de Dios y de su voluntad*

Podríamos mencionar muchos otros... y se aplican a cada cristiano. Es decir, cada uno de nosotros debemos compartir el evangelio; glorificar a Dios en alabanza, en nuestra conversación, y nuestro comportamiento; cada uno debe cuidarse del diablo, y cuidar a quienes padecen necesidades. No existe la excusa de que "no tengo el don de evangelizar, entonces no voy a evangelizar".

No obstante, en una congregación, cada uno de sus miembros hacen todas esas cosas, Dios ha equipado a cada uno para que supere el servicio "normal" en alguna dirección.

"Cada cristiano debe animar a los demás... pero ¡cuando María los anima, permanecen animados!".

"Todo cristiano debe evangelizar a los demás... pero para Marcos es tan sencillo y suave; el hombre sale, y 15 minutos más tarde regresa con una gran sonrisa y con un converso a cada lado." Uno tiene que leer el libro "Víctor" para hallar un ejemplo excelente de esto en Colombia[395].

—¿Qué es un don espiritual?

Como es normal en la Biblia, no se nos dan definiciones de diccionario de muchos términos. Veamos el siguiente con el fin de aclarar lo que hablamos: Los dones espirituales son aptitudes y habilidades especiales dadas por el Espíritu Santo a cada

---

395. David Howard y Bob Owen, *Víctor*, Latin America Mission, Miami, ²2000.

cristiano (entonces se pueden denominar "dones Espirituales"). Su propósito es que cada creyente sea equipado para edificar a otros cristianos. No son necesariamente talentos naturales, talentos que son también dados por Dios. Sin embargo, pueden ser habilidades naturales incrementadas por el Espíritu o habilidades completamente nuevas.

—¿Cómo descubrir y desarrollar nuestro don espiritual?

Otra vez, la Biblia no da ni receta ni manual para hacerlo; las secciones indicadas de Romanos, 1 Corintios y 1 Pedro no tienen que ver con eso, sino que enseñan el modo de utilizar bien los dones que "ya" tenemos y usamos.

El primer punto es obvio:

1. Buscamos la dirección de Dios para descubrir qué don tenemos

Contamos con pocos ejemplos en el NT – 1 Timoteo 4:13-14: "En tanto que llego, dedícate a la lectura pública de las Escrituras, y a enseñar y animar a los hermanos. Ejercita el don que recibiste mediante la profecía, cuando los ancianos te impusieron las manos". La Biblia no indica si eso es típico o normal. Parece que hay cristianos sin esta experiencia especial.

Sin embargo: Busque a Dios en oración y esté atento, ¡y hágalo ya! He conocido a personas que tienen décadas de haberse convertido, y todavía están preguntándose, ¿cuál es mi don espiritual? No debe ser tan difícil. Y que no se nos ocurra pensar "cuando sepa qué don tengo, pensaré en si voy a usarlo o no", no, esa oración debe basarse en el compromiso de servir, venga lo que venga.

2. Podemos pedirle otros dones

Es lógico que si cada persona cristiana es miembro del cuerpo de Cristo, y que si los miembros son personas dotadas, entonces cada cristiano tiene como mínimo un don. Por un lado, cada cristiano tiene por lo menos uno. Por otro lado, Pablo sugiere la posibilidad de recibir otro don (1 Corintios 12:31 y en el capítulo 14). Cuando la iglesia diga: "No tenemos a nadie para enseñar a los chiquititos", podemos orar, "Por favor, te ruego que otra persona o yo mismo halle la habilidad de hacerlo".

El peligro es este, ningún cristiano debe anhelar una multiplicidad de dones en su vida. ¿Por qué no? Porque, con cada don adicional, el Señor va a esperar más fruto (Mateo 25:14-30; Lucas 12:48; por implicación, Santiago 3:1). Es mucho mejor desarrollar los dones que ya tenemos antes de pedir nuevos.

3. La Biblia insinúa que descubriremos el don que tenemos conforme sirvamos a la congregación, no necesariamente en nuestra mente.

¿Cómo voy a saber cuál es mi don? ¡Sirva y vamos (nosotros los demás de la iglesia) a ver! He oído a demasiados cristianos diciendo: "Miren, yo tengo el don de enseñar, ser líder, sanar". Bueno, pero... para los demás está tan claro como el agua que no puede enseñar (él es desorganizado, confuso, aburrido); administrar (es un cacique

grosero, negligente, sin ninguna visión); sanar (ora pero la persona sale expulsando un pulmón; alguien se sanó, sin embargo, luego murió).

¿Qué se necesita? Que los demás le digan la verdad en amor; que él tenga la gracia para aceptarla. Es decir, este proceso es con frecuencia una conversación entre la persona y la iglesia. Esto demanda paciencia y humildad, porque preferimos que Dios nos dé algo para que no tengamos que pasar por la evaluación de otros cristianos, ellos que no cuentan con dones tan asombrosos.

Por otro lado, hay cristianos que no hacen mucho durante décadas hasta que los invitan a que trabajen con los chicos, y de repente la iglesia dice, ¿quién iba a saberlo? El cristiano debe prestar atención cuando le digan: los ancianos creemos que usted podría ministrar a los jóvenes; la o lo he visto compartiendo su fe con su vecina, debe seguir desarrollando ese ministerio.

12:11

La clave aquí es el intercambio constante entre el único Espíritu y los diversos dones. Algunos de los dones se han mencionado en plural, pero se han dado a un individuo. Por ejemplo: "y a otro, dones de sanación por el mismo Espíritu... a otro, diversos géneros de lenguas" (RVR). Probablemente no es que cada persona reciba una variedad de dones de lenguas o sanaciones, sino que un individuo recibe una de la enorme gama de tipos de lenguas o dones de sanación. Hay una rica variedad de posibilidades, pero solo un Espíritu. Los *jarismata* reflejan la variedad puesta por Dios en la creación original (Génesis 1:11, 12; 21-22, 24-25; 1 Corintios 15:38-41).

La nueva información aquí es que el Espíritu toma decisiones concernientes a los *jarismata*: *según este lo determina*. Esto debe colocarse al lado de estas otras oraciones:

12:31: ustedes, por su parte, ambicionen los mejores dones

14:1: ambicionen los dones espirituales, sobre todo el de profecía

14:13: el que habla en lenguas pida en oración el don de interpretar lo que diga

14:39: ambicionen el don de profetizar

Estas referencias juntas nos ofrecen una imagen completa: el Espíritu Santo decide, según su propia determinación, quién recibirá qué *jarisma*. No obstante, un creyente puede y debe desear los *jarismata* y orar por ellos, no porque sean más espectaculares, sino porque son de gran utilidad para la iglesia. Aunque el lector haya inferido de 12:4-11 una situación estática, en la cual cada creyente tiene su don y eso es así, Pablo pasa a sugerir que si se le pidiera, el Espíritu otorgaría dones a una persona que ha sido cristiana por un tiempo.

12:12

En 12:12-26, Pablo entrará en detalles con la metáfora central de esta sección: Un Cuerpo, Muchas Partes. El cuerpo humano proporciona un paralelo a lo que *sucede con Cristo*, es decir, con lo que ocurre en la obra de Cristo en la iglesia. Él inicia este versículo con un quiasmo:

A Aunque el cuerpo es uno solo,
B tiene muchos miembros,
B y todos los miembros, no obstante de ser muchos,
A forman un solo cuerpo.

Él emplea *cuerpo* (*sōma*) 18 veces en estos 15 versículos. También ha empleado un lenguaje relacionado con el cuerpo en 10:16-17 para recalcar la unidad de la iglesia, y este puede ser el punto de 11:29 también[396]. En Romanos 12:4-5, toca mucho del mismo punto, si bien en una forma abreviada: que aún con la variedad de dones, hay un solo cuerpo.

Colosenses y Efesios contienen un desarrollo más amplio de la metáfora del cuerpo, una que ha llevado a algunos eruditos a imaginar que la doctrina se ha tomado en una dirección no paulina.

Efesios 1:22b-23b	dio [a Cristo] como cabeza de todo a la iglesia... su cuerpo
Efesios 2:16	un solo cuerpo
Efesios 4:4	hay un solo cuerpo y un solo Espíritu
Efesios 4:12	para edificar el cuerpo de Cristo
Efesios 4:16	todo el cuerpo crece y se edifica en amor, sostenido y ajustado por todos los ligamentos, según la actividad propia de cada miembro

Col. 1:18	Él es la cabeza del cuerpo, que es la iglesia
Col. 1:24	su cuerpo, que es la iglesia
Col. 2:19	unidos a la cabeza... todo el cuerpo
Col. 3:15	fueron llamados en un solo cuerpo

Ahora no solo es la iglesia el cuerpo, sino que Cristo es la cabeza del cuerpo, la iglesia. También el esposo (Efesios 5:23, no en Colosenses) es la cabeza de la esposa en una manera que va más allá de la desarrollada en 1 Corintios 11:3. No hay nada que Pablo no haya dicho en esencia en 1 Corintios 11:3; aún en ese pasaje, Cristo es cabeza de todo hombre, no de la iglesia completa, ni del cuerpo. Pero

---

396. *1 Clemente* 37.5, usa la imagen del cuerpo (y también de un ejército) para instar a los cristianos a permanecer en su sitio: "La cabeza sin los pies no es nada; del mismo modo los pies sin la cabeza no son nada; incluso los miembros más pequeños de nuestro cuerpo son necesarios y útiles para el cuerpo entero; pero todos los miembros cooperan y se unen en sumisión, para que todo el cuerpo pueda ser salvo". Aquí como en 1 Corintios 12 la cabeza es tan solo una parte más del cuerpo. *1 Clemente* 46.7, alude a 12:27: "Somos miembros los unos de los otros".

en 1 Corintios, Pablo no une estas dos metáforas en una: Cristo es la cabeza de la iglesia, la iglesia es un cuerpo, pero no se ha dicho que Cristo sea la cabeza del cuerpo. De hecho, 12:21 aclara eso en esta metáfora, la cabeza, con la mano, la oreja, y el pie, es un miembro más del cuerpo, no su amo. La cabeza como tal ni siquiera se menciona en Romanos 12:4-5.

El uso paulino de *miembros* (*melē*) aquí y en Romanos 12:4, accidentalmente produce un juego de palabras en castellano ausente del original y que debería evitarse (contra las versiones castellanas). En español, empleamos la palabra para hablar de partes del cuerpo (brazos, piernas), pero también para individuos pertenecientes a una congregación. Pablo, por su parte, quiere decir cualquier parte distinguible del cuerpo (oreja, ojo, cabeza, mano, nariz, los "menos honrosos" [¿genitales?]; ver también Mateo 5:29; Romanos 6:13, 19; 7:5, 23; 1 Corintios 6:15; Santiago 3:5; 4:1). Efesios 5:30 (cf. 3:6) usa *melē* en una forma parecida a 12:12.

12:13

Pablo ahora razona volviéndose desde el estado presente de la iglesia a sus comienzos, a su constitución. La meta original del Espíritu Santo no es simplemente bautizar individuos con su poder, sino formar un cuerpo: *Todos fuimos bautizados por un solo Espíritu para constituir un solo cuerpo*[397].

Este versículo es uno de los textos claves para el "bautismo del Espíritu Santo". Los pocos versículos que lo mencionan no son fáciles de armonizar[398]. Esto se ha vuelto aún más difícil por varias oraciones en las cartas paulinas que podrían interpretarse como bautismo en agua, bautismo en el Espíritu, o ambos (Romanos 6:3-4; Gálatas 3:27; Colosenses 2:12).

Mateo 3:11=Marcos 1:8=Lucas 3:16 contienen un dicho de Juan el Bautista que llegará a ser clave en los evangelios sinópticos y en Hechos: "Yo los he bautizado a ustedes con agua... pero él los bautizará con el Espíritu Santo ['y con fuego', Mateo y Lucas]". El significado de este último parece ser el juicio de Cristo, más que las llamas de fuego aparecidas sobre los discípulos en Hechos 2:3.

Hechos 1:5 repite el contraste con Juan: "Juan bautizó con agua, pero dentro de pocos días ustedes serán bautizados con el Espíritu Santo". El relato de Pentecostés en Hechos 2 no menciona la frase "bautismo en el Espíritu", sino "ellos fueron llenos con el Espíritu". Sin embargo, debido a que esto se presenta como

---

397. La NVI (como RVR y VP, LBLA) traduce la preposición griega *en* como "por"; podría también traducirse como "en" (BJ). Aunque se ha tocado mucho la supuesta diferencia entre los conceptos, encontramos poca diferencia teológica para nuestros propósitos aquí.

398. J. D. G. Dunn, *Jesús y el Espíritu*, Secretariado Trinitario, Salamanca, 1981, sigue siendo uno de los mejores análisis del tema. Para un punto de vista distinto, cf. John W. Wyckoff, "El bautismo en el Espíritu Santo", capítulo 13, en *Teología sistemática: una perspectiva pentecostal*, Stanley M. Horton, ed., edición ampliada, Editorial Vida, Miami, FL, 1996; también Michael Green, *Creo en el Espíritu Santo*, tr. E. S. Vilela, Editorial Caribe, Miami, FL, 1977, capítulo 8.

el cumplimiento de Hechos 1:5 es implícitamente un recuento de su bautismo en el Espíritu. Los discípulos hablan en lenguas.

Hechos 8:15-16: "Estos, al llegar, oraron por ellos para que recibieran el Espíritu Santo, porque el Espíritu aún no había descendido sobre ninguno de ellos; solamente habían sido bautizados en el nombre del Señor Jesús". Los conversos samaritanos creyeron y fueron bautizados con agua. Sin embargo, el Espíritu Santo no vino sobre ellos hasta que los apóstoles llegaron y les impusieron las manos. Se les dijo que "recibieran" (*lambanō*) el Espíritu, el cual "cayó sobre" ellos (*epipiptō*). No hay ninguna referencia a hablar en lenguas, pero esa es la causa más natural para la reacción de Simón en 8:17-19.

Hechos 10:44, 45-47: "Mientras Pedro estaba todavía hablando, el Espíritu Santo descendió sobre todos los que escuchaban el mensaje... El don del Espíritu Santo se hubiera derramado también sobre los gentiles, pues los oían hablar en lenguas y alabar a Dios. Entonces Pedro respondió: ¿Acaso puede alguien negar el agua para que sean bautizados estos que han recibido el Espíritu Santo lo mismo que nosotros?". 11:15-16: "Cuando comencé a hablarles, el Espíritu Santo descendió sobre ellos tal como al principio descendió sobre nosotros. Entonces recordé lo que había dicho el Señor: 'Juan bautizó con agua, pero ustedes serán bautizados con el Espíritu Santo'. "De nuevo el Espíritu cayó sobre (*epipiptō*) los primeros gentiles cristianos mientras escuchaban el mensaje del evangelio; recibieron el Espíritu (*lambanō*) y comenzaron a hablar en nuevas lenguas; Pedro cita la promesa acerca del bautismo del Espíritu de Hechos 1:5".

Hechos 19:4-5: "Pablo les explicó: El bautismo de Juan no era más que un bautismo de arrepentimiento. Él le decía al pueblo que creyera en el que venía después de él, es decir, en Jesús. Al oír esto, fueron bautizados en el nombre del Señor Jesús". Hay un último contraste entre los discípulos de Juan el Bautista y los cristianos. Ellos no habían recibido (*lambanō*) el Espíritu; cuando ellos fueron bautizados en agua como cristianos, el Espíritu descendió sobre ellos (*erjomai*) y hablaron en lenguas.

¿Es posible armonizar estos versículos?

- "Recibir" el Espíritu/el don del Espíritu (2:38, 10:47)[399], asimismo el Espíritu "cayó" sobre alguien, ser bautizado en el Espíritu, aunque quizá no sean términos exactamente intercambiables, se refieren a la misma experiencia, aparentemente irrepetible.
- "Lleno del Espíritu". Existe un contraste, tal vez, entre Hechos 2:4 y Efesios 5:18. El pasaje de Efesios insinúa que un cristiano debe procurar vivir lleno del Espíritu, es decir, se trata de un estado más que de un evento único. Puede ser que Hechos 2:4 (y 9:17) esté empleando "lleno"

---

399. "Don" aquí es *dōrea* en lugar de *jarisma* en estos cuatro versículos; la idea es "don *el cual es* el Espíritu Santo".

como un evento único, sinónimo de "bautismo"; o es posible que use "lleno" como una experiencia repetible (como se desprende claramente de Hechos 4:8; 4:31; 7:55; 13:9; 13:52) que, además describe en forma precisa una experiencia inicial del Espíritu pero no se limita a ella.

- El "bautismo" del Espíritu se presenta en Hechos como una recepción de su poder cuya evidencia a menudo es hablar en lenguas; en 1 Corintios se presenta como la iniciación de una persona en el cuerpo invisible de Cristo. Algunos desean argumentar a favor de dos bautismos distintos del Espíritu, pero el texto indica que el único bautismo del Espíritu tiene diferentes resultados.

- El bautismo del Espíritu se asocia con el bautismo en agua, pero no es idéntico a este. El Espíritu Santo vino sobre los discípulos sin ninguna conexión al bautismo en agua en 2:4; él bautiza a los conversos gentiles poco antes del bautismo en agua en Hechos 10–11; poco después del bautismo en agua en Hechos 19; algún tiempo (al menos varios días) después del bautismo en agua en Hechos 8; en una conexión no especificada con el bautismo en Hechos 2:38. Eruditos católicos y algunos protestantes (ver Barrett) desean convertir 1 Corintios 12:13 y los otros versículos paulinos en referencias al bautismo sacramental en agua, es decir: "A través del bautismo en agua ustedes recibieron el Espíritu Santo". Esto no se especifica en ningún lugar en los textos paulinos, y se contradice con los textos de Hechos.

Pablo continúa y emplea una frase única en las Escrituras: *y a todos se nos dio a beber de un mismo Espíritu*. Probablemente no es una coincidencia que Hechos 2:13, 15 y Efesios 5:18 ofrezcan un contraste entre embriagarse con vino y ser lleno del Espíritu. Afirmamos que "tomaron la misma bebida espiritual" (mejor "bebida del Espíritu") es una referencia a participar en el Espíritu antes que del vino de la comunión.

Ciertamente Pablo concuerda con el autor de Hechos en que el Espíritu sobrenaturalmente faculta al creyente. No obstante, su énfasis principal aquí es la unidad:

No malinterpreten la diversidad evidente en el empoderamiento divino;
El Espíritu Santo ha venido a bautizarnos en único cuerpo,
Y aunque a menudo no es visible, esa unidad es la esencia fundamental de la iglesia

¿En qué consiste la enseñanza paulina en relación con el Espíritu? Él no ordena que ningún cristiano sea bautizado en el Espíritu; esto parece indicar que todos sus destinatarios ya habían sido bautizados en el Espíritu. Con certeza esta es la presuposición de 12:13. Hay poco espacio para argumentar, por ejemplo que cada cristiano "*tiene*" el Espíritu (como afirma Romanos 8:9), pero que no es "*bautizado*" en el Espíritu; o, peor, el hablar de bautismo en el Espíritu y bautismo por/con el Espíritu[400] (todos ellos representan en castellano construcciones griegas similares). Como en 12:3, el punto es: *o una persona tiene el Espíritu y está plenamente en el cuerpo de Cristo, o no tiene el Espíritu y no es cristiana.* Por supuesto, esto no es lo mismo que decir que todos los cristianos dondequiera que estén han sido bautizados por el Espíritu. Sin embargo, en esta carta, su punto solo tiene sentido si primero todos los corintios habían sido bautizados en el Espíritu, y segundo si no todos tienen el *jarisma* de las lenguas (12:30) ni ningún *jarisma* en común.

Aquí Pablo ofrece una lista típicamente paulina de seres humanos dispares –*ya seamos judíos o gentiles, esclavos o libres*– para demostrar la unidad del cuerpo. La discriminación contra los gentiles no es un asunto tan importante aquí como en Romanos 1:15-16, 10:12; 1 Corintios 7:18-19; Gálatas 3:28, 6:15; Colosenses 3:11. Otra posibilidad de variedad, "esclavos o libres", es directamente oportuna como una clave para los estratos sociales (ver también 1 Corintios 7:21-23).

12:14-21

Trataremos estos versículos en conjunto, en vista de que Pablo repite por énfasis. La proposición, eco de 12:12, figura en 12:14: *el cuerpo no consta de un solo miembro, sino de muchos.* La iglesia de Cristo es como un cuerpo, y un cuerpo por definición es una combinación de partes muy distintas.

Pablo lanza una serie de preguntas condicionales retóricas en la línea de: *si esto fuera verdad, ¿qué pasaría?* Estos interrogantes surgen de la insinuación de algunos corintios de que unos cristianos no son en realidad parte del cuerpo de Cristo o no son una parte significativa. Estas preguntas surgen de la insinuación que sería preferible que *"cada miembro de la iglesia debe ser como yo, con el mismo don"*. Pablo lleva la metáfora del cuerpo hasta el absurdo para mostrar que de hecho un cuerpo que consistiera en partes idénticas sería muy tonto e inservible.

En 12:15-16, las preguntas surgen de parte de los miembros con una baja estima de su propia función[401]. El pie no es boca, por tanto duda fuertemente de si es una parte del *sōma*. La oreja se pregunta si es parte del *sōma* aun cuando no sea ojo. El hecho de que la oreja sea oreja y el pie sea pie *no por eso dejaría de ser parte del cuerpo.* ¡Todo lo contrario! Para ser una parte verdaderamente vital del cuerpo, el pie debe hacer lo que el pie hace, igualmente las orejas. De otro modo, el cuerpo no funciona, y se debilita por la uniformidad de sus dones. El cuerpo y la iglesia necesitan una variedad de funciones (12:17).

---

400. Cf. Horton, *Corinthians*, p. 119; contra Dunn, *Bautismo*, pp. 150-153; Carson, *Showing the Spirit*, pp. 46-47.

401. Martin, *Spirit and the congregation*, pp. 20-21, cree que tanto el complejo de superioridad como el de inferioridad operaban en la iglesia corintia.

El asunto principal en Corinto fue el afán por hablar en lenguas, especialmente entre algunos de los creyentes pobres. Aún aquí, el asunto es la subestimación de las facultades presentes en una persona. ¿Era el caso que algunos corintios desvalorizaron sus propios dones? ¿Menospreciaba neciamente el pobre, el cual anhelaba el don de lenguas, el *jarisma* que ya poseía? O, ¿representaban el celoso pie y la celosa oreja a quienes no hablaban en lenguas y, por tanto, eran rechazados por quienes sí hablaban? No lo sabemos, y el hecho de que Pablo nos deje con la duda es quizá lo mejor: cualquier cristiano puede cuestionarse acerca de la dignidad de su propio *jarisma*; cualquier cristiano puede desear ocupar otra función en el cuerpo.

Existe algo de tensión entre lo que Pablo sugiere aquí (bis, ¡No deseen ser lo que no son!) y lo que ordena explícitamente en 12:31 y 14:1,13: ¡Que un cristiano no solo debería anhelar un don mejor, sino que debería orar para recibirlo! La diferencia entre los dos es más de actitud que de otra cosa: Estén satisfechos con lo que son, pero oren, con una buena actitud, por aquello que es evidentemente mejor. Como tal esto se asemeja muy claramente a la tensión con respecto del estatus de los esclavos en 7:21.

12:19 repite la idea de 12:17, y 12:20 el punto principal de 12:12, 14.

12:21 revierte la dirección de 12:15-16: es incorrecto que un miembro desprecie su propio don, pero también es incorrecto que un miembro subestime a otro: *El ojo no puede decirle a la mano: "No te necesito".* El ojo no puede rechazar a la mano, ni la cabeza al pie. Esto es lo más cerca que llegará Pablo de revelar la actitud de los ultra-carismáticos, finalmente insinuando lo que ellos han pensado o han dicho en voz alta:

Como usted no habla en lenguas, no es un miembro valioso de la iglesia.

Aquí de nuevo, Pablo introduce un lado del asunto, el cual equilibrará en el capítulo 14. Porque allí argumentará que de hecho algunos dones sí son mejores que otros, en la medida en que edifican mejor a la iglesia. De modo que, "el que profetiza aventaja al que habla en lenguas" (14:5). ¿Entonces qué? ¿Está Pablo participando en el mismo juego que ha rechazado? Los miembros jactanciosos de 12:21 son de hecho quienes poseen dones que los edifican a sí mismos individualmente. Por lo tanto, ese miembro no solo no puede rechazar a otro miembro, sino que debe pensar en términos de respeto al cuerpo. Es indiferente ser mano o pie; no es un asunto indiferente cuando un miembro rechaza el concepto de cuerpo.

12:22

El punto de este siguiente párrafo es bien claro, aun cuando no estamos seguros de a qué partes del cuerpo se está refiriendo Pablo. Él aparentemente va de lo más a lo menos presentable cuando pasa de los *débiles* a los *menos honrosos a los menos presentables* en los versículos 23-24.

¿Qué partes del cuerpo *parecen más débiles*? No se nos dice. La experiencia común nos dice que Pablo tiene razón con respecto a las partes menores. Quienes han perdido aunque sea un dedo pequeño pueden testificar de lo que esto dificulta el caminar; igualmente perder la diminuta vesícula biliar le recuerda a la persona el papel tan importante que desempeña un miembro pequeño aunque no se note, ¡o aunque una persona no sepa de su existencia![402].

12:23-24

Hay miembros débiles, pero también miembros *menos honrosos*. Él emplea el adjetivo *atimos*, el mismo usado para los deshonrosos apóstoles en 4:10. Su modo de hablar con generalidades indica que Pablo se refiere a las partes del cuerpo que preferiría no nombrar, y hasta su titubeo sirve a un propósito: algunos miembros de la iglesia parecen débiles, pero ellos todavía funcionan como partes del organismo.

Menos presentables es un eufemismo, probablemente para los genitales. Ellos no son "presentables", entonces debemos asegurarnos de que permanezcan cubiertos (como en Génesis 3:7, 10-11). Pablo da un nuevo giro, quizá ahora se dirige a los elitistas corintios: si una parte del cuerpo no es honorable, debemos honrarla más. Esto es cierto de su propio cuerpo, y cierto también del cuerpo que es la iglesia. De hecho, es Dios mismo quien organiza la iglesia *dando mayor honra a los que menos tenían*.

La sociedad romana como un todo no se preocupaba por sus miembros más débiles, sino que exaltaba a los fuertes y poderosos. Dar una consideración especial a los débiles, por ejemplo, construyendo una rampa en un edificio público para quienes andan en silla de ruedas, iba en contra del ideal romano. Aun el emperador Claudio estuvo por un largo tiempo excluido del servicio público debido a su cojera y a su impedimento en el habla. Los cristianos, por el contrario, deben cuidar a los miembros más débiles de la iglesia, ya que es precisamente lo que Dios mismo hace.

12:25

Pensando en términos de la obra de Dios en 12:24b, Pablo muestra el propósito divino: *a fin de que no haya división en el cuerpo, sino que sus miembros se preocupen por igual unos por otros*. Con sobresalto, el lector ha salido de una lección de biología y se encuentra transportado de nuevo a las fricciones reales de la iglesia corintia. Lo que Pablo describe aquí no es un ideal inalcanzable; más bien, él espera que cada miembro evite las divisiones y viva para el otro. Es por el bien del hermano, por el bien de todos, por su propio bien como miembro del cuerpo, y

---

402. Agustín, *La utilidad del ayuno* 6 (Bray, pp. 188-189) está con mérito citando detalladamente aquí: "¿Acaso tus cabellos no son los miembros de menos valor? ¿Qué hay de menos valor en tu cuerpo que tus propios cabellos? ¿Qué hay más desdeñable y abyecto? Y no obstante, si te cortan el pelo mal, te enfadas con el peluquero porque no ha tenido en cuenta la uniformidad; y tampoco tú mantienes la unidad en los miembros de Cristo".

le place a Dios. Es una afirmación como esta la que nos lleva en el capítulo 11 a concluir que Pablo estaba siendo irónico, en vez de haciendo una concesión de la realidad, al decir "Sin duda, tiene que haber grupos sectarios entre ustedes, para que se demuestre quiénes cuentan con la aprobación de Dios". Fomentar esto, o aun consentirlo, es oponerse al propósito de Dios en la iglesia.

12:26

Si el amor desinteresado no motiva a los corintios, quizá este punto lo hará: si otro cristiano sufre, entonces ustedes (como miembros del cuerpo) también sufren. Si él o ella recibe honra (en contraposición a humillación), entonces ustedes (como miembros del cuerpo) se gozarán (*sunjairō*, ver también 13:6) con él.

12:27-28

Pablo ahora ha regresado decididamente a la iglesia, asegurándose de que sus oyentes sacarán las lecciones correctas acerca de los *jarismata*: *Ahora bien, ustedes son el cuerpo de Cristo, y cada uno es miembro de ese cuerpo.... [y] en la iglesia Dios ha puesto...* Ahora pasamos de orejas y pies a dones espirituales que son muy conocidos para la iglesia corintia.

En primer lugar, apóstoles; en segundo lugar, profetas; en tercer lugar, maestros; luego los que hacen milagros, etc. Se debate si Pablo quiere decir "el de mayor importancia, apóstoles, el segundo mayor, profetas" y así sucesivamente o si él solo está nombrando los dones espirituales sin considerar su importancia. De hecho ambos son verdaderos: él puede afirmar la igualdad de los dones y organizarlos en orden. Aquí la lista está en orden descendente de acuerdo con su utilidad para la congregación. El hecho de que comience con los apóstoles significa que ellos son invaluables... pero él también ha dicho que "a nosotros los apóstoles Dios nos ha hecho desfilar en el último lugar, como a los sentenciados a muerte" (4:9). Que quien se jacta, ¡se jacte de ser siervo de todos! En contraste, parece significativo que él mencione el hablar en lenguas el último en la lista; como demostrará, este tan ansiado don era el menos útil para edificar la iglesia.

Mostraremos la lista paralela en Efesios 4:11

1 Corintios 12:28
apóstoles
profetas
maestros
hacer milagros
sanar enfermos
ayudar a otros
administrar
diversas lenguas

Efesios 4:11
apóstoles
profetas
evangelistas
pastores y maestros

Los nuevos términos en 12:28 son *apóstoles, maestros, ayudar a otros y administrar.* La lista en Efesios 4:11 es más corta, pero añade "evangelistas" y el don combinado "pastores y maestros"[403]. El hecho de que ambas listas mencionen apóstol y profeta en primer lugar –y de que Efesios 2:20 considere estos dones fundamentales para la iglesia– sugiere que su ubicación a la cabeza no es casual sino intencional[404].

Apóstol – Un apóstol es uno de un limitado grupo de personas especialmente comisionado para representar a Cristo ante el mundo y ante la iglesia. Ellos no son idénticos a los pastores y maestros, aunque muchos parecen haber sido misioneros pioneros (Romanos 15:16-21)[405]. Necesitamos distinguir entre los Doce y los otros apóstoles. Los Doce fueron limitados y, con excepción del reemplazo de Judas antes de Pentecostés, los puestos no se llenaron cuando los apóstoles murieron. Hechos 1:21-22 presenta los criterios para ser uno de los Doce, "un testigo de la resurrección, uno de los que nos acompañaban todo el tiempo que el Señor Jesús vivió entre nosotros, desde que Juan bautizaba hasta el día en que Jesús fue llevado de entre nosotros". Pablo vio al Cristo resucitado (1 Corintios 9:1; Gálatas 1:16), aunque después de su ascensión, y no acompañó a Jesús durante su ministerio terrenal. Los otros también se llamaron apóstoles

---

403. Este *tous poimenas kai didaskalous* es una frase controversial. Algunos han señalado que "pastor" tiene el artículo definido, "maestro" no, y están unidos por la palabra *kai* ("y"). Esto, ellos argumentan, significa que la llamada Regla de Granville-Sharp de la gramática griega lo aplica aquí como en Efesios 5:5 o 2 Pedro 1:1 o Tito 2:13. Así los términos "pastores" y "maestros" se refieren a la misma persona, o sea un "pastor-maestro". Otros, más conscientes de la Regla de Granville-Sharp, todavía débiles en su lógica, argumentan que no, que la Regla de Granville-Sharp está garantizada para emplearse solo con sustantivos en singular; estos son plurales, de modo que debe de tratarse de dos personas: pastores por un lado, maestros por el otro. Sugerimos que ambos son incorrectos, aunque por distintas razones. De hecho, la Regla de Granville-Sharp "puede" servir con sustantivos plurales, pero solo está "garantizada" para sustantivos singulares. De modo que, Granville-Sharp siempre debe aplicarse cuando los sustantivos son singulares, y puede o no funcionar cuando son plurales. Creemos que se aplica en este caso con los plurales, de otro modo no hay razón para que Pablo haya omitido el artículo definido de *didaskalous*. En resumen: Pablo se refiere a personas que son "pastores-maestros" o "pastores y maestros a la vez".

404. Crisóstomo 32.2. Pero cuán chocante es la afirmación hecha por Goudge (p. 114): "El orden en la enumeración es el orden de importancia...Es característico de San Pablo preferir lo ordenado y lo racional a lo extático y meramente emocional".

405. En su comentario aquí, Ambrosiáster (Bray, p. 191) iguala apóstol con obispo; esto se debe a la doctrina de la sucesión apostólica sobre la cual se basa el oficio, pero no es lo que Pablo intenta en esta epístola. Por definición, un obispo permanece en un lugar fijo, mientras que un apóstol es itinerante.

(Hechos 14:4; 1 Corintios 15:7, probablemente Andrónico y Junia en Romanos 16:7) pero no eran de los Doce. A los apóstoles se les otorgó el poder del Espíritu de una manera especial (2 Corintios 12:12), pero también fueron llamados a sufrir por el evangelio de un modo inusual (1 Corintios 4:9-13; 2 Corintios 11:16-33). Los apóstoles tenían la autoridad para enseñar y dirigir las iglesias.

¿Por qué el *profeta* ocupa el segundo lugar en la lista después del apóstol? Si no fuera por 1 Corintios 14, nos costaría mucho explicar qué elevaría a los profetas tan altamente aquí y en Efesios 2:20 y 4:11. Aun en las iglesias de hoy donde practican el *jarisma* de profecía probablemente su valor se colocaría debajo del valor del pastor, del maestro, del misionero, del evangelista o hasta del administrador.

Maestro es uno que enseña el mensaje cristiano, no necesariamente quien ostenta un cargo en la iglesia o en otra organización. Puede ser ampliamente definido. El resto de la lista denota dones más que personas. *Ayudan a otros* (forma plural de *antilēmpsis*) es un *hapax legomenon*, es decir, se encuentra solo aquí en el NT y se deja indefinido. Con la actitud de los corintios es probable que este don estuviera ubicado muy por debajo de los otros, ¡un *jarisma* adecuado para un esclavo o una mujer, pero no para un líder entre los hombres!

Administrar también es nuevo. *Kubernēsis* (también plural) es otro *hápax legomenon*. Aunque podemos considerar "administrador" a una persona que mantiene un puesto de responsabilidad y de dirección, este también puede ser tan general o tan específico como la persona que posee el *jarisma*. Una vez más se mencionan *los que hacen milagros; dones para sanar enfermos, diversas lenguas*.

Es instructivo que Pablo clasifique administración, ayudas, sanaciones y lenguas juntos como dones espirituales. Nosotros cometemos un grave perjuicio al etiquetar a los dones milagrosos "carismáticos" y luego echar los otros en la categoría de "talentos" o, peor, "simples talentos humanos". Existe un movimiento en el extranjero que afirma que un "apóstol" debería tener poder ilimitado, y que simples miembros de la Junta o administradores deberían tener poco. Esta extraña idea, que afirma revivir el don del Espíritu, de hecho constituye un rechazo de esos mismos dones del Espíritu Santo.

¿Hay apóstoles en esta época? 12:28
Vivimos en una época, según algunos, en la que Dios está restaurando el oficio apostólico de la misma forma como restauró la doctrina de la justificación en la Reforma. Para algunos, esto lleva el nombre de Nueva Reforma Apostólica. El giro de este comentario hasta el momento ya ha dado indicios de que dudo de la existencia de apóstoles en la actualidad. De hecho es cierto. Pero primero, mencionemos ciertas falacias relacionadas con el jarisma del apostolado:

Falacia 1. Que todos los dones espirituales deben operar activamente en cada generación. Por supuesto, esta es la discusión que también ha tomado lugar en relación con todos los llamados *"dones carismáticos"*. Pero los casos son distintos: en el caso de las lenguas y de la profecía no existe, creemos, ninguna indicación clara en las Escrituras de que cesarían. Con el apostolado no sucede lo mismo. La única vez que se mencionaron unos criterios para ser apóstol fue en Hechos 1:21: tenían que servir no solo como divulgadores, sino como testigos oculares de la resurrección de Cristo. Pablo declara lo mismo en 1 Corintios 9:1: él había visto a Cristo. Este evento en el camino a Damasco fue más que una simple visión de Jesús, la cual muchos creyentes habían tenido. La experiencia de Pablo fue una aparición auténtica de la resurrección.

Falacia 2. Que si hay apóstoles falsos hoy (y con seguridad los hay) entonces debe de haber apóstoles verdaderos. Porque, ¿cómo puede existir una falsificación si no existe el artículo auténtico? Esta lógica no tiene sustento. Por ejemplo, Jesús predijo que habría falsos mesías en los últimos tiempos (Mateo 24:5, 23-26), pero eso no requiere la presencia del verdadero Mesías *"sobre la tierra al mismo tiempo"*.

Falacia 3. Que la gente que lleva a cabo cosas de una naturaleza apostólica —evangelismo pionero, discipulado, fundación de iglesias, milagros y sanaciones, una enseñanza inusualmente influyente— son, por tanto, apóstoles. De este modo, hablamos de Patricio como el apóstol de Irlanda. Pero este lenguaje no es exacto. El apelativo de Patricio es bueno si tomamos *"apóstol"* en su sentido más amplio, pero nadie lo colocaría al lado de los Doce o de Pablo.

Pensemos bien acerca del fenómeno de los apóstoles modernos y veamos si ellos se adecúan a los estándares bíblicos. Los hechos son alarmantes:

1. *Hay una gran cantidad de nuevos apóstoles. Se podría argumentar, supongo, que matemáticamente no hay más apóstoles hoy de los que habría hace 2000 años. Aunque, considerando que solo hubo una docena o algo así en los primeros días —y la mayoría murió en pocas décadas— parece haber un número desproporcionado en nuestros días y va en aumento rápidamente. Uno de los puntos de Pablo en 1 Corintios 9 o en 2 Corintios 10–12 es que el apostolado es por definición un don muy poco común. ¿Habría que esperar que en realidad cada barrio urbano tuviera sus propios apóstoles?, ¿o competirían esos "apóstoles" entre sí?*

2. *Apóstol se define en términos de autoridad y control, no de servicio. Nuestro enemigo permanente levanta la cabeza una vez más: existe una tendencia natural en los humanos de querer dominar a otros, aun dentro del cuerpo de Cristo. Unos apóstoles modernos testifican que, para ellos, títulos como pastor o ministro no transmite suficiente peso para lo que ellos quieren hacer. Pero, recordemos que el apóstol Juan estaba contento con un título nada ostentoso, "anciano" (cf. 2 Juan 1 o 3 Juan 1). La recién inventada doctrina de la "cobertura apostólica" tiene poco que ver con la bendición de Dios, y mucho que ver con el ceder poder y dinero a un hombre ya poderoso y rico. No es de extrañar que estos "apóstoles" están rápidamente*

obteniendo la reputación de ser mujeriegos y estafadores: nadie tiene la autoridad de reprenderlos.

3. *El apostolado moderno no tiene el vínculo bíblico tan fuerte con el sufrimiento físico. Los auténticos apóstoles sufren, y punto. Los apóstoles modernos hablan de la energía que invierten en el ministerio, del tiempo y del esfuerzo. Hablan del rechazo personal y del dolor emocional que han experimentado. Les creo; pero, por otro lado, ¿quién en el ministerio cristiano no cuenta lo mismo? Y los misioneros que sirven entre los musulmanes o, por decirlo así, cualquier cristiano que trabaje en ciertos sectores de Venezuela, también corren un riesgo mucho mayor de experimentar el sufrimiento verdadero que la mayoría de estos "apóstoles" actuales.*

4. *Los apóstoles se autoproclaman o reciben la unción de organizaciones fundadas por ellos o de las cuales son líderes. Una vez más nos encontramos con el viejo problema de saber cuál es la voluntad divina. Cómo saber a quién quiere Dios nombrar como apóstol (o pastor, o evangelista). La mayoría de nuestros apóstoles modernos se proclaman a sí mismos como tales, o los aclama alguien muy cercano a ellos. Yo soy apóstol porque Dios me lo dijo, y ustedes pueden estar seguros de que Dios me habló porque yo lo digo. Pero, ¡con seguridad la iglesia necesita más evidencia que este llamado es de Dios! Estos apóstoles de facto niegan que todos los creyentes sean sacerdotes y reyes.*

5. *Los apóstoles de hoy aparentan impartir nuevas enseñanzas. En algunos casos particulares parece que inventan nuevas doctrinas, o cambian la doctrina bíblica, especialmente en cuanto a la naturaleza de la guerra espiritual o a la segunda venida de Cristo. Además, el movimiento es portador de esta nueva doctrina de "prosperidad" o "rhēma", un acercamiento al poder que no tiene nada que ver con la oración o la fe como lo enseña la Biblia. Si queremos establecer el origen de la Nueva Reforma Apostólica, no debemos ir más allá del sistema católico-romano. Uno de los títulos del Papa es "apóstol", y él y los obispos son considerados los intérpretes autoritarios de la Biblia (Catecismo §2034), como lo harían Pedro y Pablo si estuvieran vivos hoy en día. El Papa también tiene autoridad para nombrar obispos en cada ciudad y otorgarles autoridad apostólica. Este movimiento apostólico moderno sigue el patrón del sistema católico-romano con precisión. Si los no evangélicos encuentran esto repugnante, entonces deberían considerar igualmente repugnante que los apóstoles protestantes hagan lo mismo.*

En breve, el Nuevo Movimiento Apostólico, que se lanzó con tanta esperanza y optimismo de reavivimiento, ha terminado en desastre. Debemos recordar que servimos al Señor quien nos dijo "que sea el último de todos y el servidor de todos"

(Marcos 9:35). La gente más parecida a Cristo tiende a evitar los títulos de poder y a servir de una manera humilde.

12:29-30

Pablo no enumeró los *jarismata* porque fueran desconocidos, sino para mostrar cómo contribuyen a su metáfora de la congregación como cuerpo. Ellos proveen la base para las preguntas retóricas que siguen. No resulta tan obvio al leer en castellano lo repetitivo que es esto en el griego. Cada uno comienza con *mē pantes*, luego la función o el don. En castellano tenemos que añadir verbos para suavizarlo:

> *¿Son todos apóstoles?*
> *¿Son todos profetas?*
> *¿Son todos maestros?*
> *¿Hacen todos milagros?*
> *¿Tienen todos dones para sanar enfermos?*
> *¿Hablan todos en lenguas?*
> *¿Acaso interpretan todos?*

Del contexto es obvio que la respuesta es "No", no todos son apóstoles; ni profetas; ni intérpretes, etcétera. Después de todo, este es el punto de 12:7, el cual podría fácilmente expresarse de la misma manera: "¿Son todos ojos? ¿Son todos oídos? ¡Claro que no!". Más adelante la construcción griega empleada por Pablo elimina toda duda de que esta es su intención. El idioma griego tiene dos partículas negativas principales, *ou* y *mē*. Si un escritor usa *ou* en su pregunta, espera una respuesta positiva: Sí. Mientras que si usa *mē*, espera una respuesta negativa. El uso paulino de *mē* aquí es el equivalente a: "No son todos apóstoles, ¿verdad?". El escritor los orienta hacia la respuesta correcta. La VP a menudo elimina el doble negativo; así transforma estas preguntas en afirmaciones: "No todos son apóstoles, ni todos son profetas...". Esta es una traducción libre, pero capta fielmente el punto paulino.

El punto principal de Pablo llega al final: "¿Hablan todos en lenguas?", es decir, "No todos ustedes hablan en lenguas, ¿lo hacen? Esto podría parecer que contradice lo dicho por Pablo: "Yo quisiera que todos ustedes hablaran en lenguas" (14:5). Después de todo, ¿por qué Pablo diría esto si no fuera una posibilidad? O, ¿Está Pablo diciendo: "Seguro, cada cristiano tiene un lenguaje sobrenatural para orar, pero yo deseo que ustedes hablen en lenguas en la congregación?". Dos puntos deben mencionarse: primero, desear que todos hablen en lenguas es un concepto distinto que creer que todos *pueden* hablar en lenguas con solo procurarlo. Además, desearía otros dones para ellos si él pudiera (¡profecía!). El otro punto tiene que ver con el hipotético "lenguaje de oración". Pablo habla de oración y de alabanza individuales en 14:2, 4, contrastándolos con la bendición pública que viene a través de la profecía. Quienes hablan en lenguas (siempre y cuando no haya intérprete –si hay, la figura cambia radicalmente–) le hablan a Dios, hablan misterios en el Espíritu, y se edifican a sí mismos. Pablo desea (14:5) que todos los corintios experimenten eso, es decir, que cuenten con un "lenguaje especial de oración" para su vida devocional privada. ¡Pero ellos no lo hacen y probablemente no lo harán! Es la decisión del Espíritu, no del individuo. El hecho de que unos pocos sean apóstoles; que algunos profeticen; que algunos sean administradores talentosos; que algunos y solo algunos hablen en lenguas, este hecho es una señal de una iglesia saludable, porque sin esta variedad no habría un cuerpo en funcionamiento.

Hablar en lenguas y todos los otros dones son otorgados por Dios a algunos cristianos. Cuando Pablo dice: "No todos hablan en lenguas, ¿verdad?", "precisamente quiere decir lo que parece decir, y es la misma tendencia de "No todos son maestros/administradores/sanadores, ¿verdad?". De hecho, la última pregunta: "No todos interpretan [dichas lenguas], ¿verdad?" es también un paralelo exacto: ustedes pueden orar por interpretación (14:13) o por profecía (14:1), pero es posible que no reciban esos dones. Solo algunos cristianos los poseen. En última instancia la decisión es del Espíritu, no suya.

12:31

¿Debería esto traducirse como un imperativo (ambicionen los mejores dones), o es una simple observación? ¿("Ambicionan los mejores dones")? Gramaticalmente, cualquiera de las dos es perfectamente permisible[406], por eso volvemos la mirada al vocabulario empleado y al contexto con el fin de determinar el sentido paulino. Las opciones son:

1. Ambicionen los "mejores dones" (o algo parecido) es el punto de vista de NVI, RVR, LBLA, BJ, VP y de la mayoría de las versiones modernas. El argumento a favor de esto es el paralelo en 14:1: "Empéñense en seguir el amor y ambicionen los dones espirituales, sobre todo el de profecía", un pensamiento repetido a lo largo del capítulo 14. Se observa fácilmente que el capítulo 13, aunque integra la sección, interrumpe el argumento iniciado por Pablo en 12:31a, y así 12:31a es naturalmente el mismo pensamiento de 14:1, pensamiento que se

---

406. Es un fenómeno del griego que en el tiempo presente la segunda persona plural del indicativo y del imperativo normalmente presentan la misma forma. Por lo general, el contexto indica si el verbo es indicativo (una afirmación) o imperativo (un mandato). A veces, ambas posibilidades tienen sentido. El ejemplo más famoso del NT es Juan 14:1, y la mayoría de las versiones modernas incluyen una nota al pie de página para mostrar las distintas posibilidades. 1 Corintios 12:31 es el otro famoso ejemplo. Lo toman como imperativo Crisóstomo 32.5; Ambrosiáster, *Sobre viudas* 4.29, como lo hacen muchos de los comentaristas a lo largo de la historia y la mayoría de las versiones en español.

repite en la conclusión de 14:39[407], "ambicionen el don de profetizar". El verbo *ambicionen* (*zēloō*) en 12:31a puede en otros contextos tener el significado negativo de "desear sexualmente" o "tener hambre carnal". No obstante, puede ser usado en un sentido neutral de "procurar". Pablo usa *zēloō* en esta forma neutral en 14:1 y 39 y su cognado *zēlōtēs* en una forma negativa (o quizá irónica) en 14:12. Por tanto, cualquier sentido es posible en 12:31. Sin embargo, consideramos clave la obvia continuidad entre 12:31a y 14:1, y exige la lectura #1., imperativa de acuerdo con la NVI, o aun mejor con la BJ: "¡Aspirad a los *jarismata* superiores!".

Por tanto la lección de Pablo es positiva: *hay de hecho dones más y menos importantes; ¡vayan y busquen los más importantes!* El lector debe esperar hasta el 14:1 para ver hacia donde quiere Pablo llevar esta idea.

2. "¡Ambicionan los mejores dones!"[408]. Si el verbo se toma como indicativo, entonces podría expresar la decepción de Pablo con los corintios: *"Aquí estoy hablando acerca de servir al cuerpo, y mostrando que no todos pueden tener todos los dones, ¡pero ustedes están anhelando manifestaciones espectaculares para su propia gloria!"*. Puede haber un paralelo en 14:12: "Por eso ustedes, ya que tanto ambicionan dones espirituales, procuren que éstos abunden para la edificación de la iglesia". En ese caso, la lección sería parecida a la del #1, solo que sería negativa: ¡"Dejen" de ansiar el don de lenguas!

Ahora les voy a mostrar un camino más excelente. Algunas versiones ahora agrupan 12:31b con el capítulo 13. De hecho sirve como introducción al gran Poema del Amor. También sirve para cerrar el capítulo 12, por lo cual queda bien como el último versículo de esa sección. "Más excelente" viene de *huperbolon* y es un lenguaje fuerte (ver su uso en 2 Corintios 1:8; 4:7; 12:7 y otros pasajes). Denota algo superlativamente mejor, el bien supremo.

Seamos claros: Pablo no va a decir que los dones espirituales son inútiles, dañinos o una distracción de la esfera de la vida cristiana. Este no es un argumento a favor de la superioridad del amor sobre los dones espirituales. Al contrario, él elevará la discusión sobre los dones espirituales a un plano superior, recordándoles que estos deben ejercerse en amor. Para Pablo, no es aceptable que un cristiano separe el *jarisma* del *agapē*. Los corintios hacen esto, ¡pero el apóstol no! Y de hecho en el capítulo 14, él mostrará en términos muy concretos cómo

407. Orígenes, *Comentario sobre Mateo* 2.14.22, relaciona esto con el capítulo 7, y admite que no todos ansiarán el don supremo, o sea, el del celibato.

408. Cf. Teodoreto de Ciro, quien lo plantea como una pregunta: "¿Están deseando ustedes los mejores dones?".

usar la profecía, el discernimiento, las lenguas o la interpretación de una manera amorosa, como Cristo. Pero antes de establecer reglas y principios, se asegurará de que cada corintio sepa que la meta suprema es el *agapē*, el Amor.

Apéndice: Hablar en lenguas y Profetizar, ¿qué son?

La iglesia ha tratado durante más de un siglo volver a captar el significado de los *jarismata* de lenguas y profecía. Naturalmente, bastante gente quiere leer su experiencia (o falta de ella) dentro del texto de 1 Corintios. Lo que resulta claro es que si juntamos la experiencia de cada uno de los últimos cien años, acabaríamos con cada posible interpretación o distorsión del texto bíblico. Lo que queremos saber es qué significó 1 Corintios en su contexto original, de modo que podamos aplicarlo más cuidadosamente a nuestros días. Este es un aspecto complicado, y solo seremos capaces de proveer unas breves respuestas. Animamos al lector a consultar otros estudios[409].

Para esto contamos con varias fuentes: la primera es el Nuevo Testamento mismo, considerado como un comentario inspirado de lo que pasaba pero también, humanamente hablando, el testigo más cercano de la iglesia primitiva. En segundo lugar, la historia de la iglesia primitiva: los Padres del siglo II afirmaron que la profecía y las lenguas se experimentaban en sus días, y percibieron una continuidad ininterrumpida con la práctica de los *jarismata* en la era apostólica. También, el surgimiento del montanismo o el movimiento de la Nueva Profecía en la década del 160 provocaron reacciones de muchos de los Padres de la iglesia, quienes ofrecieron comentarios acerca de los verdaderos dones carismáticos en tanto que condenaron el montanismo.

¿Qué asuntos trataremos con respecto a estos dones en 1 Corintios?

Lenguas:

1. ¿Son las lenguas idiomas humanos, lenguajes angelicales, o ruido sin sentido?
2. ¿Cuál es la relación entre las lenguas en 1 Corintios y las lenguas en Hechos?
3. ¿Estaba el hablante "en éxtasis", es decir, en trance o fuera de control?
4. ¿Cuál era el contenido de las lenguas?

---

409. Para quienes leen inglés, no conozco un texto mejor que el de Christopher Forbes, *Prophecy and inspired speech in Early Christianity and its Hellenistic environment*, Hendrickson, Peabody, MA, 1997. El autor amplía y corrige el punto de vista defendido por D. E. Aune en su trabajo clave, *Prophecy in early Christianity and the ancient Mediterranean world*, Eerdmans, Grand Rapids, MI, 1983. Cf. Witherington, pp. 276-281.

Profecía:

1. ¿Cuál es la naturaleza de la profecía en el Nuevo Testamento?
2. ¿Estaba el profeta "en éxtasis"?
3. ¿Cuál era el contenido de la profecía?
4. ¿Era la profecía infalible?

Lenguas:

1. ¿Son las lenguas idiomas humanos, lenguajes angelicales o expresiones ininteligibles?

Fuera de 1 Corintios, el *jarisma* de hablar en lenguas se encuentra solo en Hechos (2:4ss.; 10:46; 19:6)[410]. El día de Pentecostés los apóstoles se vieron a sí mismos en una situación poco común, llevada a cabo por la providencia de Dios. Es decir, ellos hablaron en lenguas, no en privado, sino en público, durante una fiesta judía a la cual llegaban judíos de todo el mundo conocido. La multitud respondió "¡todos por igual los oímos proclamar en nuestra propia lengua las maravillas de Dios!" (Hechos 2:11, que refleja 2:6 y 2:8). De nuevo, en Hechos 10:46 y 19:8 los cristianos espectadores sabían que cierta gente había recibido el Espíritu cuando los escucharon hablando en lenguas. Me parece que esta es la sugerencia de Hechos 8:17-19 también. Después de Hechos 2, no hay indicio de que alguien entendiera lo que decían quienes hablaban en lenguas, solo que ellos reconocían el fenómeno como tal. La única vez que los extranjeros entendieron las lenguas sin el *jarisma* de interpretación solo se debió a las circunstancias.

La interpretación de la mayoría hoy es que el milagro de Pentecostés no fue un milagro de hablar, sino de escuchar, es decir, Dios capacitó a la multitud para escuchar su propia lengua aun cuando los hablantes no la hablaban en realidad[411]. Encontramos esto muy improbable: un *jarisma* no se da a una audiencia no creyente, sino a los creyentes. Ellos hacen los milagros y los otros son observadores. De hecho, en el texto es claro que los creyentes "comenzaron a hablar en diferentes lenguas" en Hechos 2:4, *previo a y aparte del punto en el cual* los judíos de la Diáspora se acercaron y escucharon sus propios lenguajes. Este es el caso en 1 Corintios también: en una congregación, una persona experimenta verdaderamente el milagro de hablar en lenguas, aun cuando no haya nadie que interprete o que por casualidad sepa ese lenguaje.

Hechos es suficientemente claro en que las lenguas eran lenguajes humanos. Algunos han interpretado 1 Corintios en la misma manera, que los corintios

---

410. El llamado "Final Largo de Marcos" contiene una referencia a hablar en lenguas: "Hablarán en nuevas lenguas". Marcos 16:17 falta en los manuscritos más antiguos y posiblemente no es auténtico; no obstante refleja la creencia de la iglesia primitiva.

411. James D. G. Dunn, *Jesús y el Espíritu*, Secretariado Trinitario, Salamanca, 1981, p. 249, afirma que los discípulos hablaban con discurso extático en Pentecostés, y que algunos de los espectadores *pensaron* haber oído otros lenguajes, pero su testimonio no era creíble.

hablaban lenguas extranjeras que necesitaban interpretación. Pero otros han argumentado que el don en Corinto es un *jarisma* distinto. ¿Cuál es la evidencia?

En 1 Corintios 13:1 hay una referencia a hablar en lenguas angelicales; por tanto, unos han tomado esto como parte o como la totalidad de la glosolalia, que los corintios hablaban en lenguas celestiales que ningún humano podía entender[412]. Creemos, sin embargo, que Pablo está usando una hipérbole aquí (como lo hace a lo largo de 1 Corintios 13:1-3), añadiendo "lenguas de ángel" con el fin de reforzar la ilustración más allá de la experiencia normal. El griego apoya esto, el orden original captado por la VP: "Si hablo las lenguas de los hombres y aun de los ángeles...". Pablo probablemente sabía que algunos judíos místicos pensaban que podían oír o hasta unirse a la alabanza de los ángeles en su propio lenguaje[413]. Quizá esto sea lo que Pablo insinúa, cuando dice que "fue llevado al paraíso y escuchó cosas indecibles que a los humanos no se nos permite expresar" (2 Corintios 12:4). Creemos que tal vez Pablo alude a esta práctica, pero que esto *no* prueba que él pensara que la glosolalia era hablar en lenguas angélicas[414]. Si alguien cree necesario el uso de un lenguaje angelical para comunicarse con Dios, está equivocado: el griego *koinē* también funciona (1 Corintios 14:15, 26-28). Si es aún permisible pensar en lenguas angélicas como la definición literal de lenguas de Pablo, nosotros no definimos lenguas como lenguajes angélicos, sino como humanos y angélicos, como Pablo mismo dice[415].

Una tercera interpretación es que las lenguas no eran para nada lenguajes, sino un tipo de experiencia extática[416]. El hablante caía en un trance y desde un profundo nivel psicológico pronunciaba sílabas y sonidos raros. Son "misterios" en el sentido de que no tienen ningún significado intrínseco. Su significado (y su interpretación) descansa en que esa persona se siente conectada a Dios y siente fervor.

La mejor interpretación es que las lenguas en Corinto eran (o se creía que eran) lenguajes existentes pero desconocidos:

412. Witherington, Fee, Hays.

413. El mejor ejemplo está en el *Testamento de Job*, 48-50, donde las hijas de Job se unen a la alabanza de los ángeles y cantan en su propia lengua. Este apocalipsis es aproximadamente contemporáneo de Pablo. La versión griega usa *dialektoi* en vez de la *glōssai* paulina, pero esta es una diferencia insignificante; de hecho, Hechos 2:4 y 6 emplea ambos términos para referirse a la glosolalia de Pentecostés. Cf. Gordon D. Fee, *God's empowering presence: the Holy Spirit in the letters of Paul*, Hendrickson, Peabody, MA, 1994, p. 83.

414. Contra muchos comentaristas, incluyendo a Schrage quien dice que este término puede ser "apenas irónico".

415. Este es el punto de vista de Héring.

416. Findlay, Thrall y muchos otros. La posición de Thiselton es una variación de este punto de vista.

a. Parece sumamente improbable que la iglesia primitiva conociera dos distintos *jarismata* llamados ambos "hablar en lenguas". Así que, daríamos prioridad a una interpretación que toma en cuenta tanto Hechos como 1 Corintios.

b. Pablo compara las lenguas con idiomas extranjeros en 1 Corintios 14:21: los idiomas tienen significado pero este no se conoce.

c. Como con los idiomas humanos las lenguas "significan" una cosa y no otra; sin interpretación un observador diría "no entiendo lo que dices" (1 Corintios 14:16). Si esto fuera un éxtasis sin sentido, entonces el significado debe de estar desconectado de los sonidos y la persona no "dice" nada en particular. Sí, Pablo llama a las lenguas no interpretadas un simple ruido incomprensible (1 Corintios 14:7-12), pero solo incomprensible en el sentido que el contenido no es comprendido por ninguno de los presentes. Un intérprete está facultado para decir en griego lo que el hablante dijo en otra lengua (1 Corintios 14:14).

Por tanto, son "desconocidas" en la mayoría de las circunstancias, pero no (como la inglesa NRSV dice en 1 Corintios 14:9) fundamentalmente "ininteligibles" en términos absolutos. Ellas son "inteligibles" para alguien que, como en Hechos 2, conoce el lenguaje. Nosotros entonces concordamos con la antigua interpretación de la que Crisóstomo (sobre 14:15) es representante: "Porque hubo entre los antiguos muchos que tuvieron también el don de la oración, junto con una lengua; y oraban, y la lengua hablaba, orando ya fuera en el lenguaje de los persas o en latín, pero su entendimiento no sabía lo que hablaban"[417]. Asimismo Teodoreto de Ciro, quien tomó lo que pudieron haber sido lenguas extranjeras, bárbaras

417. Crisóstomo asumió la posición de que una persona con el don de lenguas podría milagrosamente hablar en múltiples lenguajes desconocidos, de acuerdo a *In principium Actorum apostolorum* 3.4 [mi traducción]: "Y el que era bautizado inmediatamente hablaba tanto en nuestro lenguaje (Griego), y en el Persa, y en el Indio y en el lenguaje de los Escitas, de modo que aun los no creyentes podían percibir que él era considerado digno del Espíritu Santo". Sin embargo en *1 ad Corinthios* 29.1 [mi paráfrasis] él parecía decir que cada persona habló solo en un lenguaje, "uno inmediatamente habló en el Persa, otro en el Romano, otro en el Indio, otro en alguna otra tal lengua". Con respecto a Pablo, puesto que él dijo que: "Yo hablo en lenguas más que todos ustedes" (1 Cor 14:18), esto significa que él habló en más lenguajes que cualquiera en Corinto; Crisóstomo, nuevamente en *In principium Actorum apostolorum* 3.4 [mi propia traducción]: "Veamos pues cómo el apóstol también tenía este don espiritual (de lenguas), y todos los demás. Con respecto a esto él dice, 'Yo hablo en lenguas más que todos ustedes'. ¿Vieron cómo él habló en varios tipos de lenguajes, y no solo eso, sino que él tenía excesivamente más que todos los otros creyentes? Porque él no solo dijo: 'Yo puedo hablar en lenguas', sino también, 'Yo hablo en lenguas más que todos ustedes'". Hodge, pp. 229-233, ofrece un ensayo detallado sobre por qué las lenguas eran lenguajes reales. También Godet.

para sus ejemplos: aquél que habló en lenguas podía estar "hablando el lenguaje de los Escitas o Tracios"[418].

2. ¿Cuál es la relación entre las lenguas de 1 Corintios y las de Hechos?

Si no hay nada más que un hablar en lenguas, aun así funciona diferente en Hechos que en 1 Corintios. Esto es principalmente circunstancial, puesto que en Hechos las lenguas aparecen en situaciones para mostrar que el Espíritu ha caído sobre los apóstoles u otros por primera vez. Nunca se nos dice cómo funcionan las lenguas en la vida cristiana devocional o en la iglesia. En contraste, 1 Corintios trata exclusivamente con la experiencia de lenguas posterior, pero no dice nada acerca de la inicial.

Hay un tema especial que ronda "¿Hablan todos en lenguas?" en 1 Corintios 12:30, lo cual sugerimos que significa, "No todos hablan en lenguas, ¿verdad?". Esta pregunta retórica va en contra de lo que algunos grupos cristianos todavía enseñan: que cada cristiano debe hablar en lenguas como evidencia del bautismo del Espíritu, o quizá no sea cristiano. Tales grupos tropiezan con este versículo. Después de todo, Pablo estaba refutando directamente esa misma enseñanza en Corinto. Una posible solución es que, todos los que tienen el Espíritu hablan en lenguas como evidencia del bautismo del Espíritu, pero no necesariamente tienen el *jarisma* de hablar en lenguas[419]. Otra teoría es que cada cristiano habla en lenguas como un lenguaje de oración para usar en privado, pero que no todos los cristianos tienen el *jarisma* de hablar en lenguas cuyo propósito es dar una revelación a la iglesia como un todo.

Debemos considerar estos acercamientos como la llamada "falacia de embudo". En ningún lugar Pablo distingue entre dos especies de lenguas: o se tiene una o no se tiene; muchos cristianos no la tienen y nunca la tendrán, pero no deben preocuparse por eso. En 1 Cor 14, él asume que las personas que hablan en lenguas en la iglesia deberían orar en lenguas en su casa: él habla de dos funciones del mismo don, pero no habla en ninguna parte de dos dones de lenguas distintos. Pablo no habla como si el uso de las lenguas en la iglesia o en las devociones privadas fueran dos habilidades separadas. Cierto, "el que habla en lenguas no habla a los demás, sino a Dios (14:2)". Sin embargo, la razón por la cual Pablo trae a colación orar a Dios individualmente en lenguas es porque no desea que la gente hable en lenguas en la iglesia sin un intérprete; disfrute su don individualmente, u ore para interpretar, pero no interrumpa el culto.

---

418. Teodoreto de Ciro, *Commentary* 1:212.

419. Así Horton, *Corinthians*, p. 123, invoca el tiempo presente aquí como un presente continuo, como si fuera: "¿Continúan todos hablando en lenguas después de su experiencia inicial?". Este es un mal uso del tiempo presente, pero también ignora que los otros dos dones en este versículo usan el tiempo presente griego; aun así Horton no traduciría: "¿Siguen todos teniendo el don de sanación? ¿Continúan todos interpretando?".

3. ¿Estaba el hablante "en éxtasis", es decir, en un trance o fuera de control?

Algunos eruditos han comparado 1 Corintios con ciertos supuestos paralelos en el mundo grecorromano. Ellos sostienen que los corintios habían traído a la iglesia una práctica pagana y entraban en un trance para profetizar o para hablar en lenguas. Sus balbuceos eran incomprensibles, pero sonaban sobrenaturales. En el siglo II, los montanistas profetizaban en un trance extático, echando abajo las condenas que su práctica no concordaba con el patrón apostólico[420].

Por el contrario, Pablo insiste que los profetas y quienes hablan en lenguas tengan control de sí mismos, y que en amor, estos conscientemente, procuren la mejor edificación para la iglesia. "Ellos son capaces de contar el número de oradores, discernir si alguien está presente para interpretar, y frenar el impulso de hablar" si es necesario estar en silencio (1 Cor 14:27-28)[421]. Si pierden el control, esa no es la acción del Espíritu.

Lo más que podemos decir es que algunos de los corintios estaban verdaderamente hablando en lenguas, pero de una forma pagana. *Actuaban como si* estuvieran tan poseídos por el Espíritu que no pudieran evitar hablar en lenguas descontroladamente e interrumpiéndose unos a otros. Pablo rebaja esta conducta a la autocomplacencia. El Espíritu de Dios da los *jarismata*, y "Dios no es un Dios de desorden, sino de paz" (1 Corintios 14:33).

4. ¿Cuál era el contenido de las lenguas?

En cada instancia en el Nuevo Testamento, cuando las lenguas se interpretan, las palabras se dirigen a Dios: orar (14:14-15; posiblemente Romanos 8:26, aunque lo dudo); cantar (14:15); alabar (14:16); acción de gracias/dar gracias (14:17-18). Esto encaja bien con las lenguas de Pentecostés, donde los espectadores escucharon "las maravillas de Dios". En contraste, la profecía generalmente (pero no exclusivamente) es un mensaje de Dios al hombre[422].

El don de lenguas, especialmente en Hechos 2, se presenta como la manera divina de revertir la confusión de lenguas en Babel (citada en Génesis 11:1-9). Dios dispersó a los edificadores al diversificar su lenguaje, provocando que estos fueran incapaces de trabajar juntos para su propia gloria humana. En Pentecostés, Dios de

---

420. Cf. Eusebio, *Historia de la iglesia* 5.16-17, citado abajo en la sección concerniente al éxtasis y profecía.

421. Garland, *1 Corinthians*, p. 569.

422. Contra Horton, *Corinthians*, p. 133. Pero para otra perspectiva pentecostal, cf. David Lim en *Teología Sistemática: una perspectiva Pentecostal*, S. M. Horton, ed., edición ampliada, Editorial Vida, Miami, FL, 1996, p. 470: "...cuando la interpretación le permite comprender lo que se dice a la congregación, ésta es animada a adorar... Las manifestaciones proféticas son más de tipo instructivo". Él se refiere a las lenguas y a su interpretación como los "dones de adoración". También Fee, *God's empowering presence*, p. 218: "Aunque es muy común en los grupos pentecostales referirse a 'un mensaje en lenguas', no parece haber evidencia en Pablo para tal terminología".

nuevo hace que las personas hablen en otros idiomas, diversificó las lenguas, pero esta vez para atraer y unir diversas naciones a escuchar "las maravillas de Dios".

Algunos oponentes del movimiento pentecostal desafían a los que tienen el don de lenguas para que muestren su autenticidad al usarlo en el campo misionero extranjero. *¿Por qué pasar años aprendiendo una lengua*, ellos se burlan, *si usted solo tiene que confiar en Dios y hablar el lenguaje automáticamente?*[423]. Es patente que esto no tiene sentido. El don de lenguas nunca tuvo la intención de emplearse en misiones. Si bien en Hechos 2, sirvió para atraer a la audiencia, el mensaje del evangelio se predicó en griego. Aunque afirmamos que un visitante extranjero en Corinto posiblemente había oído su propia lengua, esto sería una rareza y no una posibilidad que Pablo explora.

Por otro lado, abundan los rumores modernos de gente que reconoce una lengua como un lenguaje que ya saben. Muchas de estas historias parecen tener la naturaleza de una "leyenda urbana". Se trata de una historia ficticia sin un origen conocido que circula y evoluciona con el paso de las décadas. Todos la cuentan como algo que le pasó a alguien que conocieron en el colegio o un amigo o a

423. Los pentecostales también jugaron con este uso para las lenguas, notablemente en los inicios del siglo XX. Cf. R. P. Spittler, "Interpretation of Tongues, Gift of", en *Dictionary of Pentecostal and Charismatic Movements*, S. M. Burgess y G. B. McGee (eds.), Zondervan, Grand Rapids, MI, 1988, pp. 469-470. No existe indicación del texto bíblico de que el principal propósito de las lenguas fuera el evangelismo extranjero, cf. Dods, *First Corinthians*, 314-315. Por otro lado, Teodoreto de Ciro, *Commentary* 1:209, dice: "A los divinos apóstoles, por otro lado, la gracia del Espíritu les había dado el conocimiento de lenguas; desde que fueron nombrados maestros de todas las naciones, estos tenían que saber los lenguajes de todos para llevarles el mensaje evangélico a cada uno en su propio lenguaje". Teodoreto es el único Padre que yo conozco que enseña esta idea; otros Padres de la iglesia pensaban que el don era *recordar* a la iglesia el llevar el evangelio a todas las naciones, pero no *facilitar* la misión a pueblos de otros lenguajes. Eusebio, *Demonstratio evangelica* 3.7 [online: http:// http://www.tertullian.org/fathers/eusebius_de_05_book3.htm], llega prometedoramente cerca del punto de vista de Teodoreto, pero luego se aleja de él: los discípulos comunicaron el evangelio en el poder del nombre de Jesús, no a través de las lenguas: "Mientras que él, quien no concibió nada humano o mortal, véase qué tan veraz él habla con la voz de Dios, hablando en estas mismas palabras a aquellos discípulos de él, el más pobre de los pobres: 'Vayan, y hagan discípulos de todas las naciones' (Mat.xxviii. 19). '¿Pero cómo?,' podrían haber contestado los discípulos al Maestro, '¿podemos hacerlo? ¿Cómo, esperas que, podamos predicar a los romanos? ¿Cómo podemos argumentar con egipcios? Nosotros somos hombres criados para usar la lengua siria únicamente, ¿qué lenguaje hablaremos a los griegos? ¿Cómo podremos persuadir a los persas, armenios, caldeos, escitas, indios, y otras naciones bárbaras de dejar sus dioses ancestrales y adorar al Creador de todo? ¿En qué suficiencia de expresión tenemos que confiar para intentar tal trabajo como este? ¿Y qué esperanza de éxito podemos tener si nos atrevemos a proclamar leyes directamente opuestas a las leyes acerca de sus propios dioses que han sido establecidas durante las edades entre todas las naciones? ¿Por qué poder sobreviviremos a nuestro intento audaz?'. Pero mientras que los discípulos de Jesús estaban más probablemente diciendo esto, o pensando esto, el Maestro resolvió sus dificultades, mediante la adición de una frase, diciendo que ellos deberían triunfar 'En MI NOMBRE'. Pues él no les ordenó simple e indefinidamente: hagan discípulos de todas las naciones, sino con la necesaria adición de En mi Nombre".

un primo, pero nunca pueden precisar el evento o la persona. Del mismo modo, muchos de nosotros hemos oído o narrado la historia de un misionero capturado por tribus africanas. Lo llevan donde el jefe, y sabiendo lo que le espera cae de rodillas y comienza a hablar en lenguas. Los nativos se quedan callados, discuten entre ellos y luego lo dejan libre. Más adelante se dice que él había hablado en la lengua nativa. ¿Quién entre nosotros puede conseguir el testimonio confirmado de los hombres de la tribu o del misionero, o contar los detalles de cómo pasó? Tales historias son en extremo difíciles de rastrear o probar.

Además debemos tomar en cuenta los muchos estudios científicos recientes de lenguas. (1) Los estudiosos todavía tienen que encontrar un lenguaje humano discernible entre las personas que les hablan en lenguas; (2) Las expresiones que han proporcionado que "sonaban como" un lenguaje u otro resultan no ser esos lenguajes, al ser analizados por aquellos que los conocen; (3) Cuando las personas hablan en lenguas estas usan sonidos que son familiares a su propio lenguaje, esto es, no usan vocales o consonantes fuera de su zona de confort lingüística; (4) Se ha demostrado que las expresiones de las personas que hablan en lenguas son idénticas a aquellas de personas a quienes les han pedido los científicos que *finjan* hablar en lenguas[424].

Existen aproximadamente 7000 lenguajes conocidos en el mundo hoy en día, además de los idiomas no descubiertos y muchos dialectos más por encima de esto. Es concebible que las personas estén hablando lenguajes humanos reales pero que estos no hayan sido descubiertos. Sin embargo, los cientos de pruebas que han sido hechas en condiciones de laboratorio indican que los hablantes modernos de lenguas ni están hablando lenguajes humanos, ni están siguiendo los patrones que *cualquier* lenguaje humano tiene. Es decir, estos tienden a ser repetitivos y les falta el tipo de marco que todos los idiomas tienen. Esto debilita la afirmación de que los cristianos estén hablando en lenguas desconocidas reales, lo que es como Hechos y 1 Corintios define el don. Mientras que nosotros no podemos descartar la autenticidad de un don espiritual por exámenes de laboratorio, aún así, debería hacernos parar para preguntar qué están haciendo precisamente las personas cuando hablan en lenguas en privado o en una reunión. La respuesta más razonable es que muchos están hablando "extáticamente", usando los sonidos que provienen de su propia primera lengua. Si Dios está trabajando a través de esa experiencia le toca a él decirlo; no es la experiencia de los cristianos en Hechos y 1 Corintios y no tiene una base bíblica sólida.

---

424. Cf. el artículo detallado por Vern S. Poythress, "Linguistic and sociological analyses of modern tongues-speaking: their contributions and limitations", *WTJ* 42.2, 1980, pp. 367-88. Estos datos han sido notoriamente pasados por alto por maestros pentecostales, por ejemplo, Ron Phillips, *An essential guide to speaking in tongues*, Charisma House, Lake Mary, FL, 2011, capítulo 9: "Speaking in tongues and science". En cinco páginas presenta y luego desacredita un solo estudio y usa eso para rechazar todos estos estudios, sin mostrar ninguna familiaridad real con los informes publicados.

Profecía:

1. ¿Cuál es la naturaleza de la profecía en el Nuevo Testamento?

Algunos, en la antigüedad y en tiempos recientes, han sugerido que la profecía era una interpretación carismática del Antiguo Testamento, que era "exégesis inspirada". Esto es difícil de creer, dado que no existen ejemplos de ello en el Nuevo Testamento. Ni es la profecía el don de predicar, aunque se trate de predicar un mensaje especialmente inspirado [425]. Predicar o enseñar es el don de ser capaz de presentar la palabra de Dios a otros de un modo acertado y espiritualmente poderoso. La profecía involucra el recibimiento y la entrega de información que va de acuerdo con la Biblia pero que no se halla en la Biblia.

En el Nuevo Testamento, la gente dotada por Dios habla un mensaje sobrenatural a su pueblo o a los de afuera. Nos referimos a una definición útil:

«Consistía en inspiración y en revelaciones ocasionales, no meramente o de manera general relativas al futuro, como en el caso de Ágabo (Hechos 11:28), sino ya fuera en ciertas nuevas comunicaciones relativas a la fe o al deber, o simplemente un impulso y ayuda inmediatos, procedentes del Espíritu Santo, al presentar la verdad ya conocida, de modo que la convicción y el arrepentimiento eran los efectos pretendidos y producidos»[426].

Mucha confusión ha surgido de nuestra distinción moderna entre predecir y profetizar, es decir, una predicción de eventos futuros o una palabra para edificar dirigida al aquí y al ahora. Pero esta distinción es falsa: si la profecía es una revelación sobrenatural, entonces puede tomar la forma de predecir el futuro desconocido. El padre de la iglesia primitiva Ireneo dijo que los profetas de la iglesia de la segunda mitad del siglo II profetizan acerca del presente y también "tienen un conocimiento del porvenir"[427].

2. ¿Estaba el profeta "en trance"?

Como con las lenguas, algunos han defendido que los profetas emulaban a los paganos y caían en trance. Pero así no era el don de profecía tal y como Pablo lo conocía. Como con las lenguas, Pablo muestra que los profetas también mantenían control de sí mismos (1 Corintios 14:26-33a). Un profeta recibe una revelación

---

425. Contra Calvino en 12:28: "Entendamos, entonces, por *profetas* en este pasaje, primero que todo, eminentes intérpretes de las Escrituras, y luego, personas dotadas con una sabiduría no común y con destreza para optar por el punto de vista correcto en medio de la necesidad presente de la iglesia, que ellos pueden hablar convenientemente y de ese modo son, en cierta manera, embajadores que comunican la voluntad divina". Thiselton, *First Corinthians*, pp. 1017-18 desarrolla una variación de este punto de vista en detalle.

426. Hodge, p. 228. Cf. también Godet, pp. 695-696; M. Eugene Boring, "Early Christian Prophecy", en *Anchor Bible Dictionary* p. 5:496.

427. Ireneo, *Contra las herejías* 2.32.4. Cf. también las predicciones del futuro de Policarpo, *Martirio de Policarpo* 16.2.

(1 Corintios 14:30), en este caso, mientras estaba sentado en el culto. No se nos dice cómo es esta experiencia, sin embargo se narra más claramente que el profeta no perdía el control. Cuando un profeta da señales de que tiene un mensaje, el profeta que está hablando en ese momento puede escoger si callarse y permitir que el segundo hable. Los profetas pueden hablar solo uno a la vez (14:31). Ellos no comienzan a gritar repentinamente, para luego despertar y preguntar "¿Qué acabo de decir?"[428]. Como dice Schrage (sobre 14:32), el profeta no es un médium pasivo o un objeto sin voluntad propia. Él no tiene control sobre el contenido, pero *sí* sobre la proclamación de este.

3. *¿Cuál era el contenido de la profecía?*

A diferencia de las lenguas, la profecía a menudo se dirige a los seres humanos de parte de Dios: prediciendo el futuro (Hechos 11:27-28; 21:10-11); dirigiendo a las personas a tomar una acción específica (Hechos 13:1-2; 1 Tim 1:18 junto con 4:14); revelando el conocimiento de Dios de lo que está oculto en el corazón humano (1 Cor 14:24-25); dando a las personas ánimo divino (Hechos 15:32, 1 Cor 14:3, 31). La profecía podría, menos frecuentemente, ser alabanza dirigida a Dios (cf. por ejemplo el "Magnificat" en Lucas 1:46-55 o la profecía de Zacarías en Lucas 1:67-79).

Wayne Grudem tiene razón al señalar que el "papel" del profeta difiere de su contraparte del Antiguo Testamento[429]. En el Nuevo Pacto, es el apóstol en vez del profeta quien proclama nueva doctrina (aunque esto debe examinarse a la luz de Efesios 2:20; 3:5, los cuales hablan de cristianos apóstoles y profetas). Aun así el profeta en el Nuevo Testamento a veces se presenta como dando instrucciones de parte de Dios o aplicando una verdad conocida a una situación específica. Severiano dijo bastante en relación con Hechos 5:3-4 (Bray, p. 162): "En esto existe una diferencia entre los antiguos profetas y los nuevos; los antiguos profetizaban de forma más general sobre la caída de los judíos y el llamado de los gentiles y la llegada de Cristo encarnado, mientras que los de ahora [lo hacen] de forma particular como Pedro sobre Ananías". En Hechos 13:1-2, los profetas no inventaron la Gran Comisión; antes bien, el Espíritu apartó a Bernabé y a Saulo para la comisión ya entregada por Jesús antes de su ascensión. En el culto, el profeta no define lo que es el pecado; antes bien, él revela los pecados ocultos en el corazón de algunos participantes (1 Corintios 14:24-25).

428. Esto es probablemente lo que los profetas falsos hacían en *Didajé* 11. Orígenes, *Contra Celso* 7.4-9, contrasta la profecía verdadera con la pagana y argumenta que el Espíritu Santo trae claridad, no una confusión eufórica.

429. Wayne Grudem, *El don de profecía en el Nuevo Testamento y hoy*, tr. M. Cristiana Kunsch de Sokoluk, Editorial Vida, Deerfield, FL, 1992; edición original, 1988, capítulo 2.

Cuando la gente de hoy argumenta que si Dios da profecía, entonces esta debe establecerse como textos inspirados junto al Nuevo Testamento, muestra su ignorancia del don del Nuevo Testamento. Los 27 libros de la literatura apostólica son revelación de Dios a la iglesia de todas las épocas. Por supuesto, Dios se ha encargado de que ciertas profecías se incluyan en el canon (notablemente el Apocalipsis). Por otro lado, la iglesia no tiene que escribir y circular profecías tales como "Julio está visitando a una prostituta en secreto y debe arrepentirse" o "cierta viuda que vive arriba de la tienda de comestibles está pasando por una gran necesidad y ustedes deben ayudarla". De hecho, cuando los montanistas del siglo II afirmaron que daban profecías en el mismo nivel del Nuevo Testamento y las escribieron para su publicación, la iglesia en su totalidad se levantó horrorizada en contra de estos.

Más adelante, la iglesia del siglo II tuvo amplia experiencia con profetas verdaderos y falsos. Ellos rechazaban a los profetas que caían en un trance, puesto que ellos lo veían como una práctica pagana, contrario a lo que los apóstoles enseñaban. Con respecto al líder sectario Montano, un cierto Apolonio escribió:

> [Montano] se obsesionó, y en su enardecimiento entró en un trance. Comenzó a desvariar, a parlotear y a decir cosas sin sentido, profetizando en contra de la tradición de la iglesia y de sus costumbres desde el principio. De los que oyeron sus bastardos pronunciamientos, algunos se enfurecieron, considerándole poseído por un demonio y por un espíritu de error que perturbaba a la gente[430].

Otro dijo:

> …Pero el falso profeta habla de forma extática, sin vergüenza ni temor. Comienza con una ignorancia intencionada pero termina con una locura no intencionada. No pueden mostrar que un solo profeta, bien del Antiguo Testamento, bien del Nuevo, fuera inspirado de esta manera: ni Ágabo, ni Judas, ni Silas ni las hijas de Felipe, ni Amias de Filadelfia ni Cuadrado, ni ninguno de los otros que no son de los montanistas[431].

Orígenes también escribió que los profetas cristianos están conscientes, y entienden lo que están diciendo:

> Además, no es parte de un espíritu divino el llevar a la profetiza a un estado tal de éxtasis y locura que la hace perder el control de ella misma. Porque quien está bajo la influencia de un Espíritu Divino tiene que ser el primero en recibir sus efectos beneficiosos…y, además, eso podría ser el momento de la percepción más clara, cuando una persona está en contacto cercano con la Deidad[432].

430. Citado por Eusebio, *Historia de la iglesia* 5.16.

431. *Ibid.*, 5.17.

432. Orígenes, *Contra Celso* 7.3. En *Contra Celso* 7.4-9, Orígenes contrasta la verdadera profecía con la pagana, argumenta que el Espíritu Santo trae claridad, no confusión extática.

4. ¿Era la profecía infalible?

Aunque Pablo les advierte a los cristianos que tomen la profecía seriamente, también quiere que las iglesias analicen con cuidado las declaraciones proféticas (1 Corintios 14:29; 1 Tesalonicenses 5:21-22). Esto concuerda muy bien con las instrucciones dadas en el Antiguo Testamento en Deuteronomio 18:18-19. En el AT, el castigo por una profecía falsa era la muerte (Deuteronomio 18:22). La conclusión es que un profeta verdadero sabrá cuál es el mensaje divino y lo comunicará con exactitud.

Wayne Grudem es famoso por haber argumentado en su libro *El don de profecía* que las profecías del Nuevo Testamento eran de un tipo distinto. Él estudia las profecías de Ágabo en Hechos y las advertencias acerca del discernimiento en 1 Corintios y 1 Tesalonicenses. De ahí, este deduce que las profecías cristianas pueden ser distorsionadas en su transmisión. Aunque surgen de un impulso genuino de parte de Dios, no son infalibles:

> Cada profecía podía contener elementos verdaderos y falsos, los cuales debían ser tamizados y evaluados según fueran... parece que las palabras de los profetas podían ser puestas a prueba y cuestionadas, y que los profetas podían equivocarse a veces. Sin embargo, no se señala que un error en alguna ocasión constituía al profeta en "falso"[433].

Esto nos parece innecesariamente complicado, sin mencionar que se opone a la naturaleza de la profecía. Con bastante frecuencia, la profecía revela cosas desagradables al oído. Además, podría revelar información que no se puede corroborar de inmediato (como en las profecías de Ágabo). Pero si se le pidiera a la congregación que la recibiera en fe y que la obedeciera, ¿cómo podría ser así si cada una de las profecías fuera una mezcla potencial de verdad y de mentira, sin mencionar las cosas que ni son verdad ni mentira pero que nunca salieron de la boca de Dios?

Es mejor considerar el discernimiento como la aprobación del profeta mismo, si esta persona es de buen carácter y si el mensaje concuerda con la doctrina apostólica. Esto es lo que pasa en la mayoría de los casos en el siglo II (ver *Didajé* 11; *Pastor de Hermás, Mandatos* 11). En el caso de la profecía imaginaria –*Julio está visitando en secreto a una prostituta y debe arrepentirse*– ésta puede compararse con el evangelio: sí, en efecto, los cristianos ya saben que es pecado tener relaciones con prostitutas, y Julio debe arrepentirse de inmediato. Pero no hay forma de que esto se desmantele palabra por palabra y que no haya lugar para profecías

---

Celso había afirmado (en 7.10) que los profetas cristianos eran como los paganos: "A estas grandes promesas se agregan extrañas, fanáticas, y bastantes incomprensibles palabras, de las que ninguna persona racional puede encontrar el significado; pues tan oscuras son ellas que no tienen ningún significado, sino que dan ocasión a cada tonto o impostor de aplicarlas como para calzar con sus propios propósitos".

433. Grudem, pp. 65-66, 74.

de desprecio (1 Tesalonicenses 5:19-20). A lo largo de la Biblia, los profetas que estaban "a menudo" o "usualmente" en lo correcto eran llamados falsos profetas.

Resumen:

Las *lenguas* en Hechos o en 1 Corintios son un *jarisma* de hablar en un lenguaje no aprendido y desconocido, probablemente humano. Puede funcionar como una señal de la presencia del Espíritu, como un lenguaje de oración privada o como un medio de declarar la alabanza a Dios en un culto. A pesar de lo que algunos cristianos del mundo pagano pensaban, el hablante no perdía el control de sí mismo. Quien hablaba –a menos que tuviera el *jarisma* de interpretación– hablaba sin saber lo que decía, aparte de la confianza de que le hablaba a Dios. La única objeción paulina a las lenguas no interpretadas era que mientras que ellas hacían que el hablante se sintiera más cerca de Dios, no contribuía a edificar a otros cristianos, lo cual era el propósito de cada *jarisma*.

La *profecía* puede dirigirse hacia Dios pero generalmente es un mensaje de parte de Dios a los seres humanos. Es directamente inspirada por Dios, y una profecía o es verdadera y viene de parte de Dios o es falsa. En el Nuevo Testamento, la profecía funciona en un nivel más personal y local que en el Antiguo Testamento; los apóstoles cargaban con la responsabilidad de anunciar la doctrina de Cristo. El profeta sentía cuando algo se le revelaba, pero no perdía el control ni la conciencia, pudiendo compartir la palabra cuando él quisiera y, sabiendo lo que decía mientras lo decía.

La paraenesis concluyente de Pablo: La raíz de su problema es la falta de agape. Con amor, todos estos problemas sobre los dones carismáticos se resolverían solos 13:1-13

El énfasis en el amor aquí es horizontal, o sea, tiene que ver con cómo uno trata a su hermano cristiano y a otra gente. Popularmente este pasaje se lee en las bodas. Incluso en 1981, durante la boda del Príncipe Carlos con Lady Diana, el arzobispo anglicano lo leyó en voz alta. Para su sorpresa, y la vergüenza de quienes no conocían la Biblia, ¡muchos le escribieron para preguntarle dónde podrían conseguir una copia de ese precioso poema de amor que había leído!

El capítulo 13 es tan hermosamente poético como ningún otro escrito paulino, pero no es meramente un adorno literario; ¡esa no es la forma como Pablo se comunica (2:1)! Es en su naturaleza, sugerimos, una *paraenesis*, es decir, un paréntesis que amplía y generaliza la instrucción ética de la sección. Es posible que este capítulo fuera escrito para una ocasión anterior y la citó aquí. Si lo fue, Pablo lo adaptó muy específicamente a la situación corintia[434]. Pablo no exalta

---

434. Héring argumenta a la inversa que el capítulo 13 es una interpolación posterior (de un texto paulino) y que 14:1 es el intento del editor de suavizar la transición. También Weiss.

el amor de un modo abstracto, sino que habla de él en términos del evangelio cristiano, y específicamente de los *jarisma* de glosolalia, profecía y conocimiento. 13:11 no tiene nada que ver con el proceso natural de madurez humano, sino con la revelación escatológica de Cristo. Aun las características generales del amor en 13:4-7 tienen que ver con Corinto: "El amor es paciente, es bondadoso. El amor no es envidioso ni jactancioso ni orgulloso, etc.," puesto que los corintios "no" eran notablemente pacientes o bondadosos, y "eran" envidiosos, jactanciosos y orgullosos. El énfasis en el amor aquí es horizontal, es decir, como uno trata a los demás cristianos y otras personas. Pablo habla a los ultra-carismáticos en 13:8-11, pero su mensaje general se aplica a todos los corintios.

Los puntos éticos en el capítulo son en segundo lugar aplicables a los elitistas, cuyos grupos produjeron estos pecados sociales en cantidad. Aún más, argumentaremos, avanza hacia los marginados ultra-carismáticos a quienes Pablo específicamente dirige este capítulo. Él recomienda esta forma de amar a aquellos que están demasiado involucrados en las lenguas, la profecía y las revelaciones divinas. Ocurría exactamente lo contrario con los elitistas, los cuales alababan el conocimiento racional y eran por eso (2:6-16) poco entusiastas de las revelaciones del Espíritu en esa época.

13:1

Pablo lo inicia con una serie de oraciones condicionales. No necesariamente está describiendo cosas que están pasando en Corinto. Al contrario, él postula que aunque un cristiano experimentara dones carismáticos impresionantes o hiciera sacrificios extremos, estos no serían nada "si no tengo amor".

La sección gira alrededor de la frase *pero no tengo amor* repetida a lo largo de todo el pasaje. Pablo utiliza el término que normalmente emplea para amor, es decir, *agapē*. El sustantivo aparece 116 veces en el NT, el verbo *apagaō* unas 143 veces, más varios otros términos cognados tales como "amado" (*agapētos*). Contrario a la creencia sostenida popularmente, este término no es una innovación cristiana; ni fue inventado por los traductores judíos de la Septuaginta (como afirma el *Léxico* Thayer)[435]. Ni siempre se refiere al amor divino o al amor desinteresado. La palabra puede emplearse para el amor por la esposa o por un vecino; o para el amor por Dios. Este grupo de palabras también puede emplearse para deseos bajos, tales como el amor al honor humano (Lucas 11:43, Juan 12:43) o a este mundo (2 Timoteo 4:10, 1 Juan 2:15) o a las tinieblas (Juan 3:19)[436]. Aquí, por

---

Ver en contra, Calvino, Schrage, Fee, la mayoría de comentarios.

435. Thayer continúa en uso popular, puesto que está enlazado al sistema de numeración Strong; no obstante, está bastante obsoleto y no debería considerarse confiable.

436. Una creencia popular es que *filē* y *fileō* siempre denotan un simple amor humano o afecto. Este no es el caso: el discípulo amado por Jesús se describe con ambos grupos de palabras,

supuesto, se emplea para denotar el amor cristiano, la clase de amor que es posible solo en el evangelio y por medio del Espíritu Santo (como en Gálatas 5). Pablo ya mostró la importancia del *agapē* sobre el razonamiento meramente humano (8:1). Pero en este capítulo 13, él exalta el amor aun por encima del conocimiento revelado sobrenaturalmente.

La interpretación de esta sección se complica a causa de varios factores: primero, hay una variante textual en 13:3; segundo, no estamos seguros de a qué se refería Pablo con, por ejemplo, "entrego mi cuerpo para que lo consuman las llamas"; tercero, todavía más allá de eso, Pablo está hablando poéticamente y no es claro qué es literal y qué es hipérbole, es decir, una exageración con el fin de procurar énfasis.

La cuestión de la hipérbole surge de inmediato: *Si hablo en lenguas humanas y angelicales.* Él emplea el término normal para lenguas ([*tais*] *glōssais... lalō*; como en Hechos 2:4; 2:11; 10:46; 1 Corintios 12:30 y 12 veces en 1 Corintios 14) y obviamente se refiere al *jarisma* de lenguas, tema de esta sección. Lo que no es claro es lo que quiere decir con "humanas y angelicales" (así VP). Hemos argumentado que Pablo piensa en la glosolalia como lenguajes humanos extranjeros no conocidos por el que posee el don, pero que son potencialmente conocibles. Si las lenguas no son por lo menos esto, entonces no parece haber una razón para que Pablo mencione lenguajes humanos aquí: después de todo, ¡nadie en Corinto se jacta de su habilidad para el aprendizaje de lenguas extranjeras! Su punto es exagerado e hipotético, como en todos los tres versículos: *Si yo hablo sobrenaturalmente en toda clase de lenguas humanas, o aun si yo hablara en un lenguaje angelical, ¡no significaría nada sin el amor!*[437].

La hipérbole paulina se extiende hasta *no tengo amor.* Con seguridad hasta el más despiadado corintio ocasionalmente manifestaba algún amor. Pero a Pablo no le interesa cuantificar cuánto amor uno debería tener: en beneficio del argumento aquí, uno ama o no.

---

tanto con *agapē* como con *filē* (como en Juan 21:20 y 20:2, respectivamente); igualmente el amor de Dios por la humanidad (Juan 3:16 y 16:27, respectivamente). Los paganos también emplean el término *agapaō* (cf. Homero). De modo que las palabras son a veces intercambiables, aunque también es cierto que el grupo de palabras de *agapē* es el convencional para los primeros cristianos. Es el contenido del mensaje cristiano del amor, no las palabras por sí mismas, lo que lo hace único en el mundo. Contra, Héring; también Hodge, quien aún 150 años atrás pudo afirmar que no existía evidencia de que los griegos hubieran usado el término *agapē*.

437. Así Crisóstomo 32.6; Godet. Thiersch (citado en Godet) dice que "de los hombres" es la experiencia de Pentecostés, pero "de ángeles" es la de Corinto. Severiano, por analogía con Deuteronomio 32:8, considera "lenguas de ángeles" un código para lenguas humanas, pero ambos se pasan de la raya. Kistemaker, *1 Corintios*, p. 493, señala a la sintaxis condicional en 13:1 para argumentar que Pablo nunca habló en lenguas en una asamblea. Esto es claramente incorrecto; la afirmación no dice nada a favor o en contra de ello.

¿Qué significa *un metal que resuena o un platillo que hace ruido*? El primer término es una campana; el segundo, es el griego *kumbalon*. Sin embargo, no se trata de címbalos en nuestro sentido moderno de dos platillos colocados juntos, sino más bien un plato de metal que se golpea con un palillo. Algunos han rastreado el último hasta un contexto religioso específico: las religiones de misterio a menudo usaban gongs como parte de sus rituales. Por eso, algunos defienden que Pablo está diciendo que hablar sin amor es igual a participar en la alabanza pagana[438].

Este punto de vista no nos convence. Primero, parece plantear la condición de la persona sin amor más grave de lo que se expresa en 13:2-3 ("no soy nada... nada gano"), donde la vanidad y el vacío son el resultado. Creemos que Pablo menciona "un metal" y "un platillo", no por sus connotaciones religiosas, sino debido a que hacen mucho ruido discordante y desagradable. El verbo para "hace ruido" es más fuerte en el original; *alalazō* significa un alboroto chirriante, con ruido de sacudir. Una persona con glosolalia pero sin amor no es pagana, simplemente hace un ruido fuerte y desagradable. "Retiñe" capta muy bien el original; es un ruido brusco, chirriante. Esto, por supuesto, no es una crítica a las lenguas como tales, ni a la profecía ni a la caridad o al sacrificio.

13:2

El original es "Si yo tengo profecía", pero la traducción de la NVI capta el sentido, *el don de profecía*, el significado que (*profēteia*) tiene en Romanos 12:6, 1 Corintios 12:10; 13:8. En el capítulo 2, Pablo reprendió a los elitistas por su amor a la filosofía racional, cuando en vez de eso, como cristianos, ellos deberían disfrutar una revelación sobrenatural, tanto en el mensaje del evangelio como en la vida de la iglesia. Y más adelante, en el capítulo 14, la profecía se ubica en un lugar más alto que hablar en lenguas, en la medida en que esta produce la más grande bendición al resto de la iglesia. Sin embargo, aquí, contrario a lo que esperaríamos, Pablo clasifica la profecía más bajo que el llamado supremo de Dios a amar. Él amplía a partir de la profecía con y *entiendo todos los misterios y poseo todo conocimiento*[439]. Revelar sobrenaturalmente algún misterio oculto de Dios (como en 2:1; 2:7; 15:51) es un beneficio de largo alcance, y Pablo no duda eso. No obstante, si la persona que transmite esa información no tiene amor, no es nada.

Si tengo una fe que logra trasladar montañas. El hecho de que esto traiga a la memoria la enseñanza oral de Jesús le da aún más impacto. Mateo 17:20 (también 21:21) contiene versiones ligeramente distintas de la misma idea[440]:

---

438. Así Héring, *First Corinthians*, p. 136.

439. Contraste esto con el conocimiento parcial con el que contamos durante esta época, en 13:9-10.

440. La versión en Lucas 17:6 dice que "podrían decirle a este *árbol*: 'Desarráigate y plántate en el mar', y les obedecería".

Les aseguro que si tienen fe tan pequeña como un grano de mostaza, podrán decirle a esta montaña: "Trasládate de aquí para allá", y se trasladará. Para ustedes nada será imposible.

De manera que aquí tanto como en 11:23-25, Pablo alude a la tradición de Jesús. Su punto aquí es impresionante: aun cuando ustedes corintios pudieran actuar según lo que para el Señor es la demostración de fe más admirable, no serán nada sin amor.

13:3

Hasta este punto, un elitista corintio se siente orgulloso: *es correcto, las lenguas y la profecía no son nada, por tanto estos ultra-carismáticos merecen una reprimenda.* Pero Pablo ahora profundiza aún más. Porque compara el amor con lo que se conoce universalmente como virtudes cristianas: fe y auto-sacrificio. Así que: *Si reparto entre los pobres todo lo que poseo, y si entrego mi cuerpo para que lo consuman las llamas...*

Pablo habla de caridad en términos extremos: entregarse, derramar (*psōmizō*) a los pobres todos los bienes personales. Esta palabra se emplea también en Romanos 12:20 (donde Pablo cita Proverbios 25:21, LXX). Connota una generosidad casi irreflexiva hacia el necesitado. Esto es raro: normalmente, los cristianos piensan en ayudar al pobre como una de las expresiones supremas del *agapē*. De hecho, Santiago corrige a quienes dicen palabras bonitas pero no ofrecen ayuda material al pobre (Santiago 2:15-16). Pero Pablo observa aquí que también es posible comportarse de acuerdo con lo que dictan las reglas en cuanto a acciones cristianas excelentes y a pesar de eso no tener amor, es decir, ser orgulloso, impaciente, causante de divisiones y antagonista. Como afirma Schrage, es posible cumplir con las formalidades de hacer excelentes obras cristianas y todavía no tener amor, esto es, ser orgulloso, jactancioso, impaciente, divisivo y antagonista: los corintios tienen "Liebeswerke" sin "Liebe" ("obras de amor sin amor")[441].

La segunda frase de este versículo es difícil. La NVI (RVR, LBLA, BJ) sigue el texto de la mayoría de los manuscritos, los cuales presentan alguna forma del verbo *kaiō*, quemar o quemarse. En ese caso la idea probablemente sea quemarse en una hoguera. La dificultad es que esta imagen probablemente no era cómo los cristianos del primer siglo representarían el martirio a manos de los romanos, quienes no quemaban a sus enemigos. Aprobamos la crítica del texto de NA[28], que prefiere la lectura más difícil "jactarse". *kaujēsomai* suena muy parecida a las distintas palabras para "quemarse", de modo que su lectura condujo a error a algún escriba mientras escuchaba el texto leído en voz alta.

---

441. Schrage, *An die Korinther*, p. 3:290.

Una traducción de esto sería algo como lo que dice la VP: "si entrego mi propio cuerpo para poder presumir".

Pero, ¿de qué se enorgullecería un cristiano? Podría significar que las dos frases son paralelas:

> si yo doy al pobre todo cuanto poseo,
> si hasta me enorgullezco de entregar mi persona completa.

Pablo ya mencionó este tipo de auto-sacrificio: él habló en el poder milagroso del Espíritu, no con elocuencia (2:1); él llegó a sacrificarse a sí mismo: "Hasta el momento pasamos hambre, tenemos sed, nos falta ropa, se nos maltrata, no tenemos dónde vivir. Con estas manos nos matamos trabajando" (4:11-12a). Pero incluso una persona que sufre los rigores del apostolado, ¡no es nada si no tiene amor! Cuánto más cierto será esto en relación con un corintio cuya jactancia consiste en un don espiritual que él no hizo nada para conseguir.

13:4

Pablo utiliza la figura literaria de la "personificación", es decir, hablar como si el amor fuera una persona. Aquí no ofrece una definición de amor tomada de un diccionario, ni una exhaustiva lista de características...[442], sino que se centrará en las manifestaciones particularmente deseadas, actitudes o comportamientos que estaban faltando en Corinto[443]. Uno podría incluso parafrasear 13:4-7 así: *¡El amor no actúa como lo hacen ustedes, corintios!*

Estas virtudes son "sociales", o sea, tienen que ver con el modo como los cristianos se relacionan con otros, de acuerdo con su experiencia con el evangelio de la cruz:

> *El amor es paciente, es bondadoso. El amor no es envidioso ni jactancioso ni orgulloso.*

¡Qué relevantes son estas manifestaciones de amor en una iglesia donde la élite no puede ni esperar con paciencia (*makrotumeō*, note el sustantivo cognado en Gálatas 5:22) hasta que lleguen los pobres para comenzar a cenar (11:21, 33-34)! El amor

---

442. Así Schrage. Él titula estos el fruto de un pneumatismo individualista (p. 3:298), y aquí por fin estamos de acuerdo en general con su diagnóstico. Rechazamos su enlace del pneumatismo con una escatología ya realizada. Clemente de Roma trabaja mucho con este capítulo; cf. especialmente *1 Clemente* 49.4-5: "La altura a la cual el amor exalta es indescriptible. El amor nos une a Dios; el amor cubre multitud de pecados; el amor soporta todas las cosas, es paciente en todas las cosas. No hay nada burdo, nada arrogante en el amor. El amor no tiene divisiones, el amor no hace sediciones, el amor hace todas las cosas de común acuerdo".

443. Clemente de Roma utiliza bastante este capítulo en sus palabras a la iglesia corintia de los 90s d.C. Por ejemplo, *1 Clem* 49.4-5: "La altura a la cual el amor se exalta es indecible. El amor nos une a Dios. El amor cubre una multitud de pecados. El amor soporta todas las cosas, es muy sufrido en todas las cosas. No hay nada bajo, nada arrogante en el amor. El amor no admite cismas: el amor no da lugar a sediciones: el amor hace todas la cosas en armonía".

es bondadoso (ver de nuevo Gálatas 5:22). Esto no quiere decir que la persona amorosa ignore el mal: después de todo Pablo, quien amaba a los corintios y no deseaba causarles dolor, les habló fuertemente cuando era necesario (2 Corintios 2:4). El cristiano no debe confundir bondad con indiferencia.

Lo que es más, el amor no envidia. *Zēloō* puede tener un sentido neutro de "desear" (ver 12:31); aquí significa una envidia que lucha activamente en vez de un resentimiento pasivo. "Jactancioso" es una característica de Corinto. "Orgulloso" es una traducción lamentable de nuestro verbo familiar *fusioō*, "envanece", pues aquí Pablo repite los términos de 8:1, "El conocimiento envanece, pero el amor edifica" y emplea el término con el cual repetidamente ha acusado a los corintios (ver 4:6; 18-19; 5:2). En otras palabras, ¡el amor no actúa como ustedes actúan, corintios!

13:5

No se comporta con rudeza, no es egoísta, no se enoja fácilmente, no guarda rencor. De nuevo, estos son los tratos exactos de la iglesia fraccionada de Corinto. El juego de la élite no era solo edificarse a sí misma, sino también despreciar a quienes no eran parte de su círculo. "Rudeza" es el mismo verbo usado para referirse al maltrato de la "prometida" en 7:36. El amor no es "grosero", como eran los anfitriones de la cena en 11:21. "Egoísta" de la NVI es una palabra moderna, sugerida aquí y en otras versiones como una traducción de lo que es literalmente "no busca lo suyo" (LBLA). Esta actitud es un pecado que Pablo rechaza también en Filipenses 1–2 a favor del sacrificio humilde[444]. "No se enoja fácilmente" significa que la persona no es irritable, o fácil de provocar, como es inevitable que sea quien causa divisiones. "No guarda rencor" es un poco más literal en la LBLA cuando dice "no toma en cuenta el mal recibido". Esto es una alusión a la persona que entabla un pleito en 6:1 quien necesita crecer en este aspecto del amor. Esta virtud requiere una evaluación cuidadosa, de modo que no caiga al punto de tolerar la injusticia.

13:6

El amor no se deleita en la maldad, sino que se regocija con la verdad. En un paralelo interesante, consideraremos la parábola del fariseo y el publicano en Lucas 18:9-14. Por un lado, el fariseo se disgusta por los pecados del publicano; pero por el otro, se deleita secretamente porque esos pecados supuestamente muestran que él es justo y que su enemigo está condenado. Uno de los crímenes comunes del partidismo es el deleite experimentado al ver a alguno de otro grupo caer en pecado, vergüenza o estupidez. Los alemanes tienen un término para esto: *Schadenfruede* = un sentimiento de placer cuando algo malo le pasa a otra persona.

---

444. Filipenses 2:3: "No hagan nada por egoísmo o vanidad; más bien, con humildad consideren a los demás como superiores a ustedes mismos". Cf. también Romanos 15:3a: "Porque ni siquiera Cristo se agradó a sí mismo...".

El amor, por el contrario, se regocija cuando un oponente natural evita hacer lo incorrecto y encuentra el camino verdadero y correcto.

13:7

Todo lo disculpa, todo lo cree, todo lo espera, todo lo soporta. El cristiano no tiene que ser crédulo, tolerar la injusticia, o volverse ingenuo o falsamente optimista[445]. El amor no significa que debamos fantasear con que nuestros compañeros son mejores de lo que en realidad son. Pablo mismo desafía a sus discípulos cuando piensa que ellos lo están engañando; de otro modo, ¿qué clase de apóstol sería? Él perdona, pero lo hace en el momento preciso y de una manera que confirma la justicia de Dios y la reconciliación del pecador (2 Corintios 2:5-11). Aún así, *agapē* hace que el cristiano sea perdonador, confiado, esperanzado y paciente. Dice Schrage (p.3:302) que "para el amor no hay caída sin solución".

13:8

El amor jamás se extingue. Aquí, en 13:8-12, Pablo se aparta de las consideraciones éticas y ubica el amor y los dones espirituales dentro del plan de Dios en la historia humana. Ya en 1 Corintios retrocedió en el tiempo para mostrar cómo la revelación del evangelio anuló la sabiduría de las épocas pasadas. Ahora él y los otros apóstoles, "hablamos sabiduría entre los que han alcanzado madurez; y sabiduría, no de este siglo" (2:6). Pero esto tiene otro lado: los cristianos deben mirar hacia delante a la era venidera con el fin de evaluar apropiadamente lo que tienen hoy. Y por eso Pablo apela a lo que los teólogos llaman la tensión entre el *Ya-Todavía No*, esto con el objeto de mostrarles a los corintios por qué deberían ser humildes *Ya* en relación con lo que saben y con lo que hacen[446].

Es verdad, que ya el Espíritu nos ha revelado los misterios de Dios en un modo sin paralelo. Aún así, cuando regrese Cristo, aprenderemos que nuestro conocimiento actual, aunque verdadero ha sido incompleto en comparación con conocer a Cristo cara a cara. La lección ahora es que, para quienes consideran el futuro, el amor llegará a ser mucho más valioso que cualquier *jarisma*. Los *jarisma* servirán a su propósito y luego acabará su utilidad; en contraste, *el amor jamás se extingue.* El verbo para extinguirse (la palabra común *piptō*) puede también traducirse "el amor nunca llegará al final de su utilidad o de su validez".

445. Aquí el lector se beneficiará al leer Dietrich Bonhoeffer, *Vida en comunidad*, Barcelona, CLIE, 2005.

446. Cf. también Gary S. Shogren, "How did they suppose the 'the perfect' would come? 1 Corinthians 13:8-12 in patristic exegesis", *Journal of Pentecostal Theology* (Sheffield) 15, 1999, pp. 97-119. No consideramos convincente en absoluto el punto de vista de R. Bultmann (también J. Weiss, *Der erste Korintherbrief*) de que aquí Pablo está contrastando el amor con el misticismo gnóstico. Cf. R. Bultmann, *"gnosis"*, *TDNT* p. 1.790.

Si 13:8a es relativamente claro, ahora viene la parte difícil. Ofrecemos una traducción literal:

> Si hay profecías, se acabarán;
> si hay lenguas, cesarán;
> si hay conocimiento, se acabará.

Esta tríada tiene la intención de mostrar la transitoriedad de dos (¿o posiblemente tres?) *jarismata*. Son dones de Dios pero no de duración eterna. Pablo emplea el término usual para enlistar los dones de lenguas y luego de profecía; el último es más difícil, como *gnōsis* (conocimiento) puede tener una variedad de significados posibles en este contexto, incluyendo el *jarisma* de "palabra de conocimiento" (literalmente de *gnōsis*) en 12:8. ¿Se refiere Pablo a uno de estos?

La NVI con la frase "el de conocimiento" convierte esto en un "don", aunque el texto griego carece de esa palabra y debe suplirse. Por otra parte, creemos que es mejor relacionar esto, no específicamente con ningún *jarisma*[447], sino con el conocimiento sobrenatural en general con el que se jactaban los ultra-carismáticos. Este es el mismo conocimiento de 13:2: "Si tengo el don de profecía y entiendo todos los misterios y poseo todo conocimiento". Es información divina lo que viene por medio de cualquier *jarisma*. Por eso preferimos una traducción como la de la LBLA: "si hay conocimiento, se acabará"[448].

¿Qué hay de los verbos que se mueven con un patrón ABA? El verbo en la primera y en la tercera líneas es una forma de *katargeō*, destruir. Está en tiempo futuro y la voz pasiva, y como tal su significado es reflexivo: "cesar" o "acabarse" caben muy bien.

La NVI traduce el mismo verbo de dos formas diferentes: el don de profecía "cesará", y el de conocimiento "desaparecerá". Pero, en realidad no hay justificación para interrumpir el paralelo entre la primera y la tercera líneas.

El verbo de la segunda línea, no se traduce claramente, así que la NVI lo parafrasea como *será silenciado*, y algunos exegetas le han puesto más significado del que Pablo pretendió. A pesar de una enorme cantidad de esfuerzos, todavía existe un mito en torno al verbo *pausontai*. Corresponde al tiempo futuro y a la voz media de *pauō*. En la voz activa es transitivo, como el castellano *parar* [algo más]. En la voz media es intransitivo, así como el castellano *pararse* o *cesar* y ya. El mito persiste debido a que como este está en la voz media, debe significar "parará

---

447. Los Padres de la iglesia griega, de quienes se esperaría que relacionaran el conocimiento 13:8 con el *jarisma* "palabra de conocimiento" en 12:8, guardan silencio en este tema.

448. La BJ es parecida, aunque usa "ciencia". Esto está bien, en tanto estemos claros de que hablamos de un conocimiento sobrenatural, no natural. La VP se toma demasiada libertad, a mi modo de pensar, en relación con esto: "Un día el don de profecía terminará, y ya no se hablará en lenguas, ni serán necesarios los conocimientos".

por sí mismo y en sí mismo", debido a su inherente obsolescencia. Las baterías se gastarán sin que ninguna fuerza externa las detenga[449].

Esto es sobrepasar la exégesis del verbo. El simple significado de la cláusula es que "las lenguas cesarán". Pablo no nos dice en este versículo cómo ni por qué estos tres dones cesarán. Su punto más allá es que el amor no cesará, pero estas manifestaciones glorificadas más de la cuenta sí lo harán.

El amor. Parte I: ¿Qué es amor? 13:1-8
Jesús ubicó el amor a Dios y el amor a los demás como los dos grandes mandamientos (Marcos 12:29-31). El amor hacia el prójimo fluye del amor de Dios, como sugiere Pablo en 8:3. Es este segundo amor, de un ser humano a otro, en lo que Pablo profundiza aquí (también en Romanos 12:9; Colosenses 1:4; 1 Tesalonicenses 4:9; véase además 1 Juan). De la totalidad de la carta se desprende que de todas las iglesias, las corintias tenían las mayores dificultades con el amor. Si tan solo pudieran poner en orden el asunto del amor por sus hermanos cristianos y amarlos correctamente, muchos de los otros asuntos se solucionarían (véase especialmente 8:1-3).

Todo cristiano ha hablado, al menos de la boca para afuera, acerca de la importancia del amor. Pero, ¿qué más da si decimos que el amor es realmente importante? Esto por sí solo no vale nada; nuestras acciones demostrarán la profundidad verdadera de nuestras prioridades. La iglesia de Corinto había llegado a distraerse con asuntos insignificantes (estatus; conocimiento; dones) en vez de poner su atención en las cosas mejores.

¿Cuáles son algunas formas falsas de amor cristiano?:

1. *Simples sentimientos de amor o de buenas intenciones. Santiago 2:15-16 se ocupa de una religión de simple palabrería o emociones: "Supongamos que un hermano o una hermana no tienen con qué vestirse y carecen del alimento diario, y uno de ustedes les dice: 'Que les vaya bien; abríguense y coman hasta saciarse', pero no les da lo necesario para el cuerpo. ¿De qué servirá eso?" (véase también Santiago 1:27). Hay una gran cantidad de gente que se siente mal cuando ve a un hambriento. Usan ese sentimiento como prueba de que son sensibles a las necesidades de otros. Pero Santiago rechaza esto por completo. El amor no es nada más sentirse de cierta manera, sino actuar amorosamente.*

2. *Mero activismo. Por otro lado, mientras que el amor llevará a la acción, nosotros no debemos confundir acción con amor. Por ejemplo, Pablo menciona la idea de desprenderse de todas las posesiones o hasta de arriesgar*

---

449. Véase una clara y precisa interpretación de *pausontai* en Carson, *Showing the Spirit*, pp. 66-67. Para la interpretación errónea, cf. Robert L. Thomas, *Understanding spiritual gifts: a verse-by-verse study guide of 1 Corinthians 12–14*, rev. ed., Kregel, Grand Rapids, MI, 1998, p. 78.

la vida por causa de la fe. Una persona amorosa hace estas cosas, pero hacerlas no lo convierte a usted en una persona amorosa. Ni ser misionero, ni cantar o enseñar o dar. La iglesia de Éfeso (Apocalipsis 2:2-4) fue un centro principal del ministerio cristiano, sin embargo, ya había perdido "su primer amor".

3. *Doctrina correcta. En ciertos círculos, se da por sentado que amor es lo mismo que tener una enseñanza sana. Después de todo, ¿qué hay más amoroso que decirle al pueblo la verdad? Para variar, hay algo de cierto en esto; sin embargo, es un débil sustituto de la enseñanza divina. En el caso de Santiago 1:27 (vea #1 arriba), no vale la pena tener una doctrina de la pobreza bien pensada y bíblica si en efecto la gente anda con hambre alrededor de nosotros.*

4. *Amor y biología. A veces la gente experimenta una respuesta biológica o emocional hacia otra persona e imagina que se trata de amor cristiano. Un hombre joven ve a una chica bonita lidiando con unas cajas muy pesadas y él se las carga. Quizá se convenza a sí mismo de que él es una persona amable y como Jesús. Pero esperemos a verlo cargando las cajas de un anciano enojado o de gente que le disgusta, luego podremos extraer conclusiones más precisas.*

5. *Amor y sociología. Por lo general, la gente se lleva bien con otros debido a que comparten los mismos intereses, el mismo trasfondo o el sentido del humor. Esto es normal: nos gusta pasar tiempo con quienes nos agradan y nos hacen sentir apreciados y aceptados. Pero tampoco esto es amor cristiano: "Si ustedes aman solamente a quienes los aman, ¿qué recompensa recibirán? ¿Acaso no hacen eso hasta los recaudadores de impuestos? Y si saludan a sus hermanos solamente, ¿qué de más hacen ustedes? ¿Acaso no hacen esto hasta los gentiles?" (Mateo 5:46-47).*

El amor cristiano procura el bien de los otros, aun al precio de nuestra propia incomodidad o de nuestro dolor. Incluye emociones, porque Dios nos hizo criaturas emocionales. Pero el auténtico amor cristiano es un don sobrenatural que brota, va más allá y hace caso omiso de nuestros sentimientos humanos. El amor significa ver a los otros como Dios los ve, a través de la cruz, no como pretendemos que sean. Se refleja tanto en actitudes como en comportamientos: el amor actúa aun si no se produce un sentimiento cálido de ayudar a alguien o de hacer el bien. El amor no simplemente reacciona a las situaciones, sino que busca activamente vías de escape para expresarse. El amor se contenta con hacer las cosas en silencio y no en perseguir la gloria. El amor actúa tanto de maneras simples como grandes. El amor debería reflejarse en los asuntos de la vida diaria y no tan solo en grandes gestos: usted le habla a la gente cortésmente; acude, cuando dice que acudirá; cancela sus deudas a tiempo; se preocupa por ofrecerle a la gente la información que necesita. En amor, procuramos el bien de los demás en los términos en los cuales Dios describe ese amor. Es decir, las personas amorosas no tratan de hacer el papel de dios ante otros, no los manipula ni los controla para conformarlos a la imagen de lo que cree que deberían ser. Pero por encima de todo, no se aprende a amar con un manual ni con una enorme lista con cientos de reglas. "Dios es amor", y aprendemos a amar cuando conocemos a Dios a través de Cristo mismo crucificado.

13:9

Ahora recibimos más información del "por qué" en 13:8:

> *Porque conocemos y profetizamos de manera imperfecta;*
> *pero cuando llegue lo perfecto, lo imperfecto desaparecerá.*

La frase traducida "de manera imperfecta" es *ek merous*. Aparece dos veces en 13:9, una vez en 13:10, y luego en 13:12. La LBLA dice "en parte", lo cual es bastante literal, pero puede ser erróneo: Pablo no quiere decir que un profeta solo recibe parte del mensaje; ni que él de algún modo echa a perder el mensaje durante la transmisión, sino que cualquier profeta, no importa lo bendecido que sea, solo pronuncia un fragmento de la verdad divina[450]. De hecho, la sola presencia de los dones de revelación es prueba de que en esta época vivimos distantes de la presencia de Dios. Pablo emplea la primera persona plural "nosotros" aquí: se incluye a sí mismo en este estado de conocimiento limitado.

13:10

Ahora llegamos a una definición más clara acerca de cuándo tendrá lugar 13:8-9, cuándo cesará lo imperfecto (de nuevo, usa la forma de *katargeō* que usó dos veces en 13:8). Esto sucederá *cuando llegue lo perfecto*. "Lo perfecto" es *to teleion*, y se opone a *ek merous* ("lo imperfecto"). De hecho, el adjetivo *teleios* puede significar perfecto o completo, dependiendo del contexto. Aquí se usa como sustantivo, es decir, el adjetivo con el artículo funciona como sustantivo. La traducción "lo perfecto" es precisamente correcta.

Pero, ¿qué es "lo perfecto" que todavía permanece en el futuro? Existen varias explicaciones:

(1) La escatológica: La interpretación que ha prevalecido por dos milenios es que Pablo se refiere al retorno de Cristo, a la venida del reino o a la vida después de la muerte. Prueba de esto se observa en la lectura, pues la venida de "lo perfecto" se coloca lado a lado junto a ver a Cristo "cara a cara" (13:12). Pablo más adelante emplea un cognado, *to telos*, para referirse al "final" escatológico en

---

450. Mejor Kuss, p. 275: "Y solo son capaces de levantar una punta del velo impenetrable que ahora nos oculta el misterio de Dios...". La traducción de la VP, que esos dones mismos "son cosas imperfectas", se sobrepasa.

15:24. Los Padres de la iglesia normalmente citaban esto junto a versículos como 1 Juan 3:2: "...cuando Cristo venga seremos semejantes a él, porque lo veremos tal como él es".

(2) La revelación futura a la iglesia: La siguiente opción viene del siglo II de la iglesia. Algunos herejes afirmaron que este pasaje se refería a cierta nueva revelación que vendría después de Pablo, pero durante esta época. El ejemplo más notable de esto fue Montano:

> ...ya que el mutilado y emasculado Montano poseía una plenitud de conocimiento tal que ni Pablo mantuvo nunca; porque [Pablo] se contentó con decir, "Nosotros conocemos en parte, y profetizamos en parte", y otra vez, "Ahora vemos a través de un vidrio oscuro"[451].

Un ejemplo de sus nuevas doctrinas es que los montanistas afirmaban que el Espíritu les había revelado que las viudas no podían casarse nuevamente, era pecado. La iglesia refutó sus ideas con 1 Corintios 7. Los montanistas replicaron que la teología paulina era insuficiente, de acuerdo con 13:8-12, y que "lo perfecto" acababa de llegar por medio de los profetas montanistas[452]. Podemos comparar esto con el Libro de Mormón, el cual pretende completar o interpretar los otros dos Testamentos bíblicos. Existe evidencia por parte de los Padres que otros grupos herejes hicieron lo mismo. Los Padres de la iglesia constantemente volvieron al texto contra los herejes y a una voz (con excepción de Tertuliano) argumentaron que esto solo podía referirse al retorno de Jesús al final. La debilidad, como los Padres señalaron a menudo, es que cualquier lunático podría levantarse y aseverar que Pablo había profetizado la venida de ese nuevo revelador.

(3) La madurez futura de la iglesia. La tercera opción fue atestada por Crisóstomo por primera vez. Es que los milagrosos dones se diseñaron para hacer que la iglesia primitiva empezara y se estabilizara. Pero en algún momento se salieron de su curso y por eso cesó su función. Si este es el caso, entonces quizá 1 Corintios 13 sea una predicción de ese punto extremo que vendría después de Pablo aunque no mucho después[453].

---

451. Jerónimo, Epístola 41.4, *A Marcela*.

452. Cf. Agustín, *Respuesta a Fausto el maniqueo* 32.17; cf. también su comentario en *De haerisibus*, libro 26-27; Epifanio, *Las herejías* 3.98.10-11; cp. 3.128.14; Anónimo, *Praedestinatus* 1.26.

453. En relación con 13:8-9, Crisóstomo piensa que las lenguas se acabaron con el establecimiento de la iglesia alrededor del mundo, sin embargo, aún así toma 1 Corintios 13:10-12 como escatológico. Kistemaker, p. 524, opina parecido a Crisóstomo: la profecía como revelación cesó, pero como predicación poderosa continúa hasta el fin de esta era. Godet concuerda con la interpretación escatológica, pero agrega que los dones pueden cambiar en el intervalo entre los apóstoles y el fin. Para los dispensacionalistas, este punto de vista está implícito en las notas sobre 1 Corintios 12–14 en la *Biblia anotada por Scofield*.

(4) En círculos dispensacionalistas y en algunos reformados a lo largo del último siglo, "lo perfecto" se ha tomado con el significado de que una vez que el canon del Nuevo Testamento se completara, no habría más necesidad de revelaciones carismáticas. Algunos señalan que como "lo perfecto" es neutro, no podría referirse a la venida de Cristo en cuyo caso se usaría el género masculino. Por lo tanto, debe de referirse a una "cosa" perfecta, tal como el canon. Cerca del final del primer siglo de la era cristiana, las lenguas y la profecía cesaron.

Existe un número de serios defectos con este punto de vista: (1) una mala comprensión del género griego: de hecho "lo perfecto" podría referirse al fin o al retorno de Cristo, como adjetivos neutros que son; ninguno de los Padres griegos mencionó algún problema para tomar "lo perfecto" como escatológico; (2) en ningún lugar Pablo habla del canon del Nuevo Testamento, ¿cómo podían los corintios haber sabido que al leer "lo perfecto" debían entender "el canon completo del NT"? Algunos eruditos se refieren al Salmo 19:7, "La ley de Jehová es perfecta," como prueba de que Pablo está hablando del canon de las Escrituras. Este argumento es contraproducente, ya que el salmista escribió cuando ni siquiera el Antiguo Testamento estaba completo; además, la versión de la Septuaginta usa *amōmos* ("irreprensible, perfecto"), no la palabra *telos*; (3) ningún Padre interpretó este pasaje como la terminación del canon; (4) los Padres de la iglesia, con un canon completo y con el don de profecía todavía en ejercicio, no vieron incompatibilidad entre los dos (esto se ve implícito en los Padres, pero explícito en Dídimo el Ciego, Ambrosio, Gregorio de Nisa). Si existe una tensión, se debe a nuestra mala interpretación del papel de la profecía: la iglesia primitiva sabía que esta existía no para transmitir nueva revelación normativa, sino para guiar a las congregaciones año tras año[454].

Toda la evidencia lingüística favorece la interpretación que ha convencido a los cristianos a lo largo de dos milenios: que cuando Cristo venga, lo veremos cara a cara, entonces estos dones carismáticos considerados superiores dejarán de necesitarse[455]. No importa lo espléndida que sea la revelación que encontramos en el evangelio o a través del *jarisma*, esta resulta en meros vislumbres de la verdad completa de Dios y su persona.

Porque todos los dones se dan por un tiempo en tanto que el uso y la necesidad lo requieran, pero cuando la dispensación termine no hay ninguna duda de que pasarán: pero el amor nunca será destruido[456].

---

454. Cf. Shogren, "Christian prophecy and canon", pp. 609-26.

455. Thiselton, p. 1061, dice que cuando Cristo vuelva "¡profetizar sería como encender una antorcha [linterna] en medio de la plena luz del sol de mediodía!".

456. Juan Cassio, *Primera Conferencia* 11.

Se cree erróneamente que la historia registra que el don de profecía cesó alrededor del año 100 d.C. Contrario a esta creencia, la mayoría de los Padres de la iglesia del siglo II afirmaron que el don profético era todavía practicado en la iglesia. Tanto la *Didajé* como el *Pastor de Hermás* hablan que la profecía continuaba, seguía en curso. Policarpo de Esmirna había "sido en nuestros propios tiempos un maestro apostólico y profético, y obispo de la Iglesia Católica que está en Esmirna. Puesto que cada palabra que salía de su boca o se ha cumplido o está todavía por llevarse a cabo"[457].

Los grandes Padres Justino Mártir (135d.C) e Ireneo (180 d.C.) eran inflexibles:

> Porque los dones proféticos permanecen con nosotros, incluso hasta nuestros días[458].

> De una manera similar nosotros también escuchamos a muchos hermanos en la iglesia, que poseen dones proféticos, y que a través del Espíritu hablan todo tipo de lenguajes, y traen a la luz para el beneficio general las cosas ocultas de los hombres, y declaran los misterios de Dios[459].

> [Algunos cristianos hoy en día] tienen conocimiento previo de las cosas por venir: ellos ven visiones y pronuncian expresiones proféticas[460].

Lejos de morir con los apóstoles, los dones tales como lenguas, profecía y sanación prosperaron adentrándose en el siguiente siglo. Solo a mediados del siglo III, Orígenes comentaría que los dones eran gradualmente menos frecuentes:

> ...pero desde [la ascensión de Jesús] estas señales han disminuido, aunque todavía hay rastro de su presencia en unos pocos que tienen sus almas purificadas por el evangelio, y sus acciones reguladas por su influencia[461].

No obstante, los dones no eran de ninguna manera escasos, de acuerdo con Orígenes. Él afirma haber visto profecía y milagros:

> rastro de los cuales en una extensión considerable se hallan todavía entre los cristianos, y algunos de ellos más notables que cualquiera que existía entre los judíos; y estos nosotros mismos los hemos presenciado[462].

---

457. *El Martirio de Policarpo* 16.2.

458. Justino Mártir, *Diálogos* 82.

459. Ireneo, *Contra los herejes* 5.6.1.

460. *Ibid.*, 2.32.4. Ireneo continúa diciendo que los cristianos ponen las manos sobre los enfermos para sanarlos e incluso resucitan muertos.

461. Orígenes, *Contra Celso* 7.8.

462. *Ibid.*, 2.8.

Dos siglos después, a finales del siglo IV, Crisóstomo anunció que las lenguas y la profecía no ocurrían ya en la iglesia:

> Vea cómo ahora, por lo menos, no hay profecía ni don de lenguas[463].

> «[La enseñanza acerca de los dones en 1 Corintios 12] es muy oscura, pero la oscuridad es producida por nuestra ignorancia de los hechos a los que se refiere y por su cese, siendo que antes solían ocurrir pero ahora ya no tienen lugar»[464].

13:11

Pablo ahora contrasta la niñez y la adultez. Esta no es una predicción de la madurez de la iglesia después del 100 d.C –y si fuera, ¡sería una madurez irregular!– ni de la madurez del discípulo individual. Al contrario, consideramos que todo 13:8-12 se refiere al fin de la época. En ese momento, el conocimiento carismático del que uno presume será pálido en comparación y se verá como el conocimiento limitado de un niño.

> Porque ahora conocemos "en parte", y como si fuera "a través de un vidrio", debido a que lo que es perfecto no ha llegado todavía; a saber, el reino de los cielos y la resurrección, cuando "eso que es en parte pase"[465].

El amor, por otro lado, es una virtud para esta era y para la era venidera.

13:12

La NVI ha intentado expresar en términos comprensibles una frase que podría ser confusa: *Ahora vemos de manera indirecta y velada, como en un espejo.* Para entender la metáfora, debemos mentalmente hacer a un lado el espejo moderno, hecho de vidrio y plateado en la parte de atrás que puede reflejar la imagen con exactitud. Los espejos en los días de Pablo se hacían de metal pulido. Variaban en calidad, pero daban un reflejo confuso y nublado. Más allá de este detalle histórico, hay un aspecto teológico: ¿Qué es lo que se supone que un cristiano debe ver en un espejo? Debemos tener cuidado de no tratar esto demasiado literal; Pablo no está hablando de ver nuestro propio reflejo o del conocimiento de nosotros mismos. 1 Corintios 13:11 no es un paralelo de Santiago 1:23-24. Antes bien, contrasta la imagen pobre del espejo con el ver algo *cara a cara*. En este contexto, esta no es una simple metáfora, sino que encuentra su referencia en ver a Cristo en su retorno.

> *Ahora (arti) conozco de manera imperfecta,*
> *pero (tote) entonces conoceré tal y como soy conocido.*

463. Crisóstomo, *Contra Anomeos* 1.9.

464. Crisóstomo, *Ad Corinthios* 19.1. Sermones predicados en los años 390 y siguientes.

465. Metodio, *Banquete de las diez vírgenes* (o *Simposio*) 9.2.

En un párrafo, Pablo prescinde de las afirmaciones de varios grupos: los racionalistas, quienes confían en la mente humana; pero más específicamente los ultracarismáticos, cuyas revelaciones de las que presumen, después de todo, no los llevan directamente a Dios; los místicos, cuyo sentimiento de un conocimiento inmediato de Dios es en parte una ilusión.

Nuestros pequeños atisbos de Dios ahora, imperfectos y fragmentarios, serán disipados cuando nosotros veamos a Cristo cara a cara. La referencia de Pablo al *esjaton* también recuerda a los creyentes que cuando veamos al fin a Cristo, él vendrá a probar nuestras obras con fuego (1 Cor 3:13); las obras que no sean hechas en amor se quemarán.

El amor, Parte II. Amar es lo opuesto al infantilismo 13:8-12
¿De dónde sacamos la idea de que ser un cristiano amoroso es una señal de inmadurez, y que discernir bien, ser sabio o efectivo en nuestro trabajo son señales de madurez? De hecho, es completamente lo opuesto a la enseñanza paulina.

Hasta el cristiano más maduro en esta época es un simple infante en el plan eterno de Dios. Pablo indica eso en 13:11-12: "Cuando llegue a ser adulto", o sea, cuando vea a Cristo en la resurrección, me daré cuenta de lo tonto que fui durante esta vida. Nuestros argumentos, nuestra jactancia, nuestras prioridades parecerán mucho ruido en el parque infantil.

¿Se jacta usted de tener un conocimiento profundo y especial sobre Dios, sus principios y su Palabra? ¿Se siente único porque habla en lenguas más que cualquier otro? Entonces, al final veremos que todo eso era nada más una necedad. Así que, ¿por qué no evitarnos una vergüenza y dejamos nuestra jactancia ahora mismo?

La mayoría de los primeros Padres recalcó este punto. Por ejemplo, Cipriano dijo que "no se pueden saber los secretos ocultos de Dios, y por tanto nuestra fe debe ser simple"[466]. *Según Gregorio de Nacianzo*[467]:

> *[Pablo] no era inmaduro en cuanto al conocimiento, [aun así él] afirma que ve en un espejo, oscuramente... ¿Cuál era la lección o la enseñanza que quería dejarnos? No enorgullecernos de las cosas terrenales, ni inflarnos por el conocimiento, ni poner la carne en contra del espíritu.*

Jesús enseñó "que se amen los unos a los otros, como yo los he amado" (Juan 15:12). No imaginemos que esto es simplista. Nunca creamos que esto es lo que les decimos a los pequeñitos debido a que no pueden pensar con más profundidad, pero que los aspectos verdaderamente importantes son otras cosas. ¡Absurdo! Aquellos quienes colocan el amor en una categoría inferior a la establecida por Dios, ellos son los infantiles.

---

466. Cipriano, *Testimonia ad Quirinum* 3.53.3.
467. *Apologética (Oración 2).*

13:13

Ahora, pues, permanecen estas tres virtudes: la fe, la esperanza y el amor. No es completamente claro lo que Pablo quiere decir con "permanecer" (tiempo presente de *menō*). ¿Está hablando del *esjaton*: "que estos tres permanecerán para siempre"? ¿O del presente: "ahora estas tres cualidades importantes permanecen durante esta era? ¿O, quizá, del presente lógico: "estos tres permanecen 'sobre el tapete'"? La primera razón es posible pero va en contra del sentido común, pues uno puede hablar de esperanza y fe como virtudes que no serán necesarias en la era futura. La tercera razón es un poco oscura. El caso más fuerte puede sustentarse con la segunda: la glosolalia puede ser popular; la profecía, deseable; pero las verdaderas joyas en la corona son estas tres virtudes; lo que es más, el amor triunfa sobre la fe simple (13:2) y, presumiblemente, sobre la esperanza. Para los cristianos corintios, el amor es el pináculo: *la más excelente de* [estas cosas de valor supremo] *es el amor.*

b. Desde la perspectiva del amor, es obvio que la profecía es una bendición mayor para los otros que el don de lenguas 14:1-40

Llegamos al corazón de por qué Pablo se dedica a "los asuntos del Espíritu" en los capítulos 12–14. Él mostrará cómo en un culto, la profecía supera a las lenguas en utilidad y como señal de la verdadera presencia del Espíritu. Las lenguas también son un *jarisma*. Se dirigen a Dios y son valiosas para la edificación de quien las posee. Pero la profecía es un *jarisma* mejor puesto que trae una bendición directa a la iglesia.

Algunos corintios estaban exaltando la glosolalia más allá de su propósito o utilidad. La iglesia completa era "carismática" en nuestro moderno sentido de la palabra, pero algunos "ultra-carismáticos" exaltaban ciertos dones espirituales. ¿Qué tal si nosotros, como aquellos que "entran y no entienden" (14:23), entráramos a una iglesia casera en Corinto en medio del culto? Algunos miembros estarían hablando en lenguas en voz alta, con mucho ruido, todos a la vez. Estos abrumarían a quienes trataran de enseñar, o de dirigir un canto, o a quienes tuvieran una revelación para compartir con todo el grupo. Todas las otras cosas serían ahogadas por el zumbido continuo de la glosolalia. Tal vez estaría junto a alguien que gritara en lenguas; otros responderían con "¡Amén!" cuando acabara... pero usted no sabría qué responder: *¿Qué dijo, y cómo voy a saber si merece un Amén?*

La presión de hablar en lenguas era fruto de los celos sociales. Los pobres de la iglesia se encontraban muy aislados a causa de su estratificación social y económica, por lo que ansiaban algún método para distinguirse a sí mismos como la élite propia de Dios. Solo en el culto estos podían librarse y ser especiales: nadie podía prohibirles ser el centro de atención, ¡pues esta era la obra del Espíritu!

La presuposición aceptada entre algunos era que cuanto más ruidosos y contorsionados fueran los carismáticos, más claro era que el Espíritu había tomado posesión de ellos. Del ambiente pagano viene la idea de que la señal de la presencia espiritual era una conducta frenética descontrolada, palabras indescifrables e incluso la glosolalia. Algunos conversos simples habían transferido esa presuposición a su experiencia cristiana y (quizá inconscientemente) emulaban lo que consideraban una conducta carismática.

El análisis de Pablo con respecto al problema es:

1. El objetivo de cualquier *jarisma* es edificar la iglesia, no al individuo dotado.
2. La glosolalia confusa y sin interpretar de ninguna forma edifica la iglesia, y en algunos casos la daña.
3. Por tanto, las lenguas sin interpretar no tienen lugar en el culto.
4. Las "palabras inteligibles" son más edificantes que las incomprensibles.
5. Por tanto: ore por el don de interpretación o de profecía o palabra de conocimiento. ¡Busque alguna forma carismática de ser una bendición para el grupo!

Todo esto aclara lo clave que era el capítulo del amor. A los pobres se les pide que renuncien, en bien del *agapē*, a su última posibilidad de estatus. Ellos deben deshacerse de su apariencia misteriosa y esperar que su glosolalia se traduzca para todos; o tienen que profetizar –en griego sencillo– y someter su mensaje al discernimiento de otros; o tienen que hallar alguna otra forma de bendecir a la iglesia. Se les pide que hablen o que sirvan en alguna forma que no los convierta de inmediato en extraordinarios y notables. Si enseñan, ¡tendrán que hacerlo con un estilo normal y sin retórica! Esto solo puede hacerlo el poder del Espíritu: otorgarles dones y muy especialmente llenarlos de amor de modo que puedan ser parte de la iglesia en amor[468].

14:1

Pablo retoma nuevamente el tema, después del paréntesis sobre el amor, desde donde lo había dejado en 12:31, "ambicionen (de *zēloō*) los mejores dones".

> *Empéñense en seguir el amor*
> *y ambicionen los dones espirituales,*
> *sobre todo el de profecía.*

---

468. Así Calvino en 14:1: "Para que los corintios no objeten que ellos le fallaron a Dios, si despreciaron sus dones, el Apóstol anticipa esta objeción declarando que no era su intención apartarlos de aquellos dones de los cuales habían abusado, no, al contrario, él encomienda la búsqueda de estos, y desea que tengan un lugar en la iglesia. Y ciertamente, como se confirieron para provecho de la iglesia, el abuso que el hombre hace de ellos no es motivo para desecharlos como inútiles o perjudiciales...".

El amor es en grado superlativo el mejor camino; la profecía es también relativamente mejor que hablar en lenguas. Quienes aman deberían perseguir los dones más útiles, aun si parecen menos brillantes (vea nuestra nota en 12:11).

14:2-4

Pablo escoge la profecía como el contrapunto para la glosolalia, esta también es una declaración sobrenatural pero a diferencia de las lenguas es inteligible y edificante. Su preferencia por la profecía como contraste para las lenguas es probablemente su propia elección.

La glosolalia practicada en la iglesia no fue un mensaje de Dios a la iglesia, para que sea decodificado subsecuentemente[469]. Más bien, la persona que habla no habla a los demás sino a Dios, se dirige a Dios en una manera que solamente él comprende, por lo que resulta excluyente para el resto de la iglesia.

Nadie entiende la expresión (en la ausencia de interpretación) *pues habla misterios por el Espíritu*. La NVI y la RVR consideran *pneuma* aquí como el Espíritu Santo. De hecho, está bien entender de modo empírico "Espíritu Santo" cuando Pablo usa ese término griego, a menos que haya alguna razón fuerte en contra. No obstante, es mejor aquí tomar este como espíritu humano, debido a que es lo que se halla a la vista en 14:14-15: "En su espíritu habla misterios" (LBLA; también BJ, VP, RVA). La palabra *mustērion* es importante en términos de la revelación apocalíptica. Es uno de los vocablos favoritos de Pablo para hablar del misterio oculto revelado ahora por el Espíritu aparte de la razón humana (2:1, 7; 4:1; 13:2; Colosenses 1:26, 2:2). Sin embargo, hay una ironía aquí: lo que es un misterio divino, compartido entre el adorador y Dios, se convierte en un ruido molesto e incomprensible para quienes no lo pueden entender.

El profeta habla a otros. La estima de Pablo por la profecía es evidente, en tanto que emplea algunos de sus términos favoritos para esta: edificar (*oikodomē*), animar (*paraklēsis*) y consolar (términos cognados en Filipenses 2:1; 1 Tesalonicenses 2:12, 5:14). Este tema nos seguirá a través del capítulo: la profecía, usada en amor, edificará (8:1). Además, es multifacética y ayudará con la culpa, la tristeza, la debilidad y el desánimo.

Quien habla en lenguas se edifica a sí mismo. Algunos han visto esto como una ironía, como si edificarse a sí mismo en el Espíritu fuera *per se* incorrecto o equivalente a "inflarse". Pero no, Pablo asegura que es mejor que un individuo sea edificado a que no lo sea; Pablo se goza hablando en lenguas también, y sin apología (14:18).

469. Contra Horton, *Corinthians*, p. 133, muchos pentecostales. Ver Kuss, quien dice que las lenguas son esencialmente oración.

Lo dicho por Crisóstomo sobre 1 Corintios 14:3-4
Aquí hay una pequeña porción del acercamiento de Crisóstomo a esta sección:
14:3 En cambio, el que profetiza edifica a la iglesia.

¿No ven cómo él subraya la naturaleza selecta de este don, es decir, señalando el beneficio común? ¿No ven que en todo lugar él le da el más alto honor a aquellos que tienden a beneficiar a muchos? Porque, díganme, ¿no hablan [quienes hablan en lenguas] también a los hombres? Sí, pero no tanta edificación, tanta exhortación y tanto bienestar. Así que, ambos tienen en común el poder del Espíritu, tanto quien profetiza como quien habla en lenguas; pero en esto, el que profetiza tiene la ventaja de que su mensaje es provechoso para los oyentes. Pues, quienes no tienen el don, no entienden a aquellos que hablan en lenguas.

Entonces, ¿qué? ¿Los que hablan en lenguas no edifican a nadie? "Sí", dice él, [pero] "solo a sí mismos". "Pero el que profetiza edifica a la iglesia". Ahora tan grande como la diferencia que existe entre una sola persona y la iglesia, así es la distancia entre estos dos. ¿No ven su sabiduría, cómo él no desecha el don ni lo reduce a nada, sino que muestra que sí tiene alguna ventaja, por pequeña que parezca, y tal es suficiente para quien lo posee solamente?

14:5

¿Cuál es la naturaleza del deseo paulino: *Yo quisiera que todos ustedes hablaran en lenguas, pero mucho más que profetizaran.* ¿Está siendo irónico? Pensamos que no, pues Pablo valora el don, y él no caerá en el peligro teológico de oponerse a un don del Espíritu en contra de la voluntad divina. No podría significar: "Yo deseo que todos ustedes tengan el don de hablar en lenguas "en el culto", pues esto es lo que él trata de eliminar aquí. Estamos de acuerdo con el punto de vista que entiende esto así: "Yo deseo que cada cristiano hable en lenguas en su vida de oración".

Pablo distingue entre ejercer el don en privado o en un culto, pero no por eso quiere decir que haya dos dones distintos. Solamente existe un *jarisma* de lenguas en esta epístola. No todos los cristianos hablan en lenguas (12:30), ni en privado ni en público. Muchos corintios ansiaban este don, y a Pablo le gustaría que ellos lo poseyeran. Sin embargo, al final muchos cristianos nunca hablarán en lenguas, ni deberían sentirse menos espirituales por eso[470]. El uso paulino de *telō* está bien traducido en la NVI (también LBLA, VP): "quisiera" es un deseo. Pero él desea aún más que ellos profeticen, aunque muchos nunca lo harán, aún

---

470. Como lo hace en 12:30, Horton, *Corinthians*, p. 132, compare p. 123, se mete en una exégesis forzada del tiempo presente aquí, como "sigan" hablando en lenguas, es decir, después de la manifestación inicial de lenguas cuando recibieron el Espíritu.

así ellos deben procurar el don o algún otro don edificante. Lo mismo es cierto para la interpretación de lenguas.

Pablo no cae en el juego del estatus. Su categorización de los dones no se basa en el estatus, sino en el servicio: ¿Qué tan útiles siervos los hace a ustedes este don? Es en este sentido que *el que profetiza aventaja al que habla en lenguas*, en que el profeta cambia la gloria personal por el bien de todos. Se emplea la palabra comparativa *meizōn* ("mejor", como en la VP), como lo hizo en 12:31 (cf. 13:13).

Hay una excepción (*ektos* como "a menos que"; en el original también en 15:2, 27): La iglesia se edifica (*oikodomē*, cf. 14:3) si hay interpretación. Llegamos a la conclusión en nuestro ensayo que esta es *la traducción en el lenguaje local de una alabanza u oración que alguien ofrece a Dios en una lengua milagrosa.* Los expertos a menudo desean ver al intérprete como un individuo más que presta ese servicio. Es una presuposición natural, a la luz de 12:10 y 30. Pero Thiselton (p. 1098) señala, junto a la NVI (y LBLA, BJ), que la traducción más probable es *a menos que "este" también interprete*, o sea, que la persona misma traduzca lo que se ha dicho. Schrage (p. 3:291) está de acuerdo: "Esto presupone que en algún punto durante la declaración o subsecuente a esta, la persona llega a saber lo que se dice". Eso haría que este versículo concordara perfectamente con 14:13. La interpretación vuelve inteligible el mensaje, lo cual es la clave del argumento paulino aquí. La iglesia se edifica mediante la interpretación, no por escuchar un mensaje de parte de Dios, sino al comprender y participar, de ese modo, en las alabanzas dirigidas hacia él[471].

14:6

Pablo crea un caso hipotético, incómodamente cercano a la situación existente ya en Corinto: *Hermanos, si ahora fuera a visitarlos y les hablara en lenguas, ¿De qué les serviría?* Su punto no era evidente por sí mismo para algunos corintios. Ellos habrían respondido: *¿De qué serviría, Pablo? Bueno, ¡les ayudaría a mis hermanos cristianos a ver que su congregación es bendecida con la presencia del Espíritu!* Poniéndose a sí mismo como ejemplo (como lo hacía a menudo con asuntos difíciles), invita a los corintios a ver la situación como la ven otros. ¿Qué tal si Pablo abandonara su trabajo actual; emprendiera el largo viaje desde Éfeso hasta el puerto de Cencrea; caminara hasta Corinto; esperara hasta el Día del Señor; entrara en el culto; se levantara frente a una congregación hambrienta de escucharlo; y luego no hiciera nada más que hablar en lenguas para sí mismo durante unas horas? ¿No se preguntaría su decepcionada audiencia cuál era su motivación? *¿Qué está haciendo Pablo: alardeando de que él también tiene el Espíritu?* Así es precisamente como Pablo veía a los corintios ultra-carismáticos.

---

471. Severiano: "Quien habla en lenguas e interpreta no es menos que el que profetiza".

Si alguien en realidad desea canalizar la ayuda del Espíritu a la iglesia, qué mejor que dirigirse hacia los otros cristianos con algo que les ayude. Pablo menciona cuatro tipos de discursos comprensibles y que son iguales de carismáticos que las lenguas. La profecía y la enseñanza ya las conocemos de la lista de 12:28; revelación (*apokalupsis*) y conocimiento (*gnōsis*) pueden equivaler a "palabra de sabiduría", y "palabra de conocimiento" en 12:8; o puede ser que Pablo esté hablando en términos generales de distintos tipos de discurso. "Enseñar" también es tan carismático y espiritual como las lenguas y la "profecía". Pablo habla a favor de los *jarisma*, y en contra solo del abuso.

14:7-8

En 14:7-11 Pablo usará una serie de preguntas retóricas y de analogías para probar su punto: que no es la simple manifestación del Espíritu lo que bendice a la iglesia, sino una manifestación comprensible. Él habla del arpa y de la flauta, probablemente por ninguna otra razón que el hecho de que eran muy comunes. La NVI capta el sentido bien con *¿cómo se reconocerá lo que tocan si no dan distintamente sus sonidos?* Los lingüistas modernos han mostrado que en efecto es la diferencia de sonidos la que produce una comunicación útil. El verbo es *ginōskō*, que podría significar "conocer o saber" o "reconocer". Todos hemos tenido la experiencia de encender la radio y escuchar algunos acordes o algunos instrumentos: toma algunos segundos por lo menos captar el orden en el que las notas se alternan para formar un patrón que hemos escuchado antes. Entonces podemos tararear o cantar, pues el mensaje es claro. Del mismo modo, un lenguaje sin un patrón de cambios con sentido es mero parloteo.

La referencia a la música nos lleva nuevamente a 13:1. Allí Pablo usó instrumentos ruidosos y monótonos para ilustrar cómo las lenguas pueden sonarle a otra persona. Ningún mensaje viene a través de ellas; no solo eso, son ruido, son destructivas y le producen a la gente dolor de cabeza. Las lenguas sin amor (es decir, lenguas sin edificación) no solo son inútiles, ¡son extremadamente desagradables!

La trompeta aquí no es para entretenimiento, sino para el ejército. Pero esta corneta *no da un toque claro*; no en el sentido de tocar mal, sino en el de no enviar un mensaje comprensible. La ilustración fue aplicable hasta hace pocas décadas; ahora las radios de mano toman el lugar de las trompetas. Pero para generaciones anteriores, la corneta era el medio principal de comunicación a distancia y del horrible estruendo de la batalla. Cada batallón tenía su señal especial para comunicarse, y cada orden –¡Retírense! ¡Avancen! ¡Dispérsense! ¡Júntense!– su propio código. Comprender el código y obedecerlo sería, con frecuencia, un asunto de vida o muerte. Pero ¿qué sería si una corneta tocara una serie de notas accidentales, o solamente una bonita melodía? Aparte del escaso alivio de saber que alguien estaba tratando de decirle algo, el soldado podría quedarse sin ayuda verdadera.

Lo mismo es cierto sobre la iglesia: *¿por qué hacer un ruido aleatorio cuando podría entregarle a su hermano cierta información vital para su caminar con Dios?*

14:9

Nuevamente, la clave es *palabras comprensibles*, es decir, palabras no solo del Espíritu, sino que formen una declaración coherente. De otra forma, el discurso es simplemente sonido echado al aire, no a su hermano, quien está en espera de ayuda. Al igual que la lucha con sombras o el correr sin rumbo en 9:26, no produce fruto, y por tanto, no es hecho sobre la base del amor.

14:10

¡Quién sabe cuántos idiomas hay en el mundo! Si los corintios hubieran tratado de adivinar cuántos, habrían subestimado gravemente el número[472]. Hoy en día existen alrededor de 7000 lenguajes identificados, sin contar los dialectos, pero nosotros todavía no tenemos un número preciso de cuántos otros lenguajes desconocidos existen alrededor del globo. Las personas que conocen los lenguajes reciben el significado a través de las combinaciones de sonidos y tonos y morfemas y gestos y todo lo demás que involucra el lenguaje: *ninguno carece de sentido.*

14:11

La persona que no entiende lo que se habla será *como un extranjero*, aun si quien habla es su propio vecino en su propia ciudad. Pablo emplea el término *barbaros*. Es una palabra más suave en el griego que en el castellano, aún así sugiere una persona de fuera, alguien que no se ajusta a las normas establecidas. Esto es significativo en dos niveles, primero, el intelectual: sin entendimiento no hay edificación; el mensaje falla. Y el segundo problema es social (ver especialmente Thiselton): hacen que su compañero cristiano se sienta como extranjero. Ustedes lo excluyen, ya sea a propósito o no. O puede que él se sienta como un niño, al no comprender la conversación adulta de los mayores. ¡Y permitir eso es desamor! Esta es la misma razón por la cual los misioneros hablándose unos a otros en inglés cambian al español cuando usted se acerca, aun cuando usted no vaya a integrarse

---

472. Los judíos y los cristianos primitivos dedujeron de la lista de pueblos de la Biblia, Génesis 10, que existían 70 (o 72 o 73 o 75) lenguajes en el mundo. Clemente de Alejandría, *Miscelánea* 21: "Parece haber setenta y dos dialectos genéricos, como las Escrituras legan. El resto de las lenguas vulgares [i. e., variaciones locales] están formadas por la mezcla de dos o tres, o más dialectos". Crisóstomo, *ad Corinthios* 35.4, comenta acerca de 14:10 que hay "innumerables naciones" en la tierra, pero él nombra solo siete. La misión de los setenta (algunos manuscritos, setenta y dos) discípulos en Lucas 10:1 es probablemente un presagio de la misión gentil, el número simboliza todas las naciones de la tierra. La audiencia multinacional de Hechos 2:5-11 representaba tal vez 12 lenguajes, más un numero de dialectos locales (esta información fue obtenida gracias a mi estudiante de posgrado, Robby Richard).

en la conversación. Es una norma de buena cortesía no excluir a otros, aunque ellos no necesiten ni quieran saber lo que uno está diciendo. A los ultra-carismáticos, Pablo les dice: su hermano de un más alto nivel social los ha insultado a ustedes llevando a cabo el banquete antes del culto, pero ustedes, a su vez, no deben tomar represalias tratándolo como uno de afuera.

Las ovejas y las cabras un domingo por la mañana – Una parábola 14:11
Cuando el Hijo del Hombre venga en su gloria, separará a las personas unas de otras así como el pastor aparta las ovejas de las cabras. Pondrá las ovejas a su derecha y las cabras a su izquierda.

Luego el Rey dirá a los de su derecha: "Vengan, benditos de mi Padre; tomen su herencia, el reino preparado para ustedes desde la creación del mundo. Porque yo estuve solo y me sentí como extranjero pero ustedes me hicieron sentir bienvenido; estuve confundido y ustedes me aclararon las cosas; la vida me derribó y ustedes me levantaron; yo era desconocido y ustedes me llamaron por mi nombre".

Entonces los justos contestarán: "Señor, ¿cuándo te vimos solo y como extranjero y te recibimos; confundido y te aclaramos las cosas; derribado y te levantamos; desconocido y te llamamos por tu nombre?".

El Rey responderá: "Un domingo por la mañana visité tu iglesia disfrazado. Me senté, tímido y sin amigos, te acercaste a mí, me hablaste y me preguntaste sobre mí. Llegué sin Biblia, compartiste la tuya conmigo y me señalaste dónde estaban leyendo. Tus líderes hablaban claramente de manera que pude comprender y me mostraste la letra de las canciones con un proyector. Lloré durante la oración, pusiste tu mano sobre mi hombro y me preguntaste si podías hacer algo por mí. Me preguntaste mi nombre y lo recordaste cuando me viste después del culto, y me presentaste a tus amigos. Esa fue mi experiencia, pero además de eso, cada vez que hiciste esas cosas para que la persona menos atractiva no se marchara, lo hiciste por mí".

Luego les dirá a los de su izquierda: "Apártense de mí, ustedes malditos, hacia el fuego eterno que Dios ha preparado para el diablo y sus ángeles. Porque estuve solo y me sentí como extranjero pero ustedes no me recibieron; estuve confundido y no quisiste ayudarme; me viste derribado y no me levantaste; fui un desconocido y no me llamaste por mi nombre".

Ellos también dirán: "Señor, cuando te vimos solo y como extranjero y no te recibimos; o confundido y te despreciamos; o derribado y no te levantamos; o desconocido y no te llamamos por tu nombre?".

El Rey responderá: "Un domingo por la mañana visité tu iglesia disfrazado. Me senté, tímido y sin amigos, nunca volteaste la cabeza para mirarme, pero hablabas en voz alta con tus amigos. Llegué sin Biblia y te burlaste de mi ignorancia. Tus líderes hablaban demasiado rápido y con un volumen tan alto que a duras penas pude comprender lo que decían. Durante los cantos, todos, excepto yo, parecían saberse la letra, pero yo no pude seguirla. Lloré durante la oración, pero tú saltabas y movías los brazos de modo que no te diste cuenta. Una cantidad de gente sujetaba el micrófono y gritaba con ruidos extraños, todos aplaudían, chillaban y alababan a Dios, pero eso me dio miedo y me dejó más confundido. Todos se interrumpían unos a otros y no pude comprender lo que pasaba. Tú por fin me preguntaste mi nombre con el fin de saber si podía dar el 10% de mis ingresos a la iglesia; cuando te conté que estaba desempleado me reprendiste por mi falta de fe".

"Esa fue mi experiencia, pero además de eso", concluyó el Rey, *"cada vez que olvidaste hacer el bien a cualquier persona que encontraste, me olvidaste a mí".*

14:12

Pablo se dirige a ellos con *ya que tanto ambicionan dones espirituales* (usando el cognado de *zēloō,* ver 12:31, 14:1). Muy probablemente, ellos querían hablar en lenguas. Pero, deberían invertir el celo, la energía y la oración en algo que edificara la iglesia.

No sé por qué la NVI traduce esto: "procuren que éstos [dones] abunden"; ambos verbos en el original son en segunda persona plural: procuren abundar "ustedes", no que abunde su don. Deben aceptar la paradoja central del cristianismo, que ser superior es para servir.

14:13

Quien habla en lenguas, con el fin de ejercer su don más amorosamente, necesita hablar de modo inteligible: por eso, que *pida en oración el don de interpretar.* En realidad esta declaración da al lector moderno una nueva información, con la cual los corintios deben de haber estado familiarizados: el que habla no sabe lo que dice; el lenguaje le es extraño. Se necesitará otro *jarisma* sobrenatural para traducir lo que se ha dicho de modo que sea inteligible tanto para él como para el resto de la iglesia.

14:14

Pablo lleva la idea de lo incomprensible un paso más allá al explorar lo que experimenta quien habla en lenguas. Pablo sabe esto, por supuesto, por su propia experiencia espiritual: *mi espíritu ora, pero mi entendimiento no se beneficia en nada.* Pablo emplea "mi" aquí, lo cual descarta que se refiera al Espíritu Santo. La persona ora en su propio espíritu y por medio de él.

Para *mi entendimiento no se beneficia en nada* la LBLA y la BJ brindan una traducción literal, "queda sin fruto". Esto significa que, aunque el hablante recibe una bendición espiritual y habla carismáticamente a Dios, él mismo no recibe ningún mensaje que pueda comunicar a su vecino, ni siquiera comprenderlo él mismo. *¿Es esto tan malo?,* los ultra-carismáticos preguntarían. *¡El intelectualismo estéril y opuesto a la revelación de los hermanos elitistas prueba que el entendimiento* *está supervalorado!* De nuevo, Pablo tiene que probar que donde no hay entendimiento, se da una edificación limitada para el hablante y para los oyentes. "No bastaba con que las oraciones y alabanzas fueran espirituales, era preciso también que fueran inteligibles"[473]. Pensar de otro modo ciertamente es tan infantil (14:20) como les parece a los otros cristianos.

14:15

Por tanto, la mejor combinación es *orar [o cantar o dar gracias] con el espíritu, pero también con el entendimiento.* Pablo no está contrastando la oración por medio del espíritu con la oración mental, como si fueran contradictorias. Al contrario, es en el espíritu humano: Yo [quien hablo en lenguas, 14:14] oraré en lenguas; yo oraré también en una manera inteligible, así tanto mi vecino como yo entenderemos lo que estoy orando.

14:16-17

Lo mismo puede decirse de la *acción de gracias.* Una persona da gracias a Dios en lenguas; Dios escucha, pero ninguna persona ni la iglesia entienden. Es un riesgo decir *Amén* a lo que se dice. Esta palabra ha pasado del hebreo a todas partes del mundo. Su significado es algo así como "así es", "ojalá que sea así". Si escucho a alguien hablando en una lengua extraña, ¿cómo saber lo que dice, o si un cristiano debe afirmarlo? Lo mismo sucede con las lenguas, donde ni siquiera el hablante sabe lo que se dice. Uno puede argumentar: *¡pero, yo estoy hablando con Dios; él sabe lo que estoy diciendo, y eso es lo que importa!* En un nivel esto es cierto, pero en otro, aquí se trata de personas en un culto y adorando, no como individuos, sino como parte de un grupo. Y Dios, a quien alaban, será glorificado más si sus otros hijos comprenden y se unen a la alabanza.

Quien no es instruido traduce *idiōtēs* (aquí y en 14:23-24). Esta palabra es un primo distante de nuestro término "idiota", pero el significado no es el mismo. La NVI traduce *quien no es instruido.* Esto es posible, pero erróneamente sugiere que existe un grupo de instrucciones para entender las lenguas. Este "no instruidos" se menciona junto a "incrédulos" en 14:23-24 (pero *idiōtēs* se traduce allí como quienes "no entienden"). Puede referirse en todos los pasajes a "indagadores" o a aquellos que expresan interés pero todavía no son instruidos en el evangelio[474].

---

473. Así Hodge, p. 256.

474. En esta línea, la versión católica BJ es anacrónica con su "la persona no iniciada" (en el original francés, "celui qui a rang de non-initié"). Esto se refiere a una clase distinta de personas, los catecúmenos, que no existía en el primer siglo. La VP también resulta creativa con "una persona común y corriente". La LBLA tiene que parafrasear con el fin de hacer esto "el lugar del no dotado", pero este no es el punto tampoco: Pablo se refiere no a la persona que no cuenta con el don de lenguas, sino a quien no es capaz de descifrar la lengua de otro. Pelagio también dice que esto se refiere a los laicos en contraposición con quienes ostentan un oficio eclesiástico.

Puede ser aquel que no ha recibido instrucción en ese lenguaje particular, por lo que es convertido en un "extranjero" debido a su falta de su comprensión.

14:18

Doy gracias a Dios porque hablo en lenguas más que todos ustedes es la primera parte de una oración que se completará en el versículo siguiente. El apóstol se presenta a sí mismo como modelo: él tiene el don; reconoce que viene de Dios y no de sí mismo; lo usa abundantemente. Además, sugiere que nunca haría lo que hacen otros cristianos, hablar en lenguas en un culto sin interpretación o de forma perjudicial o centrada en sí mismo.

Es posible que los ultra-carismáticos hayan rechazado a Pablo debido a que no era como ellos: ellos consideraban que un verdadero apóstol tenía que ser visiblemente "poseído" en el culto; o concluyeron de su preocupación por hablar claramente en el culto que él no hablaba en lenguas del todo. Y, ¿por qué escuchar a alguien que nunca ha experimentado la exaltación de la glosolalia? Así que no, dice Pablo: no solo tengo el don de lenguas, sino que lo uso a menudo; por tanto, sé lo bello que es, pero también sé que no edifica a los otros hermanos. Esto es posible, aunque contra este punto de vista, en los años recientes se ha dado un gran reconocimiento a que Pablo se usa a sí mismo como modelo porque ese es su estilo de enseñanza, y no necesariamente para responder a algunas críticas en su contra.

14:19

Pablo no está haciendo una declaración matemática de que 5 palabras claras son más que 10.000 palabras extrañas, sino que se trata de una hipérbole. Los números son redondos, aunque vale comparar el número con esta epístola, la cual contiene en el griego 7.300 palabras (= 9.300 palabras en la versión castellana NVI). Los ultra-carismáticos probablemente no andaban lejos de proclamar diez mil palabras en el culto; ¡es el fruto de un par de horas de pura glosolalia! Usted podría hablar durante horas en una lengua, sin embargo, incluso hasta cinco palabras o menos podrían transmitir un mensaje poderoso: "¡Cristo te ama!", o "¡Cristo murió por sus pecados!, o "¡Te perdono, amada hermana!", o hasta una palabra profética: "Su bebé enfermo se recuperará". Ya sea esto un discurso sobrenatural o palabras cotidianas dichas con el poder del Espíritu, todo es evidencia de la gracia de Dios dirigida a su pueblo.

14:20

No sean niños en su modo de pensar es una riña, si bien paternalmente gentil. *Paidion* ("niños") aparece solo aquí en las epístolas paulinas. Sin embargo, el par adulto-niño es típico de él y de otros (ver particularmente 3:1-3, donde se emplea *nēpios* para "bebé"; ver también Hebreos 5:11-14). El lector debe comparar esta palabra con el comentario de Pablo acerca de la adultez escatológica de 13:11: nos movemos hacia esa meta, así que esforcémonos por ser maduros en nuestra vida ahora. Por supuesto, es una virtud ser inexperto e incapaz en el sentido de practicar la maldad, *malicia* (*kakia*). Aquí puede significar una mala voluntad hacia otros (Efesios 4:31, Col 3:8, Tito 3:3; NVI, BJ, LBLA, RVR), o de un modo más general simplemente debilidad (como en Romanos 1:29, 1 Corintios 5:8; ver VP).

14:21

Pablo ahora cita *la ley*, interpretada ampliamente para incluir los profetas hebreos, no solo los cinco libros de Moisés. Esta adaptación paulina de Isa 28:11-12 difiere tanto de la Septuaginta como del hebreo. Pablo pudo haber tenido otra versión en mente, aunque el hecho de que él acorta la cita y reorganiza el orden puede significar que está citando libremente. En ese contexto, la élite de Israel se burlaba del mensaje de Isaías. Es impresionante que ellos realizaran fiestas salvajes, con vómito por todos lados, pero que pensaran que el mensaje del profeta era infantil. ¡Qué parecida a la élite corintia, con sus festines, su filosofía falsa y su falsa afirmación de madurez! Cuando ellos se quejaban de que la Palabra de Dios sonaba como lenguaje de bebé, Isaías replica que en efecto ellos oirán de Dios nuevamente: ¡Pero esta vez en la lengua extranjera de los asirios! Invadirán Israel y su balbuceo será el rechazo de Dios hacia ellos.

14:22

Es la aplicación paulina de este versículo al Corinto romano que confunde a los intérpretes:

> *el hablar en lenguas es una señal,*
> > *no para los creyentes, sino para los incrédulos;*
> EN CAMBIO,
> *la profecía no es señal*
> > *para los incrédulos, sino para los creyentes.*

La dificultad es que Pablo aparenta contradecir esta conclusión en 14:23-24: un incrédulo pensará que quien habla en lenguas está fuera de control, pero si escucha profecía se arrepentirá. Esto ha conducido a un número de soluciones propuestas: una, por el traductor inglés J. B. Phillips, es reescribir el versículo y dar por sentado, completamente sin evidencia textual, que algunos escribas confundieron "creyentes" e "incrédulos". Puesto que no existe evidencia de manuscritos para apoyar esta reconstrucción propuesta, nosotros deberíamos abstenernos de enmendarlo e interpretar el texto así como está en todos los manuscritos.

Algunos exegetas dispensacionalistas leen el texto de esta forma: así como Dios habló al Israel incrédulo a través de Isaías y luego a través de los asirios, Dios juzgará a los judíos del primer siglo en Corinto por medio de la glosolalia de los cristianos gentiles. Supuestamente, esta es una forma más en la cual se provoca a Israel a "celos" por la fe de la iglesia (ver Romanos 11:11-16). El razonamiento continúa: *el hablar en lenguas es una señal... para los incrédulos* [judíos]". Y, análogo a la situación de Isaías, las lenguas cesaron al completarse este propósito una vez que Jerusalén fue destruido y los judíos fueron llevados a un nuevo exilio en el 70 d.C.

Los problemas con esta interpretación son diversos: primero, no existe evidencia alguna en el contexto corintio de que Pablo estuviera pensando en judíos incrédulos de Corinto. Él simplemente habla de incrédulos, y en efecto ya sean judíos o gentiles quienes los oigan hablar en lenguas no interpretadas *dirán que ustedes están locos* (14:23)[475].

Un mejor acercamiento es que nosotros estamos tratando con el tema de la alienación social. Cuando un miembro de la iglesia oye a un ultra-carismático hablando en lenguas sin interpretación, se siente excluido, y como un extranjero. Y de hecho, Pablo dice, esto es como las "lenguas extranjeras" funcionaban en el Antiguo Testamento: eran una nota de juicio y de exclusión de Dios y de su tierra. De modo que, un ultra-carismático estará permitiendo la separación de los otros creyentes del pueblo de Dios. Sus lenguas, lejos de ser ejercidas en amor, proclaman con cada sílaba que "usted no pertenece aquí". Es por esto por lo que Pablo dice que son una *señal*, una etiqueta de que las personas son incrédulas, no un "mensaje" para ellas. La señal es de tipo social, simboliza que algunos pertenecen al círculo místico íntimo de los ultra-carismáticos y los demás pertenecen a los no creyentes.

Así parafraseamos el sentido de Pablo aquí:

el hablar en lenguas es una señal
no para *afirmar que* los creyentes *son creyentes, incluidos,*
sino para *declarar que ellos son como* los incrédulos, *excluidos.*

Por otro lado, ¿Por qué, *la profecía* no es *señal* para los incrédulos, sino *para los creyentes* específicamente? Algunos han sugerido que la profecía es esencialmente positiva, que revela un amor benéfico de Dios. Pero esto difícilmente encaja en este contexto con la cantidad considerable de profecías condenatorias en las Escrituras. Él no está eliminando la posibilidad de que un incrédulo se convenza del pecado por una palabra profética (véase 14:24). Más bien, lo que él quiere decir, es que es por medio de la profecía como Dios se comunica con su pueblo.

475. Encontramos objetable la exégesis de este versículo hecha por Horton (*Corinthians,* pp. 137-138). Este argumenta que las lenguas ocupan un lugar en el "culto", pero que el crimen de los corintios fue usarlas en exceso. Es decir, el comentario de Pablo en 14:23 es una crítica de su uso extendido, debido a que después de que la impresión inicial pase, la actitud de los oyentes eventualmente será amarga. Horton no aprecia apropiadamente que Pablo regule todas las lenguas no interpretadas, y no simplemente su uso excesivo.

Aunque transgreda sus límites, afirma su interés en ellos cuando dirige a un profeta a darles un mensaje especial. En pocas palabras, el apóstol ha declarado con rodeos que es la profecía, no las lenguas, el discurso apropiado para que otros creyentes escuchen. Si los ultra-carismáticos verdaderamente tienen el Espíritu, entonces poseerán las profundidades del *agapē* que hará que ellos se esfuercen por bendecir y afirmar a otros.

14:23

Pablo introduce una situación hipotética; *si toda la iglesia se reúne* (un evento raro en una era de iglesias en casas) y *todos hablan en lenguas* (cuando Pablo dijo en 12:29 que no todos) y *entran algunos que no entienden o no creen*. Sabemos que en los siguientes años la iglesia desarrollaría mecanismos para atraer investigadores y lugares especiales para que ellos se sentaran, pero esto sucedería en el futuro.

Una casa grande en el mundo grecorromano tenía menos privacidad que los hogares de hoy; ¡quizá había bastante tráfico! La gente visitaba a sus amigos… o tal vez, se refería a quienes pasaban durante la hora del culto, repartidores, sirvientes, amigos o parientes, vecinos que querían conversar. Los ultra-carismáticos, quienes toman el hablar en lenguas descontroladamente como la manifestación suprema de la presencia del Espíritu, serán vistos por los que pasan como *locos*.

Su conducta no contribuirá a que los demás vengan a Cristo. Si un cristiano corintio sabía detalles de Pentecostés, podía razonar que estaba en la buena compañía de los apóstoles mismos, ¡se les consideró borrachos! (Hechos 2:13). Pero mientras se podría argumentar que la reacción de los corintios es técnicamente correcta —ellos están bajo el juicio de Dios—, un cristiano movido por el amor querrá comunicarles cómo pueden salvarse[476].

---

476. Los apologistas del siglo II hicieron uso del *jarisma* de profecía para mostrar que ahora la iglesia era el verdadero pueblo de Dios. De todos modos, pensaban en profecía y en lenguas en abstracto, no en el caso de una persona repentinamente confrontada con manifestaciones raras. Así Justino Mártir, *Diálogo* 82, contrastó la iglesia con Israel: "Porque los dones proféticos permanecen con nosotros, aún hasta el presente. Y por tanto usted [como judío] debe entender que [los dones] anteriormente entre su nación han sido transferidos a nosotros....". *Diálogo* 87-88: "Consecuentemente se dice, 'Él ascendió a lo alto, él llevó a la cautividad cautiva, él dio dones a los hijos de los hombres'. Y otra vez, en otra profecía se dice: 'Y después de esto sucederá, yo derramaré mi Espíritu sobre toda carne, y sobre mis siervos, y sobre mis siervas, y ellos profetizarán'. Ahora, es posible ver entre nosotros hombres y mujeres con dones del Espíritu de Dios...". Ireneo por su parte se centró más en el papel de los dones en la iglesia. *Contra herejías* 5.6.1: "Del mismo modo también escuchamos a muchos hermanos en la iglesia, quienes poseen dones proféticos, y los cuales a través del Espíritu hablan toda clase de lenguas, y sacan a la luz para el beneficio general las cosas escondidas de los hombres, y declaran los misterios de Dios...". *Contra herejías* 2.32.4: "Otros [de los cristianos] han profetizado de las cosas por venir: ven visiones y declaran expresiones proféticas".

14:24-25

Sigue con la hipérbole, pero esta no se aleja de lo probable: qué tal si la misma persona, hipotéticamente, llega *cuando todos están profetizando*. Aquí Pablo muestra solamente lo que está implícito hasta este punto: que un mensaje de un profeta puede llevar por sí mismo al evangelismo. La persona *se sentirá reprendida y juzgada por todos* [los que profetizan], *y los secretos de su corazón quedarán al descubierto*[477]. De modo que un incrédulo, así como un creyente, escuchará un mensaje de verdad que quizá se ajuste específicamente a él o a ella. Porque un profeta habla de los hechos del evangelio de la cruz en una manera clara, pero también podría añadir algo como: "¡Y usted, amigo, aunque tenga una esposa creyente, no se ha arrepentido todavía! ¡Es porque se niega a rendir sus relaciones homosexuales ocultas y porque secretamente resiente los cambios en su esposa, aun cuando alabe su nueva devoción a usted y a sus hijos!".

Pablo usa un lenguaje de arrepentimiento, con una persona que cae postrada: *lo adorará, exclamando: "¡Realmente Dios está entre ustedes!"*. Esto no es simplemente admitir que Dios está allí, sino una confesión de fe salvadora. Es una cita de Isaías 45:14, en la que los gentiles ni se arrodillan ante los israelitas; en la paráfrasis de Pablo ellos se postran y adoran a *Dios*. Si en 14:21, Pablo ha adaptado un versículo que originalmente tenía que ver con Israel, y aquí uno para los gentiles, debemos recordar que Pablo puede aplicar ambos textos a cualquier grupo que se encuentre en la iglesia corintia.

¿Cuál es el propósito de un culto? 14:25
Enrique Ruloff escribe un capítulo muy provechoso sobre este asunto:
    «También encontramos otros cristianos que desean sentir la presencia de Dios por medio del canto y muy a menudo este también es egocéntrico. Por ejemplo, una vieja canción que los cristianos solían cantar y en algunos lugares aún se canta comienza diciendo: "me hace bien cada vez que me encuentro y canto con el pueblo de Cristo." Este texto bien satisface una faceta de nuestra vida, pero no de otras. Es una buena cosa, pero a veces deberíamos preguntarnos ¿le hace bien a Dios esto? La meta de la alabanza y la adoración no es que nosotros nos sintamos bien, sino alabar y adorar a Dios, el creador de todo, quien se merece todo lo que podamos darle. Esto es lo que llamamos alabanza»[478].

---

477. La versión inglesa NIV innecesariamente añade una frase: "se sentirá reprendido ["that he is a sinner"] *que es un pecador* y juzgado por todos". Vale la pena mencionar una interpretación alternativa de Murphy-O'Connor, p. 147: que el pecador se convierte, no por el contenido del mensaje, sino por el amor y la preocupación evidentes que tienen los miembros de esa iglesia los unos por los otros. Esto pierde el punto paulino que es la incomprensión del mensaje.

478. Enrique Ruloff, *Déjate transformar*, Publicaciones Alianza, Buenos Aires, 2001, p. 33.

*¡Esto suena demasiado simple! Pero qué fácil es convertir el culto en un fin
en sí mismo. Como los discípulos en el Templo de Jerusalén, conservamos un temor
reverencial a las cosas bonitas que nos rodean (Marcos 13:1) antes que centrar nuestra atención en el Señor del templo. Pero este es un asunto grave y puede llevar a la
idolatría de lo que se mira, de lo que se oye y, por encima de todo, de las emociones,
sustituyendo la adoración a Dios.*

14:26

¿Qué concluimos, hermanos? Así como hizo con los temas de la comida idolátrica o con el matrimonio en 14:26-38, Pablo aplicará estos grandes principios a
las situaciones específicas de Corinto. *Cada uno* señala las alternativas hipotéticas
de todos profetizando o todos hablando en lenguas. De acuerdo entonces, ¿qué tal
si actuamos como debería ser, si todos llegan con un aporte distinto, reflejando
así la metáfora del cuerpo de un capítulo anterior? En ese caso, alguien tiene un
himno, o una *enseñanza* o una *revelación* (profecía en este párrafo, pero lo mismo
podría decirse de otros tipos de palabra de revelación), o una *lengua*, o una *interpretación*. La frase de la GNB "un mensaje en lenguas extrañas" va muy lejos al
sugerir que las lenguas son un mensaje codificado para la iglesia de parte de Dios.
El griego dice simplemente "tiene lengua" (como la RVR).

Las lenguas son buenas, la profecía es buena, la diversidad es mejor; pero,
Pablo insistirá una vez más, *todo esto debe hacerse para la edificación de la iglesia.*

Los dones espirituales y la mega iglesia 14:26
*He predicado en una buena cantidad de reuniones de los Hermanos Cristianos. Uno
de sus énfasis viene de 1 Corintios 14:26 – que cada semana, todos los miembros de
la iglesia deben ser capaces de ejercer sus dones. No lo hacen perfectamente, pero es un
intento serio de poner en práctica el versículo.*

*El pasaje es fascinante por lo que revela –¡también por lo que calla!– de la
iglesia primitiva. A menudo se toma como ejemplo lo espontánea y participativo
que era la iglesia*[479]. *Pero de hecho Pablo no comenta si la gente llegaba preparada o
(aparte de lo obvio de 14:30) si todo era completamente espontáneo; si alguien dirigía
la reunión o si avanzaba conforme los individuos la condujeran. "Tener un himno",
por ejemplo es amplio como para incluir a la persona que llega preparada para dirigir
la música como a quien repentinamente sugiere un canto. Lo que el pasaje nos dice,
de todos modos, es que el culto no se dejaba en manos de un solo individuo o de un*

---

479. Qué fácilmente leemos este texto a través de los lentes de nuestra propia experiencia. En un extremo, Hays infiere que no había un orden fijo o una adoración establecida. En el
otro extremo, otros no tienen ninguna duda en aplicar el término "liturgia" a lo que se observa
en este capítulo.

pequeño grupo, no importa cuántos dones tengan. Y cada uno debería venir teniendo la esperanza de participar.

Hay fuerzas actualmente que trabajan en contra del ejercicio espiritual de los dones en el culto, tanto es así que muchos de nosotros no podemos imaginar cómo ocurriría 14:26 en nuestro contexto. El culto entonces se convierte en un deporte del cual somos espectadores. Estos asuntos no se resuelven con facilidad, pero identifiquemos tres importantes:

1. Profesionalismo. *Me encanta la buena música y he oído una música maravillosa en las iglesias latinoamericanas. Pero la tendencia, debido al crecimiento numérico y económico, es impedir que la gente se levante para tocar la guitarra o iniciar un canto. El pueblo puede escuchar música cristiana grabada en cualquier momento, y la música en la iglesia sufre por la comparación (no solo si es de baja calidad). Así la tendencia es a profesionalizar la música. Por supuesto, los líderes aún son cristianos que ejercen sus dones. Pero los cristianos ordinarios jamás pueden esperar "tener un himno". Ahí surge un sacerdocio de los especialmente capacitados: músicos, técnicos, consejeros, trabajadores juveniles, etcétera. Las personas sin un entrenamiento especial se desanimarán del servicio en la iglesia, o puede que lleguen a creer que tan solo existen para ayudar a los "verdaderos" líderes.*

2. Jerarquía espiritual. *Una vez que la iglesia decide que ciertos cristianos han sido escogidos de una manera especial y otros no; o que quienes poseen un don determinado son los líderes auténticos, y los otros no, en ese momento inevitablemente se aparta de 14:26. Pablo, por otra parte, quiere que todos los creyentes participen. Que unos cuantos dominen el culto, por la justificación teológica que sea, es anular el culto planteado en el NT.*

3. Mega iglesia. *He estado en muchas iglesias pequeñas y en unas bastante grandes. Las grandes de hecho tienen grandes ventajas, particularmente en cuanto al rango de ministerios especializados que pueden ofrecer, por ejemplo, a los adictos, a las personas con discapacidad, a los divorciados. Por otro lado, 14:26 tiene poca esperanza de sobrevivir en un culto de, digamos, 2000 participantes. El modelo en este versículo sirve muy bien con grupos de 20 personas en Corinto. Todo el que quiera participar puede hacerlo. En un grupo de 2000, relativamente pocas personas aportan al culto. Como Zacarías antiguamente (Lucas 1:8-9), ¡uno puede esperar toda la vida por una oportunidad para ministrar en el templo! De modo que, la participación en el culto tiende a ser una actividad grupal: cantemos todos esta canción; es el momento de que todos ofrendemos; escuchemos al maestro de hoy, el cual dependerá de un altoparlante con el fin de que todos tengan la oportunidad de escuchar! Y al fin gritaremos el "Amén" como uno de los pocos actos de participación comunitaria.*

Esto no quiere decir que las iglesias grandes "no puedan" satisfacer este aspecto tan importante del culto. Significa que hay unos aspectos particulares que requieren una planificación cuidadosa. Una solución positiva (digo, positiva pero no mágica, a pesar del punto de vista de unos) es tener grupos de células, donde se cumpla 14:26, y luego cultos grandes donde otro ministerio se lleva a cabo. Esto no se trata simplemente de satisfacer una necesidad psicológica o sociológica: es lo que el Señor del rebaño desea.

14:27

Como hablar en lenguas es el tema principal en este capítulo, Pablo ofrecerá una palabra específica acerca de hablar en voz alta en el culto. Dos, a lo sumo tres, pueden hacer esto y solo uno a la vez. Queda atrás el ruidoso clamor de muchos hablantes que sobresalen, y todo para darse una emoción espiritual. Si el objetivo es edificar la iglesia (14:26b), entonces cada uno de los que hablan en lenguas debe ver lo que bendice a la iglesia: uno a la vez, con el fin de permitir que alguien interprete lo que se dice. Dos o tres era probablemente una proporción generosa en una iglesia de cerca de una docena de personas.

14:28

Como dijimos anteriormente, el don de interpretación parece haberse dado de forma permanente a los individuos: si no, entonces, ¿cómo podría saberse con antelación que alguien va a interpretar?[480]. Los oradores no deben interrumpirse entre sí; ellos no deben pretender que están tan controlados por el Espíritu que no puedan contenerse a sí mismos; después de cada uno (o, el griego permitiría, después de que dos o tres hablen) alguien interpreta: el resto del cuerpo escucha la alabanza a Dios en su propia lengua, a la cual pueden decir "¡Amén!".

Si no hay intérprete, que guarden silencio en la iglesia y cada uno hable para sí mismo y para Dios. Este silencio puede tomarse de dos maneras: uno es que una persona simplemente deje las lenguas para su uso privado en casa; o podría denotar que quien habla en lenguas ore silenciosamente[481].

---

480. Schrage indica que esto no es "si él no es intérprete", sino más bien "si no hay un intérprete presente". Por supuesto, un intérprete "podría" ser la misma persona que habla en lenguas. Por un lado, simplemente no podemos estar de acuerdo con Thiselton, en que el don de interpretación de lenguas solo se daba en el momento, y que no había "intérpretes" como tales en la congregación. Él argumenta que Pablo está regulando las lenguas con una tautología lógica: *a menos que usted sepa con seguridad lo que no se puede saber [que alguien será capaz de interpretar], usted no puede hablar en lenguas en voz alta.* Esto sería muy poco sincero de parte de Pablo. Si ese fuera el significado, ¿por qué simplemente no dijo que las lenguas eran solo para uso privado, y que nunca se usaran en la iglesia?

481. Crisóstomo 36.5: "'Pero si no hubiera intérprete, que él guarde silencio': porque nada debe hacer superficialmente, nada por ambición. Solo 'que hable a sí mismo y a Dios', es decir, mentalmente, o en silencio, sin ruido: al menos, si él [desea] hablar".

¿Hasta qué punto hemos violado 1 Corintios 14:28?
Pablo dijo de la glosolalia: "Si no hay intérprete, que guarden silencio en la iglesia y cada uno hable para sí mismo y para Dios". ¿Qué tanto nos orienta la frase "guarden silencio"?

- *Algunos cristianos actúan como si el versículo no existiera.*
- *Unos lo mencionan solo para quejarse de que otros cristianos tratan de encajonarlos cuando aplican este texto. Es decir, no piensan en serio en las demandas del texto.*
- *Algunos argumentan que no se aplica a ellos por una razón: solo tiene que ver con una congregación del primer siglo que abusaba de los jarismata, y no con la actualidad; o que solo se refiere a cierto tipo de glosolalia pero no a la empleada normalmente en la iglesia. Por supuesto, nuestra ya conocida "singularidad terminal" se manifiesta aquí: en "nuestra" situación el Espíritu de Dios se ha derramado sobre nosotros tan fuertemente que la "letra" de 1 Corintios 14:28 no puede limitarnos.*
- *En el otro extremo, algunos admiten la existencia del versículo, pero como su teología no permite la glosolalia, 14.28 no se aplica. Dicen: "si la gente de veras estuviera hablando en lenguas (¡lo cual no hace!), tendríamos que insistir en que se aplique 14:28; pero hoy en día y en esta época ese es un tema discutible".*
- *Dichosamente, algunos cristianos toman muy en serio lo que Pablo dice aquí. Creen que si el apóstol enseñaba esto, entonces es la voluntad de Dios, dada para nuestro bien y para su gloria. Todo lo que queda es aplicar esto fielmente a nuestra situación.*

Bueno, ¿cuándo saber si se ha transgredido 14:28? O, para expresarlo positivamente: ¿Cómo es una iglesia que interpreta las lenguas de modo que todos escuchen su significado sin caer en una confusión en la cual todos hablen al mismo tiempo y el cuerpo no se edifique? ¿Qué quiere decir "guarden silencio"?

Aquí es donde las diferencias culturales cobran significado. En Norteamérica, donde el pentecostalismo primero se manifestó hace un siglo, esto toma lugar en un contexto muy distinto del latinoamericano. Porque en América del Norte no es tradicional que un grupo de personas ore en voz alta. Al contrario, oran uno por uno. En ciertos círculos, esto ha cambiado —en muchas iglesias coreano-norteamericanas donde todos oran a la vez, o en ciertos círculos pentecostales— sin embargo, sigue siendo la norma que uno dirige la oración en voz alta mientras los otros escuchan y "oran juntos" silenciosamente en el Espíritu.

En la iglesia latinoamericana contemporánea, puede verse como la norma es que mucha gente en un grupo ora en voz alta a la vez. ¿Qué pasa cuando esto incluye el hablar en lenguas? Significa que un observador del Norte podría decir, "pero, ¡ustedes están infringiendo 1 Corintios 14:28! Pues mientras estoy aquí, puedo oír evidentemente a más de una persona hablando en lenguas, todos a la vez, y no hay palabra de interpretación, ni ninguna preocupación aparente al respecto!". Mientras tanto, la iglesia latina responde que 14:28 no es el punto, después de todo, es la intención de buscar a Dios en oración, y si alguien ora en lenguas tan alto de modo que lo escuchan, eso no es más problemático que si usted por casualidad los escucha orando en castellano. De todos modos, cada uno hable para sí mismo y para Dios, así como lo deseaba Pablo. Y ellos "guardan silencio", pero "silencio" a la manera latina, no a la norteamericana.

Esto encuentra cierta justificación en las investigaciones históricas: para los antepasados; orar en silencio probablemente incluía mover los labios o quizá orar en voz alta pero muy suavemente.

¿Quién tiene la razón? Dejemos el aspecto cultural a un lado por un momento y consideremos qué era lo que Pablo deseaba que ocurriera:

1. *Que la iglesia se edifique por un lenguaje inteligible.*
2. *Que todos tengan oportunidad de usar cualquier don que posean.*
3. *Que el culto, en tanto que incluye elementos de alabanza individual, incluya a todo el grupo.*
4. *Que nadie se sienta como un extraño.*
5. *Que nadie deduzca que la iglesia es irracional.*
6. *Que haya orden.*

Estos no son valores culturales negociables, sino valores que Dios espera en nuestros cultos. Con base en estos valores, hagámonos estas preguntas:

1. *¿Hay alguna expresión dentro de la iglesia que pueda considerarse razonablemente como incomprensible para la persona promedio, o sea, la que habla español y no cuenta con ningún tipo de don milagroso de interpretación?*
2. *¿Podría una persona en mi iglesia quejarse con justa razón de que la gente con una clase de don —ya sea de glosolalia o de predicar o el que sea— ocupa consistentemente el centro del culto mientras que quienes poseen otros dones los hacen a un lado?*
3. *¿Se aisla la gente durante el culto en su propia oración privada, aunque el culto debe ser un tiempo para alabanza conjunta? Este es un asunto muy delicado. Debemos adorar a Dios en nuestra casa, en privado, individualmente; pero cuando estamos con otros creyentes, debemos tomarlos en cuenta y adorar a Dios como grupo. Sin embargo, muchos cristianos en el grupo cierran los ojos, hablan con Dios a solas, lo adoran en su soledad y buscan su bendición para ellos solamente. Este es el corazón de la objeción paulina ante la práctica de los corintios: ellos querían preguntar, "¿y qué podría haber de malo en la alabanza a Dios?". Nada, por supuesto, pero*

es indebido actuar como individuos cuando Dios quiere que lo alabemos como cuerpo de creyentes. *Esto tiene implicaciones, por supuesto, en caso de que el tiempo de oración en la iglesia consista regularmente en una colección de individuos orando por sí solos.*

4. *¿Considera cualquiera de los creyentes alguna vez que el culto es una actividad que "otros" hacen, en la cual él o ella solamente es un espectador?*

5. *¿Dice alguien en algún momento "eso no tiene sentido" en mi iglesia? Usted contesta que, por supuesto, las cosas no tienen sentido para quienes carecen de la orientación y de la unción correctas, pero que eso deja el asunto sin más discusión. Pablo dice que ningún creyente debería sentirse como extraño en un culto.*

6. *¿Suceden las cosas caprichosamente? ¿Hablan algunas personas al mismo tiempo que otras? ¿No se le da cabida a la gente o no tiene la oportunidad de participar debido a que los elementos más fuertes distraen la atención del grupo? Aun cuando el orden no se conforme a un plan previo, ¿al salir la gente diría que las cosas sucedieron con un patrón posible de reconocer?*

En relación con las lenguas en el culto, #3 es sumamente relevante. Pablo enseña que quienes desean hablar en lenguas deben hacerlo cuando estén solos, pero que guarden silencio en el culto, o sea, oren en lenguas en voz baja. Ningún creyente debe sentir que usted no da cabida a que otros cristianos se comuniquen con Dios individualmente. No importa si usted está orando individualmente en español o en lenguas en voz alta.

Pablo no especifica el tono o altura de la voz, sino que habla de lenguas audibles a otros. En mi opinión personal, hablar en lenguas sin interpretación, cualquier cosa que vaya más allá de inaudible o un suave murmullo, es una trasgresión de 14:28. Es la responsabilidad de los líderes de la iglesia requerir que todas las personas sigan todos los lineamientos del Espíritu en el capítulo 14.

14:29

En cuanto a los profetas las reglas son parecidas, excepto que no hay necesidad de que un tercero traduzca el mensaje profético. La advertencia de *que hablen dos o tres* no necesariamente sugiere que los profetas corintios estaban fuera de control también. Pablo simplemente está afirmando lo que ya se había dicho muchas veces: que cada don de Dios es valioso, y por tanto cada cristiano debería presentar su contribución de una manera que sea recibida claramente.

Los mensajes proféticos tienen que tomarse seriamente, tanto que debería examinarse su contenido. Este es el mismo sentido de 1 Tesalonicenses 5:19-21: las profecías nunca deben rechazarse inmediatamente, pero tienen que examinarse primero para asegurarse que en efecto son verdaderas profecías.

No estamos seguros de si se trata del resto de la congregación (o de aquellos dentro de esta con el don de discernimiento) o más específicamente de los otros profetas, cuando se dice *que los demás examinen con cuidado lo dicho.* También faltan en la directriz los criterios con los cuales cuentan los "otros": ¿Discuten el carácter personal del profeta como en la *Didajé* y el *Pastor de Hermás*? ¿Examinan la doctrina del mensaje como en 1 Juan 4:1-3? Quizá signifique tanto la evaluación personal como la teológica.

Juzgando la profecía 14:29

Pablo manda que se juzguen las profecías, es decir, que la iglesia las examine con cuidado; una vez que se apruebe, la profecía debe obedecerse con cuidado. No obstante, existe una tendencia moderna casi universal de no juzgar la profecía.

Para los cristianos dispensacionalistas u otros que creen que el don de profecía ha terminado, el discernimiento apenas es un tema. Porque, ¿para qué va uno a molestarse perdiendo tiempo en discernir algo considerado falso desde el principio?

El otro peligro es igualmente alarmante. En círculos donde el don de profecía se acepta bien, muchos cristianos rehúsan ejercer el discernimiento. Sienten que al pasar por alto ese paso, ¡muestran su confianza en la dirección divina! Pero esos cristianos se dejan llevar más por su propio razonamiento humano que por lo que la Biblia tiene que decir. Su lógica parece ser: esta persona está hablando por el poder de Dios; si cuestionáramos lo que dice, estaríamos cuestionando a Dios y mostrando falta de fe y de obediencia. Pero va exactamente en contra de la voluntad del Espíritu, quien nos dice "sométanlo todo a prueba, aférrense a lo bueno" (1 Tesalonicenses 5:21).

La profecía falsa existe y es peligrosa. Recuerde que el hecho de que se hable con voz fuerte no es prueba de la veracidad de una profecía, ni el hecho de que se pronuncie con emoción extrema, o acompañada de gruñidos o espuma por la boca. Es verdadera si es verdadera, o sea, si su contenido viene verdaderamente de parte de Dios y no de Satanás ni de la imaginación humana.

¿Por qué no discernimos más? En muchos casos, debido a la impaciencia de la iglesia para juzgar la profecía o a la falta de voluntad para hacerlo. En ese caso, cae en un área sombría: la aceptan a medias pero como no arriesgan nada para su confiabilidad, no confían plenamente en su autenticidad. Esta es la razón por la cual muchos mensajes proféticos, abrumadores e impresionantes cuando se pronuncian, se olvidan en pocas horas: es que la gente no salió del culto realmente convencida de que Dios había hablado. Las iglesias ni siquiera comienzan a pensar en términos de si la profecía es "verdadera o falsa". La profecía trasciende las categorías normales de lo verdadero y lo falso. Esto sucede, creemos, porque la iglesia ha visto demasiadas profecías que han sido aceptadas como verdaderas pero que eran claramente falsas

en su contenido. Quizá, comienzan a pensar los cristianos, no deberíamos tomar las profecías tan literalmente, sino como provechosas simbólicamente.

¿Cuáles son las señales de una falta de discernimiento?

1. *Cuando los profetas anuncian "así dice el Señor" y esa declaración no se examina.*

2. *Cuando la gente desea comparar la profecía con la Biblia o con otra verdad conocida, se insinúa que es rebelde o sirviendo la "letra", no al Espíritu, en una mala interpretación de 2 Cor 3:6.*

3. *Cuando una profecía no se cumple, nadie alude a ella; la iglesia tiene una memoria corta.*

4. *Cuando nadie señala las contradicciones entre una palabra profética y el carácter moral del profeta.*

5. *Cuando las palabras proféticas mantienen la estructura de poder en la iglesia se reciben muy bien; las que no, se ignoran.*

6. *Cuando las palabras proféticas hacen que el profeta consiga estatus para él o para sus amigos son bienvenidas; las que no, se ignoran.*

7. *Cuando no hay suficiente espacio entre el final de la profecía y el anuncio de que ciertamente viene de Dios.*

Los ejemplos más claros de profecía en el NT corresponden a Ágabo y al apóstol Pablo mismo. Ágabo, en Hechos 11:27-28, predijo una hambruna mundial. El autor de Hechos, escribiendo unos años después, comenta en un apartado que esta hambruna de veras ocurrió durante el reinado de Claudio (emperador de los años 41 al 54 d.C.). Él mismo predijo más adelante, en Hechos 21:10-11, que Pablo sería arrestado en Jerusalén por los judíos y entregado a los romanos[482]. Una de las profecías de Pablo se halla en Hechos 27:21-26, en la cual abundan los detalles específicos: el barco encallaría en una isla y se destruiría; no obstante, todos los pasajeros sobrevivirían; más tarde, Pablo comparecería frente a César en Roma.

Ambos pronunciaron profecías que fueron:

1. *Inequívocas. En ningún caso la profecía no se cumplió y entonces el profeta dijo, "bueno, es que yo oré y el rumbo del evento cambió"; o, "esto pudo haber pasado o hubiera pasado si se hubieran dado otras condiciones".*

2. *Con posibilidades de ser refutadas. En el caso de Ágabo, si una gran hambruna no hubiera ocurrido en un tiempo razonable, o si el viaje de Pablo a Jerusalén no hubiera tenido inconvenientes, se habría probado que las profecías eran falsas. En Hechos 27, si tan solo una de las 276 personas a bordo*

---

482. Conozco bien el estudio de Wayne Grudem, *El don de profecía*, tr. M. Cristina Kunsch de Sokoluk, Vida, Deerfield, FL, 1992, que da la apariencia de que a la profecía de Ágabo le faltan ciertos detalles, pero no estoy convencido de que haya probado su punto.

se hubiera ahogado o hubiera muerto de otro modo, la profecía se habría refutado. En nuestros días, hay gente que profetiza erróneamente vez tras vez; quizá de vez en cuando den en el blanco. No, quien profetiza la verdad después de una serie de errores probablemente no tiene ese don carismático, ¡es simplemente una cuestión de suerte esta vez! Pero la iglesia continúa escuchándolo en cada ocasión como si los errores no importaran. Con estas condiciones, no debe sorprendernos que tomemos la profecía tan a la ligera.

3. *Detalladas. Estos mensajes no eran generales –¡Dios va a bendecirnos! ¡Debemos tener fe!–, sino unos que mencionaban números y otras referencias incidentales. En el caso de 1 Corintios 14:24-25, un no creyente escucha una lista de sus pecados ocultos en frente de la congregación; se queda tan impresionado por la exactitud de la palabra que se vuelve a Dios de inmediato.*

Algunas profecías modernas se quedan cortas en este aspecto. Por ejemplo, hemos escuchado de una profecía de Benny Hinn dada en la década de 1990 que decía que Dios trataría con el movimiento homosexual norteamericano con un soplo de muerte dentro de un corto tiempo. Como no sucedió, la gente comenzó a racionalizar: Pero, ¿qué es un corto tiempo, después de todo? Y, ¿qué significa "destruir"? O quizá Dios en realidad lo destruyó, solo que es invisible al ojo humano.

Las profecías del NT no eran ejemplos vagos o evasivos, es decir: "Yo soy el Señor, pastorearé a mi pueblo" o "No teman, yo estoy con ustedes siempre"; palabras reconfortantes, pero que no revelan nada específico, oportuno y urgente del cielo. ¿Son esas profecías falsas? No necesariamente, pero no pueden probarse ni refutarse. Sí, las profecías tienen el objetivo de reconfortar a los oyentes o de reprenderlos, pero generalmente lo hacen proveyendo alguna información nueva o desconocida de modo que quien escucha tiene la seguridad de que es Dios quien habla. Esta es la debilidad del punto de vista que dice "aceptaré todo como verdad hasta tanto no contradiga la Biblia directamente". Pues si alguien habla generalidades, no contradice la Biblia, pero tampoco son palabras inmediatas especiales de Dios.

¿Qué puede hacer la iglesia para volver al patrón apostólico?

En primera instancia, la iglesia debe aceptar que existe la profecía falsa; y está extendida, que puede provenir incluso de gente bien conocida; que debe hacerse a un lado sin ansiedad.

En segundo lugar, la iglesia debe esperar que la profecía verdadera complemente lo que ya se sabe a partir de un cuidadoso estudio de la Biblia, no que sea un sustituto de esta. Hay demasiada emoción cuando un "apóstol" afirma tener nuevas verdades de Dios; parece mucho más interesante que las cientos de miles de horas que un creyente debe invertir en el estudio de la Escrituras.

Tercero, se espera que la profecía verdadera venga de los justos de la iglesia, no necesariamente de los poderosos.

Cuarto, la iglesia debe planear un modo de discernir la profecía y hacérselo saber a todos. Los líderes deben anunciar que "en esta congregación se respeta el don de profecía tanto que, cuando haya una palabra profética, este grupo aquí presente tomará la palabra de inmediato, orará y juzgará, luego informará a la iglesia si consideran que viene de Dios. Esto puede tomar cierto tiempo, pero es tan importante que lo hagamos bien que nos tomaremos el tiempo necesario".

Quinto, si la iglesia decide que una profecía no es auténtica, lo declara en voz alta. No tiene que probar que es demoníaca, simplemente que no viene claramente de Dios. Si decide que es de origen divino, los líderes y la iglesia pasarán a decir cómo va a obedecerse. Hay que hacer a un lado lo falso, y conservar y obedecer lo que se ha reconocido como auténtico. Así que, si su iglesia recibió una profecía el año pasado, se juzgó y se consideró verdadera, entonces la iglesia tiene que estar siguiéndola este año, y todos en la congregación tienen que recibir la esencia de esta.

Reiterando, no es una falta de respeto hacia Dios discernir; más bien, el discernimiento es una señal de que tomaremos la palabra profética con una gran seriedad. A los que dudan y de igual modo a los ingenuos, la Biblia les dice, ¡disciernan!

14:30-31

El siguiente punto se basa en lo que se ha venido afirmando: que la auténtica experiencia carismática no es un frenesí, sino orden. Pablo retrata a la iglesia como una reunión donde la gente está sentada para participar, pero de pie para profetizar, y presumiblemente, para enseñar o hablar en lenguas cuando sea apropiado. Aquí él piensa en la revelación espontánea, la cual consideramos comúnmente como profecía[483]. Alguien profetiza y repentinamente otra persona está consciente de recibir una palabra del Señor. La regla es curiosa, porque Pablo pudo haber dicho a la persona sentada que esperara, en vez de eso quien está de pie tiene que callarse para que una segunda persona hable: parece haber una urgencia para ese nuevo mensaje que no caracteriza al actual: por eso el mensaje urgente debe darse, y luego puede completarse el otro. Pero uno a la vez, de modo que ambos mensajes se comuniquen y se reciban *para que todos reciban instrucción y aliento.*

14:32-33a

El don de profecía es el modelo para cualquier otro don, especialmente el de lenguas. La NVI parafrasea lo que literalmente dice: "Los espíritus de los profetas están sujetos a los profetas (RVR)". Emplea "espíritu" en el sentido de 14:14-16, el espíritu humano dotado con un *jarisma*. La VP presenta esto como

---

483. Así Schrage; contra Thiselton, p. 1142. *Pastor de Hermás. Mandatos* 11.2 muestra que Dios comunica las profecías en reuniones, no en consultas privadas. Nos gusta mucho el comentario de Foulkes (p. 373) aquí, que Dios no usa a la persona como herramienta inconsciente: "La relación entre Dios y el creyente no es de sujeto-objeto, sino de sujeto-sujeto".

una admonición más que como una afirmación "... debe estar bajo el control del profeta". En tanto que esta es su implicación, creemos que el significado probable es una declaración de que ellos están bajo su propio control: no importa cuánto éxtasis sienta, una persona con un verdadero don de profecía es *de facto* siempre capaz de controlarse a sí misma. ¡La profecía cristiana no es como la de una pitonisa (Hechos 16:16-19)! El frenesí o la histeria no son señales de una profunda experiencia del Espíritu, sino por el contrario una desconexión del Espíritu: *porque Dios no es un Dios de desorden, sino de paz*. El Espíritu Santo quiere que cada componente y cada mensaje del culto sean escuchados por todos. Si su conducta –interrumpir a los otros, hablar más que los demás– no permite esto, entonces usted no está siguiendo al Espíritu. Dios es Dios de orden, no en el sentido de esterilidad en la alabanza, sino en que todos puedan participar.

14:33b

Como es costumbre en las congregaciones de los creyentes: otra vez, qué útil para los corintios, que anhelan ser únicos.

Estamos de acuerdo con NA[28] y con la mayoría de las versiones (NVI; RVR; BJ; VP) en que esta frase pertenece a lo siguiente, la afirmación acerca de la mujer que habla en la iglesia. La alternativa la toma la LBLA: "Porque Dios no es Dios de confusión, sino de paz, como en todas las iglesias de los santos. Las mujeres guarden silencio en las iglesias...". Esta es, para quienes consideran vv. 34-35 una adición posterior, la única lectura posible que le da sentido a esta cláusula. Pero es un comentario extraño por parte de Pablo. Quienes ven vv. 34-35 como una interpolación, al mirar la dificultad de dejar 33b en el texto genuino, argumentan que también es parte de la interpolación. Pero para esto no existe evidencia en ningún manuscrito.

14:34-35

Sin embargo, 1 Corintios 14 sí contiene un problema textual notable. Algunos eruditos (en español más evidentemente Gordon Fee) han argumentado que estos dos versículos no eran parte del texto original de 1 Corintios y por lo tanto no deberían tomarse como parte de la carta ni parte de la Palabra de Dios.

Esto sorprende a algunos, especialmente a quienes usan una versión basada en la lectura de los manuscritos bizantinos (por ejemplo, RVR). El instinto de uno es apelar a Apocalipsis 22:19, argumentando que quitar un texto de la Escritura es un grave pecado. Esto es así, pero el pasaje igualmente prohíbe añadir a la profecía de este libro (22:18). Los eruditos que desean eliminar estos versículos de las versiones castellanas lo hacen convencidos de que, en algún momento en el pasado, alguien por equivocación añadió a la Palabra de Dios y que ese error debería corregirse ahora. Así que la cuestión aquí en 1 Corintios no es si podemos añadir a la Palabra de Dios o disminuirla –¡por supuesto que no!–, sino descubrir cuál fue el texto original de su Palabra, para entonces interpretarlo correctamente y obedecerlo.

La evidencia es que: todos los manuscritos griegos de 1 Corintios incluyen la materia de estos dos versículos. Sin embargo, los manuscritos en la tradición oriental (incluyendo el testimonio más antiguo, el comentario del siglo IV de Ambrosiáster) los ubican en un lugar distinto, al final del capítulo 14. En ellos, el final del capítulo es algo así:

> Pero todo debe hacerse de una manera apropiada y con orden. Que guarden las mujeres silencio en la iglesia, pues no les está permitido hablar. Que estén sumisas, como lo establece la ley. Si quieren saber algo, que se lo pregunten en casa a sus esposos; porque no está bien visto que una mujer hable en la iglesia.

Como los números de los versículos (y por lo mismo, los números de los capítulos) no se añadieron sino hasta siglos después, nada parecía fuera de orden al lector de la antigüedad. Pero el cambio de lugar de los versículos podría indicar que se agregaron más tarde, y que los copistas no estaban seguros dónde debían incluirlos. Gordon Fee, por lo tanto, argumenta que estos versículos originalmente eran una nota que alguien escribió al margen de algún manuscrito; el escriba que hizo la copia siguiente dio por sentado que el comentario en el margen era (como sucedía con frecuencia)[484] una porción que el copista anterior accidentalmente había dejado por fuera y quería incluirlo[485]. Así que cuando copió 1 Corintios 14 para incluir los versículos este los incluyo en su lugar, mientras en otros casos, los escribas decidieron ponerlos al final del capítulo porque no estaban seguros. Siguiendo este razonamiento, Fee afirma que los versículos no vienen de la autoría de Pablo, sino de alguna persona más adelante cuyo punto de vista en relación con la mujer en la iglesia no era tan abierto. No es un secreto que Fee y de hecho la mayoría de los exegetas (incluso yo mismo) encuentran el pasaje difícil de interpretar o de reconciliar con otras declaraciones paulinas, y que eliminarlo facilitaría la labor de interpretación mucho más.

Otros han criticado el punto de vista de que es una interpolación, puesto que hay versículos que aparecen fuera de orden en otros pasajes y esto no se toma como indicio de su falta de autenticidad.

---

484. Fee, *Primera corintios*, p. 791-802, acepta que en efecto los versículos auténticos pueden estar transpuestos, por ejemplo, en algunos manuscritos de Mateo 5:4-5 y Lucas 4:5-10, pero dice que eso es irrelevante en 1 Cor 14. Pero véase J. M. Ross, "Floating Words: their significance for textual criticism", *NTS* 38, 1992, pp. 153-56.

485. Es casi seguro cómo llegó a incluirse 1 Juan 5:7 en nuestro NT, aunque eso sucedió mucho después en el proceso de copiado, y el versículo no se halla en ningún manuscrito griego previo a finales de la Edad Media. La RVR retiene el versículo en contra de la evidencia. Las dos mayores dificultades textuales del NT, el final de Marcos 16:9-20 y el pasaje de la mujer adúltera en Juan 7:53–8:11, tienen esto que decir: actualmente contamos con manuscritos griegos tempranos que omiten ambos pasajes. Esto no puede decirse de 1 Corintios 14:34-35.

Por nuestra parte, nos centraremos en la información de que cada uno de los manuscritos griegos incluyen el pasaje, y que solo unos cuantos tienen alguna variante en el *"orden"* (no en la presencia o la falta) del texto. Creemos que la evidencia en los manuscritos no es tan fuerte para producir duda ni siquiera acerca del orden original. Concluimos que no podemos negar que Pablo escribió estos versículos y los incluyó en este punto. La edición UBS⁵ califica su autenticidad y su lugar aquí con el nivel *B*, lo cual significa que en su opinión es "casi seguro" que Pablo escribió estos versículos en este lugar. Aparecen aquí en todas las versiones en castellano.

Otra cuestión es si Pablo está dando su propio punto de vista o si está citando o parafraseando algo que salió de Corinto. Así 14:36 no sería una afirmación de lo que se ha dicho, sino una negación de esto[486]. Parece sumamente improbable, pues los corintios eran más liberales en este asunto que Pablo, algunos hasta pensaban que una mujer podía profetizar sin velo. Y además, si Pablo estaba citando el punto de vista corintio solo para desecharlo, lo hizo de una manera en extremo vaga, al punto de que se habría tenido que perdonar a los corintios por no comprender.

Nos acercaremos al texto, por tanto, con el entendimiento de que (1) Pablo dijo esto, (2) que lo dijo en este lugar, y (3) que es una expresión positiva de su enseñanza.

El lenguaje aquí, mientras que difiere del lenguaje paulino en cierta manera, sigue entretejido con lo que él ha estado diciendo (referencias a la mujer en el culto; tensión entre hablar y guardar silencio). En efecto, toda la sección 14:14-35 tiene que ver con quién debería hablar en la iglesia y quién debería permanecer en silencio de modo que otros puedan hablar y ser escuchados. Tomamos 14:33b como la introducción a esta sección: *Como es costumbre en las congregaciones de los creyentes...* Aquí, una vez más, Pablo le niega a la iglesia de Corinto el derecho de desarrollar un cristianismo a su manera; todas las iglesias deben seguir la misma enseñanza y el mismo orden.

Guarden las mujeres silencio en la iglesia, pues no les está permitido hablar. El corazón del problema es que parece que contradice 11:5, donde a las mujeres se les permitía y se esperaba que oraran en voz alta y profetizaran en voz alta en el culto. Esto no es un mero descubrimiento reciente, sino que se ve en la exégesis patrística, mucho antes de las controversias feministas modernas. Y más allá de 11:5, hay una implicación de hablar o cantar en grupo (por ej., 14:26), en la cual presuponemos que las mujeres participaban. ¿Cómo es posible que ellas hablaran y al mismo tiempo permanecieran calladas? Algunos comentaristas han concluido que Pablo no estaba afirmando en serio la participación femenina en 11:5, pero

---

486. Así Talbert, *Reading*, pp. 91-95, quien piensa que Pablo discrepa violentamente con su punto de vista. También Fitzmyer, *First Corinthians*, pp. 530-33.

esto no es probable[487]. ¿Por qué gastaría tanta tinta en relación con el modo como las mujeres iban a orar o a profetizar en la iglesia si fuera un tema meramente hipotético? Otra alternativa poco probable es que Pablo hablaba acerca de la profecía privada (aunque ¡ésta es una contradicción de términos!) en el capítulo 11.

Hay dos puntos en este asunto: (1) ¿Se esperaba que las mujeres tuvieran el don de profecía? (2) ¿Se les permitía profetizar en la reunión?

Con respecto a (1), la evidencia del Nuevo Testamento y de los Padres de la iglesia primitiva es inequívoca: algunas mujeres también como algunos hombres recibieron el don profético y transmitían mensajes directamente de Dios. El profeta Joel había predicho que "Los hijos y las hijas de ustedes profetizarán" (Joel 2:28, citado por Pedro en Hechos 2:17). Ni hombres ni mujeres estaban profetizando en el día de Pentecostés, pero aparentemente las mujeres presentes estaban hablando en lenguas. Las mujeres implícitamente tenían el don de profecía en 1 Cor 11:5. Las cuatro hijas de Felipe tenían el don (Hechos 21:9), así como lo tenían hombres tales como Ágabo (Hechos 21:10-11).

Los Padres del siglo II eran los herederos inmediatos de la edad apostólica y escribieron acerca de prácticas que habían tenido sus raíces en el primer siglo. Es por esto que sabemos de la profetisa Amias, quien vivía en la ciudad de Filadelfia, la ciudad a quien se dirigía Apoc 3:7-13. Amias puede haber estado activa en el tiempo de Apocalipsis, si no, entonces en los primeros años del segundo siglo[488]. Justino Mártir, hablando alrededor del año 135 d.C., citó la profecía de Joel y agregó, "Ahora, es posible encontrar entre nosotros hombres y mujeres que poseen

---

487. Crisóstomo 37.1: "Porque si a quienes tienen el don no se les permite hablar desconsideradamente, ni aun cuando ellos piensen que el Espíritu los mueve, mucho menos a aquellas mujeres que parlotean frívolamente y sin propósito". Calvino (en 14:33) admite que las mujeres profeticen, pero solo bajo circunstancias extraordinarias: "Por tanto él les permite hablar en público, ya sea con el fin de enseñar o de profetizar. Esto, de todos modos, debemos entenderlo como referencia al servicio ordinario, o dondequiera que haya una iglesia regularmente constituida; para una necesidad de tal índole que requiera que una mujer hable en público; pero Pablo simplemente tiene la mirada puesta en lo que llega a suceder en una asamblea regulada apropiadamente". Similarmente, Godet, *First Corinthians*, p. 545, dice: "Mientras que rechazan, como una regla, el que las mujeres hablen en las iglesias, Pablo, sin embargo, quiere dejarles un cierto grado de libertad para el caso excepcional en el cual, en consecuencia de una súbita revelación (profetizar), o bajo la influencia de una fuerte inspiración de oración y acción de gracias (hablar en lenguas), la mujer debería sentirse forzada a dar expresión a este extraordinario impulso del Espíritu…Aún más, Pablo no parece pensar que tales casos deberían ser frecuentes". Pero esta idea plantea más interrogantes de los que resuelve: ¿son las mujeres incapaces de controlarse ellas mismas en la manera que Pablo manda en 1 Cor 14:27-33a? ¿Fuerza el Espíritu a las mujeres a romper la regla de silencio que él mismo ha inspirado a Pablo para que escriba? Robertson y Plummer creen que 11:5 puede ser meramente hipotético.

488. Eusebio, *Historia de la iglesia* 5.17.

dones [carismáticos]"[489]. Siglos más tarde, Crisóstomo dice de 1 Cor 11:4 que "para entonces [en el tiempo de 1 Corintios] las mujeres también solían profetizar"[490].

En algunas ocasiones, la iglesia miró de reojo a las profetisas. Empezando en los años 160 y siguientes, Montano empezó el movimiento de la "Nueva Profecía". Sus dos co-líderes eran las supuestas profetisas Priscila y Maximila. La iglesia como un todo rechazó a las dos, no porque ellas fueran mujeres, sino porque sus profecías eran falsas[491]. Alrededor del año 180 d.C., Ireneo criticó a las mujeres que eran discípulas del gnóstico Marco, no porque ellas fueran mujeres, sino porque imaginaban que Marco podría darles el don profético[492].

Con respecto a (2) ¿Se les permitía a las mujeres profetizar en la reunión? Por ejemplo, Bachmann argumenta que 11:5 tiene que ver con una reunión informal en la casa de la mujer, donde ella podía profetizar a un pequeño grupo de amigos[493]. No obstante, aquí nuevamente, el Nuevo Testamento y los Padres primitivos dan implícita, y unánime aprobación a las mujeres y hombres profetizando en la reunión.

Primero, el contexto social de 1 Cor 11:5 es que las mujeres no están en sus propios hogares, donde éstas no estarían llevando un velo. Una mujer se pondría un velo solo para ir de su casa a una reunión de hombres y mujeres, y luego dejarse el velo puesto a lo largo de la reunión, incluyendo cuando oraba o profetizaba en voz alta. Si los hombres no están presentes cuando una mujer profetiza, entonces no tiene sentido decir que quitarse el velo avergonzaría a los hombres (véase comentarios en 1 Cor 11:5). Ni esta epístola ni ningún otro pasaje del Nuevo Testamento dice nada acerca de que a las mujeres se les permita profetizar solo en su propia casa. De la misma manera, tan tarde como el 180 d.C., Ireneo interpretó que Pablo estaba diciendo que las mujeres profetizaban en la reunión: "En la carta a los Corintios, ha hablado con precisión de los carismas proféticos y conoce a los hombres y mujeres que profetizan *en la Iglesia*"[494].

---

489. Justino Mártir, *Diálogos* 87.

490. Crisóstomo, *Ad Corinthios* 26.2 y 4. Nuevamente Crisóstomo, *Ad Corinthios* 37.1: "Porque si a ellos que tienen los dones no se les permite hablar desconsideradamente, ni cuando ellos quieren, y esto, aunque ellos sean movidos por el Espíritu; mucho menos a aquellas mujeres quienes parlotean descuidadamente y sin propósito".

491. Cf. Shogren, "Christian prophecy and canon", pp. 615-18.

492. Ireneo, *Contra las herejías* 1.13.4.

493. Bachmann, *An die Korinther*, p. 352; también Calvino. Cf. también Kuss, *Cartas a los corintios*, p. 285, quien dice que hay dos tipos de reunión: en la casa en 11, o con la congregación entera en 14:34-36. Por supuesto, contra Bachmann, Calvino, y Kuss, Pablo no menciona este tipo de distinción. Véanse los claros problemas con esta perspectiva de "profecía privada", como señala Grosheide, *First Corinthians*, pp. 252-53.

494. Ireneo, *Contra las herejías* 3.11.9, énfasis añadido.

Segundo, la iglesia generalmente prohibía a las personas que profetizaran "privadamente", es decir, fuera de la reunión. De acuerdo con Hermas, cuando los cristianos se reúnen y oran, entonces Dios puede decidir enviar un mensaje profético. Los falsos profetas, por otro lado, son adivinos que profetizan siempre que las personas los visitan y les dan dinero para algún mensaje. Por tanto, la experiencia de Hermas en la iglesia en Roma era que toda la verdadera profecía tenía lugar durante la reunión[495]. La iglesia se volvió más conservadora a lo largo del siglo II. Al inicio del siglo III, Orígenes fue el primero en decir que las mujeres no podían profetizar dentro de la asamblea cristiana, sino que éstas podían profetizar fuera de la iglesia[496].

¿Entonces, qué? Pablo les dice a las mujeres que estén calladas, pero en un contexto que indica fuertemente que el silencio no es absoluto, sino relativo. Él emplea el mismo verbo (*sigaō*) que aparece en 14:28 y 30. Los que hablan en lenguas que perciben que no hay un intérprete presente en el culto deben "guardar silencio". Igualmente en el griego, "si alguien que está sentado recibe una revelación, el que esté hablando [profetizando] ceda la palabra". Esto nos ayuda un poco, como lo hace el uso de la palabra en otras partes del NT. En Lucas 9:36, los discípulos retuvieron información que sabían acerca de Jesús; en Lucas 18:39, Jesús calla a los demonios que confesaron su verdadera identidad; en 20:26 los oponentes de Jesús dejaron de probarlo con preguntas difíciles; en Hechos 12:17, 15:12, 13 significa dejar de hablar así como escuchar o hacer silencio; Romanos 16:25 se refiere al misterio que se había mantenido oculto a lo largo de las edades. Es decir, dependiendo del contexto *sigaō* podría significar mantenerse en silencio, hacer una

---

495. Hermas, *Mandatos* 11.8-9: el auténtico profeta cristiano "no da respuesta a ningún hombre cuando inquiere de él, ni habla en secreto (porque tampoco habla el Espíritu Santo cuando un hombre quiere que lo haga), sino que este hombre habla cuando Dios quiere que lo haga. Así pues, cuando el hombre que tiene el Espíritu divino acude a una asamblea de hombres justos, que tienen fe en el Espíritu divino, y se hace intercesión a Dios en favor de la congregación de estos hombres, entonces el ángel del espíritu profético que está con el hombre llena al hombre, y este, siendo lleno del Espíritu Santo, habla a la multitud, según quiere el Señor". Note: en esta sección, cuando Hermas se refiere a un profeta como *anthrōpos*, él lo usa con el significado genérico "persona" y no necesariamente "varón". Hermas, *Mandatos* 11.2 muestra que el falso profeta da consultas privadas: "Estos de ánimo indeciso, por tanto, van a él como a un adivinador e inquieren de él lo que les sucederá. Y él, el falso profeta, no teniendo poder de un Espíritu divino en sí, habla con ellos en concordancia con sus preguntas [y en concordancia con las concupiscencias de su maldad], y llena sus almas según ellos desean que sean llenadas".

496. En su comentario, Orígenes menciona a las hijas de Felipe, Débora, Miriam, Hulda y Ana y concluye (Kovacs, *1 Corinthians*, pp. 239-40): "... aun si nosotros debemos conceder, sobre la base de una señal profética, que una mujer es una profetisa, aunque 'no se le permite hablar' en la iglesia. Cuando Miriam la profetisa habló, era para ciertas mujeres a quienes ella estaba guiando. 'Porque es una vergüenza para una mujer hablar en la iglesia' [1 Cor 14:35b]. Y 'No permito que la mujer enseñe al hombre y ejerza autoridad sobre él' [1 Tim 2:12]".

pausa al hablar o cesar de hablar. En 1 Cor 14.28 y 30 significa "abstenerse de hablar" y "dejar de hablar" respectivamente, pero no mantener absoluto silencio.

Además, el contexto nos ayuda grandemente –¡admitiendo que estos versículos pertenecen a este lugar!–, este tiene que ver con la profecía. La profecía ha sido el tema desde 14:29, cuando Pablo pasa de hablar en lenguas a los profetas. "En cuanto a los profetas" las reglas son:

> hablen dos o tres
> los demás examinen con cuidado lo dicho
> todos profeticen por turno

Además:

> guarden las mujeres silencio en la iglesia
> que las mujeres con preguntas se lo pregunten en casa a sus esposos

La aparente contradicción parece a la vez aguda y más fácil de resolver. Pablo ha dicho que las mujeres pueden profetizar, en tanto que su cabeza esté cubierta. Así que *hablen dos o tres* puede ser para hombres con la cabeza descubierta o para mujeres con velo. Pero el tema ahora pasa de los números al orden: otros deben examinar lo que los profetas dicen. Parte de la razón de profetizar por turno es permitir que todos oigan cada palabra, pero también permitir momentos de discernimiento. La iglesia necesita tiempos de hablar y también tiempos de quietud para reflexionar en lo que se ha dicho, aquí principalmente para juzgar si es un mensaje de Dios verdaderamente. Es en este contexto de examinar, sugerimos junto a otros comentaristas, que las mujeres tienen que guardar silencio (dejar de hablar y reflexionar, como en varios otros usos de *sigaō* en el NT)[497]. *¡Dejen de hablar! ¡Permitan que la iglesia tenga un momento de silencio para discernir! ¡No se pongan a hacer preguntas que distraerán en vez de concentrarse!*[498]. Esto quiere decir que las cláusulas (1) *pues no les está permitido hablar* y (2) *porque no está bien visto [literalmente "vergonzoso"] que una mujer hable en la iglesia*, según el contexto de 1 Corintios deben calificarse y no pueden tomarse absolutamente.[499]. Como en 11:6, "vergonzoso" (*aisjros*) se refiere al comportamiento que erosiona los adecuados roles de género.

---

497. Particularmente Thrall; Carson, *Showing the Spirit*, pp. 122-31; James B. Hurley, *Man and woman in biblical perspective*, Zondervan, Grand Rapids, MI, 1981; Witherington, *Women in the earliest churches*, pp. 90-104.

498. Witherington, *Conflict and community*, p. 278, sugiere que ciertas mujeres trataban al profeta como un oráculo pagano, a quien la gente le "hacía preguntas" acerca de su vida, el amor y el dinero. En tanto que esto, en efecto, era una distracción y contrario al Espíritu, uno se pregunta por qué ellas debían hacerle a su esposo tales preguntas en casa. ¿Por qué en vez de eso no les dice que tales preguntas eran irrelevantes?

499. Así Foulkes; Kuss; Thrall; Walter; Grudem, *Don de profecía*, capítulo 10.

Unos han sugerido que la regla es para evitar que una esposa juzgue lo que su marido profeta ha dicho, oponiéndose a su señorío (como in 11:3). Por supuesto, *gunē* puede traducirse "mujer" o "esposa". De hecho, la última cláusula acerca de su marido sugiere que no se trataba de un subgrupo de mujeres casadas con maridos cristianos todavía vivos. En ese caso, es concebible que el versículo signifique: mientras los otros están examinando las declaraciones de su esposo, la esposa no debe desafiar a su esposo, sino hablar con él en privado acerca de sus inquietudes.

Mientras que este punto de vista tiene algo de sentido, basado en la enseñanza acerca del señorío, no parece haber ninguna necesidad apremiante para limitar el versículo a una esposa y a su propio marido. Pablo habla en términos generales de no permitir que la mujer hable[500]. Tomamos esto como una aplicación de "el hombre es cabeza de la mujer" en 11:3, que una mujer de la iglesia pruebe y examine a cualquier hombre que profetiza trae vergüenza al hombre. Ellas deben escuchar *sumisas* (¿Al esposo?, ¿a los hombres?, ¿a la iglesia? No se nos dice…).

Otro punto difícil es la referencia paulina a *como lo establece la ley* en el v. 34b; una traducción mejor, más literal, es la de la RVR, con "como también la Ley [o la ley] lo dice". Algunos han sugerido que esto se trata de algún tipo de "derecho canónico", es decir, que en algún lugar existió una lista de reglas que regía las iglesias, y esta es una de ellas. Esto es especulativo, y presume la existencia de otro documento desconocido para explicar este documento conocido. Quienes defienden una interpolación, normalmente señalan esto como un indicio de que no puede ser Pablo, campeón de la libertad cristiana, quien habla de manera positiva sobre la Ley de Moisés. Sin embargo, él presentó la ley del Antiguo Testamento como guía para el cristiano en 9:8-9, y más fuertemente en este mismo contexto en 14:21. En el último versículo, él emplea *nomos* para referirse de un modo amplio al AT (o sea, Isaías), no solo a los libros de Moisés. Ese debe de ser el sentido aquí también: como dice el AT, las mujeres deben ser sumisas. La dificultad estriba en tratar de encontrar en qué versículo estaba pensando Pablo. La mejor conjetura es que pensaba en Génesis 2:18-23 como prueba del señorío del hombre sobre la mujer, tal como lo hizo en 1 Cor 11:7-9[501].

¿Es este sentido sinónimo de "las mujeres no deberían enseñar"?[502]. Aunque esa podría ser la conclusión después de comparar este pasaje con 1 Timoteo 2:11-15,

---

500. Esta es la dirección tomada por Ambrosiáster: "Porque si el hombre es la imagen de Dios, no la mujer; y su sujeción al hombre es la ley de la naturaleza; cuánto más en la iglesia deben sujetarse ellas a causa de su reverencia".

501. Así Carson; Kistemaker. La mayoría de los demás lo considera una referencia a Génesis 3:16 –tan antiguos como Orígenes, Crisóstomo, Genadio–, pero es a Génesis 2 a lo cual Pablo había apelado antes, lo cual lo convierte en el referente más probable.

502. Robertson y Plummer, p. 302: "Lejos de predicar, [las mujeres] no deben ni siquiera hacer preguntas". Ambrosiáster sobre 14:35 dice que esta es la razón del velo en el capítulo 11, que la mujer se mantuviera humilde y en silencio.

no es la enseñanza lo que es considerado aquí, sino un proceso de discernimiento de palabras proféticas.

Leer estos versículos como una prohibición absoluta de que las mujeres hablen en la iglesia no es, como algunos afirman, la interpretación obvia o "literal" del pasaje. Nuestra interpretación toma en consideración los datos exegéticos más relevantes, esto es, 1 Cor 11:5, el contexto inmediato de 1 Cor 14:29-33, y el significado flexible de "permanecer en silencio".

Ofreceremos ahora nuestra propia paráfrasis basada en la discusión previa:

En cuanto a los profetas, que hablen dos o tres,
y que los demás examinen con cuidado lo dicho...
y como es costumbre en las congregaciones de los creyentes,
[*durante este tiempo de investigación*],
que guarden las mujeres silencio en la iglesia,
pues no les está permitido hablar [*en favor o en contra del profeta/profetisa*].
Que estén sumisas, como lo establece Génesis 2.
Si quieren saber algo *sobre la integridad de la profecía*,
que se lo pregunten en casa a sus esposos;
porque no está bien visto que una mujer hable en la iglesia [*mientras la profecía está siendo probada*].

Esto, en efecto, convierte 14:30-33a (y no, como en muchas versiones, 14:33-34) en el paréntesis que rompe la fluidez del pasaje.

Al final, no se puede evitar que aquí haya una regla específica para mujeres, una "costumbre en las congregaciones" que no se aplica igualmente a los hombres. Este es el corazón de lo que ofende a los lectores modernos, que existe una regla que no es la misma para ambos sexos.

La referencia paulina a las otras iglesias indica que la regla no está especialmente diseñada para regir a las mujeres corintias por ser particularmente perturbadoras. Antes bien, las mujeres corintias deben comportarse como lo hacen todas las mujeres cristianas en todas partes.

14:36

Consideramos que 14:36-37 se dirige, no a los racionalistas elitistas de Corinto, sino al mismo grupo al que Pablo dirige la mayor parte de los capítulos 12–14. Mientras previamente instó a los elitistas a comenzar a poner atención a la revelación divina, aquí él habla a quienes actúan como si fueran los únicos propietarios: *¿Acaso la palabra de Dios procedió de ustedes? ¿O son ustedes los únicos que la han recibido?* Y así, como sus hermanos y hermanas racionalistas, los ultra-carismáticos también cayeron en la trampa de creerse únicos y fuera del alcance de las reglas aplicadas a otras congregaciones. ¡Qué fácilmente los cristianos de lados visiblemente opuestos caen exactamente en los mismos errores! Las dos acciones aquí, "proceder" y "recibir" (traducidas con formas de "salir" y "recibir" en la BJ), se refieren a la comunicación sobrenatural dirigida a la iglesia, pero que había sido secuestrada en Corinto para dar un estatus especial a unos cuantos.

14:37

Hasta el ultra-carismático, hombre y mujer, cualquiera que *se cree profeta o espiritual* debe someterse a la Palabra del Señor dada a través de su apóstol. ¡*Así muchos de los elementos de esta sección se unen aquí! El Espíritu hace a algunos apóstoles y a otros profetas, pero a ambos los envía Dios para bendecir la iglesia. Los profetas no pueden reclamar que el Espíritu les da un mensaje distinto del que los apóstoles dan, ¡eso haría contradictoria la palabra del Espíritu!* Pablo habla del *profeta*, pero también más generalmente de la persona *espiritual* (NVI, RVR, LBLA). Esto traduce el adjetivo *pneumatikos*, usado en 12:1 y 14:1. La VP y la BJ tienen "inspirado por el Espíritu", lo cual va demasiado lejos. Es mejor traducir en los tres versículos "lo que tiene que ver con el Espíritu Santo", "una persona del Espíritu Santo". Aquí hay una oportunidad de discernir: una persona verdaderamente en comunicación con el Espíritu afirmará que otra palabra del Espíritu es *mandato del Señor*, la de Pablo en esta carta o, quizá, lo que el Señor dijo en la Ley.

La falsa profecía y tomar el nombre del Señor en vano 14:29, 37
Los diez mandamientos prohíben tomar el nombre del Señor en vano (Éxodo 20:7). De modo que, cuando los israelitas hacían juramentos en una corte o ratificaban tratados, juraban en el nombre de Yahvé como señal de fidelidad (Deuteronomio 6:13). Era un grave pecado jurar falsamente (Levítico 19:11-12), en cuyo caso, el juramento se transformaba en una maldición para el testigo.

Pero aquí hay otra aplicación de este mandato: algunos falsos profetas emplean mal el nombre de Dios. No estamos hablando de lo que hacen explícitamente los profetas paganos en Deuteronomio 13. Ellos hablan en el nombre de Baal, por ejemplo, también practican la adivinación o la magia para predecir el futuro (véase el ejemplo en el relato de Elías en 1 Reyes 18). Al contrario, nos referimos a otro tipo de profetas falsos: Profetas que invocan el nombre de Yahvé y aseveran engañosamente que Dios les ha revelado un mensaje. Ambos tipos de profetas se mencionan en Deuteronomio 18:20: "Pero el profeta que se atreva a hablar en mi nombre y diga algo que yo no le haya mandado decir, morirá. La misma suerte correrá el profeta que hable en nombre de otros dioses". Un profeta que dice que trae un mensaje de parte de Dios pero habla sin su autorización "con presunción", no le tengáis miedo (18:22). La prueba es si la profecía se cumple o no. Si no sucede, el profeta es falso, aunque haya mencionado el nombre de Dios y parezca que esté exhortando a la gente a seguir a Yahvé. El castigo mosaico para los dos tipos de profetas era la misma: la pena de muerte.

¿De dónde viene el contenido de las profecías falsas? Es producto de la propia imaginación; es lo que al profeta le gustaría que pasara, pero no tiene certeza de si es

verdad de parte de Dios o no (Jeremías 23:16-22; Ezequiel 13:1-10; 1 Reyes 22:5-6). Jeremías ofrece varios ejemplos de esto, de manera particular en 14:14:

> *El Señor me contestó: "Mentira es lo que están profetizando en mi nombre esos profetas. Yo no los he enviado, ni les he dado ninguna orden, y ni siquiera les he hablado. Lo que les están profetizando son visiones engañosas, adivinaciones vanas y delirios de su propia imaginación".*

¡Imagine cómo se aprecia esto desde la perspectiva divina! Aquí aparecen hombres que afirman tener la autoridad divina, que anuncian un mensaje; pero el mensaje es falso, y Dios sabe que nunca ha autorizado a esas personas. Esto constituye un pecado terrible, y una violación del mandamiento no un mal uso del nombre de Dios.

Los profetas falsos no se limitaban a los días del AT. Es probable que unos falsos profetas en 1 Juan 4:1-6 aseguraran que hablaban en el nombre del Dios cristiano: es decir, tomaban el nombre divino en vano cuando se levantaban y anunciaban "Así dice el Señor – Cristo es Espíritu; no vino en carne, sino que fue tan solo una ilusión para que la gente simple comprendiera su mensaje con más facilidad". Los falsos profetas en Mateo 24:24 apartan a la gente de la verdad de Cristo y también respaldan sus palabras con señales y maravillas. 2 Tesalonicenses 2:2 quizá sugiera que la iglesia había escuchado una "palabra" profética. ¡Que nadie imagine que su iglesia está protegida contra esto!

Las aplicaciones para hoy sobrepasan en número. Concentrémonos en tres escenarios ficticios donde la gente toma el nombre del Señor en vano:

- *Un líder de una organización cristiana se ve presionado para cambiar de rumbo. Tanto él como sus oponentes se esfuerzan por probar a partir de la Biblia que su punto de vista es correcto. Han tenido reuniones para tratar de acabar con la disputa y ahora parece que el líder va a perder la batalla. Pero de repente, en el momento de crisis, éste anuncia "Dios me ha dicho" que debemos seguir este plan. No por coincidencia, el plan se parece al que él estaba impulsando desde el principio. Ahora se vuelve totalmente obstinado, puesto que, ¿quién podría desobedecer la voluntad de Dios? Además, se les dice a quienes se oponen a su plan que en realidad se están oponiendo a Dios. Ahora, ¿de veras Dios le habló a él? ¡Quizá, pero quizá no! Si resulta que no, el líder puede convencerse a sí mismo que de todos modos Dios lo hará. Pero si Dios no ha hablado, el líder está sacando el nombre de Dios como si fuera el naipe del triunfo para ganar en un juego ridículo. Esto es pura maldad y no puede salir bien.*
- *Un maestro habla de algún aspecto sobre el cual la Biblia no habla claramente. Por ejemplo, hay una elección política y en un mensaje él o ella anuncian "Es la voluntad de Dios que votemos por fulano, si no cometeremos un pecado". No dice "aquí están las razones por las cuales escoger a este*

es más bíblico, o esa persona parece más justa". Al contrario, anuncia su propia opinión como la de Dios y lo hace en nombre de él. ¡Pero no tenemos el derecho de decir lo que Dios piensa si él no lo ha revelado! No importa lo buena o espiritual que parezca la opinión humana, no podemos pretender conocer la mente de Dios en cada aspecto.

- *Un hombre se levanta en la congregación y proclama que Dios le ha dado un mensaje: ¡Dentro de 30 días, la economía de este país se colapsará, dice el Señor. Por tanto, almacenen comida y agua en sus hogares para los tiempos difíciles que se avecinan! Alguna gente lo hace, pero después de 30 días, 45, tres meses, la economía no se colapsa, sigue bajando y subiendo normalmente como una montaña rusa. ¿Qué pasa, entonces? Es común que la iglesia simplemente sufra de amnesia; es incómodo mencionar que la profecía falló, de modo que no se dice nada. Como alternativa, el profeta se levanta y anuncia: Esto es lo que en realidad sucedió: Yo oré para que la economía no se colapsara; y el Señor me ha mostrado que gracias a mi oración él cambió la situación. O sea, sugiere que, a pesar de las apariencias, su primera profecía era válida, pero que sus oraciones cambiaron las cosas y que Dios le dio una segunda profecía para confirmarlo. Ahora, no dudo de que eso puede pasar; el caso de Éxodo 32:14 (compárese con Jonás 3:10) es uno de los mejores ejemplos bíblicos, pero es un suceso poco común. Esta es la razón por la cual la Biblia recalca la importancia de que las profecías verdaderas se cumplen y las falsas no, esto pasa con todas excepto en un pequeño número de casos. Si muchas de las profecías actuales tienen que revisarse después del acontecimiento, es muy probable que el "profeta" tomó el nombre del Señor en vano (proclamó una revelación que Dios nunca había dado).*

Todo esto viola uno de los diez mandamientos. ¡Qué temor debería darnos usar las palabras "Así dice el Señor" o "El Señor me dijo" o "Estos son los pensamientos del Señor o su revelación", si no estamos absolutamente convencidos de que viene sobrenaturalmente de parte de Dios, y si no estamos dispuestos a someterla a prueba. Atreverse a hablar de otro modo es una maldad que, si hubiera sucedido en el Antiguo Testamento, debería habernos llevado a que nos apedrearan hasta la muerte. Y si ser apedreado es un fin terrible, qué peor es caer en las manos del Dios que dijo de los falsos profetas: "Haré que coman alimentos amargos y que beban agua envenenada (Jeremías 23:15b)".

14:38

Aquí hay otra difícil traducción. El versículo repite de forma enigmática el verbo *agnoeō*, primero en la voz activa y luego en la pasiva. La NVI hace de esto una advertencia: *Si no lo reconoce, tampoco él será reconocido.* O sea, si quiere ser profeta y no acepta la enseñanza apostólica, el apóstol (o la iglesia de Dios) a cambio negará su autoridad. La otra lectura es tomarlo como un juicio: "Si no lo conoce, tampoco él es conocido" (así BJ, LBLA). Es decir, como apóstol yo les digo: a esa persona se le quitarán las credenciales de profeta. O puede tratarse del juicio final[503]. Cualquiera que sea la referencia, Pablo, le da al profeta corintio la oportunidad de evaluarse a sí mismo y de arrepentirse.

14:39

Pablo ha llegado finalmente a su conclusión, captando la atención con *Así que, hermanos míos*. El mandato *ambicionen el don de profetizar* se repite igualmente como su tema en 12:31, 14:1, usando el mismo verbo *zeloō*. Agregada ahora está una palabra acerca de las lenguas, *y no prohíban que se hable en lenguas*. Él emplea el verbo *kōluō*, que significa "prohibir o impedir" como una figura de autoridad; o podría ser más general, "estorbar o atravesarse en el camino". Pensamos que la intención de Pablo, era referirse en términos del liderazgo de la iglesia aunque lo segundo con seguridad se derivaría de este también. Si alguien se ha visto tentado a eliminar toda glosolalia, porque esta lo ha hecho enojar y la relaciona con la búsqueda de estatus, ¡pare ahora mismo! Pablo permite las lenguas en el culto puesto que, bajo las condiciones que él ha estipulado previamente, es obra del Espíritu.

"Pablo no pretende abolir las lenguas ni su uso"[504]. Pablo no está diciendo: *no prohíban que se hable en lenguas en privado pero prohíban completamente que se hablen en el culto*. Más bien él mismo las permite en el culto, bajo ciertas condiciones. La iglesia puede ordenar que la gente no hable en lenguas para distraer, para ganar estatus o para su disfrute espiritual individualista cuando no hay interpretación.

14:40

Las lenguas, o cualquier don espiritual, deben encajar en el contexto de que *todo debe hacerse de una manera apropiada y con orden*. Esto refleja lo que Pablo ya ha dicho en el v. 33, que "Dios no es un Dios de desorden, sino de paz". El orden del culto no se hace con el fin de apagar la obra del Espíritu, sino en amor permitir el desempeño completo de todos los dones que él ha dado para el beneficio de todos los presentes.

---

503. Ambrosiáster. La VP toma el segundo verbo como un "pasivo divino": "El Señor tampoco lo reconoce a él". Esto hace que se parezca a la negación por parte de Cristo de quienes lo nieguen a él, cf. Mateo 10:33: "Pero a cualquiera que me desconozca delante de los demás, yo también lo desconoceré delante de mi Padre que está en el cielo".

504. Paul A. Hamar, *La primera epístola a los corintios*, Vida, Miami, FL, 1983, p. 118.

6. ¿En realidad tenemos que aceptar esta insensata superstición de la resurrección del cuerpo, o la idea de una existencia espiritual no le hace completa justicia a la tradición cristiana? 15:1-58

Dejamos atrás una larga sección solo para caer en otra, no tan larga, pero sí un ensayo entretejido fuertemente. No se halla *peri de* para introducirlo. Debido a que constituye una inserción entre dos preguntas corintias (12:1, 16:1); consideramos que es una preocupación para Pablo que se desprende de la carta de éstos[505]. Su respuesta es que cuando Cristo vuelva, todos los creyentes muertos resucitarán y todos los cristianos vivos se transformarán cuando vayan a entrar en el reino de Dios. Negar esto, dice él, es una terrible mala interpretación y una aplicación equivocada de las verdades del evangelio.

Pablo nos ayuda a sus lectores, más que de costumbre, dándonos algunos indicios acerca de la nueva doctrina de los corintios:

15:12: Dicen algunos de ustedes que no hay resurrección.

Más adelante en 15:35, Pablo ofrece una objeción real o anticipada a la doctrina de éstos: "¿Cómo resucitarán los muertos? ¿Con qué clase de cuerpo vendrán?". Esto sirve como prueba filosófica de que "no hay resurrección".

Hay varias maneras de interpretar lo que los corintios decían:

1. *El cristiano perece cuando muere; no hay existencia futura.* Esto puede responder a por qué Pablo dice en 15:19: "Si la esperanza que tenemos en Cristo fuera solo para esta vida, seríamos los más desdichados de todos los mortales". Históricamente, los epicúreos enseñaban ese aniquilamiento; no es seguro lo que los saduceos creían acerca de la vida después de la muerte. Testimonios del primer siglo en relación con esta doctrina se hallan en el Nuevo Testamento y en Josefo. Mateo 22:23-33 y sus paralelos muestran a los saduceos negando y ridiculizando la resurrección, pero sin ofrecer su alternativa. Hechos 23:8 no es claro tampoco con respecto al mismo punto: "Los saduceos sostienen que no hay resurrección, ni ángeles ni espíritus", lo cual puede significar "resurrección, ni en la forma de los ángeles ni en la forma de los espíritus", es decir, la aniquilación del individuo. Josefo claramente lo cita enseñando acerca de esa aniquilación: "Pero la doctrina de los saduceos es esta: que las almas mueren con los cuerpos" (*Antigüedades* 18.1.4 §16). Si esta doctrina es el caso en Corinto, Pablo

---

505. Karl Barth, en el destacado pequeño volumen *The Resurrection of the dead*, tr. H. J. Stenning, Fleming H. Revell, New York, 1933, considera este capítulo como el punto principal de la carta. Si bien no estamos de acuerdo con esto, concordamos en que la doctrina de la resurrección afecta a todas las otras doctrinas en la carta.

no está simplemente argumentando a favor de la resurrección, sino más ampliamente a favor de sobrevivir a la muerte. Una variación aun menos probable es el punto de vista de Bultmann, y Schmithals, quienes argumentaron que Pablo no entendió a los corintios, que él estaba refutando algo en lo que ellos no creían realmente: la negación de alguna existencia futura.[506]

2. *La resurrección es interna, individual y espiritual,* un punto de vista que se adelanta a los gnósticos que vendrían luego. Cuando Pablo dice que "en unión con Cristo Jesús, Dios nos resucitó" (Efesios 2:6) significa que toda la resurrección está allí. Puede haber sido la doctrina de 2 Timoteo 2:18: "la resurrección ya tuvo lugar," la que se interpreta mejor como "la resurrección no es escatológica; ya sucedió en nuestro ser interior"[507]. Al momento de su muerte, el cristiano se convertiría en un espíritu liberado. En este campo se mueven quienes encuentran en 1 Corintios una escatología ya realizada unida a un "pneumatismo": Algunos corintios se sentían tan llenos del Espíritu que no podían imaginar nada mejor en el futuro de lo que ya tenían. Ellos ya reinaban (4:8); un corolario es que ellos ya habían pasado de la muerte a la vida. Así declara Gordon Fee (p. 810):

> Según ellos, mediante la recepción del Espíritu, y especialmente mediante el don de lenguas, habían ingresado ya en la verdadera "espiritualidad" que ha de venir (4.8); ya habían iniciado una forma de existencia angélica (13.1; cf. 4.9; 7.1-7) en la que el cuerpo era innecesario y no se deseaba, y finalmente sería destruido.

506. Ver Rudolf Bultmann, *Teología del Nuevo Testamento*, Sígueme, Salamanca, p. 223, y Schmithals, *Gnosticism*, pp. 261-262.

507. Tertuliano relaciona la doctrina corintia con las ideas de los marcionistas y de los gnósticos en *Prescripción* 33; con las de Marción en *Contra Marción* 1.24: "Aquellos a quienes [el dios de Marción] salva no poseen nada más que una salvación imperfecta, o sea, son salvos solo hasta donde concierne al alma, pero perdidos en su cuerpo, el cual, según él, no se levantará de nuevo". El documento gnóstico *Tratado sobre la resurrección* 4 enseña: "El cuerpo es una concha. Se ha comparado con una tienda. No es el cuerpo lo que se salva, porque la salvación es un don espiritual, don que se recibe por el espíritu, pero el cuerpo se renueva por el espíritu, y lo lleva con él a mundos eternos. ¿Cuál, entonces, es la realidad de la resurrección? Es siempre el descubrimiento de quienes han resucitado. Resucitamos [en esta vida] cuando completamos la nueva vida, la cual ha entrado en nosotros a través de Cristo Jesús" (http://gnosis.org/naghamm/res.html). Se encuentra una manifestación moderna del gnosticismo en varios países de América Latina: véase "http://www.gnosisguatemala.org/2010/08/la-resurreccion/. Una vez más vemos cómo la interpretación gnóstica se queda corta: Pagels, *The gnostic Paul*, pp. 80-86, muestra cómo los gnósticos reinterpretaron este capítulo convenientemente para reforzar su propia teología, cambiando la "resurrección" de 15:12 a un despertar espiritual, y el "misterio" de 15:51 en una revelación para los gnósticos neumáticos que fueran más allá del evangelio inclinado a lo simple que Pablo entregó a los "psíquicos" en 15:1-11. Cf. también el tratamiento de Wire, *The Corinthian women prophets*.

En ese caso, la gente que negaba la resurrección y aquellos que abusaban del *jarisma* de lenguas y promovían el celibato son uno y el mismo grupo. Por medio de una perspectiva de la realización del reino de Dios, creían que hablaban en lenguas angélicas y tal vez se consideraban espiritualmente resucitados al punto donde el *esjaton* perdió su significado.

3. *El cristiano vivirá para siempre con Cristo, pero como un ser espiritual sin cuerpo*[508]. Esta opción no es exactamente igual a la anterior, la cual defiende una resurrección interna de conversión. Al contrario, en la muerte o en la segunda venida el alma del cristiano o su espíritu irá al cielo para estar con Cristo, abandonando la vida corporal para siempre. Esto concuerda mejor con los últimos comentarios paulinos en 2 Corintios 5:1-10, donde él compara la existencia no corpórea con estar "desnudo".

La tercera opción es, creemos, la mejor. En ningún lugar de este capítulo Pablo establece argumentos en favor del reino "futuro", nada más trata de probar que Jesús murió por nuestros pecados y se levantó de la muerte. Más bien, él usa estas doctrinas para probar un punto distinto: que si Jesús reina, reina sobre los enemigos; la muerte es el último enemigo; por tanto, el reino de Cristo debe incluir la derrota de la muerte. En otra línea, Pablo muestra que la muerte vino por medio de Adán; Cristo murió y resucitó para salvarnos del pecado y "de sus efectos"; por tanto, parte de la salvación será de la muerte, es decir, la resurrección corporal. Del mismo modo los corintios necesitaban oír lo de la transformación corporal (y en segundo lugar escatológica) de los cristianos vivientes.

Hemos venido argumentado que hay poco en favor de una escatología "ya realizada" en Corinto. Al contrario, la variedad de errores y de tendencias se explica fácilmente por factores sociales más que por la presencia de una herejía específica. En el caso de la resurrección, los elitistas tienen demasiado interés en la filosofía estoica y en otras, y todas desprecian con vehemencia el concepto de la resurrección[509]. Negar la resurrección final tenía que ver tanto con ascender

508. Así Lietzmann y Kümmel, *An die Korinther*. Justino Mártir, *Diálogo con Trifón* 80.4-5, habla de "algunos llamados cristianos...que dicen que no hay resurrección del cuerpo, y que sus almas, cuando mueran, serán llevadas al cielo...Pero otros y yo, que somos cristianos con una mentalidad correcta en todos los puntos, estamos seguros de que habrá una resurrección de los muertos...". *2 Clemente* 9.1 alude a las dos epístolas corintias en su contexto cuando dice: "Y que nadie entre vosotros diga que esta carne no va a ser juzgada ni se levanta otra vez". Igualmente, *Policarpo a los Filipenses* 7.1: "Y todo él que tergiversa las palabras del Señor para sus propios deseos carnales y dice que no hay resurrección ni juicio, este hombre es el primogénito de Satanás".

509. Plutarco, *Rómulo* 28.8 cita algunos ejemplos burlescos de cuerpos que desaparecen de su ataúd, y luego favorablemente cita al poeta Píndaro: "Todos los cuerpos humanos se someten al decreto de muerte, el alma sobrevive para toda la eternidad". Crisóstomo 1.2 y de hecho muchos

socialmente como con fidelidad a la teología. El mismo tipo de factor social se ha visto en los saduceos de Palestina: según la interpretación tradicional, su escatología era un signo de que trataban de encajar en una sociedad helenista, pero también un reflejo de su riqueza y de su privilegio en este mundo. En Corinto, quienes participaban en los banquetes, mientras los pobres carismáticos esperaban, probablemente eran los mismos que negaban la resurrección corporal.

¿Por qué Pablo inicia este capítulo con la muerte y la resurrección de Jesús? No podemos creer que algún cristiano negara la resurrección de Jesús. Eso significaría que no es cristiano de ninguna manera. Pero ellos razonaron que Jesús fue la única excepción a la regla o, como muchos cristianos desde el primer siglo, nunca se detuvieron a examinar su sistema de creencias. Esta es la contradicción que Pablo destaca en 15:12: "Si se predica que Cristo ha sido levantado de entre los muertos, ¿cómo dicen algunos de ustedes que no hay resurrección?".

¿Quién mejor que Pablo para abordar la pregunta? Puesto que como fariseo uno de sus distintivos habría sido defender la enseñanza judía común de la resurrección corporal en contra de los saduceos. Y, como cristiano, su experiencia total giraba alrededor de su encuentro con el Jesús resucitado en el Camino a Damasco.

Su estilo aquí, mientras es bien razonado y argumentado, transmite la paciencia que uno mostraría a un niño equivocado. En castellano, pero aún más en el griego, él es sumamente repetitivo, y lleva al lector con mucho cuidado a través de cada paso (ver particularmente 15:12-14). Su argumento es este:

- Que Cristo se levantó de la muerte es uno de los eventos centrales en el evangelio; sin este no hay evangelio.
- Si Cristo se levantó de la muerte, entonces la idea de la resurrección no puede ser imposible; los muertos sí pueden levantarse, así que ahora es solo una cuestión de quién resucita.
- Si Cristo se levantó de la muerte, y nosotros estamos en Cristo, también nos levantaremos.
- Si creemos en la caída de Adán y en la necesidad de salvación, entonces veremos la muerte como una aberración y la resurrección como parte integral de la redención divina de la raza humana.

---

de los Padres defendieron el mismo punto: "La doctrina de la resurrección, también, andaba coja entre ellos: porque algunos de ellos no tenían una creencia fuerte de que hubiera ninguna resurrección del cuerpo, conservando así el mal de la estupidez griega. Porque en efecto todas estas cosas fueron la progenie de la locura la cual pertenece a la filosofía pagana, y ella era la madre de todo daño. Por eso, del mismo modo, ellos llegaron a dividirse, habiendo aprendido también esto de los filósofos. Porque estos últimos no estaban menos en desacuerdo, siempre, por el amor de poder y de vanagloria, contradiciendo las opiniones unos de otros, y empeñados en agregar algo nuevo a lo que ya estaba. Y la causa de esto era que habían comenzado a confiar en su propio razonamiento". Cf. especialmente a Hays.

- Si creemos en un universo hecho por un creador soberano, no tendremos problemas para creer que él puede levantar a los muertos, aun si la idea estira nuestra imaginación limitada.

Por otro lado, negar la resurrección del cuerpo acarrea serias implicaciones teológicas. Pablo argumenta, como lo hará Clemente de Roma, que la doctrina de la resurrección es un motivo muy fuerte para la santidad, y su negación lleva a la inmoralidad [510].

Pero Pablo no simplemente argumenta *a priori* que el evangelio y la lógica demandan una doctrina de la resurrección. Él nos sorprende al añadir una revelación divina (15:51) con el fin de rematar su argumento: "El misterio que les voy a revelar", es decir, esto es lo que Dios ha revelado desde el cielo por medio de su Espíritu. Aquí, al final de la carta, él da un ejemplo fuerte de cómo los cristianos le dieron crédito a meros razonamientos humanos y deberían haber escuchado a los apóstoles, porque "exponemos el misterio de la sabiduría de Dios, una sabiduría que ha estado escondida y que Dios había destinado para nuestra gloria desde la eternidad" (2:7). "Fíjense bien en el misterio que les voy a revelar": la nueva información, una que ningún razonamiento humano podría haber imaginado, es que al regreso de Cristo "todos seremos transformados" (15:51-52).

Pero Pablo espera muchos versículos antes de revelar la respuesta directa de Dios a su pregunta. Como buen maestro él les enseñará mediante muchos pasos con el fin de prepararlos para que lo acepten cuando venga.

a. El evangelio salvífico es un evangelio de la resurrección del cuerpo 15:1-11

15:1

Pablo no se refiere a una pregunta de la iglesia ni a informes orales. Más bien, usa una fórmula de recordatorio para llevarlos a los primeros hechos del mensaje cristiano. Porque su negación de la resurrección no puede simplemente argumentarse en el nivel de detalle escatológico: ellos deben ver por sí mismos lo inseparablemente unidas que están sus creencias como cristianos y lo que se demuestra en la historia real humana, que Cristo fue resucitado a los ojos de muchos testigos.

Quiero recordarles el evangelio es la interpretación tradicional del griego, pero no es la mejor. Aún menos satisfactoria es "quiero que se acuerden" de la VP. *Gnōrizō* usualmente significa "dar a conocer". La RVR capta esto con su

---

510. Cf. Clemente de Roma en *1 Clem* 24-27, especialmente 27.1-3: "Con esta esperanza, por lo tanto, que nuestras almas están atadas a él que es fiel en sus promesas y recto en sus juicios. Él, quien nos mandó no mentir cuanto más no mentirle a él, porque nada es imposible con Dios, excepto mentir. Por lo tanto que nuestra fe en él sea avivada dentro de nosotros, y entendamos que todas las cosas están cerca para él".

"os declaro" y la LBLA con "os hago saber". Pablo de todos modos emplea otro lenguaje: "Permítanme predicarles el evangelio como si fuera la primera vez".

Él introduce esto con el lenguaje de transmisión oral, como lo hizo en 11:23:

15:1 el evangelio que les prediqué, el mismo que *recibieron*.
15:3 les *transmití* a ustedes lo que yo mismo *recibí*.

O sea, *Les estoy diciendo a ustedes, corintios, los hechos básicos seguros del evangelio, como me los transmitieron, como lo ha predicado cada apóstol, como lo han testificado todos los creyentes*. Hasta los corintios, con todos sus problemas morales y teológicos pueden afirmar que *en el cual se mantienen firmes*.

15:2

Aquí está el mensaje, y *mediante este evangelio son salvos*. Esta es la clave del argumento paulino: no es posible prescindir de la resurrección escatológica y dejar intacto el mensaje del evangelio.

¿Qué quiere decir él con *si se aferran a la palabra que les prediqué*? Primero, quiere decir que no hay salvación aparte del evangelio que se les había enseñado; ellos no pueden asociarse a otro mensaje y seguir disfrutando la salvación. No es como si los corintios estuvieran en inminente peligro de esto, como en efecto se hallaban los gálatas (Gálatas 1:6). Pero la advertencia es que uno debe recibir el evangelio como tal y no alterar partes para acomodarlo a uno mismo.

De otro modo, habrán creído en vano puede leerse de varias maneras. No es un paralelo de 1 Corintios 9:27. Porque allá la meta de Pablo era ser un evangelizador efectivo, y él pondrá a un lado unos de sus derechos con el fin de guardarse de tropezar.

La lectura tradicional es mejor, que a menos que los corintios sigan hasta el final en su recepción del evangelio, ellos creyeron para no acabar bien (ver 2 Corintios 6:1). Pero hay otra opción para traducir *eikē*, y que la NVI traduce correctamente *en vano*. Thiselton (p. 1171) sugiere "sin una consideración coherente"; es decir, que los corintios habían recibido el evangelio, pero no se les había enseñado sus implicaciones, y la principal de ellas es la resurrección del cuerpo. Esto está bien, pero la transición de "si se aferran a la palabra que les prediqué" es difícil. La interpretación de Fee (p. 815) sigue el curso del versículo mejor: *manténganse sujetos al evangelio como yo se lo he predicado; si ustedes comienzan a cambiar el evangelio, habrán creído en vano, porque ningún otro evangelio puede salvarlos*.

15:3

Pablo no inventó lo que les enseñó, sino que fielmente transmitió la tradición del evangelio que él y otros cristianos habían recibido. Él lo hizo *ante todo*, lo cual podría ser cronológico (la primera lección), pero probablemente es lógico (la lección más importante). 15:3b-5 contiene su mensaje. Su estructura y lenguaje sugieren que Pablo está citando de una forma tradicional, que este es un bosquejo primitivo del evangelio, un tipo de credo temprano, que todos los cristianos primitivos aprendían y recitaban. Es probable que fuera algo así:

> Que Cristo murió por nuestros pecados
> > según las Escrituras,
> que fue sepultado,
> que resucitó al tercer día
> > según las Escrituras.

Este bosquejo posee una fuerte semejanza con el Credo Apostólico posterior y posiblemente ha influido en este:

> Fue crucificado, muerto y sepultado...
> Al tercer día resucitó de entre los muertos

La mayor parte de los eruditos creen que 15:5 también era parte de una tradición fija:

> y que se apareció a Cefas,
> y luego a los doce

La tradición puede incluir las apariciones de la resurrección en 15:6-7, o puede que no:

> Después se apareció a más de quinientos hermanos a la vez [comentario de Pablo: *la mayoría de los cuales viven todavía, aunque algunos han muerto*]
> > Luego se apareció a Jacobo,
> > más tarde a todos los apóstoles

Consideramos al menos 15:8ss. un comentario paulino fresco para los corintios.

Que Cristo murió por nuestros pecados según las Escrituras. El lenguaje de expiación y de sacrificio se basa en el pasaje del Siervo de Isaías 52:11–53:12, pero es breve. Pablo invierte su tiempo corrigiendo lo que sus lectores están perdiendo del mensaje apostólico que habían recibido. No contiene teoría de la expiación, ni Pablo desarrolla ninguna aquí. Si los corintios hubieran negado el valor expiatorio de la cruz y no simplemente su centralidad, Pablo habría profundizado más. Como él ya ha declarado, Cristo fue crucificado por los corintios (1:13, 8:11) y es la manifestación y el canal para el poder salvífico de Dios, su sabiduría (1:18, 25) y su redención (1:30). La cruz de Cristo, de hecho, permanece como símbolo del mensaje total del evangelio (2:2) y la muerte de Cristo se representa en la Cena del Señor (11:23-26).

Pablo es fiel a sus raíces apostólicas al mostrar que la muerte de Cristo es "según las Escrituras," es decir, que cumple lo que el Antiguo Testamento había dicho sobre su obra. Esto era de suma importancia en una era cuando tanto del evangelismo se llevaba a cabo entre los judíos y gentiles temerosos de Dios. El registro lucano de la post-resurrección subraya que el AT se cumplió en la muerte de Jesús, en su resurrección, en su ascensión, en su don del Espíritu y en la proclamación del evangelio (Lucas 24:25-27, 44-49; Hechos 3:18, etc.). No sabemos a qué Escrituras se refiere Pablo. Los predicadores y escritores del NT regularmente hacen referencia al Salmo 16:8-11, Salmo 110:1, Salmo 118, Joel 2:32, 2 Samuel 7:13-14, Isaías 8:14, y a otros textos como predicciones claves acerca de Jesús; y a una lista ampliada en escritores como Justino Mártir en el siguiente siglo (ver especialmente su *Diálogo con Trifón*). Una teoría es que existió una lista llamada *Testimonia* que servía como documento apologético del cual los escritores del NT sacaron. Aunque esta teoría parece menos y menos probable, queda el hecho de que había una preocupación clave por probar que el evangelio era bíblico, es decir, basado en las Escrituras judías[511]. Esto es particularmente cierto de Pablo y de sus epístolas a los Gálatas y a los Romanos.

15:4

Que fue sepultado tiene su paralelo en el "fue sepultado" del Credo. Para nosotros puede parecer innecesario recalcar el entierro del cuerpo de Jesús o su sufrimiento físico: "bajo el poder de Poncio Pilato". Pero en el Credo era necesario afirmar que Jesús verdaderamente había sufrido y muerto; esto refuta la herejía doceta de que Jesús era un fantasma que no podía sufrir ni morir. El argumento paulino aquí va en una dirección ligeramente distinta: la sepultura de Jesús fue una prueba de que murió, por tanto, cuando resucitó, su resurrección fue verdadera y no solo el despertar de un estado de coma. Esto es clave para este capítulo donde se detalla lo del soldado que hirió a Jesús con su lanza en Juan 19:33-35.

 que resucitó al tercer día según las Escrituras. Que él "resucitó de acuerdo con las Escrituras" se testifica repetidamente en el NT, especialmente en los sermones apostólicos en Hechos. La dificultad con este versículo es el referente de "según las Escrituras". ¿Predijo el Antiguo Testamento que él resucitaría, o predijo en detalle que resucitaría al tercer día? Si esa información es de hecho parte de la predicción, entonces la referencia más probable es la expulsión del profeta Jonás del vientre de la ballena al tercer día (Jonás 1:17; ver Mateo 12:38-40). Jesús también presentó a Jonás como señal para su generación; a pesar de los argumentos contrarios, la referencia a los tres días y a las tres noches no es una coincidencia, sino una referencia genuina a la muerte y a la resurrección de Jesús. Más allá de esta posibilidad, es difícil encontrar una predicción bíblica de que el Mesías estaría en la tumba tres días y tres noches[512].

511. Cf. el refinamiento posterior de este punto de vista hecho por C. H. Dodd en su escrito, *According to the Scriptures*, Nisbet, London, 1952.

512. Pero cf. Fitzmyer, *First Corinthians*, pp. 548-49, quien detecta la influencia de Oseas 6:2: "Después de dos días nos dará vida; al tercer día nos levantará, y así viviremos en su presencia".

Se ha ido muy lejos con el hecho de que Pablo no mencione la "tumba vacía" de Jesús, como lo hacen los cuatro evangelios. Algunos argumentan que esto significa que la tradición es un agregado post-paulino a la historia. Originalmente el relato de la resurrección incluía solo visiones del Jesús resucitado; más adelante el relato de la "tumba vacía" convirtió la experiencia de la Pascua en algo más que una visión de Jesús, en la resurrección de su cuerpo mortal. Esto es un dilema falso: la teología entera de la resurrección en 1 Corintios 15 da por sentada la transformación del cuerpo físico y su continuidad con el cuerpo resucitado. Pablo no puede concebir una resurrección que es meramente una existencia espiritual continua mientras el cuerpo sigue su descomposición en la tumba.

15:5

Esta lista de testigos de la resurrección de Jesús tiene poca semejanza con cualquiera de los evangelios, y parece seguir una lógica interna propia. Lo que falta es una referencia a María y a las otras mujeres. Más bien es a los apóstoles a quienes Jesús se aparece, como en 9:1.

Que se *apareció a Cefas* tiene paralelo en Lucas 24:34. El nombre arameo del apóstol Pedro se emplea aquí, lo cual podría indicar que se trata de palabras paulinas –él prefiere "Cefas" y usa "Pedro" solo en Gálatas 2:7-8– o simplemente que la tradición también usaba el nombre arameo. Los corintios conocían personalmente –a Cefas y a Pablo– por lo menos dos testigos independientes de la resurrección. Y resulta impresionante que, a la luz de 1:11-12, Pablo y Cefas se mantuvieran no como competidores, sino como testigos de la misma verdad.

Y *luego a los doce* podría parecer confuso a quienes recuerdan que Judas ya había muerto cuando Jesús se apareció a los discípulos. ¿No deja eso solo "los once", como en efecto aparece en algunos manuscritos? ¿Y qué hay de la aparición a tan solo diez, cuando Tomás estaba ausente en Juan 20:19-23)? Algunos (ej. Crisóstomo) han argumentado que Matías, a quien luego se llamaría apóstol, era uno de esos testigos. No importa, dado que el punto paulino no es un asunto matemático. Es preferible creer que "los doce" rápidamente llegó a convertirse en un título para el grupo, aun cuando por alguna situación faltara uno en algún momento (véase por ejemplo Hechos 6:2; también Apocalipsis 21:14). Como con la aparición a Cefas, esta aparición no está claramente ligada solo a uno de los relatos del evangelio.

15:6

Tomado en su contexto histórico, Pablo hace ahora una adición propia inesperada: no solo al círculo íntimo se apareció Jesús, sino en efecto a una multitud de gente. No sabemos quiénes eran los *más de quinientos hermanos a la vez,* aunque detrás puede haber una referencia a Mateo 28:17[513]. Seamos cual cristal claro acerca de las implicaciones de *la mayoría de los cuales vive todavía, aunque algunos han muerto*[514]. Pablo aquí cuenta que él había proclamado este evangelio a los corintios alrededor del año 50 d.C., o tan solo unos 20 años después del evento. Él sabe bastante acerca de este grupo de 500 como para ser capaz de informar que la mayoría todavía vive en el 55 d.C., y hasta saber que algunos han muerto.

¡Pero qué completamente en desacuerdo están estos datos históricos, escritos muy poco después del evento, con las reconstrucciones de los críticos modernos! Para ellos las apariciones de la resurrección fueron, en el mejor de los casos, las experiencias de la gente que llegó a creer que Jesús, después de todo, triunfó sobre la muerte. Supuestamente, esos sentimientos altamente individualistas evolucionaron hasta llegar a ser los relatos de la resurrección que poseemos en los evangelios. Para Pablo, por otra parte, que habló relativamente poco después del evento, la resurrección no fue una alucinación ni una experiencia mística para unos cuantos individuos aislados; era un hecho demostrado en repetidas ocasiones a mucha gente distinta, en momentos y lugares diferentes. Los evangelios informan de los múltiples sentidos involucrados: escuchar, ver, tocar.

Aunque algunos han muerto, ni estos 500 habían tampoco escapado de la muerte. También ellos caían uno por uno, señalando hacia el futuro a la necesidad de la resurrección.

15:7

Luego se apareció a Jacobo es otra de las apariciones implícitas en la iglesia primitiva, pero no mencionadas en los evangelios[515]. Mateo 28:10 es una posible referencia a los hermanos de Jesús, aunque "hermano" podría referirse a sus

---

513. Allo es firme en que Mateo 28:17 es el paralelo auténtico para este versículo. En otra dirección, algunos han especulado que Sóstenes (1:1) fue uno de los 500, aunque cómo encajaría esto con un Sóstenes como líder de la sinagoga en Hechos 18:17 queda por verse.

514. El apócrifo *Hechos de Pilato* 14, tiene una paráfrasis de Nicodemo del relato de la ascensión de Marcos 16, y agrega: "Y tanto nosotros como muchos otros de los quinientos al lado estábamos mirando". No hay forma de saber si esto se deriva de 1 Corintios o era una tradición oral. La referencia a los 500 de Eusebio, *Historia de la Iglesia* 1.12, claramente se deriva de 1 Corintios, no de alguna tradición independiente.

515. Aparece en el apócrifo *Evangelio de los hebreos*, como informa Jerónimo: "Y luego de que el Señor le había dado el manto de lino al siervo del sacerdote, él se dirigió a Santiago y se le apareció. Porque Santiago había jurado que no comería pan a partir de esa hora en la cual había tomado la copa del Señor hasta que él lo viera levantarse de entre los que duermen. Y poco después el Señor dijo: '¡Traigan una mesa y pan!' E inmediatamente añadió: Tomó el pan, lo bendijo, lo partió y se lo dio a Santiago el Justo y le dijo: 'Mi hermano, come tu pan, porque el Hijo del Hombre se ha levantado de entre los que duermen'". Citado por Jerónimo, *De viris illustribus* 2.

discípulos. Este Jacobo es con seguridad Santiago, el hermano de Jesús, hijo de María y José. Él surgió como un líder de la iglesia de Jerusalén (Gálatas 1:19, 2:9, 12). No hay ninguna evidencia que apoye el dogma católico de que Santiago y sus hermanos y hermanas no eran hijos de José y María. Parece que rápidamente se levantó como líder de la iglesia de Jerusalén, coincidentemente para llenar el puesto de otro Jacobo, hijo de Zebedeo (Hechos 12:17, 21:18; Gálatas 1:19, 2:9, 2:12). Las palabras de Pablo además sugieren que él consideraba a Santiago un apóstol (Gálatas 1:19). Santiago anunció la decisión del Concilio de Jerusalén (Hechos 15:13-29; 15:19 dice que la decisión fue de él). Él es el candidato más probable para la autoría de Santiago. La tradición posterior lo retrata como un judío piadoso y también un mártir en el año 62 d.C. La constante incredulidad que Santiago y sus hermanos expresaron hacia Jesús en los evangelios (Mateo 12:46-50, Marcos 3:31-34, Lucas 8:19-21, especialmente Juan 7:1-9) cambió radicalmente después de la resurrección. La tradición habla de un modo parecido de los otros hermanos de Jesús, entre quienes debe de haber estado Judas, el autor de la epístola del mismo nombre.

Más tarde a todos los apóstoles de nuevo podría ser una de las tantas apariciones registradas en los evangelios. El punto extraño aquí es la aparente distinción entre los Doce y "todos los apóstoles". O son sinónimos y el cambio es para evitar la redundancia, o Pablo se refiere a los apóstoles como lo hace generalmente a un grupo más grande que los doce.

¿Por qué enlista todos los testigos de la resurrección si ningún corintio rechazaba la resurrección de Jesús? No parece que haya habido ninguna duda de esta en Corinto. Pablo desea proclamar el evangelio a ellos con todos los detalles, apuntará a las Escrituras, y enlistará los testigos con el fin de subrayar a los corintios *la realidad histórica de al menos una resurrección*. Cada cristiano debe creer en la resurrección de Jesús, por tanto, cada cristiano debe creer en la *posibilidad* de la resurrección.

15:8

Pablo describirá su trabajo apostólico en 15:8-11. No estamos de acuerdo en que este pasaje está hecho (como es Gálatas 1:11-24) para probar que Pablo es un apóstol o ni siquiera que es un buen apóstol. Más bien, él hace todo intento por mostrar que todos, Pablo, Cefas, Jacobo, los 500, quienquiera que uno pudiera nombrar, todos predicaban el mismo evangelio del Cristo resucitado. Esta no es una teoría peculiar de Pablo acerca de Jesús, sino la que él recibió y fielmente la transmitió (15:1-3), y que ellos pudieron haberla recibido de cualquiera de los cientos de personas mencionadas anteriormente. ¡Esto, y nada menos, es la fe cristiana!

Como él vio al Señor resucitado después de su ascensión, Pablo es *como a uno nacido fuera de tiempo*. *Ektrōma* puede significar un nacimiento prematuro, o un aborto o mal parto. Esto puede ser solo en el sentido de llegar en el momento incorrecto. Algunos toman esto como un sobrenombre peyorativo dado por sus oponentes[516], pero la metáfora probablemente es paulina, considerando que él llegó a ser apóstol rápidamente, sin el tiempo de gestación que los otros habían tenido. Si es así, Pablo está recordándoles que, tarde o no, él y no los elitistas corintios había visto a Cristo vivo; de modo que, él es un apóstol y puede decirles la verdad de Dios, aun acerca del destino eterno del cristiano.

15:9

La experiencia de Pablo de la resurrección fue en efecto única, pues él vio a Jesús y fue comisionado como apóstol solo después de la ascensión. Aunque Pablo y otros tuvieron una visión de Jesús del cielo (Hechos 7:55-56; 9:10-16; 10:13; 18:9-10 en Corinto), solamente la experiencia del Camino a Damasco se presenta en términos de una aparición de resurrección.

15:10

Pablo fue perdonado por sus pecados, pero sigue siendo el perseguidor de la iglesia de un cuarto de siglo antes. 1 Timoteo 1:12-16 explica el mismo tema: que Pablo había sido un blasfemo (contra el Señor Jesús) y perseguidor, pero es un testimonio vivo del poder y de la gracia del perdón de Dios. Si él fue un gran pecador y un feto prematuro, lo que es ahora se debe puramente a la gracia divina. Conzelmann (p. 260) muestra que es la gracia de Dios la que une todo esto, pues cada testigo del evangelio lo es a través de la gracia.

15:11

Este versículo capta el punto de esta sección: este es el mensaje básico del cristianismo que uno podría recibir de parte de un número de testigos: *En fin, ya sea que se trate de mí o de ellos, esto es lo que predicamos.* Y Pablo muestra ahora hacia dónde va con este discurso del evangelismo básico: *y esto es lo que ustedes han creído.* Los corintios pudieron no haber tenido nada más que *Amenes* para las palabras de Pablo hasta aquí, incluyendo su fe en la resurrección de Jesús.

b. *Negar la resurrección del cuerpo significa negar la resurrección de Jesús, y así el evangelio salvífico 15:12-19*

15:12

Ahora viene el reproche, anclado firmemente al mensaje evangélico: *Ahora bien, si se predica que Cristo ha sido levantado de entre los muertos, ¿cómo dicen algunos de ustedes que no hay resurrección?* O sea, ¿cómo puede un cristiano por

---

516. Así Findlay; Barrett; Hays. Unos piensan que este término puede ser un apodo cruel como "monstruo" o "feto abortado", pero la evidencia para esto es tardía. Cf. Orr y Walther.

un lado proclamar al Jesús resucitado, pero por el otro negar la posibilidad de la resurrección?

Pablo emplea la lógica en este capítulo, notablemente ese fundamento del razonamiento humano llamado Principio de la No-contradicción: *A y no-A no pueden ser verdad al mismo tiempo y en la misma manera.* En este caso, uno no puede afirmar las dos declaraciones siguientes...

> X resucitó de entre los muertos
> Nadie resucita de entre los muertos

...sin violar el razonamiento humano[517]. Esto no es decir que el evangelio se revele o se entienda por medio de la razón humana. Pero esto ilustra que el evangelio, por improbable o desagradable que le parezca a la mente humana, no se contradice en sí mismo. Como argumentamos arriba, los corintios encontraban emocional y socialmente desagradable la idea de que los cristianos se levantaran corporalmente de la tumba.

Pablo no permitirá que los corintios sostengan ambas ideas. Él ahora llevará su error a su fin natural: el fracaso del evangelio salvífico, *si ustedes rechazan la resurrección, ustedes no entienden el evangelio.*

¿Es la resurrección del creyente una doctrina "práctica"? 15:12
El Día de los Muertos en México es un ejemplo perfecto de la mezcla de las tradiciones precolombinas con el catolicismo. En este caso, el catolicismo no ha penetrado profundamente en las antiguas tradiciones que no tienen lugar para una resurrección final. Como sus ancestros indígenas, los mexicanos celebran la fiesta con el fin de reconciliarse con la muerte inevitable y de disminuir su aguijón. Pero la Biblia nos dice lo contrario: "La Flaca", el apodo mejicano para la Muerte, no es una molestia que puede ser intimidada o ahuyentada ya sea por el duelo o por una festividad. Es un enemigo del plan de Dios y debe ser destruida.

Tristemente hay algunos dentro de la tradición evangélica que no creen en la resurrección del cuerpo. Bueno, afirman la doctrina pero en efecto no ocupa ningún lugar en su cosmovisión. Por ejemplo, en los funerales cristianos nos confortamos con la idea de que nuestro amado está bien ahora con el Señor en espíritu. Esto es cierto (Filipenses 1:22-23), pero eso es tan solo una parte de la verdad. Jesús murió y resucitó, no simplemente para que entregar nuestro espíritu al cielo cuando muramos, sino para liberarnos del pecado y de su más terrible resultado, la muerte.

Pero a nosotros, los cristianos modernos, nos gusta que nuestra teología sea práctica. ¿Es la resurrección del creyente solo un aspecto doctrinal muy bonito, o marca una diferencia de verdad? Sí; Pablo sugiere que el rechazo de la resurrección

---

517. Cf. los útiles comentarios de Orr y Walther.

del cristiano significa (1) que dudamos del poder de Dios; (2) que nos hemos apartado de la motivación principal para una vida santa.

1. *Duda del poder de Dios. En primera instancia, Jesús les dijo prácticamente la misma cosa a los saduceos en Marcos 12:24. Su rechazo de la resurrección no era simplemente una decisión intelectual, sino también un indicio de que se habían quedado cortos en su fe en el Dios que podía resucitar a los muertos si le placía. Su duda y su exégesis pobre iban de la mano. Pablo, tal vez pensando en esta tradición, plantea lo mismo en 15:35: una de las razones por las cuales la gente rechaza la doctrina es porque no pueden imaginar cómo sería posible que eso pasara. Razonaron así: si yo, siendo una persona sabia, no puedo imaginarme la resurrección del cuerpo, entonces esa idea debe de ser absurda; y todo el que crea en esa doctrina es un simplón y digno de desprecio.*

2. *Pérdida del motivo para vivir una vida santa. El segundo punto en realidad es una extensión del primer error. Si no creemos que Dios es suficientemente poderoso para resolver cómo resucitar a los muertos, ¿cómo, entonces, va a ser tan poderoso para juzgarme debido a mis decisiones morales? Otra forma de razonar sería, si mi cuerpo perecerá cuando muera, entonces como resultado mis malas decisiones morales perecerán con él. Todo lo terrenal se acabará y entraré a la eternidad simplemente con un espíritu o alma pura. Por lo tanto, no tengo que cuidarme de mis decisiones morales de este lado de la eternidad.*

He conocido muchos cristianos que no le daban importancia a botar basura en el suelo y a la contaminación del ambiente. Se justifican diciendo que el Señor va a regresar y destruirá la tierra de todos modos; así que, ¿por qué molestarse manteniéndola limpia ahora? Debemos asegurarnos de no cometer el mismo error en relación con nuestro ser físico: Dios no desechará nuestro cuerpo; él lo levantará y nos juzgará. ¿Qué diferencia marca la resurrección? Debido a esa esperanza, los cristianos pueden permanecer inconmovibles a pesar de todos los obstáculos: "Manténganse firmes e inconmovibles, progresando siempre en la obra del Señor, conscientes de que su trabajo en el Señor no es en vano" (1 Cor 15:58; véase también 15:30-34).

15:13

Si no hay resurrección, entonces ni siquiera Cristo ha resucitado. "Si no hay resurrección/si los muertos no resucitan" es la clave para 15:12-19. Es decir, si la resurrección es un concepto inaceptable, es un concepto inválido ya sea que se aplique tanto a millones de personas muertas o solo a un hombre, Jesús.

15:14-15

Los corintios no niegan que Cristo resucitó; ellos niegan el concepto como tal, lo cual lógicamente debería conllevar la negación de la resurrección de Jesús. Y si su filosofía fuera cierta, ¿entonces qué? Pablo recalca dos aspectos: primero, que el evangelio no funciona si se elimina de él la resurrección de Jesús. Segundo, él pone un gran énfasis en ser un testigo verdadero: si Jesús no resucitó, entonces yo, Pablo, también Cefas, Santiago, los Doce, todos los apóstoles, los 500, todos somos mentirosos. No importa en absoluto si uno prefiere a Pablo, a Cefas o a Apolos (1:12), todos ellos proclaman la misma fe en la resurrección. Si existe duda acerca de la resurrección, hay duda acerca de la resurrección de *Jesús*; si hay duda acerca de eso, entonces todos los líderes cristianos que ustedes podrían nombrar son *falsos testigos* y los apóstoles han estado, como dice la VP, "afirmando en contra de Dios que él resucitó a Cristo". En ese caso, *la fe de ustedes*, sincera como es, se arraiga totalmente en una mentira y es inútil o sin valor (*kenos* se usa dos veces aquí, también en 15:10, 58).

15:16

Una vez más Pablo acorrala a los corintios con su lógica: *Porque si los muertos no resucitan, tampoco Cristo ha resucitado.* No se puede aceptar uno y rechazar el otro.

15:17

Pablo afirma, como lo hace en 15:14-15, que hay ramificaciones severas al negar la resurrección: si Cristo no resucitó su fe es *ilusoria* (*mataios*, como en 3:20, un sinónimo para *kenos* "en vano" en 15:14). Pablo expresa otro punto soteriológico aquí: si el evangelio es desacreditado *todavía están en sus pecados* (cf. 15:3). Una vez más la centralidad de la cruz se muestra hasta en un capítulo sobre la resurrección: porque ninguna búsqueda filosófica puede comprar lo que la cruz (culturalmente ofensiva) ha logrado.

15:18

En 15:18-19 Pablo esboza algunas implicaciones teológicas del error corintio. En ese caso, los muertos cristianos están perdidos para siempre. Él emplea aquí una forma de *apollumi* que es parecida a "perecer" en 1:18 y a la muerte por una mordedura de serpiente en 10:9. ¿Está Pablo diciendo que si no hay resurrección del todo, entonces los muertos cristianos serán aniquilados?[518]. Tomado fuera de contexto el versículo podría decir esto (15:29-34). Pero en este contexto, Pablo está hablando de la resurrección de Cristo: "Si Cristo no ha resucitado... están perdidos los que murieron en Cristo". Sin su resurrección puede no haber distinción entre "los que se pierden" y "los que se salvan" (1:18): todos están perdidos.

Mientras que algunas versiones la NVI (como la RVR y la VP) (correctamente) parafrasean *los que murieron*, Pablo de hecho emplea un modismo aquí que se traduce literalmente "los que durmieron en Cristo" (BJ, ver LBLA) o aun mejor

---

518. Decimos que, el versículo no da apoyo claro a la doctrina de la inmoralidad condicional, mejor conocida como una enseñanza de los Adventistas del Sétimo Día y de los Testigos de Jehová.

"los que se han dormido", del verbo *koimaō*. Este modismo aparece con regularidad en el NT: provee las bases para la ironía en Juan 11:11-12, en el texto escatológico clave 1 Tesalonicenses 4:13, 14, 15; y en 1 Corintios 7:39, 11:30, 15:6, 18, 20, 51. Una vez se pensó que esta era una metáfora cristiana: que morir en la fe es como dormirse, de cuyo reposo el cristiano despertará un día. Por tanto, los lugares de sepultura cristiana se llaman "cementerios"; la palabra se deriva de *koimaō*, literalmente, "dormitorios". La metáfora, aunque especialmente ajustada a la teología del cristiano, no era específicamente cristiana, puesto que los griegos la usaban para hablar de los espíritus muertos que estaban todavía conscientes. Pero puede demostrarse con facilidad que los griegos durante siglos habían hablado del sueño de la muerte, aun cuando hablaran sin esperanza de despertar. El uso que Pablo hace del verbo no da apoyo a la doctrina del "sueño del alma" o inmortalidad condicional.

15:19

Pablo habla irónicamente de una *esperanza* la cual es *solo para esta vida...* ¡como si ese tipo de cosa fuera alguna esperanza en absoluto! ¿Qué tan buena es la salvación que no se extiende más allá de la tumba, e invita a tal alienación social y persecución durante su corta existencia? Él no entra en detalles ahora de por qué tales creyentes teóricos serían superlativamente *desdichados*; estos detalles del sufrimiento terrenal los guarda para más adelante en este capítulo, y aun más para su siguiente epístola. ¡Hasta ahí llegaron quienes fantasean que son reyes y ricos ya (4:8)!

c. La resurrección de Jesús debe suponer la resurrección de su pueblo 15:20-28

15:20

Por supuesto Pablo ha estado hablando hipotéticamente, pues cada cristiano sabe que *Cristo ha sido levantado de entre los muertos* (la VP parafrasea con un simple "ha resucitado" e interrumpe la fluidez del argumento). Se puede casi sentir por fin a los corintios emitiendo un suspiro cuando Pablo empieza a explorar las buenas nuevas ancladas a la realidad de Dios. El término *nuni* aquí puede ser cronológico ("pero ahora en la historia") o, aun mejor, lógico ("pero vean aquí, en realidad es cierto que..."). La NVI prefiere el último (como la VP), pero no capta bien la impresión de este punto central con su *de cierto*. La BJ, aunque es una paráfrasis, lo capta nítidamente: "¡Pero no! Cristo resucitó....".

Ahora en esta sección Pablo muestra lo que se ha sugerido antes: que nuestro destino está inseparablemente entrelazado con Jesús. Su muerte y su resurrección por nuestros pecados significan que nuestra muerte se resolverá en la resurrección en el retorno de Cristo. Eso hace a Cristo un tipo de *primicias* (aquí y 15:23; *1 Clemente* 24:1): "Consideremos, queridos amigos, cómo el Maestro continuamente nos señala la resurrección venidera de la cual él hizo al Señor Jesucristo la *primicia* cuando lo levantó de los muertos"; el mismo concepto aparece en Hechos 26:23, Colosenses 1:18.[519]. La metáfora es religiosa con su fundamento en el sistema de sacrificios del AT. A los israelitas se les ordenó:

> "Cuando ustedes hayan entrado en la tierra que les voy a dar, y sieguen la mies, deberán llevar al sacerdote una gavilla de las primeras espigas que cosechen..." (Levítico 23:10; ver también Éxod. 23:16, Núm. 15:19-21, Deut. 26:1-11).

La ofrenda de las primicias incluía la presentación ante el Señor de pan hecho del primer trigo del año. Era una manera de agradecer a Dios por el grano, pero servido como adelanto de la esperanza de obtener una cosecha completa. Esa fiesta, conocida como la Fiesta de las Semanas (el nombre griego es "Pentecostés"), normalmente se realizaba en junio y anticipaba el festival de la cosecha de los Tabernáculos en septiembre o principios de octubre. El hecho de que Pablo se quedara en Éfeso hasta Pentecostés ese año (16:8) puede haber inspirado esta metáfora.

¿Qué significa que Cristo resucitó *como primicias de los que murieron*? Hay varias implicaciones. Primero, existe una unidad subyacente entre la ofrenda de los primeros frutos y la cosecha completa futura: forman parte una de la otra. Así que los cristianos no simplemente creen en Jesús, sino que siguen su modelo. Pablo desarrollará esto más adelante con su doctrina de Adán-Cristo en 15:21-22,45-40. Otra implicación es cronológica: un primer fruto es un ejemplo solitario de lo que vendrá después. Todos en esa cultura agrícola sabían que las cosechas no llegaban gradualmente, sino que surgían de repente en escena, provocando la necesidad de contratar en ese preciso momento miles de manos que ayudaran a recoger la cosecha de inmediato[520].

15:21

Pablo comienza con Adán y Cristo, una pareja que desarrollará más adelante en 15:45-49, pero también en Romanos 5:12-21. Pablo se aleja aquí del judaísmo en dos puntos cruciales. Primero, el judaísmo esperaba un Mesías humano o un ser angélico. Nunca creó una doctrina de Dios que participara de la humanidad como la doctrina cristiana de la encarnación. Solo en el evangelio cristiano uno

---

519. *aparjē* como "el primer converso de muchos" aparece en 1 Cor 16:5; también Rom 16:5; 2 Tes 2:13; Apoc 14:4.

520. ¡Ay del agricultor que deja que su cosecha se quede en el campo hasta que llueva o se pudra! Esta es la base de la urgencia que percibimos en la parábola de los empleados contratados para la cosecha de las uvas en Mateo 20:1-16; la urgencia del evangelismo en Mateo 9:37-38. Cf. Rut 1:22; 2:21, y luego 3:7, donde Booz trabaja todo el día y se duerme allí mismo en el suelo donde se trilla; cf. también Proverbios 10:5. Así también la tan esperada resurrección final aparecerá de repente.

puede decir que tanto la muerte como la cura de la muerte llegaron *por medio de un hombre.*

Lo que es más, el judaísmo nunca tuvo una doctrina de la caída que se asemejara a la enseñanza paulina. Lo más cerca que llegó de "todos caímos en Adán" es un pasaje en un documento post-paulino (4 Esdras 7:118 - "¡Oh, Adán! ¿qué es lo que hiciste? Pues al pecar no has causado solamente tu ruina, sino también la nuestra, de los que precedemos de ti.") El judaísmo normativo creía que en cada individuo residía la capacidad de escoger la justicia o la maldad. Pablo acabó radicalmente con ese punto de vista: la caída de Adán no solo originó un mal ejemplo para las generaciones siguientes. Más bien, su caída corrompió a todos sus descendientes también. Si existe alguna duda acerca del efecto de su pecado, solo tiene que mirarse la realidad de la muerte. Dios le dijo a Adán que "el día que de él comas, ciertamente morirás", y eventualmente murió. Pero nadie de su simiente tuvo la oportunidad de escoger la justicia y evitar así la muerte. En Cristo y en su resurrección, es posible ver que la muerte fue una aberración innecesaria debida al pecado: "El aguijón de la muerte es el pecado" (15:56).

¿En qué contribuye esto al caso de Pablo? Su punto es mostrar que así como Cristo murió por nuestros pecados (15:3), él vino más ampliamente a redimir a su pueblo de los efectos del pecado. En Cristo, su pueblo recibe el perdón, pero eventualmente recibirá también liberación de la muerte.

15:22

Este versículo clave hace explícito lo que Pablo ha sugerido en 15:21, que está hablando de dos hombres, Adán y Cristo. Todos los seres humanos estamos sujetos a la muerte, aunque unos pocos no mueran (Enoc, Elías, y quienes vivan en el momento del retorno de Cristo, 15:51). Todavía permanece la naturaleza catastrófica y universal de la caída de Adán en el pecado y en la muerte. Pero un hombre trae la resurrección de la muerte, y lo hace personalmente al morir y resucitar.

¿Qué quiere decir *todos volverán a vivir*? ¿Se refiere a toda la humanidad en una resurrección general? ¿O quiere decir que todos en Cristo resucitarán, el punto que con seguridad es el centro en este capítulo? Ha habido un debate sobre si Pablo enseñó una resurrección general de los muertos en el sentido de Juan 5:28-29. Unos han visto esto en 15:24, como veremos. Otros han argumentado, basados en las epístolas paulinas, que él defendía solo una resurrección de los justos y que solamente los injustos sufren un castigo cruel (2 Tesalonicenses 1:8-9).

Nosotros tomamos *todos* como la totalidad de la raza humana aunque él no desarrolla las implicaciones para los incrédulos. El énfasis de Pablo en la resurrección de los cristianos está determinado por el contexto. De modo que habla de la resurrección de los cristianos puesto que está dirigiéndose a cristianos (ver también Romanos 5:17, 21)[521]. La enseñanza apostólica parece haber incluido una resurrección general. El relato de Pablo ante Félix en Hechos 24:15 cuenta que Pablo dijo que "habrá una resurrección de los justos y de los injustos", y no hay una razón convincente para rechazar esto como una distorsión de segunda mano. Para Pablo la resurrección de los injustos no es una victoria (como en 15:57), sino al contrario, la entrada al juicio divino y la exclusión del reino eterno (1 Cor 6:9-10).

15:23

Pablo muestra que la cronología de la resurrección sigue estrechamente la lógica de la primicia y de la cosecha. Ciertos eventos ocurrirán, pero debe pasar *cada uno en su debido orden*. *Tagma* es la palabra para "orden". Se usaba para referirse a divisiones militares o partes de un desfile, o podría emplearse, como aquí, a clases o grupos más en general. En la obra de Dios se ordenó que Cristo se levantara primero de entre los muertos, solo. Después se levantarán quienes están en Cristo como grupo.

¿Cuándo pasará este segundo *tagma* y entrará la resurrección? Sucederá *cuando él venga* (NVI, también VP) o mejor "en su venida" (así RVR); ver "Maranatha" en 16:22. Este es el sustantivo *parousia* que es clave para la escatología, especialmente en Pablo. Es un término que puede emplearse para el regreso o la presencia de cualquier persona (como en 16:17; 2 Corintios 7:6-7), pero los cristianos primitivos lo usaban como un término técnico para el regreso de Cristo, por lo general con referencia a su gloria (1 Tesalonicenses 4:15). Los corintios ya estaban familiarizados con la esperanza de la *Parousia*. Pablo une la resurrección con lo que ya saben y con la esperanza. El pasaje paralelo en 1 Tesalonicenses 4:13-17 se dirige a aquellos cristianos cuyos amigos han muerto, y estaban afligidos más de lo que deben estarlo quienes creen en la resurrección. Su énfasis aquí es el encuentro con Jesús y la prioridad de los muertos cristianos para estar con él. No se menciona aquí el misterio de que los creyentes vivos serán transformados (15:51), un punto relevante para el argumento paulino con los corintios.

15:24

Lo que sigue es enseñanza cristiana característica. Algunos la han llamado "apocalíptica". Esto es una equivocación. Nada en los apocalipsis judíos nos prepara para un Mesías que muere y resucita; quien derrota a los poderes al morir y resucitar y luego reinar; quien cumple el Salmo 110:1 o el Salmo 8:6 en su persona; cuyo

---

521. Se ha notado que el uso paulino del término "vida eterna" siempre se refiere a la vida de resurrección escatológica. Es la "vida" en la cual los cuerpos viven de nuevo; dicho de otro modo, Pablo habla de estar con Cristo después de la muerte; pero vida eterna significa que los muertos se harán inmortales. En este punto su vocabulario difiere del de Juan, quien habla de vida eterna en la era presente. Cf. el estudio de Murray J. Harris, *Raised immortal*, Eerdmans, Grand Rapids, MI, 1983.

último enemigo es la muerte. Un mejor análisis es que aquí el Mesías cumple el plan de Dios para las edades y lo hace por medio de elementos del evangelio cristiano básicos y conocidos. Los corintios saben que Jesús murió, que lo sepultaron, que resucitó y reina a la derecha de Dios. ¿Pero habrán entendido verdaderamente la meta del evangelio? ¿Será meramente comprar el perdón para los individuos cristianos? ¿O tiene implicaciones universales? Pablo invita a los corintios a pensar en la resurrección en términos antropológicos y cósmicos: ¿qué está haciendo Dios en Cristo para la raza humana y en ella?, ¿para el cosmos y en él? Y, ¿cómo encaja el destino de los cristianos en esos planes?

Como *parousia*, también *to telos* ("el fin") se había convertido en un término técnico con el significado de el fin de esta edad (por ej., 1:8, Marcos 13:7; 2 Corintios 1:13; 1 Pedro 4:7). Pablo no necesariamente asigna funciones específicas a cada palabra, pero es posible que distinga entre la venida de Cristo y el "fin". Mucho depende del uso de los adverbios que unen los acontecimientos:

* Cristo, las primicias;
* después (*epeita*), cuando él venga, los que le pertenecen.
* Entonces (NVI, VP) o "luego" (RVR) (*eita*) vendrá el fin.

¿Nos da *eita* un sentido cronológico o lógico aquí? A favor del meramente lógico "entonces" está la observación de que Pablo no desarrolla claramente una doctrina de un reino milenario como sucede en Apocalipsis 20:4-6. Normalmente él se refiere al fin como un punto singular sin un desarrollo posterior. En tanto que esto es cierto, se debe tener en mente siempre que el énfasis de Pablo está determinado por la necesidad de sus lectores y no por nuestra curiosidad.

De hecho, no hay razón alguna para ver en *eita* otro sentido que no sea cronológico, sin necesariamente sugerir un largo período entre la segunda venida y el fin. Pablo emplea *epeita* en otros lugares; él usa *eita* solo en 1 Corintios 15. Inmediatamente antes de esta sección (15:5-8), ha empleado términos para hablar de la cronología de las apariciones de la resurrección: "Se apareció a Cefas, y luego (*eita*) a los doce. Después (*epeita*) se apareció a más de quinientos hermanos a la vez... Luego (*epeita*) se apareció a Jacobo, más tarde (*eita*) a todos los apóstoles, y por último (*esjaton*)... se me apareció también a mí". Nótese que las apariciones de la resurrección son cronológicas, pero también en una rápida sucesión.

En vista de esto, ¿sugiere Pablo que hay un tercer *tagma* en este desfile: Cristo, luego los cristianos, luego "el resto" (como algunos desean traducir *telos*)? Creemos que esto es posible pero dista mucho de lo explícito. El uso corriente de *telos* en un pasaje escatológico no es "el resto", sino "el fin" y ese significado encaja mejor aquí. *Telos* es un cognado de *teleion*, lo perfecto, y Pablo lo usa para el *esjaton* en 13:10. Pablo deja completamente sin mencionar dos preguntas que nos intrigan: si Cristo continúa sujetando los poderes entre la *parousia* y el *telos*, y cuándo –si es sí– él resucitará a los malos. No hallamos respuesta a estas preguntas: el punto paulino es que todos resucitaremos de la tumba (15:21) y que todos los poderes se sujetarán (15:24); el punto cronológico que le interesa es el lapso entre la resurrección de Jesús y la iglesia, y mostrar que no se trata de dos eventos, sino de dos aspectos del mismo acontecimiento, aunque separados por el tiempo.

Pablo habla en quiasmo en 15:24-28

> cuando él entregue el reino a Dios el Padre,
>> luego de destruir todo dominio, autoridad y poder.
> Porque es necesario que Cristo reine hasta poner
> a todos sus enemigos debajo de sus pies.
>> El último enemigo que será destruido es la muerte
>> pues Dios "ha sometido todo a su dominio"...
> Y cuando todo le sea sometido,
> entonces el Hijo mismo se someterá a aquel que le sometió todo,
> para que Dios sea todo en todos.

Su lógica es: nosotros los cristianos sabemos que Cristo gobernará sobre todos los enemigos. Cuando decimos todos, queremos decir todos. Pero, ¿cuál es el peor enemigo si no la Muerte? ¿Cómo puede Cristo reinar sobre todos si no reina sobre la Muerte? ¿Cómo destruye él a la Muerte? Al deshacerla: por la resurrección de entre los muertos, él acaba con la Muerte. Luego puede decir que reina sobre todo; entonces le devolverá la soberanía al Padre cuando haya completado su trabajo[522].

Algunos han preguntado si Pablo presuponía un llamado "reino interino" de Cristo, como se presenta en el pasaje del milenio en Apocalipsis 20:4-6. Algunos judíos creían que esta época desaparecería en la edad que viene por medio de un reino mesiánico de una duración específica.

La cuestión de cuando Cristo gobierne es el tema principal para interpretar esta sección. Hay tres interpretaciones importantes:

1. El reino de Cristo es presente y dura desde la resurrección y ascensión de Cristo hasta la *parousia*[523].
2. El reino de Cristo es un "milenio" totalmente futuro el cual corresponde a Apocalipsis 20:4-6 y se inicia con la *parousia*[524].

---

522. Esto contrasta sorprendentemente con el punto de vista estoico, hecho que afectó a los corintios: para ellos, solo Dios era inmortal, y el individuo como tal no sobrevivía a la muerte. El universo completo se movía hacia una cruel conflagración final. En el evangelio, la consumación incluía la resurrección de cada miembro del pueblo de Dios.

523. Herman Ridderbos, *El pensamiento del apóstol Pablo*, Libros Desafío, Grand Rapids, MI, 2000, pp. 556-62.

524. Eruditos como Stauffer, junto a una cantidad de teólogos milenialistas y dispensacionalistas, ubicarían el inicio de este reinado de Cristo en la *parousia*. Ethelbert Stauffer, *New*

3. El reino de Cristo comienza con la resurrección y la ascensión y termina en algún momento después de la *parousia*; se extiende sobre las dos épocas[525]. Estamos de acuerdo en que este tercer punto de vista representa mejor la información bíblica y que Cristo comienza a poner a todos los enemigos debajo de sus pies tan pronto como asciende al cielo (por ejemplo, Ef 1:20-22, 1 Ped 3:22). Si eso es lo que Pablo creía, debe siempre tenerse en mente que el énfasis de Pablo es motivado por el escepticismo corintio sobre la resurrección, y no por el interés en un reino mesiánico.

15:25

Pablo lleva a los corintios atrás, al retrato bíblico de lo que sería el Mesías. Esto se interpreta a través del kerigma apostólico, el cual aclaró cómo Jesús completó el plan de Dios (15:3-4). Pero no solo murió y resucitó "según las Escrituras"; Hechos y el NT completo muestran que la ascensión de Cristo cumplió ciertas profecías. 15:25 y 27 se originan en dos de esos pasajes. 15:25 dice *hasta poner a todos sus enemigos debajo de sus pies*. Esta es una alusión al Salmo 110:1, el versículo más comúnmente usado en el NT. "Bajo los pies" es una imagen oriental que con frecuencia era literal: reyes conquistados obligados a humillarse a los pies de los victoriosos. Es un versículo que Jesús aplicó a sí mismo en la discusión sobre el hijo de David en Marcos 12:35-37 y sus paralelos. La iglesia primitiva lo aplicó a la ascensión de Cristo, no a la segunda venida. Podría, por un lado, afirmar que Cristo es el Señor sobre todo ahora, pero también que algunos elementos todavía aparentemente andan fuera de su control. Esta es la tensión tratada en el comentario de Hebreos 2:8b basado en el Salmo 8: "Ahora bien, es cierto que todavía no vemos que todo le esté sujeto". El objetivo de Pablo aquí es aducir la confesión de cada cristiano de que "Jesús es el Señor" (12:3) y que el resto de la historia humana será una representación de ese hecho. Hasta ese momento, *es necesario* que Cristo continúe reinando y conquistando.

15:26

Katargeō (*destruir*; 15:24, 26) es uno de los términos favoritos de Pablo, y a veces se usa para destrucción escatológica (como 2:6, 6:13, y posiblemente en 1:28; ver también 2 Tesalonicenses 2:8). Hasta este punto, Pablo ha empleado un lenguaje que normalmente nos recuerda los poderes angelicales, y creemos que intenta hacer lo mismo aquí. Pero los corintios, quienes al menos en principio no estaban en descuerdo con 2:6 y no pueden haber estado en desacuerdo con 15:24-25, han

Testament theology, SCM, London, 1963, pp. 218-219. Cf. también Albert Schweitzer, *The mysticism of Paul the apostle*, Henry Holt, New York, 1931, pp. 84-94.

525. Robert G. Clouse, ed., *¿Qué es el milenio?*, tr. D. Sedaca, Casa Bautista, El Paso, TX, 1991, p. 45; Ladd; Ridderbos.

caído en la red de Pablo. Ellos no deben pensar en sus enemigos exclusivamente como Satanás y sus ángeles, sino también en la muerte. La Muerte es el *último enemigo* que será destruido; se personificará aquí como en Romanos 6.

¿Qué convierte a la muerte en el último enemigo? ¿Es el adversario más grande del reino de Dios, o es una afirmación cronológica: la muerte es el último en ser destruido? El uso normal de *esjatos* sería el último. Pablo no hace un juicio acerca de cuál es el enemigo supremo. Su punto es que no podemos esperar que la resurrección ocurra hasta el puro final, después de que Cristo haya destruido a todos los enemigos. Si los corintios no pueden imaginar o hacer un lugar en su pensamiento para un evento remoto es debido a que no pensaban en las prioridades de Dios para la historia.

15:27-28

Pablo ha aludido al bien conocido Salmo 110:1, pero sigue adelante y cita directamente una frase del Salmo 8:6: "Ha sometido todo a su dominio". Es difícil imaginar por qué los traductores de la NVI traducen "debajo de sus pies" literalmente en 15:25, pero lo parafrasea aquí con "su dominio". Después de todo, esa metáfora compartida fue lo que unió estos dos versículos en la proclamación de la iglesia primitiva. El Salmo 8 es de una naturaleza distinta de la del Salmo real 110. He aquí una descripción de la creación, con la humanidad a su cabeza. Tiene sus raíces directamente en Génesis 1:26-31, que les da al hombre y a la mujer dominio sobre la tierra. El salmista comenta que ellos parecen demasiado pequeños en comparación con el cosmos, aún así Dios los ha hecho y ha puesto la creación debajo de sus pies. El salmo mira hacia atrás, a la caída de Adán, al ideal original de la creación de Dios. Para Pablo el versículo se ajusta perfectamente a su esquema Adán-Cristo: Cristo recupera lo que Adán perdió; todas las cosas serán colocadas bajo sus pies, y de esta forma la iglesia cosechará un beneficio eterno.

Algunos han visto en la segunda mitad del versículo cierto trazo de un desacuerdo cristológico con los corintios. Según este punto de vista, Pablo como judío fue siempre reticente a poner a Cristo en igualdad con Dios el Padre. Pero cuando el evangelio se extendió al mundo helenístico, con todas sus posibilidades de múltiples dioses y señores (8:6-7), algunos gentiles cristianos fueron más allá del evangelio original y comenzaron a pensar en Jesús como Señor y Dios. Circula la teoría de que Pablo se ofendió por esto, pero que no pudo enfrentarse directamente a la actitud de ellos. Así que, se nos dice, fue tan lejos como pudo al afirmar la cristología de éstos, pero luego introdujo frases suaves como "confiese que Jesucristo es el Señor, para gloria de Dios Padre" (Filipenses 2:11) con el fin de calmar su sincero pero mal orientado ardor por Cristo. En este caso, la teología corintia –helenista, ultra-carismática, no escatológica– fue muy lejos y no vio diferencia entre el reinado de Cristo y el reino de Dios. Por lo tanto, Pablo les recuerda que el reino de Cristo también tiene un final, y que la meta eterna suprema está en las manos de Dios el Padre.

Esta reconstrucción hipotética es inviable por dos razones: primero, Pablo no está por encima de condenar a aquellos que predican un evangelio distinto (Gal 1:8-9; 2 Cor 11:4). Las correcciones hechas a los discípulos se manifiestan en indignación de acuerdo con lo que golpea más de cerca el corazón del evangelio. Esta es la razón por la cual un asunto superficialmente menor como los arreglos para la cena del domingo puede llegar a convertirse en un fuerte punto de discordia: ¡ellos actuaban en contra del evangelio! *A priori* es improbable que Pablo tratara a la ligera el celibato, y la cobertura de la cabeza, pero que no hiciera un escándalo por una distorsión del principal fundamento de la fe, el monoteísmo[526].

La otra razón se halla en el contexto: su punto es que el reino de Cristo es *télico*, o sea, tiene una meta. Su trabajo es destruir cualquier cosa que se establezca en contra del Padre, y luego devolverle el reino a Dios solo cuando su trabajo esté completo. La historia se dirige hacia el reino escatológico de Dios y este solo vendrá con la resurrección como un hecho establecido. El punto de Pablo es también cristológico y evangélico: solo en el evangelio del crucificado y resucitado Jesús cualquiera esperará saber cualquier verdad cósmica. No es útil especular cuál es el plan de Dios aparte de lo que sabemos acerca de la obra de Jesús. La obra de Jesús *es* la obra de Dios, y lo que Dios hace lo hace a través de Cristo Jesús: *quien todo lo sometió a Cristo*.

Podemos saber poco acerca del significado de *el Hijo mismo se someterá a aquel que le sometió todo, para que Dios sea todo en todos* o de que él devolverá el reino al Padre. Algunos herejes a inicios de la era cristiana tomaron esto como una negación de la deidad de Cristo, que su señorío era una medida temporal hasta el reino eterno[527]. Pero esto no es lo que dice Pablo. Su punto es que el reino de Dios está en Cristo, y que el gobierno de Cristo es lo que al final constituirá el reino de Dios.

Cuando Cristo sea perfectamente todo en todos, entonces *Dios sea todo en todos*. Esta frase es difícil, pero quizá la alternativa estoica nos ayude de nuevo. Los estoicos eran panteístas; o sea, creían que el universo estaba ontológicamente en Dios sin reservas. Lo que pasa no solo viene de Dios, es parte de Dios. Pablo cita las palabras del panteísta Arato, aunque con su propio sentido, en Hechos 17:28: "Puesto que en él vivimos, nos movemos y existimos". Lo que pasa en el evangelio es distinto: aunque Dios es el creador de todo y el Señor de todo, la creación está alienada de él a causa del pecado y de la muerte. Es decir, la creación no regresará a su estado correcto hasta que la obra de Cristo se complete. Solo

---

526. Cf. Thiselton, *First Corinthians*, p. 1237.

527. Cf. los apuntes en Teodoreto de Ciro y los demás (Bray, pp. 233-235).

en la resurrección y en la destrucción de la muerte el universo en verdad estará unido en Dios sin interrupción.

d. *Negar o aceptar la resurrección del cuerpo afecta al estilo de vida en esta era 15:29-34*

Los cristianos actúan como si ciertas cosas fueran ciertas, aun cuando niegan la doctrina con sus labios. En estos versículos Pablo demuestra que los corintios elitistas actúan como si hubiera una esperanza futura, aun cuando ellos se burlen de la superficialidad filosófica de esa esperanza. Pablo muestra la tontería de su comportamiento si no hay resurrección final.

15:29

Debemos imaginar que cuando Pablo menciona a aquellos que son bautizados *por los muertos*, él confiaba en que los corintios podrían entender la referencia. Su uso de la tercera persona plural en *qué sacan los que*, puede indicar que está hablando de otros aparte de la iglesia corintia, pero no tenemos forma de saberlo con seguridad. Desdichadamente para nosotros, las generaciones después de Pablo han tenido poca idea de lo que él quiso decir con esto, si era una práctica corintia y si él la aprobaba[528].

Los Padres de la iglesia sabían de un bautismo herético por los muertos; o sea, que una persona viva se bautizaba en representación de una persona muerta[529]. Pudo haber sido un punto de vista sacramental del rito, y algunos comentaristas desean relacionarlo con la visión del bautismo refutada por Pablo en 10:1-13. Pero no hay modo de probar que esta era una práctica del primer siglo y no una mala interpretación posterior de 15:29, como es el caso de la práctica moderna de los mormones[530].

Las interpretaciones alternativas son variadas. Puede haber sido un reflejo de Marcos 10:38, donde el bautismo se usa metafóricamente para el martirio. Una mejor opción es que Pablo quiere decir, *¿por qué la gente se bautiza si de todos*

---

528. Refiérase al ensayo completo de Thiselton, *First Corinthians*, pp. 1242-49; el concluye con la afirmación de que esto significa que la gente era bautizada *por el bien de* los muertos; es decir, con el fin de que ellos fueran reunidos con sus parientes cristianos muertos en la resurrección. Cf. también Tertuliano, *Contra Marción* 5.10

529. Crisóstomo 40.1 menciona que los seguidores de Marción hacían eso.

530. Los Santos de los Últimos Días generalmente anuncian esto como parte de la nueva revelación dada por Joseph Smith, pero también señalan 1 Corintios 15:29 y el (altamente simbólico) *Pastor de Hermás Parábolas* 9.16 como referencia a una práctica cristiana antigua. Su base lógica es que los espíritus de los seres humanos muertos escucharon el evangelio proclamado durante los tres días que Jesús estuvo en el reino de los espíritus (1 Pedro 3:19). Ellos creen y les gustaría recibir la vida eterna, pero solo pueden hacerlo a través del bautismo. Como no tienen cuerpo y no pueden sumergirse, sus descendientes u otros pueden representarlos y bautizarse en nombre del muerto. Esto explica el interés tan fuerte que los mormones tienen en trazar la genealogía de las personas.

modos va a terminar muerta? Esto nos conduce de un modo muy natural a los siguientes versículos.

15:30

Es mejor tomar *nosotros* en el sentido de 4:9-13: "A nosotros los apóstoles Dios nos ha hecho desfilar en el último lugar, como a los sentenciados a muerte". Se trate de todo el grupo o de Pablo solo, los apóstoles no se consideran algún tipo de raza alienada, al contrario, su papel es modelar lo que es el cristianismo normativo. Si los apóstoles sufren es porque son cristianos, y si otros cristianos no sufren puede ser porque sus prioridades están torcidas. Pablo corre riesgos y enfrenta situaciones peligrosas, algunas amenazas a su vida y otros peligros y molestias (*kindeuō*, ver el uso repetido del cognado *kindunos* en 2 Corintios 11:26 y Romanos 8:35). Pablo está pensando en su propio cuerpo, y pregunta por qué él arriesgaría su vida si no hubiera resurrección en la vida venidera. Aquí los cristianos modernos vacilan en su lógica, pues a menudo razonan como lo hacen los corintios: si Pablo muere en el servicio a Cristo, él como alma o como espíritu irá inmediatamente al cielo "que es muchísimo mejor" (Filipenses 1:23)[531]. Pero para Pablo esa doctrina no destruye la muerte ni desequilibra la destrucción de su cuerpo. Al contrario, él renuncia a su vida en esta era con la esperanza de una resurrección mejor. Pablo, quien en Filipenses espera ir al cielo cuando muera, no obstante pone su mirada más allá de eso en la resurrección final según el modelo de Cristo (Filipenses 3:10-11). Si no hay resurrección, ¿por qué desperdiciar la única vida que tenemos por nada? Y, ¿por qué estaría un apóstol *a todas horas* en algún lugar arriesgando su vida?

15:31

Cada día muero no es un morir al Yo, tal y como en el ascetismo; Pablo diariamente arriesga su vida (así VP: "todos los días estoy en peligro de muerte"). Esto anticipa su última palabra a los Romanos, que "somos muertos todo el tiempo" (Romanos 8:36a RVR, citando Salmo 44:22). Para Pablo esta no es una referencia vaga, sino algo de lo cual se jacta: o sea, encuentra valor en su negocio de tanto riesgo puesto que lo hace para Dios quien levanta de la muerte. El resto de los versículos son enigmáticos en el original, pero la NVI probablemente capta su sentido con *es tan cierto como el orgullo que siento por ustedes en Cristo Jesús nuestro Señor.*

15:32

Pablo plantea el interrogante de si él se habría enfrentado a fieras salvajes en Éfeso si no hubiera resurrección. *Luché contra las fieras* (*tēriomajeō*) aparece solo aquí

---

531. Nótese el desequilibrio, por ejemplo, en Guillermo Hendrikson, *La Biblia sobre la vida venidera*, T. E. L. L., Grand Rapids, MI, 1970, quien tiene mucho más del estado intermedio que de la resurrección.

en el NT. Se solía usar para el enfrentamiento con leones u otras bestias como castigo, no encontrarse por casualidad con un animal en la selva. La dificultad de tomar esto literalmente es que Pablo como ciudadano romano normalmente no se vería expuesto a este tipo de castigos; ni se menciona esta experiencia en Hechos, ni más significativo aun, en su catálogo más completo de sufrimientos en 2 Corintios 11:23-33; ni sabemos cómo él escaparía de lo que era, en efecto, un castigo capital. Algunos como Héring dejan abierta la posibilidad de que esto sea hipotético: *si yo hubiera llegado a luchar contra las fieras*. Otros consideran los animales salvajes como una metáfora, que se refiere a la oposición salvaje de otros humanos, una experiencia descrita vívidamente en Hechos 19:23-41[532]. Esto es probablemente correcto, pero a la vez los corintios deben de haber sabido a lo que Pablo se refería: de otro modo, lo habrían considerado literal.

La NVI (como LBLA, RVR) simplemente traduce esto como está, sin adorno. El punto, sin embargo, es claro: ¿por qué luchar con bestias salvajes si van a desgarrarlo y devorar hasta el último trocito de la existencia humana? Nadie haría esto *solo por motivos humanos*. Si no va a haber resurrección, entonces es mejor actuar de acuerdo con motivos humanos, ¡mejor comer que ser comido! "*Comamos y bebamos, que mañana moriremos*", puede ser una cita de Isaías 22:13, o de la parábola del Señor en Lucas 12:19; también Pablo puede estar citando una expresión popular. Por supuesto, es tan cierto para el apóstol como lo es para el disoluto que "mañana moriremos". Pero para el cristiano existe una resurrección más allá de la tumba y por implicación un juicio (1 Corintios 3:10-17; 2 Corintios 5:10). Esto significa que la doctrina de la resurrección produce un serio impacto en la ética diaria en esta vida, y una impresión más profunda que una doctrina de la inmortalidad del alma.

Hay una fuerte probabilidad de que la negación de la resurrección en Corinto iba de la mano con el uso inmoral del cuerpo: "alguno destruye el templo de Dios" (3:17), ellos tenían relaciones con prostitutas y eran glotones (6:12-20), y argumentaron que de todos modos Dios iba a destruir el cuerpo (6:13). De modo que había en Corinto una situación mixta: algunos negaban la resurrección y su ética hacía lo mismo; otros negaban la resurrección pero todavía creían en una ética cristiana, a esos últimos apela Pablo aquí.

15:33

Pablo impulsa el punto aun más lejos: "*Las malas compañías corrompen las buenas costumbres*". Como hace en otros textos, Pablo cita un poeta pagano para probar

---

532. Tertuliano, *Resurrección* 48. Ignacio usó el mismo verbo en Ignacio, *Romanos* 5.1; los diez leopardos son diez soldados que lo llevaban a Roma para el martirio. Es posible que Ignacio esté aludiendo a 1 Corintios. El punto de vista de Tertuliano es inverosímil, que pelear con leones es una metáfora para condenar al hombre incestuoso del capítulo 5. Cf. *Sobre modestia* 7.23.

un punto cristiano, Menandro (siglo 4 a.C.). ¿Cómo este trozo del versículo contribuye a impulsar el punto de Pablo? No es inmediatamente claro en el texto, pero podemos suponer. Algunos corintios confraternizando con griegos, pero no para ganarlos, sino porque hablaban el mismo lenguaje filosófico que la élite cristiana. Los paganos negaban la resurrección y vivían de acuerdo con la moral pagana. ¿Qué sorpresa hay si los cristianos corintios, por anhelar un (pseudo)-intelectualismo pagano cayeron en los mismos pecados del gran Corinto? Tales cristianos deberían ser cautelosos para no ser inducidos a error: ¡*No se dejen engañar!*

15:34

Pablo les dice: *Vuelvan a su sano juicio.* De hecho, la advertencia paulina no es hipotética. Los capítulos anteriores han revelado algunas sorprendentes fallas morales en la iglesia corintia. A ellos les dice *dejen de pecar.* Podría igualmente traducirse como una admonición general, "no pequéis" (como RVR, de modo parecido VP, BJ). Preferimos la NVI (también LBLA): es un mandato negativo en el tiempo presente, el cual a menudo (pero no siempre) implica que uno debería dejar de hacer algo que estaba haciendo. Este último sentido sirve mejor en el contexto. Pensamos que la siguiente oración es mal manejada por la NVI, sugiriendo como lo hace, que algunos miembros de la iglesia no han conocido a Dios: "En efecto, hay algunos de ustedes que no tienen conocimiento de Dios" (similar a VP). El problema con esta traducción es que el original no contiene "en efecto" ni "de ustedes", sino que es simplemente como la RVR: "porque algunos no conocen a Dios" (también LBLA). Tomamos esto como una referencia a la gente que generalmente vive su vida fuera de la revelación de Dios en Cristo. Pablo ya invirtió una gran cantidad de energía en 1 Cor 1–2, tratando con los corintios quienes encontraron en la filosofía griega un conocimiento superior. Ellos ahora deben darse cuenta de que ya sea con respecto a la negación de la resurrección del cuerpo o de la santidad de este, sus héroes del mundo pagano no tienen idea de la verdad de Dios. Que los corintios los sigan, debería ser para su *vergüenza.*

e. Las objeciones a la resurrección surgen de una falta de fe y de una mala comprensión del poder de Dios como creador 15:35-49

Pablo es un ejemplo instructivo para otros maestros cristianos ya que no desdeña las dudas o preguntas genuinas. Él se tomará el tiempo no solo para afirmar lo que es verdadero, sino para manejar las dificultades filosóficas de Corinto.

15:35

El apóstol recalcará, como lo hace en 2 Corintios 1:9, que nuestro Dios es más que suficientemente poderoso para resucitar el cuerpo. Como era el estilo en la retórica clásica, Pablo interactúa con un oponente imaginario: *Tal vez alguien pregunte:*

"¿Cómo resucitarán los muertos? ¿Con qué clase de cuerpo vendrán?". Es decir, ¿cómo es posible? ¿Cómo podemos imaginar una resurrección corporal factible? De lo poco que sabemos, estos interrogantes no surgen de la imaginación de Pablo, sino que más bien era la clase de preguntas con las que él lidió siendo un fariseo o un cristiano. Quienes negaban la resurrección tenían razones más profundas para hacerlo, pero también dependían del ridículo como una de sus herramientas. Los griegos representaban la resurrección como una mera reanimación de cadáveres, algo como las películas de zombies que están haciendo en Hollywood. ¿Quién, ellos se burlarían, desearía eso en vez de existir como un espíritu puro?

Los saduceos emplearon un argumento similar, orientado a la reverencia judía por la fidelidad marital: si una mujer se casa con siete hermanos en sucesión y queda viuda de todos, ¿a quién le pertenecerá en la resurrección? (Marcos 12:18-27 y sus paralelos). Pablo no cita la respuesta de Jesús en 1 Corintios, sino que su argumento toma el mismo viraje de Marcos 12:24. Pablo también ha argumentado que el razonamiento meramente humano no puede descubrir lo que un Dios poderoso quiere hacer, lo que ocurrirá en el desarrollo del plan de Dios (1 Corintios 2:9). Estos misterios solo puede revelarlos el Espíritu (2:10, 15:51).

15:36-37

Así que quienes no cuentan con la revelación de Dios hablan solo *tontería*; en realidad, es más fuerte en el griego en concordancia con la tradición retórica: "¡Necio!" (RVR, LBLA, BJ). Pablo hará una serie de observaciones, basadas directamente en el relato de la creación de Génesis (como lo hizo con el asunto de la carne sacrificada a los ídolos en 8:6, y el de las mujeres y los hombres en 1 Corintios 11:7-10, 14:34). Estas no son simples ilustraciones de la naturaleza, sino de la naturaleza interpretada por la revelación divina.

Primero en 15:36-37, él presenta la ilustración, bastante común en muchas culturas, de una semilla que crece hasta convertirse en una planta. Pablo subraya el hecho de que la semilla debe, por así decirlo, morir y ser enterrada. Pero todos saben que esa "sepultura" es solo un indicio de algo mayor que viene. La muerte no es nada menos que el prerrequisito para una nueva vida. Su argumento no está lejos de la metáfora de la primicia y la cosecha de 15:23-24; pero aquí él saca provecho de la imagen de arar y enterrar una semilla para sugerir la sepultura de un cuerpo humano.

El argumento de Pablo aquí es que una semilla no se parece en nada a la planta que va a crecer; aunque hay una continuidad entre los dos. Aun así en la muerte y en la resurrección, *no plantas el cuerpo que luego ha de nacer*. La semilla se siembra literalmente "desnuda", traducido como "simple" por la NVI, el cual pierde el paralelo con la desnudez que es la muerte en 2 Corintios 5:1-5. Ahora hace una transición al siguiente pensamiento en 15:38: que existen muchos tipos de semillas: *una simple semilla de trigo o de otro grano*.

15:38

El griego tiene un juego de palabras que en castellano no se nota bien: se usa *sōma* para referirse al "cuerpo" de una planta, un animal o una persona, en tanto que normalmente nosotros no lo usaríamos para una planta. Esto permite que Pablo hable del cuerpo de la planta y cambie suavemente a cuerpos humanos o hasta cuerpos celestiales. Dios le da a cada semilla cualquier cuerpo que prefiera, y diferentes clases de semillas reciben diferentes clases de cuerpos. Así él reflexiona en la creación en el tercer día según Génesis 1:11-12. Pablo usará este principio del cuerpo de la semilla/planta con grandes detalles comenzando en 15:42.

Se podría considerar 15:38 simplemente como una afirmación de la variedad de semillas existentes… o de tipos de cuerpos. Pero, en efecto, es el Dios creador quien se levanta como el elemento más importante que hace posible esto. La NVI única entre las versiones principales capta esto: *Pero Dios le da el cuerpo que quiso darle, etc.*

15:39

Pablo ahora pasa al quinto y al sexto día de la creación en Génesis 1:20-31: el hombre y la mujer fueron hechos el sexto día, pero previamente a ellos existieron *animales terrestres, aves y peces*. Dios quien hizo estas cosas según su propio plan le dio a cada tipo de animal o de ser humano su propio tipo de cuerpo. Esto le resulta obvio a cualquiera, pero a lo largo de muchos años los científicos han descubierto más y más distinciones entre los animales: por ejemplo, los pájaros poseen huesos más ligeros y ahuecados para facilitarles el vuelo. Es Dios quien decide y asigna a cada uno el cuerpo que él elige y crea.

15:40

El hecho de que haya *cuerpos celestes y cuerpos terrestres* establecerá las bases para el motivo paulino de Adán/Cristo en 15:47-49. ¿Qué quiere decir Pablo con estos dos tipos? Él no está pensando en ángeles, sino más bien en el sol, la luna y las estrellas; de hecho, el estudio de los cielos era una principal ocupación de los estoicos, y que puede haber provisto la ilustración a Pablo[533]. Pablo no compartía el pensamiento estoico popular de que los cuerpos celestiales eran dioses que influenciaban la vida humana, el fundamento cosmológico para la astrología. Este versículo es una oración de transición que nos lleva a 15:41, no solo en el planeta (tierra, mares, cielo) hay distintos seres. De hecho, hay cuerpos celestiales también, los objetos ubicados en el cielo que también son obra de Dios. Él los distingue por su *esplendor*, aunque esto no se limita a la cantidad de luz que emitan. Más bien, él mide su gloria natural, la de sus características únicas.

---

533. Inwood, *The Stoics*, pp. 328-37.

15:41

Con el fin de mostrar más diferencias entre los cuerpos, Pablo sigue adelante y trae a la memoria el cuarto día de creación, la creación del sol, de la luna y de las estrellas (Génesis 1:14-19). Ahí el sol es la luz superior; la luna, la menor (1:16-18), pero Dios creó su desigualdad por una razón: la luna es adecuada para alumbrar de noche, pero el sol alumbra (de hecho, define) el día. Más allá de las estrellas, sol y luna, Pablo observa que cada estrella es distinta: *cada estrella tiene su propio brillo*. Está hablando de lo que científicamente se llama "magnitud visual aparente", no la cantidad de luz que da en su forma absoluta, sino el brillo de la estrella desde la perspectiva de un observador desde la tierra. Cuanto mayor en su magnitud, más débil es la estrella, desde Sirio en la primera magnitud hasta las que apenas pueden verse de la sexta magnitud, Pablo ve a todas y a cada una de las estrellas como obra de Dios (como se menciona en muchos Salmos, por ej. Salmo 8:3, 19:1, 33:6, etc.). Dios las dispuso de esa manera; como sabemos hoy, les dio cierto brillo y cierto color y las organizó a cierta distancia de la tierra y una de la otra de modo que cada una proyecte una luz distintiva al observador humano. El punto del apóstol es: *Dios puede crear miles de tipos de cuerpos, la mayoría de los cuales están más allá de nuestra comprensión. Así que, ¿cuál es el problema con esto de que Dios resucite a los muertos a un nuevo tipo de cuerpo?*

15:42-43

Ahora regresa a una aplicación de la creación natural: *Así sucederá también con la resurrección de los muertos*. Él extrae cuatro paralelos usando la metáfora del cuerpo de la semilla y de la planta:

Semilla (cuerpo humano):	Cuerpo de la planta (resurrección del cuerpo)
sembrado (sepultado) en corrupción	levantado (resucitado) en incorrupción
sembrado (sepultado) en oprobio	levantado (resucitado) en gloria
sembrado (sepultado) en debilidad	levantado (resucitado) en poder
sembrado (sepultado) un cuerpo natural	levantado (resucitado) un cuerpo espiritual

Estos contrastes llevarán a Pablo a profundizar aún más en la relación Adán-Cristo en 15:45-49. Para Pablo, la muerte no es un proceso natural, sino un resultado del pecado de Adán. Rudolf Bultmann llama a la relación entre el pecado y la muerte un mito, es decir, una historia figurativa por medio de la cual los primitivos explicaban la muerte[534]. En Pablo no hallamos nada de esto: en su reflexión del Génesis, considera la muerte como una aberración, la corrupción de la obra original del Creador. Dios no creó a Adán para ser corrupto, avergonzado

534. Rudolf Bultmann, *Teología del Nuevo Testamento*, Sígueme, Salamanca, pp. 246-57.

y débil, sino para gobernar sobre la naturaleza como su regente (Salmo 8:5-6, ver 15:27). Los gnósticos proclamarían que era la existencia material corporal lo que estaba en el corazón de los problemas de la humanidad, que una deidad creadora inferior había condenado a la raza humana a ser una abominación de espíritu encadenado a la materia. Su evangelio anunciaba que los gnósticos humanos eran "en realidad" chispas del espíritu que un día sería desencadenado, libre. Pablo, por otro lado, proclama la cruz de Cristo como la que deshace el falso giro de la muerte y dirige a la raza humana de nuevo al propósito original de Dios.

Mucha confusión ha surgido debido a la adopción que hizo la iglesia del concepto griego de "alma inmortal". Para Pablo, el cuerpo es mortal, está sujeto a la muerte y a la corrupción. Él no habla de alma inmortal, sino de la inmortalidad futura y la ausencia de corrupción del cuerpo ya no sujeto a la muerte: un cuerpo poderoso y glorioso como el de Cristo resucitado[535]. Como Walter (p. 291) dice apropiadamente: "Es decir, no es bastante –contra la muerte– la salvación del alma. *El hombre es indivisible, e indivisible es su salvación*" [énfasis original].

15:44-45

Pablo esboza otro contraste, no con la preposición "en", sino dando una definición de lo que es un cuerpo sepultado y uno resucitado: *se siembra un cuerpo natural, resucita un cuerpo espiritual*. Literalmente, dice: "Se siembra un cuerpo del alma" (*psuchikos*), "resucita un cuerpo espiritual" (*pneumatikos*). Este lenguaje se hace difícil debido a nuestros propios conceptos equivocados de la naturaleza del alma y del espíritu y, a causa de que nuestra mente, no se mueve en el lenguaje de creación del Génesis. Examinemos el segundo término primero. Algunos cristianos han considerado que esto significa que los cristianos mueren, pero viven para siempre como espíritus sin cuerpo[536]. Pero este no es el sentido de ninguna manera. Un espíritu sin cuerpo sigue siendo un ser muerto. Además, normalmente, cuando Pablo usa *pneuma* o *pneumatikos*, está pensando en el Espíritu Santo. Eso encaja bien aquí: el cristiano resucitará, no como un espíritu, sino por el poder del Espíritu[537]. Esta misma verdad aparece en 1 Ped 3:18-22 y 4:6: Cristo es levantado por el Espíritu (3:18), y en ese estado resucitado (en el Espíritu) él proclamó su victoria a todos los poderes angélicos encarcelados (3:19), como parte de su ascensión a la derecha de Dios (3:22). De la misma

535. Cf. especialmente Murray J. Harris, *Raised immortal, in loc.*

536. Cf. la refutación de esta interpretación por Thiselton, *First Corinthians*, pp. 1277-78.

537. Cf. también Thiselton, *First Corinthians*, pp. 1275-81; Fitzmyer, *First Corinthians*, pp. 593-600; Andrew Lincoln, *Paradise now and not yet: studies in the role of the heavenly dimension in Paul's thought with special reference to his eschatology*, SNTSMS, Cambridge University Press, Cambridge, 1981, pp. 39-42.

manera, a los creyentes muertos se les dará vida en el Espíritu (1 Ped 4:6), es decir, serán resucitados. Véase también el poder del Espíritu en la resurrección en Rom 8:11; 2 Cor 5:5 y Ef 1:13-14.

Entonces, ¿qué hay del "cuerpo del alma"? Aunque algunos eruditos desean atribuir estos dos términos a un gnosticismo corintio[538], en realidad no tenemos que mirar más lejos del lenguaje de Génesis 2:7, el cual Pablo citará en el siguiente versículo. Dios sopló su Espíritu en el hombre hecho de polvo, y Adán llegó a ser un *alma*. Nótese que Adán no *recibió* ni *poseyó* un alma, sino que el cuerpo animado *es* un alma. Como en 1 Corintios 2:14, contrasta a la simple gente de la tierra, la del alma, con quienes tienen el Espíritu Santo. La NVI trata de captar todas estas implicaciones con "cuerpo natural" (también LBLA, BJ), pero también podría parafrasearse así "cuerpo de una simple persona terrenal". La frase de la VP "cuerpo material" se aleja del lenguaje original y es totalmente insatisfactoria, de ahí surge una multitud de interrogantes acerca de la naturaleza material de la resurrección del cuerpo. Pablo nunca niega que la resurrección del cuerpo es física; él sí niega que es *meramente* física y terrenal.

Haremos la siguiente paráfrasis de esto:

El cuerpo se planta en la tierra, una cosa meramente terrenal
Se levanta un cuerpo formado (que cobró vida) por el poderoso Espíritu

Si Adán es un alma, en contraste, Cristo es un espíritu. No solo eso: a Adán se le dio vida, pero Cristo es el dador de vida. ¿Por qué se llama a Cristo *un Espíritu que da vida*? (ver también 2 Corintios 3:17-18, donde el Señor Jesús "es el Espíritu"). Esto no significa que no hay distinción entre Cristo y el Espíritu, como ciertos herejes han sostenido. Pero Cristo, en tanto que es humano, está al mismo tiempo por encima de los límites de este mundo, y como agente de la creación es el Espíritu que da vida.

15:46

¿De qué manera es Cristo, el segundo Adán, el prototipo para el cristiano? De nuevo, Pablo apela al orden divino de las cosas: Cristo muere primero, luego su pueblo (15:23); nuevamente, la raza adánica mortal aparece primero y solo más tarde el nuevo pueblo de Dios en Cristo.

15:47

Pablo cambia de uno al otro, del nombre propio "Adán" a *antrōpos*, que significa "ser humano". Esto sigue un juego de palabras en el hebreo, pues usa "Adán" como término genérico para "ser humano" y como nombre propio de Adán, el primer

538. Así Robert Jewett, *Paul's anthropological terms*, Brill, Leiden, 1971, pp. 352-353.

Humano. Pablo amplía Génesis 2:7 en 15:45 al añadir la palabra *prōtos* (*primer*), con el fin de prepararnos para el "posterior" o "segundo" Adán.

En este segundo contraste, se nos dice el punto de origen de los dos Adanes: el primero, *del polvo de la tierra*. El segundo Adán o Humano es *del cielo*. Y al final, Cristo viene del cielo como el Espíritu dador de vida, para resucitar a su iglesia del mismo modo.

15:48-49

Hay dos imágenes o patrones para los seres humanos: "*Los de la tierra*" son la raza humana, la cual vive como Adán. El pueblo de Cristo, *los del cielo*, seguirán otro patrón celestial. El contraste entre los tiempos verbales es impresionante aquí: *así como hemos llevado* [aoristo][539] *la imagen de aquel hombre terrenal, llevaremos* [futuro] *la imagen del celestial*. El cristiano está en una posición extraña de nacer en uno, y anhelar el segundo. No consideramos que esto sea una refutación de una "resurrección ya realizada" como sí puede ser el problema en 2 Timoteo 2:18, obligando a Pablo a decir que "todavía queda algo para el futuro, una resurrección". Al contrario, su punto es que "en el futuro lo que podemos esperar es una resurrección, no alguna clase de existencia perpetua simplemente como espíritus". Si vamos a ser como el celestial, entonces también resucitaremos.

f. Además, la resurrección del cuerpo es, de hecho, una verdad revelada por Dios 15:50-58

Hay un sentido por el cual esta es una segunda *confirmatio* o prueba lógica de lo que Pablo ha estado diciendo: primero, creemos en la resurrección del creyente porque esa es la única doctrina que encaja con el evangelio que predicamos; en segundo lugar, aquí, creemos en la resurrección debido a que Dios nos ha mostrado esa doctrina por una revelación divina. Es verdad porque Dios lo dice, incluso si su verdad entra en conflicto con la razón humana o el razonamiento filosófico (2:6-16).

15:50

Ahora él interviene: *Les declaro* y en 15:51 comunica un "misterio" divinamente revelado, la revelación divina no debe ser debatida, sino creída humildemente.

15:50 es uno de un grupo de versículos paulinos acerca de no heredar el reino de Dios (ver nuestros comentarios en 6:9-10). Generalmente, Pablo habla de pecados que mantienen a la gente fuera del reino eterno de Dios. Este dicho es de una naturaleza distinta: "La carne y la sangre no pueden heredar el reino de

---

539. La VP de nuevo no satisface, al traducir el tiempo aoristo, no como en castellano con perfecto compuesto, sino con un presente: "nos parecemos".

Dios" (así RVR, LBLA, BJ; de nuevo, la frase de la VP "lo puramente material" no capta para nada el significado). Es decir, nadie puede entrar en el reino con la forma mortal de la raza de Adán. Debemos tomar esto como la frase tradicional que es, una vida de "carne-y-sangre". La NVI con *el cuerpo mortal* ofrece una paráfrasis de lo que literalmente es y constituye un intento positivo de captar este mensaje[540]. Esta última al igual que "Carne y sangre", son sinónimos de "cuerpo natural" en 15:44-45[541].

Esto nos ayuda a ver que Pablo no está contradiciendo los relatos de la resurrección, en los cuales Cristo es tangible, tiene heridas en su cuerpo, sus pies, sus manos, tiene carne y huesos, puede comer, y tiene un cuerpo que no es como un fantasma, sino como un hombre ("Miren mis manos y mis pies. ¡Soy yo mismo! Tóquenme y vean; un espíritu no tiene carne ni huesos, como ven que los tengo yo", Lucas 24:39). No está bien tratar de argumentar que la sangre no puede entrar en el reino, pero los huesos sí; de ninguna manera este es el punto. Antes bien, Pablo empuja a los corintios hacia la verdad que desarrollará en 15:51: que ni siquiera los cristianos que logren vivir hasta la *Parousia* entrarán en el reino sin cambio: "Todos seremos transformados", es decir, se erradicarán los efectos del pecado y de la muerte en nuestro cuerpo.

15:51

La oración *Fíjense bien en el misterio que les voy a revelar* de la NVI capta el sentido y la emoción de esto como ninguna otra versión. Aquí está el misterio revelado. No se nos dice cómo Pablo ha llegado a este misterio. Está implícito que los corintios no lo habían escuchado antes, ¿por qué más alardearía de la sorpresa de una nueva información? Interesantemente, Pablo presenta una doctrina ausente del Discurso de los Olivos y del paralelo paulino en 1 Tesalonicenses 4:13-18, escrita unos cinco años antes. Porque mientras todos hablan de la resurrección de los muertos y la "reunión" de los creyentes vivos y los resucitados en Cristo (Mateo 24:31; 1 Tesalonicenses 4:17), no hay referencia de cambios en el cuerpo de los santos que todavía viven. El elemento misterioso no es que algunos cristianos estarán vivos al llegar la *Parousia*; la nueva información es que incluso los cristianos vivos serán *transformados*. En la opinión de algunos cristianos en Corinto, lo único necesario

---

540. En contra de Tertuliano en su libro, *Contra Marción* 5.14, que relaciona esto con pecados cometidos en el cuerpo: "[1 Corintios 15:50] no tenía que ver con la visión de condenación de una sustancia (de la carne), sino con las obras de esta". Tambien Crisóstomo 42.2. Cf. además J. Jeremias, "Flesh and blood cannot inherit the kingdom of God' (1 Cor. 15.50)", *NTS* 2, 1955-56, pp. 151-59. Igualmente, George E. Ladd, *Creo en la resurrección de Jesús*, Caribe, Miami, FL, 1977, p. 152: "...nuestros actuales cuerpos terrenales, mortales y decadentes, no pueden heredar el glorioso mundo de la existencia inmortal".

541. Jeremías, "Flesh and blood", argumenta que "la carne y la sangre" habla de la transformación de los vivos, y que "la corrupción", la necesidad de que los muertos cristianos resuciten.

para entrar en el reino de los cielos era la desaparición del cuerpo: en ese sentido, una herida mortal proveería el escape anhelado por el espíritu. Pero la respuesta no es la destrucción, sino la transformación de los cristianos vivos y los muertos. Así que todos los cristianos portarán la imagen del Jesús resucitado.

15:52

Pablo mezcla términos tradicionales con los suyos propios. Interesantemente, él recalca que la transformación del cuerpo es instantánea: *en un instante, en un abrir y cerrar de ojos*. La primera frase usa el griego *atomos*, del que viene la palabra "átomo". Así como el átomo fue una vez indivisible (antes del descubrimiento de partículas subatómicas), Pablo está pensando en la más diminuta fracción de segundo, un momento tan breve que no se puede acelerar. La mayoría de las versiones castellanas traducen la segunda frase como lo hace la NVI, aunque el original sugiere algo más rápido que un mero pestañeo. ¿Por qué esto es importante? Pablo quiere eliminar cualquier idea de evolución o de crecimiento hacia una existencia mejor; el evento ocurre instantáneamente al regreso de Cristo, tan rápida y decisivamente este vence la muerte.

Al toque final de la trompeta es una característica de la más larga trayectoria en la escatología judía y en la cristiana. Tiene sus raíces en los sonidos de la trompeta en el Sinaí, que anunciaba la gloriosa aparición de Yahvé en la montaña (Éxodo 20:18), pero también el día de la futura venida de Yahvé (Isaías 27:13; Zacarías 9:14). En la tradición judía, la última trompeta la soplan Dios y un arcángel. Aparece en la versión de Mateo del discurso de los Olivos (y otra vez en 1 Tesalonicenses). Algunos tratan de relacionar esto con la última de las siete trompetas del Apocalipsis (Apocalipsis 11:15).

El punto de Pablo aquí no es revelar que el último trompetazo anunciará el fin. Más bien, está mostrando que ese toque de trompeta que los cristianos esperan será el momento cuando *los muertos resucitarán con un cuerpo incorruptible, y nosotros seremos transformados*.

No hay indicación en este párrafo ni en el paralelo en 1 Tesalonicenses de que Pablo intente distinguir entre un rapto/resurrección secreta de la iglesia y una Segunda Venida de Cristo visible más adelante para inaugurar el reino. Esa presuposición, que se da por un hecho entre algunos estudiantes de las Escrituras, debe importarse a 1 Corintios de alguna otra fuente, pues no está presente en el texto[542]. De hecho, una cuidadosa comparación entre 1 Tesalonicenses, 1 Corintios y Mateo 24:29-31 (en Mateo la venida de Cristo es "después" de la tribulación) revela una semejanza asombrosa, incluyendo detalles como ángeles, la trompeta y la reunión de los santos. La interpretación natural de estos datos es que hay un único regreso de Cristo, en el cual él reunirá a los santos y luego gobernará el reino.

---

542. Cf. J. Dwight Pentecost, *Eventos de porvenir*, Editorial Vida, Miami, FL, 1984, p. 150.

15:53

A Pablo le gusta emplear el lenguaje de "vestirse" cuando repite los términos *incorruptible e inmortalidad*, una metáfora hallada en *1 Enoc* 62:15 (versión Diez Macho): "llevando vestiduras de gloria". No deberíamos entender *vestirse* como cubrirse superficialmente lo que se lleva debajo. No se trata de una prenda, sino de un cuerpo con el cual los cristianos se visten y dentro del cual están contenidos. Él establece un punto parecido entre la desnudez de la muerte y estar vestido en 2 Corintios 5:2-4. Pero aquí en 15:53, el punto crucial es el uso de *dei*, traducido adecuadamente como *tiene que*. Según el programa de Dios esto debe suceder, así también Cristo debe (*dei*) reinar hasta que la muerte sea destruida (15:24). Solo entonces, en la resurrección, los muertos recibirán inmortalidad, o sea, una existencia libre de la muerte.

15:54

Este enérgico pasaje es uno de los favoritos en funerales, por una buena razón. Pero no nos equivoquemos en el punto paulino aquí. Pablo cita dos versículos del AT, Isaías 25:8 y en el siguiente versículo Oseas 13:14. Pablo ya ha citado de esta sección de Isaías en este capítulo (ver 15:32, 52). Su presuposición no mencionada es esta: Las Escrituras son la revelación de Dios y debe ser verdad. Isaías predice un día cuando será cierto que "la muerte ha sido devorada por la victoria". Esto debe pasar, ¿pero cuándo? Sucederá el día de la resurrección, *cuando lo corruptible se vista de lo incorruptible, y lo mortal, de inmortalidad*. De otro modo, Cristo no es señor sobre la muerte, su reino ha fracasado y también la Palabra de Dios.

15:55

La perspectiva de Pablo sobre la muerte en ninguna parte está en mayor discrepancia con las perspectivas griegas que en esta unión. Los filósofos pensaban generalmente en la muerte como algo natural, o como una liberación de la prisión del cuerpo. Para Pablo la muerte es una catástrofe y una maldición, algo que debe corregirse si el reino justo de Dios es por fin victorioso.

La cita de Oseas 13:14 viene de un versículo en el que Pablo habría percibido un fuerte lenguaje de resurrección:

> ¿Habré de rescatarlos del poder del sepulcro?
> ¿Los redimiré de la muerte?
> ¿Dónde están, oh muerte, tus plagas?
> ¿Dónde está, oh sepulcro, tu destrucción?
> ¡Vengan, que no les tendré misericordia!

En el contexto original el versículo es una amenaza a un Israel no arrepentido. Dios promete abandonarlos para que mueran, y llama a la Muerte y al Seol para que castiguen a los malos. Pero aquí en Pablo las interrogantes se vuelven para bendición: Dios llamó a la Muerte para que venga a los injustos... pero esperen, ¿dónde está la Muerte? ¿Por qué no tiene la Muerte un aguijón para el cristiano? Porque la Muerte y el Seol son para los injustos, pero los cristianos han sido redimidos del pecado por la cruz de Cristo. Cristo, no la Muerte, debe tener la *victoria* final. Cristo ha quitado el duro aguijón de la Muerte al destruirla. Como ha dicho en 1 Tesalonicenses 4:13, "para que no se entristezcan como esos otros que no tienen esperanza", como quienes no tienen promesa de resurrección.

15:56

Y finalmente para concluir, Pablo vuelve una vez más al tema del evangelio de Cristo y muestra cómo los tiempos finales, la cruz y la creación no son ideas aisladas, sino que están inseparablemente unidas en su evangelio[543]:

> La Muerte es un resultado del pecado (15:56)
> Pero Cristo murió por nuestros pecados (15:3)
>
> Y resucitó de entre los muertos (15:4)
> Y destruirá la muerte (15:27)
> Por medio de la resurrección de los cristianos (15:53-54)

Es el *pecado* lo que le da a la muerte su aguijón, y es la *ley* la que empeora las cosas. Existe un debate acerca de lo que Pablo quiere decir con "ley" o "Ley" de Moisés en este versículo. El lenguaje en este versículo, aunque es breve, refleja el papel condenatorio de la Ley de Moisés como se encuentra con mayor detalle en Gálatas 3:10-14 o Romanos 7:14-25. Aun cuando el Antiguo Testamento le provee a Pablo su marco teológico, especialmente la esperanza de la resurrección, las mismas Escrituras confirman que las personas pecadoras merecen la muerte.

15:57

Pablo finaliza su largo discurso, no con una sonrisa ante su propia lógica, sino con un ferviente estallido de alabanza, que capta de un modo breve la verdad del evangelio (ver también Romanos 7:25a, 11:33-36): *¡Pero gracias a Dios, que nos da la victoria por medio de nuestro Señor Jesucristo!* Él también subraya un punto latente a lo largo de todo el capítulo: que Jesús destruirá la muerte para la gloria de su reino, pero que es también para nosotros, el pueblo de Dios.

---

543. Ireneo capta esto perfectamente en *Contra herejías* 3.23.7: "Por tanto, cuando el hombre haya sido liberado, 'lo que está escrito pasará, la muerte será absorbida por la victoria. ¿O muerte dónde está tu aguijón?'. Esto no podría decirse con justicia, si esos hombres, sobre quienes la muerte primero obtuvo dominio, no fueran libres. Porque su salvación es la destrucción de la muerte. Cuando, por tanto, el Señor vivifica al hombre, o sea, a Adán, la muerte es al mismo tiempo destruida".

15:58

Entonces, ¿cómo deberían vivir los cristianos basados en esta verdad? Seguramente ellos ya deberían saber, pero Pablo brevemente destacará el punto clave. *Por lo tanto, mis queridos hermanos* – es decir, aceptando sinceramente la verdad de que seremos resucitados de entre los muertos, vivan en esta manera.

> manténganse firmes e inconmovibles,
> progresando siempre en la obra del Señor,
> conscientes de que su trabajo en el Señor no es en vano.

Pablo alude a los problemas debidos a la ausencia de la resurrección en 15:30-32. Los cristianos sin la resurrección no deben exponerse a peligros ni a bestias salvajes. ¿Por qué arriesgar la única vida que se tiene cuando todo su esfuerzo no se verá recompensado? Y ¿por qué cultivar un estilo de vida santo; después de todo, Dios destruirá el cuerpo (6:13)?

La resurrección del cuerpo provee una base para la valentía santa y fiel. A la luz de la futura resurrección, Pablo insta a los discípulos corintios: manténganse *firmes*, no importa cuánta presión el mundo le aplique. Su muerte será revertida y recompensada de distintas maneras. *Manténganse firmes e inconmovibles, progresando siempre en la obra del Señor, porque usted definitivamente se mueve hacia la vida de resurrección eterna. Su trabajo en el Señor no es* en vano *(15:2).*

7. Acerca de la colecta para los creyentes: ¿Qué deberíamos hacer en relación con la ofrenda para los de Jerusalén? 16:1-4

En cuanto a traduce el quinto *peri de*, otra preocupación por la cual los corintios habían escrito su propia epístola. Pablo terminó los asuntos teológicos complicados y es ahora cuando pasa a tocar los detalles más mundanos: las colectas caritativas, los arreglos del viaje y los itinerarios. Pero nos equivocaríamos si etiquetáramos este párrafo como un mero detalle con solo conexiones superficiales con los asuntos "doctrinales" más profundos.

16:1

Pablo es breve y va al grano, presupone un conocimiento compartido con los corintios[544]. Porque esta *colecta para los creyentes* no es un plan espontáneo, sino uno presente en la mente del apóstol durante todo su tercer viaje misionero[545]. Esto parece tener sus raíces en la interacción con Jerusalén: Saulo y Bernabé llegaron con comida durante la hambruna (Hechos 11:27-30). El encargo de los apóstoles

---

544. Cf. Hurd, p. 201; también el excelente artículo de S. McKnight, "Collection for the saints": *DPL*.

545. Aun, S. McKnight, "Collection for the saints", *DPL*, va demasiado lejos cuando afirma que la colecta fue "una *obsesión* de Pablo durante aproximadamente dos décadas".

de Jerusalén de que Pablo no descuidara a los (cristianos judíos) pobres (Gálatas 2:10) es difícil de fechar pero probablemente sea una referencia al mismo viaje. Ambos eventos se llevaron a cabo antes de su segundo viaje misionero, unos años antes de esta gran colecta.

Ahora, unos años después, la colecta va a proveer un alivio económico para los judíos cristianos pobres que viven en Jerusalén y sus alrededores. Se menciona en Hechos, aquí y en 2 Corintios, y quizá se aluda a esta en Romanos y en Gálatas. La famosa sección acerca de dar y de la generosidad en 2 Corintios 8–9 tiene que ver con la misma "ayuda para los santos". Las epístolas y Hechos indican lo generalizada que era la colecta – los cristianos por todo lado, de Acaya, Macedonia y Asia Menor, recaudaban fondos (aquí, 2 Corintios 8:1, Romanos 15:31). El plan era tan elaborado que cada iglesia nombraba administradores, quienes acompañaban a Pablo con su ofrenda y eran capaces de confirmar que esta había llegado (16:3-4; 2 Corintios 8:18-21; Hechos 20:4).

La colecta es para los *jagioi*, literalmente los "santos". El término "creyentes" de la NVI es una paráfrasis (como también 6:1-2, 16:15), y no tiene mucho sentido a menos que se trate de evitar la perspectiva católico-romana sobre los santos. Un mejor intento es "pueblo santo" de la VP. En Hechos la ofrenda es para el "pueblo" judío (Hechos 24:17), pero específicamente para los pobres. El Nuevo Testamento a menudo indica que los cristianos sufrían severos apuros económicos: en los años 30 (Hechos 2:44-45; 6:1), durante la hambruna de los años 40 (Hechos 11:27-30) y, en ese momento en los años 50 Pablo insta a las iglesias a ayudarles. Sus razones son variadas: por simple caridad (2 Corintios 8:19); porque los gentiles deberían mostrar gratitud a la iglesia de la cual salió el evangelio (Romanos 15:27); y quizá para provocar en los judíos incrédulos celos y fe en Cristo al ver que los gentiles contribuían con sus hermanos judíos (Romanos 11:11-15).

La participación en la colecta iba a ser otro punto de desacuerdo entre los corintios y Pablo. Él llegó a creer que ellos no se mantendrían firmes en las promesas hechas tan solo un año antes (2 Corintios 8–9) y les habló de eso detalladamente. En 1 Corintios 16, Pablo parece tener una respuesta sincera para una pregunta sincera; solo después resultó que la pregunta de estos no era simplemente para obtener información, sino una queja implícita acerca de por qué Corinto debía dar dinero. Pablo, una vez más, les recuerda a los corintios que ellos no son únicos ni singulares: *sigan las instrucciones que di a las iglesias de Galacia*.

16:2

¿Qué plan estaban siguiendo los gálatas? Que *cada uno de ustedes aparte y guarde algún dinero*, es decir, físicamente ponga una cantidad aparte[546]. Si ese dinero

---

546. BJ toma esto como "en su casa"; las otras versiones lo dejan abierto. En la iglesia del siglo IV, según leemos en Crisóstomo 43.7: "Y hagamos un pequeño baúl para los pobres en

se llevaba después a la reunión y se recogía en un solo fondo, no hay ninguna referencia directa. La esperanza de Pablo de que *para que no se tengan que hacer colectas cuando yo vaya* (cf. también 2 Corintios 9:3-5) puede significar que todo el dinero de la congregación se juntaba de antemano. La instrucción es para "cada uno": en un mundo donde los pobres no tenían nada para ahorrar, y donde se esperaba que los ricos hicieran actos generosos, sería difícil encontrar un paralelo para esta participación de todos. De hecho, en el siglo siguiente la iglesia orientó su caridad apelando a los ricos.

Ellos apartaban dinero *el primer día de la semana*[547]. Nosotros los modernos debemos recordar que la semana de siete días no era una idea romana tradicional, la cual normalmente tenía un ciclo de ocho días de comercio. La semana de siete días la tomó el imperio Romano de los judíos y de otras culturas orientales. Es improbable que la gente recibiera su salario "el primer día de la semana": la semana de siete días se adoptó oficialmente en Roma en el 321 d.C. después de la conversión de Constantino.

¿Por qué señala Pablo específicamente el primer día de la semana (el cual los romanos llegarían a llamar el día del Sol)? Algunos, particularmente los Adventistas del Séptimo Día, niegan que esto apunte a reuniones de la iglesia los domingos. Ellos argumentan que la iglesia se reunía el sábado (Sabbath) por lo cual la colecta se llevaba a cabo un día después del sábado. No existe ninguna referencia que apoye esto. En las escasas menciones a la observancia del Sabbath, Pablo dice que es una opción personal (Romanos 14:5) o, más negativamente, una ley que no se debe imponer sobre los gentiles cristianos (Colosenses 2:16; más adelante, Justino Mártir, *Diálogo* 47). Las referencias a las reuniones de la iglesia son pocas, pero hay una clara evidencia de que en los tiempos apostólicos la iglesia se congregaba el primer día de la semana[548]. Separar una cantidad de

---

casa; y cerca del lugar donde se colocan a orar, pónganlo allí: y tan a menudo como entren a orar, primero depositen su limosna, y luego eleven su oración; y así como ustedes no se atreven a orar sin lavarse las manos, tampoco lo hagan sin su limosna". Quizá Crisóstomo está pensando en la caja de la colecta de Joás en 2 Cron 24:8-11.

547. Calvino lee esto incorrectamente como "el primer día, que corresponde al Sabbath cristiano". El idioma griego dice "el primer día de la semana de siete días". Cf. Thiselton, *First Corinthians*, p. 1321.

548. Cf. especialmente Hechos 20:7; la iglesia no se reunía el domingo simplemente porque era cuando Pablo estaba disponible, sino porque habían llegado para "partir el pan". Esa era la costumbre durante el primer siglo d.C. y principios del siglo II. Plinio el Joven escribió que los cristianos se reunían un "día fijo" pero no mencionó el nombre del día. *Didajé* 14.1 hablaba de las reuniones el "Día del Señor". Alrededor del 107 d.C. Ignacio dijo en *Magnesios* 9 que los cristianos vivían "sin observar ya los sábados, sino modelando sus vidas según el Día del Señor" (ver el mismo razonamiento en *Bernabé* 14). Justino Mártir escribió en *Primera Apología* 67: "Y el día llamado domingo, todos [los cristianos] quienes viven en las ciudades o en el campo se juntan en un solo sitio". Totalmente mítica es la afirmación de que Constantino, o la iglesia romana,

dinero formaba parte de la adoración, ya fuera que se hiciera en lo privado del hogar o también en la colecta en el culto. Clemente probablemente esté refiriéndose a esta costumbre cuando dice a los corintios que "deberíamos hacer todas las cosas en orden, todas las que el Señor nos ha mandado que hiciéramos a su debida sazón" (*1 Clemente* 40.1).

Entre los judíos, algunos tributos eran igualmente impuestos sobre todos (por ejemplo, el impuesto del templo, Mat 17:24-27); la mayoría eran como la ofrenda de Jerusalén, regalos que eran proporcionales a la riqueza del dador[549]. La NVI dice *conforme a sus ingresos*; el original se acerca más a la LBLA "según haya prosperado". La dificultad con el uso de "prosperar", de todos modos, es que podríamos concluir que la generosidad es un lujo para los prósperos. Igualmente, "ingreso" tampoco capta el sentido, pues los ricos vivían de sus bienes, no dependían de un sueldo. Por tanto, esto significa de acuerdo con lo que uno tiene, un punto desarrollado por Pablo más ampliamente en 2 Corintios 8:11-15.

16:3-4

Si conviene que yo también vaya, iremos juntos, o sea, Pablo con los administradores. Resultó que Pablo sí iría personalmente con la colecta y sus mensajeros a Jerusalén (Hechos 20:3-5). De hecho, la presencia del mayordomo gentil Trófimo en ese grupo provocó un alboroto y el arresto de Pablo; algunos acusaban a Pablo de haber metido ilegalmente a un gentil dentro de los atrios del Templo (Hechos 21:27-29). Hasta este punto, Pablo no sabía cuáles serían sus planes, sino que simplemente hizo provisiones para que a *los que ustedes hayan aprobado* llevaran los fondos. Como era típico en el primer siglo, escribiría cartas de presentación y de recomendación para ellos. Pablo usa lo que puede ser un pronombre genérico, es decir, la gramática de 16:3 no requiere que los mensajeros sean hombres; no obstante, los nombres que son mencionados en Hechos indican que todos ellos eran varones.

Ese era el plan de Pablo: una intención simple pero astuta. Como esto cambió, los corintios estuvieron a punto de abandonar su promesa, pero eventualmente la cumplieron (como sugiere Romanos 15:25-26). Y el viaje de caridad de Pablo a Jerusalén lo dejaría en prisión por muchos años.

---

cambió el día de adoración del sábado al domingo, o que se hizo en honor al dios Sol. Antes de Justino el primer día ya se llamaba el día del Sol. Justino, por la misma razón, argumenta junto al judío Trifón que los cristianos no guardan ningún "Sabbath" (*Diálogo* 92; también Ireneo, *Contra herejías* 4.16; Tertuliano, *A los judíos* 4). Solo gradualmente el domingo llegó a convertirse en el "Sabbath cristiano". El Día del Señor no era un día de descanso hasta después de la conversión de Constantino en el siglo IV. Cf. el estudio tan útil de D. A. Carson, ed., *From Sabbath to Lord's Day*, Zondervan, Grand Rapids, MI, 1982.

549. Garland, *1 Corinthians*, p. 754.

La mayordomía 16:2-3
¿Qué enseña el Nuevo Testamento acerca de la mayordomía de nuestros bienes y qué papel juega 1 Corintios? Debemos hacer las siguientes distinciones:

1. *Diezmar. El Nuevo Testamento no enseña en ningún sitio que los cristianos diezmen, es decir, consagren un 10% a la iglesia local; ni siquiera la extensa sección de 2 Corintios 8–9 se refiere a ningún porcentaje específico. 1 Corintios 16:1 no dice "un porcentaje fijo conforme a sus ingresos". La historia también nos ayuda: los cristianos no tenían como norma diezmar antes del siglo IV d.C; hasta esa época, los Padres no se habían puesto de acuerdo en si el diezmo era una práctica cristiana[550]. Ni el Nuevo Testamento afirma que el diezmo es lo "mínimo" que un cristiano debe dar; esto es enseñanza extra-bíblica. Si los cristianos van a defender la doctrina del diezmo, tendrían que emplear el Antiguo Testamento y también probar que tal práctica del antiguo pacto es obligatoria para los cristianos de hoy.*

2. *El salario de los líderes locales. Pablo enseñó a sus discípulos a sostener económicamente a los líderes de la iglesia (a los maestros en Gálatas 6:6; a los ancianos en 1 Timoteo 5:17-18). Él no estipuló ningún nivel de ayuda en sus epístolas, aunque parece que él consideraba que un apóstol merecía un sustento completo (1 Corintios 9:3-14; véase un paralelo en 3 Juan 5–8). Décadas más tarde la Didajé le dice a la iglesia que mantenga a sus profetas locales con sus "primicias" (Didajé 13.3). También advertía que los falsos maestros tratarían de vivir a costa de la iglesia; estos debían despedirse dos o tres días después (Didajé 12).*

3. *Administración de fondos. En ninguna parte enseña Pablo que todas las donaciones cristianas deben ser administradas por el liderazgo de la iglesia.*

4. *Obras de caridad. En 16:1 y en 2 Corintios 8–9, Pablo habla acerca del fondo para Jerusalén. Esto era aparte del sustento de los líderes en #2, el cual era voluntario pero fuertemente aconsejable; una vez que la iglesia se comprometió con el fondo, Pablo esperaba que cumplieran.*

¿Qué principios rigen la ofrenda de caridad? Proveemos un bosquejo adaptable a una serie de sermones.

---

550. Ireneo, *Contra herejías* 4.18.2: "Los primeros [los judíos] tenían dedicados a lo sagrado solamente la décima parte de sus bienes, mientras que los que recibieron la libertad destinan todos sus bienes para uso del Señor, [...] como aquella viuda pobre que echó todo su sustento en la sala del tesoro de Dios"; también, 4.13.3. La primera referencia positiva al diezmar cristiano que he podido localizar es de Agustín, *On the morals of the Catholic Church* 67 [NPNF 1, 4] del 388 d.C. Él describe cómo los monjes dan un diezmo de su labor y viven en comunidad; en ese pasaje él no especifica que el diezmo es una norma para todos los cristianos, sino solo una ofrenda voluntaria hecha por los súper-dedicados. Alrededor del mismo tiempo, Crisóstomo comentó sobre 1 Cor 16 y recomendó que los cristianos diesen el diez por ciento como un mínimo, pero no lo dijo para "establecer una ley". Cf. Crisóstomo, *1 ad Corinthios* 43.7.

Principio 1 = *¿Por qué debo dar? La razón por la cual damos es porque Dios nos da a nosotros.*

Dios es la fuente de todos nuestros bienes según 1 Corintios 16:1; 2 Corintios 8:7, 9; 9:8-11. Nuestro modelo es Jesucristo, quien lo dio todo por nosotros en su encarnación (2 Corintios 8:9).

Esto contrasta con lo que escuchamos hoy, "den para recibir". En vez de eso, el apóstol nos dice "dé porque ya ha recibido". Por definición, la gratitud vuelve la mirada hacia atrás, a las bendiciones pasadas.

Principio 2 = *¿Cómo dar? Debemos dar con la actitud correcta.*

La actitud con la cual damos es más importante que la cantidad (2 Corintios 8:8,11-12). Nuestra mayor prioridad es dar con entusiasmo, voluntaria y alegremente. También debemos ofrendar racionalmente: no en un momento de tremenda emoción durante un culto, de lo cual luego nos arrepentiremos, sino en nuestros momentos de quietud. Nuestra ofrenda es absolutamente voluntaria (2 Corintios 8:7). Un dador alegre no es avaro, sino generoso. Cuando el pobre desea algo, ¿por qué un dador alegre iba a ofrecerle pan mohoso y ropa inservible?

Hay otro aspecto de la actitud considerado críticamente importante en la actualidad. Es decir, gente que trabaja muy duro, quizá con empleos agotadores, naturalmente va a sentirse molesta de ayudar a quienes no tienen empleo o no trabajan tan duro como ellos. Para esto se hace necesaria una enorme cantidad de sabiduría. Pablo mismo le dijo a la iglesia de Tesalónica que no mantuvieran a quienes no trabajaran. Pero, ¿qué pasa con quienes no están en capacidad, ni física ni mentalmente, de mantenerse a sí mismos? ¿Qué hay de aquellas madres abandonadas con muchos hijos? ¿Qué de personas sanas físicamente las cuales trabajarían si pudieran, pero no encuentran suficiente trabajo o uno que les pague lo suficiente para vivir? ¿Qué pasa con una congregación completa —como la de Jerusalén— donde la hambruna se combinó con la discriminación laboral que les impedía a los creyentes obtener su propio sustento? Aún en esos casos, Pablo señala que es cristiano ayudarles.

Quienes dan para un fondo de ayuda social en la actualidad cuentan con todo el derecho de saber que su dinero se desembolsa de una manera justa, de acuerdo con una política claramente enunciada. No debe haber ningún indicio de favoritismo, ni un solo caso donde algún perezoso reciba dinero. Esta es la razón por la cual Pablo emplea "administradores" tan cuidadosamente en su ministerio. Cualquier iglesia que recauda dinero por cualquier razón está bajo la obligación de decirles a sus miembros cómo usan el dinero.

Principio 3 = *¿Cuánto debo dar? La cantidad que damos debe ir de acuerdo con nuestros ingresos.*

1 Corintios 16:1-2 y 2 Corintios 8:7 muestra que ellos mismos decidieron cuánto dar. En su caso, quizá hayan tomado esa decisión con anticipación (aquí en 1 Corintios 16; también en 2 Corintios 8:6, 10; 9:2).

Pablo quiere que la gente que tiene más recursos dé más; también les reco-mienda a los pobres dar generosamente, o sea, más de lo razonablemente esperado. El apóstol no enseña que la gente dé imprudentemente o, como algunos dicen en la actualidad, hasta que duela. Él espera que dar sea proporcional y que todos participen de acuerdo con sus medios (2 Corintios 8:13-15).

Hoy en día, tenemos otro tipo de apóstol, el cual explota a quienes no pueden arriesgarse prometiéndoles que si dan sacrificialmente tienen la garantía de recibir mucho a cambio. Aplican una presión incesante, dedicando enormes cantidades de tiempo y de energía a levantar fondos. Convierten su propio ministerio en el único "alfolí" de Malaquías 3:10, en el que sus escasos bienes van a incrementarse. Viven como hombres ricos y atribuyen su riqueza a la grandeza de su fe. Reprenden a quie-nes no llegan a recibir bendiciones a causa de la flaqueza de su fe, y pretenden que resuelvan sus problemas dando aún más para su ministerio.

Esto plantea una cuestión. ¿Deben dar los pobres a la obra del Señor? Sí deben, en proporción a lo que tienen. Sin embargo, no deben hacerlo pensando que es una fórmula mágica para conseguir prosperidad (véase el siguiente principio). Al contrario, deben hacerlo por gratitud de que aun en medio de su pobreza Dios suple sus necesidades.

Principio 4 = ¿Qué sucede cuando doy? Debemos dar sabiendo que eso traerá un incremento en la bendición financiera de parte de Dios.

Dios promete bendecirnos en respuesta a nuestra ofrenda (2 Corintios 9:6-11). Él nos bendice de maneras espirituales y económicas. Esto no contradice lo que dijimos en el Principio 1. Un cristiano da porque ya ha recibido bendición. Dar no es un mecanismo para volvernos prósperos, pero damos con la confianza de que Dios bendecirá nuestra generosidad. Por supuesto, Dios sigue siendo Dios, y no podemos presentarnos ante él reclamando que él nos debe porque nosotros hemos dado para su obra. Qué distorsionado emplear el término, como hace un grupo cristiano, "La mágica ley del diezmo" o andar enseñando este tema con el título, "¿Quieres ser rico?". Qué engañoso es pedirle a la gente que llame o que mande un donativo por internet para "probar" esta ley espiritual, todo elegantemente hecho con tarjetas de crédito. 2 Corintios 9:7 presenta la actitud correcta, que "cada uno debe dar según lo que haya decidido en su corazón, no de mala gana ni por obligación, porque Dios ama al que da con alegría".

IV. CONCLUSIÓN (*POSTCRIPTO*) 16:5-24

La forma del resto del capítulo se apega a las normas convencionales en relación con la elaboración de cartas. Por ejemplo, en una nota corta de un soldado a su madre, él finaliza con saludos y con un deseo de salud: «Muchos saludos a mis hermanos y a Apollinarius y a sus hijos, y a Karalas y a sus hijos. Yo saludo a

Ptolomeo y a Ptolemais y a los hijos de ella y a Heraclous y a los hijos de ella. Saludo a todos los que te aman, a cada uno por su nombre. Oro por su salud [De *Select Papyri* I (1932) #111 (siglo 2 d.C.)]».

Pablo emplea tales formas, pero en sus manos estas destellaban las verdades de Cristo.

A. Itinerario 16:5-12

16:5-7

Aquí hay otro comentario inocente que conduciría a Pablo a un conflicto: *Después de pasar por Macedonia, pues tengo que atravesar esa región, iré a verlos.* De lo que leemos en 2 Corintios 1:15–2:4, los corintios deben de haber concluido que los estaban engañando. Pablo quería, como había afirmado en 2 Corintios 1:15, "visitarlos primero a ustedes para que recibieran una doble bendición" cuando regresara a Corinto, su punto de desembarque. Pero los corintios no estaban en buenos términos con él; Pablo no solo deseaba ganar tiempo para que la iglesia se estableciera, sino que también decidió quedarse más tiempo con ellos del que originalmente había planeado. Además, Pablo parece haber hecho una visita rápida, cruzando el Egeo para ver cómo andaba la iglesia, y fue una visita dolorosa (2 Corintios 2:1); pero de esto no sabemos casi nada (ver la Introducción).

La LBLA capta el sentido claramente: "Iré a vosotros cuando haya pasado por Macedonia (pues voy a pasar por Macedonia)...". El tono paulino indica que él sabía que esto era un cambio de planes, y dice dos veces que no quiere privarlos de su presencia, sino pasar *algún tiempo* con ellos. Probablemente, Pablo está preocupado por el efecto que su demora provocaría en el arrogante (1 Corintios 4:6-7). Pero como todos los viajeros en la antigüedad, Pablo planeaba sus viajes basándose en las estaciones, tratando de encontrar un lugar donde quisiera permanecer una vez que el invierno impidiera su viaje por mar. Si Pablo salió de Éfeso después de Pentecostés (16:8, ¿en mayo o junio?), podría visitar Macedonia lo cual le dejaría suficiente tiempo para ir a Acaya y luego pasar el invierno allí. Si iba a Corinto primero, pasaría el invierno en el norte. Pablo toma la decisión pastoral de que Corinto tenga a su apóstol después pero por más tiempo. Hechos 20:3 coloca esa estancia en Acaya durante tres meses. Sin ninguna lógica, los corintios tomarían esto como un rechazo o como una señal de capricho por parte del apóstol.

Como lo hace a menudo, Pablo encomienda sus planes a Dios: *si el Señor así lo permite* muestra su humildad ante el Señor, pero también el hecho de que Pablo no sabe en ese momento cuál es la voluntad de Dios (véase en Introducción, Aplicación: La Voluntad de Dios y los Planes Misioneros de Pablo, o, ¿Cómo sabía Pablo dónde tenía que ir?). Hechos corrobora la información encontrada en este itinerario (véase Hechos 19:21-22; 20:1-6).

16:8-9

Esta es la única referencia a *Pentecostés* en las cartas paulinas. Esta fiesta judía es la más prominente en el Nuevo Testamento por la llegada del Espíritu (Hechos 2:1). Aquí nos enteramos de la otra presión en el itinerario de Pablo: él quiere pasar el invierno en Corinto, pero no quiere dejar Éfeso cuando, literalmente, "se me ha abierto una puerta grande y eficaz", bien parafraseado por la NVI como *una gran oportunidad para un trabajo eficaz*. No se nos dice a qué se refiere, aunque el lenguaje y el paralelo con Colosenses 4.3 hacen que el lector piense en una oportunidad evangelística. También, *hay muchos en mi contra*. La NVI (también la VP) añade *a pesar de que*, lo cual no se halla en el griego, así como el "aunque" en la RVR. La LBLA sigue el texto más literalmente: "y hay muchos adversarios". No sabemos si Pablo se queda allí *a pesar del hecho* de que hay una fuerte oposición, o *a causa de ese hecho*, es decir, no puede dejar la iglesia indefensa en ese momento. Tal vez él quiera decirlo tan vagamente como el griego lo sugiere: es una oportunidad extraordinaria, pero a la vez hay una oposición extraordinaria. Hechos coloca el motín casi fatal en Éfeso inmediatamente antes de la salida de Pablo, por lo que está aun en el futuro cuando Pablo escribe esta epístola. El lector se queda con la impresión de que Pablo se quedará y enfrentará la oposición (quizá fatal) con el fin de explotar una rica oportunidad. Esto es con certeza de lo que habla en 2 Corintios 1:8-11, escrita después de que dejó Éfeso.

16:10-11

Tomamos 16:10-12 como parte del Itinerario, aunque también podría colocarse bajo el título *Recomendaciones* junto con 16:15-18. En algún momento Timoteo llegó a Corinto, y partió antes de 1 Corintios, pero aparentemente con otro trabajo por hacer (1 Corintios 4:17; según Hechos 19:22, él y Erasto fueron primero a Macedonia). Así que *si llega Timoteo*, mientras que es una traducción literal (como en la mayoría de las versiones castellanas) el lector actual podría inducir a error al lector de hoy en día. Él llegará; ¡Pablo lo envió! Podríamos tomar esto en el sentido de "cuando llegue Timoteo".

Pablo emplea el lenguaje común del primer siglo para encomendar a otro y pedir que lo reciban con hospitalidad (cf. Romanos 16:2). Deben hacer que Timoteo se sienta cómodo, y de nuevo dice *que nadie lo menosprecie. Ayúdenlo a seguir su viaje en paz*. Era el deber de todos, pero especialmente de los cristianos, mostrar hospitalidad para con el viajero. Con mucha mayor razón tratándose de una persona que está en Corinto con el único propósito de ministrar a la iglesia allí: *porque él trabaja como yo en la obra del Señor*. Thiselton sugiere que Pablo se imagina que la iglesia estará desilusionada al ver a Timoteo en vista de que específicamente habían solicitado la visita de Apolos. Pablo recalca que no solo tienen que recibirlo, sino que voluntariamente deben permitirle que se vaya de modo que se reúna con él. Para una iglesia que era tan dura con sus apóstoles, Corinto era muy reacia a permitirles que se fueran.

16:12

Este último "en cuanto a" (*peri de*) indica que los corintios le habían preguntado a Pablo por Apolos. Este hombre, a diferencia de Timoteo, no era uno de los subalternos de Pablo. De modo que, Pablo envió a Timoteo pero a Apolos *le rogué encarecidamente* como colega que viajara a Corinto con algunos del equipo paulino. Apolos había estado en Corinto unos tres años antes, justo cuando Pablo se hallaba en Éfeso (Hechos 19:1). Aparentemente, está de regreso en Éfeso y en contacto con Pablo[551]. Puede ser que Apolos, como Pablo, tenía otras cosas que hacer, y solo espera el momento *cuando se le presente la oportunidad*. El lenguaje aún parece demasiado fuerte para esto: *¡No crean que estoy enviando a mi subalterno Timoteo con el fin de mantener a raya al grupo de Apolos! ¡De ninguna manera! Supliqué a Apolos pero no quiso de ninguna manera ir ahora*. Muchos comentaristas ven su negativa como si él estuviera privando a sus partidarios de la oportunidad de que Apolos compitiera contra Pablo. Tal vez por eso Pablo deseaba enviarlo en compañía de otros miembros del equipo paulino, como una demostración de unidad.

B. Exhortación final 16:13-14

De nuevo, muchas cartas y la mayoría de las epístolas cristianas finalizan con una lista de ruegos concisos que recapitulan el punto principal de la carta (cf. especialmente 1 Tesalonicenses 5:14-22). En este caso, Pablo no repite como un loro 1 Corintios 1:10, sino que emplea otro lenguaje:

> *Manténganse alerta;*
> *permanezcan firmes en la fe;*
> *sean valientes y fuertes*
> *Hagan todo con amor.*

Todo esto enlaza bien con lo que ha mencionado antes en la epístola. No solo una alerta moral, sino también un fuerte compromiso con la fe –¡incluyendo la fe en la resurrección!– son necesarios. Aun más apropiada es la exhortación final de hacer *todo con amor*.

C. Recomendaciones 16:15-18

Muchas cartas griegas y romanas contenían recomendaciones para los portadores de la carta o para otras personas a las que el autor quería apoyar. *Estéfanas,*

---

551. Dídimo el Ciego (Bray, pp. 264-265) dice que Apolos era el obispo de Corinto, pero que había huido de Pablo cuando estalló el cisma. No existe evidencia en favor de esto.

Fortunato y Acaico se recomiendan porque habían hecho un viaje para ver a Pablo; lo habían ayudado mientras estaban allí; y ahora volvían a una iglesia rebelde. No sabemos mucho de ellos, salvo que Pablo había bautizado a los de la casa de Estéfanas (1 Corintios 1:16) y que en efecto ellos *fueron los primeros convertidos de Acaya* (literalmente, "las primicias")[552]. No fueron los primeros creyentes, los cuales estaban en Atenas (Hechos 17:34), sino del primer grupo de creyentes de Acaya. Además de esas experiencias dignas de mención, ellos *se han dedicado a servir a los creyentes.*

No podemos en la actualidad saber qué parte tuvieron ellos en los distintos partidos de la iglesia corintia. No se nos dice qué clase de regañina o de afirmación Pablo les hizo en su carta, ni quedan claras las reprimendas o las afirmaciones implícitas para todos en esta carta. Solo sabemos que Pablo los halló a ellos dignos colaboradores y siervos en el evangelio y dignos de su fuerte *reconocimiento.* La redacción probablemente sugiere que los tres iban a regresar a Corinto ahora con esta carta.

En ningún lugar en las cartas corintias Pablo habla de pagarles un salario a los líderes; la colecta es para los de Jerusalén, no para la iglesia local. De hecho, los líderes y ciertamente los benefactores de las iglesias en las casas probablemente tenían más dinero que los miembros en general. Pero aquí aparece una súplica general para los corintios a favor de la casa de Estéfanas, lo cual podría incluir tal clase de ayuda.

D. Saludos secundarios 16:19-20

Las cartas griegas y romanas a menudo terminaban con "saludos secundarios", es decir, saludos de otra gente (ver un ejemplo arriba). Pablo aquí usa dos veces el verbo convencional para saludar, *aspazomai.* Quienes desean que los corintios los recuerden son, impresionantemente, no solo los cristianos alrededor de Pablo, sino *las iglesias de la provincia de Asia.* Con cuánta frecuencia los corintios trataron de ser su propio nexo espiritual aislado, peleando sus propias batallas internas y creyendo que podían pasar por alto las reglas que las demás iglesias tenían que seguir. No solo se trata de saludos cálidos y amorosos, sino que también son un recordatorio para Corinto: ¡Ustedes son una parte de una gran comunidad esparcida por el mundo... y el resto del mundo cristiano mira!

---

552. *1 Clemente* 42.4 dice que los apóstoles nombraron a los convertidos iniciales de cada ciudad como obispos y diáconos: "Salieron a proclamar las buenas nuevas de que había llegado el reino de Dios. Y así, predicando por campos y ciudades, por todas partes, [los apóstoles] designaron a las primicias (de sus labores), una vez hubieron sido probados por el Espíritu, para que fueran obispos y diáconos de los que creyeran".

Esa omnipresente pareja cristiana, Aquila y Priscila, han regresado a Éfeso. Fieles a su generosa forma de ser, ellos son anfitriones de una iglesia como lo habían sido de la misión original en Corinto (Hechos 18:2-3) y como lo harían luego en Roma (Romanos 16:3-5a). Hay una referencia a otra estancia en Éfeso en 2 Timoteo 4:19.

En efecto, debido a la brevedad del tiempo, Pablo solo dice: *Todos los hermanos les mandan saludos*. Esto es parecido a Romanos 16:16: "Salúdense unos a otros con un beso santo. Todas las iglesias de Cristo les mandan saludos".

Salúdense unos a otros con un beso santo habría sido una costumbre conocida entre las iglesias paulinas en Corinto (ver el paralelo en 2 Corintios 13:12) y en Tesalónica (1 Tesalonicenses 5:26), pero también en las iglesias no-paulinas en Roma (Romanos 16:16) y en el norte de Asia Menor (1 Pedro 5:14). En el Antiguo Testamento, un beso para saludar o despedirse se reservaba por lo general para los parientes cercanos o para los amigos íntimos. Tal es el sentido en Lucas 7:45, 15:20; Hechos 20:37, y en el saludo engañoso de Judas, mencionado en los tres evangelios sinópticos. En las iglesias cristianas en casas, la gente se besaba como lo hacía con los miembros más cercanos de su familia, pues en efecto el evangelio les enseñaba que ellos eran eso en Cristo.

Algunos han argumentado que eso se limitaba a besar a personas del mismo sexo en la mejilla, pero el testimonio histórico apunta hacia besar a todos, aunque de una manera pura y hermanable[553]. En el siglo II el beso santo (o "beso de paz") creció hasta convertirse en parte de la liturgia de la Eucaristía: antes de participar del pan y del vino los creyentes se besaban para mostrar su unidad en Cristo[554]. No hay forma de saber si Pablo se refiere al acto litúrgico aquí.

---

553. En la última mitad del siglo II d.C., tanto Clemente de Alejandría, *Instructor* 3.11.2, como Atenágoras, *Suplicación* 32, advierten que los hombres y las mujeres se besen con cuidado. Así dice Atenágoras: "En el nombre de aquellos, entonces, a quienes llamamos hermanas y hermanos, y otras designaciones de parentesco, ejercemos el cuidado más grande de modo que su cuerpo permanezca sin mancilla y sin corrupción; porque el Verbo nos dice de nuevo, 'Si alguien besa una segunda vez a causa de que eso le provoca placer, [él peca];' añade, 'Por tanto el beso, o más bien el saludo, debe darse con el mayor cuidado, puesto que, si se mezcla con el más mínimo pensamiento de mancilla, nos excluye de la vida eterna'". Alrededor del 200 d.C. Tertuliano menciona el beso, pero no si se daba entre personas del mismo sexo (*Sobre oración* 18). Pero luego, en *Constituciones apostólicas* 2.57.17 (¿siglo IV?), no se permitía que hombres y mujeres se besaran: "Entonces que los hombres les den a los hombres, y las mujeres a las mujeres, el beso del Señor".

554. Justino Mártir, *Primera Apología* 65.2: "Habiendo finalizado las oraciones, nos saludamos unos a otros con un beso. Es entonces cuando se traen ante el presidente de los hermanos el pan y la copa de vino mezclado con agua; y él los toma, ofrece alabanza y gloria al Padre del universo, a través del nombre del Hijo y del Santo Espíritu, y agradece ampliamente por contarnos dignos de recibir estas cosas de Sus manos...Y una vez que el presidente ha dado gracias, y todos han asentido, aquellos a quienes hemos nombrado diáconos reparten a los presentes el pan y el vino mezclado con agua, elementos sobre los cuales se han pronunciado las acciones de gracias...".

E. Firma (Autógrafo) 16:21

Yo, Pablo, escribo este saludo de mi puño y letra. Los contemporáneos de Pablo en el siglo I normalmente dictaban las cartas (ver Romanos 16:22) y luego añadían saludos finales de su puño y letra en lo que técnicamente se denominaba "autógrafo". A lo largo del último siglo, los eruditos han descubierto muchos papiros antiguos que tienen sus saludos finales escritos con una letra distinta (y menos nítida profesionalmente). Por tanto, no es de sorprender que Pablo firmara su carta aquí: él tomó la pluma (¿de Sóstenes?) para escribir 16:21-24. Del mismo modo, las "letras grandes" de Gálatas 6:11 indican el punto cuando Pablo tomó la pluma y escribió sus comentarios finales (¡y llamativos!) con su propia letra (ver Colosenses 4:18).

Thiselton no está seguro de que toda la gente firmara sus propias cartas en el primer siglo, y sugiere que la firma de Pablo sirve como una señal de la autenticidad de la carta. Desde la primera Pablo tuvo que frustrar la falsificación (compárese 2 Tesalonicenses 2:2; 3:17). En Filemón 19, Pablo firma una promesa de pagar lo que se le debe a Filemón. No hay ninguna dificultad en aceptar que ambas razones son válidas.

F. Bendición (maldición) y Saludos finales 16:22-24

Muchas cartas, ya fueran paganas o cristianas, finalizaban con algún tipo de oración, de agradecimiento, de bendición o de buenos deseos. La bendición en 16:23, *Que la gracia del Señor Jesús sea con ustedes,* es típica de Pablo con su mención de la "gracia" (*jaris*) divina, aunque más completa que la mayoría (ver el final de todas sus epístolas; dependiendo del manuscrito, Romanos contiene cuatro bendiciones: 15:13, 15:33, 16:20b, 16:25-27).

Pero antes de pronunciar una bendición, Pablo ofrece al lector moderno paciente una pequeña pieza más del rompecabezas. Después de la bendición, él pronuncia una maldición: *Si alguno no ama al Señor, quede bajo maldición.* Únicamente Pablo emplea el verbo *fileō* en lugar del común *agapaō* para el amor hacia Dios, probablemente haciendo eco del término *filēma* (beso) presente en 16:20. Como vemos en el capítulo 13, algunos desean definir *fileō* como una forma débil de amar; pero, ¿quién podría afirmar que Pablo se refiere aquí a un mero afecto? Antes bien, él hace lo de siempre: mostrar que solo hay dos tipos de seres humanos. Están quienes aman a Dios y quienes no lo aman. Aquí se le debe dar a la maldición todo su valor de "condenación", la exclusión por la eternidad de la presencia de Dios, como sucede en Gálatas 1:8-9 y Romanos 9:3. Más sorprendentemente, las otras referencias a la oración de *Maranatha* en la literatura cristiana primitiva (Apocalipsis 22:20, *Didajé* 10.6, ver abajo) ocurren en fuertes advertencias en relación con la división de la humanidad al regreso de Cristo[555].

---

555. Cf. Thiselton, *First Corinthians,* pp. 1350-51.

La siguiente palabra ha pasado a ser parte del vocabulario cristiano (como las hebreas *Amén* y *Aleluya*) alrededor del planeta: ¡*Maranatha!* Este es un dicho arameo empleado en las cartas griegas. Es una oración cristiana que posiblemente se originó en la iglesia primitiva de habla aramea de Palestina.

Esta frase desempeñó un papel desproporcionado en las controversias del siglo XX en torno a la cristología primitiva. Hubo quienes, como Wilhelm Bousset, afirmaron que la iglesia solo llegó a pensar en Jesús como *"el Señor"* (*jo kurios*) en la iglesia posterior de habla griega, fuera de Palestina. En el paganismo, cada señor divino (ver 8:6-7) tenía su propia cena sacramental de modo que Cristo fue añadido a la lista de señores divinos por los convertidos del paganismo. Los cristianos más adelante leyeron la Septuaginta griega y hallaron versículos donde se referían a Yahvé como *kurios*. Así que, según sigue la teoría, los cristianos gentiles llegaron a pensar que Jesús era Dios y se alejaron completamente de la idea original judía de Jesús como un Mesías humano. No obstante, este pequeño dicho arameo muestra sin duda alguna que los cristianos de habla aramea (es decir, creyentes judíos) también aclamaban a Jesús como "Señor" empezando en Palestina... justo como Hechos afirma rotundamente (ver especialmente Hechos 2:36)[556]. Más allá de esto, nos ayuda la presencia de Pablo, quien conocía a fondo tanto las Escrituras Hebreas como la Septuaginta, y no dudó en aplicar pasajes de Jehová a Jesús (véanse nuestros comentarios en 1:8).

La oración *Maranatha* se parece a la cláusula en la oración del Señor "venga tu reino" (Mateo 6:10) y tiene el mismo significado escatológico.

Apocalipsis 22:20 posee este mismo clamor, pero traducido al griego: "¡Ven, Señor Jesús!". En el Apocalipsis este es claramente un imperativo. Aquí es más claro todavía que *Maranatha* se aplica al Señor *Jesús* y es acerca de la segunda venida.

Didajé 10.6 emplea un lenguaje parecido, y de nuevo usa la exclamación *Maranatha* para advertir al perdido acerca del juicio venidero: "Si alguno es santo, que venga; si alguno no lo es, que se arrepienta. ¡*Maran Atha*!". Esto es parte del final de una oración posterior a la Cena del Señor. Y se proclama en la liturgia que ha sobrevivido en ciertos círculos hasta el día de hoy, "¡que la gracia venga y que este mundo se acabe. *Maranatha*!".

Maranatha – predicando la Segunda Venida 16:22
Difícilmente ha habido un tema más electrizante a lo largo de los últimos 2000 años que los últimos tiempos y la segunda venida de Jesucristo. El éxito fenomenal de la serie de los libros escritos por Tim LaHaye, Dejados Atrás, *muestra el hambre por este tema. Tenemos interpretaciones semanales de profecías en las noticias, videos virales*

---

556. Cf. especialmente, Oscar Cullmann, *Cristología del Nuevo Testamento*, tr. C. T. Gattinnoni, Methopress, Buenos Aires, 1965, pp. 242-245; también W. Mundle, "Maranatha", *DTNT* p. 2:298-299.

de YouTube, así como un sinnúmero de conferencias proféticas, libros y cintas. En Costa Rica, es imposible transitar por una carretera principal sin ver un letrero que diga Cristo vuelve pronto.

Pero existen maneras correctas e incorrectas de predicar acerca de esta doctrina. Históricamente, sectas enteras —Testigos de Jehová, Mormones, Adventistas del Séptimo Día, por mencionar algunas— surgieron y crecieron porque alguien estableció una fecha para la segunda venida. Cada cierto número de años alguien anuncia que ha calculado el año del regreso de Cristo, y en ninguna de las ocasiones ha sucedido, para vergüenza de los cristianos que creen en la Biblia. Cada vez que explota una guerra en el Medio Oriente (¡tres guerras se llevaron a cabo mientras yo escribía este libro!) alguna persona afirma que es la señal de la batalla del Armagedón.

Por otro lado, existen grupos de cristianos que parecen haber dejado por completo de pensar en el regreso del Señor. Influenciados por el marxismo se preguntan si la era venidera es un ardid de la clase opresora para mantener a los oprimidos bajo control al hacerlos creer que recibirán una recompensa en el futuro. Los liberales por lo general minimizan la segunda venida considerándola un mito pasado de moda. Muchos creyentes simplemente se preocupan tanto por sobrevivir o por prosperar en esta época que no están sintonizados con la época venidera.

Analicemos algunas maneras falsas de proclamar esta verdad, y luego unas bíblicas.

Maneras falsas – *comenzaremos con el error más leve y avanzaremos hasta el más grave:*

1. *Obsesión con detalles. ¿Qué es lo primero que usted ve cuando se acerca a un pasaje profético? ¿Se siente atraído por la trompeta?, ¿o con la voz del arcángel en 1 Tesalonicenses 4:16?, ¿o con el cumplimiento exacto de cada uno de los sellos en Apocalipsis 6?, ¿o si se previeron los cajeros automáticos en la isla de Patmos? ¿O mantiene su mirada atenta a los grandes aspectos del juicio, la resurrección, la reivindicación? El Apocalipsis, por ejemplo, no se obsesiona con cada una de las plagas, sino más bien con la victoria del Cordero de Dios y con la liberación de su pueblo. 1 Corintios 15 tiene el objetivo de mostrar cómo la resurrección de Jesús marca una enorme diferencia en el futuro de su pueblo: indica que Dios tiene la intención de redimir nuestro cuerpo. ¿Enfoca usted su atención en la totalidad de la imagen o solo en los ínfimos detalles?*

2. *Fijar una fecha. Este es un abuso que se desprende de #1 pero merece su párrafo aparte. Aquí está el contexto: quienes son cristianos desde hace poco tiempo no recordarán a los proclamadores de fechas que se han levantado. Pero de hecho, uno de esos aparece cada tres o cuatro años y anuncia que "su" cálculo es el verdadero, que todos los anteriores se han equivocado, y*

que Cristo volverá alrededor de una determinada fecha. De hecho, varias de esas fechas han ido y venido mientras yo estaba escribiendo este comentario. Tal clase de gente nunca le dirá que ellos mismos han fijado fechas en el pasado las cuales han resultado falsas. ¿Es que sus Biblias no contienen Mateo 24:36, el cual dice "en cuanto al día y la hora, nadie lo sabe"? Sí lo tienen, ¡pero hay muchas formas de evadir su claro significado! O dicen, No sabemos el día ni la hora, pero sabemos el mes o el año. O, no, Jesús no sabía el día ni la hora de su regreso, pero nosotros hoy contamos con una nueva palabra profética, la cual nos revela la fecha exacta. Solo tengamos presente que otros han afirmado tener un nuevo conocimiento o una iluminación única muchas veces en el pasado, y siempre se han equivocado.

El hecho de que haya tantas predicciones en el ambiente lleva a la gente a concluir: Bueno, esta predicción era falsa y aquella también, pero últimamente ha habido tantas predicciones en cuanto al año del regreso de Jesús que debe de ser cierto que está "muy cerca". Esto también es un error: ni mil respuestas equivocadas resultan en una respuesta correcta.

Cuando Jesús nos dijo que nadie sabía el día ni la hora, no estaba bromeando. Dijo eso como advertencia de que no anduviéramos preocupados por las fechas, sino que en vez de eso nos concentráramos en cómo debemos vivir a la luz de su regreso. Con todo y esa advertencia, los cristianos han roto ese mandamiento una y otra vez, y han pagado el precio de la vergüenza, para desgracia del evangelio y para la ruina de la vida de mucha gente.

3. *Conocimiento secreto. Una vez más esto es una extensión de #1 y #2. La idea de algunos es: Todos tenemos la Biblia; pero yo tengo en mi poder una información adicional que arroja más luz de la que la mayoría de los cristianos poseen. Es escandaloso escuchar que cristianos que creen en la Biblia se apartan de ella y ponen su fe en los escritos de los antiguos rabinos o en el supuestamente auténtico 1 Enoc; en la supuesta Epístola de Bernabé, la cual de ningún modo fue escrita por el Bernabé bíblico, sino que data del siglo II[557]; en Nostradamus; en ciencias ocultas; en profecías supuestamente proclamadas por israelitas modernos; en maestros musulmanes; en rollos antiguos o en tablas que supuestamente han aparecido; en*

---

557. *Bernabé* 15.4 es citado a menudo por los estudiantes de profecía para "probar" que la historia de la raza humana durará 6000 años: "Atended, hijos, qué quiere decir lo de: *Acabolos en seis días.* Esto significa que en seis mil años consumará todas las cosas el Señor, pues un día es para él mil años. Lo cual, él mismo lo atestigua, diciendo: *He aquí que el día del Señor será como mil años.* Por lo tanto, hijos, en seis días, es decir, en los seis mil años, se consumarán todas las cosas" (también encontrado en Ireneo, *Contra herejías* 5.28.3). Esta noción llevó a algunos a establecer fechas para el regreso de Cristo alrededor del año 2000.

inscripciones halladas en las pirámides egipcias o en el monte del Templo de Jerusalén. ¿Qué necedad es esta, desechar la auténtica Palabra de Dios para seguir tales fábulas?

Debo señalar que también los judíos siempre han tenido sus grupos radicales. Los esenios, por ejemplo, conocidos por los Rollos del Mar Muerto desde el tiempo de Jesús, pensaban que eran el remanente justo de los últimos días. Hicieron toda clase de cosas extrañas porque estaban absolutamente seguros de que la Biblia predecía que su grupo sería el pueblo de Dios de los tiempos finales. Se extinguieron hace miles de años, como lo han hecho todos los grupos como ese. Los Testigos de Jehová comenzaron de la misma manera en muchos aspectos: se consideraban el pueblo de Dios de los últimos días, se levantaron para testificar la verdad antes del regreso de Jesús que sería en 1914. Jesús no volvió, pero ellos siguen presentándose como el remanente. Predijeron otra vez que el fin del mundo sucedería en 1925 y en 1975.

Si usted se encuentra con un Testigo de Jehová hoy, probablemente ya usted sabe que es un falso maestro. Mucho más decepcionante es cuando alguien en quien usted confía, quien parece tener un fundamento sólido en la Biblia, el cual ha hecho muchas buenas obras, comienza a afirmar lo mismo. Debemos tener el discernimiento para rechazar cada una de las enseñanzas como esas, sin importar de donde venga.

4. *Conducta impía. De vez en cuando una secta surge tan convencida de que es el remanente de los últimos tiempos que cometen pecados reales en nombre de Dios. Hay sectas alrededor del mundo que defienden la supremacía de los blancos o son antisemíticas. Justifican su pecado afirmando que en los últimos días las reglas de moralidad convencionales no se aplican. La gente mata a sus oponentes, coloca bombas, les pide a sus miembros que se suiciden —recordemos a Jim Jones en Guayana— todo con la convicción absoluta de que es la voluntad de Dios. Esto también es necedad y debilidad. Después de todo, los maestros de la profecía tratan de manipular a sus oyentes con los elementos empleados generalmente por muchos predicadores: que usted done a su ministerio, que les compre lingotes de oro, que compre paquetes caros de supervivencia, etcétera.*

Maneras correctas: no aparecen en un orden particular. Cualquier presentación de la segunda venida del Señor debe ser fuerte en los siguientes elementos:

1. *La segunda venida y la santidad personal. Esta es la conexión más evidente en 1 Corintios. Los cristianos deben ver la segunda venida como una advertencia contra el pecado y una exhortación a la justicia. Si negar la resurrección lleva a una corrupción moral (15:30-34), el corolario opuesto también es cierto – que los cristianos pueden obtener ánimo para permanecer firmes de la venida de Cristo (15:58). Para los creyentes con sabiduría*

de este mundo que hacen caso omiso de la naturaleza apocalíptica de la revelación de Dios (2:6-10) y se dividen en facciones por el estatus, aquí hay una advertencia de una revelación de fuego que vendrá y destruirá sus talentos (3:13).

2. *La segunda venida y la justicia. Este es un tema más evidente en los evangelios o en Santiago que en Pablo, principalmente debido a los problemas específicos que trata cada autor. Santiago advierte a quienes oprimen a sus peones agrícolas que es mejor que no estafen a los pobres. Quienes hacen eso están amontonando riquezas en los últimos días (Santiago 5:3b). El regreso de Cristo marca un cambio radical de fortunas para los ricos y para los pobres.*

3. *La segunda venida y la persecución. Esto se solapa con #2, pero lo consideramos por separado. Es bien sabido entre los estudiantes de Nuevo Testamento que las referencias a la segunda venida son más frecuentes en libros que tienen que ver con la persecución del pueblo de Dios. El ejemplo más claro de esto es Apocalipsis, el cual describe cómo los cristianos se aferran al Cordero y rehúsan la marca de la bestia y la religión falsa de Babilonia, aunque esto signifique su muerte (véase especialmente el versículo clave Apocalipsis 2:10b). Las enseñanzas de Jesús mismo mezclan los dos temas (véase por ejemplo Mateo 5:1-12; 10:5-42; 16:24-28; 24:4-35; también Romanos 8; 1-2 Tesalonicenses). A menudo se observa que la gente en persecución y en angustia tiende a dejarse atraer por la segunda venida y a tener un entendimiento especial del poder de Dios para reivindicar a los justos. Esto no significa (ver #2) que deberíamos decirles a los pobres, a los desposeídos, a los oprimidos que fijen su esperanza en la segunda venida en vez de procurar la justicia para ellos en esta era. Al contrario, es la esperanza de la época venidera la que nos da una luz que nos guía; y les recuerda a todos los cristianos que no importa cuántas mejoras le hagan al sistema actual, la liberación final viene solo con el regreso personal de Jesús. Nuestra sed de justicia nunca debe conducirnos a la amargura, a la calumnia o a la impaciencia (Santiago 5:7-12), sino más bien a una tranquila confianza en la futura redención divina.*

4. *La segunda venida y el evangelismo. La exposición paulina más grande del evangelismo y las misiones aparece en Romanos 9–11 y 15. Para Pablo, su trabajo evangelístico se interrelaciona con el plan de Dios para las naciones, Israel y la iglesia. En Rom 15:16 él emplea "ofrecer" en una forma que se origina en las profecías del Antiguo Testamento acerca de las naciones que le traen tributo a Sión. Apocalipsis describe cómo en los últimos tiempos la persecución es compatible con una enorme cosecha de almas (Apoc 7:9-17), un tema que encuentra un eco en 1 Tesalonicenses 1:4-10. ¿Por qué es*

esto importante? El fenómeno del fervor de los últimos días, como se ve arriba, históricamente ha tenido dos efectos contradictorios. Uno es que los cristianos, imaginando que el fin del mundo se acerca, repentinamente se llenan de nueva energía para salir y predicar y compartir el evangelio. El otro efecto es la parálisis: si en realidad estamos en los últimos y en los días del mal, entonces debemos centrar nuestra atención en protegernos a nosotros mismos más que en hallar nuevos conversos.

5. *La segunda venida, la prosperidad y la sanación. El retorno de Cristo y la resurrección nos recuerdan que la sanación completa y la prosperidad llegarán solo con la resurrección. La resurrección nos sana del último enemigo, la muerte, y nos deja en un estado donde nunca más estaremos enfermos o débiles ni moriremos. El reino futuro es la época de la prosperidad final y eterna también. ¿Por qué es importante? Una de las características clave del mensaje cristiano es la tensión entre lo que "ya" es y lo que "todavía no" ha llegado. La tensión es difícil de mantener, como se evidencia de la forma en que los autores del NT tienen que balancearla. Quizá el método más útil es comenzar con la segunda venida y recordar que es en ese entonces cuando se encontrará la perfección:*

- *El plan de Dios es que yo disfrute de una salud perfecta y de una prosperidad perfecta en la época venidera.*
- *El plan de Dios es que yo goce de una medida de prosperidad y de salud en esta época.*
- *Por tanto: cualquier sanación o prosperidad que yo experimente ahora es parcial y es anticipación de la realidad completa; no es la perfección misma.*

Esto ayuda con un interrogante: Dios sana a la gente que me rodea; Dios me sanó en el pasado; entonces, ¿por qué estoy muriendo de cáncer? Parte de la respuesta debe ser que Dios no intenta que tengamos una salud perfecta en esta era, si lo hiciera, entonces nunca moriríamos, sino que viviríamos como somos para siempre.

16:23

La bendición, *la gracia del Señor Jesús sea con ustedes*, es típica de Pablo con su mención de divina "gracia" (*jaris*), aunque más plena que la mayoría (véase el final de todas sus epístolas).

16:24

Qué carta tan polémica y difícil, sin embargo Pablo va más allá de la bendición de gracia típica y añade una nota personal: *Los amo a todos ustedes en Cristo Jesús.* Más cerca al original es la RVR: "Mi amor en Cristo Jesús esté con todos vosotros". El último *Amén*, como con todas las epístolas, no se halla en los mejores manuscritos y probablemente lo añadieron los escribas más adelante. Pero, ¿qué hay de su declaración de amor? Thiselton seguramente tiene razón cuando ve esto como sincero y no como una simple estrategia retórica. Como por ejemplo en 1:4, Pablo dice la verdad, no lo que es simplemente agradable al oído. Thiselton también desea subrayar el uso de "todos"[558]. Sin lugar a dudas, Pablo emplea con frecuencia el término cuando le habla a la iglesia (ver especialmente Romanos 1:7-8; Filipenses 1:1-8). Y cuán fuerte es aquí que él menciona *agapē* y "todos" al mismo tiempo. No es para Pablo un amor que flaquea y se aparta disgustado cuando es decepcionado; no, para Pablo es una teología que argumenta cada pequeño punto de doctrina más allá de los límites del amor. En Cristo, Pablo "todo lo disculpa, todo lo cree, todo lo espera, todo lo soporta" (1 Cor 13:7).

Comentario final
Por la gracia de Cristo (16:23), los corintios experimentaron el amor de Dios. El amor de Pablo hacia ellos (16:24) es un reflejo de ese amor divino. El amor de los corintios por Cristo (16:22), el amor de las iglesias hacia ellos (16:19-20a), el amor que los corintios pueden tener unos por otros (16:20b) – todo esto fluye de Dios quien los ha reconciliado por medio de la cruz de Cristo.

¿De dónde, entonces, surge la necesidad de jactarse en tal universo? ¿Qué necesidad hay de estatus? ¿Qué necesidad hay de pasar por encima de otros creyentes? ¿Qué necesidad hay aparte de Dios en Cristo, si hasta el universo se precipita hacia su conclusión? ¡Que te amemos, Señor, y que a través de ti nos amemos unos a otros! ¡Que tu gracia se manifieste y que este mundo deje de existir! ¡Maranatha!

---

558. Thiselton, *First Corinthians*, p. 1353.

BIBLIOGRAFÍA

UNAS OBSERVACIONES ACERCA DE LAS FUENTES

Las principales influencias en este volumen serán evidentes para el lector:

1. Entre los comentarios en castellano, el de Gordon Fee ocupa un lugar privilegiado, pero los otros volúmenes en castellano (especialmente el de Irene Foulkes) son muy útiles también.

2. Hemos incorporado a la discusión las observaciones de los comentarios en lengua extranjera, especialmente por Anthony Thiselton en inglés y Wolfgang Schrage en alemán.

3. La riqueza de nuevos estudios sociales e históricos del Corinto antiguo se ve estimulada por dos décadas de un extenso estudio poco común de las ruinas. Una mención especial para Tyndale House en Cambridge, cuyos miembros han producido algunas monografías y algunos artículos excelentes en su *Tyndale Bulletin*.

4. Quizá más que cualquier otro documento del Nuevo Testamento, 1 Corintios es mejor estudiado a la luz de la literatura patrística. Primero debemos mencionar los comentaristas de lengua griega: fragmentos de homilías de Orígenes, y los 44 sermones de Juan Crisóstomo; estos dos proveen exposiciones de un texto *koiné*, proclamado en griego *koiné*, a una audiencia cuyo dialecto diario era aquél de los apóstoles. Otros comentaristas griegos son Dídimo el Ciego, Teodoro de Mopsuestia, Genadio de Constantinopla, Severiano y más notablemente, Teodoreto de Ciro. Un excelente comentario en latín, falsamente atribuido a Ambrosio de Milán, fue escrito en el siglo IV; su autor desconocido es llamado Ambrosiáster.

Los primeros Padres no escribieron comentarios completos sobre 1 Corintios, pero sus obras están llenas de información útil. *1 Clemente* trata primordialmente sobre divisiones y partidismo en Corinto a finales del siglo I. Las Epístolas de Ignacio y la *Didajé* dicen mucho acerca del orden de la iglesia. Los cristianos del siglo II, Policarpo, Justino Mártir, Ireneo, Clemente de Alejandría, Orígenes, Tertuliano vivían en el mundo de Pablo y los creyentes corintios, en el que la cruz fue siempre "una piedra de tropiezo para los judíos y necedad para los gentiles" (1 Cor 1:23).

Por un lado, la iglesia naciente fue eclipsada por cientos de miles de judíos desperdigados en la Diáspora. Israel estaba poniendo su propia casa en orden después de la destrucción del Templo, y ellos, obstinadamente, no estaban convencidos de que el movimiento cristiano tuviera alguna comprensión reveladora de las Escrituras. Desde el mundo de los paganos, se burlaban del Cristianismo como una religión para tontos y esclavos, una fe para personas que deberían saber que no estaba bien adorar a un hombre crucificado. Estos Padres de la iglesia vivieron en un mundo donde los dones carismáticos, velos para las mujeres, sabiduría filosófica, persecución del imperio, gnosticismo y dudas acerca de la resurrección del cuerpo no eran simplemente palabras de un libro de historia, sino asuntos de cada día. Proporciono citas relevantes de los Padres y otras fuentes antiguas, partiendo del supuesto de que mucho de este material no está disponible fácilmente para el lector común.

COMENTARIOS Y OTROS RECURSOS ANTIGUOS

Agustín, *Comentario sobre Juan*, Tratado 98, NPNF 1,7.

—, *Enchiridion* 68-69, NPNF 1,3.

Ante-Nicene Fathers, ed. A. Roberts and J. Donaldson, 10 tomos, T. & T. Clark, Edinburgh, 1867-1885.

Ambrosiáster, *Commentaries on Romans and 1-2 Corinthians*, ed. Gerald L. Bray, IVP, Downers Grove, IL, 2009.

—, *In epistulas ad corinthios*, ed. Heinrich Joseph Vogels, Corpus Scriptorum Ecclesiasticorum Latinorum: 81.2, Hölder-Pichler-Tempsky, Wien, 1968.

Bray, Gerald y Marcelo Merino Rodríguez (eds.), *1-2 Corintios*, La Biblia comentada por los Padres de la Iglesia: 7, Ciudad Nueva, Madrid, 1999.

Del Valle, Carlos, ed., *La Misná*, Ediciones Sígueme, Salamanca, ²2011

Dídimo el Ciego, *Fragmenta in epistulam i Corinthios*, ed. K. Staab, *Pauluskommentar aus der griechischen Kirche aus Katenenhanschriften gesammelt*, Aschendorff, Münster, 1933.

Diez Macho, Alejandro, ed., *Apócrifos del Antiguo Testamento*, 6 tomos, Ediciones Cristiandad, 1984-2011.

Ecumenio, *Fragmenta in epistulam 1 ad Corithios*, ed. K. Staab, *Pauluskommentar aus der griechischen Kirche aus Katenenhanschriften gesammelt*, Aschendorff, Münster, 1933.

Epictetus, *Enchiridion*, tr. Elizabeth Carter, online: http://classics.mit.edu/Epictetus/epicench.html.

Eusebio, *Historia de la Iglesia*, ed. Paul L. Maier, tr. Santiago Escuain, Editorial Portavoz, Grand Rapids, MI, 1999.

Flavio Josefo, *Antigüedades de los judíos*, 2 tomos, José Vara Donado, ed. Akal, Madrid, 1997.

—, *Las guerras de los judíos*, Orbis, Barcelona, 1985.

Filón, *Las obras completas de Filón de Alejandría*, José María Triviño, ed., 5 tomos. Acervo Cultural, Buenos Aires, 1976.

Gaius, *Institutes of Roman law*, ed. Edward Poste, Clarendon, Oxford, [4]1904.

García Martínez, Florentino, ed. *Textos de Qumrán*, Trotta, Madrid, [5]2000.

Genadio de Constantinopla, *Fragmenta in epistulam 1 ad Corithios*, ed. K. Staab, *Pauluskommentar aus der griechischen Kirche aus Katenenhanschriften gesammelt*, Aschendorff, Münster, 1933.

Gregorio Magno, *Regla pastoral*, tr. Luis Heriberto Rivas, Ediciones Paulinas, Buenos Aires, 1991.

Juan Crisóstomo, *In Acta apostolorum*, ed. J. P. Migne, *Patrologia Graeca* 60: 13-384.

—, *In epistulam 1 ad Corinthios*, ed. J. P. Migne, *Patrologia Graeca* 61:381-610; y también NPNF 1, 12.

—, *In principium Actorum apostolorum*, ed. J. P. Migne, *Patrologia Graeca* 51: 65-112.

—, *Oportet haereses esse*, ed. J. P. Migne, *Patrologia Graeca* 51:251-260.

Kock, T., ed., *Comicorum Atticuorum fragmenta*, Teubner, Leipzig, 1880.

Kovacs, Judith L., ed., *1 Corinthians interpreted by early Christian commentators*, Church's Bible, Eerdmans, Grand Rapids, 2005.

Lightfoot, J. B., *Los Padres Apostólicos*, CLIE, Barcelona, 1990.

Martial, *Epigrams*, ed. A. Ker, LCL, 2 vols., Harvard University Press, Cambridge, MA, 1919.

Nicene and Post-Nicene Fathers, ed. A. Roberts, J. Donaldson, P. Schaff and H. Wace, 28 vols., T. & T. Clark, Edinburgh, 1886-1900.

Orígenes, *Fragmenta ex commentariis in epistulam 1 ad Corinthios*, ed. C. Jenkins, "Documents: Origen on I Corinthians", *Journal of Theological Studies* 9 & 10 (1908).

Quintiliano, *Institutio oratoria*, http://penelope.uchicago.edu/Thayer/E/Roman/Texts/Quintilian/Institutio_Oratoria/home.html.

Plutarch, *Moralia*, ed. F. C. Babbitt, Cambridge, MA, Harvard University Press, [2]1959.

—, *Vitae Parallelae*, ed. K. Ziegler, Teubner, Leipzig, [4]1969.

Pseudo-Phocylides, *Sententiae*, ed. D. Young, in *Theognis*, Teubner, Leipzig, 1971: 95-112.

Severiano, *Fragmenta in epistulam 1 ad Corithios*, ed. K. Staab, *Pauluskommentar aus der griechischen Kirche aus Katenenhanschriften gesammelt*, Aschendorff, Münster, 1933.

Tacitus, *Complete works of Tacitus*, tr. Alfred John Church y William Jackson Brodribb, ed. Moses Hadas, Random House, New York, 1942.

Tertuliano, *Adversus Marcionem* 5.5-10, ANF 3.

Teodoreto de Ciro, *Commentary on the letters of St. Paul*, ed. Robert C. Hill, 2 vols., Holy Cross Orthdox Press, Brookline, MA, 2001.

—, *Interpretatio in xiv epistulas sancti Pauli*, ed. J. P. Migne, *Patrologia Graeca* 82:36-877.

Teodoro de Mopsuestia, *Fragmenta in epistulam 1 ad Corithios*, ed. K. Staab, *Pauluskommentar aus der griechischen Kirche aus Katenenhanschriften gesammelt*, Aschendorff, Münster, 1933.

COMENTARIOS REFORMADOS Y MODERNOS

Allo, E.-B., *Première épitre aux Corinthiens*, Gabalda, Paris, ²1956.

Bachmann, Philipp, *Der erste Brief des Paulus an die Korinther*, Kommentar zum Neuen Testament: 7, A. Deichert, Leipzig, ²1910.

Baker, William, *1 Corinthians*; Ralph P. Martin, *2 Corinthians*, Cornerstone Biblical Commentary, Tyndale House, Carol Stream, IL, 2009.

Barrett, C. K., *The First Epistle to the Corinthians*, Black's New Testament Commentary, A. & C. Black, London, 1968.

Blomberg, Craig, *The NIV Application Commentary Series: 1 Corinthians*, Zondervan, Grand Rapids, 1994.

Calvin, John, *The First Epistle of Paul to the Corinthians*, Oliver & Boyd, Edinburgh, 1960 [orig. 1556].

Conzelmann, Hans, *1 Corinthians*, Hermeneia, tr. James W. Leitch, Fortress, Philadelphia, 1975.

Dods, Marcus, *The First Epistle to the Corinthians*, Expositor's Bible, Hodder & Stoughton, London, 1906.

Fascher, E. y Christian Wolff, *Der erste Brief des Paulus an die Korinther*, 2 tomos, THKNT: 7, Evangelische Verlagsanstalt, Berlin y Leipzig, ²1975, 1996.

Fee, Gordon, *Primera epístola a los Corintios*, tr. Carlos Alonso Vargas, Nueva Creación, Buenos Aires, 1994.

Findlay, G. G., "The First Epistle of Paul to the Corinthians", en W. R. Nicoll, ed., *The Expositor's Greek New Testament*, Eerdmans, Grand Rapids, MI, 1961 [orig. 1900].

Fitzmyer, Joseph A., *First Corinthians*, AB 32, Yale University Press, New Haven, CT, 2008.

Foulkes, Irene, *Problemas pastorales en Corinto: comentario exegético-pastoral a 1 Corintios*, DEI, San José, Costa Rica, 1996.

Garland, David E., *1 Corinthians*, BECNT, Baker, Grand Rapids, MI, 2003.

Godet, Frederic Louis, *Commentary on First Corinthians*, Kregel, Grand Rapids, MI, 1977 [orig. 1889].

Goudge, H. L., *The First Epistle to the Corinthians*, Westminster Commentaries, Methuen & Co., London, 1903.

Grosheide, F. W., *The First Epistle to the Corinthians*, NICNT, Eerdmans, Grand Rapids, MI, 1953.

Hamar, Paul A., *La primera epístola a los corintios*, Vida, Miami, FL, 1983.

Hays, Richard B., *First Corinthians*, Interpretation, John Knox, Louisville, KY, 1997.

Héring, Jean, *The First Epistle of Saint Paul to the Corinthians*, tr. A. W. Heathcote y P. J. Allcock, Epworth, London, 1962.

Hodge, Carlos, *Comentario de I Corintios*, tr. José-María Blanch, Estandarte de la Verdad, Carlisle, PA, 1969 [orig. 1857].

Horton, Stanley M., *I & II Corinthians*, Gospel Publishing House, Springfield, MO, 1999.

Kistemaker, Simon J., *1 Corintios*, Libros Desafío, Grand Rapids, MI, 1998.

Kuss, Otto, *Carta a los Romanos, Cartas a los Corintios, Carta a los Gálatas*, Herder, Barcelona, 1976.

Lietzmann, Hans y W. G. Kümmel, *An die Korinther I/II*, Handbuch zum Neuen Testament: 9, Mohr, Tübingen, 1949.

Morris, Leon, *The First Epistle of Paul to the Corinthians*, Tyndale New Testament Commentaries, Eerdmans, Grand Rapids, MI, 1958.

Murphy-O'Connor, Jerome, *1 Corinthians*, Doubleday Bible Commentary, Doubleday, New York, 1998.

Nicoll, W. Robertson, ed., *The first epistle of Paul to the Corinthians*, in *The Expositor's Greek Testament*, 4 tomos, George H. Doran, New York, 1897-1910.

Olshausen, Hermann, *First and Second Corinthians*, T. & T. Clark, Edinburgh, 1855.

Orr, William F. y James Arthur Walther, *I Corinthians*, Anchor Bible: 32, Doubleday, New York, 1976.

Parry, R. St. John, *The First Epistle of Paul the apostle to the Corinthians*, Cambridge Greek Testament, Cambridge University Press, Cambridge, 1937.

Robertson, Archibald y Alfred Plummer, *First Epistle of St. Paul to the Corinthians*, International Critical Commentary, T. & T. Clark, Edinburgh, ²1914.

Rodríguez Herranz, Juan Carlos, *Carta a una comunidad imperfecta: una lectura popular de 1 Corintios*, Sal Terrae, Santander, 1999.

Schrage, W., *Der erste Brief an die Korinther*, EKKNT 7/1-4, 4 tomos, Neukirchener Verlag, Neukirchen-Vluyn, 1991-2001.

Soards, Marion, *1 Corinthians*, New International Biblical Commentary: 7, Hendrickson, Peabody, MA, 1999.

Talbert, Charles, *Reading Corinthians: a literary and theological commentary on 1 and 2 Corinthians*, Crossroads, New York, 1987.

Thiselton, Anthony C., *The First Epistle to the Corinthians*, New International Greek Testament Commentary, Eerdmans, Grand Rapids, MI, 2000.

Thrall, Margaret E., *I and II Corinthians*, Cambridge Bible Commentary, Cambridge University Press, Cambridge, 1965.

Trenchard, Ernesto, *La primera epístola del apóstol Pablo a los Corintios*, Centro de formación bíblica, Madrid, 1980.

Walter, Eugen, *Primera carta a los Corintios*, Herder, Barcelona, 1977.

Weiss, J., *Der erste Korintherbrief*, Vandenhoeck & Ruprecht, Göttingen, ²1910.

Wendland, Heinz Dietrich, *Die Briefe an die Korinther*, Das Neue Testament Deutsch: 7, Vandenhoeck & Ruprecht, Göttingen, ⁸1962.

Wesley, Juan, *Notes on 1 Corinthians*, online: http://wesley.nnu.edu/john_wesley/notes/1Corinthians.htm.

Witherington, Ben, III, *Conflict and community in Corinth: a socio-rhetorical commentary on 1 and 2 Corinthians*, Eerdmans, Grand Rapids, MI, 1995.

MONOGRAFÍAS Y LIBROS DE REFERENCIA

Arnold, Clinton E., *Ephesians: power and magic: the concept of power in Ephesians in light of its historical setting*, Baker, Grand Rapids, MI, 1992.

Aune, David E., *The New Testament in its literary environment*, Library of Early Christianity, 8, Westminster John Knox, Louisville, KY, 1998.

—, *Prophecy in early Christianity and the ancient Mediterranean world*, Eerdmans, Grand Rapids, MI, 1983.

Barrett, C. K., *The Acts of the Apostles*, ICC, 2 tomos, T. & T. Clark, Edinburgh, 1998.

—, *Christianity at Corinth: essays on Paul*, Westminster, Philadelphia, 1982.

Barth, Karl, *The resurrection of the dead*, tr. H. J. Stenning, Fleming H. Revell, New York, 1933.

Bauckham, Richard J., *Jude and the relatives of Jesus in the early church*, T. & T. Clark, Edinburgh, 2000.

Baumert, Norbert, *Woman and man in Paul: overcoming a misunderstanding*, Liturgical, Collegeville, MN, 1996.

Beale, G. K. and D. A. Carson, *Commentary on the New Testament use of the Old Testament*, Baker, Grand Rapids, MI, 2007.

Beker, J. Christiaan, *Paul the apostle: the triumph of God in life and thought*, Fortress, Philadelphia, 1980.

Berkhof, Louis, *Teología sistemática*, Libros Desafío, Grand Rapids, MI, 2002.

Bornkamm, Günther, *Paul*, tr. D. M. G. Stalker, Hodder & Stoughton, London, 1971.

Boswell, John, *Christianity, social tolerance, and homosexuality: gay people in Western Europe from the beginning of the Christian Era to the fourteenth century*, University Press, Chicago, 2005.

Bousset, Wilhelm, *Kyrios Christos: a history of the belief in Christ from the beginnings of Christianity to Irenaeus*, tr. John E. Steely, Abingdon, Nashville, 1970.

Bultmann, Rudolf, *Teología del Nuevo Testamento*, Sígueme, Salamanca, 1981.

Burgess, S. M. y G. B. McGee (eds.), *Dictionary of Pentecostal and Charismatic Movements*, Zondervan, Grand Rapids, MI, 1988.

Calvino, Juan, *Institución de la Religión Cristiana*, ed. rev., Nueva Creación, Buenos Aires, 1967.

Carson, D. A., *The cross and Christian ministry: an exposition of passages from 1 Corinthians*, Baker, Grand Rapids, MI, 1993.

—, (ed.), *From Sabbath to Lord's Day*, Zondervan, Grand Rapids, MI, 1982.

—, *Showing the Spirit: a theological exposition of 1 Corinthians 12-14*, Baker, Grand Rapids, MI, 1987.

Catecismo de la Iglesia Católica, Asociación de Editores del Catecismo, Madrid, 1992.

Cerfaux, L., *Christ in the theology of St. Paul*, tr. G. Webb y A. Walker, Herder and Herder, New York, 1959.

Clarke, Andrew D., *Secular and Christian leadership in Corinth: a socio-historical and exegetical study of 1 Corinthians 1-6*, Brill, Leiden, 1993.

Clouse, Robert G., ed., *¿Qué es el milenio?*, tr. D. Sedaca, Casa Bautista, El Paso, TX, 1991.

Coenen, L., E. Beyreuther y H. Bietenhard, eds., *Diccionario teológico del Nuevo Testamento*, ed. M. Sala y A. Herrera, 2 tomos, Ediciones Sígueme, Salamanca, [4]1998.

Cullmann, Oscar, *Christ and time: the primitive Christian conception of time and history*, SCM Press, London, 1962.

—, *Christology of the New Testament*, ed. rev., Westminster, Philadelphia, 1963.

—, *The early church*, ed. A. J. B. Higgins, SCM, London, 1956.

Dalman, G., *The words of Jesus*, tr. D. M. McKay, T. & T. Clark, Edinburgh, 1902.

Deidun, T. F., *New Covenant morality in Paul*, AnBib 89, Pontifical, Rome, 1981.

Deissmann, G. Adolf, *Light from the Ancient East*, tr. L. R. M. Strachan, Hodder & Stoughton, London, 1910.

Deming, Will, *Paul on marriage and celibacy: the Hellenistic background of 1 Corinthians 7*, Eerdmans, Grand Rapids, MI, [2]2004.

Dodd, C. H., *According to the Scriptures*, Nisbet, London, 1952.

Doty, W. G., *Letters in Primitive Christianity*, Fortress, Philadelphia, 1973.

Douglas, J. D., ed., *Nuevo diccionario bíblico*, Ediciones Certeza, Quito, 1991.

Dunn, James G., *El bautismo del Espíritu Santo*, La Aurora, Buenos Aires, 1977.

—, *Jesús y el Espíritu*, Secretariado Trinitario, Salamanca, 1981.

—, *The theology of Paul the apostle*, Eerdmans, Grand Rapids, MI, 1998.

Duty, Guy, *Divorcio y nuevo matrimonio*, Editorial Betania, Nashville, TN, 1975.

Ensberg-Pedersen, Troels, *Paul and the Stoics*, Westminster John Knox, Louisville, KY, 2000.

Evans, Craig A. y Stanley Porter (eds.), *Dictionary of New Testament background*, IVP, Downers Grove, IL, 2000.

Fee, Gordon D., *God's empowering presence: the Holy Spirit in the letters of Paul*, Hendrickson, Peabody, MA, 1994.

—, *Pauline christology: an exegetical-theological study*, Hendrickson, Peabody, MA, 2007.

Forbes, Christopher, *Prophecy and inspired speech in early Christianity and its Hellenistic environment*, Hendrickson, Peabody, MA, 1997.

Freedman, David Noel, ed., *Anchor Bible dictionary*, 6 tomos, Doubleday, Garden City, NY, 1992.

Furnish, Victor Paul, *The moral teaching of Paul: selected issues*, Abingdon, Nashville, TN, ³2009.

—, *The theology of the first letter to the Corinthians*, Cambridge University Press, Cambridge, 1999.

Gardner, P. D., *The gifts of God and the authentication of a Christian: an exegetical study of 1 Corinthians 8-11*, University Press of America, Lanham, MD, 1994.

Garcilazo, Albert V., *The Corinthian dissenters and the Stoics*, Studies in Biblical Literature 106, Peter Lang, New York, 2007.

Gómez, V., Jorge I., *El crecimiento y la deserción en la iglesia evangélica costarricense*, IINDEF, San Francisco de Dos Ríos, Costa Rica, 1996.

González Ruiz, José María, *El evangelio de Pablo*, Sal Terrae, Santander, ²1988.

Grant, Robert M., *Paul in the Roman world: the conflict at Corinth*, Westminster John Knox, Louisville, KY, 2001.

Green, Michael, *I believe in the Holy Spirit*, ed. rev., Eerdmans, Grand Rapids, MI, 2004.

Grudem, Wayne, *El don de profecía en el Nuevo Testamento y hoy*, tr. M. Cristina Kunsch de Sokoluk, Vida, Deerfield, FL, 1992.

Harris, Murray J., *Raised immortal*, Eerdmans, Grand Rapids, MI, 1983.

Harrison, E. F., ed., *Diccionario de Teología*, tr. H. Casanova y G. Serrano, T. E. L. L., Grand Rapids, MI, 1985.

Hawthorne, Gerald F., Ralph P. Martin y Daniel G. Reid (eds.), *Dictionary of Paul and his letters*, IVP, Downers Grove, IL, 1993.

Hay, David M., ed., *Pauline theology, Volume II: 1 & 2 Corinthians*, Fortress, Minneapolis, MN, 1993.

Hendrikson, Guillermo, *La Biblia sobre la vida venidera*, T. E. L. L., Grand Rapids, MI, 1970.

Hengel, Martin, *Cruxifixion in the ancient world and the folly of the message of the cross*, SCM, London, 1977.

Hooker, Morna D., *Not ashamed of the gospel: New Testament interpretations of the death of Christ*, Eerdmans, Grand Rapids, MI, 1994.

Horton, Stanley M., *El Espíritu Santo revelado en la Biblia*, ed. rev., Vida, Grand Rapids, MI, 1992.

—, *Teología sistemática: una perspectiva pentecostal*, edición ampliada, Editorial Vida, Miami, FL, 1996.

—, *Teología sistemática pentecostal*, ed. rev., Vida, Grand Rapids, MI, 1999.

Hurd, John Coolidge, Jr., *The origin of 1 Corinthians*, Mercer, Macon, GA, ²1983.

Hurley, James B., *Man and woman in biblical perspective*, Zondervan, Grand Rapids, MI, 1981.

Inwood, Brad, *The Cambridge companion to the Stoics*, Cambridge University Press, Cambridge, 2003.

Jewett, Robert, *Paul's anthropological terms*, Brill, Leiden, 1971.

Käsemann, Ernst, *New Testament questions of today*, SCM, London, 1969.

Keener, Craig, *Paul, Women & Wives: marriage and women's ministry in the letters of Paul*, Hendrickson, Peabody, MA, 1992.

Kittel, G. y G. Friedrich, *Theological dictionary of the New Testament*, 10 tomos, Eerdmans, Grand Rapids, MI, 1964-1976.

Ladd, George E., *La teología del Nuevo Testamento*, tr. José-María Blanch, ed. Gary S. Shogren, CLIE, Barcelona, 2002.

—, *Creo en la resurrección de Jesús*, tr. M. Blanch, Caribe, Miami, FL, 1977.

Lanci, John R., *A new temple for Corinth: rhetorical and archaeological approaches to Pauline imagery*, Studies in Biblical Literature, Peter Lang, New York, 1997.

Leipoldt, J. y W. Grundmann, *El mundo del Nuevo Testamento*, tr. L. Gil, tomo 2, Ediciones Cristiandad, Madrid, 1995.

Lewis, C. S., *Cartas a un diablo novato,* Junta Bautista de Publicaciones, Buenos Aires, 1976.

Lincoln, Andrew, *Paradise now and not yet: studies in the role of the heavenly dimension in Paul's thought with special reference to his eschatology*, SNTSMS, Cambridge University Press, Cambridge, 1981.

Marshall, I. Howard, *Last Supper and Lord's Supper*, Eerdmans, Grand Rapids, MI, 1981.

Martin, Dale B., *The Corinthian body*, Yale University Press, New Haven, CT, 1995.

—, *Sex and the single savior: gender and sexuality in Biblical interpretation*, Westminster John Knox, Louisville, KY, 2006.

Martin, Ralph P., *The Spirit and the congregation: studies in 1 Corinthians 12-15*, Eerdmans, Grand Rapids, MI, 1984.

Meeks, Wayne A., *The moral world of the first Christians*, Westminster, Philadelphia, 1986.

Mitchell, Margaret M., *Paul and the rhetoric of reconciliation: a exegetical investigation of the language and composition of 1 Corinthians*, HUT: 28, Mohr, Tübingen, 1991.

Morris, Leon, *Creo en la revelación*, Eerdmans, Grand Rapids, MI, 1983.

Murphy-O'Connor, Jerome, *St. Paul's Corinth: texts and archaeology*, Liturgical, Collegeville, MN, 1983.

Newton, Derek, *Deity and diet: the dilemma of sacrificial food at Corinth*, JSNT Supp Series 169, Sheffield University Press, Sheffield, 1998.

Pagels, Elaine Hiesey, *The gnostic Paul: gnostic exegesis of the pauline letters*, Fortress, Philadelphia, 1975.

Pentecost, J. Dwight, *Eventos de porvenir*, Vida, Deerfield, FL, 1984.

Phillips, Ron, *An essential guide to speaking in tongues*, Charisma House, Lake Mary, FL, 2011.

Plummer, Robert L., *Paul's understanding of the church's mission: did the apostle Paul expect the early Christian communities to evangelize?* Paternoster Biblical Monographs, Paternoster, Milton Keyes, UK, 2006.

Porter, Stanley E., *Handbook of classical rhetoric in the Hellenistic Period, 330 B.C.-A.D. 400*, Brill, Leiden, 1997.

Ridderbos, Herman, *El pensamiento del apóstol Pablo*, tr. Juan van der Velde, Libros Desafío, Grand Rapids, MI, 2000.

Ruloff, Enrique, *Déjate transformar*, Publicaciones Alianza, Buenos Aires, 2001.

Savage, Timothy, *Power through weakness: Paul's understanding of the Christian ministry in 2 Corinthians*, SNTS, Cambridge University Press, Cambridge, 1995.

Schmithals, Walter, *Gnosticism in Corinth: an investigation of the letters to the Corinthians*, tr. J. E. Steely, Abingdon, Nashville, TN, 1971.

Schnabel, Eckhard J., *Paul the missionary: realities, strategies and methods*, IVP, Downers Grove, IL, 2008.

Schnackenburg, Rudolf, *God's rule and kingdom*, Herder and Herder, New York, 1963.

Schowalter, Daniel and Steven J. Friesen (eds.), *Urban religion in Roman Corinth: interdisciplinary approaches*, HTS 53, Harvard University Press, Cambridge, MA, 2005.

Schrage, Wolfgang, *The ethics of the New Testament*, Fortress, Minneapolis, MN, 1990.

Schweitzer, Albert, *The mysticism of Paul the apostle*, tr. W. Montgomery, The Johns Hopkins University Press, Baltimore, 1998 [orig. 1930].

Scroggs, Robin, *The New Testament and homosexuality*, Fortress, Philadelphia, 1984.

Shogren, Gary S., *The Pauline proclamation of the Kingdom of God and the Kingdom of Christ within its New Testament context*, University of Aberdeen, 1986 (tesis no publicada).

South, J. T., *Disciplinary practices in pauline texts*, Mellon, New York, 1992.

Stauffer, Ethelbert, *New Testament theology*, tr. John Marsh, MacMillan, New York, 1955.

Stendahl, Krister, *Paul among Jews and gentiles*, Fortress, Philadelphia, 1976.

Stott, John, *La cruz de Cristo*, Ediciones Certeza, Barcelona, 1996.

Strack, H. L. y P. Billerbeck, *Kommentar zum Neuen Testament aus Talmud und Midrasch*, 4 tomos, C. H. Beck'sche Verlagsbuchhandlung Oskar Beck, München, 1922-28.

Theissen, Gerd, "Estratificación social de la comunidad de Corinto. Estudio de sociología del cristianismo primitivo helenista," pp. 189-234; "Los fuertes y los débiles en Corinto. Análisis sociológico de una disputa teológica," pp. 235-255, en *Estudios de sociología del cristianismo primitivo*, tr. Francisco Ruiz y Senén Vidal, Sígueme, Salamanca, 1985.

Thomas, Robert L., *Understanding spiritual gifts: a verse-by-verse study guide of 1 Corinthians 12-14*, ed. rev., Kregel, Grand Rapids, MI, 1998.

Wagner, C. Peter, *Sus dones espirituales pueden ayudar a crecer a su iglesia*, CLIE, Barcelona, 1980.

Welborn, L. L., *Politics and rhetoric in the Corinthian epistles*, Mercer, Macon, GA, 1997.

Wiens, Arnoldo, *Los cristianos y la corrupción: desafíos de la corrupción a la fe cristiana en América Latina*, CLIE, Barcelona, 1998.

Wikenhauser, Alfred y Josef Schmid, *Introducción al Nuevo Testamento*, ed. rev., Herder, Barcelona, 1978.

Wimbush, V. L., *Paul the worldly ascetic: response to the world and self-understanding according to 1 Cor. 7*, Mercer, Macon, GA, 1987.

Winter, Bruce W., *After Paul left Corinth: the influence of secular ethics and social change*, Eerdmans, Grand Rapids, MI, 2001.

—, *Roman wives, Roman widows*, Eerdmans, Grand Rapids, MI, 2003.

Wire, Antoinette C., *The Corinthian women prophets*, Fortress, Minneapolis, MN, 1990.

Witherington, Ben, III, *Women in the earliest churches*, SNTSMS, Cambridge University Press, Cambridge 1988.

Wood, D. R. W. y I. H. Marshall (eds.), *New Bible dictionary*, IVP, Downers Grove, IL, [3]1996.

Yamauchi, Edwin, *Pre-Christian Gnosticism: a survey of the proposed evidences*, ed. rev., Baker, Grand Rapids, MI, 1983.

ARTÍCULOS

Brookins, Tim, "The wise Corinthians: their Stoic education and outlook", *JTS* 62.1, 2011, pp. 51-76.

Deming, Will, "The Unity of 1 Corinthians 5-6", *JBL* 115.2, 1996, pp. 289-312.

Derrett, J. D. M., "Handing over to Satan: an explanation of 1 Cor. 5:1-7", *Revue Internationale des Droits de l'Antiquité* 26, 1979, pp. 11-30.

Dodd, C. H., "*Ennomos Christou*", en *Studia Paulina*, ed. J. N. Sevenester y W. C. van Unnik, Bohn, Haarlem, 1953, pp. 96-110.

Finney, Mark T., "Honor, Rhetoric and Factionalism in the Ancient World: 1 Corinthians 1-4 in its social context", *BTB* 40.1, 2010, pp. 27-36.

Gebhard, Elizabeth R., "The Isthmian Games and the Sanctuary of Poseidon in the Early Empire", en *The Corinthia in the Roman Period, Journal of Roman Archaeology* Sup Series 8, 1993, pp. 78-94.

Gill, David W. J., "The Importance of Roman Portraiture for Head-coverings in 1 Corinthians 11:2-16", *TynBul* 41.2, 1990, pp. 245-60.

—, "The meat market at Corinth (1 Corinthians 10:25)", *TynBul* 43.2, 1992, pp. 389-93.

Hammer, Paul L., "A Comparison of *klēronomia* in Paul and Ephesians", *JBL* 79, 1960, pp. 267-72.

Haufe, Günter, "Reich Gottes bei Paulus und in der Jesustradition", *NTS* 31, 1985, pp. 467-72.

Hooker, Morna, "Authority on her Head: an examination of 1 Cor 11:10", *NTS* 10, 1964, 410-16.

—, "Hard sayings: 1 Cor. 3:2", *Theology* 69, 1966, pp. 19-22.

Instone-Brewer, David, "1 Corinthians 7 in the light of the Graeco-Roman Marriage and Divorce Papyri", *TynBul* 52.1, 2001, pp. 101-15.

—, "1 Corinthians 7 in the light of the Jewish Greek and Aramaic Marriage and Divorce Papyri", *TynBul* 52.2, 2001, pp. 225-43.

Jeremias, J., "Flesh and blood cannot inherit the kingdom of God (1 Cor. xv. 50)", *NTS* 2, 1955-56, pp. 151-59.

Jongkind, Dirk, "Corinth in the First Century AD: the search for another class", *TynBul* 52.1, 2001, pp. 139-48.

Liefeld, Walter L., "Women, Submission and Ministry in 1 Corinthians", en *Women, Authority & the Bible*, ed. Alvera Mickelsen, IVP, Downers Grove, IL, 1986, pp. 134-54.

Manson, T. W., "The Corinthian correspondence (I)", en *Studies in the Gospels and Epistles*, ed. M. Black, Manchester University Press, Manchester, 1962, pp. 190-209.

Martin, Dale B., "Arsenokoites and Malakos: meanings and consequences", in *Biblical Ethics and Homosexuality: listening to Scripture*, ed. Robert L. Brawley, Westminster John Knox, Louisville, KY, 1996, pp. 117-36.

Meeks, W. A., "'And rose up to play': midrash and paraenesis in 1 Cor. 10:1-22", *JSNT* 16, 1982, pp. 64-78.

Mitchell, Margaret M., "Concerning PERI DE in 1 Corinthians", *NovT* 31.3, 1989, pp. 229-56.

Oster, Richard, "Use, Misuse and Neglect of Archaeological Evidence in some Modern Works on 1 Corinthians", *ZNW* 83, 1992, pp. 52-73.

Pablo VI, "Humanae Vitae", en línea: http://w2.vatican.va/content/paul-vi/es/encyclicals/documents/hf_p-vi_enc_25071968_humanae-vitae.html

Peterman, G. W., "Marriage and Sexual Fidelity in the Papyri, Plutarch and Paul", *TynBul* 50.2, 1999, pp. 163-72.

Poythress, Vern S., "Linguistic and Sociological Analyses of Modern Tongues-speaking: their contributions and limitations", *WTJ* 42.2, 1980, pp. 367-88.

Ross, J. M., "Floating Words: their significance for textual criticism", *NTS* 38, 1992, pp. 153-56.

Shogren, Gary S., "Christian Prophecy and Canon in the Second Century: a response to B. B. Warfield", *JETS* 40.4, December 1997, pp. 609-26.

—, "How did they suppose 'the perfect' would come? 1 Cor. 13:8-12 in patristic exegesis", *Journal of Pentecostal Theology* (Sheffield) 15, 1999, pp. 97-119.

—, "Is the Kingdom of God about Eating and Drinking or isn't it? (Romans 14:17)", *NovT* 42.3, 2000, pp. 238-56.

—, "Una ofrenda para los pobres", *Apuntes Pastorales* 23.4, 2006, pp. 18-24.

—, "The 'Ultracharismatics' of Corinth and the Pentecostals of Latin America as the Religion of the Disaffected", *TynBul* 56.2, 2005, pp. 91-110.

—, "'The wicked will not inherit the kingdom of God': a Pauline warning and the hermeneutics of Liberation Theology and of Brian McLaren", *TJ* 31.1, 2010, pp. 95-113.

—, "The 'wretched man' of Romans 7:14-25 as *Reductio ad absurdum*", *EvQ* 72.2, April, 2000, pp. 119-34.

Thiselton, Anthony C., "Realized eschatology at Corinth", *NTS* 24, 1977-78, pp. 510-26.

—, "The Significance of Recent Research on 1 Corinthians for hermeneutical appropriation of this epistle today", *Neot* 40.2, 2006, pp. 320-52.

Thompson, Cynthia, "Hairstyles", *Biblical Archaeologist* 51.2, 1988, pp. 99-115.

Witherington, Ben, III, "Not so idle thoughts about *eidolothuton*", *TynBul* 44.2, 1993, pp. 237-54.

Wueller, Wilhelm, "Paul as Pastor: the function of rhetorical questions in First Corinthians", en *L'Apôtre Paul: personnalité, style et conception du ministère*, ed. A. Vanhoye, BETL 73, Leuven University Press, Leuven, 1986, pp. 49-77.

Zaas, Peter S., "Catalogues and context: 1 Corinthians 5 and 6", *NTS* 34, 1988, pp. 622-29.

ÍNDICE TEMÁTICO

Ley de Moisés 68, 157, 178, 196, 226,
231, 272, **276–278**, 290, 292 n.
300, 293, 304, 400, 415, 430,
436, 438, 479

Libertad 28, 30, 33 n. 33, 34, 66, 68,
69, 85, 165, 179, 190 n. 184, 188,
190–192, 198, 202, 206, 229,
231–233, 244, 246, 247, 248,
252, 257, 258, 264, **265–285**,
302, 303, 305, **307–312**,
328, 436

Liderazgo 69, 267, 319, 441, 484

Lista de Vicios 165, 172–177, 181,
200, 206

Llamado 10, 12, 46, 46, 47, 59, 82,
90–92, 97, 129, 171, 189, 202,
217–218, 231, 265, 298, 360,
369, 384

Lucas 7, 17, 24

Maestro 58, 68 n. 25, 74, 79, 83, 96,
116 n. 73, 119, 134–135, 141,
145, 156, 158, 270, 292, 309 n.
318, 355, **367–369**, 381 n. 423,
401, 439, 469, 484, 496

Maranata 341, **492–493**, 499

Matrimonio 21, 26, 30, 31, 89,
154–155, 164, 175, 186, 187, 195,
197, **200–247**, 308 n. 317, 316,
317, 323, 324, 331, 351, 419

Milagros 32, 61, 74, **86–90**,
100–103, 108, 111, **147–151**,
247, 268, 285, 286, 288, 294,
353–355, 357, 367, 369, 370,
372, 376, 378 n. 417, 392, 399,
401, 408, 423

Misión 6, **7–13**, 17, 18, 19, 26,
63, 66, 68, 74, 82, 221, 247,

268–270, 277 n. 276, 280, 281,
283, 369–369, 381, 382, 384, 410
n. 472, 491, 497

Misterio 54, **97–98**, 105, 109,
113, **136**, 215, 272, 292, 356,
373, 377, 390, 394, 395, 401,
405–406, 434, 443, 446, 460,
470, **475–476**

Montanismo 222, 318, 375, 380, 385,
399, 433

Mujeres 26, 30, 39, 82, 93, 154,
157–158, 168, 176, 178, 180, 196,
197, **200–247**, 249, 251, 269,
280, 282, **313–332**, 336, 346,
369, 417 n. 476, 429–437, 450,
464, 470, 471, 491 n. 553, 502

Mundanería 32, 51 n. 10, **85**, 128,
137, 163, 166, 204, 240, 260,
331, 480

Naturaleza 34, 81, 82, 129, 159, 164,
173, 177 n. 172, 218, 295, 327,
328–329, 470, 473, 475

Nuevo Pacto 189, 220, 274, 297, 319,
340–341, 384

Ofrenda 420, 458, **480–486**

Oración 11, 45, 51 n. 9, 59, 145, 200,
213, 214, 216, 217, 251, 282,
297 n. 292, 291, 311, 319, 320,
339 n. 367, 342, 356, 358–359,
371–373, 379, 387, 407, 408,
412–413, 422, 423, 432 n. 487,
482 n. 546, 492–493

Orgullo 30, 59, 60, 67, 74, 76, 78,
80, 96, 103, 104, 108, 110, 113,
117, 123, 133, 135, 137, 141, 142,
155–156, 161, 165, 171, 253, 254,

ÍNDICE DE AUTORES

524

201, 241, 253, 269, 276, 292,
304, 345, 348, 374, 378, 379,
381, 465, 501
Teodoro de Mopsuestia 159
Tertuliano 77, 81, 106, 199, 222, 242,
249, 251, 269, 283, 306, 316, 317,
318, 326, 335, 399, 443, 466,
468, 476, 483, 491, 501
Tomás Aquino 106

Vettius Valens 133
Victorino de Petau 249
Vicente de Lérins 335

Zenón 34

Autores reformados y modernos

Allo, E.-B. 46, 69, 106, 241, 261,
350, 451
Arnold, Clinton E. 311
Aune, David E. 50, 375

Bachmann, Philipp 317, 320, 433
Baker, William 155, 283
Barrett, C. K. 13, 46, 69, 81, 86, 87,
120, 128, 129, 146, 156, 190,
203, 217, 272, 284, 294, 316,
327, 350, 363, 453
Barth, Karl 442
Bauckham, Richard J. 268
Baumert, Norbert 205, 241
Beale, G. K. 506
Beker, J. Christiaan 29, 142
Berkhof, L. 104
Billerbeck, P. 511

Blomberg, Craig 155
Bonhoeffer, Dietrich 67, 116, 394
Bornkamm, Günther 507
Boswell, John 180
Bousset, Wilhelm 493
Brookins, Tim 28, 33
Büchsel, F. 259
Bultmann, Rudolf 394
Burgess, S. M. 381

Cardenal Ratzinger 186, 187
Calvino, Juan 190, 257, 259, 273,
290, 316, 335, 342, 343, 383,
388, 405, 432, 433, 482
Carson, D. A. 80, 85, 347, 351, 364,
396, 435, 436, 483
Cerfaux, L. 506
Clarke, Andrew D. 158
Clouse, Robert G. 463
Conzelmann, Hans 38, 46, 51, 80,
110, 113, 142, 145, 146, 165, 170,
193, 198, 218, 228, 240, 241,
242, 250, 272, 274, 277, 295,
315, 317, 321, 325, 327, 335, 343,
350, 453
Costas, Orlando 98
Cullmann, Oscar 493

Dalman, G. 172, 173
Deidun, T. F. 340
Deissmann, G. Adolf 37, 256
Del Valle, Carlos 154, 207, 214, 321
Deming, Will 33, 204, 221
Derrett, J. D. M. 158
DeSilva, D. A. 81

ÍNDICE DE REFERENCIAS BÍBLICAS

78:18–20	291	46:7	349	2:32	55
94:11	133	52:13–53:12	340, 448	3:14	54
95:7b-11	292	53	90	**AMÓS**	
110:1	449, 460,	64:4	106		
	463, 464	66:18	122	1:4–2:5	122 n. 96
118	449			4:5	162
138:1	327 n. 347	**JEREMÍAS**		5:18	54

PROVERBIOS

		1:10	119	**JONÁS**	
		9:23–24	93		
7:6–27	196	14:14	439	1:17	449
10:5	458 n. 520	17:10	138	3:10	440
21:2	137	23:15b	440		
21:18	144	23:16–22	439	**HABACUC**	
23:20–21	181	31:31–34	340		
23:27	196	33:14–26	340	2:4	292, 292 n. 300
25:21	391	33:15–26	340	**SOFONÍAS**	
29:3	196				

ISAÍAS

		EZEQUIEL		1:7	54
1:17	223	8:1–18	128	**ZACARÍAS**	
3:3	120 n. 92	13:1–10	439		
6:10	55	36:25–27	189	9:14	477
8:14	449	43:1–5	127	**MALAQUÍAS**	
13:6	54	**DANIEL**			
13:9	54			3:10	486
22:13	468	2:22a	109	**NUEVO**	
25:8	478	2:28	97–98	**TESTAMENTO**	
27:13	477	7:22	170		
28:11–12	415	**OSEAS**		**MATEO**	
29:10	83				
29:13	83	6:2	449 n. 512	2:13	295 n. 303
29:14	60, 83, 293	7:4	223 n. 220	3:10–12	122 n. 96
29:16	83	13:14	478	3:11	361
29:18	83	**JOEL**		4:3–4	88
30:20b-21	340			4:5–7	87, 291
33:18	83	2:1	54	5:1–12	497
40:13	111	2:11	54	5:3, 10	173
44:9–20	255	2:28	108, 432, 449	5:4	173 n. 165
45:14	418	2:31	54	5:4–5	430 n. 484
46:5–6	255				

533

2 CORINTIOS

GÁLATAS